100 Jahre
Ludwig Erhard

100 Jahre
Ludwig Erhard

Das Buch zur Sozialen Marktwirtschaft

Ein Jubiläumsband
zum 100. Geburtstag

Verlag MVV Medien, Düsseldorf

Inhalt

PROF. DR. ROMAN HERZOG
Grußwort
10

VORWORT
13

PROF. DR. OTTO SCHLECHT
Geschichte und Chancen der Sozialen Marktwirtschaft
14

DR.-ING. KLAUS H. SCHEUFELEN
Erinnerungen an meine Zeit mit Ludwig Erhard
24

ALPHONS HORTEN
Erinnerungen an Ludwig Erhard
30

ANDREAS SCHIRMER
Wissenschaftler und Politiker: Ludwig Erhard
38

ZEITTAFEL Ludwig Erhard
43

NIKOLAUS PIPER
Der Mythos der Tat
50

DR. KLAUS VON DOHNANYI
Die Praxis der Solidarität.
Ludwig Erhard und das „Deutsche Modell"
62

DR. HANS-OLAF HENKEL
„Die Soziale Marktwirtschaft:
Hat das Konzept Ludwig Erhards eine Zukunft?"
68

PROF. DR. NORBERT BERTHOLD
Der Sozialstaat auf dem Prüfstand
74

GOTTFRIED HELLER
Erhards „Unvollendete"
82

DR. BERND THIEMANN
Shareholder Value-Strategien und der
Ordnungsrahmen der Sozialen Marktwirtschaft
98

ULRICH HARTMANN
Aktionärsinteressen und Soziale Marktwirtschaft
104

DR. REINFRIED POHL
Freiheit bedeutet Selbstverantwortung
112

PROF. DR. CARL ZIMMERER
Von der freien Wirtschaft zur Sozialen Marktwirtschaft?
118

DR. THOMAS BENTZ
„Ordnungspolitik light" – oder Deutschlands
verwässerte Marktwirtschaft
124

DR. AREND OETKER
Stabilität durch eine tiefverwurzelte Kultur der Selbständigkeit
132

PROF. DR. WOLFGANG KARTTE
Soziale Marktwirtschaft heute
138

PROF. DR. ULRICH VAN SUNTUM
Fünf falsche Rezepte gegen die Arbeitslosigkeit
und eine wirksame Medizin
150

DR. JÜRGEN ZECH
Was ist eigentlich „sozial"?
160

GUNNAR ULDALL MdB
Für eine neue Einkommensteuer:
einfach, sozial und marktwirtschaftlich!
166

MARTIN LAMBERT
Erhards europapolitische Vorstellungen
und neue Herausforderungen für
die Europäische Union
172

PROF. DR. HANS WILLGERODT
Keine Angst vor pfiffigen Partnern.
182

DR. JOCHEN F. KIRCHHOFF
Soziale Marktwirtschaft und Strukturwandel
190

DR. HORST KÖHLER
Globalisierung und Politik – eine überfällige
Diskussion über die Zukunftsfähigkeit von Wirtschaft
und Gesellschaft
194

HANS PETER STIHL
Ordnungspolitik im Zeitalter der Globalisierung
202

DR. JÜRGEN RÜTTGERS
Hat der Standort Deutschland Zukunft?
Vorzeichen und Vorbereitungen
210

DR. GEORG OBERMEIER
„Die Chancen deutscher Unternehmen
im internationalen Wettbewerb"
224

THAD PERRY
Standort Deutschland
232

DR. JÜRGEN KLUGE
Standortverlagerung ist nicht das Allheilmittel
für die Kostensenkung
238

DR. LOTHAR SPÄTH
Hat die Marktwirtschaft in den neuen Bundesländern versagt?
246

DR. BERNHARD VOGEL
Die Soziale Marktwirtschaft ist dabei,
ihre zweite Feuerprobe zu bestehen
254

KONRAD WEIß
Marktwirtschaft kontra Kommandowirtschaft
264

DR. EDMUND STOIBER
Wege in die Zukunft – Bayerns Wirtschaft
im Zeichen der Sozialen Marktwirtschaft
276

OTTO WOLFF VON AMERONGEN
Auf dem Weg zur Marktwirtschaft.
Zwischenbilanz einer Transformation in Mittel-
und Osteuropa
284

GERARD FRANCIS THOMPSON
Die wirtschaftlichen Reformen Neuseelands
292

PROF. DR. HILMAR HOFFMANN
Das Kulturelle in der Sozialen Marktwirtschaft
300

PROF. DR. ALFRED GROSSER
Deutsche Gesellschaft Heute
312

DR. HELMUT VOLKMANN
Städte des Wissens als Stätten der Begegnung
322

HERIBERT SPÄTH
Handwerk braucht Anerkennung durch
mittelstandsgerechte Politik
342

WOLFGANG GRÜGER
Genossenschaften:
Integraler Bestandteil der Sozialen Marktwirtschaft
346

CONSTANTIN
FREIHERR HEEREMAN VON ZUYDTWYCK
Faire Chancen für die Bauern!
Soziale Marktwirtschaft paßt zur modernen
Landwirtschaft
354

WILLI LASCHET
Soziale Marktwirtschaft zum Anfassen
362

DR. FRIEDRICH GOTTLIEB CONZEN
Wird in Deutschland noch gehandelt?
366

WOLFGANG CLEMENT
Gibt es eine sozialdemokratische Marktwirtschaft?
Wer ist moderner: Ludwig Erhard oder
die Sozialdemokratie?
372

CURT ENGELHORN
Wissenschaft und Wohlstand
376

NORBERT HAUGG
Das Patentamt als Spiegel der
Innovationsfähigkeit
382

GERD PISCHETSRIEDER
Nichts ist so sicher wie die Zukunft –
Unternehmen als dynamischer Prozeß
388

MANFRED WUTZLHOFER
Die neue Internationalität im Messewesen
396

PROF. DR. NORBERT WALTER
Vorsorgen statt umverteilen – Deutschland braucht
ein zukunftsfähiges Modell für die Alterssicherung
402

DR. BERND MICHAELS
Eigenverantwortliche Vorsorge in der Sozialen
Marktwirtschaft
412

ELMO FREIHERR VON SCHORLEMER
Die gesellschaftspolitische Aufgabe der
deutschen Versicherungswirtschaft
416

DR. ECKART FREIHERR VON UCKERMANN
Soziale Sicherheit durch Marktwirtschaft
420

DR. HANS CHRISTOPH ULEER
Marktwirtschaft in der Krankenversicherung –
der Weg aus der Misere?
424

HORST KLEINER
Die Bedeutung des Wohneigentums für die
Soziale Marktwirtschaft
428

ANDREAS J. ZEHNDER
Wohnungseigentum in der Sozialen
Marktwirtschaft
432

PROF. DR. GÜNTER GIRNAU
Attraktives Angebot für die Mobilität aller Bürger
442

PROF. DR. GERHARD NEIPP
Strukturwandel als unternehmerische Aufgabe
in der Sozialen Marktwirtschaft – das Modell der RAG
446

FRIEDRICH SPÄTH
Energiepolitik in der Marktwirtschaft
452

DR. KLAUS-EWALD HOLST
Mit Tatendrang in die Soziale Marktwirtschaft –
vom volkseigenen Betrieb zur Aktiengesellschaft
458

DR. DIETMAR KUHNT
Mit Energie zur Macht.
Werden die Stromkonzerne zu beherrschenden Multis?
462

DR. HEINZ DÜRR
Die Bahnreform – ein Beitrag zur Stärkung
der Sozialen Marktwirtschaft
470

DR. RON SOMMER
Auf der Datenautobahn in die Arbeitswelt
von morgen
478

DR. GERT VOGT
Kreditanstalt für Wiederaufbau:
im ordnungspolitischen Rahmen der Sozialen
Marktwirtschaft
484

WOLFRAM BRÜCK
Der Grüne Punkt – Baustein für die Wirtschaftsordnung
des 21. Jahrhunderts?
490

JOST STOLLMANN
Zukunft muß man wollen
494

JENS GRZEMSKI
Auch ein Jubiläum: 50 Jahre Marshall-Plan
498

HELMUT BECKER
Wir sind die Zukunft! Macher, Märkte, Visionen
502

UNSERE ERFOLGREICHEN HUNDERTJÄHRIGEN
506

FRANZ-JOSEF JELICH
Vom ersten deutschen „Wirtschaftswunder".
Die wirtschaftliche Entwicklung in Deutschland um 1900
507

ILLUSTRIERTE CHRONIK 1897 BIS 1997
514

EHRENTAFEL DER 1897 GEGRÜNDETEN
UND HEUTE NOCH BESTEHENDEN UNTERNEHMEN
520

AUSGEWÄHLTE PORTRAITS VON
HUNDERTJÄHRIGEN UNTERNEHMEN
528

IMPRESSUM
550

9

Grußwort

Ludwig Erhard ist eine der bedeutendsten Persönlichkeiten der deutschen Nachkriegsgeschichte. Sein überraschender und gegen heftigen Widerstand durchgesetzter Entschluß zur Aufhebung der Zwangswirtschaft, die Währungsreform von 1948 und die weiteren Entscheidungen zum Aufbau marktwirtschaftlicher Rahmenbedingungen waren für unser Land Beginn und Grundlage eines ungeahnten wirtschaftlichen Aufstiegs.

Deutschland hat seinen Wohlstand und wirtschaftlichen Erfolg, sein breitangelegtes System sozialer Gerechtigkeit und seine stabile innere Balance nur auf der Grundlage der Erhard'schen Sozialen Marktwirtschaft gewinnen können. Es war seine und seiner Mitstreiter Idee von Freiheit und Verantwortung und seine Botschaft von der Überlegenheit des Wettbewerbsprinzips, die unsere zugleich freiheitliche und soziale Wirtschaftsordnung hat wachsen und gedeihen lassen. Sein berühmtes Konzept des „Wohlstands für Alle" hat nicht nur in den fünfziger und sechziger Jahren wirtschaftliches Wachstum, persönlichen Wohlstand und soziale Gerechtigkeit möglich gemacht. Eine Rückbesinnung auf seine Konzepte, die Erneuerung und Neubelebung der Sozialen Marktwirtschaft können uns auch heute wieder den Weg weisen.

Ohne die Leistungsfähigkeit einer Marktwirtschaft gibt es weder eine verläßliche Perspektive für die neuen Bundesländer, in überschaubarer Zeit wirtschaftlich auf eigenen Beinen zu stehen, noch die notwendigen Mittel, ihren schwierigen Anpassungsprozeß sozialverträglich zu gestalten.

Auch die Herausforderungen der Globalisierung sind ohne eine leistungsfähige, wettbewerbsorientierte und anpassungsfähige Soziale Marktwirtschaft nicht zu meistern.

So lautet für mich Ludwig Erhards Botschaft im Jahr seines hundertsten Geburtstags: Nicht rückwärts gewandt und mit Abschottung, sondern mutig und offen nach vorne blicken. Wir haben keinen Grund, mit Zweifeln an der grundsätzlichen Überlegenheit der marktwirtschaftlichen Ordnung auf den intensiver gewordenen Wettbewerb zu reagieren. Gefordert sind Offenheit und Engagement, Innovation und Leistung.

Auch in der Frage der notwendigen Anpassung unserer sozialen Sicherungssysteme hätte Erhard darauf verwiesen. Das Ziel liegt nicht in immer mehr staatlicher Vorsorge, sondern in einer Rückbesinnung auf Kraft und Initiative der Bürger. Er hat immer betont: Das Subsidiaritätsprinzip muß als der wichtigste Ordnungsfaktor für die soziale Sicherung anerkannt werden. Der Eigenverantwortung muß so weit wie möglich der Vorrang vor staatlicher Fürsorge eingeräumt werden.

Ludwig Erhards Einsichten und Anregungen sind heute aktueller denn je. Wenn wir sie ernst nehmen, brauchen wir uns über die wirtschaftliche und soziale Zukunft der Bundesrepublik Deutschland keine Sorgen zu machen.

Bundespräsident Prof. Dr. Roman Herzog

Vorwort

Ludwig Erhard hat wie kein anderer Politiker der Nachkriegszeit unser gesellschaftliches Leben geprägt. Sein Name ist gleichbedeutend mit der Sozialen Marktwirtschaft. Diesem epochalen Konzept für wirtschaftliche Effizienz und materiellen Wohlstand verdankt die Bundesrepublik Deutschland das sprichwörtliche „Wirtschaftswunder". Sein 100. Geburtstag ist ein hervorragender Anlaß, Ludwig Erhard zu würdigen.

Aber dieser hundertste Geburtstag sollte sich nicht nur in Erinnerungen und Jubiläumsreden erschöpfen, sondern sollte auch als Grund für eine kritische Reflexion unserer gegenwärtigen politischen Situation dienen. Entgegen mancher Festrede für den Jubilar kann nicht verschwiegen werden, daß zwischen Ludwig Erhards Verständnis von Sozialer Marktwirtschaft und der heute praktizierten Politik in vielen Bereichen eine breite Kluft besteht. Eine Rückbesinnung auf das Konzept Ludwig Erhards, aber auch eine zukunftsorientierte Weiterentwicklung der Sozialen Marktwirtschaft unter sich verändernden globalen Rahmenbedingungen ist der Leitgedanke unseres Jubiläumsbandes. Dieser erhebt nicht den Anspruch eines wissenschaftlichen Werkes. Vielmehr beleuchten unsere Autoren in ihren Beiträgen Aspekte aus Politik, Wirtschaft – insbesondere auch aus konkreten Unternehmensbereichen – , Wissenschaft und Kultur. Letztlich steht die freiheitliche Ordnung, auf die Ludwig Erhard so viel Wert gelegt hat, im Mittelpunkt der Beiträge vieler Autoren. Hierzu gehört auch die großartige Vision Ludwig Erhards, den einzelnen Bürger zu befähigen, sein Leben weitgehend selbst zu gestalten statt vom Staat und dessen „Wohlfahrtsorganisation" zunehmend abhängig und dadurch unmündig zu werden.

Bei der Vielzahl der Autoren ist es verständlich, daß die Beiträge nicht eindeutig konkreten Sachthemen zugeordnet werden können. Wir haben eine wertfreie Abfolge festgelegt. Zunächst berichten Zeitzeugen Ludwig Erhards, gefolgt von der Darstellung seines Lebensweges mit einer Zeittafel. Die anschließenden Beiträge behandeln grundsätzliche Fragen zur Thematik der Sozialen Marktwirtschaft, gehen dann über zu aktuellen Fragen aufgrund des immer stärker werdenden internationalen Wettbewerbs, berücksichtigen aber auch die notwendigen Konsequenzen aus der Wiedervereinigung unseres Landes. Beispiele aus dem Ausland ergänzen nationale, regionale Betrachtungen. Die Soziale Marktwirtschaft wird darüber hinaus unter dem kulturellem Aspekt behandelt. Schließlich beurteilen einige Autoren das Konzept der Sozialen Marktwirtschaft aus ihrem persönlichen und beruflichen Erfahrungshintergrund als Unternehmer oder Vertreter von Wirtschaftsverbänden.

Aufschlußreich war für uns auch die Recherche nach Unternehmen, die mit Ludwig Erhard das Geburtsjahr teilen und die alle stürmischen Zeiten seitdem gemeistert haben. Diese Firmen werden in einem gesonderten Teil des Buches dargestellt. Stellvertretend für diese fast 500 Firmen, fast ausnahmslos mittelständische Betriebe, präsentieren wir einige Unternehmen in einem kurzem Portrait.

Unser Dank gilt allen Autoren, die diesen Jubiläumsband mit ihren Beiträgen ermöglicht haben. Darüber hinaus danken wir der Ludwig-Erhard-Stiftung e.V. in Bonn, die dieses Buchprojekt unterstützt und hierfür die Schirmherrschaft übernommen hat.

Herausgeber und Verlag
Düsseldorf im Februar 1997

Prof. Dr. Christian Otto Schlecht

VITA:

Geboren ist Prof. Dr. Otto Schlecht am 21. Dezember 1925 in Biberach an der Riss, Württemberg.

Er studiert Wirtschaftswissenschaften an der Universität Freiburg von 1947 bis 1952, schließt als Diplom-Volkswirt ab und promoviert dann zum Dr. rer. pol.

Zu Beginn des Jahres 1953 tritt er in das Bundesministerium für Wirtschaft ein und ist bis 1959 Referent im sozialpolitischen Referat. Von 1962 bis 1966 leitet er das Referat „Grundsatzfragen der Wirtschaftspolitik".

Von 1967 bis zu Beginn des Jahres 1973 ist er Leiter der Abteilung „Wirtschaftspolitik (Grundsatzabteilung)". Als Staatssekretär ist er bis zum April 1991 tätig. Seit Oktober 1990 ist er Honorarprofessor für Volkswirtschaft an der Universität Trier.

Seit März 1991 hat er das Amt des Vorsitzenden der Ludwig-Erhard-Stiftung e.V. in Bonn inne. Er ist Präsident der Deutsch-Ungarischen Gesellschaft e.V., Bonn.

Prof. Dr. Otto Schlecht veröffentlicht zahlreiche Bücher zur Wirtschaftspolitik, er ist Mitglied in Aufsichtsräten und Beiräten in West- und Ostdeutschland.

Geschichte und Chancen der Sozialen Marktwirtschaft

von Otto Schlecht

Mit dem 100. Geburtstag von Ludwig Erhard im Februar 1997 sind gleichzeitig 50 Jahre Nachkriegsdeutschland und damit 50 Jahre Soziale Marktwirtschaft verbunden. War Deutschland 1945 noch durch Zerstörung, Flucht, Hungersnöte, bedingungslose Kapitulation, und die Jahre danach durch Teilung und Gründung zweier deutscher Teilstaaten mit konträrer Staats-, Gesellschafts- und Wirtschaftsverfassung charakterisiert, stellt sich das Bild gut 50 Jahre später sehr viel heller dar. Die deutsche Einheit ist seit gut sechs Jahren verwirklicht, und trotz noch existenter Unterschiede ist der Prozeß der Angleichung im persönlichen, gesellschaftlichen, politischen und wirtschaftlichen Bereich gut vorangekommen.

Mit 50 Jahren Nachkriegsdeutschland sind gleichsam auch 50 Jahre unterschiedlicher Entwicklung in West- und Ostdeutschland verbunden. Die DDR war, zieht man das vom Politbüro des ZK der SED im Oktober 1989 in Auftrag gegebene Gutachten über „ein ungeschminktes Bild der ökonomischen Lage der DDR" zu Rate, praktisch pleite, sie lebte vom Substanzverzehr und auf Kosten der Umwelt. Demgegenüber wuchs auf Grundlage der Gesellschafts- und Wirtschaftsordnung der Sozialen Marktwirtschaft der wirtschaftliche Wohlstand in Westdeutschland stetig an. Gleichzeitig lassen sich jedoch Änderungen im Leitbild der Sozialen Marktwirtschaft feststellen. Welches sind die wichtigen Entwicklungslinien der Sozialen Marktwirtschaft?

Der Startschuß für die Soziale Marktwirtschaft fiel im Juni 1948: Mit der von den Alliierten initiierten Währungsreform verband Ludwig Erhard „im Handstreichverfahren" (Karl Schiller) eine Wirtschaftsreform, die den größten Teil der Bewirtschaftungsvorschriften ohne Genehmigung der Westalliierten aufhob. Mit seiner mutigen Entscheidung der güterwirtschaftlichen Absicherung der Währungsreform durch die Wirtschaftsliberalisierung führte Erhard letztlich auch die neue Währung zum Erfolg. Darüber hinaus wurden die marktwirtschaftlichen Kräfte entfesselt, die Grundlage für die dynamische unternehmerische Entwicklung gelegt und Wettbewerb und Leistungsstreben entfacht, was zum „deutschen Wirtschaftswunder" führte und Erhard den Titel „Vater des Wirtschaftswunders" einbrachte.

Mit diesem Titel war Erhard nie einverstanden gewesen: „Weil ich alle Erfolge, die mittels meiner Wirtschaftspolitik errungen wurden, auf das Tun und Lassen der beteiligten Menschen zurückführe, bin ich übrigens auch nicht geneigt, den Begriff des „deutschen Wunders" gelten zu lassen. Das, was sich in Deutschland ... vollzogen hat, war alles andere als ein Wunder. Es war nur die Konsequenz der ehrlichen Anstrengung eines ganzen Volkes, das nach freiheitlichen Prinzipien die Möglichkeit eingeräumt erhalten hat, menschliche Initiative, menschliche Energien wieder anwenden zu dürfen" (Ludwig Erhard 1954). Diese Bescheidenheit eines Politikers wünscht sich der interessierte Beobachter in unserer Mediengesellschaft!

Mit dem Grundgesetz erhielt die Bundesrepublik 1949 einen verfassungsrechtlichen Rahmen, der zwar keine konkrete Wirtschaftsordnung festschrieb, mit seinen Artikeln jedoch eine demokratische und marktwirtschaftliche Ordnung normierte: Grundrechte, Vertrags- und Koalitionsfreiheit, Garantie des Privateigentums, föderaler Staatsaufbau, rechtsstaatliche und sozialstaatliche Regelungen sind die Kennzeichen. Mit den Gesetzen über die Deutsche Bundesbank sowie gegen Wettbewerbsbeschränkungen erhielten Geldwertstabilität und Wettbewerbsfreiheit als konstitutive Elemente der Sozialen Marktwirtschaft gesetzliche Absicherung; mit weiteren Arbeitsmarkt- und sozialpolitischen Regelungen steckte der Staat nach dem Subsidiaritätsprinzip den Rahmen ab, überließ die konkrete Ausfüllung jedoch den Wirtschaftssubjekten.

Die Eingliederung in die demokratische Staatengemeinschaft sowie in die internationale Arbeitsteilung wurden von Adenauer und Erhard konsequent verfolgt. Bei der europäischen Einigung gelang es der deutschen Seite, die Prinzipien des freien Waren- Kapital-, Dienstleistungs- und Personenverkehrs, Wettbewerbs- und Niederlassungsfreiheit sowie ein Offenhalten der EG für spätere Erweiterungen in den Römischen Verträgen zu verankern.

Kennzeichnend für die Wirtschaftsentwicklung der ersten zwanzig Jahre in Westdeutschland sind hohe Wachstums- und Produktivitätsraten, stabile Preise, sinkende Arbeitslosigkeit und steigende Beschäftigung sowie „Made in Germany" als Qualitätsmerkmal für Westdeutschland schlechthin. Die Menschen begriffen und ergriffen ihre Chancen, die die freiheitliche Ordnung der Sozialen Marktwirtschaft ihnen bot.

Erste Schwierigkeiten zeigten sich in den 60er Jahren: Außenpolitisch lassen die Aufweichung der bisher starren Ost-West-Blockbildung und innenpolitisch drei Regierungswechsel diese Jahre als Phase des Umbruchs erscheinen. Hinzu kam die erste wirt-

schaftliche Krise 1966/67: Das Bruttosozialprodukt stieg 1966 zwar noch um 2,8 Prozent, gegenüber früheren Anstiegen bedeutete dies jedoch eine deutliche Abschwächung. 1967 ging das BSP erstmals in der Geschichte der Bundesrepublik zurück: um 0,2 Prozent. Insgesamt breitete sich in der Bundesrepublik ein gesellschaftlicher und wirtschaftlicher Pessimismus aus, die Erhard'sche Zuversichtlichkeit zog nicht mehr.

Damit schlug die Stunde der Sozialdemokraten: Mit ihrem Einzug in die Große Koalition Ende 1966 bewiesen sie auch auf Bundesebene Regierungsfähigkeit. Hinzu kam, daß die SPD auf Grundlage des Godesberger Programms aus dem Jahre 1959 sowie der Person Karl Schillers wirtschaftspolitische Kompetenz erlangte. Diese Faktoren trugen dazu bei, daß die Sozialdemokratische Partei Deutschlands bei der Bundestagswahl 1969 die 40-Prozent-Hürde überwand und damit die sozialliberale Koalition ermöglichte.

Karl Schiller meisterte die wirtschaftliche Lethargie 1967 mit einer neuen wirtschaftspolitischen Leitidee: der Globalsteuerung, die er mit brillanter Öffentlichkeitsarbeit populär machte. Die Globalsteuerung als aktive Konjunkturpolitik sollte die in den 60er Jahren schwächer werdenden Wachstumsraten und stärkeren Konjunkturschwankungen mit aktiven staatlichen Eingriffen ausgleichen. Dazu verband die makroökonomische Steuerung, basierend auf der keynesianischen Theorie, Geld- und Kreditpolitik mit Finanzpolitik zu einem „Policy Mix". In regelmäßigen Treffen sollten außerdem die Träger wirtschaftspolitischer Entscheidungen die Grundlinien ihrer Politik abstimmen und einen breiten wirtschaftspolitischen Konsens ermöglichen. Mit den Worten von Karl Schiller war damit eine „Synthese von Freiburger Imperativ und keynesianischer Botschaft" gelungen.

Die gesetzliche Grundlage lieferte das „Gesetz zur Förderung der Stabilität und des Wachstums der Wirtschaft", das Stabilitätsgesetz, sowie die „Konzertierte Aktion" als institutionalisierter „Tisch der gesellschaftlichen Vernunft" (Karl Schiller). Ihre Feuertaufe bestanden Globalsteuerung und Konzertierte Aktion während der Krise 1967: Die Vollbeschäftigung konnte ohne Verletzung der Stabilität und unter Rückführung der bewußt hingenommenen Haushaltsdefizite rasch wiederhergestellt werden.

Sehr schnell trat jedoch in den 70er Jahren eine wirtschaftspolitische Ernüchterung ein: Das Jahrzehnt ging in die Geschichte der Bundesrepublik Deutschland als die Zeit währungspolitischer Turbulenzen, höchster Inflationsraten und dem Phänomen der Stagflation ein. Innen- und außenpolitische sowie wirtschaftliche Faktoren waren maßgebend:

Mit der Politik der „inneren Reformen" Brandts wurden zusätzliche öffentliche Güter und soziale Transfers bereitgestellt, der Personalbestand im Öffentlichen Dienst um fast eine Million erhöht; die Staatsquote stieg deutlich an. Übersteigerte Lohnforderungen der ÖTV und die Ölpreiskrisen 1973 und 1979 heizten die Inflation weiter an. Außenwirtschaftlich wurde die Bundesrepublik durch Inflationstendenzen aus dem Bretton-Woods-System fester Wechselkurse heraus unter Inflationsdruck gesetzt. Der Nachfragesog aus dem Ausland tat ein übriges, die Inflation von knapp zwei Prozent 1969 auf sieben Prozent 1974 anwachsen zu lassen. Mehr noch: Es kam zur sogenannten Stagflation: Hohe Inflation und wirtschaftliche Rezession traten gleichzeitig auf, Helmut Schmidts Diktum aus 1973: „Das deutsche Volk kann fünf Prozent Preisanstieg eher vertragen als fünf Prozent Arbeitslosigkeit" erwies sich aus wirtschaftswissenschaftlicher Sicht als nicht haltbar.

Auch kam es nach den Jahren praktischer Vollbeschäftigung zum Anstieg der Arbeitslosigkeit: Während der kurzen Wirtschaftskrise 1966/67 stieg die Arbeitslosigkeit auf eine halbe Million, 1975 auf mehr als eine Million, und 1983 auf etwa zwei Millionen Arbeitslose.

Auch aufgrund internationaler Forderungen an Westdeutschland, als Konjunkturlokomotive zu fungieren, wurde die Finanzpolitik Ende der 70er Jahre trotz steigender Haushaltsdefizite zusätzlich expansiv ausgerichtet. Folgen waren eine Schuldenquote 1980 von erstmals über 30 Prozent und Budgetdefizite 1980/82 von etwa vier Prozent Anteil am BSP.

Neben dem außen- und sicherheitspolitischen Streit kam es an den Fragen von Haushaltskonsolidierung und Reduzierung des Staatsanteils schließlich im Oktober 1982 zum Koalitionswechsel zur bis heute regierenden christliberalen Koalition. In den Folgejahren gelang es, wirtschaftspolitisches Vertrauen und innere Stabilität zurückzugewinnen: Die Staatsquote sank, Budgetdefizite und Netto-neuverschuldung konnten deutlich reduziert werden, das Wirtschaftswachstum stieg moderat, die Inflation sank kontinuierlich auf 0,6 Prozent 1987. Jedoch: Das Problem der Arbeitslosigkeit blieb der Wirtschaftspolitik trotz deutlicher Beschäftigungszunahme um drei Millionen Arbeitsplätze erhalten.

Die Bundesrepublik Deutschland war insgesamt auf die deutsche Vereinigung sehr gut vorbereitet: Solide Staatsfinanzen, hohe Leistungsbilanzüberschüsse mit hohem Netto-Auslandsvermögen und eine stabile Währung kennzeichneten die Volkswirtschaft am Ende der 80er Jahre. Darauf aufbauend gelang die Einheit ohne Gefährdung der inneren Stabilität und ohne gravierende Verwerfungen. Massive Finanztransfers von West nach Ost, finanziert über höhere Steuern und Abgaben sowie eine höhere Staatsverschuldung, gaben in Ostdeutschland unerläßliche Wachstumsimpulse.

Obwohl die Angleichung der Lebensverhältnisse in den jungen Bundesländern länger dauern wird als zu Beginn prognostiziert und erwartet, ist sie weit fortgeschritten: zahlreiche Infrastrukturmaßnahmen konnten bereits abgeschlossen, die Arbeit der Treuhandanstalt beendet werden, der Aufbau klein- und mittelständischer Unternehmen sowie die Erneuerung des überkommenden Kapitalstocks sind gelungen, das Wirtschaftswachstum lag über dem westdeutschen Wert, die Steigerung der Lebenshaltungskosten hat sich der Inflationsrate Westdeutschlands angenähert und die Erwerbstätigkeit ist, nach deutlichem Rückgang, stabilisiert.

Dennoch ist die wirtschaftliche Entwicklung in Ostdeutschland nicht zufriedenstellend, weil sowohl das Problem der Arbeitslosigkeit nicht gelöst werden konnte als auch das Wirtschaftswachstum deutlich an Dynamik eingebüßt hat. Zudem ist Ostdeutschland noch weitgehend abhängig von westlichen Finanztransfers, womit auch die Befürchtung verbunden ist, daß sich die Empfänger an die Subventionen zu sehr gewöhnen können. Dadurch würden die notwendigen Anpassungsmaßnahmen massiv behindert werden.

Wie lassen sich die Erfahrungen aus 50 Jahren Sozialer Marktwirtschaft in der Bundesrepublik zusammenfassen, und welche Anforderungen sind an die aktuelle Wirtschaftspolitik zu stellen?
Die erste Dekade der Bundesrepublik läßt sich als Jahre des Auf- und Ausbaus der Sozialen Marktwirtschaft, die ersten zwanzig Jahre als Prozeß von Normalisierung und Stabilisierung bezeichnen. Erhards Einsatz für die freiheitliche Gesellschafts- und Wirtschaftsordnung sowie seine konsequente marktwirtschaftliche Ordnungspolitik kennzeichnen die Wirtschaftspolitik der Wiederaufbaujahre. Wachstum, Stabilität und Abbau der Arbeitslosigkeit ergaben sich daraus quasi

wie von selbst. Die Soziale Marktwirtschaft bildete so die Grundlage für die erfolgreiche Meisterung weiterer Herausforderungen.

Aus den Erfahrungen verringerter realer Wachstumsraten und konjktureller Schwankungen in den 60er Jahren kam es zu einem Paradigmenwechsel bei der Wirtschaftspolitik: Dem Staat wurde die Aufgabe der aktiven Konjunkturbeeinflussung mittels makroökonomischer Globalsteuerung übertragen. Die praktische Wirtschaftspolitik vertraute jedoch allzu stark der sich ausbreitenden „Machbarkeit" antizyklischer Politik. Demgegenüber wurden monetäre Stabilität und marktwirtschaftliche Ordnungspolitik vernachlässigt. Zusätzlich wurde in der Reformeuphorie der ersten Jahre der sozialliberalen Koalition die Fiskalpolitik zur Ausweitung der Staatstätigkeit mißbraucht. Dies war auch ein Grund für die Rücktritte von Finanzminister Alex Möller 1971 und Karl Schiller 1972 als „Superminister" im Wirtschafts- und Finanzministerium. Auch die Konzertierte Aktion verlor an Glanz: Sie wurde immer seltener einberufen, bis sie die Gewerkschaften aus Protest gegen die Mitbestimmungsklage der Arbeitgeber vor dem Bundesverfassungsgericht 1976 verließen.
Mit dem Regierungswechsel 1982 wurde der marktwirtschaftlichen Ordnungspolitik wieder mehr Bedeutung in der Wirtschaftspolitik zugemessen. Der Abbau der staatlichen Verschuldung und die steuerliche Entlastung von Privatpersonen und Unternehmen schuf eine neue wirtschaftliche Dynamik, auf deren Grundlage sich die deutsche Vereinigung vollziehen konnte.

Erst die massiven Transfers von West nach Ost sicherten den Aufbau des wirtschaftlichen Potentials in Ostdeutschland. Somit wurden die Grundlagen für die wirtschaftliche Entwicklung gelegt. Nun muß die staatliche Förderpolitik gestrafft und auf investiven Einsatz umgeschichtet werden. Die Transferzahlungen müssen – für die neuen Bundesländer – berechenbar zurückgeführt werden. Insgesamt ist es Aufgabe der Wirtschaftspolitik, für einen klaren Weg in die Normalität zu sorgen.

In den 50 Jahren Sozialer Marktwirtschaft befand sich die westdeutsche Wirtschaft viermal in einer Rezession: Produktion und Nachfrage gingen 1966/67, 1974/75, 1980/82 und 1992/93 zurück. Nach jeweils relativ kurzer Zeitspanne waren Investitionen, Nachfrage und Wirtschaftswachstum wieder aufwärts gerichtet. Seit Mitte der 70er Jahre läßt sich jedoch das Phänomen der Sockelarbeitslosigkeit beobachten: Die rezessionsbedingte Arbeitslosigkeit verharrt nach der Krise deutlich über ihrem Ausgangsniveau. Zur Jahreswende 1996/1997 ist die Arbeitslosigkeit in Gesamtdeutschland auf vier Millionen Arbeitslose angestiegen. Prognosen zufolge ist auch in den Folgejahren nicht mit deutlichen Rückgängen zu rechnen.

Deshalb muß in den letzten Jahren dieses Jahrhunderts an die Stabilitätserfolge der Jahre 1982/89 angeknüpft werden. Die Konsolidierung der Staatsfinanzen muß konsequent auf allen Ebenen durchgeführt werden, um – wie vorgesehen – die Staatsquote sowie die Steuer- und Abgabenbelastung zur Jahrhundertwende auf den Stand vor der Vereinigung zu senken. Die Rückführung des Staates auf seine originären Aufgaben sowie eine umfassende Reform des Öffentlichen Dienstes unter Einschluß weiterer Personalabbaus und zurückhaltender Lohnpolitik sind in diesem ehrgeizigen Konsolidierungsprogramm unerläßlich. Erst dadurch läßt sich das „Problem der Arbeitslosigkeit als die Geißel der modernen Volkswirtschaften" (Ludwig Erhard 1949) lösen.

Die ordnungspolitische Frischzellenkur muß umgehend angegangen werden. Der globale Markt deckt unbestechlich und unnachgiebig die Schwächen des nationalen Standortes auf: Daß ausländische Direktinvestitionen einen Bogen um Deutschland machen, daß viele inländische Unternehmen ihre Produktionen auslagern und daß Deutschland relativ Weltmarktanteile im internationalen Handel verliert, sind konkrete Zeichen der Schwäche. Insofern ist die Globalisierung der Volkswirtschaften nicht die Ursache der umfassenden ordnungspolitischen Reformen, sondern stärkte das Bewußtsein für deren Notwendigkeit.

Somit steht Deutschland nicht nur im Kalender, sondern auch materiell vor einer Zeitenwende: Galt es zu Beginn der Bundesrepublik Deutschland, eine freiheitliche Gesellschafts- und Wirtschaftsordnung aufzubauen und zu erhalten, steht am „Vorabend" des 21. Jahrhunderts die Stärkung der Prinzipien der Sozialen Marktwirtschaft auf der Tagesordnung. Denn fest steht: Nur die Soziale Marktwirtschaft kann die Herausforderung der globalen Welt erfolgreich meistern. Aber es gilt auch: Es bedarf einer erneuerten, revitalisierten Sozialen Marktwirtschaft! Wie muß die Revitalisierung der Sozialen Marktwirtschaft aussehen?

• *Den Zwängen des Standortwettbewerbs können sich einzelne Unternehmen ebenso wenig entziehen wie ganze Standorte. Weder Abschottung gegen internationale Konkurrenz noch Kooperationen der betroffenen Länder können verhindern, daß Kapital, Arbeit und technisches Wissen an den Standort mit der höchsten Produktivität wandern. Deshalb müssen die Chancen, die die Globalisierung eröffnet, realisiert werden: Die Ausweitung des Handels und die verstärkte Arbeitsteilung ermöglichen höhere Produktivität und damit mehr Wohlstand. Dem Einzelnen müssen wieder mehr Freiräume für eigenverantwortliches Engagement eingeräumt werden. Deshalb müssen die staatlichen Aktivitäten wieder auf den Kern der staatlichen Aufga-*

ben in der Sozialen Marktwirtschaft zurückgeführt werden.

• Der Abbau von materiellen Regulierungen muß einhergehen mit einer personellen und administrativen Verschlankung des Staatsapparates. Mehr Effizienz, neue Steuerungsmethoden, Kostentransparenz, Controlling, Qualitätsmanagement und die Verwaltung als Dienstleister für Kunden sind die Stichworte hierfür.

• In diesen Bereich gehören auch die Privatisierung von staatlichen Beteiligungen und Leistungen. Die negativen Wirkungen der Subventionen sind hinlänglich erforscht: Sie reichen von der Beeinträchtigung der marktwirtschaftlichen Koordinierung und des Wettbewerbs über die Setzung falscher Signale an die empfangenen Unternehmen bis hin zur Schwächung der zahlenden Unternehmen. Obgleich der Bund „eine vergleichsweise konsequente Haltung in Sachen Privatisierung einnimmt", folgen die Länder „dem nur zögerlich, die Städte und Gemeinden so gut wie überhaupt nicht" (Monopolkommission 1994/1995). Privatisierungserlöse lassen sich zum Abbau der Staatsschulden einsetzen und würden so die Haushalte auf Dauer von Zins- und Tilgungslasten entlasten.

Um aber die ordnungspolitisch sinnvolle Subventionierung, beispielsweise als „Einkauf von Zeit" bei Strukturbrüchen, weiterhin zu ermöglichen, und dennoch zu vermeiden, daß Dauer- und Erhaltungssubventionen weiter Ausmaß nehmen, bedarf es eines Gesetzes zur Subventionsbegrenzung, wie von der Monopolkommission vorgeschlagen. Zeitliche Befristung der Subvention, Widerspruchsrecht gegen Subventionierung durch Konkurrenzunternehmen, Offenlegung der staatlichen Zahlungen, periodische Erfolgskontrolle der Subventionierung sowie die potentielle Rückzahlungspflicht könnten den Rahmen für die Subventionspolitik des Staates abstecken.

• Mit der Rückführung der staatlichen Aufgaben mittels Deregulierung, Privatisierung und Liberalisierung wird gleichzeitig eine Konsolidierung der Staatsfinanzen möglich. Dabei gehen vom Sparsignal positive Anreize für Erwartungen der Konsumenten und Investoren aus; langfristig ist die Sanierung Voraussetzung für die dauerhafte Verbesserung der Wachstums- und Beschäftigungsperspektiven.

• Die Verbesserung der Wachstums- und Beschäftigungschancen erleichtert die Verwirklichung einer umfassenden Steuerreform, die ihrerseits wiederum die Grundlage für höheres Wirtschaftswachstum legt. Die Steuerreform muß einerseits eine deutliche Senkung des Besteuerungsniveaus über den gesamten Tarifverlauf bewirken. Zweitens muß eine Vereinfachung des Steuersystems erfolgen. Und schließlich läßt sich mit der Steuerreform die Steuerstruktur verändern, hin zum Schwerpunkt auf indirekten Steuern, die als wachstumsfreundlicher gelten.

• Glaubte Ludwig Erhard einst noch, daß sich die erforderlichen sozialpolitischen Maßnahmen mit steigendem Wohlstand reduzieren ließen, verlagerte sich die Priorität in den Folgejahren zugunsten kollektiver Absicherung und breiter gesellschaftlicher Umverteilung. Inzwischen steht fest: Die derzeitige Höhe der Abgaben ist zu einer deutlichen Belastung für Erhaltung bestehender und Schaffung neuer Arbeitsplätze geworden. Notwendig ist, die Ordnungsprinzipien der Solidarität und der Subsidiarität neu zu definieren und wieder in ein vernünftiges Verhältnis zueinander zu bringen. Das soziale Sicherungssystem muß die Risiken, die der Einzelne nicht allein tragen kann, absichern, darf dagegen nicht selbst zum Risiko werden, Leistungsbereitschaft und Bereitschaft zu eigenen Anstrengungen müssen erhalten bleiben.

Dies bedeutet konkret für die gesetzliche Krankenversicherung und die gesetzliche Rentenversicherung:

In die gesetzliche Krankenversicherung müssen mehr Elemente der Eigenvorsorge, der Wahlfreiheit, des Wettbewerbs sowie der Vertragsautonomie integriert werden. Die vermeintlich kostenlose Krankenversicherung würde in anderem Lichte erscheinen, wenn die Bruttolöhne plus dem Arbeitgeberanteil an der Sozialversicherung dem Beschäftigten ausgezahlt würden. Dieser müßte dann selbst seine Abgaben abführen; zusätzlich ließe sich der Arbeitgeberanteil auf derzeitigem Niveau einfrieren.

Die gesetzliche Rentenversicherung muß zum „Drei-Säulen-Konzept" zurückgeführt werden: Die gesetzliche Rente als partielle Lohnersatzleistung muß ergänzt werden durch betriebliche Altersversorgung und private Eigenvorsorge. Darüber hinaus sind das Renteneintrittsalter an die gestiegene Lebenserwartung anzupassen und die beitragsfreien Anrechnungszeiten wieder eng zu definieren. Steigende Rentnerzahl und abnehmende Zahl der aktiv Beschäftigten erfordern eine Korrektur der Formel für die Rentenanpassung an die Lohnentwicklung. Die von Ludwig Erhard noch geachteten politischen Prinzipien der „Wahrheit und Klarheit" verlangen, daß die heutige Erwerbsbevölkerung rechtzeitig auf die notwendige ergänzende Eigenvorsorge hingewiesen wird.

Insgesamt bedarf es eines neuen Verständnisses gegenüber dem sozialen Ausgleich in der Sozialen Marktwirtschaft: Weniger die Entwicklung zum Versorgungsstaat mit umfassender staatlicher Garantie der materiellen Sicherheit, als vielmehr die auf individueller Verantwortung und Risikoabwägung beruhende Wettbewerbsordnung der Sozialen Marktwirtschaft wird langfristig die Herausforderungen der globalen Gesellschaft und Wirtschaft meistern.

• *Um dem Phänomen der Arbeitslosigkeit Herr zu werden, ist ein grundsätzliches Um-*

denken in der Arbeitsmarkt- und Lohnpolitik unerläßlich, bei dem alle Träger wirtschaftspolitischer Entscheidungen gefordert sind, flexiblere und betriebsnähere Vereinbarungen und Regelungen innerhalb der Flächentarifverträge zu treffen. Die tarifpolitischen Verhandlungspartner müssen sich dabei auf Spannen, Eckwerte und Mindestbedingungen konzentrieren und die konkrete Ausgestaltung den Betrieben überlassen. Dazu gehört die stärkere Differenzierung der Löhne nach Branchen, Regionen und der Qualifikation der Arbeitnehmer. Andererseits ist manche staatliche Regulierung auf den ordnungspolitischen Prüfstand zu stellen: So muß das „Günstigkeitsprinzip" um den übergeordneten Aspekt der Arbeitsplatzerhaltung und -neueinrichtung ergänzt werden, und bei der Nachwirkung von Tarifverträgen bei einem Verbandsaustritt ist eine Kürzung zu erörtern.

Alles in allem geht es bei den Änderungsvorschlägen um Reformen innerhalb der Tarifautonomie. Denn: Tarifautonomie und Flächentarifverträge gehören als Konkretisierung des Subsidiaritätsprinzips zur Sozialen Marktwirtschaft. Ordnungspolitische Zielsetzung der für hohe Beschäftigung Verantwortlichen muß es sein, mögliche Einkommensspielräume in mehr Beschäftigung umzusetzen und nicht wie bisher insbesondere den Insidern deutliche Realeinkommen zu ermöglichen.

Auch auf übernationaler Ebene steht die Soziale Marktwirtschaft vor bedeutenden Herausforderungen. Einerseits geht es in der Europäischen Union um die Realisierung der Europäischen Währungsunion und um eine harmonische Zusammenführung der Zielsetzungen von „Erweiterung" und „Vertiefung". Andererseits bedarf der globale Wettbewerb eines Regelwerkes zur Sicherung der marktwirtschaftlichen Ordnung.

• *Damit sich „Wohlstand für ganz Europa" realisieren läßt, muß die EU als „Europa der*

Stabilität" – in der Form der Geldwertstabi-
lität sowie der Stabilität der Finanzen – ent-
wickelt werden. Die Grundlage dazu ist mit
dem Vertrag von Maastricht sowie mit dem
inzwischen von den Staats- und Regierungs-
chefs grundsätzlich beschlossenen „Stabili-
täts- und Wachstumspakt" gelegt. Nun muß
dafür gesorgt werden, daß die Erfüllung der
Konvergenzkriterien als Eintritt in die Euro-
päische Währungsunion Priorität vor Ter-
minzwängen behält. Frühere Pläne für eine
europäische Währung konnten aufgrund
stark divergierender Wirtschafts- und Infla-
tionsentwicklung nicht verwirklicht werden.
Gerade diese Erfahrung aus den 70er Jahren
lehrt: Die nationalen Politiken müssen die
realwirtschaftliche Konvergenz durch Libera-
lisierung und Deregulierung der Märkte för-
dern.

• Die Erweiterung der EU nach Osten als
Wiederherstellung der Einheit Europas in
Freiheit ist als politische und wirtschaftliche
Notwendigkeit zu betrachten. Nicht nur Buch-
staben und Geist der Römischen Verträge so-
wie des Vertrages von Maastricht sehen die
Erweiterung vor. Auch zur Herstellung und
Sicherung stabiler Verhältnisse in den Re-
formstaaten ist die Erweiterung eine wichtige
Unterstützung – und kommt damit indirekt
auch Westeuropa zugute! Darüber hinaus ist
die Europäische Union bereits in ihrer jetzi-
gen Struktur an die Grenze ihrer Leistungs-
fähigkeit gelangt. Somit wäre eine Reform der
institutionellen und materiellen EU-Struk-
turen auch ohne Beitrittswünsche der osteu-
ropäischen Reformländer unabdingbar not-
wendig.

Eine erweiterte Gemeinschaft wird nur
funktionsfähig bleiben, wenn marktwirtschaftliche Ordnung mit funktionsfähigem
Wettbewerb, strenge Beachtung der Subsidiarität, offene Märkte sowie eine Balance zwischen europäischer Einbindung und nationaler Eigenständigkeit die tragenden Pfeiler der
Europäischen Union werden. Notwendig sind

die Verhinderung von Zentralismus, Dirigismus und Protektionismus. Deshalb bietet die
Erweiterung EU-europäischen Ländern die
Chance auf eine ordnungspolitische Frischzellenkur, den Reformstaaten bietet die Aus-
sicht auf EU-Mitgliedschaft wichtige Anreize
für eigene ordnungspolitische Anstrengungen.

• Der globale Wettbewerb erfordert auch ein
globales Regelwerk zur Sicherung der markt-
wirtschaftlichen Ordnung. Denn nur interna-
tionaler Wettbewerb und offene Märkte füh-
ren zu Wohlstandsgewinnen für alle Beteilig-
ten. Die Aussage, der internationale Stand-
ortwettbewerb führe zu einer „verhängnisvol-
len Abwärtsspirale" mißversteht den Zusam-
menhang zwischen Produktivität und Höhe
der Sozialleistungen. Unterschiedliche sozia-
le Niveaus wie auch unterschiedliche Um-
weltstandards stellen nämlich dann keine dis-
kriminierende Wettbewerbsverzerrung oder
gar Sozialdumping dar, wenn sie die nationa-
len Unterschiede bei der Produktivität und
den Einkommen widerspiegeln. Im Gegenteil:
Gerade die Unterschiede intensivieren Wett-
bewerb und internationale Arbeitsteilung, die
für beide Seiten von Vorteil ist: Freihandel
und internationale Arbeitsteilung sind näm-
lich kein Nullsummenspiel. Ordnungspoli-
tisch legitim sind dagegen Mindestnormen im
Bereich des Umweltschutzes sowie elementa-
re soziale Absicherungen, die die Menschen-
würde sichern. Die organische und marktkon-
forme Angleichung der sozialen und Umwelt-
bedingungen der Schwellen- und schwäche-
ren Länder an die Standards der entwickelten
Länder wird dann jeweils mit der wirtschaftli-
chen Entwicklung dieser Länder Schritt hal-
ten.

Die Revitalisierung der Sozialen Marktwirtschaft entsprechend der umrissenen
strukturellen Reformen ist angesichts der globalen Herausforderungen unerläßlich. Die
Umbaumaßnahmen in der sozialen Sicherung

dagegen beispielsweise nur als Demontage des Sozialstaates anzuprangern, ist eine Kritik der Kurzsichtigen. Langfristig sichern nur umfassende Reformen den Sozialstaat! Mit einem deutlichen und nachhaltigen Abbau der hohen Arbeitslosigkeit ist nämlich nur dann zu rechnen, wenn die Rahmenbedingungen für Investitionen und Beschäftigung am Standort Deutschland erneuert und flexibilisiert werden.

Soziale Marktwirtschaft wurde als freiheitliche Alternative zur Planwirtschaft einerseits und als soziale und solidarische Alternative zum Kapitalismus etabliert. Diese Gesellschafts- und Wirtschaftsordnung hat maßgebend zur inneren Stabilität und erfolgreichen Entwicklung in der Bundesrepublik Deutschland beigetragen. Es gilt also, die Prinzipien der Sozialen Marktwirtschaft zu stärken. Ludwig Erhard hat nach dem zweiten Weltkrieg konkret gezeigt, daß die freiheitlich-marktwirtschaftlichen Prinzipien der Sozialen Marktwirtschaft „Wohlstand für Alle" schaffen können. Seiner Botschaft Gehör zu verschaffen und die notwendigen ordnungspolitischen Anstrengungen zu unternehmen, sollte den politisch, wirtschaftlich und gesellschaftlich Verantwortung Tragenden Ansporn sein!

Dr. Klaus H. Scheufelen

VITA: Dr.-Ing. Klaus H. Scheufelen ist am 30. Oktober 1913 in Oberlenningen als Sohn des Papierfabrikanten Dr. rer. nat. Adolf Scheufelen und seiner Frau Paula, geb. Gossler, die ebenfalls aus einer Papiermacherfamilie stammt, geboren.

Dr.-Ing. Klaus H. Scheufelen studiert an der Technischen Hochschule Darmstadt Maschinenbau und Chemie und schließt 1937 mit dem Diplom als Papieringenieur ab. Anschließend ist er in der Industrie tätig. 1963 promoviert er an der Technischen Hochschule München.

Im August 1939 geht Scheufelen zur Wehrmacht. Ab 1942 ist er bei der Raketen-Entwicklungsanstalt Peenemünde, zuletzt als Leiter der Triebwerksentwicklung der gesteuerten Flakrakete „Wasserfall" und als Projektleiter der zum Einsatz freigegebenen ungesteuerten Flakrakete „Taifun", tätig. Von Anfang 1946 bis Ende 1950 arbeitet er als beratender Ingenieur für den selben Bereich in den USA.

Durch seinen Standort im New Yorker Raum kann Dr. Scheufelen neben seiner beratenden Tätigkeit in seinem Fachbereich sowohl aus seiner Kenntnis der deutschen als auch der amerikanischen Industrie ab 1948 bei der Einführung deutscher Produkte tätig sein.

Ende 1950 wird Dr. Scheufelen bei der Papierfabrik Scheufelen Geschäftsführer. Hier stellt er den Anschluß an den technischen Stand amerikanischer Fabriken her. Mit einer Reihe von Neuentwicklungen hält er die Position der Firma Scheufelen als Spitzenreiter auf dem Gebiet der Papierindustrie aufrecht. 1984 wechselt Dr. Scheufelen in den Verwaltungsrat.

Dr. Scheufelen tritt 1952 in die CDU ein und übt dort eine Reihe parteipolitischer Funktionen aus. Er ist u. a. Stellvertretender Vorsitzender des Fachausschusses für Wirtschaftspolitik und Gründungsvorsitzender des Bundeswirtschaftsrates der CDU e.V.

Von 1958 bis 1971 ist er Landesvorsitzender der CDU Nord-Württemberg und in dieser Eigenschaft dreimal Geschäftsführender Vorsitzender der CDU Baden-Württemberg während der Landtagswahlen und Regierungsbildung. Im Bundesvorstand der CDU ist er Vorsitzender der zeitweiligen Verwaltungs- und Finanzkommission, Kommissarischer Bundesschatzmeister und Verbindungsmann zur FDP.

In seiner Freizeit läuft er Ski und spielt Golf.

Für das Ludwig-Erhard-Buch erinnert sich der heute 83-jährige an seine Zeit mit dem „Vater der Sozialen Marktwirtschaft".

Erinnerungen an meine Zeit mit Ludwig Erhard

von Klaus H. Scheufelen

Von 1870 bis 1910 hat sich die Produktivität der Industrie in den USA und in Deutschland parallel entwickelt. Erst dann ist die Schere auseinandergegangen. Dies war die Folge der zunehmenden Wirkung des Kartellverbotes in den Vereinigten Staaten. Im Gegensatz dazu wurde in Deutschland durch die Kriegswirtschaft zwischen 1914 und 1918 die Kartellbildung weiter gefördert. In der Weimarer Republik setzte sich diese Konzentration fort.

Entsprechend stark war die Position der Wirtschaftsverbände und ihrer Geschäftsführer. Mit Hilfe dieser Einrichtungen konnten die Nazis 1933 den Übergang in die Planwirtschaft reibungslos vollziehen. Die Anweisungen des Reichswirtschaftsministeriums wurden über die Verbände und deren Geschäftsführer bei den einzelnen Firmen durchgesetzt. Diese lenkten praktisch die einzelnen Industrien.

Es war deshalb um so erstaunlicher, wie mir ausgerechnet vom Reichsgeschäftsführer der Papierindustrie die Vorzüge der Marktwirtschaft nahe gebracht wurden. Etwa 1938 sagte er: „Für meine persönliche Position ist die Planwirtschaft besser, für die Industrie ist es die Marktwirtschaft. In der Marktwirtschaft wird mehr geworben und der Papierverbrauch ist höher". Später wußte ich dann, daß er sich öfter mit Roland Risse getroffen hat, einem Journalisten, der schon zu dieser Zeit enge Beziehungen zu Ludwig Erhard hatte.

Derselbe Geschäftsführer ist zu Kriegsende als Bombenflüchtling in meinen Heimatort Oberlenningen gekommen. Er hat auch nach Kriegsende noch einige Zeit dort gewohnt. Eines Tages sagte er zu meinem Bruder: „Der bayerische Wirtschaftsminister Ludwig Erhard kann auf dem Weg nach Stuttgart hier vorbeikommen. Er würde gerne seine Ideen über die zukünftige Wirtschaft vortragen. Nach meiner Ansicht ist dies der kommende Mann." Mein Bruder hat einige Herren zusammengebracht, die von Erhards Ausführungen sehr beeindruckt waren.

Blick aus den USA: Marktwirtschaft war erste positive Meldung

Ich selbst war seit Kriegsbeginn bei der Wehrmacht und dort seit 1942 Entwickler von Luftabwehrraketen in Peenemünde. Deswegen war ich von 1946 bis Ende 1950 im selben Tätigkeitsbereich als beratender Ingenieur in den USA. In den Medien dort hörte man nur Negatives über Deutschland. Die erste positive Nachricht war 1948 die Einführung der Marktwirtschaft durch Ludwig Erhard.

Durch meine Tätigkeit in Peenemünde hatte ich Einblick in den Zustand der deutschen Industrie in den letzten Kriegsjahren, durch ähnliche Tätigkeit im Raketenprogramm der USA hatte ich vergleichbar mit vielen amerikanischen Unternehmen zu tun. Ich wohnte im Großraum New York. Als ab 1949 die ersten Deutschen zur Herstellung von Geschäftsverbindungen über den Atlantik kamen, wurde ich bei Verhandlungen hinzugezogen, um sicherzustellen, daß nach beinahe 20jähriger Abschottung dieselben Worte auch dasselbe meinten. Nicht zuletzt deswegen wußte ich bei meiner Rückkehr 1950, daß der Zustand der Industrie in Deutschland im Durchschnitt etwa 20 Jahre hinter dem der USA lag. Dieser Rückstand konnte nur mit einer Marktwirtschaft aufgeholt werden wie sie in den USA seit Einführung der Anti-Trust-Gesetzgebung herrschte.

Richtungsstreit in der Union: Kartellverbot oder Mißbrauchsregelung?

Ich bin 1952 in die CDU eingetreten. Ab 1954 habe ich in der Partei die Aufgabe übernommen, die Arbeit der Fachausschüsse der damals noch selbständigen vier baden-württembergischen Landesverbände zu koordinieren. Dadurch bin ich auch in den Bundesfachausschuß für Wirtschaftspolitik gekommen und wurde später Stellvertreter des Vorsitzenden Franz Etzel. Im Rahmen dieser Tätigkeit habe ich 1953 Ludwig Erhard kennengelernt. Der Fachausschuß war nach Gründung der Bundes-CDU 1950 aus dem Personenkreis hervorgegangen, der auf Initiative von Karl Arnold unter dem Vorsitz von Franz Etzel die Aufgabe hatte, christliche Soziallehre und soziale Marktwirtschaft miteinander zu vereinbaren. Ergebnis waren damals die „Düsseldorfer Leitsätze". Diese wurden von allen Landesverbänden der Union als Wahlprogramm zur Bundestagswahl 1949 übernommen. Damit waren die unterschiedlichen Programme der einzelnen Landesverbände und Gebietsorganisationen überholt. Auf der Basis der Düsseldorfer Leitsätze hat Eugen Gerstemaier auf dem Hamburger Parteitag das Parteiprogramm der CDU formuliert.

Die Fachausschüsse beraten den Bundesparteivorstand. Die Mitglieder werden auf Vorschlag der Landesverbände und Vereinigungen, aber auch anderer vom Parteivorstand berufen. Zur Meinungsbildung zu bestimmten Fragen und Gesetzen können nach derselben Methode Unterausschüsse gebildet werden, zu denen neben den Vertretern aus der Parteiorganisation solche aus den einzelnen Wirtschaftszweigen und der Wissenschaft dazukommen.

Da Franz Etzel das uneingeschränkte Vertrauen des Parteivorsitzenden Konrad Ade-nauer hatte, konnte er auf die Zusammensetzung Einfluß nehmen. Ein solcher Unterausschuß war der zur Kartellgesetzgebung, dem ich angehörte. Neben Personen aus den Parteigremien waren Unternehmensleiter der verschiedenen Industrien vertreten.

Die Geschäftsführer der Wirtschaftsverbände, aber auch manche Präsidenten, einschließlich des BDI, haben ihrer starken Stellung in der Planwirtschaft nachgetrauert. Deshalb haben sie versucht, das Kartellverbot, das die Voraussetzung für eine Marktwirtschaft ist, durch eine Mißbrauchs-Gesetzgebung zu unterlaufen. Auch der Verband meiner Industrie, der Zellstoff- und Papierindustrie, war gegen Kartellverbot und nur für Mißbrauchsregelungen. In diese Richtung wurde ziemlicher Druck ausgeübt. Die Lobby der Papierindustrie war im Unterausschuß zur Kartellgesetzgebung deutlich überrepräsentiert: Dr. Max H. Schmid, der Vorstandsvorsitzende von Zellstoff-Waldhof, vertrat in dem Beratungsgremium die Unternehmensleiter aus der Industrie, der Papierfabrikant Dr. Georg Haindl war als Vorsitzender des CSU-Wirtschaftsbeirates dabei. Ludwig Erhard und sein Mitstreiter Dr. Günter haben ihre Sache sehr überzeugend vertreten.

Marktwirtschaft bedeutet – siehe oben – höheren Papierverbrauch. Es war für mich deshalb ungeheuer spannend, wie Schmid und Haindl, die beide dem Vorstand des Papierverbandes angehörten, abstimmen würden: für die Interessen des Verbandes oder für die ihrer Firmen. Sie haben für das Kartellverbot gestimmt.

Marktwirtschaftler und christliche Gewerkschaftler

1958 wurde ich Landesvorsitzender des damals noch selbständigen CDU Landesverbandes Nord-Württemberg. Mein Stellvertreter war Franz Wiedemeier, ein christlicher Gewerkschaftler. Er war Kreisvorsitzender von Ulm und zeitweilig Fraktionsvorsitzender im Landtag. Auf Grund seines Einflusses konnte er dem parteilosen Ludwig Erhard 1949 nicht nur den sicheren Wahlkreis Ulm-Heidenheim, sondern auch den Platz Eins auf der Landesliste Württemberg-Baden anbieten. Er hat mir das handschriftlich geschriebene Aufnahmegesuch Ludwig Erhards in die CDU gezeigt.

Das höchste Gremium der baden-württembergischen CDU war die Konferenz der Vorsitzenden der damals noch selbständigen vier Landesverbände. Einer von ihnen hat abwechselnd die Position des Vorsitzenden für das ganze Land ausgeübt. Franz Gurk, der Vorsitzende von Nord-Baden, hatte bei Röpke promoviert; Eduard Adorno, der Vorsitzende von Württemberg-Hohenzollern, war als Hopfenbauer in einer der marktwirtschaftlichsten Branchen tätig; Anton Dichtel war wie Theo Blank und Franz Wiedemeier christlicher Gewerkschafter aus Westfalen. Ludwig Erhard und die Soziale Marktwirtschaft hatten in der baden-württembergischen CDU eine starke Hausmacht. Diese Haltung entspricht auch der wirtschaftlichen Struktur des Landes.

Ludwig Erhard hat sich auch an der programmatischen Arbeit des Landesverbandes beteiligt. Der Entwurf von Erwin Häussler, dem Vorsitzenden der Sozialausschüsse, und seinem Mitarbeiter German Stehle zur Vermögensbildung in Arbeitnehmerhand mit Sparförderung und Volksaktie ist als Antrag Erhard/Häussler und Consorten Gesetz geworden. Leider waren damals die deutschen Finanz-Institute nicht bereit, die notwendigen Einrichtungen zur Vermögensanlage zu schaffen. Bernie Cornfield hat später die Lücke wahrgenommen.

Einführung der Marktwirtschaft war Ritt über den Bodensee

Ludwig Erhard hat 1948 das Wochenende, an dem bestimmte Befugnisse von der Militärregierung abgegeben und von den deutschen Stellen noch nicht übernommen wurden, dazu benutzt, die Bewirtschaftung aufzuheben. Die Militärregierung hatte Änderungen an der Bewirtschaftung, jedoch nicht die Aufhebung, noch zustimmungspflichtig gemacht. Ludwig Erhard konnte General Clay von der Richtigkeit der Maßnahme überzeugen. Trotzdem war der Übergang von der Planwirtschaft in die Marktwirtschaft ein Ritt über den Bodensee.

Zunächst konnte auch die nach der Währungsreform übrig gebliebene Kaufkraft nicht befriedigt werden. Der Index der Kosten der Lebenshaltung ist vom Zeitpunkt der Aufwertung bis zum März 1949 um 30 % gestiegen, ohne daß die Löhne erhöht wurden. Ab da hat die Produktion aufgeholt, der Index ist gefallen und hat im Juni 1950, vor der Koreakrise, noch 97 % von dem Wert zum Zeitpunkt der Aufwertung betragen.

Der Verfall der Kaufkraft bis März 1949 hat zu Unruhen geführt. Der Anstieg ab März hat bis zur Bundestagswahl 1949 mitbewirkt, daß die Soziale Marktwirtschaft insgesamt positiv gesehen wurde und dazu beigetragen, daß die CDU/CSU stärkste Fraktion wurde.

Man kann sich darüber streiten, ob dies in einer reinen Demokratie auch so glatt gegangen wäre oder ob der Tatbestand, daß durch die Befugnisse der Militärregierung ein partiell-totalitäres System hilfreich war, dazu beigetragen hat.

Die Koreakrise brachte eine spektakuläre Verteuerung der Rohstoffe, während durch die längere Abwicklungszeit der Fertigproduktaufträge hier die Preise nicht stiegen.

Die Bundesrepublik kam in eine Devisenknappheit. Die Versorgung der Wirtschaft mit Rohstoffen war gefährdet. Aber auch diese Krise wurde überwunden. Ab da ging es in der Amtszeit von Ludwig Erhard als Wirtschaftsminister nur aufwärts. Es gab keinen Grund für Verteilungskämpfe. Dieser Erfolg ist u.a. auch dadurch möglich gewesen, daß es Ludwig Erhard gelungen ist, engagierte Mitstreiter zu finden. Im Ministerium waren es für die Ordnungspolitik der Staatssekretär

Müller-Armack und der Leiter der Grundsatz-Abteilung Dr. Lange.

Außenwirtschaft: Viele trauerten dem Amt Maltzan nach

Der Außenhandel mußte von praktisch null mit jedem einzelnen Land mit bilateralen Verträgen aufgebaut werden. Der aus der Wirtschaft kommende Staatssekretär Dr. Ludger Westrick hat in unendlicher Kleinarbeit in kurzer Zeit viele neue Handelswege erschlossen. Sein Verhandlungsgeschick wurde schnell weltbekannt. Da es kein Auswärtiges Amt gab, mußte mit dem Amt Maltzan eine eigene Auslandsorganisation beim Wirtschaftsministerium aufgebaut werden. Von den Mitarbeitern dieses Amtes wurden die Bemühungen der Wirtschaft um Auslandsmärkte hervorragend unterstützt.

Als mit seiner Gründung das Auswärtige Amt diese Funktionen wieder übernommen hat, haben viele dem Amt Maltzan nachgetrauert. Ludwig Erhards persönliche Referenten, Dr. Hohmann und Dr. Seibt, haben die Verbindungen zu Vertretern der Wirtschaft gepflegt. Innerhalb der CDU hat Franz Etzel die Soziale Marktwirtschaft in das Parteiprogramm eingebracht. Als Vorsitzender des Wirtschaftsausschusses im Bundestag haben er und Fritz Hellwig die Marktwirtschaft im Parlament vertreten. Alphons Horten hat mit der Organisation „Die Waage" über viele Jahre hinweg mit Zeitungsanzeigen der Bevölkerung die Soziale Marktwirtschaft näher gebracht. Kurt Schmücker hat mit der Vereinigung Mittelstand und dem Arbeitskreis Mittelstand in der Bundestagsfraktion für eine breite Unterstützung von Ludwig Erhard und der Sozialen Marktwirtschaft gesorgt.

Als die Ordnungspolitik sich mehr zu einem Problem des engeren Bereiches der Industrie und vor allem der Großindustrie entwickelte, Auswirkungen aber auf die ganze Wirtschaft hatte, wurde aus dem Bereich des Fachausschusses für Wirtschaftspolitik, der Verei-

nigung Mittelstand und der Rheinischen Wirtschaftsvereinigung heraus der Wirtschaftsrat der CDU e.V. gegründet. Franz Etzel, Alphons Horten und Kurt Schmücker gehörten zu den Gründungsmitgliedern. Alphons Horten wurde der Geschäftsführende Vorsitzende. Meine Aufgabe als Erster Vorsitzender war es, den Wirtschaftsrat der CDU e.V. mit dem parteiübergreifenden Programm der Sicherung und Weiterentwicklung der Sozialen Marktwirtschaft in die richtige Position zur CDU und ihren Vereinigungen zu bringen.

Als Wirtschaftsminister unangreifbar, als Bundeskanzler ...

Alles in allem war der Wirtschaftsminister Erhard in einer unangreifbaren Position. Das wurde anders, als Ludwig Erhard Bundeskanzler wurde. Das Bundeskanzleramt braucht eine laufende Abstimmung mit den Fraktionen und den Bundesländern und muß die Arbeit der Ministerien überwachen und koordinieren. In der Kombination Dr. Krone/Dr. Globke waren diese Positionen so besetzt, daß es reibungslos funktionierte. Ludwig Erhard glaubte, diese Funktionen durch Ludger Westrick lösen zu können. Das ist ohne parlamentarische Erfahrung und Kennen des Zusammenspiels aller Kräfte sehr schwierig.

Es war schnell zu spüren, daß die Kommunikation nicht mehr stimmte. Ein Bundeskanzler kommt nicht daran vorbei, sich mit einem Kabinettsmitglied, das in sich einen möglichen Nachfolger sieht, besonders gut abzustimmen. Die Situation war mit Außenminister Gerhard Schröder gegeben. Ludwig Erhard, für den diese Situation neu war, hat eine solche Abstimmung nicht gelegen.

Für Ludwig Erhard als Mann der Wirtschaft war es schwer, die Gleichgewichtigkeit der Beziehungen zu Frankreich und den USA in ihrer Gesamtheit zu sehen. Gerhard Schröder dachte in derselben Richtung. Es bestand die Gefahr, daß die Beziehungen zu Frankreich leiden könnten. Diese Situation hat nicht nur Konrad Adenauer, sondern auch eine zunehmende Zahl der Mitglieder des Parteivorstandes mit Sorge erfüllt.

„Militanter" Einsatz gegen Ludwig Erhards Personalvorschläge

Um die Regierungsbildung nach der Bundestagswahl 1965 im Allgemeinen und die angesprochenen personellen Probleme im Speziellen anzusprechen, wurde auf Vorschlag von Konrad Adenauer, damals noch Parteivorsitzender der CDU, eine Kommission von CDU und CSU gebildet. Diese Einrichtung ist beibehalten worden und heißt heute Strategie-Kommission. Sie bestand damals aus drei Vertretern des CDU-Parteivorstandes, drei Vertretern der CDU-Fraktion und drei Vertretern der CSU.

Für den CDU-Parteivorstand wurden Konrad Adenauer, der Geschäftsführende Vorsitzende Hermann Josef Dufhues und ich nominiert. Es hat mehrere intensive Sitzungen gegeben, deren zentrales Problem die personellen Fragen waren. Da ich zu Ludwig Erhard ein Vertrauensverhältnis hatte, konnte ich besonders deutlich werden. Es hat alles nichts geholfen, es blieb bei der bisherigen Besetzung.

Ludwig Erhard hat mir mein aggressives Verhalten nicht übelgenommen. Er hat mir nur am Ende gesagt: „Ich habe nicht gewußt, daß Sie so militant sein können." Am Ende der Verhandlungen habe ich beim Hinausgehen zu Franz Josef Strauß gesagt: „In dieser Zusammensetzung hält die Regierung kein Jahr." Er sagte: „So pessimistisch bin ich nicht, ich gebe ihr ein bis eineinhalb Jahre." Sie hat gerade 364 Tage überdauert.

Erhards späte Rückkehr auf Platz 1 der Landesliste

Die Schwächen der Regierung Erhard waren der Anlaß, nicht die Ursache der Beendigung der Koalition mit der FDP. Kurt Georg Kiesinger ist mit der Absicht nach Bonn gegangen, die Koalition mit der FDP fortzusetzen. Vor den Landtagswahlen in Bayern und Hessen waren die Gespräche mit der FDP unverbindlich. Die Kontakte mit der SPD gingen nicht über das Formale hinaus. Erst als durch den Einzug der NPD in die Landtage klar wurde, daß bei Neuwahlen wohl keine Regierungsbildung ohne die CDU möglich sein würde und eine Mehrheit gegen die CDU im bisherigen Bundestag als zu klein angesehen wurde, war die SPD im Gegensatz zur FDP zu konkreten Gesprächen bereit. Als die CDU nach Abschluß der Vorverhandlungen mit der SPD noch drei Tage erbeten hat, um mit der FDP zu sprechen, war diese nicht gesprächsbereit. Nach der für sie unbefriedigenden Bundestagswahl 1965 hielt die FDP einen Partnerwechsel für notwendig.

Ludwig Erhard ist nach seinem Rücktritt als Kanzler in der Öffentlichkeit wenig in Erscheinung getreten. Er ist aber Bundestagsabgeordneter geblieben und hat zu wichtigen Fragen Stellungnahmen erarbeitet.

Seit 1949 hat Ludwig Erhard die Landesliste von Baden-Württemberg angeführt. Erst 1969 kam der Kanzler-Kandidat Kurt Georg Kiesinger auf den Platz 1. Aber 1976 ist Ludwig Erhard in Würdigung seiner geschichtlichen Verdienste wieder auf die erste Stelle gerückt.

Alphons Horten

Alphons Horten ist am 9. November 1907 in Metz/Lothringen geboren. Er besucht das humanistische Gymnasium Benediktiner-Kloster Ettal. Die Unter- und Oberprima absolviert er im Bismarck-Gymnasium in Berlin. Anschließend studiert er Volkswirtschaft an der Universität Berlin.

Im Jahre 1930 wird er Geschäftsführer bei der „Erste Deutsche Knäckebrotwerke Dr. W. Kraft" in Berlin-Lichterfelde. Für das Unternehmen ist er ab dem 1. Oktober 1931 in Burg bei Magdeburg tätig und ab dem 1. Januar 1935 wieder in Berlin. Nach Kriegsende ist die erste Station des Flüchtlings Alphons Horten Binningen bei Singen, dann geht er nach Oeflingen in Baden.

Im Jahre 1947 wird er Vertreter für Deutschland bei der Geigy AG, Basel. Zum 1. Januar 1949 wird er Geschäftsführer der Firma Basica GmbH in Frankfurt am Main. Anschließend ist er ab 1950 für das Familienunternehmen J. Weck & Co als Geschäftsführer tätig.

Seit dem Jahre 1936 ist Alphons Horten befreundet mit Ludwig Erhard. In den Jahren 1952 bis 1957 regt er die große Aufklärungskampagne „Die Waage" für die Soziale Marktwirtschaft an und ist an ihrer Durchführung maßgeblich beteiligt. Er wird 1948 Mitglied im Bund Katholischer Unternehmer, dem er später als Vorstandsmitglied angehört. Er ist 1963 Mitbegründer des Wirtschaftsrates der CDU und ist dessen Geschäftsführender Vorsitzender bis 1969. Von 1965 bis 1972 ist er Mitglied des deutschen Bundestages CDU; Alphons Horten ergreift die Initiative für die Gründung des Wissenschafts-Zentrums in Berlin und des Gesetzes für die Förderung freiwilliger sozialer Hilfsdienste. Von 1966 bis 1968 ist er Schatzmeister des CDU-Landesverbandes Rheinland. Nach seinem Ausscheiden aus dem Bundestag ist er seit 1973 in verschiedenen Einzelinitiativen aktiv, u. a. im Gesprächskreis deutscher und französischer Unternehmer (Comité Guerlain). Unter Beteiligung des damaligen Präsidenten der „Bundesvereinigung deutscher Arbeitgeber", BDA, Hanns-Martin Schleyer, und – nach dessen Ermordung – seines Nachfolgers Hermann Esser, ist Alphons Horten für die BDA tätig.

Im November 1981 siedelt Alphons Horten in die Schweiz über. Er ist Ehrenmitglied der Ludwig-Erhard-Stiftung e.V., Bonn.

Erinnerungen an Ludwig Erhard

von Alphons Horten

Ludwig Erhard kannte ich seit 1937. Damals hatte ich Näheres über die neuartigen Methoden der Marktanalyse gehört, die die heute noch existierende Gesellschaft für Konsumforschung unter Leitung von Prof. Vershofen entwickelt hatte. Da ich sehr daran interessiert war, die Marktaussichten für einen neu zu entwickelnden Markenartikel und die für seine Propagierung zu verwendenden Argumente zu erfahren, besuchte ich Ludwig Erhard, den Leiter des der GfK angeschlossenen Instituts für Wirtschaftsbeobachtung in Nürnberg. Im Zusammenhang mit einem dem Institut daraufhin erteilten Auftrag kam es zu wiederholten langen Diskussionen. Diese führten zu einem immer engeren freundschaftlichen Verhältnis, so daß Erhard mich bei seinen häufigen Aufenthalten in Berlin regelmäßig besuchte.

Nach dem Anschluß Österreichs beauftragte der mit der Leitung der Wirtschaftspolitik betraute Gauleiter Bürkel aus Saarbrücken Erhards Nürnberger Institut mit der Erstellung eines Gutachtens über Möglichkeiten zum weiteren Ausbau der Konsumgüterindustrie in Österreich. Dieses Gutachten fand große Beachtung und veranlaßte Bürkel, Erhard zwei Jahre später als wirtschaftlichen Berater für die Konsumgüterindustrie in Lothringen zu verpflichten. Da Bürkel Erhard freie Hand ließ, konnte dieser dort weitgehend seine eigenen Ideen verwirklichen. So führte er ein Patenschaftssystem zwischen deutschen und lothringischen Unternehmen ein. Ohne die Eigentumsverhältnisse zu verändern, erhielt jedes lothringische Unternehmen ein deutsches Unternehmen als Paten, um die Wiederaufnahme der Produktion zu beschleunigen und weiterhin zu fördern. Auf diese Weise ermöglichte Erhard in Lothringen die Produktion von Konsumwaren bis anfangs 1944, als einer kleinen Oase freier Wirtschaft innerhalb des streng regulierten großen deutschen Wirtschaftsbereichs. Auf Anregung von Erhard übernahm eine unserer Familie gehörende Glashütte in der Mark Brandenburg die Patenschaft einer Glashütte in Saarburg. Dort kam es sehr bald zu einer guten Zusammenarbeit mit dem Inhaber, der uns nach dem Kriege seinerseits sogar bei unserem Wiederaufbau im Westen etwas geholfen hat. Bei einem Besuch bei Erhard im August 1940 in Saarbrücken besichtigten wir zuerst die als Patenbetrieb vorgesehene Glashütte und fuhren dann, nach einem für die damalige Zeit ungewöhnlich delikaten Mittagessen, mit einem Umweg über Metz, durch die von Erhard so geliebte lothringische Landschaft zurück. Von Saarbrücken nahm Erhard übrigens sehr bald die Beziehung zur Familie Münch im Elsaß auf. Sie war mit Albert Schweitzer verwandt, den Erhard noch aus der Zeit vor dem Kriege kannte.

In den letzten Kriegsjahren war Erhard häufig in Berlin und besuchte dort einmal mit mir Goerdeler, den er schon 1935, noch als Oberbürgermeister von Leipzig, kennengelernt hatte. Nach dem 20. Juli 1944 war Erhard, der für Goerdeler ein Wirtschaftsprogramm ausgearbeitet hatte, sehr besorgt, daß diese Verbindung entdeckt würde, mit unter Umständen sehr ernsten Konsequenzen für ihn.

Nach dem Kriege kam ich mit Erhard erst wieder in engere Verbindung, als er im Herbst 1947 zum Leiter der Stelle für Geld und Kredit berufen wurde. Damals besuchte ich ihn mehrfach in der MacNair-Kaserne in Höchst, dem Sitz der Wirtschaftsverwaltung der englisch/amerikanischen B-Zone. Sehr eng wurde unser Verhältnis, als Erhard 1949 nach Bonn übersiedelte, wo auch ich inzwischen eine neue Heimat gefunden hatte.

Aus den Jahren um die Währungsreform möchte ich nur einige Erinnerungen auffrischen:

• Henry Luce, der Begründer und Inhaber des TIME MAGAZIN, erzählte mir in den 50er Jahren, daß er 1947 mit dem damaligen bayerischen Wirtschaftsminister Erhard von München nach Nürnberg gefahren wäre. Die Ruinen und Zerstörungen, die sie dabei passierten, veranlaßten ihn, den Wagen an einer besonders markanten Stelle anhalten zu lassen, um auszusteigen und das ganze Elend besser besichtigen zu können. Erhard sei unterdessen ruhig im Wagen sitzen geblieben und habe genußvoll eine Zigarre geraucht. Als Luce wieder zu ihm einstieg und sein Entsetzen über diese Trümmerlandschaft ausdrückte, habe Erhard ganz ruhig entgegnet: „Ich mache mir darüber keine Sorgen. Die Hauptsache ist, daß wir bald zu einer freien Markt- und Wettbewerbswirtschaft kommen. Dann wird es hier in 10 Jahren wieder ganz normal und wahrscheinlich besser als vorher aussehen". „Als ich dies hörte", sagte Luce in etwa, „hatte ich wirklich das Gefühl, mit einem theoretisierenden Professor ohne Kontakt mit der ernsten Wirklichkeit zu sprechen. Ich konnte nicht ahnen, daß dieser Professor einige Jahre später das deutsche Wirtschaftswunder ermöglichen und führend gestalten würde. Seine Worte ließen schon damals einen unbeirrbaren Glauben an die Kräfte einer freien Wirtschaft und Gesellschaft erkennen".

• 1951 fand in Düsseldorf ein Streitgespräch zwischen Erhard und dem damaligen Wirtschaftsminister von Nordrhein-Westfalen,

Nölting, statt. Erhards Gegner protestierten so lautstark mit wüstem Gebrüll, daß er seine Rede unterbrechen mußte und die schlimmsten Erinnerungen an die Jahre 1931/32 aufkamen. Am Tage darauf, erzählte mir Erhard, habe der frühere Reichstagspräsident Paul Loebe, der als Berliner Abgeordneter dem Bundestag angehörte, ihn dort angesprochen und um Entschuldigung für diesen die ganze deutsche Öffentlichkeit erschreckenden Vorgang gebeten, mit der Bemerkung: „Ich habe große Sorgen um meine Partei, das darf so nicht weitergehen; auf mich können Sie sich verlassen, ich stehe hinter Ihnen".

• Im Jahre 1960 besuchte ich, eingeführt von Erhard, in New York den früheren amerikanischen Oberbefehlshaber General Clay, damals Gesellschafter im Bankhaus Lehman Bros. Bei dieser Gelegenheit befragte ich ihn über die Vorgänge bei der einseitigen Aufhebung der Bewirtschaftung der Konsumgüter durch Ludwig Erhard. Er bestätigte, daß die damalige Militärregierung Erhard die größten Vorwürfe wegen seines selbständigen Vorgehens gemacht und an seine Absetzung gedacht habe. Die ruhige und souveräne Verteidigung Erhards habe ihn aber doch davon überzeugt, daß man, wenn auch mit großen Vorbehalten, die von Erhard getroffenen Maßnahmen akzeptieren solle. Dies habe er gegen den heftigen Widerspruch seiner englischen und französischen Kollegen schließlich durchgesetzt. Daraufhin sagte ich Clay, daß er damit eine Entscheidung von weltgeschichtlicher Bedeutung getroffen habe. Es sei gar nicht abzusehen, was sich ereignet hätte, wenn anstelle von Erhard ein Planwirtschaftler wie Agartz, befangen in überholten Ideologien, nach der Währungsreform die deutsche Volkswirtschaft geleitet hätte. Clay dürfe stolz darauf sein, daß er damit durch entschlossenes Handeln ein zweites Mal den Lauf der Weltgeschichte entscheidend beeinflußt habe: Die von ihm durchgesetzte Luftbrücke während der Blockade Berlins war die erste erfolgreiche Aktion der freien Welt gegen Stalin, und die von ihm erzwungene Bestätigung Erhards ermöglichte den überraschend schnellen wirtschaftlichen Aufstieg der Bundesrepublik, als unwiderleglichen Beweis für die grundsätzliche Überlegenheit der Sozialen Marktwirtschaft über die damals noch weithin anerkannten marxistischen Theorien. Nach einem Worte von Wilhelm Roepke war dies der Todesstoß für den Marxismus in aller Welt. Clay freute sich über diese Feststellung und sagte, daß er die weitreichenden Folgen seiner Unterstützung Erhards für die gesamte Weltwirtschaft erst später in ihrer vollen Bedeutung erkannt habe.

• Heute, wo wir uns an Exporte von 60 Milliarden DM im Monat gewöhnt haben, fällt es schwer, sich zu vergegenwärtigen, unter welch beengten und schwierigen Bedingungen Erhard nach der Währungsreform arbeiten mußte. Im Jahre 1948 betrug der deutsche Export 600 Mio Dollar. Erhard setzte sich das Ziel, ihn 1949 auf 1,8 Milliarden Dollar zu verdreifachen. Dieses Volumen sollte dann 1950 auf 3,6 Milliarden verdoppelt werden. Während eines Mittagessens in unserem Hause Ende Januar 1951 wurde Erhard ans Telefon gerufen. Er kam mit strahlendem Gesicht zurück und berichtete, daß das Ministerium ihm die Zahlen von 1950 mitgeteilt habe: Der Export 1950 hatte 4,5 Milliarden Dollar erreicht, lag also 25 % über dem ursprünglichen Plan.

Zu einer besonders engen Zusammenarbeit mit Erhard in den 50er Jahren kam es im Zusammenhang mit der großen Aufklärungsaktion DIE WAAGE. Reaktionen wie bei der Auseinandersetzung Erhard/ Nölting, Durchführung eines Generalstreiks für die Wiedereinführung der Zwangswirtschaft und maßlose Angriffe in der Öffentlichkeit gegen die „Ungerechtigkeit" einer freien Wirtschaft zeigten deutlich, daß das Verständnis der Bevölkerung und der öffentli-

chen Meinung für Erhards Wirtschaftspolitik noch völlig ungenügend war. Erhard war sich deshalb darüber im Klaren, daß gar nicht genug geschehen könne, um die Öffentlichkeit über die wahren Zusammenhänge der Wirtschaft aufzuklären. Er ging deshalb mit voller Zustimmung darauf ein, als ich die Durchführung einer großzügigen Aufklärungsaktion über die Soziale Marktwirtschaft vorschlug. Mit meinen Freunden Franz Greiss, Präsident der Industrie- und Handelskammer Köln und Fritz Jacobi, Vorstandsmitglied von Bayer-Leverkusen, gründeten wir deshalb „Die Waage, Gemeinschaft zur Förderung des sozialen Ausgleichs e. V.". Es gelang uns, einen Betrag von DM 50.000,- zu beschaffen, um die Pläne für die uns vorschwebende Aufklärungsaktion mit dem hervorragenden Werbeberater H. W. Brose auszuarbeiten. Wir konnten Erhard damit bald ein konkretes Programm vorlegen, das er begeistert akzeptierte und mit hohem persönlichem Einsatz förderte.

Mit seinem Einführungsbrief an befreundete Großunternehmer wie Philipp Reemtsma, Geyer (ESSO), Schmid (Waldhof) u. a. kam es zunächst zu Besuchen, um sie zur Übernahme der Kosten für die geplanten Anzeigen zu gewinnen. Mit einem Aufwand von insgesamt 2,5 Mio DM begann dann im Winterhalbjahr 1952/53 die erste Etappe dieser Aufklärungsaktion. Sie diente vor allem auch der Propagierung des Büchleins von Hans Otto Wesemann über die Soziale Marktwirtschaft, das im Laufe der Zeit in 3 Mio Exemplaren verbreitet wurde. Diese sachliche Aufklärung über Wesen und Vorteile der Sozialen Marktwirtschaft hatte ein starkes Echo und beeinflußte nachweisbar die öffentliche Meinung im positiven Sinne.

Besonders erfolgreich waren in den späteren Jahren Anzeigen in der Form von Dialogen zwischen „Fritz und Otto", die in klarem, verständlichem Für und Wider aktuelle Wirtschaftsfragen diskutierten. Eine auf Baden-Württemberg beschränkte Aktion in diesem Stil hat mit großer Wahrscheinlichkeit einen Streik verhindert und zu einem vernünftigen Kompromiß der Sozialpartner geführt. Da es für Greiss, Jacobi und mich, mit Rücksicht auf unsere vielseitigen anderen Verpflichtungen, nicht möglich war, eine derartige Aktion auf die Dauer privat weiterzuführen, schlugen wir BDI und BDA vor, ihrerseits diese Form der Aufklärung zu übernehmen. Leider ist man auf diese Vorschläge nicht eingegangen und hat statt dessen das „Institut der deutschen Wirtschaft" gegründet. Erhard bedauerte diese Entwicklung sehr und benutzte das Instrument der Waage nur noch gelegentlich zu persönlichen Stellungnahmen in wichtigen wirtschaftlichen Fragen, z. B. während der Suez-Krise mit einer Anzeige: Zahlen Sie keine „Suez"-Preise!

Der Gedanke an eine großzügige überparteiliche Aufklärungsaktion für die Soziale Marktwirtschaft ist erst wieder in den 70er Jahren von Hanns-Martin Schleyer aufgenommen worden. Als erster gemeinsamer Präsident von BDI und BDA war er einige Wochen vor seiner Entführung und nachfolgenden Ermordung fest entschlossen, diese große Aufgabe anzugreifen. Leider bot sich nach seinem Tode keine Möglichkeit mehr, diese Absicht zu verwirklichen, obwohl sachliche Aufklärung über Volkswirtschaft und Sozialpolitik heute dringender wäre denn je.

Der große Erfolg der Erhard'schen Wirtschaftspolitik lag keineswegs allein in einigen grundsätzlichen Maßnahmen nach der Währungsreform, wie heute vielfach angenommen wird. Abgesehen davon, daß in der bald einsetzenden Korea-Krise selbst die Militärregierung die Wiedereinführung der Zwangsbewirtschaftung verlangte, was Erhard nur mit Mühe verhindern konnte, mußte er auch in den nachfolgenden Jahren immer wieder große Widerstände überwinden und

darüber hinaus die öffentliche Meinung durch Aussprachen, Reden und Artikel von der Richtigkeit seines Weges überzeugen.

Es ist heute nur noch wenigen bewußt, welche Erschütterungen damals die Währungsreform, verbunden mit der Einführung einer freiheitlichen Wirtschaft, verursachte. In den ersten fünf Jahren verlor jeder Zweite seinen Arbeitsplatz und mußte eine neue Tätigkeit finden. Die beschleunigte Öffnung der Grenzen mit dem Wegfall der Zollschranken traf ganze Industriezweige sehr hart. Ich erinnere mich an eine Tagung der Textilindustrie im Kurhaus Bad Neuenahr, wo der Präsident die berechtigten schweren Sorgen seiner Industrie vortrug und Erhard dringend um Hilfe bat. Erhard erklärte daraufhin, daß er nicht einen Industriezweig, wenn er auch noch so schwer benachteiligt würde, bevorzugen könne; wir müßten alle die Folgen einer plötzlichen Umstellung unserer Wirtschaft ertragen, um damit eine erfolgreiche Zukunft zu sichern. Schwere, auch persönliche Opfer seien nach dem verlorenen Krieg unvermeidlich. Erhards Rede war so überzeugend und mitreißend, daß er jubelnden Beifall fand. Ein anderes Mal erlebte ich den Besuch von Vertretern der Gemüsebauern aus dem Vorgebirge bei Bonn, die angesichts schärfster Konkurrenz aus Holland Schutzmaßnahmen forderten. Erhard lehnte erneut alle Sonderregelungen ab und begründete diese Haltung überzeugend. Er schloß mit den Worten: „Wissen Sie, was Ihnen fehlt, meine Herren? Mut! Ihre Arbeit muß doch nicht schlechter sein als die der Holländer". Auch diese Rede fand großen Beifall. Das sind nur zwei Beispiele für die unermüdliche Aktivität Erhards in den entscheidenden Jahren nach 1948.

Daneben erlebte ich seinen Kampf für eine freiheitliche Regelung des Wettbewerbs gegen ein Kartellgesetz, wie es von großen Teilen der Wirtschaft und auch der Bundesregierung gewünscht wurde. Ein Höhepunkt dieses Kampfes war eine Zusammenkunft auf dem Petersberg bei Bonn, wo führende Unternehmer öffentlich Erhards Politik unterstützten.

Unter den vielen Auseinandersetzungen um eine freiheitliche Wirtschaftspolitik sind mir noch gut in Erinnerung die Differenzen um die Höherbewertung der DM im Jahre 1961, gegen die auch der führende deutsche Bankier Abs argumentierte. Die von Erhard geforderten Veränderungen erschütterten viele sicher scheinende wirtschaftliche Positionen, beseitigten Besitzstände, an die man sich gewöhnt hatte und verlangten manches schwere Opfer. Erst langsam erkannte man die befreiende Wirkung des Wettbewerbs mit seinem Zwang zu höchster eigener Leistung. Wenn Erhard nicht gegen all diese Widerstände, zuweilen auch von Seiten Adenauers, durchgehalten hätte, wäre der damalige mitreißende Schwung der wirtschaftlichen Entwicklung durch lähmende Kompromisse empfindlich geschwächt worden. Diese überragende persönliche Leistung Erhards wird heute von vielen – auch Universitätsprofessoren – übersehen.

Wie hoch das Ansehen Erhards inzwischen im Ausland gestiegen war und er weitgehend als Autorität anerkannt wurde, erlebte ich während der Suez-Krise 1956. Damals traf ich zufällig in Hamburg den Vorstandsvorsitzenden der deutschen BP, Ohrnstein, der gerade aus London von einer Sitzung der großen Ölkonzerne zurückgekommen war. Er erzählte mir, daß man dort wie gebannt nach Bonn schaue und auf Erhard hoffe, da eine Bewirtschaftung ohne Bonn nicht möglich wäre. England und Frankreich hätten bereits die staatliche Reglementierung des Heizöls beschlossen, die auch in Deutschland von vielen für notwendig gehalten würde. Alles hing von der Entscheidung Erhards ab, der am darauffolgenden Tage die-

se Rückkehr zur Zwangswirtschaft in einem wesentlichen Wirtschaftsbereich ablehnte und den Kräften des freien Marktes unerschütterlich vertraute. Die Entwicklung gab ihm recht und bestätigte sein sicheres Urteil.

Unsere freundschaftliche Verbindung in den folgenden Jahren wurde dadurch belebt, daß sie Erhard oft Gelegenheit bot, in privatem Rahmen wichtige Gesprächspartner zu treffen. Hier ist vor allem der bekannte Nationalökonom und Sozialwissenschaftler Prof. Goetz Briefs zu erwähnen, der 1934 Berlin verlassen und eine Professur an der Georgetown-Universität in Washington D.C. übernommen hatte. Es war für Erhard wichtig, von ihm, der jedes Jahr für einige Monate nach Deutschland kam, vor allem über die Verhältnisse in den USA unterrichtet zu werden. Daneben schätzte er regelmäßige Kontakte in privater Atmosphäre mit Alexander Rüstow, Pater Gundlach, dem maßgebenden Vertreter der katholischen Soziallehre u.v.a..

Zu Beginn der 60er Jahre hatte Prälat Forster, Leiter der Katholischen Akademie in Bayern, im Hotel Drei Mohren in Augsburg eine nicht öffentliche, zweitägige Aussprache über katholische Soziallehre und Soziale Marktwirtschaft veranlaßt. Unter dem Vorsitz von Goetz Briefs diskutierten Vertreter beider Richtungen über dieses aktuelle Thema, u. a. Prof. Müller-Armack auf der einen und Pater Gundlach auf der anderen Seite. Erhard war aufs höchste befriedigt, als Goetz Briefs ihm danach berichten konnte, daß von den Vertretern der katholischen Soziallehre die Soziale Marktwirtschaft als die unter den gegebenen Verhältnissen bestmögliche Wirtschaftsform bestätigt worden war.

Unvergeßlich bleibt mir das letzte Zusammentreffen von Erhard und Goetz Briefs im Herbst 1973. In stundenlanger Diskussion wurde die Situation Deutschlands besprochen. Man beklagte die Entwicklung der

Sozialpolitik, obwohl der damalige Zustand noch bei weitem günstiger war als heute. Erhard sah in der immer deutlicheren Tendenz zum Versorgungsdenken eine Gefährdung der freien Wirtschaft, vor allem aber auch die Schwächung des Gefühls für die persönliche Verantwortung des Einzelnen. U. a. diskutierten beide auch lange über die Nachteile der Wiedereinführung des Verhältniswahlrechts nach dem nur in wenigen Punkten verbesserten Weimarer-System. Es erschwere die Bildung klarer Mehrheiten und zwinge damit zu ständigem Kompromiß nach langwierigen Verhandlungen. Das Regieren werde dadurch in oft unerträglicher Weise belastet. Nicht zuletzt beklagten sie auch die oft untragbare Verfälschung des Begriffs „Wissenschaft" in der allgemeinen Diskussion. Was heute z. B. in Wirtschafts- und Sozialpolitik ohne ausreichende Kenntnis der Realitäten, „wissenschaftlich" begründet und gefordert werde, sei oft geradezu grotesk.

Das letzte Mal war ich mit Ludwig Erhard im Frühjahr 1977 in meiner Bonner Wohnung zusammen. Nach einem gemütlichen Abendessen mit seinen Lieblingsgerichten kam es zu einem Gespräch von mehreren Stunden. Erhard erzählte nicht nur aus seiner Jugend und von Erlebnissen während des 1. Weltkrieges, sondern sprach auch voller Sorge über die Gefährdung der Sozialen Marktwirtschaft und der Notwendigkeit, sie weiter zu entwickeln in einer sich wandelnden Weltwirtschaft. Darüber hinaus kamen wir auf Weltanschauung und Philosophie zu sprechen, wobei das vom Elternhaus überkommene starke christliche Fundament bei ihm deutlich zu erkennen war.

Diese unvergeßliche Begegnung mit Ludwig Erhard bot ein einmaliges Bild der Größe und Fülle seiner Persönlichkeit als Staatsmann, Wissenschaftler und Mensch.

Auf diese Erinnerungen an Erhard will ich mich beschränken und anläßlich seines 100. Geburtstages zum Ausdruck bringen, daß ich die jahrzehntelange Freundschaft mit ihm zu den großen Glücksfällen meines Lebens rechne. Ohne Erhard hätte der Adenauer'schen Politik das sichere Fundament in der Bevölkerung gefehlt, als wichtigste Bedingung für seinen Erfolg, der dann wiederum wesentliche Voraussetzung für die Wiedergewinnung der deutschen Einheit unter Helmut Kohl gewesen ist.

Andreas Schirmer

VITA:

Andreas Schirmer ist am 29. November 1959 in Köln geboren. Seine Schullaufbahn in Köln schließt er 1979 mit dem Abitur ab.

Nach dem Wehrdienst studiert er an der Universität Göttingen Wirtschafts- und Sozialwissenschaften. Er examiniert als Diplom-Sozialwirt und wird 1990 wissenschaftlicher Mitarbeiter an einem Forschungsprojekt zur Währungsumstellung. Danach ist er für zwei Jahre in der Erwachsenenbildung tätig, ehe er im Oktober 1992 wissenschaftlicher Mitarbeiter bei der Ludwig-Erhard-Stiftung wird.

Andreas Schirmer lebt in Troisdorf. Er ist verheiratet und Vater einer Tochter.

Wissenschaftler und Politiker:
Ludwig Erhard

von Andreas Schirmer

Ludwig Wilhelm Erhard wurde am 4. Februar 1897 in Fürth geboren. Er starb am 5. Mai 1977 in Bonn. Aufstieg aus Trümmern, allmählich wachsender Wohlstand, internationale Anerkennung: Der legendäre Begründer der Sozialen Marktwirtschaft und des „deutschen Wirtschaftswunders" prägte nachhaltig die Nachkriegsgeschichte der Bundesrepublik.

Weder eine politische noch eine akademische Laufbahn waren abzusehen, als Ludwig Erhard Schul- und Lehrzeit beendete. Er wuchs mit drei Geschwistern – einer Schwester und zwei Brüdern – in Fürth auf. Sein Vater, Philipp Wilhelm Erhard, war auf einem kleinen Bauernhof in der Rhön aufgewachsen. Nach Lehre, Gehilfenzeit und als Vertreter im Textilhandel hatte sich Philipp Wilhelm Erhard 1888 in Fürth niedergelassen. Im gleichen Jahr heiratete er die Tochter eines Seilermeisters aus Fürth, Augusta Friederika Anna Hassold, und eröffnete als selbständiger Kaufmann ein Wäschegeschäft.

Was lag näher, als daß auch Sohn Ludwig eines Tages als Kaufmann im elterlichen Textilgeschäft arbeiten würde? Nach der Mittleren Reife schlug er zunächst genau diesen Berufsweg ein und begann mit der Lehre in einem Nürnberger Textilwarengeschäft. Anfang 1916 begann Erhards Kriegsdienst beim 22. Königlich Bayerischen Feldartillerieregiment. Er kämpfte in den Vogesen, in Rumänien und in Flandern. Erhard überstand während dieser Einsätze eine Fleckfiebererkrankung und einige kleinere Blessuren. Im September 1918 hatte er weniger Glück: Eine Artilleriegranate verletzte ihn schwer an der linken Schulter. Eine lange Zeit der Genesung begann – sie dauerte bis weit nach Kriegsende.

Um seine Genesungszeit zu nutzen, hörte Erhard Vorlesungen an der Handelshochschule in Nürnberg. Die Hochschule nahm am 15. Oktober 1919 den Lehrbetrieb auf. Ludwig Erhard gehörte zu den ersten 180 Studenten, die sich an der Hochschule eingeschrieben hatten. Sein erster akademischer Lehrer wurde der liberale Wissenschaftler Wilhelm Rieger, Gründungsrektor der Handelshochschule. 1922, nach fünf Semestern, schloß Erhard das Studium als Diplom-Kaufmann ab. In seiner Diplomarbeit untersuchte er die volkswirtschaftliche Bedeutung des bargeldlosen Zahlungsverkehrs. Zu den Examenskandidaten gehörte auch Luise Schuster, geb. Lotter, seine spätere Ehefrau. Die junge Witwe – ihr Mann war im Krieg gefallen – und Ludwig Erhard kannten sich bereits aus den Fürther Kindertagen. Zeitzeugen zufolge waren sie ein glückliches Ehepaar, das allenfalls über Ludwig Erhards Rauchgewohnheiten stritt.

Da die Nürnberger Hochschule 1922 noch kein Promotionsrecht hatte, wechselte Erhard an die Universität nach Frankfurt. Sein wissenschaftlicher Ehrgeiz war geweckt. Er schrieb sich für Volkswirtschaftslehre und Soziologie bei Franz Oppenheimer ein. Der Ordinarius für Soziologie und theoretische Nationalökonomie stand dem nichtmarxistischen Flügel der Sozialdemokraten nahe. Oppenheimer selbst bezeichnete sich als liberalen Sozialisten. Erhard promovierte bei ihm 1925 zum Dr. rer. pol. über „Wesen und Inhalt der Werteinheit".

Erhard hatte bis zu diesem Zeitpunkt bereits einiges erlebt: Krieg, Zusammenbruch des Reiches, Weimarer Reichsgründung, Niedergang der Wirtschaft. Die Inflation zu Beginn der zwanziger Jahre hatte schließlich auch das Geschäft der Eltern vernichtet. Der berufliche Weg des Dr. Erhard war alles andere als sicher. Wie und wovon Erhard in dieser Zeit lebte, das weiß bis heute niemand.

Die Jahre 1928 bis 1945

Eine Wende zum Besseren zeichnete sich 1928 ab. Erhard wurde Assistent am „Institut für Wirtschaftsbeobachtung der deutschen Fertigware" bei Wilhelm Vershofen in Nürnberg. Das Institut finanzierte sich mit Marktforschung und wissenschaftlichen Untersuchungen für die Verbrauchsgüterindustrie. Erhard arbeitete dort bis 1942: Zunächst als wissenschaftlicher Assistent, dann als Abteilungsleiter und schließlich als Mitglied der geschäftsführenden Leitung. Erhard gehörte 1934 auch zu den Mitbegründern der „Gesellschaft für Konsumforschung (GfK)"; er bildete mit Vershofen und Erich Schäfer den ersten Vorstand der noch heute in Nürnberg aktiven GfK.

Erhard interessierte sich in diesen Jahren besonders für Fragestellungen der Wirtschaftsordnung und der Wirtschaftspolitik. Zudem gewann er am Institut wichtige Erkenntnisse aus der empirischen Marktbeobachtung, ein damals noch junger Fachbereich der Wirtschaftswissenschaften. Da sich Erhard weigerte, den Organisationen der NSdAP oder ihr angeschlossenen Vereinigungen beizutreten, mußte er auf eine akademische Karriere verzichten. Er quittierte 1942 seinen Dienst am Institut und gründete mit Unterstützung von Persönlichkeiten aus der Industrie eine eigene Forschungseinrichtung, das „Institut für Industrieforschung". Dort erarbeitete Erhard unter anderem ein Konzept

für den wirtschaftlichen und politischen Neubeginn: Nach einem Führererlaß von 1942 eine streng verbotene Beschäftigung.

In seiner 1943/44 fertiggestellten Studie „Kriegsfinanzierung und Schuldenkonsolidierung" sagte er deutlich, daß er den Krieg für verloren hielt. Seine Denkschrift bezeichnete er als „Plan der Überführung der Kriegswirtschaft in eine neue Friedenswirtschaft" – eine lebensgefährliche Formulierung. Das Ergebnis der Untersuchung war für damalige Verhältnisse sensationell.
Nahezu exakt schätzte Erhard die Kriegsverschuldung auf 400 Milliarden Reichsmark – eine Summe, die von den Nationalsozialisten als Staatsgeheimnis erster Ordnung sorgsam gehütet wurde.

Erhard stellte in seiner Studie fest, daß „das erstrebenswerte Ziel in jedem Fall die freie, auf echtem Leistungswettbewerb beruhende Marktwirtschaft" sei. Ganz klar resümierte er auch, daß „erst eine Währungsneuordnung die Grundlage für eine gesunde Wirtschaft bilden kann." Erhards Untersuchung wurde in Widerstandskreisen bekannt. Aufgrund der Denkschrift empfahl Carl Goerdeler in seinem politischen Testament Erhard ausdrücklich als geeignete Persönlichkeit für den Aufbau der neuen Ordnung.

Der Krieg ist zu Ende

Ein deutscher Wirtschaftsexperte, der auf dem Boden einer freien marktwirtschaftlichen Ordnung stand und sich nicht durch den Nationalsozialismus kompromittiert hatte – davon gab es nach Kriegsende nur wenige. Die Amerikaner schlugen den parteilosen, politisch unbelasteten Erhard zum Staatsminister für Wirtschaft in der provisorischen bayerischen Landesregierung vor.
Nach den Landtagswahlen 1946 wurde dieses Amt von einem Sozialdemokraten übernommen.

Erhard lehrte nach diesem Intermezzo in der Landespolitik als Honorarprofessor an der Universität München. Kaum im Universitätsalltag eingelebt, erhielt Erhard im Oktober 1947 eine Berufung in die Sonderstelle Geld und Kredit und wurde zu ihrem Leiter ernannt. Die Sonderstelle sollte Vorschläge für eine Währungsreform erarbeiten. Bei der Währungsreform am 20. Juni 1948 beachteten die Alliierten den als „Homburger Plan" bekannten Entwurf allerdings nur zum Teil.

Noch während seiner Amtszeit als Leiter der Sonderstelle nahm Erhards Karriere eine erneute Wendung. Er wurde im März 1948 zum Direktor der Verwaltung für Wirtschaft gewählt – in der Zeit eine der einflußreichsten wirtschaftspolitischen Positionen, die ein Deutscher in der Bizone erreichen konnte.

Als auf Beschluß der Alliierten am 20. Juni 1948 die Währungsreform erfolgte, verband Erhard sie eigenmächtig mit einer Wirtschaftsreform. Er setzte die Preisbindung außer Kraft und hob die staatliche Bewirtschaftung für viele Güter auf. Erhard hatte durch sein Handeln Tatsachen geschaffen, obwohl die Frage der künftigen Wirtschaftsordnung in den westlichen Zonen noch keineswegs geklärt war. Durch Erhards mutige Entscheidung war der Weg frei für die Soziale Marktwirtschaft.

Seitdem ist der Name Ludwig Erhard untrennbar mit dem Begriff „Wirtschaftswunder" verknüpft – ein Terminus, den er stets ablehnte. Für ihn war das Wunder die Folge einer umfassend bedachten Konzeption und konsequenter Politik. Wo es wundersam zugeht, ist das Geschehene nicht zu erklären. Der „Vater des Wirtschaftswunders" warnte: „Hat etwa das seichte Gerede vom deutschen Wunder in unseren Köpfen wirklich die mystische Vorstellung erweckt, daß wir zaubern könnten?"

Die Bilanz seines Handelns aufgrund klarer wissenschaftlicher Konzeption ist eindrucksvoll. Hohe Zuwachsraten beim Bruttosozialprodukt, steigende Reallöhne, stabile Preise, Vollbeschäftigung, Auf- und Ausbau des deutschen Außenhandels sowie ausgeglichene Staatshaushalte.

Der „Dicke mit der Zigarre"

Neben dem sichtbaren Erfolg als Wirtschaftsminister war es vor allem der Respekt vor der fachlichen Kompetenz des „Dicken mit der Zigarre", der seine Popularität begründete. So verwundert es kaum, daß von ihm neue Impulse, eine liberale Ära nach dem Ende der Amtszeit Adenauers erwartet wurden. Mit Mut, Zuversicht und Optimismus – so meinte man – könne Erhard die Stagnation beenden, in die das politische Leben der Bundesrepublik zu fallen drohte. Am 16. Oktober 1963 wählte ihn der Deutsche Bundestag mit großer Mehrheit zum Bundeskanzler.

Während seiner dreijährigen Kanzlerzeit gelang es Erhard, vieles zu initiieren und zu bewirken: Stabilisierung des inneren Friedens in der Bundesrepublik, Anstöße für eine neue Deutschland- und Ostpolitik, Festigung der Integration innerhalb der Europäischen Gemeinschaft, Aufnahme der diplomatischen Beziehungen zu Israel. Nicht zuletzt die Friedensnote im März 1966 dokumentierte aller Welt, daß die Bundesrepublik vorbehaltlos für eine dauerhafte Friedenssicherung eintrat.

Sein kollegialer Führungsstil, seine Abneigung, von seiner politischen Macht Gebrauch zu machen, erwiesen sich für den Alltag im Kanzleramt jedoch als Hemmnis. Erhards „laxe" Einstellung gegenüber der Partei erschwerte seine Arbeit zusätzlich. Sein Verhältnis zu Parteien definierte Erhard folgendermaßen: „Wer zu unabhängig denkt, gilt nicht als parteifromm. Ich galt immer als Mann, der für die Partei wenig Interesse hatte". Statt des indirekten Wegs über Parteien bevorzugte Erhard den direkten Kontakt mit den Bürgern.

Dieses Politikverständnis bedeutete aber, daß er keine parteiinterne Hausmacht besaß. Die Wahlkampflokomotive, die bei der Bundestagswahl 1965 nur knapp die absolute Mehrheit verfehlte, wurde nach und nach auf das Abstellgleis geschoben. Erhards politische Mitstreiter in der CDU ließen ihn zugunsten parteitaktischer Überlegungen im Stich – die „Große Koalition" spukte in vielen Köpfen.

Als Erhard während der Beratungen für den Haushalt 1967 nachdrücklich dafür eintrat, Staatsdefizite nicht durch höhere Staatsverschuldung, sondern durch Steuererhöhungen zu finanzieren, witterten parteiinterne Kontrahenten Morgenluft – die Zeit schien reif für den Kanzlersturz. Dem kam Erhard zuvor: Am 30. November 1966 trat er zurück. Das Kleben am Amt um den Preis der persönlichen Integrität kam für ihn nicht in Frage.

Bis zu seinem Tod gehörte Ludwig Erhard dem Deutschen Bundestag an.

Ludwig Erhard

I.

1897	Ludwig Wilhelm Erhard wird in Fürth als 3. Kind des Textilkauf-manns Wilhelm Philipp Erhard und seiner Ehefrau Augusta Friederika Anna, geb. Hassold, am 4. Februar geboren.
1903 - 1913	Besuch der Volksschule und der „Kgl. Bayerischen Realschule mit Handelsabteilung" in Fürth.
1913 - 1916	Kaufmannslehre in Nürnberg.
1916 - 1918/19	Teilnahme am 1. Weltkrieg (schwere Verwundung).
1919 - 1922	Studium an der Handelshochschule in Nürnberg.
1922 - 1925	Studium an der Universität Frankfurt am Main; Promotion bei Franz Oppenheimer im Dezember 1926.
1923	Heirat mit Luise verw. Schuster geb. Lotter am 11. Dezember; Geburt der Tochter Elisabeth am 10. März 1926.
1925 - 1928	Geschäftsführer im elterlichen Betrieb.
1928 - 1942	Wissenschaftlicher Assistent, Schriftleiter, Mitglied der geschäfts-führenden Leitung und Stellvertreter des Leiters in dem von Wilhelm Vershofen geführten „Institut für Wirtschaftsbeobachtung der deut-schen Fertigware" in Nürnberg. 1935 gründete Ludwig Erhard zusammen mit Wilhelm Vershofen und Erich Schäfer die Gesellschaft für Konsumforschung in Nürnberg.
1940 - 1944	Erhard betreut im Auftrag der deutschen Zivilverwaltung die lothrin-gische Glasindustrie.
1942	Erhard verläßt das „Institut für Wirtschaftsbeobachtung"; er gründet das private „Institut für Industrieforschung", das von der Reichs-gruppe Industrie finanziert wird.
1944 März	Fertigstellung der Denkschrift „Kriegsfinanzierung und Schuldenkonsolidierung".
Juli	Übersendung der Denkschrift unmittelbar vor dem 20. Juli an Carl Goerdeler, der in einem im August auf der Flucht verfaßten Memo-randum seinen Freunden Erhard als Berater empfiehlt.

II.

1945	18./19. April	Die Amerikaner besetzen Fürth, Erhard stellt sich ihnen zur Verfügung.
	22. Oktober	Ernennung Erhards zum „Staatsminister für Wirtschaft" im bayerischen Kabinett Hoegner.
1946	16. Dezember	Rücktritt der Regierung Hoegner nach verlorenen Landtagswahlen.
1947	31. Januar	Einsetzung eines Parlamentarischen Untersuchungsausschusses über Mißstände im bayerischen Wirtschaftsministerium zur Zeit Erhards; der im Herbst vorliegende Abschlußbericht bescheinigt Erhard volle moralische Integrität, kritisiert aber organisatorische Mängel im Ministerium.
	10.Oktober	Erhard wird Leiter der Expertenkommission „Sonderstelle Geld und Kredit" bei der Verwaltung für Finanzen der britisch-amerikanischen Bizone.
	7. November	Erhard wird Honorarprofessor an der Universität München.
1948	2. März	Der Wirtschaftsrat wählt Erhard zum „Direktor der Verwaltung für Wirtschaft".
	21. April	Programmrede Erhards vor dem Wirtschaftsrat.
	18. Juni	Der Wirtschaftsrat verabschiedet das Gesetz über Leitsätze für die Bewirtschaftung und Preispolitik nach der Geldreform.
	20. Juni	Währungsreform; Erhard leitet in der Bizone die Aufhebung der Bewirtschaftung und die Freigabe der Preise ein.
1949	23. Mai	Verkündung des Grundgesetzes.
	21. Juni	Erhard erklärt sich bereit, die CDU-Landesliste in Württemberg-Baden anzuführen; er kandidiert darüber hinaus als CDU-Direktkandidat im Wahlkreis Ulm/Heidenheim, ohne der CDU beizutreten.
	15. Juli	Die CDU der britischen Zone übernimmt Erhards Wirtschaftsprogramm in ihre „Düsseldorfer Leitsätze"; sie werden von der CDU der drei Westzonen als Wahlkampfplattform verwendet.
	14. August	Wahlen zum 1. Deutschen Bundestag.

III.

	15. September	Der Bundestag wählt Adenauer zum Bundeskanzler.
	20. September	Adenauer betont in seiner Regierungserklärung die Soziale Marktwirtschaft. Erhard wird Wirtschaftsminister.
1951	Oktober	Erster Kartellgesetzentwurf Erhards.
	6. März	Die USA (McCloy) verlangen von Adenauer zur Bewältigung der Folgen des Korea-Krieges, „eine bedeutsame Modifizierung der Marktwirtschaft".
	27. März	Adenauer lehnt in seiner Antwort an McCloy den Übergang zu einer rüstungsbezogenen staatlichen Wirtschaftslenkung ab.

1952	25. Juli	Die Montanunion tritt in Kraft; Erhard wird Mitglied des Minister-rates.
	14. August	Die Abkommen über den Beitritt der Bundesrepublik zur Weltbank sowie zum Internationalen Währungsfonds werden unterzeichnet und treten damit für Deutschland in Kraft;
	14. August	Erhard wird deutscher Gouverneur der Weltbank.
	Oktober	Erhard beruft Alfred Müller-Armack ins Bundeswirtschafts-ministerium.
1953		Im Jahr 1953 erscheint Erhards Buch „Deutschlands Rückkehr zum Weltmarkt".
	6. September	Wahlen zum 2. Deutschen Bundestag.
	20. Oktober	Im 2. Kabinett Adenauer wird Erhard wieder Wirtschaftsminister.
1954	Ende	In der Bundesrepublik herrscht Vollbeschäftigung.
1955	5. Mai	Ende des Besatzungsstatus, Inkrafttreten der Pariser Verträge, die Bundesrepublik wird souverän.
	13. September	Rede Erhards bei der 10. Jahresversammlung der Weltbank und des IWF in Istanbul über Entwicklungshilfe.
	19. Oktober	Regierungserklärung Erhards zum ersten, die „Maßhalte"-Politik flankierenden, Konjunkturprogramm der Bundesregierung: konjunk-turelle Dämpfungsmaßnahmen zur Preisstabilisierung.
1956	23. Mai	Rede Adenauers vor dem Bundesverband der Deutschen Industrie (BDI) im Kölner Grüzenich mit scharfer Kritik an der Konjunk-turpolitik der Bank Deutscher Länder, Erhards und Schäffers.
	22. Juni	Erhard begründet vor dem Bundestag das zweite Konjunktur-programm der Bundesregierung.
1957	21. Januar	Der Bundestag verabschiedet die Rentenreform (in Kraft rück-wirkend zum 1. Januar); Erhards am Produktivitätsfortschritt orien-tierte dynamische Rentenformel kommt darin nicht zum Zuge.
	Februar	Erhards Buch „Wohlstand für Alle" erscheint.
	21. März	Erhard kritisiert im Bundestag den EWG-Vertragstext, hält das Vertragswerk aber aus politischen Gründen für zustimmungsfähig.
	15. September	Die Wahlen zum 3. Deutschen Bundestag bringen der CDU/CSU die absolute Mehrheit.
	29. Oktober	Erhard wird im 3. Kabinett Adenauer Vizekanzler, Vorsitzender des Wirtschaftskabinetts und wieder Wirtschaftsminister.
1958	1. Januar	Das Kartellgesetz tritt in Kraft. Die Römischen Verträge treten in Kraft.
	29. Dezember	Freie Konvertibilität der DM.
1959	24. Februar	Adenauer schlägt gegen Erhards Willen dessen Kandidatur für das Amt des Bundespräsidenten vor.
	3. März	Erhard lehnt eine Kandidatur für die Bundespräsidentenwahl end-gültig ab.
	7. April	Adenauer erklärt seine Kandidatur für das Amt des Bundes-

		präsidenten, die er am 4. Juni wieder zurückzieht (am 1. Juli wird in Berlin Lübke gewählt).
1960	27. September	Erhard fordert vor der Weltbank eine Entwicklungshilfe-Politik im Sinne der „Hilfe der Selbsthilfe".
1961	6. März	Aufwertung der DM gegenüber dem US-Dollar um 4,75 Prozent (1 Dollar = 4 DM).
	17. September	Wahlen zum 4. Deutschen Bundestag.
	10. Oktober	Der EWG-Ministerrat beginnt in Paris mit den Beratungen über einen britischen EWG-Beitritt; als amtierender Präsident betont Erhard den Zwang zum Erfolg und den Zusammenhang von europäischer Integration und atlantischer Gemeinschaft.
	14. November	Im 4. Kabinett Adenauer wird Erhard wieder Vizekanzler, Vorsitzender des Wirtschaftskabinetts und Wirtschaftsminister.
1962		Im Jahr 1962 erscheint Erhards Buch „Deutsche Wirtschaftspolitik".
1963	22. Januar	Adenauer und de Gaulle unterzeichnen in Paris den deutsch-französischen „Elysee"-Vertrag.
	29. Januar	Abbruch der EWG-Beitrittsverhandlungen mit Großbritannien; Erhards Kommentar im deutschen Fernsehen: „Eine schwarze Stunde Europas".
	28. Februar	Die Bundesregierung legt für 1963 zum ersten Mal einen Wirtschaftsbericht mit volkswirtschaftlicher Gesamtrechnung vor.
	23. April	Die CDU/CSU-Bundestagsfraktion nominiert mit 159 Ja-Stimmen gegen 47 Nein-Stimmen bei 19 Enthaltungen Ludwig Erhard zum Kanzlerkandidaten.
	16. Mai	Der Bundestag ratifiziert den deutsch-französischen Vertrag mit einer die deutsch-französische Exklusivität mildernden Präambel, für die sich auch Erhard eingesetzt hat.
	14. August	Gesetz über die Bildung eines Sachverständigenrats zur Begutachtung der gesamtwirtschaftlichen Entwicklung.
	15. Oktober	Adenauer tritt zurück.

IV.

1963	16. Oktober	Der Bundestag wählt Erhard mit 279 gegen 180 Stimmen bei 24 Enthaltungen zum Bundeskanzler.
	17. Oktober	Erhard stellt dem Bundestag sein Kabinett vor. Unterzeichnung eines deutsch-rumänischen Protokolls über die gegenseitige Errichtung von Handelsvertretungen; eine deutsche Handelsvertretung in Bukarest

		wird am 6. Mai 1964 eröffnet.
	18. Oktober	Regierungserklärung Erhards vor dem Bundestag; er kündigt eine „Politik der Mitte und der Verständigung" und einen neuen politischen Stil an.
	9. November	Deutsch-ungarisches Handelsabkommen; eine deutsche Handelsvertretung in Budapest wird am 15. Juli 1964 eröffnet.
	21./23. Nov.	Erster Arbeitsbesuch Erhards bei dem Staatspräsidenten Frankreichs Charles de Gaulle in Paris.
	22. November	Ermordung des amerikanischen Präsidenten Kennedy.
	17. Dezember	Das erste Passierscheinabkommen für Berlin, das bis 5. Januar 1964 gilt, wird mit Zustimmung der Bundesregierung unterzeichnet.
	24. Dezember	Deutsch-rumänisches Handelsabkommen.
	28. - 29. Dez.	Erhard besucht den amerikanischen Präsidenten Lyndon B. Johnson in Texas.
1964	14. Februar	Konstituierung des Sachverständigenrates zur Begutachtung der gesamtwirtschaftlichen Entwicklung in Bonn.
	6. März	Deutsch-bulgarisches Handelsabkommen; eine deutsche Handelsvertretung in Sofia wird am 19. Oktober 1964 eröffnet.
	11. Juni	Erhard verneint in New York deutsche territoriale Forderungen gegenüber der Tschechoslowakei.
	3. - 4. Juli	De Gaulle fordert in Bonn von Erhard eine Option für Europa gegen die USA, was Erhard ablehnt.
	12. Juli	Bedeutsame Rede auf der Schlußkundgebung des CSU-Parteitages in München.
	3. September	Moskau gibt bekannt, daß Chruschtschow die Bundesrepublik besuchen werde.
	14. Oktober	Sturz Chruschtschows.
	18. Oktober	Erste Sitzung des „Sonderkreises".
	4. November	Das Bundeskabinett lehnt eine Verlängerung der Verjährungsfristen für NS-Verbrechen gegen die Stimme Erhards ab.
1965	19.-20. Januar	Erhard trifft mit de Gaulle auf Schloß Rambouillet zusammen.
	24. Februar- 2. März	Ulbricht besucht die Vereinigte Arabische Republik; der ägyptische Präsident Nasser versucht eine formelle Anerkennung der DDR zu umgehen.
	7. März	Erhard kündigt die Aufnahme diplomatischer Beziehungen zu Israel und die Einstellung der Wirtschaftshilfe für Ägypten an.
	25. März	Der Bundestag legt den Beginn der Verjährungsfrist für NS-Verbrechen auf 1. Januar 1950 (Eintritt der Verjährung also am 31. Dezember 1969).
	31. März	13. CDU-Parteitag in Düsseldorf; Erhard stellt sein Konzept einer Formierten Gesellschaft vor.
	12. Mai	Aufnahme diplomatischer Beziehungen mit Israel.
	13. Mai	Die arabischen Staaten außer Tunesien, Marokko und Libyen brechen

		die diplomatischen Beziehungen zur Bundesrepublik ab.
	18. - 28. Mai	Staatsbesuch der britischen Königin Elisabeth II. in der Bundesrepublik.
	19. September	Bei den Wahlen zum 5. Deutschen Bundestag erreichen CDU/CSU 47,6 Prozent; SPD 39,9 Prozent und FDP 9,5 Prozent.
	20. Oktober	Der Bundestag wählt Erhard zum Bundeskanzler.
	10. November	Erhard gibt vor dem Bundestag seine Regierungserklärung ab, ein „Programm der Sparsamkeit und der Nüchternheit".
1966	9. März	Das Bundeskabinett erteilt Finanzminister Dahlgrün/FDP den Auftrag, ein „längerfristiges Haushaltsprogramm" vorzulegen.
	23. März	Die CDU wählt Erhard zu ihrem Bundesvorsitzenden.
	25. März	Die „Friedensnote" der Bundesregierung enthält Abrüstungs- und Friedenssicherungsvorschläge und bietet den Ostblockstaaten Gewaltverzichtsverträge an, beharrt aber aus völkerrechtlichen Gründen auf den deutschen Grenzen von 1937 bis zu einem Friedensvertrag.
	10. Juli	Die Landtagswahlen in Nordrhein-Westfalen enden mit starken CDU-Verlusten, die Erhard und der Kohlenkrise angelastet werden.
	14. - 15. Sept.	Der Bundestag berät in erster Lesung das Stabilitätsgesetz.
	15. September	Der Rücktritt des Kanzleramts-Ministers Westrick wird bekannt.
	24. - 28. Sept.	Erhard verhandelt in Washington erfolglos mit Präsident Johnson über einen Zahlungsaufschub beim Devisenausgleich (Stationierungskosten).
	26. Oktober	Letzte Kabinettssitzung der kleinen Koalition; die FDP-Minister (ohne den abwesenden Scheel) stimmen einer Kabinetts-Erklärung zum Haushaltsausgleich für 1967 zu.
	27. Oktober	Scheel tritt wegen der am Vortag gefallenen Haushaltsentscheidung zurück, die übrigen FDP-Minister schließen sich auf Druck der FDP-Bundestagsfraktion an.
	10. November	Die CDU/CSU-Bundestagsfraktion nominiert Kiesinger zum Bundeskanzler-Kandidaten.
	1. Dezember	Erhard tritt als Bundeskanzler zurück.

IV.

1966	1. Dezember	Der Bundestag wählt Kiesinger zum Bundeskanzler einer großen Koalition aus CDU/CSU und SPD.
1967	10. Mai	Das Stabilitätsgesetz passiert den Bundestag.
	24. Mai	Wahl Kiesingers zum CDU-Vorsitzenden; Erhard wird Ehrenvorsitzender.
1969	9. Mai	Kiesinger entscheidet gegen eine DM-Aufwertung, die Wirtschafts-

		minister Schiller und Erhard befürworten.
	28. September	Wahlen zum 6. Deutschen Bundestag; Erhard wird in seinem Wahlkreis Ulm wiedergewählt.
	21. Oktober	Brandt wird vom Bundestag zum Kanzler gewählt; er bildet eine Koalition aus SPD und FDP.
1972	4. Februar	75. Geburtstag Erhards mit großer öffentlicher Aufmerksamkeit.
	19. November	Die Wahlen zum 7. Deutschen Bundestag bestätigen die Regierung Brandt; Erhard wird über die baden-württembergische Landesliste wiedergewählt; im vorhergehenden Wahlkampf erregt seine gemeinsam mit Karl Schiller veröffentlichte Presseanzeigen-Serie Aufsehen.
	13. Dezember	Erhard eröffnet als Alterspräsident den 7. Deutschen Bundestag.
1975	9. Juli	Eineinhalb Jahre nach der Feier der goldenen Hochzeit stirbt Erhards Frau Luise; sie wird auf dem Bergfriedhof in Gmund beigesetzt.
1976	3. Oktober	Wahl zum 8. Deutschen Bundestag; Erhard wird als Spitzenkandidat der baden-württembergischen CDU wiedergewählt.
	14. Dezember	Erhard eröffnet als Alterspräsident den 8. Deutschen Bundestag.
1977	4. Februar	80. Geburtstag Erhards mit zahlreichen Ehrungen.
	5. Mai	Ludwig Erhard erliegt um 2.50 Uhr in Bonn einem Herzversagen.
	11. Mai	Staatsakt aus Anlaß des Todes Ludwig Erhards im Plenarsaal des Deutschen Bundestages.
	12. Mai	Staatsbegräbnis: Trauergottesdienst in Tegernsee, Beisetzung auf dem Bergfriedhof in Gmund.

Quelle: Karl Hohmann (Hrsg.): Ludwig Erhard – Gedanken aus fünf Jahrzehnten. ECON-Verlag, Düsseldorf 1988

Nikolaus Piper

VITA:

Nikolaus Piper ist am 17. Juni 1952 in Hamburg geboren. Von 1971 bis 1973 absolviert er ein Volontariat bei der Badischen Zeitung in Freiburg. Danach studiert er bis 1978 Wirtschaftswissenschaften in Freiburg und schließt als Diplom-Volkswirt ab.

Von 1979 bis 1980 arbeitet er als Redakteur bei der Badischen Zeitung. In den Jahren 1980 bis 1983 ist er Wirtschaftsredakteur beim Vorwärts in Bonn. Anschließend arbeitet er bis 1987 als Korrespondent bei der Associated Press in Bonn. Seit 1987 ist er Wirtschaftsredakteur bei der ZEIT.

Nikolaus Piper ist mit dem Friedrich und Isabel Vogel-Preis für Wirtschaftspublizistik ausgezeichnet worden.

Der Mythos der Tat

Wie Ludwig Erhard zum Vater der Sozialen Marktwirtschaft wurde und was er heute tun würde

von Nikolaus Piper

Bundesbürger in den Vierzigern können kaum noch unmittelbare Erinnerungen an Ludwig Erhard haben. Jedenfalls keine positiven. Vielleicht weiß der eine oder andere noch, wie die Eltern am Mittagstisch über den Zwist zwischen Konrad Adenauer und seinem Wirtschaftsminister und Nachfolger sprachen, und darüber, daß der „Dicke" immer ungesünder aussehe. Man machte sich über Erhards Maßhalteappelle lustig und war nach dessen unrühmlichen Abgang als Bundeskanzler erleichtert. Es folgten der Wahlkampf 1972, bei dem er sich zusammen mit Karl Schiller in apokalyptisch formulierten Zeitungsanzeigen gegen Willy Brandt engagierte, schließlich seine Rede als Alterspräsident des Bundestages 1976, die in Duktus und Tonfall merkwürdig altfränkisch und unzeitgemäß daherkam. Ludwig Erhard war schon lange vor seinem Abgang ein Auslaufmodell.

Er galt als Auslaufmodell, aber gleichzeitig, und in eigenartigem Kontrast dazu, war er schon zu Lebzeiten ein Mythos, nicht minder wirkungsmächtig wie die anderen Gründermythen der Bundesrepublik, die Trümmerfrauen etwa und die Währungsreform. Heute ist er dies mehr denn je. All das Bedrückende aus der Kanzlerschaft Erhards scheint aus dem kollektiven Gedächtnis der (West)-Deutschen getilgt, übriggeblieben ist das Bild vom „Vater der Sozialen Marktwirtschaft". Während das Modell Deutschland, also eben die Soziale Marktwirtschaft, spätestens seit der deutschen Einheit von Krise zu Krise taumelt, verbindet sich mit dem ersten Bundeswirtschaftsminister die Erinnerung an die goldenen Zeiten des Wirtschaftswunders, in denen der Wohlstand jedes Jahr stieg, in denen es weder Arbeitslose noch Staatsschulden noch Globalisierung gab.

Der Name Erhards stand und steht für ökonomische Kompetenz schlechthin. Schon in den siebziger Jahren, die Geldentwertung erreichte damals für die Bundesrepublik ungeahnte Ausmaße, forderte die CDU „Preise wie zu Erhards Zeiten". Als Anfang der achtziger Jahre die sozialliberale Koalition dahinsiechte, erklärte der damalige FDP-Vorsitzende Hans-Dietrich Genscher seinen Parteifreund Otto Graf Lambsdorff zum „Erhard der achtziger Jahre". Und im vergangenen Jahr, so wird berichtet, hat Helmut Kohl FDP-Generalsekretär Guido Westerwelle bereits angeherrscht: „Sie mögen die Partei der Marktwirtschaft sein, ich stehe für die Partei der Sozialen Marktwirtschaft." Selbst die Sozialdemokraten reklamieren heute Ludwig Erhard für sich, wenn sie soziale Besitzstände gegen liberale Räumkommandos verteidigen wollen. Der SPD-Bundestagsabgeordnete Michael Müller verfaßte einen fingierten Aufruf zur Rettung der Sozialen Marktwirtschaft, bestehend aus lauter Erhard-Zitaten, und schickte ihn zur Unterschrift an Prominente aus Wirtschaft und Politik; die vielen ablehnenden Antworten bestätigten ihn in seiner Überzeugung, daß das Soziale an der Sozialen Marktwirtschaft heimatlos geworden ist. Für den SPD-Fraktionsvorsitzenden Rudolf Scharping ist Ludwig Erhard „einer der Unseren".
Quer zu all dieser Erhard-Begeisterung steht die erste große Biographie des Politikers, die rechtzeitig vor den Geburtstagsfeierlichkeiten Ende vergangenen Jahres erschienen ist. Der

Mainzer Historiker Volker Hentschel versucht in seinem umstrittenen Buch, den Erhard-Mythos nachhaltig zu zerstören *(Volker Hentschel: Ludwig Erhard – Ein Politikerleben, Olzog-Verlag 1996)*. Erhard, so dessen These, besaß gar keine historische Größe, er war ein wankelmütiger, kontaktgestörter Egomane, der nicht zum akademischen Ökonomen taugte, sich dafür aber maßlos überschätzte. „Es dürfte schwerfallen, eine Person des öffentlichen Lebens im Nachkriegs-Deutschland zu finden, die sich mit soviel rührender Naivität und enervierender Penetranz zugleich, dabei mit der fortgesetzten Versicherung, dies nicht nötig zu haben, selbst gerühmt und der Unfehlbarkeit bezichtigt hat, wie Ludwig Erhard in den fünfziger Jahren." So schreibt der Historiker und kommt zu der Schlußfolgerung: „Wenn einer ständig sagt, daß er ein großer Mann sei, dann ist er kein großer Mann."

Wie paßt das zusammen? Der bittere Ausklang der Erhard-Jahre und die Erhard-Begeisterung heute? Hat der sarkastische Wirtschaftshistoriker recht oder all die Ökonomen, Politiker und Publizisten, die Erhard glühend verehrten? Welche Überzeugungen hatte Ludwig Erhard, wie gewann er sie und was bewirkte er wirklich?
Die Wirkungsgeschichte Erhards ist so widersprüchlich wie seine Biographie. Zu seinem Fach kam Erhard auf dem zweiten Bildungsweg, wie man heute sagen würde. Seine Eltern besaßen ein Textilgeschäft in Fürth; um es später übernehmen zu können, absolvierte er eine Kaufmannslehre in Nürnberg. Am Ende des Ersten Weltkrieges wurde er jedoch in Flandern schwer verletzt. Jetzt traute er sich aus gesundheitlichen Gründen nicht mehr zu, ein Arbeitsleben lang hinter der Ladentheke zu stehen; schließlich war er schon als Kind an Kinderlähmung erkrankt und konnte seither nur noch schleppend gehen. Aus diesem Grunde begann er 1919 ein Studium an der Handelshochschule Nürnberg, die kein Abitur als Eingangsvoraussetzung verlangte. Er schloß als Diplomkaufmann ab und studierte anschließend in Frankfurt Nationalökonomie bei dem liberalen Sozialisten Franz Oppenheimer. Dort promovierte er über „Wesen und Inhalt der Werteinheit".

Welchen Einfluß Oppenheimer auf Erhard hatte, darüber streiten die Gelehrten: Wer eher den *Markt*wirtschaftler Erhard sieht, sagt in der Regel: keinen; wer sich mehr für den Vater der *Sozialen* Marktwirtschaft interessiert, sucht zumindest eine der Wurzeln bei dem jüdischen Universalgelehrten. Auf ihre Weise haben vermutlich beide Schulen recht. Oppenheimer vertrat die Arbeitswertlehre und sah die sozialen Probleme des damaligen Kapitalismus vor allem in der sogenannten „Bodensperre", also im monopolartigen Zugriff der Großagrarier auf den Grundbesitz, der erst aus Arbeitskräften ein verarmtes Proletariat mache. Das alles ist heute kaum noch nachvollziehbar, und selbstverständlich hing Ludwig Erhard als Bundeswirtschaftsminister diesen Lehren nicht mehr an, insofern ist er sicher kein Oppenheim-Schüler. Andererseits lassen sich unter der Oberfläche etliche Querverbindungen zwischen Erhard und dessen sozialistischem Doktorvater finden. In seiner Dissertation zum Beispiel schrieb er bereits, das Schlimmste an der Geldentwertung sei die damit verbundene „Verschiebung der Einkommen"; als Bundeswirtschaftsminister sorgte er sich dann besonders um die sozialen Folgen der Inflation. Erhards langjähriger Mitarbeiter Karl Hohmann wies auch auf Parallelen in der Diktion hin: Oppenheimer hatte eine „Gesellschaft der Freien und Gleichen" gefordert, Erhard später ein *„Europa der Freien und Gleichen"*. Auch Erhards Mißtrauen gegen wirtschaftliche Macht schlechthin hatte Anklänge an den genossenschaftlichen Sozialismus Oppenheimers. Erhard sagte rückblickend, von Oppenheimer habe er „*wissen-*

schaftlich denken gelernt in straffer Zucht"; in seinem Amtszimmer hing ein Porträt des Lehrers.

Erhard ist bei Oppenheimer nicht zum Sozialisten geworden. Aber er vertrat zu Beginn der dreißiger Jahre Ansichten, die man heute ohne zu zögern als „interventionistisch", „sozialdemokratisch" oder ähnliches bezeichnen würde. Im Jahre 1931, Erhard arbeitete damals bei Wilhelm Vershofen im „Institut für Wirtschaftsbeobachtung der deutschen Fertigware", veröffentlichte er unter der Überschrift „Ein Notweg" einen Plan, mittels Geldschöpfung die Wirtschaftskrise zu bekämpfen. Sein Konzept eines „Giroscheckgeldes" hatte viele Anklänge an eine Konjunkturpolitik, wie sie heute mit dem Namen von John Maynard Keynes verbunden wird. Bemerkenswert daran ist, daß Erhard die theoretischen Grundlagen dieser Politik gar nicht kennen konnte. Keynes' Werk „Vom Gelde" war erst im Jahr zuvor erschienen, seine „Allgemeine Theorie" wurde 1936 veröffentlicht. Zur Logik seines Planes schrieb er:
„Wir hätten die Goldwährung in ihrem äußeren Gesicht aufrechterhalten, und wir hätten trotzdem, in dem wir uns durch ein Loch im System einen Ausweg aus unserer Not bahnten, die Wirtschaft und damit das gesamte soziale Leben Deutschlands vor vielleicht unabsehbarem Schaden bewahrt. Man wird nicht verlangen können, daß wir vor dem engen Ausweg, den uns die Goldwährung läßt, wie Spartas Jünglinge im Paß der Thermopylen sehenden Auges zugrundegehen, so wie das Gesetz – das Währungsgesetz – es befahl."

Das mag für Mitglieder des Zentralbankrates heute frivol klingen, Erhard bekannte sich jedoch dreißig Jahre später ausdrücklich zu seinem „Notweg", meinte freilich, die damalige Krise sei eine Ausnahmesituation gewesen, die eine radikale Abkehr vom orthodoxen Deflationskurs erfordert

hätte. Er verfaßte damals auch eine Habilitationsschrift über die „Überwindung der Wirtschaftskrise durch wirtschaftspolitische Beeinflussungen". Zur Habilitation kam es aber nie, das Manuskript wurde nie veröffentlicht; es war, so behauptet wenigstens der Biograph Hentschel, schlicht undruckbar. Seine Professur bekam er erst nach dem Krieg in München.

Im April 1945 stellte sich Erhard in Fürth der amerikanischen Besatzungsmacht als Wirtschaftsexperte zur Verfügung und wurde am 22. Oktober bayerischer Staatsminister für Wirtschaft. Über seine ordnungspolitischen Überzeugungen aus der damaligen Zeit weiß man relativ wenig. Er sah bereits Ende 1945, daß eine Neuordnung der deutschen Währung nötig war, aber diese Überzeugung teilte er mit vielen anderen. Auf jeden Fall tat er sich damals nicht als ausgewiesener Marktwirtschaftler hervor; mit dem Chaos, das Erhard im Münchner Wirtschaftsministerium hinterließ, befaßte sich ein Untersuchungsausschuß, der erste der deutschen Parlamentsgeschichte nach dem Zweiten Weltkrieg. Er konnte Erhard allerdings keine Verfehlungen nachweisen.

Zum überzeugten Anhänger des Marktes wurde Erhard irgendwann zwischen 1945 und 1948. Als man ihn im März 1948 zum Wirtschaftsdirektor der Bizonenverwaltung in Frankfurt wählte, war er es aber schon: Schließlich hatte der CDU-Linke Jakob Kaiser eben diese Wahl zu verhindern gesucht – der Kandidat war ihm zu marktradikal gewesen. Schnell schärfte dieser sein liberales Profil. Mit einer Rede auf dem CDU-Parteitag der britischen Zone bereitete er den „Düsseldorfer Leitsätzen" den Weg und trug so dazu bei, daß die zuvor sozialkatholische Partei auf prokapitalistischen Kurs ging. Das sozialistische „Ahlener Programm" der CDU verstaubte hernach in den Archiven. Es waren die Ordoliberalen der Freiburger Schule, die Erhard auf den Pfad der Marktwirtschaft führten: Franz Böhm, der später für die CDU im Bundestag saß, Leonhard Miksch, den Erhard in der Frankfurter Wirtschaftsverwaltung kennenlernte und mit dem zusammen er das „Leitsätzegesetz" zur Wirtschaftsliberalisierung formulierte, Walter Eucken und vor allem Wilhelm Röpke, der vor den Nationalsozialisten emigriert war und seit 1937 in Genf lehrte. Erhard wurde nie zum lupenreinen Ordoliberalen, jedenfalls zeigte er nie jene Rigorosität des „Denkens in Ordnungen", das Walter Eucken verlangte – vermutlich hätte er mit dieser Rigorosität nicht Politiker werden können. Aber der Ordoliberalismus geriet, so schreibt Hentschel treffend, „zum dogmatischen Bezugspunkt seines Denkens, das der Pragmatik seines Handelns einen prinzipiellen Rückhalt gab."

Besonders wichtig war die Beziehung zu Röpke. Erhard bezeichnete diesen als seinen Freund und schrieb über ihn später:
„Mit dem Namen und Begriff Wilhelm Röpke wird in mir die Erinnerung an die tragischste Phase deutscher Geschichte wach, an jene Zeit, in der in Deutschland kein Stern mehr zu leuchten schien und die unabdingbar höchsten Werte jeder menschlichen Gesellschaft und Gesittung – Wahrheit, Recht und Moral – mit Füßen getreten wurden. In der Trostlosigkeit und unter gespenstischen Umweltbedingungen gelangte ich auf illegalen Wegen in den Besitz der Röpkeschen Bücher 'Die Gesellschaftskrisis der Gegenwart', 'Civitas Humana', 'Internationale Ordnung', die ich wie die Wüste das befruchtende Wasser in mich aufsog."
Die beiden trafen sich bald nach Kriegsende und fanden sich „in vieler Hinsicht kongenial", um noch einmal Volker Hentschel zu zitieren: „Sie begegneten einander in der eigentümlichen Verbindung von Frei- und Weitschweifigkeit ihres Denkens und dogmatischer Fixiertheit auf die wesentlichen Topoi ihres Denkens, in der Neigung zu einer eher impressionistischen als analytischen Betrach-

tungs- und deshalb zu einer eher auf Überzeugungen als auf Logik gestellten Argumentationsweise sowie in der selbstgewissen und leidenschaftlichen Streitbarkeit für das, was sie als 'richtig' und 'gut' erkannt hatten."

Röpke verband konservative Kulturkritik mit liberalen Auffassungen, er träumte vom vorindustriellen Bauerntum und forderte die Zerschlagung der Großbetriebe. Sein Lob der kleinen Landwirtschaft erinnert entfernt an Franz Oppenheimer. Mit tiefem Mißtrauen erfüllten ihn in den 50er Jahren die entstehenden europäischen Institutionen. Röpke beeinflußte Erhard in seiner Liberalisierungspolitik bei der Währungsunion, aber auch in seinem Kampf gegen die europäische Zahlungsunion und danach gegen die Europäische Wirtschaftsgemeinschaft. Erhard wünschte sich Europa als große Freihandelszone und war im übrigen „Atlantiker". Bei ihm wuchs sich die Ablehnung der EWG zu einem richtig gehenden antifranzösischen Ressentiment aus, das dann in den sechziger Jahren die Beziehungen zwischen Bonn und Paris belasten sollte.

Mit Röpke stand Erhard auch in Verbindung vor seinem wichtigsten, alles entscheidenden Schritt, dem Entschluß nämlich, mit der Währungsreform sofort den Sprung in die Marktwirtschaft zu wagen. Offen ist, wie eng die Zusammenarbeit damals war; Erhard selbst trat dem Eindruck entgegen, die beiden hätten die Wirtschafts- und Währungsreform *„wie ein Verschwörerpaar ausgeheckt"*. Die Währungsreform selbst war eher das Werk amerikanischer Experten, das Konzept wich erheblich von Erhards eigenen Vorstellungen und denen anderer deutscher Wissenschaftler ab. Aber die mit dem 21. Juni 1948 verbundene Schocktherapie, wie man dies heute nennen würde, die war Erhards Werk: Er hob den seit 1936 geltenden Preisstopp auf, schaffte neunzig Prozent der Bewirtschaftungsvorschriften ab, führte wenig später die Gewerbefreiheit wieder ein und gab die Löhne frei.

Legendär die Chuzpe, mit der er die Alliierten dabei umging. Das „Leitsätzegesetz" trat in Kraft, noch ehe die Besatzungsmächte es hätten genehmigen können. Erhard wurde zu General Lucius D. Clay zitiert, der sich bitter darüber beklagte, daß sein Untergebener die Vorschriften ohne sein Wissen geändert habe. Überliefert ist Erhards Antwort: *„Ich habe die Vorschriften nicht geändert, ich habe sie abgeschafft."*

Die gefüllten Schaufenster am Tage nach der Währungsreform wurden für die künftigen Bundesbürger zu *dem* Schlüsselerlebnis in Sachen Marktwirtschaft. Erhards Freund Jacques Rueff schrieb später: „Der Aufstieg setzte auf allen Gebieten des Wirtschaftslebens auf den Glockenschlag mit dem Tage der Währungsreform ein.... Noch am Abend vorher liefen die Deutschen ziellos in den Städten umher, um kärgliche zusätzliche Nahrungsmittel aufzutreiben, am Tage darauf dachten sie nur noch daran, sie zu produzieren."

Das ist sehr freundlich interpretiert. Tatsächlich war beim berühmten „Schaufenster-Effekt" des 21. Juni noch viel Spekulation am Werke; es sollte noch einige Zeit dauern, bis das neue Geld seine segensreichen Wirkungen auch in der Produktionssphäre entfallen konnte. Das eigentliche Wirtschaftswunder setzte erst mit dem Korea-Krieg ein. Zunächst einmal liefen Erhard, entgegen seiner eigenen Erwartungen, zunächst die Preise und dann die Arbeitslosenzahlen davon. Zeitweise war der Wirtschaftsdirektor und Wirtschaftsminister der unpopulärste Politiker in Deutschland. Am 12. November 1948 streikten die Gewerkschaften gegen Erhards Wirtschaftspolitik. Dabei zeigte sich das zweite große Verdienst des Wirtschaftsprofessors: die Sturheit nämlich, mit der er in dieser Zeit der Anfechtungen an seinem Kurs festhielt. Dadurch erwarb er sich Autorität und, als der Erfolg dann da war, die Zuneigung der Deutschen. So konnte er zur Wahllokomotive der CDU

werden. Erhards Sturheit rettete damals das Wirtschaftswunder, wobei es ihm durchaus zupaß kam, daß er in der ersten Zeit keiner demokratischen Legitimation bedurfte. Darüber hatte er selbst keinerlei Zweifel. Rückblickend gab er sich im Bestseller „Wohlstand für alle" überzeugt davon, *„daß keine Regierung und kein Parlament später die guten Nerven aufgebracht hätte, das System der freien Marktwirtschaft einzuführen und beizubehalten."*

Kein Wunder, daß es Erhard später immer schwerer gelang, seine Vorstellungen durchzusetzen, je mehr sich die Bundesrepublik mit ihrem Parlamentarismus entwickelte. Das lag nicht nur an dem quälenden Zwist mit Bundeskanzler Konrad Adenauer. Erhard war kein guter Verwaltungschef, er zauderte und stieß gelegentlich seine Meinung um. Er schaffte es, Freunde und Bewunderer um sich zu scharen, aber er sorgte auch immer wieder dafür, daß sie sich von ihm allein gelassen fühlten. Durch seine Kühnheit und Sturheit wurde er zum Vater der Sozialen Marktwirtschaft. Aber als es sie dann einmal gab, lief vieles ganz anders, als er es sich wünschte: Die D-Mark wurde viel später konvertibel, als er sich das vorgestellt hatte, das Bundesbankgesetz sah anders aus, die Römischen Verträge wurden entgegen seiner Intention unterzeichnet. Umgekehrt erwiesen sich seine oft haarsträubenden Warnungen vor dem Verlust der Geldwertstabilität als grundlos; als aber 1966 die Wirtschaft der Bundesrepublik wirklich aus dem Tritt geriet, übersah er zunächst die Vorzeichen der drohenden Arbeitslosigkeit und hatte später kein Mittel dagegen. Sein Kartellgesetz wurde dank des Widerstandes des Bundesverbandes der Deutschen Industrie und der Obstruktion Adenauers bis zur Unkenntlichkeit verwässert.

Viele Dinge, die heute zur Grundausstattung der Sozialen Marktwirtschaft gehören, kamen gegen den Widerstand Erhards oder erst nach seinem Rücktritt zustande: die dymamische

Rente, die Lohnfortzahlung, das Arbeitsförderungsgesetz. Den Begriff „Soziale Marktwirtschaft" prägte der Kölner Nationalökonom Alfred Müller-Armack, Ludwig Erhard machte ihn zu seinem Markenzeichen, allerdings hatte er eine ganz andere Vorstellung vom Sozialen als die heutigen Verteidiger des Sozialstaats, aber auch als dessen Kritiker. So wie er würde heute kaum noch jemand für das Soziale an der Sozialen Marktwirtschaft werben. Sein Leitbild, so sagte er in einer berühmt gewordenen Wendung, sei

„nicht die freie Marktwirtschaft des liberalistischen Freibeutertums einer vergangenen Ära, auch nicht nur das 'freie Spiel der Kräfte', sondern die sozial verpflichtete Marktwirtschaft, die das einzelne Individuum wieder zur Geltung kommen läßt".

Diese „sozial verpflichtete Marktwirtschaft" hatte entgegen heutigen Vorstellungen ziemlich wenig mit Sozialpolitik zu tun. Marktwirtschaft war die andere Seite der Demokratie. Dem Staatsbürger dort entsprach hier der mündige Verbraucher. Diesem wollte er „die Freiheit zurückgeben", von ihm forderte er „Mut zum Konsum". Wirtschaftspolitik dürfe sich

„nur dann sozial nennen, wenn sie den wirtschaftlichen Fortschritt, die höhere Leistungsergiebigkeit und die steigende Produktivität dem Verbraucher zugute kommen läßt".

Dieses Ziel erreicht die Politik durch Sicherung des Geldwerts und durch die Eindämmung wirtschaftlicher Macht. „Einen Kühlschrank in jeden Haushalt", so der Titel eines Erhard-Aufsatzes von 1953 in der DGB-Zeitung Welt der Arbeit, das war die Lösung der sozialen Frage. Sozialpolitik hatte sich dem unterzuordnen und sollte mit zunehmendem Wohlstand an Bedeutung verlieren. So erklärt sich Erhards Besessenheit mit dem Thema Stabilität. Der Begriff hatte für ihn im Zusammenhang mit dem Sozialen eine fast metaphysische Bedeutung. Noch bei seinem letzten Auftritt im Deutschen Bundestag als Alterspräsident sagte er 1976:

„Immer häufiger wird heute von Stabilität gesprochen. Ich fürchte wohl nicht zu Unrecht, daß dieses Thema noch lange auf der Tagesordnung bleiben wird, mindestens so lange, bis wir diesen Begriff nicht immer nur im Hinblick auf den Zustand unserer Wirtschaft und Währung gelten lassen, die moralische Stabilität aber als Mittel einer übergeordneten allgemeinen Verständigung gering achten."

Wie Stabilität und soziale Prinzipien für ihn zusammenhingen, zeigt sich besonders deutlich an seiner Position bei der großen Rentenreform von 1957. Bis fast zuletzt kämpfte er gegen Adenauers Rentenformel, also die regelmäßige Anpassung der Renten an die Bruttolöhne. Zunächst wollte er die Rente nur auf das Existenzminimum beschränken, später gestand er noch die Beteiligung der Rentner am Produktivitätsfortschritt zu. Erbittert wehrte er sich jedoch gegen den Inflationsausgleich, den jede Koppelung der Renten an die Nominallöhne automatisch mit sich bringt. Er glaubte, daß die Rentenformel die Inflationsmentalität im Volke fördern würde:

„Wenn in einer Volkswirtschaft keine Gruppe – vom Rentner über den Arbeiter, Beamten bis zum Unternehmer – in ihrem persönlichen Schicksal an der Aufrechterhaltung einer stabilen Wirtschaft interessiert ist ..., dann treibt eine Volkswirtschaft, von solcher Verblendung geleitet, naturnotwendig ins Chaos."

Der Wirtschaftsminister trug dieses Credo so oder so ähnlich immer wieder vor, im Kabinett, in der Öffentlichkeit und vor dem Gesamtverband der Versicherungswirtschaft, unter deren Einfluß er damals offensichtlich auch stand. Als der Bundestag die dynamische Rente am 21. Januar 1957 mit den Stimmen der SPD beschloß, hatte Erhard schließlich doch eingewilligt; damalige Mitarbeiter sagen: mit Überzeugung. Aber Zweifel bleiben.

Hätte Erhard sich damals mit seinen Vorstellungen durchgesetzt, dann wäre die D-Mark sicher keinen Deut stabiler gewesen, als sie es dann tatsächlich war, dafür hätte heute Norbert Blüm einige Sorgen weniger. Nur wäre bei Erhards Rentenformel eben keine Rente herausgekommen, sondern eine beitragsfinanzierte Sozialhilfe. Die Altersvorsorge in der Bundesrepublik hätte weitgehend privat organisiert werden müssen.

Um die Geldwertstabilität ging es immer wieder in den Kämpfen, die Erhard während der fünfziger und sechziger Jahre ausfochte, zum Beispiel bei der berühmt-berüchtigten Gürzenich-Affäre. Im Mai 1956 hatte der Zentralbankrat im Beisein Erhards eine Diskonterhöhung beschlossen, sehr zum Unwillen der Industrie, die um Aufträge und Gewinne fürchtete. Adenauer kanzelte seinen Minister darauf in einer Rede im Kölner Gürzenich vor Mitgliedern des BDI öffentlich ab, was beider Beziehungen nachhaltig beschädigte. Immer wieder versuchte Erhard mit Maßhalteappellen Löhne und Preise in Schach zu halten. Er sorgte sich auch dann noch um den Geldwert, als 1966 die erste richtige Rezession der Bundesrepublik begonnen hatte, er scheiterte, weil er in dieser Situation seinen Haushalt nicht in Ordnung bringen konnte. Niemand bezweifelte 1966, daß Erhard mit seinem Latein am Ende war. Seelenmassage und Konjunkturpolitik der leichten Hand, wie Erhard sie betrieb, funktionierten nicht mehr. Aus dem Stabilitätsgesetz, das noch unter Erhard im Wirtschaftsministerium vorbereitet wurde, machte Karl Schiller ein Stabilitäts- und Wachstumsgesetz und bekämpfte damit, im Verein mit Franz Josef Strauß, die Arbeitslosigkeit. Schiller setzte auch die Aufwertung durch und sorgte so, wenigstens eine Zeitlang, für Stabilität. Wenn aber Erhard letztlich an der Wirtschaft scheiterte, wenn er auch in seinen guten Jahren weniger durch-

setzen konnte, als man gemeinhin erwartete, worin liegt dann sein Beitrag zur Sozialen Marktwirtschaft? Erschöpft er sich gar in den großen Durchsetzungsentscheidungen der Jahre nach 1948?

Ein guter Zeuge zur Beantwortung dieser Frage ist der Nobelpreisträger Friedrich August von Hayek. Der liberalistische Ökonom zeigt nicht viel Sympathie für das Konzept der Sozialen Marktwirtschaft, ja er glaubte sogar, „sozial" sei ein „Wieselwort", das der Marktwirtschaft ihren Wortsinn raube. Er sei schon brillanteren Ökonomen begegnet, sagte Hayek, aber noch keinem, der einen solchen Instinkt für das Richtige gehabt habe wie Ludwig Erhard. Es war wohl genau dieser Instinkt, dem Erhard seine historische Größe verdankt; dieser Instinkt ließ ihn in ein paar entscheidenden Situationen stur sein, genau das Richtige tun und seine Entscheidung gegen alle Anfeindungen durchsetzen. Er prägte damit bleibend einen bestimmten wirtschaftspolitischen Stil in der Bundesrepublik, er prägte die Überzeugungen seiner Landsleute und begründete einen Mythos der ökonomischen Tat, der bis heute anspornt. Leszek Balcerowicz, der polnische Finanzminister der Übergangszeit, ließ sich ebenso von Erhard inspirieren wie der tschechische Ministerpräsident Václav Klaus und sein Handelsminister Vladimir Dlouhy.

Erhard war „felsenfest davon überzeugt, das Richtige zu tun." berichtet Otto Schlecht, der Vorsitzende der Ludwig-Erhard-Stiftung, der 1953 als Hilfsreferent im Bonner Wirtschaftsministerium angefangen hat. Selbst als kleiner Beamter habe er, Schlecht, die Meinung Erhards zu einem akuten Problem „mit schlafwandlerischer Sicherheit" voraussagen können, so klar war dessen Linie. Andere sagen, Erhard habe „Leitplanken" im Kopf gehabt. Er hatte, wenigstens in seinen besten Zeiten, ein Gefühl für den Pfad der Tugend in der Wirtschaft und für Situationen, in denen man diesen Pfad auch einmal verlassen konnte. Erhard war ein begnadeter Propagandist der Marktwirtschaft, er konnte bis in die Anfänge seiner Kanzlerschaft hinein als Redner und in seiner ganzen Ausstrahlung die Marktwirtschaft mit den Hoffnungen und Wünschen der Menschen verbinden, obwohl und vielleicht auch gerade weil sie nicht immer so genau verstanden, über was der Wirtschaftsprofessor da gerade dozierte.

In manchem bekommt Erhard heute nachträglich recht, auch wenn er sich damals im engeren ökonomischen Sinne irrte. Die Gefahr für den Geldwert bestand sicher nicht in dem Umfang, wie es Erhard damals glaubte. Aber die Grundlage für die systemsprengende Ausgabendynamik im Sozialstaat wurde damals unter Adenauer gelegt. Auch die „Gefälligkeitsdemokratie", die liberale Kritiker heute beklagen, hat mit den Wahlgeschenken und der Klientelpolitik in den fünfziger Jahren begonnen. Später packte die sozialliberale Koalition weitere Bürden auf das Sozialsystem, anläßlich der deutschen Einheit wurde es vollends überlastet, und so wirken Erhards Warnungen in vielem heute wieder sehr zeitgemäß. Auch in der Wettbewerbspolitik. In den achtziger Jahren betrieb das Wirtschaftsministerium aktiv die Megafusion der deutschen Luft- und Raumfahrtindustrie unter den Fittichen von Daimler-Benz. Angesichts des Desasters, das dabei herausgekommen ist, mag sich der jetzige Konzernchef Jürgen Schrempp vielleicht gelegentlich an das erinnern, was Erhard und andere über die segensreichen Wirkungen eines funktionierenden Wettbewerbs gesagt haben.

Was würde Erhard heute tun? Die Frage stellte Norbert Walter, der heutige Chefvolkswirt der Deutschen Bank, erstmals in den achtziger Jahren. Es gibt eine einfache Antwort darauf: Er würde sicher gar nichts machen, weil er im heutigen Bonn, mit seinen Koalitions- und Kanzlerrunden und den unberechenbaren Volten der Mediendemokratie noch schlechter zurechtkäme als mit den Rankünen Konrad Adenauers. Die Antwort ist wohl zutreffend. Man kann die Frage aber auch anders interpretieren und versuchen, die heutigen Probleme der Bundesrepublik mit den Augen Erhards zu betrachten. Das ist höchst spekulativ, wie sollte es auch anders sein? Aber es ist auch eine sehr lehrreiche Spekulation.

Zum Beispiel die Zukunft des Sozialstaats. Es lohnt sich, zu diesem Thema Erhards letzte Regierungserklärung als Bundeskanzler nachzulesen. Der Staat habe die Pflicht zur „umfassenden Daseinsvorsorge", sagte er am 10. November 1965 im Bundestag. Das mag heutigen FDP-Sozialpolitikern wie finsterer Sozialismus vorkommen. Umgekehrt könnten Strukturkonservative in der SPD sich dadurch in ihren Meinungen bestätigt sehen. Zu Unrecht freilich, denn Erhard hatte sehr eigene Vorstellungen von dieser Daseinsvorsorge.
„Eine moderne Sozialpolitik hat vielmehr danach zu trachten, daß jedermann sich als freier und selbstverantwortlicher Staatsbürger in der Gemeinschaft bewegen kann. Dieser Grundsatz findet in der bestehenden Rentenversicherung durch Bemessung der Renten nach der individuellen Lebensleistung ihren Ausdruck."

Erhard warnte vor der „strukturlosen Expansion sozialer Subventionen". Dabei ist er verblüffend aktuell:
„Eine der Kernfragen der modernen Sozialpolitik lautet dahin, ob sich die klassischen Prinzipien der Sozialpolitik zu einem allgemeinen, allumfassenden gesellschaftlichen Versicherungsprinzip verdichten sollen. Die Bundesregierung lehnt die Einführung eines derartigen staatlichen Totalversicherungssystems aus grundsätzlichen Erwägungen ab.

Sie erblickt in einer Totalversicherung den Ansatz zu einer sich selbst nährenden inflationistischen Entwicklung. Sie möchte aber auch ein ungewolltes Hineingleiten des Einzelnen in die immer stärkere Abhängigkeit vom Staat vermeiden."

Die richtige Sozialpolitik war für Erhard „Strukturpolitik der Gesellschaft". Erhard dachte dabei besonders an die Förderung der Lehrlingsausbildung. Der Gedanke läßt sich ohne allzu gewagte Spekulation auf heutige Verhältnisse übertragen: Die Kürzung „sozialer Subventionen", für die heute jede dritte Mark aufgewendet wird, ist unvermeidbar. Man nennt dies heute Sozialabbau. Erhard würden wir heute also sicher unter den Befürwortern radikaler Einschnitte in den Sozialstaat finden, jedoch nicht unter denen, die einen völligen Systemwechsel fordern. Eine steuerfinanzierte Grundrente würde tatsächlich die Rentner zum Spielball politischer Willkür machen. Und gerade die „gesellschaftliche Strukturpolitik", von der Erhard sprach, fehlt heute: Schulen und Hochschulen sind im Niedergang, die berufliche Ausbildung erodiert, Einsparungen treffen oft jene, die es am nötigsten hätten.

Oder der Euro. Hätte Erhard den Verlust der D-Mark, die er als „seine" D-Mark begriff, so einfach akzeptiert? Als Wirtschaftsminister hatte er heftig gegen Adenauers Kurs der europäischen Integration gekämpft. Schwer vorstellbar, daß er sich gefreut hätte, wenn Deutsche und Franzosen gemeinsam die Richtlinien der Geldpolitik bestimmen. Umgekehrt hätte der Freihändler Erhard vermutlich den Europäischen Binnenmarkt leidenschaftlich begrüßt. Möglicherweise hätte er dann auch widerstrebend akzeptiert, daß ein Binnenmarkt, um zu funktionieren, eine einheitliche Währung braucht. Sicher wäre Erhard leidenschaftlich für einen Stabilitätspakt Europa gewesen, hätte möglicherweise aber auch die Gefahren für die

Konjunktur gesehen, die mit dem Maastricht-Prozeß verbunden sind.

Erhard hat wenig hinterlassen, woraus man auf Erhards möglichen Umgang mit der Massenarbeitslosigkeit schließen könnte. Sein „Notweg" von 1931 wäre auf globalisierten Finanzmärkten obsolet, 1966 scheiterte er bei weniger als einer halben Million Arbeitsloser, 1976 sagte er, der Kampf gegen die Arbeitslosigkeit müsse immer auch ein Kampf gegen die Inflation sein. Mit der Aussage läßt sich bei 4,1 Millionen Arbeitslosen und 1,4 Prozent Geldentwertung wenig anfangen.

Und wie ist das mit der Globalisierung, die die soziale Marktwirtschaft tatsächlich oder vermeintlich in eine Schieflage gebracht hat? Die „freie Marktwirtschaft des liberalistischen Freibeutertums", von der Erhard sprach, gibt es zwar in Deutschland noch nicht, aber sie ist schick geworden und wer weiß, wohin die Reise noch geht? Der globale Wettbewerb räumt die letzten gemütlichen Nischen für die mittelständische Wirtschaft aus, der Spielraum nationaler Wirtschaftspolitik ist geschrumpft. Die Rahmenbedingungen für das Wirtschaftswunder lassen sich nicht zurückholen: der Nachholbedarf nach dem Krieg, der Zwang für alle Deutschen, irgendwie neu anzufangen, die plötzliche Liberalisierung des Welthandels, die unterbewertete D-Mark. Auch ein Ludwig Erhard könnte heute nicht mehr Vollbeschäftigung herbeizaubern, selbst wenn er sich im Glashaus Bonn zurechtfände.

Was aber, wenn die deutsche Gesellschaft bei dem Versuch auseinanderfällt, die Wirtschaft an die modernen Zeiten anzupassen? Nicht im Traum käme Erhard wohl auf die Idee, Deutschland könne sich dem globalen Wettbewerb entziehen. Aber er machte sich schon bei seiner letzten Regierungserklärung 1965 darüber Gedanken, wie den Folgen des scharfen Wettbewerbs auf die Gesellschaft beizukommen wäre. Dabei fallen zwei Begriffe auf, für die der Kanzler damals viel Spott erntete: die Gründung eines „Deutschen Gemeinschaftswerkes" und die „formierte Gesellschaft". Mit beidem wollte er den Gemeinsinn unter den Deutschen fördern und die Ellenbogenmentalität der Wohlstandsbürger zurückdrängen. Das Gemeinschaftswerk sollte einen Rahmen für soziales Engagement schaffen, und die „formierte Gesellschaft" (die mißverständliche Formulierung stammte von dem Publizisten Rüdiger Altmann) sollte vor allem, in heutigen Worten, den „sozialen Konsens" sichern. Sie beruhte auf der Überzeugung,

„daß die Menschen nicht nur durch Gesetze, sondern aus Einsicht das ihrem eigenen Wohle Dienende zu tun bereit sind".

Das wäre doch ein Motto für die Genesung des kränkelnden Modells Deutschland.

Dr. Klaus von Dohnanyi

VITA:

Dr. Klaus von Dohnanyi wird am 23. Juni 1928 in Hamburg geboren. Er studiert von 1946 bis 1949 Rechtswissenschaften an der Universität München, wo er nach seinem Examen 1950 zum Dr. jur. promoviert.

In den Jahren 1950 und 1951 studiert er in den USA an den Universitäten Stanford, Columbia und Yale. Nach einer kurzen Zeit als Assistent bei der Max-Planck-Stiftung absolviert er 1953 sein Abschlußexamen zum Bachelor of Law (LLB) an der Universität Yale.

1954 kehrt von Dohnanyi nach Deutschland zurück, um Leiter der Planungsabteilung für Marktforschung bei Ford in Köln zu werden. Von 1960 bis 1968 ist er Geschäftsführender Gesellschafter der Firma Infratest.

1968 wird von Dohnanyi als Staatssekretär ins Wirtschaftsministerium berufen. Im Jahr darauf wechselt er als parlamentarischer Staatssekretär ins Wissenschaftsministerium und wird Mitglied des Bundestages. 1972 wird er zum Bundesminister für Forschung, Bildung und Wissenschaft ernannt.

Im Zeitraum von 1976 bis 1981 ist er Staatsminister im Auswärtigen Amt.

1981 wird er Erster Bürgermeister der Freien und Hansestadt Hamburg. Dieses Amt hat er bis 1988 inne.

Nach der Wiedervereinigung ist er von 1990 bis 1994 Vorsitzender des Aufsichtsrates der TAKRAF Schwermaschinenbau, Leipzig.

Seit Dezember 1993 ist Klaus von Dohnanyi Beauftragter des Vorstandes der Bundesanstalt für vereinigungsbedingte Sonderaufgaben Berlin, der Nachfolgerin der Treuhandanstalt. Dr. Klaus von Dohnanyi hat mehrere Bücher veröffentlicht und ist Träger zahlreicher Auszeichnungen.

Die Praxis der Solidarität.

Ludwig Erhard und das „Deutsche Modell"

von Klaus von Dohnanyi

Die hundertjährige Wiederkehr von Ludwig Erhards Geburtstag liegt nahe bei der Erinnerung an sein Scheitern als zweiter Bundeskanzler der Bundesrepublik Deutschland vor 30 Jahren. Diese Nähe hat gelegentlich zu einer nachträglichen Minderung seiner politischen Bedeutung Anlaß gegeben und seine Person in ein tragisches Licht gehüllt, das weder seiner Persönlichkeit noch seinem Lebensschicksal entspricht. Im Gegenteil: Dem Ersten Weltkrieg mit einer Verwundung entkommen, den Nazis nicht nahegerückt und am Ende des Zweiten Weltkriegs politisch unbehindert, konnte Ludwig Erhard das ganze mögliche Glück eines Politikerlebens ausschöpfen: Er tat, was er für richtig hielt, und es gelang. Und was er tat, hat Bedeutung für Generationen.

Als Ludwig Erhard 1948 zugleich mit der Entscheidung zur Währungsreform die Deutschen in seinen Entwurf einer „Sozialen Marktwirtschaft" führte, stieß er zunächst überwiegend auf Mißtrauen und Widerstand. Der Entwurf war nicht nur den Kritikern auf der Linken zu kapitalistisch; Kurt Schumacher bezeichnete eine Wirtschaft à la Erhard als „Anarchie der Beutemacher". Auch in den eigenen Reihen gab es erhebliche Vorbehalte, insbesondere während der kritischen Jahre des Korea-Krieges. Erhards Entwurf war auch hier zu „kapitalistisch"; das Vertrauen auf die Regelkräfte des Marktes „naiv"; und die sozialen Folgen der „Eigenverantwortung" zu „kalt". Deutschland kam eben aus der „Volksgemeinschaft", und auf diesem Hintergrund erschienen Ludwig Erhards Wettbewerbsthesen vielen Deutschen als „amerikanischer Import". Aber auch der amerikanischen Besat-zungsmacht waren Erhards Entscheidungen zu eindeutig, zu schnell, zu radikal. Man muß deswegen heute erinnern: Der Weg ins Wirtschaftswunder war keine Selbstverständlichkeit, die Weichenstellung eine bemerkenswerte politische Tat. Diese durchzuhalten und in der Korea-Krise zu bestätigen sprach für Überzeugungskraft, Mut und Stehvermögen: staatsmännische Eigenschaften.

Allerdings: Ludwig Erhard war alles andere als ein „Amerikaner". Mit seinem Konzept der Sozialen Marktwirtschaft stand er vielmehr, wie sich bis zum heutigen Tage zeigen sollte, fest auf einer deutschen Tradition. Das vielzitierte „deutsche Modell" ist älter als die „Soziale Marktwirtschaft" der Nachkriegszeit.

Im Grunde ist Ludwig Erhard ein positiver Repräsentant jenes so oft, und wie ich meine auch: so oft vorschnell gescholtenen „deutschen Sonderwegs". Das Material seines Bauwerks war in einem wirtschaftshistorischen Sinne in der Tat sehr deutsch. Zwar hatte die Erhard'sche Konstruktion für Deutschland auch revolutionäre Züge: In einer liberalen Grundkonstruktion sollten Regelkreise des Wettbewerbes das traditionell kartell- und staatsorientierte Gerüst der deutschen Wirtschaftsstrukturen, seiner industriellen Gesprächskreise und leisen Vereinbarungen ersetzen. Aber dieser Wettbewerb und die so freigesetzte unternehmerische Kraft sollten wiederum im Konsens sozial gezähmt werden. So wie der Unternehmer in die Gemeinschaft der Marktwirtschaft „sozial" einzubinden war, so sollte auch der Arbeitnehmer mitwirken und mitbestimmen, aber die Solidarität der

Gemeinschaft niemals ohne die Übernahme auch eigener Verantwortung in Anspruch nehmen können.

Ludwig Erhard war nicht nur als Phänotyp „typisch deutsch". Sein eher schwerer Körperbau, die nahezu idealtypische Verkörperung der „Gemütlichkeit" war sicher einer der Gründe, warum die Deutschen ihm so tief vertrauten. Er war aber auch „deutsch" in seinem Denken.

Zu seinen besonders einflußreichen, geistigen Lehrern zählte Ludwig Erhard sowohl den liberalen Betriebswirt Wilhelm Rieger wie den sozial geprägten Soziologen Franz Oppenheimer. In seiner wissenschaftlichen Arbeit am Nürnberger Institut hatte er sich sowohl mit den praktischen Abläufen in Betrieben, als auch mit den systematischen Zusammenhängen der Wirtschaft im ganzen beschäftigen können. Auch der Einfluß von Müller-Armack, der das Konzept der Erhard'schen Marktwirtschaft auf den Begriff der „Sozialen Marktwirtschaft" gebracht hatte, sowie der Freiburger Schule Walter Euckens sind unverkennbar. Das Werk Erhards bleibt jedoch die einzigartige Zusammenfügung dieser wissenschaftlichen Einsichten zur „Sozialen Marktwirtschaft" in der politischen Praxis. Dies bleibt Ludwig Erhards ureigenste Leistung.

Es ist diese von Erhard geschaffene Verbindung von Wettbewerbseffizienz und sozialem Konsens, die das „deutsche Modell" in der zweiten Hälfte des 20. Jahrhunderts geprägt hat. Heute, angesichts zunehmender Verluste politischer Gestaltungsmöglichkeiten im Gefolge globaler Wettbewerbsverflechtungen, wird das Werk in Frage gestellt. Da es aber nichts gibt, was im Bewußtsein der Deutschen den nationalen Zusammenhang heute stärker formuliert als die erfolgreiche Erfahrung des „deutschen Modells" in der Sozialen Marktwirtschaft, ist dieser Verlust an politi-

schen Gestaltungsmöglichkeiten gefährlich. Verlöre Deutschland den inneren Zusammenhang, den diese Erfahrung gestiftet hat, so würde unser Land von der Globalisierung vermutlich tiefer erschüttert werden als seine europäischen Nachbarn. Hier, in der Erneuerung der Sozialen Marktwirtschaft unter veränderten Bedingungen, liegt daher die große innenpolitische Aufgabe der Gegenwart.

Es ist wichtig, an dieser Stelle einen Blick zurück auf die Entwicklung der deutschen Volkswirtschaftslehre zu werfen. Seit Ende des 18. Jahrhunderts stand sie, wie die Entwicklung der Wirtschaftswissenschaften im übrigen Europa, selbstverständlich stark unter dem Einfluß der Theorien von Adam Smith. Aber die deutschen Wissenschaftler konnten sich niemals mit derselben Konsequenz, mit der dies ihre angelsächsischen Kollegen getan hatten, dem Grundgedanken von Adam Smith ausliefern: daß nämlich am Ende aus den wohlverstandenen und divergierenden individuellen Interessen vieler einzelner Wirtschaftssubjekte auch ein „optimales" Interesse der Gemeinschaft entstehen werde.

Die deutsche Volkswirtschaftslehre hat immer zum Ausgleich der unternehmerischen Einzelinteressen einen stärkeren Akzent auf starke, staatliche Institutionen gelegt. Während für die Wirtschaftstheoretiker in Großbritannien zum Beispiel Arbeit eine Ware und der Arbeiter damit ein „Unternehmer" (wenn auch mit schwacher Marktposition) war, sah die deutsche Wirtschaftstheorie im Arbeitslohn mehr als nur den auszuhandelnden Preis einer Ware. Die Beziehung zwischen Unternehmer und Arbeitnehmer war eben etwas anderes als die zwischen Käufer und Verkäufer: Arbeitgeber und Arbeitnehmer waren auch eine Gemeinschaft! Wie Birger Priddat in seiner kürzlich veröffentlichten Studie „Die andere Ökonomie" schreibt: „Die klassische englische Arbeitswert- und Produktionskostentheorie bleibt für die deutschen

Ökonomen ... zu sehr an Arbeits- und Kostensubstanzen willensunabhängiger Art hängen. Sie verschieben ihre Betrachtungen ... vom determinierten Wollen zum freien Willen, dessen Begrenzung sie nicht in den Angebotskosten sehen, sondern in gesamtwirtschaftlichen Organisationen der Nachfrage."

Das, was man noch heute in der Welt das „deutsche Modell" nennt, diese deutsche „Konsens-Ökonomie" der Sozialen Marktwirtschaft, die von Briten und Amerikanern auch oft einfach als „Corporate Germany" bezeichnet wird, erwies sich in der Erhard'schen Variante bisher als äußerst erfolgreich. Zwar neigen angelsächsische Wirtschaftszeitungen dazu, diese deutschen Strukturen schon heute als von der Globalisierung geschlagen anzusehen, aber immer wieder wird mit Erstaunen auch auf die Stärke dieser deutschen „Version eines Kapitalismus mit menschlichen Zügen: einer freien Marktwirtschaft mit starker Betonung des sozialen Ausgleichs" hingewiesen.

Harold James schreibt in seinem Essay die „Deutsche Identität 1790 - 1990", daß Deutschland sich in seiner politischen Identität stärker als andere Nationen durch die Wirtschaft definiert habe: Die wirtschaftliche Vereinigung sei eben der staatlichen vorausgeeilt. Aus dieser Sicht wird die Bedeutung Ludwig Erhards noch einmal unterstrichen, die er in den Jahren nach 1945 für die Deutschen gewonnen hatte – und noch immer hat. So wird auch verständlich, warum Karl Schiller als sozialdemokratischer Politiker noch heute eine so herausragende Rolle im Bewußtsein der Öffentlichkeit spielt. Und schließlich versteht man so auch, warum zwischen Ludwig Erhard und Karl Schiller 1972, als beide das „Modell Deutschland" für gefährdet ansahen, eine so ungewöhnliche Nähe entstand: Mit dem großen Gespür für die deutsche Psyche, das beiden Wirtschaftspolitikern eigen war, ahnten sie wohl die Gefahren für die Nation, die sich aus den Gefahren

für die Wirtschaft ergeben könnten. Und in der Tat kann man heute in den Jahren der ersten Ölkrise auch die große Zäsur der Nachkriegswirtschaft erkennen.

Eine liberale Wirtschaftsordnung wird immer zugleich Grundlage und Gefahr sozialer Gerechtigkeit sein; dies war Ludwig Erhard ebenso bewußt wie allen anderen Verfechtern der Sozialen Marktwirtschaft. Die liberale Wirtschaftsordnung ist insofern Grundlage, als es ohne die Verteilungswirkung des Marktes zwangsläufig zu einer Verteilungsfunktion durch Herrschaftsstrukturen kommen muß. Da diese weder evolutionäre Erneuerungskraft in sich tragen, noch bereit sein werden, vom Markt der Wählerstimmen notwendige Verteilungskorrekturen zu akzeptieren, gibt es eben ohne Markt auch keine Demokratie. Zugleich wäre aber eine liberale Gesellschaft, die nur der Kraft des Einzelnen vertraut und damit der solidarischen Beschränkung dieser Kraft zu wenig Gewicht geben würde, auch eine Lebensbedrohung der liberalen Gesellschaft selbst: Denn diese müßte am Ende an den von ihr selbst erzeugten sozialen Spannungen zerbrechen.

Das für die Soziale Marktwirtschaft notwendige Gleichgewicht zwischen Konkurrenzkraft und sozialer Solidarität schien Ludwig Erhard schon in den Jahren seiner Kanzlerschaft äußerst gefährdet. Seine „Maßhalteappelle" sind noch heute erinnert. Ludwig Erhard konnte aber die wachsenden Widersprüche im „deutschen Modell" intellektuell nicht mehr verarbeiten. Seine Ansätze der „formierten Gesellschaft" und des „deutschen Gemeinschaftswerks" lesen sich heute allerdings ebenso hellseherisch wie unvollständig. Er selbst leitete auf dem Düsseldorfer Parteitag im März 1965 die Debatte mit folgenden Worten ein:

„Die Bundesrepublik soll – darin sehe ich meinen Auftrag – ein Land werden, in dem

Staat und Gesellschaft sich zu einem weit aus-
greifenden Fortschrittswillen vereinen und
versöhnen. Der Staat soll nicht autoritär pla-
nen, und die Gesellschaft darf nicht eine
chancenreiche Zukunft für eine bessere Ge-
genwart des bloßen Konsums preisgeben. Wir
wollen ... mehr sein als ein Konsumverein.“

„Öffentliche Voraussicht und private Initia-
tive müssen sich verbünden, um Deutschland
gegen Krisen gefeit sein zu lassen und für die
Mehrung seiner politischen Kraft, seiner gei-
stigen und technischen Leistung, seines öko-
nomischen Fortschritts einstehen zu können.
Kurzum: Wir haben in der Ordnung unserer
Gesellschaft die Voraussetzungen für eine
neue kulturelle und zivilisatorische Höhe
unseres Staates und unseres Volkes zu berei-
ten.“

Das hätte auch Walter Rathenau zu Beginn des Jahrhunderts schreiben können! Ludwig Erhard selbst sah die Aufgabe
der politischen Gestaltung seiner Sozialen
Marktwirtschaft eben durchaus nicht als bewältigt an. Und es gehört heute wenig pro-
phetische Gabe dazu vorauszusagen, daß die
Fragen Ludwig Erhards – und mehr als Fragen sind es ja nicht geworden – in den kommenden Jahren immer drängender gestellt
werden wird, sie werden heute in den USA
auch unter dem Stichwort „communarism“
diskutiert.

Die Zukunft des „deutschen Modells“
steht damit nicht nur für Deutschland
zur Debatte. In ganz Europa sucht man institutionelle Strukturen, die unter den sich ver-
schärfenden Wettbewerbsbedingungen globaler Märkte der europäischen Tradition des
Sozialstaates eine neue Chance geben könnten. In allen westlichen Industriestaaten wird
über das Verhältnis von sozialer Gerechtigkeit zur individuellen Eigenverantwortung
debattiert. Dies allerdings war immer das zentrale Thema der deutschen Wirtschaftstheorie.

Die pragmatische Antwort Ludwig Erhards
1948/49 wurde dann zum Scharnier der „Sozialen Marktwirtschaft“. Karl Schiller hat die
Erhard'schen Strukturen weitergedacht und
weiterentwickelt. Gesetzlich ausformulierte
Grundsätze für „Stabilität und Wachstum“
gaben den Rahmen für die 70er Jahre;
Schiller hatte versucht, sie und den Konsens
einer „Konzertierten Aktion“ zum Angelpunkt einer sozial ausgewogenen wirtschaftlichen Entwicklung Deutschlands zu machen.
Heute führen auch diese Ansätze nicht mehr
zu den gewünschten Ergebnissen.

Das Modell der „Sozialen Marktwirtschaft“ ist eben kein statisches; es versucht nur in jeder Situation eine Antwort des
Gleichgewichts zwischen Wettbewerb und
sozialer Verantwortung zu geben: Eine Praxis
der Solidarität. Daher bedarf diese Konstruktion auch immer einer Weiterentwicklung
unter veränderten Bedingungen. Die Veränderungen des vergangenen Jahrzehnts haben
aber im vereinigten Deutschland bis heute
weder konzeptionell noch institutionell einen
systematischen Niederschlag gefunden:
Deutschland wartet auf den Ludwig Erhard
der nächsten Jahrzehnte.

Die Theoretiker mögen Ludwig Erhard
als zu einfach und die Politiker mögen
ihn als eine Person beurteilen, die für die harten Aufgaben der Staatsführung aus zu wei-
chem Holz geschnitzt war. Als Wirtschaftspolitiker hat Erhard jedoch das politische
Schicksal Westdeutschlands und damit auch
des vereinigten Deutschland vermutlich stärker geprägt als alle seine „politischen“ Kollegen. Hier, wo Deutschland sich national
immer am ehesten definierte: in seiner Wirtschaft, bleibt Erhard ein Großer der deutschen
Geschichte. Und hier erweist er sich auch als
ein Deutscher, der bis in unsere Tage den
volkswirtschaftlichen „Sonderweg“ Deutschlands zu einer demokratischen Praxis der
Solidarität gemacht hat.

Dr.-Ing. Hans-Olaf Henkel

VITA:

Hans-Olaf Henkel ist am 14. März 1940 in Hamburg geboren. Nach kaufmännischer Lehre und Studium an der Hochschule für Wirtschaft und Politik, Hamburg, tritt er 1962 in den Produktionsbereich der IBM Deutschland ein und absolviert dort ein zweijähriges Ausbildungsprogramm.

Ab 1964 bekleidet er verschiedene Linien- und Stabspositionen in den USA, Ostasien, Deutschland und der europäischen Zentrale in Paris.

1982 wird Henkel zum Vice President der IBM Europa ernannt. 1983 erhält er als Präsident der Areas Division die Verantwortung für alle europäischen, afrikanischen und nahöstlichen Länder mit Ausnahme von Frankreich, Deutschland, Italien und Großbritannien.

1985 wird er zum stellvertretenden und im Januar 1987 zum Vorsitzenden der Geschäftsführung der IBM Deutschland bestellt.

Im Oktober 1993 erfolgt seine Ernennung zum President der IBM World Trade Europe/ Middle East/Africa Corporation, im Januar 1994 wird er zum Chairman of the Board und zum Président Directeur Général der IBM Europa ernannt.

Seit Januar 1995 ist Henkel Vorsitzender des Aufsichtsrats der IBM Deutschland GmbH (Holding).

Henkel ist Mitglied des Außenwirtschaftsbeirates beim Bundesminister für Wirtschaft, persönliches Mitglied des Vorstandes des Stifterverbandes für die Deutsche Wissenschaft e.V., Senator der Max-Planck-Gesellschaft zur Förderung der Wissenschaften e.V. und Mitglied einiger Aufsichtsräte.

1992 erhält Henkel die Ehrendoktorwürde (Dr.-Ing. E.h.) der Technischen Universität Dresden und wird vom WWF (World Wildlife Fund) und der Zeitschrift Capital zum „Ökomanager des Jahres 1992" gewählt.

Am 28. November 1994 wird Henkel zum BDI-Präsidenten gewählt. Seine Amtszeit beginnt am 1. Januar 1995.

Die Soziale Marktwirtschaft:
Hat das Konzept Ludwig Erhards
eine Zukunft?

von Hans-Olaf Henkel

Ist die Bundesrepublik Deutschland noch eine Soziale Marktwirtschaft im Sinne Ludwig Erhards? Ja und Nein: Nach der ersten Phase der konsequenten Umsetzung der Sozialen Marktwirtschaft in den 50er und 60er Jahren, die zum viel bewunderten deutschen Wirtschaftswunder führte, wurde das Konzept der Sozialen Marktwirtschaft nicht weiter fortentwickelt, sondern Schritt für Schritt davon abgewichen. Mit Ludwig Erhards Konzept gelang es, nach der Währungsreform gewaltige produktive Kräfte freizusetzen, als sich mit stabilem Geld und freigegebenen Märkten Leistung wieder zu lohnen begann. Heute dagegen suchen wir in weiten Teilen unserer Gesellschaft wieder Zuflucht zu defensiven Strategien, um insbesondere der Krise auf dem Arbeitsmarkt Herr zu werden.

Das wird deutlich, wenn wir das ursprüngliche Konzept der Sozialen Marktwirtschaft mit unserer heutigen Realität vergleichen. Nach Alfred Müller-Armack ist Soziale Marktwirtschaft eine ordnungspolitische Idee, deren Ziel es ist, auf der Basis der Wettbewerbswirtschaft die freie Initiative mit einem gerade durch die marktwirtschaftliche Leistung gesicherten sozialen Fortschritt zu verbinden.

Unverkennbar ist, daß noch viele Fundamente dieses ordnungspolitischen Konzepts bestehen und positiv fortwirken. Ebenso unverkennbar ist jedoch, welch schleichende Umgestaltung der Sozialen Marktwirtschaft in der Zwischenzeit stattgefunden hat. Kann man bei einer Staatsquote von über 50 % noch von einer Marktwirtschaft sprechen, oder wäre nicht vielmehr der Begriff „Staatswirtschaft" zutreffender? Wie sehr die Grundsätze der Sozialen Marktwirtschaft in den letzten Jahrzehnten mißachtet wurden, belegen die Krisen des Arbeitsmarktes und der Sozialsysteme.

Gerade auf dem Arbeitsmarkt wurde in vielfältiger Weise gegen die Regeln der Sozialen Marktwirtschaft verstoßen. Die Globalisierung der Märkte und neue, leistungsfähige und aggressive Anbieter auf den Weltmärkten haben den Anpassungsdruck auf die entwickelten Volkswirtschaften dramatisch und dauerhaft erhöht. Die veränderten weltwirtschaftlichen Rahmenbedingungen zwingen Unternehmen zu institutionellen und organisatorischen Reformen, oftmals verbunden mit einem Abbau der Beschäftigung. Hinzu kommt der rasante sektorale Strukturwandel zur Dienstleistungs- und Informationsgesellschaft. Dem erhöhten Anpassungsdruck hat das institutionelle Regelwerk auf dem Arbeitsmarkt nicht ausreichend Rechnung getragen. Die Folge waren gravierende Ungleichgewichte auf dem Arbeitsmarkt: Vier Millionen Menschen suchen einen Arbeitsplatz, die Sockelarbeitslosigkeit steigt beständig, wir haben weltweit die höchsten Arbeitskosten und im Vergleich zu anderen führenden Industrienationen einen Nachteil von 20 % bei den Lohnstückkosten. Diesen Herausforderungen der 90er Jahre ist die Tarifpolitik bislang nicht ausreichend gerecht geworden.

Am gravierendsten aber ist die Erosion der Sozialen Marktwirtschaft in der Sozialpolitik. Die Bürger werden immer wohlhabender, gleichzeitig nimmt die soziale Umverteilung weiter zu. Die ausufernde Wohlfahrtspolitik untergräbt ihre eigenen Fundamente: Die Schaffung von Nachfrage nach sozialen Leistungen und der Anstieg der sozialen Aufwendungen führt zur unaufhaltsamen Ausdehnung des Zwangsabgabensystems der sozialen Sicherungssysteme und der Staatshaushalte. Die wachsende Anspruchsmentalität der Empfänger produziert Widerstand und die Flucht aus den Zwangssystemen in die Schattenwirtschaft und vernichtet Arbeitsplätze. Das Ausmaß der Gefährdung des ökonomischen Fundaments unseres Sozialstaats umreißen folgende Zahlen: Inzwischen wird jede dritte Mark des Sozialproduktes für soziale Zwecke aufgewendet. Seit 1970 sind die Sozialausgaben ständig stärker gestiegen als die Investitionen. Während sich das Bruttosozialprodukt seit 1960 verzehnfacht hat, explodierten die Sozialkosten um das Fünfzehnfache.

Die Bedeutung der Märkte und des Wettbewerbs nimmt aber gleichzeitig international erheblich zu. Nicht nur die Unternehmen, sondern auch die Politik und unsere gesamte Gesellschaft können sich immer weniger den Zwängen der Globalisierung entziehen. Dieser Wettbewerb ist unbequem. Aber er ist auch die mächtigste Triebfeder für Leistung und Fortschritt. Wer nicht bereit ist, ihn als Herausforderung anzunehmen, verschiebt nur die Probleme, er entgeht ihren Konsequenzen aber nicht.

Wie schaffen wir es, wieder zurück zu einer Sozialen Marktwirtschaft zu kommen? Marktwirtschaftliche Leistung, freie Initiative und der Wettbewerbsgedanke müssen wieder Leitbild der Wirtschaftspolitik, aber auch der Gesellschaft insgesamt werden. In der Tarifpolitik müssen neue Wege beschritten werden. Solidarität und Subsidiarität müssen in der Sozialpolitik neu austariert werden.

Der BDI hat ein Konzept vorgelegt, das unter dem Motto „Entlasten statt Entlassen" aufzeigt, welche ordnungspolitische Weichenstellung erforderlich ist, um Wettbewerb und Freiheit, Leistung und sozialen Fortschritt wieder in die richtige Balance zu bringen. Die Bundesrepublik muß wieder zu einer wettbewerbsfähigen Gesellschaft werden; die Unternehmen müssen geeignete Rahmenbedingungen erhalten, um im globalen Wettbewerb bestehen zu können und somit die Grundlage für eine ausreichende Zahl von Arbeitsplätzen und sozialen Fortschritt bereitstellen zu können.

Um diese Ziele zu erreichen, müssen schnell konkrete Maßnahmen ergriffen werden:

Bund, Länder und Gemeinden müssen die Staatsaufgaben reduzieren, indem sie Staatsaufgaben aufgeben oder abgeben. Das Ziel sollte sein, die Staats-, Steuer- und Ausgabenquote drastisch zu senken. Dabei muß Maßstab der Stand vor der Wiedervereinigung sein. Dies ist notwendig, weil die für Steuersenkung nötigen Freiräume durch drastisches Sparen in allen öffentlichen Haushalten gefunden werden können. Die öffentliche Hand muß weiter und schneller privatisieren. Jetzt sind Länder und Gemeinden gefordert, sich von den Beteiligungen zu trennen, die mit den hoheitlichen Aufgaben einer staatlichen Verwaltung nichts zu tun haben. Wenn die Zustellung von Paketen erfolgreich privatisiert werden konnte, dann sollte das auch für die Abholung von Mülltonnen möglich sein.

Innovationshemmnisse und Bürokratie müssen nachhaltig und nachprüfbar reduziert werden. Die Steuerlast der Unternehmen muß spürbar gesenkt werden. Die vorgesehene Abschaffung der Gewerbekapital- und der Vermögensteuer ist ein erster Schritt in die richtige Richtung, reicht aber nicht aus. Damit dieses Signal bei den Investoren die richtige Wirkung entfaltet, muß es zu einer Netto-Entlastung der Unternehmen kommen.

Dazu sind die Abschaffung der Gewerbekapitalsteuer sowie eine Reform der Einkommensbewertung vordinglich. Die Regierung sollte sich verbindlich festlegen, eine große Einkommenssteuerreform auch wirklich durchzuführen. Dies wäre für Investoren ein wichtiges Signal, daß es sich wieder lohnt, am Standort Deutschland zu investieren. Eine nachhaltige Steuerentlastung lohnt sich auch für den Staat, denn durch ein verstärktes Wirtschaftswachstum, zusätzliche Arbeitsplätze und höhere Steuereinnahmen finanziert sie sich weitgehend selbst. Das ständige Suchen nach Gegenfinanzierungen sollte daher nicht Richtschnur der Steuerpolitik sein. Die Prioritäten sollten folgendermaßen gesetzt werden: Steuerbelastung insgesamt senken, die Unternehmen netto entlasten, deutliche Leistungsanreize setzen sowie das Steuersystem vereinfachen.

Die Tarifpartner und die Sozialpolitik müssen Durchbrüche zu Kostenentlastung und mehr Beschäftigung erzielen. Wenn die Tarifpartner nicht für Abschlüsse sorgen, die sich an der internationalen Konkurrenz orientieren, dann stellen sie ihre eigene Berechtigung in Frage. Grundsätzlich müssen Lohnzuwächse solange auch unterhalb der Produktivitätsrate liegen, bis das Beschäftigungsziel erreicht ist. Der Flächentarifvertrag ist kein Selbstzweck; wer ihn grundsätzlich erhalten will, muß ihn reformieren.

Zudem müssen die Grundlagen für neue Beschäftigungsfelder in Berufen mit geringeren Qualifikationen geschaffen werden. Deutschland kann nicht als „Hochlohnland" auf einfache Arbeitsplätze zugunsten des kostengünstigeren Auslandes verzichten, oh-

ne gleichzeitig Alternativen für die Beschäftigung von weniger Qualifizierten zu bieten. Besonders im Dienstleistungssektor gibt es ein großes Potential, welches schnell zu heben gilt. In den USA ist es bereits gelungen, eine große Beschäftigungsdynamik auf dem Niedriglohnsektor zu erzeugen. Deutschland hingegen hat diesen Beschäftigungsbereich systematisch wegreguliert und -tarifiert. Hohe strukturelle Arbeitslosigkeit und eine blühende Schattenwirtschaft sind die Folge. Den gering qualifizierten Personen in einem Niedriglohnsektor neue Beschäftigungspotentiale zu erschließen, ist allemal sinnvoller als sie der öffentlichen Fürsorge zu überantworten oder sie auf Dauer in einem sogenannten „zweiten Arbeitsmarkt" zu verstecken.

Neue Existenzen und Berufe, insbesondere im Technologiesektor und bei anspruchsvollen Dienstleistungen, müssen „angeschoben" werden. Neuere Umfragen zeigen, daß nur noch 7 % der Studienabgänger die Selbständigkeit anstreben. Reine Appelle zur „Selbständigenkultur" und Beschwörung von „Gründerwellen" allein erzeugen keinen Stimmungswandel. Sie müssen ergänzt werden durch Hinweise, daß der Verbleib im derzeitigen sozialen Netz zukünftig weniger attraktiv sein wird.

Notwendig ist auch, Firmengründungen durch die Bereitstellung von Risikokapital zu unterstützen. Der BDI schlägt daher eine Steuerfreistellung von Veräußerungsgewinnen aus Beteiligungen an jungen Unternehmen, eine Steuerbefreiung thesaurierter Gewinne junger Technologieunternehmen für die ersten fünf Jahre, die Einführung von sogenannten tax-credits für Engagements in Risikokapitalanlagen sowie die Erweiterung der Beteiligungsmöglichkeiten von institutionellen Anlegern vor.
Die Rückbesinnung auf die Grundwerte der Sozialen Marktwirtschaft erfordert eine Neuabgrenzung von Solidarität und Subsidiarität.

Die soziale Sicherung hat der privaten Wohlstandsmehrung, die in zunehmendem Maße an die Stelle kollektiv finanzierter Hilfe treten kann, Rechnung zu tragen. Hohes und zunehmendes Wohlstandsniveau auf der einen Seite und ein immer umfangreicheres und engmaschigeres soziales Sicherungssystem auf der anderen Seite sind ein Widerspruch in sich und zudem nicht mehr finanzierbar.

Für die große, im Wohlstand lebende Mehrheit der Bevölkerung bedarf es keines sozialen Vollkaskoschutzes mehr. Die kollektiven sozialen Sicherungssysteme müssen sich auf die wirksame Absicherung großer Risiken konzentrieren. Risiken, die der einzelne, die Familie und andere kleine soziale Einheiten selbst abdecken können, bedürfen nicht der entmündigenden Regelung und Institutionalisierung durch öffentlich-rechtliche Sozialsysteme, sondern müssen der individuellen Eigenvorsorge überlassen werden. Dies ist der Grundgedanke des Subsidiaritätsprinzips, das wieder stärker in den Vordergrund treten muß. Nur eine auf Subsidiarität angelegte soziale Sicherung ist langfristig finanzierbar, ermöglicht damit Solidarität und wirksamen Schutz in sozialen Notfällen. Vermehrte Eigenvorsorge nützt dem Sozialsystem doppelt: Zum einen sinkt sein Finanzbedarf, Steuer- und Beitragszahler werden daher entlastet. Zum anderen fördert die private Vorsorge die gesamtwirtschaftliche Kapitalbildung. Beides erhöht die Chancen für mehr Investitionen und mehr Beschäftigung.

Daher sind folgende Maßnahmen erforderlich:

• Eine Neubewertung aller Sozialleistungen und -einrichtungen vornehmen, dabei darf es keinen automatischen Bestandsschutz geben.

• Das Prinzip der Subsidiarität, also der Eigenverantwortung und damit der Selbstbeteiligung stärker in den Vordergrund der sozialen Sicherung stellen.

• Die Durchforstung und die Durchdringung der Administration der Sozialsysteme mit marktwirtschaftlichen Elementen.

• Klare und zügige Entscheidungen. Mit einer Einigung auf dem jeweils kleinsten gemeinsamen Nenner wird man nicht weiterkommen.

• Weiterhin muß gelten: Bereits erworbene Rechte genießen unbedingten Vertrauensschutz, echte soziale Notfälle werden weiterhin durch die Gemeinschaft aufgefangen.

Auch die Unternehmen müssen sich dem Wettbewerb stellen und verstärkt an der Verbesserung ihrer internationalen Wettbewerbsfähigkeit arbeiten. Die Globalisierung der Wirtschaft wird immer mehr Branchen, immer mehr Unternehmen betreffen und treffen. Abhängig von Branche und Unternehmen müssen Investitionen in Forschung, Entwicklung und Qualität verstärkt werden und sich mindestens am Niveau der jeweiligen internationalen Konkurrenz orientieren. Zudem sollte die in einigen Branchen noch nicht international vergleichbare Kundenorientierung intensiviert werden.

Fehlsteuerungen im Bildungswesen führen zu steigenden Studentenzahlen bei zunehmender Akademikerarbeitslosigkeit und zu weniger qualifizierten Ausbildungsplatzbewerbern bei gleichzeitigem Facharbeitermangel. Es liegt eine Fülle von Vorschlägen auf dem Tisch, wie die Dienstleistung Bildung von einer Vielzahl von Institutionen nachfrage- und damit bedarfsorientiert erbracht werden kann. Gerade diese Bereiche dürfen bei einer Diskussion um die Zukunft der Sozialen Marktwirtschaft nicht außen vor gelassen werden. Generelles Ziel muß die wettbewerbsfähige Gesellschaft sein. Schon Ludwig Erhard hat

darauf hingewiesen: „Die Soziale Marktwirtschaft ist noch nicht zu Ende geführt. Es
gilt, auf ihrer Grundlage eine moderne freiheitliche Gesellschaftspolitik zu entwickeln."

Im Sinne von Karl Popper glaube ich an die
Lernfähigkeit einer offenen Gesellschaft.
Unsere Verpflichtung ist, angesichts der neu-
en Herausforderungen die Soziale Marktwirtschaft zu revitalisieren und dann ordnungspolitischen Kurs zu halten.

Prof. Dr. Norbert Berthold

VITA:

Norbert Berthold, Dr. rer. pol., wird im Jahre 1952 in Freiburg geboren. Das 1973 begonnene Studium der Volkswirtschaftslehre an der Albert-Ludwigs-Universität in Freiburg schließt er 1977 als Diplom-Volkswirt ab. 1980 folgt die Promotion zum Dr. rer. pol., 1986 die Habilitation. Anschließend unterrichtet er von 1987 bis 1990 als Professor für Volkswirtschaftslehre an der Universität Hamburg. Seit 1990 ist er Ordinarius für Volkswirtschaftlehre an der Bayerischen Julius-Maximilians-Universität in Würzburg. 1992 folgt ein Aufenthalt als Visiting Scholar bei dem Internationalen Währungsfond in Washington D.C., 1995 bis 1997 ist er Dekan der Wirtschaftswissenschaftlichen Fakultät der Bayerischen Julius-Maximilians-Universität in Würzburg.

Seine wissenschaftliche Reputation belegen Rufe auf Lehrstühle an die Universitäten Düsseldorf, Bochum, Hamburg und Köln.

Zu den weiteren Aktivitäten Prof. Bertholds zählen:

- Mitherausgeber von WiSt
- Mitherausgeber der Volkswirtschaftlichen Korrespondenz der Adolf-Weber-Stiftung
- Mitglied des Vorstandes der List-Gesellschaft
- Mitglied des Senats der Adolf-Weber-Stiftung
- Mitglied des Wissenschaftlichen Beirates beim Bundesministerium für Wirtschaft.

Der Sozialstaat auf dem Prüfstand

von Norbert Berthold

Der im Laufe der Jahrzehnte dick gewordene Sozialstaat gerät in immer kürzeren zeitlichen Abständen in finanzielle Atemnot. Kleinere Herzattacken künden von Schlimmerem. Die sozialpolitische Schulmedizin ist mit ihrem Latein am Ende. Die seit Ausbruch der Beschwerden in den 70er Jahren immer wieder angewandte Therapie, ihm über steigende Beiträge und staatliche Zuschüsse wieder auf die Beine zu helfen, schlägt nicht mehr an. Die Beitrags- und Steuerzahler sind es auch zunehmend leid, die immensen Kosten der falschen Behandlung zu tragen. Damit besteht aber die Gefahr, daß der Sozialstaat ins Koma fällt, wenn nicht schleunigst ursachenadäquat therapiert wird. Es hilft alles nichts, er muß abnehmen, wenn dauerhafte Schäden vermieden werden sollen.

Es ist illusorisch zu glauben, der Sozialstaat könnte in demokratischen Staaten jemals sein Idealgewicht erreichen. Dies bestimmt sich in einer marktwirtschaftlichen Ordnung danach, wo er komparative Vorteile gegenüber marktlichen Lösungen hat, wenn es darum geht, für soziale Sicherheit und soziale Gerechtigkeit (Vermeidung von Armut) zu sorgen. Es ist heute kaum mehr strittig, daß der Sozialstaat seine komparativen Vorteile weitgehend (Ausnahme: Arbeitslosenversicherung) verloren hat, wenn es darum geht, soziale Sicherheit herzustellen. Die Individuen können sich gegen die Wechselfälle des Lebens (Krankheit, Unfall, Pflegebedürftigkeit und Alter) im Durchschnitt kostengünstiger auf privaten Versicherungsmärkten absichern.

Das große Rad der Umverteilung

Unbestritten ist allerdings auch, daß der Sozialstaat nach wie vor komparative Vorteile gegenüber privaten Lösungen hat, wenn es darum geht, das Problem der Armut in den Griff zu bekommen. Hier liegt sein eigentliches Aufgabenfeld, hier sollte er sich betätigen. Er muß allerdings darauf achten, daß er die richtigen Bevölkerungsgruppen begünstigt und mit den richtigen Instrumenten zu Werke geht.

Ein Blick in die sozialpolitische Realität zeigt, daß der Sozialstaat von seinem Idealgewicht meilenweit entfernt ist. Bei der sozialen Sicherheit dominieren nicht private, sondern staatliche Lösungen. Mit der gesetzlichen Kranken-, Unfall-, Renten- und Pflegeversicherung existieren zwangsweise staatliche Lösungen. Diese werden durch vielfältige sozialpolitisch motivierte interventionistische Eingriffe des Staates in die Güter-, vor allem aber in die Arbeitsmärkte ergänzt. Die umverteilungspolitischen Aktivitäten beschränken sich nicht auf die wirklich Bedürftigen. Der Löwenanteil der umverteilungspolitischen Aktivitäten, die der Sozialstaat nicht nur in den Systemen der Sozialen Sicherung, sondern auch außerhalb anregt, wird in der politisch ertragreichen Mittelklasse von den „nicht ganz Reichen zu den nicht ganz Armen" (Bernhard Külp) entfaltet.

Der Appetit des Sozialstaates ist gewaltig: ein Drittel des Sozialproduktes geht durch seinen Magen. Woher kommt dieser große Appetit? Unvollkommene politische Märkte führen die politischen Entscheidungsträger in Versuchung, die umverteilungspolitischen Instrumente als Parameter im Wettbewerb auf den Wählerstimmenmärkten zu nutzen. Der Einsatz dieses Instrumentes ist deshalb so beliebt, weil die Leistungen an spezifische Gruppen gewährt, die finanziellen Lasten aber auf die große Masse der Steuer- und

Beitragszahler abgewälzt werden. Die umverteilungspolitische Versuchung nimmt zu, wenn die finanziellen Lasten über staatliche Kredite auf zukünftige Generationen verlagert werden können.

Die umverteilungspolitischen Aktivitäten gewinnen an Fahrt, weil die politische Vorliebe für Umverteilung mit der Umverteilung zunimmt. Dies hat damit zu tun, daß Maßnahmen der Umverteilung die Toleranz in einer Gesellschaft für Einkommensunterschiede verringern. Der „Respekt" vor der bestehenden Einkommensverteilung sinkt, wenn klar wird, daß sie zu einem erheblichen Teil durch diskretionäre politische Entscheidungen und nicht nur durch anonyme Marktkräfte bestimmt wird. Die Verteilungskonflikte bilden sich im fortgeschrittenen Sozialstaat nicht zurück, sie verschärfen sich.

Der Preis, den eine Gesellschaft für umverteilungspolitische Aktivitäten zahlen muß, vor allem wenn sie so wie gegenwärtig betrieben werden, sind allokative Verzerrungen. Die über Steuern und Abgaben finanzierten Maßnahmen tragen mit dazu bei, daß die Individuen ihr Arbeitsangebot einschränken, die Arbeitsintensität verringern, die private Ersparnisbildung reduzieren, die Haushaltsproduktion ausdehnen und verstärkt in die weniger produktive Schattenwirtschaft abwandern.

Die Politik der Umverteilung bindet Ressourcen, weil wenig effiziente Umverteilungsbürokratien knappe Mittel absorbieren und sie Interessengruppen zu verstärktem „rent-seeking" – dem Versuch, sich Vorteile durch staatlich verliehene, verteilungswirksame Rechte zu sichern – und unproduktiven Verteilungskämpfen ermutigen.

Alles in allem: Der Sozialstaat gefährdet mit den überzogenen umverteilungspolitischen Aktivitäten seine eigene ökonomische Basis, weil er die Quellen des Wohlstandes zum Versiegen bringt.

Der Sozialstaat unterhöhlt die sozialen Normen, die das für ihn so gefährliche „moral hazard" – „das Risiko, daß die Menschen das tun, was man von ihnen befürchtet" (Olav Sievert) – und den Leistungsmißbrauch in Schach halten.

Die mit wachsendem Sozialstaat veränderte Anreizstruktur sowohl auf der Leistungs- als auch der Finanzierungsseite wirkt sich wegen der sozialen Normen zunächst nicht aus. Die Anreize der Individuen, diese Normen zu verletzen, nehmen aber zu. Ebenso wie es bei steigenden Steuersätzen immer schwerer wird, ehrlich zu bleiben, steigt mit höheren Beitragssätzen und vermehrten Leistungen der Anreiz zu „moral hazard". Je mehr Individuen die Normen brechen, desto größer werden für die anderen die Anreize, es ihnen gleich zu tun. Ein solcher „Ketchup-Effekt" ist unvermeidlich, wenn große makroökonomische Schocks eintreten, die Tarifvertragsparteien lohnpolitisch falsch reagieren, viele Arbeitnehmer ihren Arbeitsplatz verlieren und zu Leistungsempfängern des Sozialstaates werden.

Der Sozialstaat dehnt sich somit lange Zeit aus, ohne daß es zu gravierenden Verhaltensänderungen kommt. Es scheint in dieser expansiven Phase des Sozialstaates so, als ob er mehr oder weniger kostenlos zu haben sei. Dem ist aber nicht so. Die sozialen Normen begünstigen ein „overshooting" des Sozialstaates. Dieses „Überschießen" erodiert die Normen. Starke exogene Schocks tragen dann mit dazu bei, daß die sozialen Normen von vielen nicht mehr beachtet werden. Veränderte Anreizstrukturen bestimmen das Bild. Sie entladen sich in einem Gefangenendilemma – einem für die Allgemeinheit schädlichen Verhalten, das sich aus dem Fehlen einer bindenden Absprache erklärt – und stürzen den zu dick gewordenen Sozialstaat in die finanzielle Krise, aus der er sich mit steigenden Beiträgen und Steuern zu befreien sucht.

Die für den Sozialstaat lebensgefährliche Entwicklung besteht darin, daß er mit seinen Aktivitäten die Arbeitslosigkeit erhöht. Damit trocknet er die wichtigste finanzielle Quelle der umlagefinanzierten Systeme der sozialen Sicherung aus. Der Sozialstaat nimmt die für ihn lebensnotwendig hohe Beschäftigung von zwei Seiten in die Zange.

Die Sicherheit als Produktionsfaktor

Einerseits trägt er mit dazu bei, daß die Tarifvertragsparteien beschäftigungspolitische Lasten auf Dritte abwälzen können. Es ist nicht nur die Arbeitslosenversicherung, die mit zu hohen Lohnersatzraten, zu langen Bezugsdauern und zu laxen Zumutbarkeitskriterien diese Entwicklung begünstigt. Die nach wie vor zu restriktiven Kündigungsschutzregelungen, die viel zu aktive Arbeitsmarkt- und die zu großzügige Subventionspolitik tragen mit dazu bei, daß die beschäftigungspolitische Verantwortung verwischt wird. Es verwundert deshalb nicht, wenn auf exogene Schocks völlig unzureichend mit den Löhnen und Lohnstrukturen reagiert wird. Die unvermeidliche Anpassung über die Mengen zeigt sich in einem Anstieg der Arbeitslosigkeit, vor allem der weniger qualifizierten Arbeitnehmer.

Der „überschießende" Sozialstaat führt andererseits auch zu Arbeitslosigkeit, weil er die Steuer- und Abgabenschere weiter öffnet. Die steigenden Beiträge der Arbeitgeber zur Sozialversicherung wirken wie eine Steuer auf Arbeit. Es verwundert nicht, daß sie die Nachfrage nach Arbeit einschränken. Die höheren Beiträge der Arbeitnehmer senken die Nettokonsumreallöhne der Arbeitnehmer und lösen steigende Lohnforderungen der Gewerkschaften aus. Die höheren Nominallöhne treiben die Produktreallöhne der Unternehmungen in die Höhe und verstärken die Arbeitslosigkeit. Damit wird ein Teufelskreis mit einer sich weiter öffnenden Steuer- und Abgabenschere, steigender Arbeitslosigkeit und zunehmenden finanziellen Problemen des Sozialstaates ausgelöst.

Es ist keine Frage, der Sozialstaat ist übergewichtig. Damit besteht aber die Gefahr, daß ihm Aufregung und Hektik nicht gut bekommen. Und mit beidem ist zu rechnen. Der Grund sind nicht nur gravierende demographische Veränderungen, auch der zunehmend globalere Wettbewerb und eine Produktion, die sich immer mehr an internationalen Kostenunterschieden orientiert, tragen mit dazu bei.

Der umlagefinanzierte Sozialstaat ist anfällig gegen exogene Schocks. Vor allem demographische Veränderungen, wie die zu erwartende gravierende Verschlechterung der Altersstruktur, machen ihm schwer zu schaffen. Solche demographischen Schocks rütteln an den Grundfesten eines staatlich organisierten, umlagefinanzierten Systems. Es ist zwar richtig, daß die demographischen Verschiebungen für den Sozialstaat zum größten Teil exogen und nicht von ihm zu verantworten sind. Dennoch ist er an dieser Entwicklung nicht ganz unschuldig. Er begünstigt vor allem in seinen umlagefinanzierten Systemen der sozialen Sicherung demographisches „moral hazard"-Verhalten. Dies zeigt sich darin, daß die Bürger zuwenig Kinder in die Welt setzen. Damit verstärkt der Sozialstaat die demographischen Probleme und trägt selbst mit dazu bei, daß die umlagefinanzierten Systeme der Sozialen Sicherung vom Einsturz bedroht sind.

Der Sozialstaat kommt noch von einer anderen Seite mächtig ins Schwitzen. Das weltwirtschaftliche Umfeld hat sich seit Anfang der 80er Jahre stark verändert. Die Güter- und Faktormärkte wurden offener, weil technische (geringere Transport- und Kommunikationskosten) und staatliche Handelsschranken abgebaut wurden. Offenere Güter- und Faktormärkte verschärfen aber den internationalen Standortwettbewerb. Die indirekten Einflüsse des internationalen Handels und die direkten Kräfte der international mobilen Produktionsfaktoren beschleunigen den Prozeß der institutionellen Arbitrage. Damit steht in den hochentwickelten, sklerotisierten europäischen Ländern der gesamte ordnungspolitische Rahmen auf dem Prüfstand. Der institutionelle Wettbewerb wird diese Länder zwingen, die gegenwärtige Form des Sozialstaates zu überdenken.

Der institutionelle Wettbewerb ändert Gesicht und Gewicht des Sozialstaates. Er deckt seine strukturellen Schwächen schonungslos auf und wirkt wie eine Schlankheitskur. Die umlagefinanzierten Systeme der sozialen Sicherung geraten von zwei Seiten unter Druck. Zum einen überleben die umverteilungspolitischen Elemente dieser Systeme im internationalen Standortwettbewerb nur in dem Maße, wie sie auch durch Produktivitätsfortschritte gedeckt sind. Ansonsten steigen die Lohnstückkosten. Die internationale Wettbewerbsfähigkeit geht zurück, Arbeitsplätze wandern ins kostengünstigere Ausland ab. Damit sind aber stärker versicherungsadäquate Lösungen nur eine Frage der Zeit, wenn man die Wettbewerbskräfte nicht in Ketten legt.

Es ist zum anderen zweifelhaft, ob die staatlichen umlagefinanzierten Systeme der sozialen Sicherung überleben, selbst wenn sie stärker auf beitragsäquivalente Lösungen setzen. Die demographischen Veränderungen verschaffen privaten kapitalfundierten Lösungen bei der Alterssicherung eindeutige Vorteile, die sich vor allem für die junge erwerbstätige Generation in Mark und Pfennig ausdrücken lassen. Es ist zwar grundsätzlich denkbar, daß wir auch in Zukunft trotz des internationalen Standortwettbewerbs staatliche Lösungen im Bereich der Krankenver-

sicherung haben werden. Sie werden sich allerdings wohl kaum noch von privaten Lösungen unterscheiden.

Der institutionelle Wettbewerb schränkt auch den Spielraum für umverteilungspolitische Aktivitäten außerhalb der Systeme der sozialen Sicherung ein. Es spricht nichts dafür, daß die massive Umverteilung in der Mittelklasse von der linken in die rechte Tasche durch entsprechende Produktivitätssteigerungen gedeckt ist. Dieser nicht zieladäquate und wohlstandsmindernde verteilungspolitische Unfug wird verringert. Es bleibt aber nach wie vor Raum für effiziente umverteilungspolitische Aktivitäten, um das Problem der Armut anzugehen. Die Gewißheit der Individuen, im Falle des wirtschaftlichen Scheiterns nicht ins Bodenlose zu fallen, verstärkt die Anreize, auch riskante wirtschaftliche Vorhaben in Angriff zu nehmen. Davon profitiert der technische Fortschritt, die Volkswirtschaft wird leistungsfähiger. Wird der Kampf gegen die Armut effizient geführt, sinkt nicht nur die Kriminalität, es wird auch ein wichtiger Beitrag geleistet, den sozialen Frieden zu sichern. Diese umverteilungspolitischen Aktivitäten sind nicht nur von der Seite der Produktivität gedeckt, sie tragen auch mit dazu bei, daß die soziale Akzeptanz für die marktwirtschaftliche Ordnung gestärkt wird. Dies ist in wirtschaftlich turbulenten Zeiten enorm wichtig.

Eines sollte man noch bedenken. Der schärfere institutionelle Wettbewerb zwingt die nationalen politischen Entscheidungsträger, die umverteilungspolitischen Aktivitäten anders als bisher zu finanzieren. Es wird immer schwerer, den Produktionsfaktor Realkapital zur Finanzierung heranzuziehen. Da er international immer mobiler wird, gelingt es auf nationaler Ebene immer weniger, seine Erträge zu besteuern. Wenn man also umverteilen will, müssen vor allem die international weniger mobilen Faktoren, vor allem der Faktor Arbeit, zur Kasse gebeten werden. Bei offenen Güter- und Faktormärkten muß die Umverteilung zugunsten der armen Arbeitnehmer somit immer stärker von den reicheren Arbeitnehmern finanziert werden.

Es wäre fatal, wenn die Politik diese ökonomischen Grundzusammenhänge nicht beachtete und versuchte, Realkapital verstärkt zur Kasse zu bitten. Die gegenteilige Strategie ist sinnvoll. Wenn es durch attraktive (steuerliche) Rahmenbedingungen gelingt, den international mobilen Faktor Realkapital ins Land zu locken, steigt die Produktivität der immobilen Faktoren und deren Einkommen. Damit stellen sich nicht nur arme und reiche Arbeitnehmer besser, auch der finanzielle Spielraum für die unbedingt notwendigen umverteilungspolitischen Aktivitäten zur Sicherung der materiellen Existenz nimmt zu.

Höhere Steuern sind keine Lösung

Der intensivere institutionelle Wettbewerb ist ein Geschenk des Himmels. Er leistet das, was politische Entscheidungsträger in Demokratien kaum zustande bringen: Er bringt den aus den Fugen geratenen Sozialstaat auf Trab. Läßt man ihn gewähren, wird der Sozialstaat in einer marktwirtschaftlichen Ordnung wieder auf die Felder verwiesen, auf denen er gegenüber privaten Lösungen eindeutig komparative Vorteile hat. Der institutionelle Wettbewerb ist eine willkommene Entschlackungskur für den dickleibigen Sozialstaat.

Das sehen aber beileibe nicht alle so. Vor allem die, die vorgeben, echte Freunde des Sozialstaates zu sein, stellen in Abrede, daß es schlecht um seine Gesundheit bestellt sei. Er sei zwar gegenwärtig nicht besonders gut drauf, etwas Ernsthaftes sei es aber nicht. Den kleineren gesundheitlichen Problemen, die angeblich vor allem aus der Wiederver-

einigung resultierten, könne man wirkungsvoll begegnen, indem man die versicherungsfremden Leistungen in den Systemen der sozialen Sicherung nicht mehr über Beiträge, sondern Steuern finanziere. Damit gelänge es, die Steuer- und Abgabenschere zu schließen und den selbstzerstörerischen Prozeß des Sozialstaates zu beenden.

Dieser Weg ist ein Holzweg. Wenn man ihn geht, verschafft man dem außer Atem geratenen Sozialstaat zwar etwas finanzielle Luft, die eigentlichen Probleme löst man aber nicht. Die Steuer- und Abgabenschere bleibt nach wie vor weit geöffnet. Was man an niedrigeren Beiträgen gewinnt, verliert man an höheren Steuern. Da sich aber die Steuer- und Abgabenschere durch diese finanzpolitischen Tricks wohl kaum schließen läßt, kann der Sozialstaat die verhängnisvolle Dynamik nicht bremsen. Das eigentliche Problem besteht darin, daß damit eine wirkliche Reform des Sozialstaates verschoben wird.

Den Prozeß der institutionellen Arbitrage, der dem Sozialstaat zunächst zwar schwer zusetzt, ihn aber längerfristig auf Trab bringt und gesunden läßt, kann auch eine Umfinanzierung versicherungsfremder Leistungen aus den Systemen der sozialen Sicherung nicht aufhalten. Es verwundert deshalb nicht, wenn gegenwärtig wieder Vorschläge diskutiert werden, die darauf abzielen, die direkten und indirekten Kanäle, über die der institutionelle Wettbewerb auf den Sozialstaat wirkt, möglichst wirksam zu verstopfen. Die Betroffenen wären mobile Produktionsfaktoren und der internationale Handel.

Den Sozialstaat marktwirtschaftlich gründen

Die protektionistischen Folterwerkzeuge, wie tarifäre Handelshemmnisse und mengenmäßige Beschränkungen, sind heute international weitgehend geächtet. Diese grobschlächtigen Werkzeuge werden aber durch sublimere, wie freiwillige Selbstbeschränkungsabkommen, Anti-Dumping-Maßnahmen oder Subventionen, ersetzt. Der Regionalismus, der sich weltweit wie ein Lauffeuer ausbreitet, verkörpert beide Formen des Protektionismus. Regionale Integrationsräume diskriminieren auf subtile Weise durch ihre bloße Existenz. Sie handeln da grobschlächtig, wo eine gemeinsame Handelspolitik „sensible" Bereiche schafft.

Die international mobilen Kapitalströme sind den Protektionisten schon lange ein Dorn im Auge. Das Finanzkapital ist für sie der eigentliche Störenfried. Eine Steuer auf Kapitaltransaktionen (Tobin-Steuer) soll der vermeintlich zerstörerischen Jagd nach Renditen auf den Finanzmärkten endlich Einhalt gebieten.
Die Entsenderichtlinie hat gezeigt, daß die Protektionisten auf den Faktormärkten nun auch an einer zweiten Front kämpfen müssen. Die mobiler werdende Arbeit macht ihnen immer schwerer zu schaffen. Es ist erstaunlich, daß dies gerade in der Europäischen Union geschieht, steht doch dieses Treiben in eklatantem Widerspruch zur Philosophie des Binnenmarktes.

Der Protektionismus der Zukunft wird wohl eher „soziale" Züge tragen. Die beabsichtigte Schaffung einer Sozialunion in Europa zeigt, wohin die Reise gehen wird. Es geht dabei in erster Linie darum, den institutionellen Wettbewerb über national unterschiedliche soziale Standards zu unterbinden. Wenn es in Europa tatsächlich gelänge, die nationalen sozialpolitischen Aktivitäten zu kartellieren und dieses Kartell auch zusammenzuhalten, wären zumindest die störenden Effekte des institutionellen Wettbewerbs auf den Sozialstaat der hochentwickelten Länder, soweit sie aus Europa stammen, weitgehend ausgeschaltet.
Damit hat man dem institutionellen Wettbe-

werb aber noch nicht den Garaus gemacht. Der internationale Handel und vor allem der weltweit mobile Produktionsfaktor Kapital tragen dazu bei, daß der Wettbewerb mit sozialpolitischen Parametern auf den Weltmärkten weiter geht. Es verwundert deshalb nicht, daß die Protektionisten die Sozialklauseln zum Gegenstand der Verhandlungen der WTO machen wollen. Die eigentliche Problematik dieser Form des sozialen Protektionismus (Sozialunion und Sozialklauseln) besteht darin, daß man unter dem Deckmantel der sozialen Gerechtigkeit weniger entwickelten Regionen und Ländern Steine in den Weg legen will, der Armut aus eigener Kraft zu entkommen.

Die protektionistische Therapie, ob grobschlächtig, sublim oder sozial ausgelegt, ist mit Sicherheit falsch. Sie macht den Sozialstaat kein Gramm leichter, sondern wiegt ihn in Sicherheit und verhindert das notwendige eigene Fitnessprogramm, das es ihm erlaubt, sich der weltwirtschaftlichen Hektik auszusetzen, ohne gesundheitliche Schäden zu nehmen. Aber auch den weltwirtschaftlichen Partnern tut diese Therapie nicht gut: Die Vorteile aus der internationalen Arbeitsteilung erodieren. Letztlich stellen sich alle schlechter.

Es ist sicherlich kein Schaden, wenn ein zu dick gewordener Sozialstaat durch den institutionellen Wettbewerb wieder auf Trab gebracht wird. Es ist vielmehr eine Chance, soziale Sicherheit und soziale Gerechtigkeit effizienter herzustellen. Wir sollten diese Chance auch nutzen und marktliche Reformen des Sozialstaates in Angriff nehmen, bevor ihn der weltwirtschaftliche Streß kollabieren läßt.

Wir haben nur die Wahl zwischen einer defensiven, letztlich erfolglosen, und einer offensiven Strategie, die unseren Wohlstand erhöht, ohne elementare sozialpolitische Ziele zu verletzen. Wenn wir die defensive Strategie wählen und uns mit Flickschusterei und Protektionismus über die Runden retten wollen, wird sich das international mobile Kapital aus dem Staub machen und den Sozialstaat in den Kollaps treiben. Entscheiden wir uns demgegenüber für die offensive Strategie, und stellen wir den Sozialstaat auf ein marktwirtschaftlich solides Fundament, werden wir nicht nur die elementaren sozialpolitischen Ziele effizienter erreichen. Wir werden darüber hinaus durch den Zustrom von Kapital mit einem höheren Wohlstand belohnt.

Quelle: Norbert Berthold: Frankfurter Allgemeine Zeitung, 2. November 1996

Gottfried Heller

VITA:

Gottfried Heller ist am 4. Februar 1935 in Weißbach im Tal, Baden-Württemberg, geboren. Er teilt mit Ludwig Erhard nicht nur den Geburtstag, sondern auch sein Credo. Er absolviert ein Ingenieurstudium, welches er 1959 als Dipl.-Ing. abschließt. Die ersten vier Jahre nach dem Studium ist er in der Unternehmensberatung GEFA in Witten tätig.

1963 geht Gottfried Heller in die USA. Dort ist er anfänglich bei der Firma Worthington in der Verwaltung, ab 1966 bis 1969 wieder in der Unternehmensberatung bei Dasol Corp. tätig. An der Abenduniversität der New York University studiert er moderne Geschichte und Journalismus, und an der New School for Social Research besucht er Kurse über Börsenkunde und Finanzanalyse.

Einen kurzen Ausflug in die amerikanische Politik macht Heller 1968 in der Wahlkampagne von Senator Robert Kennedy, bei der er als Distriktmanager in New York mitwirkt.

1969 kehrt er aus Amerika nach München zurück und übernimmt die Geschäftsführung einer Vertriebsfirma von US-Investmentfonds. Ein Jahr später gründet er zusammen mit Börsenaltmeister André Kostolany die FIDUKA, heute eine der ältesten bankunabhängigen Vermögensverwaltungen in Deutschland, die Wertpapierdepots von privaten und institutionellen Anlegern verwaltet, sowie den FIDUKA UNIVERSAL FONDS I, einen deutschen Publikumsfonds, der international anlegt.

Heller ist Chefmanager von vier Fonds der PMG Management AG in Zürich, die weltweit in Aktien und Anleihen investieren.

Zwei dieser Fonds, der ProFonds InterBond (ein internationaler Rentenfonds) und der ProFonds Emerging Markets (ein internationaler Schwellenländer-Fonds), sind auch in Deutschland zum öffentlichen Vertrieb zugelassen.

Mit André Kostolany zusammen gründet er 1974 die Kostolany Börsenseminare, die seitdem einigen Tausend Teilnehmern Börsenkunde und Investmentpsychologie vermittelt haben.

Gottfried Heller unterhält weitverzweigte internationale Kontakte zu Wirtschaftsfachleuten, Börsenkollegen und Fondsmanagern und gilt heute im deutschen Sprachraum als einer der besten Kenner der internationalen Finanzmärkte.

Ende 1994 erscheint sein Buch „Die Wohlstandsrevolution – Erfolgsstrategien für Unternehmer und Anleger in den 90er Jahren", in der 2. Auflage im ECON Verlag.

Erhards „Unvollendete"

Entfesselung der Wirtschaft statt Bündnis für Arbeit

von Gottfried Heller

Die gesellschaftliche und wirtschaftliche Krise, in der sich Deutschland heute befindet, hat Ludwig Erhard vor mehr als 40 Jahren mit folgenden Worten vorausgesagt: *„Die wachsende Sozialisierung der Einkommensverwendung, die um sich greifende Kollektivierung der Lebensplanung, die weitgehende Entmündigung des einzelnen und die zunehmende Abhängigkeit vom Kollektiv oder vom Staat – aber damit zwangsläufig auch die Verkümmerung eines freien und funktionsfähigen Kapitalmarkts als einer wesentlichen Voraussetzung für die Expansion der Marktwirtschaft – müssen die Folgen dieses gefährlichen Weges hin zum Versorgungsstaat sein, an dessen Ende der soziale Untertan und die bevormundete Garantierung der materiellen Sicherheit ... stehen wird."*

Bereits damals warnte er vor einer gesellschaftlichen Ordnung, *„in der jeder die Hand in der Tasche des anderen hat"*, und er prophezeite: *„Die Blindheit und die intellektuelle Fahrlässigkeit, mit der wir dem Versorgungs- und Wohlfahrtsstaat zusteuern, kann nur zu unserem Unheil ausschlagen."*

Das Unheil ist jetzt eingetroffen. Anstatt Erhards Weg konsequent weiterzugehen und die allgemeine Rahmenordnung so zu gestalten, daß die Marktwirtschaft auch für „Soziales" genug erwirtschaften kann – die sozialen Verhältnisse sich also weitgehend aus dem Wirtschaftssystem heraus verbessern – hat Deutschland den falschen Weg gewählt, an dessen Ende der „soziale Untertan" steht. Sichtbarster Ausdruck dieser Fehlentwicklung ist die Staatsquote. Sie liegt heute bei über 50 %. Das heißt, daß mehr als die Hälfte des Bruttoinlandsprodukts vom Staat umverteilt und verbraucht wird.

In den USA beträgt die Staatsquote nur 33 %, d. h. zwei Drittel der Wirtschaftsleistung werden von der Privatwirtschaft erbracht. Deutschland hat dagegen zu mehr als der Hälfte Staatswirtschaft – Sozialismus –, der immer und überall zur Pleite führt. Die Sozialausgaben machen inzwischen ein Drittel unseres Bruttoinlandsprodukts aus.

Der unsoziale Wohlfahrtsstaat

In einem Artikel zum Thema „Lebensstandard" schrieb Erhard: *„Jeder ist seines Glückes Schmied. Es herrscht die individuelle Freiheit, und dies umso mehr, je weniger sich der Staat anmaßt, den einzelnen Staatsbürger zu gängeln oder sich zu seinem Schutzherren aufspielen zu wollen. Solche 'Wohltat' muß das Volk immer teuer bezahlen, weil kein Staat seinen Bürgern mehr geben kann, als er ihnen vorher abgenommen hat – und das noch abzüglich der Kosten einer zwangsläufig immer mehr zum Selbstzweck ausartenden Sozialbürokratie. Nichts ist darum in der Regel unsozialer, als der sogenannte 'Wohlfahrtsstaat', der die menschliche Verantwortung erschlaffen und die individuelle Leistung absinken läßt."*

Die „Wohltaten" und ein riesiger Verteilungsapparat mit einer alles überwuchernden, lähmenden Bürokratie kosten die deutschen Bürger heute eine staatliche Abgabenquote von rund 50 %. Zu Erhards Zeiten war die Steuer- und Sozialabgabenquote nur etwa halb so hoch, wobei er befand, daß diese „hohe Quote" unbedingt gesenkt werden müsse. Doch an eine Senkung der Abgabenlast ist vorläufig nicht zu denken. Im Gegenteil: Erstmals in der Geschichte wird der Beitrag zur Rentenversicherung ab Anfang 1997 die magische Marke von 20 Prozent übersteigen. In 30 Jahren sind die Sozialbeiträge von 22,4 auf über 41 Prozent gestiegen – haben sich also nahezu verdoppelt. Das Sozialministerium beansprucht heute ein Drittel des Bundeshaushalts.

Eine Hiobsbotschaft jagt die andere. Während die unerbittlichen Großcomputer der Rentenversicherung zum Vorschein brachten, daß eine Beitragserhöhung zwingend erforderlich ist, wurde den Versicherten eine höhere Selbstbeteiligung bei der gesetzlichen Krankenversicherung aufgebürdet.

Erhard hat sich stets energisch für die persönliche Freiheit und gleichermaßen für eine freiheitliche Sozialpolitik eingesetzt. In seinen Worten: *„Die Entwicklung zum Versorgungsstaat ist schon dann eingeleitet, wenn der staatliche Zwang über den Kreis der Schutzbedürftigen hinausgreift und wenn ihm Personen unterworfen werden, denen ein solcher Zwang und die Abhängigkeit auf Grund ihrer Stellung im Wirtschafts- und Erwerbsleben wesensfremd ist."*

Die heutige Sozialpolitik hat gegen diesen Grundsatz eklatant verstoßen. So wurde die Bemessungsgrenze Jahr für Jahr so weit angehoben, daß im Jahr 1997 ein Erwerbstätiger bis zu einem monatlichen Einkommen von 8.200 DM gezwungen wird, Beiträge in die Renten- und Arbeitslosenversicherung zu entrichten.

Bankrotterklärung der Sozialpolitik

Die jetzt wieder ins Spiel gebrachte Forderung, auch die 590-DM-Stellen müßten in die Rentenversicherung einbezogen werden, kommt denn auch geradezu einer Bankrott-Erklärung der Sozialpolitiker gleich. Die Zwangsmitgliedschaft dieser Niedriglohn-Teilzeitbeschäftigten würde die Rentenversicherung nicht sanieren, statt dessen die Arbeitslosigkeit vergrößern.

Das Vertrauen der Bürger in die Sicherheit der Altersrente und der Sozialsysteme hat Schaden genommen. Auch hier behielt Erhard recht, wenn er sagte: *„Die Sicherheit des einzelnen Menschen hat mit der Überantwortung seines Schicksals an den Staat oder an das Kollektiv nicht zugenommen, sondern abgenommen."*

Das deutsche gesetzliche Rentensystem basiert auf dem Umlageverfahren. Mit nur einer minimalen Rücklage lebt es praktisch von der Hand in den Mund. Diese Reserven reichen gerade für wenige Monate. Es ist ein Schönwetter-Modell, das einem Sturm nicht lange standhält.

Einem einfachen Handwerker, dessen Betrieb nur bei Hochkonjunktur existenzfähig wäre, würde keine Bank einen Kredit geben.

Aber das deutsche Sozialsystem basiert auf der Prämisse von Idealbedingungen.

Die hohe Arbeitslosigkeit und demographische Veränderungen mit immer weniger Einzahlern und immer mehr Leistungsempfängern zwingen entweder zu ständigen, bald nicht mehr zumutbaren Beitragserhöhungen oder zu Leistungskürzungen. Obwohl schon absehbar war, daß das unsolide System nicht mehr existenzfähig ist, wurde auch noch die Pflegeversicherung eingeführt.

Das deutsche Rentensystem muß auf eine völlig neue Basis gestellt werden, ähnlich wie in der Schweiz, in Großbritannien und in den USA. Dort ist die gesetzliche Altersvorsorge auf dem Kapitaldeckungsprinzip aufgebaut. Die Gelder der Einzahler werden in Aktien und Festverzinslichen angelegt und so wächst der Kapitalstock nicht nur durch die Zuflüsse der Einzahler, sondern auch durch Kurssteigerungen der Wertpapiere und durch Zins- und Dividendenerträge. Hier wird durch Wertzuwachs zusätzliches Vermögen gebildet, so daß das Rentensystem sich teilweise selbst alimentiert. Daneben gibt es in diesen Ländern noch riesige betriebliche Pensionsfonds, die ebenfalls in Wertpapieren, vorwiegend in Aktien anlegen.

Die Deutschen: ein Volk von Aktien-Muffeln und Rentnern

Erhard hat auch mit seiner Warnung recht behalten, daß der Versorgungsstaat zwangsläufig zu einer Verkümmerung des Kapitalmarkts führen werde. Das sei mit folgenden Zahlen illustriert:

Obwohl Deutschland die drittgrößte Industrienation ist, beträgt der Wert aller börsennotierten Unternehmen gerade 4 Prozent der Weltbörsenkapitalisierung. Die Börse in den USA bringt es auf 43 Prozent, also nahezu das Elffache, obwohl das amerikanische Bruttoinlandsprodukt nur dreimal größer ist als das deutsche. Der Börsenwert der britischen Aktien ist mit über 8 Prozent doppelt so groß wie der deutsche, obwohl das BIP weniger als die Hälfte des deutschen ausmacht.

Im internationalen Vergleich sind die Deutschen wahre Aktien-Muffel. Vor der Emission der Telekom-Aktie besaßen von 100 Einwohnern in Deutschland nur 6 Aktien, während es in Schweden 47, in den USA 21, in Großbritannien 16 und in unserem noch vor wenigen Jahren kommunistischen Nachbarland Tschechien sogar 57 % Aktionäre gab.

In Deutschland gibt es rund 670 Firmen, die an der Börse notiert sind. Von denen werden nur etwa 150 aktiv gehandelt. In den USA werden rund 10.000 Werte gehandelt und jede Woche kommen etwa 20 neue hinzu – übers Jahr also etwa 1.000 neue Unternehmen. Im Jahr 1995 gingen in Deutschland nur 20 neue Unternehmen an die Börse – in einem ganzen Jahr also gerade soviel wie in den USA in einer Woche!

Entsprechend hausbacken und rückständig sieht die Aufgliederung der deutschen Vermögensanlagen aus. Gut die Hälfte ist in Immobilien angelegt, weit über 40 Prozent in Geldwerten wie Sparbüchern, Festverzins-

lichen, Lebensversicherungen und Bausparverträgen, aber nur knapp 3 Prozent in Aktien. Wer diese einseitige, ertragsschwache, inflationsgefährdete Vermögensstruktur betrachtet, der muß zum Ergebnis kommen, daß Deutschland als modernes Industrieland in Sachen Geldanlage ein Entwicklungsland ist.

Der unterentwickelte deutsche Kapitalmarkt und die einseitige Vermögensstruktur der deutschen Anleger sind auch das Ergebnis einer falschen Sozialpolitik.

Dazu Erhard: *„Wenn die Bemühungen der Sozialpolitik darauf abzielen, dem Menschen schon von der Stunde seiner Geburt an volle Sicherheit gegen alle Widrigkeiten des Lebens zu gewährleisten, dann kann man von solchen Menschen einfach nicht mehr verlangen, daß sie das Maß an Kraft, Leistung, Initiative ... entfalten, das für das Leben und die Zukunft der Nation schicksalhaft ist."*

Die Vermögenspolitik in Deutschland tat ein übriges, um den deutschen Kapitalmarkt auf Bonsai-Größe zu beschränken. Bis vor wenigen Jahren wurden von Seiten des Staats nur Anlagen in Geldwerten gefördert: Konten- und Bausparen sowie Versicherungen. Zudem war und ist die Größenordnung des steuerlich geförderten Sparbetrags von jährlich 936 Mark geradezu lächerlich. Dies gilt in noch größerem Maß, wenn man internationale Vergleiche durchführt:

In Großbritannien hat Margaret Thatcher zum Beispiel schon 1987 eine staatliche Aktiensparförderung eingeführt, deren Ziel es ist, den Aufbau eines privaten Aktiendepots zu fördern, das dem Sparer im Rentenalter ein zusätzliches Einkommen bringt. Jeder Steuerpflichtige ab 18 Jahren kann im Rahmen dieses Programms Aktien oder Investmentfonds bis zu 6.000 Pfund jährlich erwerben. Zusätzlich kann er noch bis zu 3000 Pfund pro Jahr in ein einzelnes Unternehmen investieren. Insgesamt kann ein britischer Anleger jährlich 9.000 Pfund – das 25-fache des derzeitigen deutschen Betrags – steuerfrei investieren. Das Programm wurde zu einem Riesenerfolg.

In Schweden beträgt der staatlich geförderte Betrag, der jährlich in Aktien angelegt werden kann, etwa das 13-fache des deutschen vermögenswirksamen Sparbetrags. Ähnliche Beispiele des steuerlich geförderten langfristigen Aktiensparens ließen sich für Belgien, Frankreich, Irland, die Niederlande oder die USA nennen. In allen diesen Ländern ist die Zahl der Aktienbesitzer deutlich höher als bei uns. Verglichen damit sind wir ein Volk von Sparbuch- und Rentenbesitzern mit zweifelhafter staatlicher Altersversorgung.

Die Soziale Marktwirtschaft: zuviel „Sozial", zuwenig „Markt"

Seit dem Abgang Erhards aus der politischen Verantwortung hat der Einfluß der Sozialpolitiker im Bundestag von Wahl zu Wahl zugenommen. Nach einer Schätzung von FDP-Generalsekretär Guido Westerwelle sitzen heute zu „80 Prozent Berufs-Sozialdemokraten im deutschen Bundestag" – mit unterschiedlichen Parteibüchern. Heute geht es denen so wie Goethes Zauberlehrling:

> *„Herr, die Not ist groß,*
> *Die ich rief, die Geister*
> *Werd ich nun nicht los."*

Nach einer Umfrage des Ipos-Instituts geht fast die Hälfte der Bevölkerung davon aus, daß für das Funktionieren der sozialen Marktwirtschaft nicht mehr Markt, sondern mehr soziale Absicherung notwendig ist.

Die soziale Marktwirtschaft kann nur funktionieren, wenn Markt und Staat in einem ausgewogenen Verhältnis zueinander stehen. Ist der Anteil des Staates zu groß, lähmt er die Marktkräfte, ist er zu gering, wird der soziale Friede gestört.

Das ureigene deutsche Wirtschaftsmodell, das in den 50er und 60er Jahren so überaus

erfolgreich war, ist völlig entstellt und kann nicht mehr funktionieren, seit „Sozial" zum Wasserkopf angeschwollen, der „Markt" dagegen zum Krüppel verkümmert ist. Die deutsche Sozial- und Vermögenspolitik ist also genau den entgegengesetzten Weg gegangen, den Erhard vorgegeben hatte, wenn er sagte: *„Auch muß auf die unlösbare Verbindung zwischen Wirtschafts- und Sozialpolitik aufmerksam gemacht werden. Tatsächlich sind umso weniger sozialpolitische Eingriffe und Hilfsmaßnahmen notwendig, je erfolgreicher die Wirtschaftspolitik gestaltet werden kann."*

Die Privatwirtschaft erwirtschaftet heute nicht mehr genug, um die sozialen Ansprüche zu befriedigen, mit der Folge, daß Steuer- und Sozialabgaben ständig weiter angehoben werden müssen. Die Lohnzusatzkosten sind auf über 80 % der Stundenlöhne angestiegen. Deutschland ist Weltspitze bei den Arbeitskosten und den Lohnstückkosten, aber auch bei den Steuern, den Sozialabgaben und den Urlaubstagen. Andererseits belegen wir die letzten Plätze bei der Arbeitszeit, den Betriebsnutzungszeiten und der Umsatzrendite. Auf den Punkt gebracht: In allen Bereichen, in denen wir vorn sein sollten, liegen wir hinten, und dort, wo wir hinten sein sollten, liegen wir vorn.

Deutsche Unternehmer fliehen ins Ausland und nehmen die Arbeitsplätze mit

In der Rangfolge der 30 konkurrenzfähigsten Länder, bei der alle Vor- und Nachteile eines Wirtschaftsstandorts verglichen werden, ist Deutschland 1996 auf Platz 10 abgestürzt, während die USA weiter Platz 1 behaupten. Kein Wunder, daß deutsche Unternehmer ins Ausland fliehen und dort bereits Tausende von Arbeitsplätzen geschaffen haben, während ausländische Unternehmer einen Bogen um Deutschland machen. Zurück bleiben die Arbeitslosen und Sozialhilfeempfänger.

Im Jahr 1995 haben deutsche Unternehmen 48 Milliarden DM im Ausland investiert, ausländische Unternehmen dagegen nur 14 Milliarden DM in Deutschland. In den zehn Jahren von 1986 bis 1995 sind nur 26,8 Milliarden US-Dollar als Direktinvestitionen – mit spitzem Bleistift gerechnete Investitionen von Unternehmen – nach Deutschland geflossen. 475,7 Milliarden US-Dollar – 17 mal mehr – investierten ausländische Unternehmen in den USA und über 190 Milliarden US-Dollar flossen nach Großbritannien, einstmals der kranke Mann Europas. Erstmals in der Nachkriegszeit ist im ersten Halbjahr 1996 bei den ausländischen Direktinvestitionen in Deutschland ein Nettoabfluß in Höhe von 621 Mio. DM zu verzeichnen, d. h. ausländische Unternehmen haben mehr Kapital aus Deutschland abgezogen als investiert.

Die harte Wahrheit ist, daß Deutschland ein unwirtlicher Wirtschaftsstandort geworden ist, in dem zu investieren sich offenbar weder für in- noch ausländische Unternehmen lohnt.

Die Arbeitslosigkeit hat bedrohliche Ausmaße angenommen. Rechnet man auch diejenigen hinzu, die sich in Arbeitsbeschaffungs- und Umschulungsmaßnahmen befinden, so beträgt die Zahl der Arbeitslosen 6 Millionen – Tendenz weiter steigend. Der hierzulande so geheiligte „soziale Friede" ist in Gefahr. In einer Titelgeschichte „Die deutsche Krankheit" beschrieb „Newsweek" die Situation in Deutschland als „... *eine tödliche Kombination von überbezahlten und unterbeschäftigten Arbeitern, rigidem Arbeitsrecht, risikofeindlichem Management und einem überaktiven Staat, der mit Steuern und Regulationen zu Tode zu reiten droht, was einst zu den mächtigsten Wirtschaften der Welt gehörte.*" Und weiter: „*Auch das intime Verhältnis zwischen Banken und Firmen ... gerät unter Beschuß. ... Nach einer Serie von Desastern ... sieht das von Banken beherrschte Finanzsystem immer archaischer aus.*"

Bundeskanzler Kohl hat Anfang 1996 als Reaktion auf die kritische wirtschaftliche Lage Vertreter der Regierung, der Arbeitgeber und der Gewerkschaften am runden Tisch versammelt und gemeinsam ein „Bündnis für Arbeit und zur Standortsicherung" geschlossen, dem ein Aktionsprogramm folgte. Doch Ende 1996 herrscht Abbruch- anstatt Aufbruchstimmung, und die Bündnispartner schieben sich gegenseitig die Schuld dafür zu, daß nichts gestiegen ist außer der Arbeitslosigkeit und der Börse. Spitzenpolitiker der Union greifen die „bösen" Unternehmer an, die immer noch mehr Leute entlassen als sie einstellen. Die Politik gibt sich der Illusion hin, daß kleinere Erleichterungen und ein paar aufmunternde Worte genügen – und schon fangen die Unternehmer zu investieren an.

Doch angesichts der Fehlentwicklungen der letzten 30 Jahre in der Sozial-, Steuer- und Tarifpolitik, an der die Unionsparteien kräftig mitgewirkt haben, ist es heute mit kleinen kosmetischen Korrekturen nicht mehr getan, um den Karren wieder flott zu machen. Ganz zu schweigen davon, daß Sozialpolitiker und Gewerkschaften mit ihrem Besitzstandsdenken – der Erhaltung des Status quo – die Rechnung ohne den „globalen Wirt" machen. Der diktiert heute die Bedingungen und die Preise und nimmt keinerlei Rücksicht darauf, was in deutschen Tarifvereinbarungen und Sozialgesetzen steht. Ein „Bündnis für Vernunft" tut Not!

Denn wir leben in einer Zeit großer Umbrüche. Es finden gleichzeitig drei Revolutionen statt:

• *die Ausbreitung unseres erfolgreichen Wirtschaftsmodells, der Marktwirtschaft, in der ganzen Welt – aber, wohlgemerkt, ohne das Beiwort „sozial";*

• *die Globalisierung der Märkte, in denen es keine Grenzzäune, aber auch keine Schutzzonen vor den Konkurrenten gibt;*

• *der Sprung vom Industrie- ins Informa-*

tionszeitalter, ein weltweiter Jahrhundertumbruch, genauso gravierend und umwälzend wie der Umbruch vom Agrar- zum Industriezeitalter vor 200 Jahren.

Wirtschaftlich steht heute jeder mit jedem im Wettbewerb: jeder Staat, jede Firma, jeder Arbeitnehmer. Täglich findet weltweit ein Kampf um Arbeitsplätze, um Käufer, um Kapital statt. Die Arbeitsplätze „wandern" heute dahin, wo Arbeitskräfte am billigsten sind, der Konsument kauft das, was am besten und preisgünstigsten ist, und Kapital sucht sich die günstigsten Rahmenbedingungen und höchsten Renditen aus. In dieser neuen Welt sind Wettbewerb und Konflikt angesagt, nicht sozialer Friede und Konsens. Der Einfluß des Staates schrumpft, die wirtschaftliche Macht des globalen Marktes wächst, Tag für Tag.

Das deutsche Konsensmodell ist am Ende

Der deutsche Korporatismus – eine Kungelei von Staat, Wirtschaft und Gewerkschaft – ist am Ende. Er wird gesteuert von einem Heer von Beamten und Funktionären, die nach dem Prinzip „eine Hand wäscht die andere" handeln und deren heilige Kuh der „soziale Friede" ist, koste es, was es wolle. Erhard hat diesen Verbändestaat, diese gegen die Demokratie und gegen die Verbraucher gerichteten Klüngel, Kartelle und Lobbies, stets bekämpft. Bravourös und brilliant sein Kampf um ein Kartellgesetz „mit Zähnen". Seine schlimmsten Widersacher waren seinerzeit in der Industrie zu finden – angeführt vom BDI. Dabei ist ihm Adenauer des öfteren in den Rücken gefallen und hat ihn mehr behindert als unterstützt. Erhard hat diesen Kampf damals mit Überzeugungskraft, Mut, Entschlossenheit und Ausdauer geführt und gewonnen. Aber er konnte nicht verhindern, daß sich nach seinem Abgang von der politischen Bühne jener von ihm als schädlich angeprangerte Korporatismus und

Verbändestaat wie eine böse Wucherung ausbreitete, den Wettbewerb einschränkte, den Fortschritt hemmte und „seine" Soziale Marktwirtschaft zu einem Krüppel werden ließ.

Es gibt nichts zu deuten: Mit dem deutschen Konsensmodell läßt sich die heutige Krise nicht mehr meistern.

Deutschland steckt inmitten einer lautlosen Revolution, in deren Verlauf nichts so bleiben wird, wie es einmal war. Tarif-, Steuer- und Gesundheitspolitik, gesetzliche Rentenversicherung, Arbeits-, Freizeits- und Ruhestandsregelung – all das und noch vieles mehr, was heute den politischen und gesellschaftlichen Status darstellt – ist auf dem Prüfstand und steht zur Disposition. Daß es überhaupt so weit kommen mußte und daß nicht schon lange vorher Vernunft und Sachverstand eine radikale Kurskorrektur herbeigeführt haben, scheint in der Natur der Deutschen zu liegen, die Erhard 1956 mit diesen Worten beschrieb: *„Das war noch immer die geschichtliche Tragik der Deutschen, daß sie ihre höchsten Tugenden in der Not entfalteten, sich aber den Stunden des Glücks nicht gewachsen zeigten."*

Die Stunden des wirtschaftlichen Glücks sind vorerst vorbei, die Notzeiten, in denen die Deutschen anfangen, ihre höchsten Tugenden zu entfalten, sind jetzt angebrochen.

Das läßt hoffen, denn Krise heißt auch Chance. Dem „Out" des untauglichen Modells wird das Come-back des erprobten, erfolgreichen Modells folgen – der sozialen Marktwirtschaft – wobei auch die Worte wieder richtig geschrieben werden müssen: „sozial" klein und „Markt" groß.

Vollbeschäftigung in den USA: Jungunternehmer und sprudelnde Geldquellen

In den USA, wo heute praktisch Vollbeschäftigung herrscht, wurden von 1983 bis 1995 über 24 Millionen neue Arbeitsplätze geschaffen, davon 22,3 Millionen, etwa 93 Prozent, im Dienstleistungssektor. Dies waren nicht billige „McDonald's-Jobs", sondern überwiegend gutbezahlte Arbeitsplätze in der Informationsindustrie, sowie im Finanz-, Forschungs-, Medizin-, Gesundheits- und Freizeitsektor.

Diese Arbeitsplätze sind fast ausschließlich in alten und neuen mittelständischen Unternehmen entstanden, von denen die meisten sich ihr Kapital über die Börse beschafft haben.

Das herausragende Beispiel ist die Firma Microsoft. Sie wurde 1975 von dem damals 19-jährigen Bill Gates und seinem Schulfreund Paul Allen gegründet. Die beiden begannen, Computer-Software zu entwickeln. Der Durchbruch kam, als IBM ihnen 1980 den Auftrag für ein Computer-Betriebssystem gab, und so entstand das heute noch gebräuchliche MS-DOS. Bill Gates, der mit 19 Jahren sein Harvard-Studium aufgab, gilt heute mit einem Vermögen von gut über 20 Milliarden US-Dollar als der reichste Mann der Welt und die Firma Microsoft hat zehn Jahre nach ihrem Börsengang einen Börsenwert von inzwischen etwa 115 Milliarden US-Dollar.

Die Firma IBM, die schon vor dem 1. Weltkrieg bestand und die heute als die größte Computerfirma der Welt gilt, liegt mit einem Börsenwert von ca. 75 Milliarden US-Dollar um ca. 40 Mrd. hinter dem Neuling Microsoft. Von anfänglich zwei Beschäftigten, den beiden Gründern, ist die Zahl der Mitarbeiter bei Microsoft auf etwa 20.000 gestiegen. Viele Tausende von Arbeitsplätzen im produzierenden Gewerbe und in Dienstleistungen hängen außerdem in aller Welt von Microsoft ab. Als die Firma Ende 1995 ihre Neuentwicklung „Windows 95" herausbrachte, standen die Käufer Schlange, um das neue Programm zu ergattern.

Eine so phantastische Erfolgsgeschichte wäre in Deutschland unter heutigen Bedingungen nicht möglich. Sie würde als erstes daran scheitern, daß den beiden Jungunternehmern von der deutschen Gewerbeaufsicht eine Tätigkeit in einer fensterlosen Garage untersagt würde. Auflagen und Verbote, angefangen vom Arbeitsrecht bis zum Umweltschutz, hemmen die Unternehmungslust, verhindern die Schaffung neuer Arbeitsplätze und sind mithin eine der Ursachen für die große Arbeitslosigkeit und unsere hohen Steuer- und Sozialabgaben. Die Lösung des Problems: Entstaatlichung, also Privatisierung von Staatsunternehmen und, so weit es geht, des öffentlichen Dienstes, und Deregulierung in allen Bereichen. „Halbe Bürokratie" würde nur die Hälfte kosten und gleichzeitig die Produktivität steigern.

Eine Erfolgsgeschichte à la Microsoft wäre aber aus einem zweiten Grund in Deutschland nicht möglich: weil es bei uns keine Börse für Risikokapital gibt. Wenn hier ein junger Mensch eine gute Geschäftsidee hat oder eine Erfindung macht, die er geschäftlich umsetzen will, scheitert er an der Finanzierung (wenn er nicht eine Oma hat, deren Häuschen der Bank als Sicherheit verpfändet werden kann). Und so geschieht es, daß ein fähiger junger Deutscher sich eben beim Staat als Beamter oder bei der Industrie als Angestellter oder bei einem der vielen Verbände als Funktionär bewirbt, während der ähnlich gebildete aber viel risikofreudigere Amerikaner, dank funktionierender Börse und vorhandenen Risikokapitals, Jungunternehmer wird. Das ist sicher einer der wesentlichen Gründe, warum in den Vereinigten Staaten praktisch Vollbeschäftigung herrscht! Deutschland dagegen leistet sich in volkswirtschaftlich sträflicher Weise auf der einen Seite die Fehlallokation von Kapital, während auf der anderen Seite wertvolles unternehmerisches Humankapital brachliegt. So fließen in Deutschland hohe Summen in steuerlich begünstigte Objekte, an vorderster Stelle Immobilien, die oftmals zu Millionengräbern werden.

Deutsche Firmengründer müssen in den USA an die Börse gehen

Die Bereitstellung von Eigenkapital – das ist die Aufgabe einer funktionierenden Börse, und die gibt es in Deutschland nicht! Ein schlagendes Beispiel dafür ist der Börsengang der Firma Qiagen, die als erstes deutsches Unternehmen direkt an die amerikanische Computerbörse NASDAQ ging. Qiagen wurde 1985 von einer Wissenschaftlergruppe der Universität Düsseldorf gegründet. Die Hi-Tech-Firma hat sich auf die Herstellung von Produkten zur Isolierung und Reinigung der Erbsubstanz-Bausteine DNA und RNA spezialisiert und sieht sich als Marktführer in einer Branche mit enormem Wachstumstempo. Obwohl etabliert und führend, geht eine Firma mit solch großartigen Perspektiven über den Teich, um sich Eigenkapital zu beschaffen. Der Qiagen-Aufsichtsratsvorsitzende, Professor Carsten Claussen, begründet diesen Schritt mit der großen Aufnahmefähigkeit des US-Kapitalmarkts und den schwierigen Bedingungen an den deutschen Börsen: *„Zu teuer, rechtlich zu kompliziert und zu große Zurückhaltung bei den Banken"*.

Ein weiteres Beispiel: Die Pfeiffer Vacuum Technology AG in Asslar (Hessen), eine Tochtergesellschaft der schweizerischen Oerlikon-Bührle AG, wurde am New York Stock Exchange an die Börse gebracht. Hier haben Michael Blechman und Gary Apfel von der New Yorker Anwaltsfirma Kaye, Scholer, Fierman, Hays & Handler Börsengeschichte geschrieben, denn es war das erste Mal, daß eine deutsche Firma direkt zum sogenannten Big Board ging.

Geradezu unvorstellbar ist, daß sich eine Firma, die nur ein Management und eine gute Geschäftsidee hat, in Deutschland Kapital beschaffen könnte! Im eigenen Land ohne Chance, ging die Digitale Telekabel (DTA), Frankfurt, die erst vor wenigen Monaten gegründet wurde, an den Small-Cap-Market

der NASDAQ. Sie wurde auf ihrem Börsengang von der New Yorker Broker Deutschland AG begleitet, die den Schritt damit begründete, daß das in Deutschland praktizierte Universalbanksystem schlecht geeignet sei, für kleinere und mittlere Unternehmen Risiko-Eigenkapital zu beschaffen.

Viele der amerikanischen Technologiefirmen wären ohne die in den USA verfügbaren Finanzierungsmöglichkeiten nie zu dem geworden, was sie heute sind.

Gäbe es in Deutschland einen leicht zugänglichen, funktionierenden Kapitalmarkt, könnte auch der Verkauf mancher mittelständischer Firma an ausländische Unternehmen verhindert werden. Das sei mit folgendem Beispiel illustriert:

Eine alteingesessene Firma wie das Allgäuer Familienunternehmen Xaver Fendt GmbH & Co. ist Anfang 1997 an die Agco Corp. in Georgia, USA, eine Holding, unter deren Dach sich auch der weltgrößte Traktorenhersteller, Massey Ferguson, befindet, verkauft worden. Damit ist der letzte eigenständige deutsche Hersteller dieser Branche mit seiner Spitzentechnologie in ausländische Hände übergegangen.

In Tausenden von mittelständischen Unternehmen – meist Familienbetriebe als GmbHs oder KGs – wird in den nächsten Jahren die Erbfolge anstehen. In vielen Fällen werden die Erben, aus unterschiedlichen Gründen, die Firma nicht weiterführen. Sie wird dann verkauft oder der Betrieb wird eingestellt. Oft geht hochwertiges Know-how, aber in fast allen Fällen gehen Arbeitsplätze verloren. Die genannten Beispiele mögen genügen, um ein Problemfeld von geradezu schicksalhafter wirtschaftlicher Bedeutung zu illustrieren.

In Deutschland kein Markt für Risikokapital, aber für Zocker

Die deutschen Großbanken haben es in den letzten 50 Jahren nicht geschafft, einen Markt für Risikokapital und eine Aktienkultur zu entwickeln, wie es sie in den angelsächsischen Ländern gibt. Es gibt wenig Gründe anzunehmen, daß ihnen dies in Zukunft besser gelingen wird. Zum einen steht einem prosperierenden Kapitalmarkt das Universalbanksystem im Wege. Wenn alles unter einem Dach versammelt ist, fehlt es an Wettbewerb. Zum anderen haben die Banken in ihrer Anlageberatung und vor allem in ihrer Emmissionspraxis bei den Deutschen eine „Schnäppchen-Mentalität" erzeugt. Die meisten Deutschen betrachten die Aktie in erster Linie als Spekulationsobjekt, mit dem man nur mit Cleverness, Zeitaufwand und geschicktem Timing, wenn möglich mit etwas Insider-Information, vor allem aber mit fleißigem Kaufen und Verkaufen Gewinne machen kann. Den Investmentcharakter eines Ertrags- und Substanzwerts, den die Aktie mit der Immobilie teilt, kennen die meisten Anleger zu wenig oder gar nicht. Dadurch, daß sie bis heute bei Aktieninvestments vorwiegend auf Fluktuationen programmiert sind, verkürzt sich zwangsläufig ihr Anlagehorizont und – leider in gleichem Maße – auch ihre Rendite. Sie haben mit diesem von den Banken geförderten Fehlverhalten – zwangsläufig – mit Aktien zumeist keine guten Erfahrungen gemacht.

Die deutsche Anlageszene stellt sich heute etwa so dar: Auf der einen Seite stehen die Angsthasen mit eingefleischter Sparbuch- und Festgeldmentalität, für die eine Aktie höchst riskant ist, nur geeignet für Spekulanten und Betuchte. Auf der anderen Seite sind die Zocker, die sich mit Aktien gar nicht erst aufhalten, sondern mit Hilfe von Optionen, Futures und Derivaten aller Art nach der schnellen Mark trachten. Die Banken unterstützen dieses Roulette mit einer Flut von immer komplexeren Finanzkreationen. An deutschen Börsen sind 670 Aktien notiert, aber etwa 5.000 Optionsscheine, Vehikel für Differenzgeschäfte – auf alles, was „sich bewegt"! Mit diesen Zockerinstrumenten

wird nicht Vermögen gebildet, sondern eher vernichtet. Sie nutzen nur den Banken, aber schaden den meisten Anlegern und der ganzen Volkswirtschaft.

In der breiten Mitte, zwischen den Extremen von Angsthasen und Zockern, da, wo sich beispielsweise in den angelsächsischen Ländern das Gros der Anleger, die Aktienbesitzer, befinden, herrscht in Deutschland Leere.

Das deutsche Geldvermögen in Höhe von etwa 5 Billionen DM ist zu 95% in ertragsschwachen, inflationsgefährdeten Geldwerten angelegt. Das ist die Vermögensstruktur eines Volkes von Rentnern.

Würden nur rund 20% davon in Aktien umgeschichtet, würde dies einen Betrag von 1 Billion DM ausmachen, genausoviel wie die derzeitige Börsenkapitalisierung aller an der deutschen Börse gehandelten Aktien. Mit diesen Beträgen könnten viele existierende und neue Unternehmen mit Risikokapital versorgt werden, deren Investitionen das Wachstum erhöhen und neue Arbeitsplätze schaffen würden.

Gleichzeitig würde der Ertrag des deutschen Geldvermögens gesteigert. Eine Studie von McKinsey, in der über den Zeitraum von 1974 - 1993 die Produktivität des Kapitals in Deutschland, in Japan und in den USA verglichen wurde, hat ergeben, daß die Amerikaner ihr Kapital weit „härter arbeiten" lassen. Die jährliche Rendite betrug in den USA 9,1%, etwa 2% mehr pro Jahr als in Deutschland oder Japan. Würden die deutschen Anleger ihr Geld ebenso hart arbeiten lassen, sprich: einen weit größeren Anteil in ertragsstärkere Aktienanlagen stecken, dann würde sich ihr Geldvermögen im Jahr um zusätzliche 100 Mrd. DM erhöhen. Das wären 1.250 DM pro Kopf der Bevölkerung.

Die höhere Produktivität der Geldanlagen erklärt, warum die Amerikaner trotz niedriger Sparrate sich vergleichsweise einen so hohen Lebensstandard leisten können.

Um Bernhard Baruch zu zitieren, „Es gibt tausend Möglichkeiten, sein Geld auszugeben, aber nur zwei, es zu erwerben: Entweder wir arbeiten für Geld – oder das Geld arbeitet für uns."

Die Lösung ist einfach: Wenn wir das Geld härter für uns arbeiten lassen würden, hätten wir mehr Kaufkraft und auch wieder mehr Arbeit – wir würden zwei Fliegen mit einer Klappe schlagen!

Erhards 'Unvollendete': Ein Volk von Teilhabern – Aktionären!

Obwohl Erhard alle Hände voll zu tun hatte, die Konjunktur auf Trab und die konstituierenden Elemente der Sozialen Marktwirtschaft auf den Weg zu bringen, ließ er keine Gelegenheit aus, für die Aktie als Mittel für breitgestreutes Eigentum zu werben.

Bereits auf dem CDU-Parteitag im Oktober 1950, als die deutsche Wirschaft noch in Scherben lag, wies er auf die große Bedeutung eines funktionierenden Kapitalmarkts hin, der *„die beste Gewähr für sinnvolle produktive und volkswirschaftlich nützliche Investitionen bietet."*

Wie ein roter Faden zieht sich dieser Gedanke durch seine Reden und Aufsätze, wenn er etwa auf dem CDU-Parteitag im Hamburg im Mai 1957 sagte: *„Die CDU hat sich zum politischen Ziel gesetzt, mit jedem weiteren wirtschaftlichen Fortschritt zu einer immer breiteren Streuung des Eigentums an den Produktionsmitteln zu kommen."* ... *„Es wächst und verstärkt sich ... die Überzeugung, daß ohne hinreichenden Kapitalaufwand Arbeitsplätze weder geschaffen noch gesichert werden können."*

Als ersten Schritt kündigte er damals an, *„das Volkswagenwerk über das Mittel der Volksaktie in den Besitz weitester Volkskreise zu überführen."*

Den Worten folgten Taten. Es wurde eigens für die Privatisierungen 1957 im dritten Kabinett Adenauers ein neues Ressort, das des Bundesschatzministers, geschaffen, dem Hermann Lindrath vorstand. Als erste Volksaktie kam 1959 Preussag, 1961 folgte VW und 1965 Veba. Weitere Aktionen gab es danach nicht mehr, und das Bundesschatzministerium ist längst wieder abgeschafft.

Erhard sagte nach der erfolgreichen Plazierung der Preussag, *„daß ein neues gesellschaftspolitisches Leitbild erkennbar wird, demzufolge es nicht mehr die alleinige Aufgabe der Unternehmen ist, sondern der Sorge aller Staatsbürger obliegt, sich die Pflege, die Verbesserung und Ausweitung des Produktivkapitals angelegen sein zu lassen. Wenn auch die Lohn- und Gehaltsempfänger und der kleine Sparer immer besser zuerkennen vermögen, daß ihr Schicksal, ihre soziale Sicherheit und die Zukunft ihrer Kinder von der Erhaltung unserer Produktiv- und Leistungskraft abhängen."*

Gleichzeitig wollte er auch mit dieser Vermögenspolitik *„der ... Konzentration von Produktivkapital eine Dekonzentration des Eigentums ... entgegegsetzen." „Den bedenklichen Konzentrationsbestrebungen"* wollte er mit einem starken Mittelstand begegnen und *„die Freiheit und Lebensfähigkeit einer möglichst großen Zahl selbständiger Existenzen in allen Bereichen der Volkswirtschaft zu schützen und zu erhalten."*

Diese wirtschafts- und gesellschaftspolitische Vision ist das, was ich als Erhards „Unvollendete" bezeichne.

Seine Vision von einer freiheitlichen Gesellschaft von Teilhabern – „Volksaktionären" –, deren soziale Sicherheit primär aus ihrer eigenen Leistung und ihrer Selbstvorsorge kommt, wurde bisher nicht verwirklicht.

Die Zeit ist jetzt reif, Erhards „Unvollendete" mit folgenden Maßnahmen zu vollenden:

1. Ein mit großen Freibeträgen steuerlich gefördertes Aktiensparprogramm für die Altersvorsorge.

2. Die Zulassung betrieblicher Pensionsfonds, wie z. B. in den USA.

3. Die Fortführung der jetzt mit der Telekom wiederaufgenommenen Privatisierung von Staatsunternehmen. Die 6-fache Überzeichnung der ersten Tranche der Telekom sollte Bund, Länder und Gemeinden ermutigen, rascher mit der Privatisierung, vor allem – soweit möglich – der öffentlichen Dienste, fortzufahren.

4. Die Umstellung der gesetzlichen Rentenversicherung vom Umlage- auf das Kapitaldeckungsverfahren.

5. Die Beteiligung der Arbeitnehmer am Produktivkapital oder am Ertrag.

6. Die Gründung einer von den Großbanken unabhängigen Börse, an der kleine, junge Unternehmen sich Eigenkapital beschaffen können.

7. Die Steuerfreiheit von Kursgewinnen bei Aktien muß unbedingt erhalten bleiben. Dem zarten Pflänzchen, das mit der Telekom zu sprießen begann, darf nicht gleich wieder mit dem Steuerknüppel der Garaus gemacht werden. Dagegen wäre gegen eine Verlängerung der Spekulationsfrist auf 1-2 Jahre nichts einzuwenden. Vielleicht wäre das sogar nützlich, wenn dadurch die Deutschen dazu gebracht werden könnten, ihre Aktienanlagen als langfristige Investments zu betrachten und sie auf diese Weise zu ihrem Glück gezwungen würden.

Diese Maßnahmen würden mehrere Probleme gleichzeitig lösen oder zumindest entschärfen:

• *Die gesetzliche Altersvorsorge würde nicht nur um ein dynamisches Element ergänzt, sondern auch auf ein solideres Fundament gestellt;*
• *Die Arbeitnehmer hätten bei gleichen Beiträgen eine höhere Altersrente zu erwarten;*
• *Der jungen Generation würde hinsichtlich der gesetzlichen Altersvorsorge ein Teil der Bürde abgenommen;*
• *Die deutschen Unternehmer würden mit einem ständigen Strom neuen Kapitals für ihre Expansion und ihre Investitionen versorgt, würden neue Arbeitsplätze schaffen und wären wettbewerbsfähiger;*
• *Die Vermögensverteilung würde breiter, gerechter und gesünder: Volkskapitalismus anstelle von Klassengesellschaft;*
• *Die Beteiligung am Sachkapital ist eine besonders ertragreiche Form der Vermögensbildung und sie schützt – im Gegensatz zu Geldwerten – vor der Geldentwertung;*
• *Eine breite Verteilung des Produktivkapitals macht Arbeitnehmer zu Miteigentümern. Das ändert auch ihren Blickwinkel, denn dadurch tritt die gemeinsame Ertragssteigerung an die Stelle des Verteilungskonflikts. Es steigert gleichzeitig auch die Motivation der Mitarbeiter und die Produktivität der Betriebe.*

Ohne Mittelstand und ohne Aktien keine neuen Arbeitsplätze

Wir erleben jetzt eine Zeit „schöpferischer Zerstörung", wie Joseph Schumpeter es nannte, in der Altes durch Neues ersetzt wird. Die Caterpillars zum Einreißen baufälliger Strukturen werden in den nächsten Jahren nicht nur im Osten, sondern – im übertragenen Sinn – auch im Westen gebraucht. Die ehemalige DDR ist eine Großbaustelle, auf der ein schöner Neubau entsteht. Westdeutschland ist ebenfalls eine Großbaustelle, auf der eine gigantische „Altbausanierung" abläuft, angefangen bei der Industrie bis zum ganzen Sozialsystem, der Tarifautonomie und der Subventionswirtschaft.

Die Arbeitslosigkeit ist das mit Abstand größte Problem, dessen Bewältigung keinen Aufschub duldet. Die Großindustrie und die öffentliche Hand werden in den nächsten Jahren weitere Arbeitsplätze abbauen. Nur der Mittelstand, der heute schon etwa zwei Drittel der Arbeitsplätze stellt und die Hälfte des Bruttoinlandsprodukts erwirtschaftet, kann neue Arbeitsplätze schaffen, besonders im Dienstleistungsbereich, der, im internationalen Vergleich, weit zurückgeblieben ist. Hier gibt es großen Nachholbedarf und gleichzeitig das größte Potential für neue Arbeitsplätze in Deutschland.

Doch der Mittelstand leidet unter Kapitalmangel. Das drückt am besten folgendes Gedicht von Unbekannt aus:

„Was unter Mittelstand man meint,
ich will es nicht verhehlen,
ist jener Stand, so wie mir scheint,
dem oft die Mittel fehlen."

Ohne den Mittelstand wird es keine neuen Arbeitsplätze geben. Aber ohne Risikokapital wird es keine Investitionen in alte und neue Unternehmen geben. Es müssen daher in Deutschland gesetzliche Grundlagen geschaffen werden, die den Gang zur Börse in jeder Hinsicht erleichtern. Es muß ein Börsensystem entwickelt werden, ähnlich der amerikanischen Börse NASDAQ. Innerhalb von nur 10 Jahren hat sich der Marktwert der am NASDAQ gehandelten Werte mehr als vervierfacht, die Zahl der Neuemissionen gar verzehnfacht. Jede Woche kommen 10-15 neue, meist kleinere, mittelständische Unternehmen hinzu. Heutige Weltunternehmen wie Microsoft und Intel haben sich dort Eigenkapital für ihr rasantes Wachstum beschafft und sind trotz ihrer heutigen Größe noch immer am NASDAQ.

Es ist ein Armutszeugnis für die deutschen Großbanken, wenn nicht ein Skandal, daß junge deutsche Unternehmen in Deutschland kein Risikokapital bekommen können, sondern den Weg nach den USA gehen müssen. Wenn es uns gelänge, durch drastische gesetzliche Erleichterungen und die Beschaffung von Risikokapital mit Hilfe eines neuen, einfachen, leicht zugänglichen Börsensystems, das nicht unter der Fuchtel der Großbanken steht, einige Hunderttausend neue

Unternehmen zu gründen und vorhandene Unternehmen besser mit Eigenkapital zu versorgen, indem beispielsweise GmbHs als kleine AGs an die Börse gehen, dann wäre das Problem der Arbeitslosigkeit schon bald gelöst. Dieser Weg würde jedenfalls schneller und sicherer zum Ziel führen als ein „Bündnis für Arbeit" von Politikern und Verbandsfunktionären.

Abkehr vom 'Euro', Rückkehr zu Erhards Sozialer Marktwirtschaft

Doch Risikokapital allein wird nicht ausreichen, um den Unternehmungsgeist zu wecken und eine Gründerwelle auszulösen, so daß gleich einige Millionen Arbeitsplätze entstehen. Dazu liegt noch zuviel im argen. Um den Wirtschaftsstandort Deutschland so schön herauszuputzen, daß die Investoren uns die Tür einrennen, müßten folgende Voraussetzungen erfüllt werden:

• *Eine drastische Steuersenkung und -vereinfachung ohne Ausnahmen;*

• *Eine sichtbare Lichtung des Paragraphendschungels;*

• *Die Absage oder zumindest die Verschiebung der Währungsunion.*

Die drohende Einführung des Euro anstelle der D-Mark wirkt wie ein lähmendes Gift auf deutsche Anleger und Mittelständler. Nichts erregt die Gemüter der Deutschen so sehr wie dieses Thema.
Die Deutschen haben es erstmals in ihrer neueren Geschichte zu ansehnlichem Vermögen gebracht. Kein Wunder, daß für sie ihre D-Mark und ihr Wohlstand dasselbe bedeuten.
Eine repräsentative Umfrage bestätigt, daß die überwiegende Mehrheit der Deutschen eine emotionale Einstellung zu ihrer Währung hat und gegen den Euro ist.
„Europäische Integration ohne entsprechenden Widerhall in der Öffentlichkeit verwirkli-

chen zu wollen, ist ein Unding", hat Erhard schon 1956 an Adenauer geschrieben. Dem Nein des Volkes steht eine Führungsschicht gegenüber, die mehrheitlich den Euro will. Sie hat sich unter der Kanzlerschaft von Helmut Kohl zum Ziel gesetzt, mit Hilfe einer gemeinsamen Währung die europäischen Staaten zu einem Bundesstaat zu verschmelzen. Das ist ein höchst riskantes Unterfangen mit dem falschen Mittel und zur falschen Zeit.

Die Großbanken tun sich als vehemente Verfechter der Euro-Währung hervor. Die Vermutung sei erlaubt, daß sie es tun, weil jetzt und später gute Geschäfte winken. Das gilt nicht für die Genossenschaftsbanken und die Sparkassen. Diese Banken sollten also, wenn sie klug sind, nicht zu den Euro-Antreibern gehören.

Interessant ist, daß die Großindustrie und die Gewerkschaften einträchtig im selben Boot mit Macht auf den Euro zurudern. Die Euro-Lobby droht damit, daß ohne eine Währungsunion weitere Export-Jobs verloren gingen, weil dann die D-Mark noch höher steigen würde. Das ist eine unbeweisbare Behauptung. Denn die Stärke einer Währung hängt von der Produktivität und Dynamik der Wirtschaft eines Landes ab. In Deutschland – in ganz Europa – gilt es erst, den unbezahlbaren Wohlfahrtsstaat zu trimmen. Schrumpfung und nicht Expansion, Stagnation und nicht Dynamik ist für die nächsten Jahre angesagt.

Die weitverbreitete Ansicht, daß im Falle eines Scheiterns der europäischen Währungsunion die D-Mark unaufhaltsam zu einer unerträglichen Aufwertung verdammt wäre, läßt sich am Beispiel der USA widerlegen. Dort begann die Strukturkrise Mitte der 80er Jahre und führte auch zu einer Dollar-Schwäche. Die europäische Strukturkrise hat gerade erst begonnen. Sie wird zu einer Schwächung aller europäischen Währungen, einschließlich der D-Mark, führen – auch ohne Euro!

Schließlich ist da noch die Immobilien-Lobby, die sich den Euro herbeisehnt, weil sie

ihn – sicher zu recht – als weniger stabil einschätzt. Möglichst viel Inflation war schon immer gut für Immobilien und fürs Geschäft. Wenn unsere Polit-Profis in Deutschland einmal untersuchen würden, welchen Nutzen die Euro-Weggefährten der Politik bringen, dann würde man feststellen, daß Großbanken und Großindustrie keine neuen Arbeitsplätze schaffen, sondern auch in Zukunft weitere abbauen werden, daß sie nur noch sehr wenig Steuern zahlen und überdies noch den Hauptteil der Subventionen absahnen.

Die Gewerkschaftsfunktionäre, die auf Nebenkriegsschauplätzen wie der Lohnfortzahlung ihr Pulver verschießen und die jegliche Veränderung zu blockieren versuchen, werden weiterhin die Investoren abschrecken.

Diejenigen, die schon heute zwei Drittel der Arbeitsplätze stellen und die meisten Steuern zahlen – die einzigen, von denen die Schaffung neuer Arbeitsplätze erhofft werden darf, die Mittelständler –, fehlen in der Pro-Euro-Riege. Und diejenigen, die das notwendige Risikokapital aufbringen sollen – die deutschen Sparer – fehlen ebenfalls.

Bei nüchterner Betrachtung muß Bundeskanzler Helmut Kohl feststellen, daß er mit den jetzt versammelten Euro-Mitstreitern die Hürde der Arbeitslosigkeit nicht überspringen wird, daß er aufs falsche Pferd gesetzt hat. Vielleicht kommt er dann zum Schluß, daß er die Pferde wechseln und auf die deutschen Anleger und Mittelständler setzen muß. Wenn man aber den Euro nicht absagt, oder zumindest verschiebt, riskiert man den Attentismus der Mittelständler und eine Massenflucht der deutschen Sparer in andere Währungen. Das wäre ein Desaster und würde Deutschland noch tiefer in die Krise stürzen.

In unserer heutigen Notlage sollten wir uns auf Erhards Erfolgsmodell, seine Soziale Marktwirtschaft, zurückbesinnen. Als ein offenes, lernfähiges System wird sie immer unvollendet bleiben. Sie erhebt auch nicht den Anspruch, Heilserwartungen zu erfüllen. Als

Rahmenordnung hat sie aber den Beweis geliefert, daß sie gleichzeitig Wohlstand, sozialen Ausgleich und Vollbeschäftigung schaffen kann. Sie ist zugleich ein erfolgreiches Wirtschafts- und Gesellschaftsmodell und immer zeitgemäß, weil sie sich neuen Verhältnissen anpassen kann. Das macht ihre Stärke und Überlegenheit gegenüber allen anderen Modellen aus.

Deshalb hat sich Erhard stets dagegen verwahrt, die rasante wirtschaftliche Entwicklung als „Wunder" zu bezeichnen, denn für ihn war – in seinen Worten – *„die Soziale Marktwirtschaft das tragende Ordnungsprinzip ..., das die Voraussetzung für den außerordentlich großen Aufschwung war, ... der oft fälschlich als 'Wirtschaftswunder' bezeichnet wird."*

Literaturverzeichnis

LUDWIG ERHARD: *Deutsche Wirtschaftspolitik, ECON Verlag, Düsseldorf, 1962*

LUDWIG ERHARD: *Wohlstand für Alle, ECON Verlag, Düsseldorf, 3. Auflage, 1990*

GOTTFRIED HELLER: *Die Wohlstandsrevolution, ECON Verlag, Düsseldorf, 2. Auflage, 1994*

VOLKHARD LAITENBERGER: *Ludwig Erhard, Muster-Schmidt-Verlag, Göttingen, 1986*

ANTON RIEDL: *Liberale Publizistik für Soziale Marktwirtschaft, S. Roderer Verlag, Regensburg, 1992*

OTTO SCHLECHT: *Wohlstand für ganz Europa, Bouvier Verlag, Bonn, 1995*

HORST FRIEDRICH WÜNSCHE: *Ludwig Erhards Gesellschafts- und Wirtschaftskonzeption, Verlag Bonn Aktuell, Stuttgart, 1986*

PRESSEORGANE:

Börse Online, Capital, FOCUS, Der Spiegel, Frankfurter Allgemeine, Foreign Affairs, Handelsblatt, Süddeutsche Zeitung, The Wall Street Journal

Dr. Bernd Thiemann

Geboren ist Bernd Thiemann am 5. Juli 1943 in Münster. Dort besucht er das Gymnasium Paulinum und schließt 1962 die Schule mit dem Abitur ab.

Anschließend studiert er bis 1966 Rechts- und Staatswissenschaften an den Universitäten in Freiburg und Münster. Er legt seine erste juristische Staatsprüfung ab.

Gleichzeitig durchläuft er in den Jahren 1962 bis 1964 eine Banklehre bei der Stadtsparkasse Billerbeck in Westfalen. Von 1966 bis 1970 ist er als Rechtsreferendar tätig mit den Stationen: Münster, Berlin und Hamm. Seine zweite juristische Staatsprüfung legt er 1970 in Düsseldorf ab. Von 1971 bis 1975 arbeitet er als Vorstand der Kreissparkasse in Meppen. Zwischenzeitlich legt er 1973 an der Universität Münster seine Promotion zum Dr. jur. ab.

Im Jahre 1976 wird er Vorstandsmitglied bei der Norddeutschen Landesbank, NORD/LB Girozentrale und ist dort zuständig für das regionale Kreditgeschäft, das Sparkassenkreditgeschäft, die Einlagen, den Geldhandel und die Disposition. Von 1981 bis 1991 ist er vorsitzender Vorstand der NORD/LB in der Girozentrale in Hannover.

Seit dem Juni 1991 amtiert er als Vorsitzender des Vorstandes der DG BANK in Frankfurt am Main.

Shareholder-value-Strategien und der Ordnungsrahmen der Sozialen Marktwirtschaft

von Bernd Thiemann

Shareholder value hätte gut und gern zum Wort des Jahres 1996 getaugt. Kaum ein Begriff wurde im Wirtschaftsleben der zurückliegenden Monate mehr strapaziert als dieser, eigentlich schon überholte, weil aus der Zeit der großen *raider* und *bonanzas* stammende Anglizismus. Kritische Aktionäre gebrauchten ihn im Dialog mit den Unternehmen – bisweilen mit inquisitorischen Untertönen – als begrifflichen Passepartout, die Wirtschaftsmedien widmeten ihm große Serien und eher mediokren Unternehmerberatern diente er zum Evangelium strategischer Verkündigungen. Konzepte aber, die sich solcherart in *catchwords* kleiden lassen, haben für gewöhnlich gute Aussichten, ziemlich schnell auf den Abraumhalden verbrauchter Managementtheorien zu landen.

Anders beim *shareholder value. Shareholder value* oder wenigstens das, was ihm von den freizügigen deutschen Interpreten zugeschrieben wird, dürfte über genügend Suggestionskraft verfügen, die kurzen Zyklen unternehmerischer Offenbarungen zu überstehen. *Shareholder value* steht nämlich – dies das allgemeine Verständnis hierzulande – für Wettbewerbsfähigkeit und Standortvorteil – kurz für die kritische Erfolgsmasse jenes epochalen Umbaus unseres Wirtschafts- und Sozialgefüges, der allein unsere Zukunft als Anbieter hochentwickelter Produkte und Dienstleistungen zu garantieren in der Lage ist.
Shareholder value ist demnach weniger ein exaktes Programm zum Ausbau der Aktionärsinteressen als vielmehr eine Chiffre für die notwendigen Anpassungsleistungen in einer Wirtschaftssituation, die von turbulenten Veränderungen geprägt ist und die Insig-

nien einer neuerlichen industriellen Revolution trägt.

Doch das in diesem Zusammenhang immer wieder zu hörende Credo von der Minimierung der Kosten und der Maximierung der Gewinne, das die Interessen der Investoren privilegiert und die Schaffung zusätzlicher Werte vor deren Verteilung rückt, scheint nicht vereinbar mit dem Ordnungsgefüge jener Sozialen Marktwirtschaft, die das Erfolgsparadigma der letzten Jahrzehnte bildete und von daher gesehen kaum Anlaß zur Revision bietet. Daß etwa die Lohnnebenkosten gesenkt, die Arbeitszeitordnung revolutioniert, gleichzeitig wettbewerbsverzerrende Subventionen abgebaut und unbezahlbare Sozialtransfers abgeschafft werden müssen, widerspricht offenbar so eklatant dem sich auf die Soziale Marktwirtschaft berufenden *common sense*, daß nicht wenige Kommentatoren mit den vielfach geforderten Veränderungen die Apokalypse hereinbrechen sehen.

Für die Väter der Sozialen Marktwirtschaft war in der Tat die Funktionstüchtigkeit des Modells eine *conditio sine qua non* der freiheitlichen, gegen jedwede Hegemonieansprüche totalitärer Staats- und Wirtschaftssysteme gerichteten Gesellschaftsverfassung. Eine Erosion oder gar der Zusammenbruch einer so verstandenen Wirtschaftsordnung hätte in ihren Augen unweigerlich das Ende einer menschenwürdigen Gesellschaft zur Folge gehabt. Diese Emphase hat Mißverständnisse ausgelöst, zahllose Kritiker von rechts und links auf den Plan gerufen. Den Verfechtern der Sozialen Marktwirtschaft wurde von den einen zum Vorwurf gemacht, sie betrieben unter dem Deckmantel der sozialen Gerechtigkeit eine Renaissance des Kapitalismus, von den anderen, sie bewirkten die Entmündigung des Bürgers und förderten die – wie es später hieß – „Vollkaskomentalität". Heute hat sich die zweite Lesart durchgesetzt: Die Soziale Marktwirtschaft habe, wenn auch unbeabsichtigt, die Grundlagen für die Kalamitäten geschaffen, denen wir uns heute ausgesetzt sähen und die mit einer Besinnung auf den *shareholder value* zu beheben wären.

Trotz der augenscheinlichen Kontinuität von Politik und Wirtschaft im Deutschland der letzten vier, fünf Jahrzehnte ist die voreilige Schuldzuweisung falsch. Im Gegenteil: Die Soziale Marktwirtschaft, wie sie beispielhaft in der Ordnungspolitik Ludwig Erhards gelebt wurde, war ganz und gar kein Projekt, das die Egalisierung der Wirtschaftssubjekte oder – trotz einer oft mißverständlichen Semantik – die Etablierung einer statischen Gesellschaftsordnung zum Ziel gehabt hätte. Vielmehr war ihr das Prinzip der Dynamik, letztlich auch des Erfolgs in der Systemkonkurrenz, inhärent. Ihre Geschäftsgrundlage, könnte man sagen, bestand in der Stimulierung produktiver Energien, flankiert von einem Risikomanagement, das den Zugang aller Marktparteien zum Wirtschaftsgeschehen garantiert und damit Chancen für jeden, an der Prosperität teilzuhaben, sichert.

Dieses Modell war so erfolgreich, daß selbst betont kritische Kommentatoren ihre Bewunderung nicht versagen konnten und können. So heißt es beispielsweise in der jüngsten Studie des derzeit vielbeachteten MIT-Wissenschaftlers Lester Thurow, der aus seiner pessimistischen Weltsicht keinen Hehl macht: „In Deutschland, der größten Wirtschaftsnation Europas, scheint die freie Marktwirtschaft in Kombination mit einer sozialen Komponente sehr viel besser zu

funktionieren als anderswo... . Die anderen Länder haben zwar ähnliche Sozialsysteme, sind aber von ihrer Wirtschaftskraft her weniger effizient."

Allerdings sind sich inzwischen die Bewunderer des vielfach so apostrophierten „rheinischen Kapitalismus" mit den gleichsam dogmatischen Verfechtern von Liberalisierung und Deregulierung einig, daß empfindliche Modifikationen und Anpassungsleistungen an die neuen globalen Gegebenheiten notwendig sind, damit sich die Volkswirtschaften, die in der Tradition der Sozialen Marktwirtschaft stehen, in Zukunft wenigstens einigermaßen werden behaupten können.

Fraglos hat sich die Welt seit den fünfziger und sechziger Jahren in einem Ausmaß verändert, das viele Konzepte, Ideen und Unternehmungen von damals als vorsintflutlich erscheinen läßt. Dennoch ist das Modell Soziale Marktwirtschaft weder antiquiert noch ein Artefakt, das allein in einer Zeit glückhafter Umstände eine gewisse Plausibilität für sich beanspruchen durfte. Es ist genau besehen von ungebrochener Aktualität und vermittelt uns nach wie vor Leitgedanken, die in der heutigen Welt bestehen können, ja bestehen müssen. Dies betrifft sowohl das Motiv, das der Konstruktion der Sozialen Marktwirtschaft zugrundelag, als auch jene *vision du monde*, die einem ebenso verantwortlichen wie produktiven Wirtschaften vorausgeht – produktiv im Sinne von Gewinn erzielend und Gewinn bringend. Man darf ja nicht vergessen, daß der Ordo-Gedanke, aus dem heraus sich die Soziale Marktwirtschaft als politisches Programm entwickelte, auf geschichtlichen Erfahrungen basierte und mit der Macht des Pragmatismus gegen die Gewalt utopischer Modelle – seien sie von rechts oder links – antrat. Das in Erinnerung zu rufen, ist wichtig in einer Zeit, da sich der letzte Nachkomme der großen geschichtlichen Utopien – nämlich der Wirtschaftsliberalismus mit seinen Arrangements von Deregulierung und Demontage ordnungsstiftender Faktoren – anschickt, zur Weltideologie zu werden.

Bei näherem Besehen zeigt sich außerdem, daß vieles, was heute höchste Aktualität genießt, von den Protagonisten der Sozialen Marktwirtschaft „eskomptiert" wurde. Stichwort Aktienkultur: Es war ein Ludwig Erhard, der die Volksaktie forcierte – und dies nicht, wie fälschlicherweise immer wieder behauptet wird, unter dem Aspekt der Umverteilung, sondern mit der Absicht, eine wertorientierte Unternehmenspolitik zu ermöglichen, interessante Investitionsmöglichkeiten für eine Vielzahl von Investoren zu schaffen, kurzum Kapital zu mobilisieren, um damit wiederum die Wirtschaftsentwicklung zum Wohle aller zu stärken. Ludwig Erhard 1957: „Es wächst und verstärkt sich auf immer breiterer Grundlage die Überzeugung, daß ohne hinreichenden Kapitalaufwand Arbeitsplätze weder geschaffen noch gesichert werden können." Darin, so Erhard zwei Jahre später ebenfalls im Zusammenhang mit der Volksaktie, werde „ein neues gesellschaftliches Leitbild erkennbar, demzufolge es nicht mehr die alleinige Aufgabe der Unternehmer ist, sondern der Sorge aller Staatsbürger obliegt, sich die Pflege, die Verbesserung und Ausweitung des Produktivkapitals angelegen sein zu lassen. ... Das scheint mir die beste Grundlage jeder in sich gefestigten demokratischen Ordnung zu sein."

Und was die Ausgabenpolitik des Staates betrifft, hatte Erhard Vorstellungen, die durchaus in die heutige Bedarfslage passen: Er hat sich gegen die „strukturlose Expansion sozialer Subventionen" und für „Strukturpolitik", beispielhaft bei der Ausbildung, ausgesprochen. Dies entspricht voll und ganz dem, was auch nach unserer heutigen Vorstellung not tut: Wir müssen das Leistungsprinzip fördern, Werteverzehr vermeiden und die Werthaltigkeit unserer Investitionen fördern. Werteverzehr vermeiden bedeutet indessen nicht nur, in pekuniärer Hinsicht Raubbau an Vermögenswerten zu unterbinden, uns zu versagen, daß wir nur vom Kapital und nicht von den Zinsen leben. Werteverzehr heißt auch, ideelle Werte, Leitbilder, die wir für unsere Zukunftsgestaltung benötigen, nicht auf den einen Wert des Reicherwerdens zu reduzieren. Und Erhöhung der Werthaltigkeit unserer Investitionen bedeutet auch keineswegs bloße Akkumulation von Reichtum, des „Materiellen und Profanen" (Erhard), sondern Dynamisierung unserer Wirtschaftsfaktoren, und dazu gehört auch die Wertsteigerung des Humankapitals.

Dies verträgt sich durchaus mit dem, wozu *shareholder value* das Synonym bildet: Denn schließlich ist *shareholder value* nicht allein auf schlanke Kostenstruktur und hohe Produktivität reduzierbar. Schlüsselgrößen sind auch die „Umweltfaktoren" soziale Sicherheit, Attraktivität des Standortes und Stabilität der gesamtwirtschaftlichen Lage. Und genau dies war den Vätern der Sozialen Marktwirtschaft, nicht zuletzt aufgrund der traumatischen Erfahrung mit dem Niedergang der Weimarer Republik, immer präsent. Die Anhänger des Ordo-Liberalismus praktizierten den Shareholder-value-Gedanken *avant la lettre*, ihre politischen Erben scheiterten allerdings dort, wo sie glaubten, dem Wohlfahrtsstaats-Gedanken die Priorität vor dem Leistungsprinzip einräumen zu müssen.

Wir sollten uns bei einer detailgerechten Würdigung der Sozialen Marktwirtschaft vor Augen führen, daß ihr Begriff ein genaueres Programm bietet als die spätere Interpretation: Immerhin bildet in dem Terminus „Soziale Marktwirtschaft" die „Marktwirtschaft" das Hauptwort und „sozial" das Attribut. Ein Grund mehr, Soziale Marktwirtschaft und *shareholder value* nicht als Gegensätze zu sehen, und ein Grund weniger, aus ihnen Anathemata zu machen, mit denen jeweils das vermeintlich Unzweckmäßige exzorziert werden könnte.

Das Vermächtnis Ludwig Erhards widerspricht ohnehin diesem gar nicht so neuen Kategorienfehler, der darin besteht, daß die Betonung der Leistung den Laisserfaire-Kapitalismus und die Betonung des Sozialen den lähmenden Versorgungsstaat zur Konsequenz hat.

Denn wo eine Asymmetrie sich auftut zwischen dem Ordnungsrahmen, der die Infrastruktur bildet für einen freien, auf dem Leistungsprinzip beruhenden Wettbewerb, und den Determinanten dieses Leistungsprinzips selbst, entsteht eine Situation, vor der Erhard immer wieder warnte: „Vernunft wird Unsinn, Wohltat Plage." Wie diese Plage aussehen könnte, hat er 1957 in seinem berühmten Buch „Wohlstand für alle" eindrucksvoll beschrieben: „Die wachsende Sozialisierung der Einkommensverwendung, die um sich greifende Kollektivierung der Lebensplanung, die weitgehende Entmündigung des einzelnen und die zunehmende Abhängigkeit vom Kollektiv oder vom Staat, – aber damit zwangsläufig auch die Verkümmerung eines freien und funktionsfähigen Kapitalmarktes als einer wesentlichen Voraussetzung für die Expansion der Marktwirtschaft –, müssen die Folgen dieses gefährlichen Weges hin zum Versorgungsstaat sein, an dessen Ende der soziale Untertan und die bevormundete Garantierung der materiellen Sicherheit durch einen allmächtigen Staat, aber in gleicher Weise auch die Lähmung des wirtschaftlichen Fortschritts in Freiheit stehen wird."

Ulrich Hartmann

VITA:

Ulrich Hartmann ist am 7. August 1938 in Berlin geboren. Er studiert ab 1958 Rechtswissenschaften in München, Berlin und Bonn und legt 1967 das Assessorexamen ab.

Von 1967 bis 1971 ist Hartmann bei der Treuarbeit AG in Düsseldorf tätig. 1971 wechselt er als Vortandsassistent zu der Deutschen Leasing AG, von 1973 bis 1975 ist er Justitiar der VEBA Kraftwerke Ruhr AG in Gelsenkirchen. Im Jahre 1975 übernimmt er in der VEBA-Zentrale in Düsseldorf die Leitung des Vorstandsbüros und der Öffentlichkeitsarbeit unter dem damaligen Vorstandsvorsitzenden von Bennigsen-Foerder. Ulrich Hartmann wechselt 1980 als Vorstandsmitglied zur VEBA-Beteiligungsgesellschaft Nordwestdeutsche Kraftwerke AG (NWK) Hamburg und ist dort für die Ressorts Finanz- und Rechnungswesen, Recht und Steuern verantwortlich. Nach der Fusion der NWK mit der PreussenElektra im Jahre 1985 wird er in den Vorstand der PreussenElektra berufen und leitet dort das Finanz- und Rechnungswesen sowie die Bereiche Betriebswirtschaft und Steuern. 1989 wird er in den Vorstand der VEBA AG berufen und übernimmt dort 1990 das Ressort Finanzen und Controlling. Am 12. April 1993 wird Ulrich Hartmann Vorstandsvorsitzender der VEBA AG.

Ulrich Hartmann ist Aufsichtsratsvorsitzender wesentlicher VEBA-Konzerngesellschaften sowie der Ruhrkohle und der Münchener Rückversicherungsgesellschaft. Er ist Mitglied der Aufsichtsräte von Cable & Wireless, Daimler-Benz, Hapag Lloyd, Hochtief und der IKB Deutsche Industriebank.

Seit dem 29. November 1993 ist Ulrich Hartmann Königlich Norwegischer Generalkonsul.

Aktionärsinteressen und Soziale Marktwirtschaft

von Ulrich Hartmann

Obwohl anfangs heftig umstritten, stiftet das Ordnungsmodell der Sozialen Marktwirtschaft der deutschen Gesellschaft schon seit Jahrzehnten Identität und Konsens über Parteien und gesellschaftliche Interessengruppen hinweg. Sie hat der deutschen Nachkriegsgeschichte einen Stempel aufgedrückt, der in seiner normativen Prägekraft wohl nur noch vom Grundgesetz übertroffen wird. Die Anziehungskraft der Sozialen Marktwirtschaft ist in ihrem fünften Jahrzehnt ungebrochen: Sie dient nicht nur der deutschen Wiedervereinigung als ordnungspolitisches Leitbild, sondern steht auch außerhalb Deutschlands, nicht zuletzt in Osteuropa, hoch im Kurs. Mit Blick auf manchen angestauten Reformbedarf in Deutschland wird gleichzeitig – und mit Recht – die Selbsterneuerung und Wiederbelebung der Sozialen Marktwirtschaft angemahnt. Formelhafte Bekenntnisse helfen hier nicht weiter: Auf die ordnungspolitische Praxis kommt es an.

Die breite Akzeptanz, die die Soziale Marktwirtschaft gefunden hat, ist alles andere als selbstverständlich, denn sie stellt den Wettbewerb in den Mittelpunkt – also einen Koordinierungsmechanismus, der für jeden wirtschaftlichen Akteur große Chancen, aber auch erhebliche Risiken und harte Konsequenzen bereithält. Letzten Endes wird das marktwirtschaftliche Wirtschaftssystem, wie Wilhelm Röpke schrieb, „durch den Konkurs reguliert".

Auf der Aktivseite der bisherigen Bilanz unserer Wirtschaftsordnung steht aber ihre große Wohlstandsleistung sowie die jahrzehntelange Erfahrung, daß auf ihrer Grundlage die unterschiedlichen Interessen der wirtschaftlichen Akteure, ob Kunden, Mitarbeiter, Aktionäre, Staat, Kreditgeber oder Unternehmensleitungen zu einem vernünftigen Ausgleich finden. Entscheidend für den großen Erfolg der sozialen Marktwirtschaft ist, daß sie den überkommenen Gegensatz zwischen Kapital und Arbeit von einer Systemfrage zu einer Verhandlungssache heruntergestuft hat.

Vor diesem Hintergrund war das deutsche Wirtschaftswunder für Ludwig Erhard „alles andere als ein Wunder. Es war nur die Konsequenz der ehrlichen Anstrengung eines ganzen Volkes, das nach freiheitlichen Prinzipien die Möglichkeit eingeräumt erhalten hat, menschliche Initiative, menschliche Energien wieder anwenden zu dürfen." Um diese Energien freizusetzen, bedurfte es der entschlossenen Umsetzung eines Deregulierungs- und Liberalisierungsprogramms, das in der internationalen Wirtschaftsgeschichte seinesgleichen suchte. Die Botschaft hat bis heute ungebrochene Gültigkeit: Der Staat muß Markt und Wettbewerb wirklich wollen.

Am Anfang der Erfolgsgeschichte der Sozialen Marktwirtschaft stand allerdings erst einmal eine verteilungspolitische Schieflage: Denn Preise und Unternehmensgewinne zogen nach Aufhebung der Bewirtschaftung 1948 zunächst stark an. Dies war rückblickend allerdings im Kern unvermeidlich – was auch Ludwig Erhard bewußt war. Denn die großen Investitionen für den Wiederaufbau der Wirtschaft und der Unternehmen mußten im wesentlichen zunächst aus der Innenfinanzierung der Unternehmen bestritten, also über entsprechende Preise im Markt erwirtschaftet werden.

Erst im Zuge der schrittweisen Verbesserung der Versorgungslage und der neuen, stabilen Währung setzte allmählich die nötige volkswirtschaftliche Kapitalbildung ein, um die großen Investitionen des Wiederaufbaus zunehmend über den Kapitalmarkt zu finanzieren. Die Befriedigung des Kapitalbedarfs „über den freien, vielschichtigen und differenzierten Kapitalmarkt, an dem nach Möglichkeit jeder Staatsbürger teilhaben sollte", galt Ludwig Erhard „nicht nur als die klassische, sondern auch als die gesündeste Methode". Erhard sah deshalb klar die zentrale Bedeutung der Aufgabe, „dem Kapitalmarkt wieder zu der ihm in einer Marktwirtschaft zukommenden Funktion zu verhelfen", also die Lenkung des Kapitals – Fremdkapital und Eigenkapital – in die wirtschaftlichsten Verwendungen.

Kapital ist knapp und wertvoll, es schafft die künftigen Möglichkeiten einer Volkswirtschaft und bringt so die Chancen der Zukunft gegenüber den Bedürfnissen der Gegenwart zur Geltung; deshalb muß es unter der strikten Disziplin möglichst wirtschaftlicher Verwendung stehen. So war die Wiederbelebung des Aktienmarktes – so zögernd sich auch diese Anlageform verbreitete – ein notwendiger Schritt im Aufbau einer funktionsfähigen Marktwirtschaft. Dazu haben die Teilprivatisierungen von Bundesvermögen in den 60er Jahren wesentlich beigetragen: Preussag, VW, VEBA (seit 1987 vollständig privat), mit denen breite Kreise der Bevölkerung für „Volksaktien" gewonnen wurden. Allerdings müssen wir auch feststellen, daß wir bis heute in Deutschland noch immer nicht einen Verbreitungsgrad der Aktie erreicht haben, wie er z. B. im angelsächsischen Raum üblich ist.

Aktiengesellschaften haben eine wichtige volkswirtschaftliche Funktion. Schon längst kann die Rolle des dynamischen Unternehmers, der Dreh- und Angelpunkt der Marktwirtschaft, nicht mehr nur von Eigentümer-Unternehmern wahrgenommen werden. Dies scheitert häufig schon am hohen – und weiter zunehmenden – Kapitalbedarf, der in immer mehr Branchen erforderlich ist, um erfolgreiche Marktpositionen aufzubauen und zu halten. Hier ermöglicht die Aktiengesellschaft unternehmerische Aktivitäten, indem Aktionäre Risikokapital in unternehmerische Hände geben. Vereinte der Eigentümer-Unternehmer noch Kapital und geschäftliches Know-how, so trennt die Aktiengesellschaft diese Funktionen. An die Stelle des mit eigenem Kapital haftenden Eigentümer-Unternehmers tritt ein Zweckbündnis von Aktionär und Management. Aus dieser Funktionstrennung erwächst allerdings die latente Gefahr, daß sich das Management von den Interessen der Eigentümer emanzipiert. Dies würde die notwendige Disziplin möglichst wirtschaftlicher Kapitalverwendung aufweichen und in der Fehllenkung von Kapital enden. Um diese zu vermeiden und um das Aktionärsinteresse an nachhaltig risikoadäquater Verzinsung seines Kapitals zur Geltung zu bringen, bedarf es unternehmerisch denkender und handelnder Unternehmensführungen, die sich konsequent als Treuhänder der Aktionäre verstehen.

Das Aktionärsinteresse ist nicht nur konformer, sondern notwendiger Bestandteil der Marktwirtschaft. Dennoch blieben in der deutschen Nachkriegsgesellschaft immer latente Zweifel mehr oder weniger spürbar, ob sich der Aktionär bzw. der Großaktionär – als lange eher verborgener, gerade deshalb vielleicht etwas mystifizierter Vertreter „des Kapitals" – wirklich einfügt in eine Ordnung, die auf den Ausgleich von Kapital und Arbeit zielt. Auch in letzter Zeit sind Befürchtungen laut geworden, die sich gegen eine verstärkte Orientierung der Unternehmenspolitik am Aktionärsinteresse richten, wie sie unter dem Schlagwort „Shareholder value" im angelsächsischen Raum entstanden ist. Soll der gesellschaftliche Konsens, vor allem die Versöhnung von Kapital und Arbeit, kurzfristiger Kursmaximierung geopfert werden? Droht heute ein ordnungspolitischer Rückfall hinter Ludwig Erhard zurück?

Wer sind „die Aktionäre"? Letztlich: Wir alle. Ob unmittelbar durch frei am Markt erworbene Aktien oder Belegschaftsaktien oder mittelbar über Lebensversicherungen oder Investmentfonds, die ihrerseits in Aktien investieren: Heute ist praktisch jeder Bürger Aktionär. Ein derart atomisiertes Interesse kann sich aber nur schwer Geltung verschaffen, zumal auch die Sammelanleger wie Lebensversicherungen und Investmentfonds – jedenfalls in Deutschland – lange Zeit vorwiegend reaktive Marktteilnehmer waren, die kauften und verkauften, aber kaum eine aktive Eigentümerrolle wahrnahmen.

Seit wenigen Jahren kann nun aber eine deutliche Veränderung des Anlegerverhaltens beobachtet werden, die über eine stärkere Zusammenfassung der Aktionärsinteressen eine Machtverlagerung zugunsten der Eigentümer herbeigeführt hat. Dabei geht es um folgende Tendenzen:

• Ausgehend vom angelsächsischen Raum hat auch im deutschen Markt die Bedeutung institutioneller Anleger wie Versicherungen, Investment- und Pensionsfonds stark zugenommen. Dahinter steht die wachsende Aktienanlage privater Anleger vor allem als Teil ihrer Altersvorsorge, die zu einem Großteil mittelbar über eben diese institutionellen Kapitalsammelstellen erfolgt. Es handelt sich hier also weniger um einzelne Großanleger, sondern vielmehr um die Ersparnisse vieler kleiner Anleger. Die institutionellen Anleger suchen für diese, ihnen aus langfristigem Vorsorgeinteresse zur Verfügung gestellten Spargelder, eine nachhaltig ergiebige Anlage. Natürlich gibt es immer auch den kurzfristig

orientierten, spekulativen Anleger. An der Börse hat er aber bei weitem nicht die Bedeutung, die ihm manchmal zugeschrieben wird. Bei VEBA haben wir es mit durchweg längerfristig orientierten Anlegern zu tun, ob große Fondsgesellschaften oder auch kleinere Privataktionäre.

• Vor allem große institutionelle Anleger artikulieren heute gezielt ihre Erwartungen an die Unternehmensführung. Dabei haben sie einen Sachverstand erworben, der zu einer ganz neuen Qualität der Kommunikation mit diesen Anlegern führt. Sie lassen sich weder mit Strohfeuern, die für den Tageseffekt an der Börse entzündet werden, noch mit bloßen Visionen beeindrucken. Sie wollen nach unseren Erfahrungen vielmehr eine stetige, positive Renditeentwicklung in Verbindung mit einer klaren, überzeugenden und zukunftsfähigen Unternehmensstrategie.

• Vor diesem Hintergrund völlig verständlich fordern die Anleger weitgehende Transparenz des Unternehmens, seiner Erfolge und Probleme sowie der Strategie des Managements. Sie wollen genau und konkret wissen, wo Wert geschaffen oder vernichtet wird und wie das Management die Wertschaffung fördern und der Wertvernichtung entgegenwirken will.

Im Kern geht es um eine Erhöhung der Rentabilität – die Entwicklung des Unternehmenswertes bietet ein sehr zielgenaues und besonders für vergleichende Prognosen geeignetes Instrument zur Messung der Rentabilität. Dabei gilt:

Jedes Geschäft muß Gewinn erzielen; Quersubventionierung wird nicht mehr akzeptiert.

Der Gewinn muß die Kosten des eingesetzten Kapitals, also dessen marktübliche Verzinsung übertreffen, weil sonst Wert vernichtet würde.

Die Rendite des eingesetzten Kapitals muß das Geschäftsrisiko angemessen widerspiegeln.

Vor diesem Hintergrund ist der Wert eines Unternehmens, wie er sich bei einer Aktiengesellschaft im Aktienkurs niederschlägt, der konzentrierte Ausdruck der Erwartungen, Hoffnungen und Ansprüche, mit denen die Anleger in dieses Unternehmen investieren.

• Der globalisierte und intensivierte Wettbewerb um Kapital hat die Renditeansprüche der Anleger deutlich erhöht. Es reicht längst nicht mehr aus, den bisherigen Ansprüchen der deutschen Anleger zu entsprechen, denn auch deutsche Anleger suchen heute weltweit nach der günstigsten Anlage. Gleichzeitig wird Kapital immer knapper, weil viele Unternehmen sich auf globaler Basis neu positionieren und dafür rasch wachsenden Kapitalbedarf entwickeln.

Kurz: Die Anleger werden globaler, kompetenter, aktiver und anspruchsvoller. Die deutliche Tendenz der Anleger, stärker als früher ihre Eigentümerrolle wahrzunehmen, ist nicht nur legitim. Sie ist auch Ausdruck einer ökonomisch notwendigen Entwicklung, denn sie führt zu effizienterem Einsatz von Kapital und treibt die Integration der Weltwirtschaft und damit die weitere Vertiefung der weltwirtschaftlichen Arbeitsteilung voran. Darüber hinaus deckt ein stärkerer Performancedruck manche Schwachstelle in Unternehmen, manche schleichenden Wertvernichter auf und trägt so zu höherer Produktivität und effizienterer Kapitalverwendung bei.

Droht eine Gefährdung des sozialen Charakters unserer Wirtschaftsordnung durch eine stärkere Beachtung der Aktionärsinteressen? Dazu ist zunächst zu klären, wodurch sich das „Soziale" unserer Marktwirtschaft bestimmt.

Das Attribut „sozial" ist keine gefällige Dekoration, der Marktwirtschaft von außen angehängt, ihrem Wesen aber eigentlich fremd. Vielmehr ist die Marktwirtschaft aus sich heraus sozial, weil sie – erstens – unübertroffen produktiv ist und – zweitens – ihr reiches Angebot an Gütern und Dienstleistungen auf der Basis des Prinzips „Leistung gegen Leistung" erbringt und verteilt. Mit anderen Worten: Der Markt, läßt man ihn zur Wirkung kommen, erzeugt Wohlstand auf der Basis von Chancengerechtigkeit. Darin liegt die soziale Funktion des Wettbewerbs. Walter Eucken folgert deshalb: „Soziale Gerechtigkeit sollte man also durch Schaffung einer funktionsfähigen Gesamtordnung und insbesondere dadurch herzustellen suchen, daß man die Einkommensbildung den strengen Regeln des Wettbewerbs, des Risikos und der Haftung unterwirft."

Wird die Einkommensverteilung des Marktes in konkreten Fällen als unzureichend angesehen, kann sie durch wohldosierte sozialpolitische Maßnahmen korrigiert werden. Auch wenn sich später die Gewichte verschoben haben: Am Anfang galt umverteilende Sozialpolitik als subsidiär gegenüber der originär sozialen Leistung der Marktwirtschaft. Dahinter verbirgt sich keineswegs eine Geringschätzung sozialpolitischer Einkommensumverteilung: Es wird aber deutlich herausgestellt, daß es nur um marktkonforme Korrekturen gehen kann, will die Sozialpolitik nicht den Ast absägen, auf dem auch sie sitzt.

Was auf der Ebene der Wirtschaftsordnung gilt, setzt sich bei den Unternehmen fort. Die hohe Leistungsfähigkeit der Marktwirtschaft erfordert rentable Unternehmen. Hier liegt auch die Basis aller Sozialpolitik. Lohn- und Lohnnebenleistungen sowie Steuerzahlungen müssen ebenso wie Zinsen und Dividenden zunächst im Markt erwirtschaftet werden. Die soziale Verantwortung des Unternehmers liegt zuallererst darin, im Wettbewerb zu bestehen, das Unternehmen erfolgreich zu führen und weiterzuentwickeln. Hierdurch werden auch wettbewerbsfähige Arbeitsplätze erhalten und geschaffen. Mit einem Wort: Das Unternehmen muß in erster Linie Gewinn erzielen.

Von wessen Interessenlage man auch ausgeht – Aktionäre, Beschäftigte, Gläubiger oder Steuerstaat: Im Mittelpunkt steht die Wettbewerbsfähigkeit des Unternehmens. Sie zu erhalten und zu verbessern ist auch die erste Forderung der Sozialen Marktwirtschaft an die Unternehmen.

Gegenläufige Verteilungsinteressen bleiben natürlich bestehen. Dabei werden die Aktionäre als letzte bedacht: Jede DM Wertschöpfung, die für Löhne, Steuern oder Zinsen aufgewendet wurde, kann nicht mehr als Dividende ausgeschüttet werden. Die residuale Verteilungsposition der Aktionäre spiegelt das Risiko des Eigenkapitals: Schwankungen der Wertschöpfung schlagen sich unmittelbar im Anteil der Aktionäre nieder. Eine Absicherung gegen Einkommensminderung oder -ausfall wie bei dem Faktor Arbeit durch Tarifverträge, Arbeitslosenversicherung und Kündigungsschutz gibt es für den Faktor Kapital nicht und kann es nicht geben. Garantierte Aktienrenditen würden diesem System die Dynamik nehmen. Weil das Verlustrisiko total und definitiv ist, muß aber auch im Gegenzug eine hohe, risikoadäquate Gewinnchance zugestanden werden, um Eigenkapital mobilisieren zu können.

Ist vor diesem Hintergrund aber nicht die Versuchung für die Unternehmensführungen groß, die steigenden Ansprüche der Aktionäre auf Kosten der anderen Parteien, vor allem der Beschäftigten, zu bedienen? Dies verspricht nur kurzfristigen Erfolg und ginge schon bald an die Substanz des Unternehmens. Auch die Aktionäre wissen, daß kein Unternehmen ohne motivierte und engagierte Mitarbeiter erfolgreich sein kann. Auf Kosten der Beschäftigten können sich die Aktionäre genauso wenig nachhaltig besser stellen wie durch Vernachlässigung notwendiger Investitionen des Unternehmens. Dies gilt auch im Verhältnis zu den Kunden: Schlechte Produktqualität und überhöhte Preise schlagen immer über kurz und lang auf das Unternehmen zurück. Dem Aktionär ist auch damit nicht geholfen. Verantwortlicher Unternehmensführung steht also eine Politik der kurzfristigen, einseitigen Begünstigung der Aktionäre überhaupt nicht zu Gebote. Und dem internationalen Kapitalmarkt darf man getrost unterstellen, daß er nüchtern kalkuliert und langfristig plant. Blinder Aktionismus läßt ihn kalt.

Eine Unternehmenspolitik, die gleichermaßen dem Aktionär wie auch der Zukunft des Unternehmens verpflichtet ist, verlangt deshalb eine Politik nachhaltiger Wertsteigerung. Sie kann drastische Kostensenkung als „Erste Hilfe" erforderlich machen, auch durch Abbau unwirtschaftlich gewordener Arbeitsplätze, um Problembereichen wieder Luft zu verschaffen. Sie kann auch zum Verkauf von Unternehmen oder Unternehmensteilen führen, denen andere Eigentümer bessere Entwicklungsmöglichkeiten bieten. Längerfristig entscheidend aber ist es, die Marktpositionen durch Innovationen, durch überzeugendere Produkte und Dienstleistungen sowie effizientere Verfahren zu verbessern und nicht zuletzt neue Märkte zu erschließen. Kurz: Es kommt darauf an, das Unternehmen immer besser auf seine Kunden auszurichten und neue Kunden zu gewinnen. Nur damit läßt sich letztlich nachhaltiger Unternehmenswert schaffen.

Ein höherer Wert wird damit zum Ausdruck verbesserter Wettbewerbsfähigkeit des Unternehmens, höherer Ertragskraft, sicherer Arbeitsplätze und schließlich auch gestiegener Steuerkraft. Umgekehrt gilt aber auch: Maßnahmen zur Kostensenkung, z. B. auch durch Beschäftigungsabbau, die zur nachhaltigen Steigerung des Unternehmenswertes führen, sind ohnehin zur Erhaltung und Steigerung der Wettbewerbsfähigkeit unumgänglich.

Im Interessengefüge der Sozialen Marktwirtschaft vermag das Aktionärsinteresse, das sich in einer wertorientierten Unternehmensführung niederschlägt, wichtige Impulse zu geben. Es repräsentiert – neben dem Eigentümer-Unternehmer – den systemnotwendigen Aspekt des risikobereiten Kapitaleinsatzes und zielt auf Leistungsfähigkeit und Wettbewerbsfähigkeit der Unternehmen als Fundament auch des sozialen Charakters unserer Wirtschaftsordnung. Eine stärkere Berücksichtigung der legitimen Aktionärsinteressen ist deshalb keineswegs ein Angriff auf die Soziale Marktwirtschaft; anders als manche Beiträge in der Diskussion um den Shareholder value glauben machen. Diese Diskussion ist aus dem Ruder gelaufen: Verstaubte Klischees und längst überwunden geglaubte Ressentiments werden wieder bemüht; mancher greift sogar wieder in die Mottenkiste des Klassenkampfes. Vielleicht kann es schon zur Versachlichung beitragen, den nie besonders genauen, inzwischen aber auch ideologisch aufgeladenen Begriff „Shareholder value" aus der Debatte zu nehmen und nüchtern zu benennen, um was es im Kern geht: Wertorientierte Unternehmenspolitik.

Jedenfalls muß diese Diskussion wieder in rationale Bahnen zurückgeführt werden, denn sie ist wichtig für unser Land. Sie ist ein erster Ausläufer der Globalisierungswelle, die auf uns zurollt. Früher als andere hat der internationale Kapitalmarkt – als ökonomisches Nervenzentrum – wahrgenommen, daß die Weltwirtschaft in eine neue Integrationsphase eingetreten ist. Jedes Land und jedes Unternehmen steht vor der Herausforderung, seine Position in globalem Rahmen neu zu bestimmen. Erfolge von gestern zählen wenig, bisher Erreichtes steht zur Disposition. Wir befinden uns in einer Situation, die in mancher Hinsicht mit der Nachkriegszeit vergleichbar ist: Damals wie heute ist offen, welche Rolle wir morgen und übermorgen in der Weltwirtschaft spielen können. Damals wie heute liegt es vor allem in unserer Hand, was wir aus den Umbrüchen der Zeit machen. Natürlich ist heute unsere Ausgangsposition ungleich besser. Vor allem haben wir mit der Sozialen Marktwirtschaft eine bewährte und akzeptierte Ordnung der Wirtschaft, auch wenn sie von manchen Verkrustungen der Zeit befreit werden muß. Es sollte uns gelingen, die Aufbruchstimmung, den Optimismus und den unternehmerischen Schwung der Aufbaujahre wiederzubeleben. Gerade auch in den Unternehmen müssen Schwachstellen bereinigt und der Blick auf die großen Chancen – auch Beschäftigungschancen – der gegenwärtigen Umbruchphase gerichtet werden. Der frische Wind, der – auch dank aktiver Aktionäre – in immer mehr Unternehmen weht, dient der Vitalität der Sozialen Marktwirtschaft.

Dr. Reinfried Pohl

VITA:

Dr. jur. Reinfried Pohl ist 1928 im Sudetenland geboren. Nach aktivem Kriegseinsatz ab Mitte 1944 und Vertreibung aus seiner Heimat in Nordböhmen kommt er im Jahre 1945 nach Halle an der Saale. Ab 1948 studiert er als Werkstudent Rechtswissenschaft an der Universität Marburg an der Lahn. Nach seiner Promotion übernimmt er leitende Funktionen in namhaften Versicherungsgesellschaften.

Bereits 1969 prägt Dr. Pohl erstmals in Deutschland den Begriff „Allfinanz" und gründet 1970 die erste Vermögensberatungsgesellschaft. Unter der Bezeichnung „Vermögensberater" initiiert er damit zugleich einen neuen Berufsstand. Inhalt dieser im Finanzgeschehen Deutschlands neuen Konzeption ist das Bestreben, den Bürgern ein nach individuellen Zielen und Wünschen breit gefächertes Angebot von Finanzprodukten „aus einer Hand" zu ermöglichen, wobei dieses Angebot auf Produkte beschränkt wird, die einer staatlichen Aufsicht unterliegen. Im Jahre 1975 gründet Dr. Pohl das gegenwärtig mit über 14.000 Mitarbeitern unter der Firmierung „Deutsche Vermögensberatung Aktiengesellschaft DVAG" tätige größte Allfinanz-Dienstleistungsunternehmen in Europa. Durch die von Dr. Pohl in Deutschland begründete gesellschafts- und sozialpolitisch bedeutsame Unternehmenskonzeption können inzwischen in nahezu 2,5 Millionen Familien Verträge betreut werden. Diese Verträge sichern eine zusätzliche private Familien- und Altersversorgung im Volumen von über 100 Milliarden DM und werden durch sein Unternehmen in Kooperation mit namhaften deutschen Banken, Bausparkassen, Versicherungs- und Kapitalgesellschaften bearbeitet.

Für seine Verdienste wurde Dr. Pohl vielfach geehrt und ausgezeichnet. Unter anderem auch in Österreich und Portugal. In Deutschland wurde Dr. Pohl von Bundeskanzler Dr. Helmut Kohl das Bundesverdienstkreuz I. Klasse überreicht.

Freiheit bedeutet Selbstverantwortung

von Reinfried Pohl

Es gehört zu den glücklichen und anhaltend eindrucksvollen Elementen meines Lebens, mehrfach Ludwig Erhard begegnet zu sein. Und dies in einer Zeitspanne, in der ich konkrete Überlegungen anstellte, vom „leitenden Angestellten" zum selbständigen Unternehmer zu werden, in der ich Risiko und Chancen, das „Ist" mit realistischen Perspektiven abwägte und mich dann zur Gründung eines eigenen Unternehmens, der Deutsche Vermögensberatung (DVAG) entschloß. Ich sah damals in Ludwig Erhard nicht so sehr den früheren Bundeskanzler, sondern den Mann, der weitgehend mit persönlicher Überzeugungskraft und mit neuen, wegweisenden gesellschaftspolitischen Visionen Deutschland nach dem Krieg aus der Depression herausgeführt und schließlich den wirtschaftlichen Aufschwung ermöglicht hat, den andere als „Wunder" charakterisiert haben. Auf diesem Wege aus der Lethargie, der ja noch von außenpolitischer Isolierung begleitet war, gab es mutige Entscheidungen. Die Währungsreform war ein solcher Meilenstein, ebenso der gelungene Versuch, mit der Idee der Sozialen Marktwirtschaft die Verwaltung des Mangels zu überwinden, zementierte ideologische Mauern zwischen „Arbeit" und „Kapital" niederzureißen und vor allem den Menschen das Bewußtsein zu vermitteln, daß Freiheit, daß persönliche Gestaltungsmöglichkeiten, immer auch mit Verantwortung, Leistungsbereitschaft und sozialer Vernunft verbunden sein müssen. Nicht zuletzt aus diesem Grundkonsens heraus war schließlich jener „soziale Friede" möglich, der über Jahrzehnte hinweg mitgeholfen hat, den Wirtschafts- und Industriestandort Deutschland so attraktiv und wettbewerbsfähig zu gestalten.

Ich finde eine Rückbesinnung auf Ludwig Erhard, auf seine Philosophie von Freiheit und Verantwortung, ist heute dringlicher denn je. Unser wiedervereinigtes Land steht in einem Prozeß gewaltiger Strukturveränderungen mit weitreichenden Konsequenzen auch für den Arbeitsmarkt. Eine anhaltend hohe Arbeitslosigkeit führt glücklicherweise nicht mehr zu politisch instabilen Verhältnissen, und sie gibt auch radikalen Gruppierungen keine Chancen, was für die demokratische Reife unseres Volkes spricht, aber sie spaltet die Menschen zunehmend in „Arbeitbesitzende" und „Arbeitslose". Und das Schlimmste ist, zunehmend mehr finden diesen Zustand unabänderlich und deshalb normal. Der Riß, der durch unsere Gesellschaft geht, hat fatale Folgen. Zum Beispiel für das Selbstbewußtsein der Menschen, wenn es zur „Normalität" wird, daß 50jährige heute kaum noch „vermittelbar" sind. Es ist erschreckend, wie verschwenderisch wir inzwischen mit unseren hauptsächlichen Ressourcen Mensch und Geist umgehen. Können und Wissen, langjährige berufliche Erfahrungen, werden durch einen solchen Prozeß der Entsolidarisierung einfach weggeworfen, ignoriert. Gleichzeitig haben wir die ältesten Studienabgänger. Das heißt, die Zeiten, in denen gut ausgebildete Kräfte im Arbeitsprozeß stehen, werden immer kürzer. Das kann nicht gut gehen, und wir spüren, daß gravierende Kurskorrekturen erforderlich sind, wenn das Schiff nicht in eine bedrohliche Schieflage geraten soll.

Wir Deutsche haben uns übernommen, im Anspruch an den Staat und seine sozialen Systeme, in der Gewöhnung an Leistungen, die in exorbitant guten Zeiten entstanden sind, und wir haben dabei den Blick für die Realitäten verloren. Wir waren so sehr mit der Organisation unseres Gemeinwesens auf hohem Niveau beschäftigt, daß uns die Entwicklung um uns herum entgangen ist. So sind wir von der Spitzenposition ins Mittelmaß abgerutscht. Der Ernüchterungsprozeß wäre früher gekommen, hätte es nicht die deutsche Einigung gegeben. Diese historische Leistung von Helmut Kohl, die in allem Auf und Ab ihren Bestand haben wird, hat Deutschland aus seiner Lethargie hochgerissen, ohne daß die Grundprobleme beseitigt wurden. Insofern wurden Notwendigkeiten nur ein paar Jahre hinausgeschoben.

Wir in Deutschland sind in vielerlei Hinsicht zu statisch, zu wenig flexibel geworden. Dem Wort vom Volk der Dichter und Denker, das ja durchaus als geistige Verpflichtung verstanden werden könnte, werden wir nicht mehr gerecht. Andere überrunden uns mit ihrer Kreativität, mit der Entwicklung neuer Produkte, mit neuen Formen der Arbeitsorganisation, mit ihren kurzen Wegen von der Entwicklung zum Markt. Die Tatsachen, daß wir im Bereich der Umwelttechnologie, wo wir Spitzenreiter waren, zurückgefallen sind, ist nur ein Beispiel dafür.

Es ist deshalb dringend erforderlich, daß wir „geschlossene Gesellschaften" aufbrechen, daß Theorie und Praxis, Entwicklung und Marktbedürfnisse, besser als bisher aufeinander abgestimmt werden. In Universitäten, Fachhochschulen, Ausbildungsbetrieben, überall dort, wo junge Menschen auf ihr Berufsleben vorbereitet werden, müssen Gesetze und Zielrichtungen des Marktes präsent sein. Ich rede damit nicht Reglementierungen das Wort, sondern im Gegenteil, ich meine, daß ein frühzeitiger und intensiver Meinungs- und Erfahrungsaustausch zwischen allen Beteiligten, die jetzt noch vielfach zu beobachtende Kontaktsperre ersetzen muß, wenn gigantische personelle Fehlsteuerungen künftig verhindert werden sollen. Ein

solcher Schritt wäre auch ein wesentlicher Beitrag zur Bekämpfung der Arbeitslosigkeit und würde vielen, gerade jüngeren Menschen, herbe berufliche Enttäuschungen ersparen.

Ludwig Erhard hat in einer seiner herausragenden Reden, in denen er die Forderung begründete, „gebt dem Staat, was des Staates ist", gesagt: Ein Volk würde sich selbst preisgeben, wenn es sich in der „Atomisierung von Gruppeninteressen zerspalten und erschöpfen wollte". Genau in dieser Gefahr stehen wir heute. Aber zunächst einmal bedeutet „Gebt dem Staate, was des Staates ist", gewiß aber auch: Gib ihm nicht mehr! Der Staat – Bund, Länder und Gemeinden allesamt – hat sich im Leben der Menschen durch Verordnungen, Steuern, Reglementierungen zu breit gemacht. Er hat damit die Menschen überfordert und ihre Leistungsbereitschaft eher bekämpft als gefördert. Das Wort, Leistung müsse sich lohnen, wird zwar immer wieder gerade in Wahlzeiten strapaziert, aber die staatlichen Ebenen haben durch ausufernde Besitzansprüche genau das Gegenteil davon bewirkt. Hohe Steuersätze strangulieren Unternehmen wie leistungswillige Privatpersonen.

Natürlich hat der Staat Aufgaben zu erfüllen, die dem einzelnen Bürger Opfer abverlangen. Der Angleichungsprozeß im wiedervereinigten Deutschland oder die damit gewachsenen Verpflichtungen unserer Außenpolitik sind solche Beispiele. Aber die Vernunft, das Bewußtsein der Menschen, daß der Staat sich selbst in seinem Anspruchsdenken gegenüber den Bürgern enge Grenzen setzt, darf dabei nicht auf der Strecke bleiben. Umgekehrt heißt dies aber auch, die Bürger müssen Aufgaben, die bisher der Staat erfüllt hat, in die eigene Verantwortung übernehmen. Eine solche Kurskorrektur, bei der im Verteilungskampf vielfältige Interessen aufeinander prallen, ist eine schwierige Sache.

Auch deshalb, weil eine rationale Debatte von Emotionen und organisierten Druckkulissen überlagert wird. In solchen Situationen geht die Politik häufig zunächst den leichten Weg, in der Hoffnung, durch eine zusätzliche Belastung der Leistungsträger über die Runden zu kommen. Es war mehr als ärgerlich, weil es das Klima vergiftete, daß in dieser Debatte plötzlich von den „Besserverdienenden" die Rede war. Damit wurden Neid, Mißgunst entfacht, ohne daß zugleich die Frage gestellt wurde, was muß der Einzelne – zum Beispiel in den Abendstunden oder an Wochenenden leisten, um zum „Besserverdienenden" zu werden? Oder: Wieviele Empfänger von Arbeitslosengeld und Sozialhilfe werden von solchen Leistungsträgern finanziert? In Amerika hingegen schauen die Leute zu Persönlichkeiten auf, die erfolgreich sind und deshalb gutes Geld verdienen. Dort findet die „Orientierung" nach oben, und nicht – wie in Deutschland – nach unten statt. Bei dieser Betrachtung geht es nicht nur um die unterschiedliche „Denke", sondern dahinter verbirgt sich eine fundamental verschiedene Grundeinstellung zum Thema Freiheit, Leistung, Verantwortung auch des Einzelnen.

Inzwischen, so sieht es aus, hat Helmut Kohl die Notbremse gezogen. Leistungen des Staates werden auf den Prüfstand gestellt. Staatsbetriebe werden privatisiert und damit den Gesetzen des Marktes ausgeliefert. Betriebe, die nun den schweren Übergang von der Behörde zum Unternehmen in der freien Marktwirtschaft schaffen müssen.
Die Erwartungen in die anstehende Steuerreform sind groß. Zugleich bleiben die politischen Gestaltungsspielräume aufgrund dramatischer finanzieller Engpässe auf Jahre hinaus sehr begrenzt.

Die politisch Verantwortlichen müssen den Mut haben, den Bürgern offen und ehrlich zu sagen, wie es in Zukunft weitergehen soll. Tun sie es, verlieren sie sich nicht in den Rankünen des Tages, können sie damit auch das ramponierte Vertrauen in die Funktionsfähigkeit unseres politischen Systems und der tragenden Parteien stärken. Halbherzigkeit, der ängstliche Blick auf Klientel-Interessen, muß zum Scheitern führen. Eine entscheidende Kernfrage dabei ist zum Beispiel, welche Funktion die staatlichen Sozialsysteme künftig noch erfüllen können? Die Fakten sagen uns, daß die deutsche Bevölkerung abnimmt und sich zugleich zu einem Volk der Senioren entwickelt. Die Tatsache, daß die Menschen immer älter werden, ist ein Glücksfall mit gleichzeitig gravierenden Konsequenzen. Die Berechnungen sagen uns zum Beispiel, daß auf je 100 Erwerbstätige im Jahre 2040 – und in solchen Fragen muß man langfristig denken! – 34 Kinder und Jugendliche und 75 Rentner kommen. Heute ist das noch nahezu ausgeglichen, und schon jetzt sind die gesetzlichen Renten nur mit höheren Beitragszahlungen zu finanzieren. Zugleich gehen immer mehr Menschen früher in Rente. Früherer Eintritt in die Rente und gleichzeitig höhere Lebenserwartung verschärfen die Probleme zusätzlich. Würden wir die Beschäftigten, die ihre Arbeit wegen Berufsunfähigkeit aufgeben, mit in die Rentengrafiken aufnehmen, dann lägen wir heute beim 60. Lebensjahr als Renteneintrittsalter.

Trotz dieser alarmierenden Fakten wurde uns von einzelnen Politikern immer wieder versichert: Die Renten sind sicher. Das mag ja bis zu einem gewissen Betrag so sein. Aber einige haben die entscheidende Frage unterschlagen. Und die heißt: Auf welchem Niveau werden die Renten sicher sein? Für diejenigen, die heute und morgen im Arbeitsleben stehen, die höhere Beiträge bezahlen, ist es entscheidend, mit welcher Altersversorgung sie einmal zuverlässig rechnen können. Und unmittelbar damit verknüpft ist die Frage, ob sie dann noch im Wissen um die tatsächliche Leistungsfähigkeit der staatlichen Systeme dort verbleiben oder Wahlmöglichkeiten nutzen, vor allem aber, ob sie rechtzeitig private Vorsorge treffen, um später im dritten Lebensabschnitt finanziell sorgenlos zu sein. Es ist eine politische und moralische Pflicht, den Menschen, vor allem auch den Jüngeren zu sagen, daß die staatlichen Systeme künftig nur noch eine niedrige Grundversorgung leisten können. Mehr nicht. Und daß jeder Einzelne für sich und gegebenenfalls seine Angehörigen durch Eigeninitiative rechtzeitig private Vorsorge treffen muß, wenn es später keine deprimierenden Überraschungen geben soll.

Instrumente für diese Vorsorge gibt es in vielfältiger Weise. Der Markt für Finanzangebote ist so groß und zum Teil unübersichtlich geworden, daß viele Bürger eher verwirrt sind und mit Skepsis Angeboten gegenüberstehen. In dieser Situation hat die kompetente, persönliche Beratung ihren ganz besonderen Stellenwert. Gewissermaßen als Kontrapunkt zu der Tendenz, auch in den doch ganz persönlichen Fragen des Geldes aus Rationalisierungsgründen die Menschen mit Automaten und anonymen Abläufen zu konfrontieren.

Ludwig Erhard hat uns auch begeistert mit seinen Überlegungen, Vermögen in breiten Bevölkerungsschichten entstehen zu lassen. Er wußte um die „soziale Befriedung" eines solchen Prozesses, gewiß auch um die Erkenntnis, daß Privateigentum die Menschen vor überzogenen ideologischen Experimenten schützt. Was wir heute brauchen, ist eine Wiederbelebung der Vermögensbildung zugunsten von Menschen, die im Arbeitsprozeß stecken, und die mit ihren Einkommen aber im unteren Bereich angesiedelt sind. Dies ist und bleibt eine herausragende gesellschaftspolitische Aufgabe, der sich alle stellen müssen: Die Politik, die dafür die gesetzlichen und steuerlichen Rahmenbedingungen schaffen muß, die Tarifpartner durch neue Wege bei der Entlohnung von Leistung und diejenigen, die ihr berufliches Wissen und ihre Fähigkeiten in den Dienst der Bürger stellen.

Bei aller Kritik an Verkrustungen, lähmenden Gewohnheiten und überzogenen Ansprüchen ist es mir dennoch nicht bange um die Zukunft unseres Landes. Denn eines wissen wir inzwischen: Die Zeit, die von „weniger arbeiten", „besser leben" und „mehr verdienen" geprägt war, in der dem Staat statt privater Vorsorge zunehmend höhere Leistungen abverlangt werden, diese Zeit ist vorbei. Und wir alle sind klug genug, daraus die Konsequenzen zu ziehen, auch wenn sie schmerzhaft sind. Die Intelligenz dazu ist uns nicht abhanden gekommen. In unserem Land, das keine erheblichen Bodenschätze besitzt, ist nahezu das gesamte Wissen und die Technik verfügbar, die – beide zusammengenommen – heute über wirtschaftliche Chancen in der Welt entscheiden. Wir müssen nur die Bedingungen dafür schaffen, daß sich Sachverstand und Technik im weitesten Sinne wieder zu produktiven Faktoren zusammentun. Und wir müssen auch sonst unser Land wieder in Ordnung bringen, in dem Selbstverantwortung wieder an die Stelle der Versorgungsmentalität treten muß. Diese Aufgabe kann die Politik alleine nicht leisten. Dabei ist jeder gefordert. Jeder muß sich dafür in die Pflicht nehmen.

Prof. Dr. Carl Zimmerer

Carl Zimmerer ist am 04. Dezember 1926 in Bad Berneck/Oberfranken geboren. In Berneck und Bayreuth besucht er die Volksschule, in Bayreuth auch die Oberschule.

In den Jahren 1943 bis 1946 ist er bei dem Reichsarbeitsdienst und der Wehrmacht und dient in seinem letzten Rang als Oberfunker. Aus der Kriegsgefangenenschaft zurückgekehrt, legt er 1947 an der Oberrealschule in Kulmbach sein Abitur ab. Er studiert Staatswissenschaften an den Universitäten Erlangen, Frankfurt und Genf. In Frankfurt schließt er das Studium als Diplom-Volkswirt ab. Danach promoviert er an der Universität in Genf zum Dr. ès. sc. pol. In den Jahren 1952 bis 1954 assistiert er am Institut für Wirtschaftspolitik der Wirtschaftshochschule Mannheim und am Bankseminar der Universität Köln. Zudem beginnt Carl Zimmerer in dieser Zeit, Vorlesungen an der Verwaltungs- und Wirtschaftsakademie in Oberhausen abzuhalten.

Im Jahre 1955 wechselt er zur Commerzbank-Gruppe und wird am 1. Juli 1956 zum Direktor der Hauptniederlassung Düsseldorf ernannt. Ende 1958 scheidet er aus der Commerzbank-Gruppe aus und beteiligt sich als geschäftsführender Gesellschafter an der neu gegründeten Interfinanz, heute Gesellschaft für internationale Finanzberatung mbH in Düsseldorf. Nach und nach erwirbt er die Anteile seiner Partner: Walter Scheel, Gerhard Kienbaum und Willy Rasche, die hauptamtlich politische Aufgaben übernehmen. Carl Zimmerer verfügt heute zusammen mit seinem Sohn über 90 % der Anteile. Der Schwerpunkt des Unternehmens liegt in der Vermittlung ganzer Unternehmen und Beteiligungen und nimmt auf diesem Gebiet eine Spitzenposition in der EG ein.

Carl Zimmerer hat verschiedene Beiratsmandate inne und gehört dem Aufsichtsrat der Agrippina Rückversicherungs AG in Köln an. Zudem bekleidet er eine Reihe von Ehrenpositionen.

Carl Zimmerer ist seit dem Jahre 1954 verheiratet und hat fünf Kinder.

Von der freien Wirtschaft zur Sozialen Marktwirtschaft

von Carl Zimmerer

Die Nationalökonomie der früheren Jahrhunderte ging vom Grundsatz der freien Wirtschaft aus. Zwar hat es immer Einschränkungen (z.B. von den Zünften) und Eingriffe (von hoheitlichen Instituten) gegeben. Aber das Gesetz von Angebot und Nachfrage oder das Prinzip, daß jeder Engländer seine Ware dort verkaufen darf, wo er den höchsten Preis bekäme, oder daß er dort einkaufen dürfe, wo der Preis am niedrigsten sei, setzt eine freie Preisbildung voraus. Adam Smith beschäftigte sich mit dem Vorteil des Wettbewerbs. Diese Einstellung ist später namentlich von den neoliberalen Juristen verfolgt und ausgebaut worden. Aber der Gegensatz der freien Wirtschaft, der in seiner höchsten Form von Walter Eucken als Zentralverwaltungswirtschaft (Tübingen 1939) bezeichnet wird, ist eigentlich erst nach den planwirtschaftlichen Experimenten des ersten Weltkriegs in der sog. Zwischenkriegszeit diskutiert worden. Man suchte einen dritten Weg zwischen dem sog. Manchesterkapitalismus und der Planwirtschaft, wobei die sog. Freiburger Schule (die Professoren Walter Eucken, Franz Böhm, Constantin von Dietze und ihre Anhänger) die Modelle aufstellte und die Vokabeln der Diskussion vorgab. Der Begriff „Soziale Marktwirtschaft" ist von Prof. Alfred Müller-Armack in der Zeit, in der er in Münster wirkte, vorgegeben worden (Wirtschaftslenkung/Marktwirtschaft, Hamburg 1947). Er hat das Motto für das deutsche Wirtschaftswunder vorgegeben, wobei die persönliche Bemerkung erlaubt ist, daß die geistigen Väter des Wirtschaftswunders eine theologische Ader hatten. Eucken, Müller-Armack, Franz Böhm und Constantin von Dietze fußten auf dem Protestantismus. Aber Götz Briefs, Oswald von Nell Breuning und Basilius Streithofen waren katholische Geistliche. Wilhelm Röpke hatte mindestens eine deutliche Sympathie für die christlichen Kirchen. Meinen scharf akzentuierten Antiklerikalismus lehnte er ab. Auch Wilhelm Rüstow hielt es eher mit den Theologen als mit den Enkeln der Aufklärung. Das gab ihnen einen Zug zum Missionarismus, der nicht frei von Intoleranz war. Nicht alle lagen auf dieser Linie. F. A. Lutz nicht, und Ludwig Erhard wollte lieber durch Argumente überzeugen. Charisma ist Ludwig Erhard nicht abzusprechen. Übrigens verfolgten das Ziel des Dritten Weges auch andere. Edgar Salin z.B. und Walter Thoms im deutschen Sprachgebiet. Im englischen Sprachgebiet, auch im französischen, war die Diskussion um Planwirtschaft oder freie Marktwirtschaft nicht so dominant wie bei uns. Sie hat dann als Reaktion auf den Sozialismus Stalin'scher Prägung in den letzten Jahrzehnten umso stärker die marktwirtschaftliche Richtung in Osteuropa eingeschlagen. In den englischsprachigen Gebieten mußte als Reaktion auf den Keynesianismus diese Antinomie der Mitte des XX. Jahrhunderts nach vorne gerückt werden. Was für die Deutschen der große Verwirklicher Ludwig Erhard war, wurde für die Tschechen der Realisator Václav Klaus, für die Briten Margaret Thatcher, für die Amerikaner Ronald Reagan. Es gibt viele Beispiele in Lateinamerika und im Fernen Osten. Es darf noch angemerkt werden, daß der ehemalige italienische Staatspräsident Luigi Einaudi während des Krieges Institutskollege von Wilhelm Röpke in Genf gewesen ist.

Die sog. neoliberale Schule (die Träger lehnen diesen Ausdruck ab) fußte auf dem

Gedanken, daß man das Laissez-faire-Prinzip nach dem Chaos, das die beiden Kriege hinterlassen haben, nicht durch eine Neuauflage des Manchesterkapitalismus beenden sollte, vielmehr sollte ein dritter Weg zwischen Kapitalismus und Sozialismus helfen, das Wirtschaftswunder, das tatsächlich eintrat, sozial verträglich zu gestalten. An der Idee des „Dritten Weges" bastelten seinerzeit auch Neosozialisten und Neokonservative. Es gibt eine Flut von Schriften, die etwa zur gleichen Zeit kamen. Die Diskussionen wurden leidenschaftlich geführt, Demagogen meldeten sich. Der SPD-Bundesvorsitzende Kurt Schumacher, selbst ein gelernter Nationalökonom, behauptete, die Marktwirtschaft mache die Armen ärmer und die Reichen reicher, obwohl in der ersten Nachkriegszeit der 40er- und 50er- Jahre unseres Jahrhunderts eigentlich alle, verglichen mit den 60er- Jahren, bettelarm waren. Aber demokratisch durchsetzen läßt sich in Deutschland eher das Schlagwort, das Ludwig Erhard verwandte: „Alle sollen reicher werden" – „Wohlstand für alle". Im Grunde dachten die Leute bürgerlich. Und die konkurrierende Neid-Weltanschauung der Kommunisten konnte mit ihren Klassenkampf-Parolen auf der Spielwiese der neu gegründeten DDR keine adäquaten Erfolge erzielen.

Nun hat in der Diskussion das Theorem von der Sozialen Marktwirtschaft manche Variationen erfahren. Im Erhard'schen Sinne sollten die Folgen staatlicher Eingriffe der Vergangenheit etwa korrigiert werden. In einem Vortrag vor der Industrie- und Handelskammer in Bayreuth meinte er, daß die Deutsche Bundesbahn die Frachtnachteile, die der Regierungsbezirk Oberfranken durch die Zonentrennung erlitten hatte, den Kunden nicht in Rechnung stellen solle. In gleicher Richtung lagen die Grenzlandförderungsmaßnahmen, namentlich die Sonderabschreibungen. Denn man wollte dieses Gebiet, das an die neu entstandene DDR grenzte, für In-

vestitionen aus der privaten Wirtschaft nicht unattraktiv machen. Daß die Sonderabschreibungen und die Investitionszuschüsse nach der Wiedervereinigung zu Auswirkungen führten, die den Mechanismus von Angebot und Nachfrage verfälschten, haben die Initiatoren der Sozialen Marktwirtschaft nicht gewollt, wenngleich z. B. Franz Böhm dies vorausgesehen hat. Das Wettbewerbssystem sollte man doch nur vorübergehend und höhenmäßig begrenzt außer Kraft setzen. Echte Neoliberale wie z.B. der damalige Bundesbankpräsident Karl Otto Pöhl, haben dies dann auch wieder bei der Eingliederung der neuen Bundesländer (vormals DDR) gefordert. Über die Berlin-Subventionen ist viel diskutiert worden. Denn die Subventionsmentalität führte dazu, daß auch zweifelhafte Investitionsprojekte gefördert wurden. Als ich dies rügte, sagte man mir in einer Diskussion vor der Deutschen Gesellschaft für Betriebswirtschaft in Berlin: „Wissen Sie etwas Besseres?"

Das große Problem war natürlich: können wir in den westlichen Besatzungsgebieten des Deutschen Reiches einfach von uns aus eine neue Wirtschaftsordnung einführen? Sie wurde samt der Währungsreform, die unsere Deutsche Mark schuf, zum Anlaß der Gründung eines selbständigen Staates unter dem Namen Deutsche Demokratische Republik in Ostberlin genommen. Ich habe seinerzeit einige Gespräche mit Politikern aus diesem Lande geführt. Weder Wilhelm Külz noch Otto Nuschke noch Walter Ulbricht waren der Meinung, daß die neue Wirtschaftsordnung in Westdeutschland der Wiedervereinigung – das heißt also auch der Wiedererrichtung – des Deutschen Reiches dienlich sein konnte. Der sozialistische Staatsapparat in der sowjetischen Besatzungszone war nicht von Anfang an auf Enteignung des Privatvermögens oder auf vollständige Imitation des sowjetrussischen Beispiels ausgelegt. Aber die Zusammenarbeit der vier Siegermächte ließ es dort nicht mehr zu einer Behandlung Deutschlands als Ganzes kommen.

Daß die „Soziale Marktwirtschaft" besondere Schutzwälle nach außen aufrichtete, war notwendig. Denn sonst hätten die „Staatshandelsländer" ganze Industriezweige mit Dumpingpreisen ruiniert. Wir konnten 1948 auch noch keine globale Wirtschaftspolitik betreiben, weil ja die Länder, deren Produktionsapparate intakt geblieben waren, mit ihren Kostenvorteilen die westdeutsche Volkswirtschaft niederkonkurriert hätten. Daher blieben Ein- und Ausfuhr noch für eine ganze Zeitspanne stranguliert. Die Isolation des Modell-Landes der Sozialen Marktwirtschaft konnte erst in den späteren Jahren Schritt für Schritt überwunden werden. Das hat natürlich auch zu innenpolitischen Auswirkungen geführt. Die Rückkehr des Saarlandes z. B. mußte mit der Zusage an Frankreich erkauft werden, daß ein Großteil der an der Saar geförderten Steinkohle der französischen Regierung zu Sonderpreisen verkauft werden mußte. Die „Europäische" Gemeinschaft für Kohle und Stahl schuf einen Sondermarkt zwischen sechs europäischen Ländern. Aber von da aus gab es auch Impulse für einen fairen Weltmarkt. Schutz kam auch von der Europäischen Wirtschaftsgemeinschaft. Die Entwicklungsrichtung wurde auch durch die internationalen Organisationen, z. B. das GATT, nicht geändert, wenn auch in einigen Fällen verzögert. Man kann feststellen, daß das Programm der Sozialen Marktwirtschaft für das Inland bestimmt war, aber eingebettet in internationale Abkommen, die durchaus die Liberalisierung der Märkte und des Handels förderte und von dort aus wesentliche Anregungen erfuhr.

Daß man die Geldschöpfung nicht den privaten Wirtschaftsobjekten überließ, wurde nicht als Systemverstoß bestraft. Daß die staatlichen Interventionen den Energie-

markt dem Gesetz von Angebot und Nachfrage entzogen, kam erst viel später bei der Europäisierung des Handels in die Diskussion. Die Frage, ob man den Arbeitsmarkt liberalisieren sollte, stellte sich nicht mit Rücksicht auf die deutsche Einheitsgewerkschaft. Der Arbeitsmarkt war durch die nationalsozialistische Arbeitsfront reglementiert worden, und man betrachtete die Delegation der Tarifbildung durch die Organisationen der Arbeitnehmer und Arbeitgeber schon als eine Auflockerung, obgleich in den 50er Jahren erkennbar war, daß die Rolle der Arbeitgeberverbände sich weitgehend auf die Leistung der zweiten Unterschrift unter die Vorgaben des Gewerkschaftsbundes beschränkte. Es kam zu Teildurchlöcherungen, vor allem als Personalberater, die im Auftrage der Arbeitgeber tätig wurden, wirksam Vermittlungen von Führungskräften vornahmen. Aber im Namen von Arbeitssuchenden durften sie anfangs gar nicht tätig werden.

Mit so vielen Ausnahmen, die erst im Laufe der Zeit vom Markt erzwungen wurden, lastete die offiziell verfolgte Marktwirtschaft schwer auf dem Freiheitsprinzip. Die soziale Komponente wurde fraglicher. Die US-Wirtschaft mit ihrer geringeren staatlichen Einwirkung war erfolgreicher, später auch die britische. Die Lehrbuchbeispiele der ORDO-liberalen Juristen hielten nicht. Die Kräfte der Regulierung behielten die Oberhand. Das hieß auch, daß die Diskussion, was denn ein erlaubter sozialer Eingriff in das Marktgefüge oder die Preisbildung sei, nicht zum Stillstand kam. Andererseits wurde der Rest der freien Wirtschaft auch durch die tatsächliche Entwicklung auf dem Markt, in den Privathaushalten (Dienstleistungen und Investitionen), bei Landwirten und Handwerkern trotz amtlicher Strafverfolgung zum allgemeinen Erscheinungsbild, auch wenn sich diese außerhalb des legalen Rahmens manifestierte. Mit den Parolen „Schwarzarbeit ist Pfuscharbeit" wollte man einzelne Märkte staatlich kontrollieren. Aber die Erfolge waren nach oberflächlicher Betrachtung verhältnismäßig gering.

Epilog

Es ist, vergleicht man die Einführung der Planwirtschaft, erstaunlich, daß ihr Zusammenbruch ohne Krieg, ohne Vertreibung, ohne Ausrottung der Elite und Zwangsumerziehung zustande kam. Dies ist dem Konzept der Sozialen Marktwirtschaft zuzuschreiben, auch wenn es in einigen kommunistischen Ländern, z.B. in China und in der Sowjetunion, als sozialistische Marktwirtschaft bezeichnet wurde. Die Konvulsionen des Übergangs zeigten sicherlich erhebliche Nachteile, von denen die hohe Konkursrate der nun privatwirtschaftlich geführten Betriebe und die angestiegene Kriminalität infolge des Mißverständnisses des Freiheitsbegriffs – die Theoretiker der Sozialen Marktwirtschaft hatten den Zusammenhang zwischen Freiheit und Verantwortung und Freiheit und Ethik stark betont – am augenfälligsten waren. Daraus schließen zu wollen, daß die Konzeption der Sozialen Marktwirtschaft nur in Deutschland ein Wirtschaftswunder auslöste und nur da zu einer Internationalisierung der Wirtschaftsbeziehungen geführt hat, ist jetzt, während die Übergangsphase noch anhält (Mitte der Neunziger Jahre), ungerecht.

Was in vielen Betrachtungen das Konzept der Sozialen Marktwirtschaft zu einer Übergangserscheinung macht, ist das Phänomen der „alten Seilschaften". Die Alten der Planwirtschaft wollten nicht freiwillig abtreten, derweil sie gar nicht in der Lage waren, unternehmerisch zu denken. Das trifft auch in Deutschland zu. Auch wenn führende Mitglieder des Deutschen Gewerkschaftsbundes ihre Nähe zur Sozialen Marktwirtschaft betonten, definierten sie diese ganz anders als die neoliberale Schule. Sie verkündeten sie

teilweise so, daß die Unternehmerschaft durchaus bestimmte Freiheitsrechte erhalten dürfe, daß sie dafür aber den Preis einer besonderen Steuer und die Inkaufnahme einer wachsenden Bürokratie akzeptieren müsse, und diese Bürokratie durfte den Schwung des Unternehmertums abbremsen, bis zum Stillstand hin. Auch die ökologische Marktwirtschaft veränderte das Gesicht der ökonomischen Marktwirtschaft und schuf eine Funktionärskaste, die in erster Linie auf Privilegien-Versorgung ausging und nicht auf Vermehrung des Sozialproduktes. Streiks, Demonstrationen und eine Flut von Verordnungen und Gesetzen ließen die Idealisten ihre Grenzen erkennen. Die Parole der sozialistischen Umverteilung endete mit der Periode der Sozialen Marktwirtschaft. Die Intellektuellen wurden für die marktwirtschaftliche Ideologie nicht gewonnen. Sie propagierten Neid, wo Anerkennung der Leistung notwendig war, sie hinderten Menschen, die falsch programmiert waren, daran, sich auf Berufe umzustellen, die nützlich waren. Sie wollten in den russischen Bauern den Glauben erwecken, man käme durch langes Schlafen zu den Früchten der Marktwirtschaft und nicht durch frühes Aufstehen. In China protestierten sie, weil die Händler zuerst den höheren Lebensstandard erreichten und in Polen, weil die kleinen Handwerker, waren sie flexibel, mehr verrichteten als die Leiter der Großbetriebe.

Es ist nicht auszuschließen, daß die Vergötterer des Meinungsmonopols mit Hilfe ihrer Psychotechniken den Fortschritt der Marktwirtschaft am Ende nicht nur verzögern, sondern auch verhindern können. Dies darauf zurückzuführen, daß fette Würste kein Überzeugungsargument sind und der Neid der Schlechtweggekommenen im Sinne von Friedrich Nietzsche, richtig organisiert, eine stärkere Kraft entfalten könnte als der Glanz des Besserverdienenden, mag durchaus nicht ganz unangebracht sein. Der Preis der leichten Lösung impliziert immer eine Verlangsamung.

Wäre das Endziel eine freie Wirtschaft, müßte diese durch eine stärkere Staatsgewalt abgesichert werden. Eine jahrzehntelang betriebene Programmierung der kollektivistischen Wirtschaftsverfassung kann im Kern nicht so rasch geändert werden. Doch der Unternehmer, der frei verantwortliche leitende Angestellte, begriffen sich nicht als Randexistenzen. Ludwig Erhard hat einmal gesagt, es gäbe keine halbe Marktwirtschaft, ebenso wenig wie es eine halbe Schwangerschaft gäbe. Indessen sind aber Marktwirtschaftler Individualisten und können gar nichts anderes sein, da ja die Marktwirtschaft nicht funktionieren kann, wenn alle das gleiche tun. Ende der Neunziger Jahre lebte die Soziale Marktwirtschaft auch davon, daß es keinen besseren Weg zum Wohlstand gab. Die Gefahr lag in den Verbündeten aus dem kollektivistischen Sozialbereich. Wenn sie fortfahren, die Idee durch das Gegenteil zu definieren, wird der Erfolg gefährdet. Denn wenn der Motor so kalt wird wie die Bremsen, kommt der Wagen nicht voran.

Es zeigte sich Mitte der Neunziger Jahre auch, daß die sog. Wiedervereinigung trotz massiver finanzieller Unterstützungen aus dem Westen nicht automatisch einen Stand von Selbständigen und Unternehmern in den neuen Bundesländern hervorbrachte. Selbst die angebotenen finanziellen Hilfen wurden nur teilweise ausgenützt. Zu einem Rücktransfer der sog. DDR-Flüchtlinge in die neuen Bundesländer kam es nicht. Die Soziale Marktwirtschaft griff von den alten Bundesländern nicht automatisch auf die neuen über.
Ob die Europäisierung andere Resultate haben wird, bleibt abzuwarten.

Dr. Thomas Bentz

VITA:

Dr. Thomas Bentz, geboren am 24. April 1944 in Minden, ist seit dem 22. März 1993 Präsident der Arbeitsgemeinschaft Selbständiger Unternehmer e.V. (ASU), Bonn.

Er studiert nach dem Abitur Wirtschaftsingenieurwesen an der Technischen Universität Berlin und tritt bereits 1967, zusammen mit seinen beiden Brüdern, als Kommanditist in die von seinem Vater als Familienunternehmen geführte Firma Melitta-Werke Bentz & Sohn ein.

Nach Abschluß des Studiums, Promotion zum Dr.-Ing. und weiteren beruflichen Stationen nimmt Dr. Bentz 1973 seine Tätigkeit im elterlichen Unternehmen auf. 1981 wird er, zusammen mit seinem Bruder Jörg Bentz, in der Nachfolge des Vaters persönlich haftender Gesellschafter der Melitta Unternehmensgruppe Bentz KG, eine Familienholding, zu der u.a. die Gesellschaften „Melitta Haushaltsprodukte", „Melitta Kaffee" und „Melitta SystemService" gehören.

1995 erzielt die Gruppe mit etwa 4.600 Mitarbeitern einen Umsatz von rund 1,94 Mrd. DM.

Dr. Thomas Bentz ist bereits aktiv im Bundesverband Junger Unternehmer (BJU) tätig und ist seit 1991 Mitglied des Präsidiums der ASU. Darüber hinaus ist er von 1992 - 1994 Vizepräsident der IHK Bielefeld und ist in unterschiedlichen Beiräten und Aufsichtsräten tätig.

„Ordnungspolitik light" – oder Deutschlands verwässerte Marktwirtschaft

von Thomas Bentz

In Ludwig Erhard besaß Deutschland einen Politiker, der Politik nicht als „Kunst des Möglichen" – allzuoft nur Vorwand für eine Politik des Durchwurstelns – sondern als Kunst, das Notwendige sachlich möglich zu machen, definiert hat. Ich hatte noch Gelegenheit, ihn kennenzulernen – schon als Elder Statesman außer Dienst. Zugegeben, er hatte es im Jahre 1948 als „Wirtschaftsdiktator auf Zeit" unter Militärherrschaft leichter als ein Politiker der Gegenwart, der mit öffentlicher Meinung, widerspenstigen Parlamenten und mit der Macht organisierter Interessen rechnen muß. Damals – nach der Katastrophe des totalitären Staates – begann sich die Lobby erst langsam wieder zu formieren. Das sogenannte Wirtschaftswunder – die ganz natürliche Folge einer Liberalisierung – wurde wesentlich unter dieser Voraussetzung möglich. Wahrscheinlich hängt das Ausbleiben eines vergleichbaren Wirtschaftswunders in Ostdeutschland damit zusammen, daß im entscheidenden Jahre 1990 diese Voraussetzungen fehlten und so fast nur populistische Gesichtspunkte den Kurs der Wirtschafts- und Sozialpolitik bestimmten. Auch gab es in jenem Jahr keine Gestalt, die man mit Ludwig Erhard hätte vergleichen können. Mehrere kapitale Fehler verhinderten und verhindern so bis heute das Entstehen eines „Wirtschaftswunders Ost".

„Ordnungspolitik" wurde bei der Wiedervereinigung fast vollständig verabschiedet. Man wählte für die ökonomische Einigung das primitivste Verfahren: Es wurden einfach die westlichen Regulierungs- und Sozialversorgungsstandards mitsamt der überzüchteten Rechtsmittelapparatur dem de-

regulierungsbedürftigen Osten oktroyiert; gleichzeitig wurde die Ostmark um wenigstens 400 Prozent aufgewertet, der Preis der Ostprodukte trotz geringer Qualität damit schlagartig entsprechend verteuert, die Löhne in sogenannten Stufenplänen darüber hinaus (bis heute) einheitlich angehoben – ein Programm zum sofortigen Ruin des Standorts, allerdings auch zum kurzfristigen Gewinn der Bundestagswahl.

Die psychologische Vorbereitung der Bevölkerung auf diese Situation wurde versäumt; im Westen suchte man die Bürger mit „Alles-im-Griff-Parolen" zu beruhigen. Im Osten verfuhr man ebenfalls extrem sparsam mit der Mitteilung der ökonomischen Wahrheit. Die Arbeitsmarktkatastrophe war vollständig: Hunderttausende von arbeitsfähigen Menschen wurden in den vorzeitigen Ruhestand geschickt; ein weiterer Großteil wurde in Arbeitsbeschaffungs- oder Umschulungsmaßnahmen untergebracht, wo sie zum Teil bis heute sozial beruhigt werden. In dieser Weise wurde die sozialistische Politik „verdeckter" Arbeitslosigkeit fortgeführt. Welch ein Kontrast zu 1948 ff.!

Ein weiterer großer Teil – die offiziell registrierten Arbeitslosen, gegenwärtig etwa 16 Prozent – wurde durch Unterstützungszahlungen sozial abgesichert und auf diese Weise ruhig gehalten. Gleichzeitig wurden durch Prämien auf kapitalintensive Investitionen die Schaffung von Arbeitsplätzen erschwert. Die umfassenden Förderprogramme hinterließen und hinterlassen zunehmend Investitionsruinen in Ostdeutschland und entsprechend „Neuarbeitslose". Besonders folgenreich war die Übertragung der westlichen Arbeitsmarktordnung auf den Osten, verbunden mit einer Abkoppelung der Lohn- von der Produktivitätsentwicklung sowie Arbeitszeitverkürzungen, wo man doch vor dem Trümmerfeld des Sozialismus stand. Eigentlich hätte man die „Arbeitszeitordnung" für den Aufbau Ostdeutschlands ganz aufheben sollen! Nicht einmal „Öffnungsklauseln" konnten in befriedigender Form realisiert werden. So wurde dem Osten statt wirtschaftlicher Freiheit eine Regulierung zugemutet, die z. T. über das hinausging, was man schon vom Sozialismus her gewohnt war.

Soziale Sicherung im westlichen Stil und üppige Transfers schwächen nun den Anreiz, von eigener Arbeit zu leben, und schwächen den Unternehmungsgeist. Man wollte auch keine Lohnkonkurrenz vom Osten her. Für die im Westen beschäftigten Ostdeutschen müssen – nach Gerichtsbeschluß – Westlöhne gezahlt werden. So wurden Energien nicht freigesetzt, sondern geschwächt. Wir stehen jetzt vor einem Transferbedarf von jährlich netto etwa 150 Mrd. DM. Die öffentlichen Etats im Osten werden gegenwärtig zu zwei Dritteln aus Westmitteln gespeist. Die administrativen Voraussetzungen für eine rationelle Verwendung dieser Mittel ist kaum gegeben – eine gigantische Verschwendung, wie gegenwärtig aufgedeckt, unvermeidlich. Dies ist der Geist und das Verfahren, in dem eine Wohlfahrtsdemokratie ohne klares Leitbild auf historische Herausforderungen reagiert. Die Konsequenzen von allem: Verschuldung wie in Kriegszeiten, Kapitalverzehr und drückende Abgabenlast für alle.

Welche von der Regierung offenbar nicht ernsthaft erwogenen Alternativen gab es damals? Ein realistischer Umstellungskurs der Ostmark hätte die von Gesamtdeutschland zu übernehmende Schul-

denlast erleichtert und die Wettbewerbskraft der ostdeutschen Industrie nicht so radikal beseitigt. Eine liberalisierte Tarifordnung und Einführung einer (liberalisierten) sozialen Sicherung in Kombination mit der Produktivitätsentwicklung, die Aufhebung von antiquierten Regulierungen wie Ladenschlußgesetz oder Handwerks- und Verkehrsordnung, niedrige Steuersätze, vereinfachte Genehmigungsverfahren usw. hätten den Standort zweifellos aufgewertet. Niedrige Tarife am Arbeitsmarkt hätte man durch Direktzuschüsse an die Arbeitnehmer ergänzen können. Aber man wollte überstürzt eine „Einheitlichkeit der Lebensverhältnisse" und dies ging nur über einen Transfer, der sich bis heute auf weit über eine Billion DM beläuft.

Das Elementarereignis der Wiedervereinigung geschah zu einem Zeitpunkt, als (West-)Deutschland international zwar im Ganzen noch wettbewerbsfähig dastand, aber auf verschiedenen, besonders zukunftsträchtigen Märkten den Spitzenplatz schon hatte räumen müssen. So wurde Deutschland bei technologieintensiven Gütern 1989 erstmals durch Japan vom ersten Platz verdrängt. Schon vor 1989 hatte die Standortdiskussion in Westdeutschland breit eingesetzt. Nach den Wettbewerbsnoten des IMD, Genf, ist Deutschland auf den 10. nach dem des World-Economic-Forum auf den 22. Platz zurückgefallen (weit hinter den führenden Plätzen: Singapur, Hongkong, Neuseeland, USA, Schweiz, Japan, u. a.). Nach der Studie Economic Freedom of the World (1996) liegt Deutschland im weltweiten Index wirtschaftlicher Freiheit nur noch auf Platz 12.

Ein anderes Verständnis des „Sozialen"

Erhard setzte sich 1948 mit der Deregulierung und der Freigabe der Preise im Bereich der Güterwirtschaft weitgehend durch, scheiterte jedoch vollständig mit dem

Gesamtwurf seiner Gesellschaftspolitik. Sein Leitbild war es gewesen, traditionelle soziale Notstandspolitik im Zeichen einer „sozialen Frage" durch eine Gesellschaftspolitik zu ersetzen, die jedermann – bei strikter Geldwertstabilität – zu Eigentum und zu einem sicheren Arbeitsplatz durch konsequente Wettbewerbspolitik verhelfen sollte. Sein hauptsächlicher Ehrgeiz war es, wie er sagte, „den deutschen Menschen zu befreien und ihn wieder zu dem Bewußtsein seiner eigenen Kraft, seiner Stärke und seiner Würde zu verhelfen". Schon am Anfang seiner politischen Laufbahn attackierte er das, was er die „alte verstaubte Sozialpolitik" nannte, die sich in Umverteilung erschöpfe. Sie entspreche einer Notstandsgesellschaft, nicht mehr dem Wesen einer Wohlstandsgesellschaft. Es komme nicht auf eine „Division", sondern auf die „Multiplikation" des wirtschaftlichen Ertrages an. So sei es sehr viel leichter, jedem einzelnen „aus einem immer größer werdenden Kuchen ein größeres Stück zu gewähren, als sich in Kämpfen um die Distribution des Ertrags zu zermürben und sich dadurch von dem allein fruchtbaren Weg der Steigerung des Sozialprodukts abdrängen zu lassen". Für Erhard war eine Wirtschaftspolitik, die eine Mehrung des Ertrags nach sich zieht, für sich ein „sozialer" Wert, unabhängig von anschließenden Umverteilungsbemühungen. Nicht die Reichen ärmer, sondern die Armen reicher zu machen, war sein Konzept. So konnte er sagen: Je erfolgreicher die Wirtschaftspolitik ist, desto mehr wird Sozialpolitik im alten Sinn überhaupt entbehrlich. Oder, abgekürzt: Je freier eine Wirtschaft ist, desto sozialer ist sie auch. Der allgemeine Wohlstand macht dann die soziale Sicherung, die Hinterlassenschaft ärmerer Zeiten, überflüssig. So war für ihn Soziale Marktwirtschaft nicht Marktwirtschaft plus Wohlfahrtsstaat, sondern enthielt das Konzept einer Überwindung des Wohlfahrtsstaates durch Marktwirtschaft und Privateigentum. Der Wohlfahrtsstaat ersetzt Privateigentum durch Umverteilung, er

macht die private Vorsorge mehr und mehr überflüssig; umgekehrt ersetzen Eigentum und private Vorsorge den Wohlfahrtsstaat. Der Ausdruck „Wohlfahrtsstaat" ist irreführend – denn mit der Wohlfahrt der Bürger haben seine Interventionen wenig zu tun.

Die ordnungspolitische Verwahrlosung Deutschlands

Erhard setzte sich jedoch schon in seiner eigenen Partei nicht durch, sein Konzept der Sozialen Marktwirtschaft wurde nicht verstanden, das Soziale wurde im Sinn gesteigerter Sozialpolitik ausgelegt. Während Erhard argumentierte, je wohlhabender eine Gesellschaft werde, desto mehr könne sie soziale Fürsorge durch den Staat entbehren, so argumentierten seine „sozialen" Parteikollegen umgekehrt: desto mehr umverteilende Fürsorge des Staates könne man sich erlauben. So war die Entwicklung schon der fünfziger und dann der sechziger Jahre von Niederlagen Erhards in sozialpolitischer Hinsicht begleitet. Erhard widersprach vergeblich der Einführung einer „dynamischen Rente" im Jahre 1957 (er war für eine produktivitätsbezogene Rente!). Er sagte damals, daß „nichts unsozialer als der Wohlfahrtsstaat ist, der die menschliche Verantwortung erschlaffen und die individuelle Leistung absinken läßt". Vergeblich kämpfte Erhard auch gegen die „Berufsordnungen", die „Sockelei" im Tarifbereich, die Schwächung der Familie über „Familienpolitik", die beispielsweise Kindergelder ohne Rücksicht auf Bedürftigkeit der Empfänger verteilt. Erhard sah auch bedauernd, daß die Gewerkschaften durch einen Wohlfahrtsstaat, der ihnen zentrale Aufgaben abnahm, zunehmend funktionslos wurden und sich auf eine aggressive Umverteilungspolitik abdrängen ließen. Das Fortschreiten des Wohlfahrtsstaates stellte sich für Erhard als soziale Desintegration dar. An die Stelle einer „Gesamtordnung" und eines Denkens im Rahmen von Gesamtordnungen, hätten sich nach Erhard „Pseudo-Ordnungen" durchgesetzt, welche die „Volkswirtschaft in Kästchen einteilen". Seine Hauptgegner sah er in den Interessengruppen.

In den siebziger Jahren kam es zu einem Verfall des neoliberalen Leitbildes, der sich bis heute auswirkt. Eine Art „schleichender" Sozialismus setzte sich durch, der sich in einer Erhöhung der Steuerlast- und Abgabenquote am individuellen Einkommen und in Einschränkungen der Vertragsfreiheit manifestiert. Schließlich schien es für die Politiker keinerlei Grenze mehr dafür zu geben, was der Staat sich legitimerweise vom Eigentum seiner Bürger aneignen darf und was nicht. Die Abgabenquote aber ist ein wichtiger Indikator für den realen Freiheitsgrad. Man könnte von ihr als einem „Entmündigungskoeffizienten" sprechen. Das Eigentum scheint heute zur Disposition der Politiker bzw. ihrer Bürokratie gestellt. Steuersätze, Beitragsbemessungsgrenzen, Abgabensätze, Zuschläge und Sonderabgaben haben sich dynamisiert. Die Eigentumsgarantien des Grundgesetzes wurden auf legale Weise ausgehebelt.

Eine gewisse Hoffnung erweckt nun die Entscheidung des Bundesverfassungsgerichts zur Vermögensteuer, die jedoch andererseits dem Staat bescheinigt, daß er legitimerweise bis auf 50 Prozent des Einkommens zulangen darf. Bis heute hat die Bundesregierung aus dieser Entscheidung keine Konsequenzen gezogen. Hinzu kam die Unfähigkeit zum Subventionsabbau und eine Sozialpolitik, die alle Züge einer „sozialen Besessenheit" an sich trug. Es gibt heute kein Gesetz, das nicht irgendeine „soziale" Komponente zugunsten irgendeiner Gruppe enthielte: Es besteht ein Wettlauf, „sozial Schwache" ausfindig zu machen und zu beglücken.

Politisch ist gegenwärtig derjenige der Stärkste, der sich die Formel vom „Schutz des sozial Schwächeren" am besten zu eigen machen kann. Auch eine anhaltende Massenarbeitslosigkeit konnte die Regierung bis heute nicht dazu bewegen, die erstarrte Tarifordnung durch z.B. gesetzliche Öffnungsklauseln einzuschränken, was doch ein Minimum gewesen wäre. Bürokratisierung und eine „Chaotisierung des Steuerrechts" taten ein übriges.

Defekte des politischen Systems werden sichtbar

An dieser Fehlentwicklung waren und sind gewiß auch – wie in anderen westlichen Ländern – Strukturdefekte des politischen Systems mitschuldig.

Wo Wahlkämpfe nach der Devise geführt werden: „Wer bietet mehr?", also im Stil eines Auktionsverfahrens, muß mit einem ständigen Wachstum der Staatsquote gerechnet werden. Berufspolitiker sind bestrebt, ihre Produkte – steuerfinanzierte Dienstleistungen – in immer wachsendem Maße an den Wähler zu bringen. Sozialdemokratische Politiker gibt es heute in allen Parteien. Sie sehen in einer Erhöhung der Staatsquote eben einen Erfolgsnachweis! Zudem leben Berufspolitiker existentiell davon, daß möglichst viele Bereiche des Lebens „politisiert" sind.

Das Haus des Arbeits- und Sozialministers rühmt sich stolz der Höhe seines Sozialbudgets. Es entgeht ihm, daß es nicht das Ideal einer freien Gesellschaft sein kann, möglichst viele Bürger auf Kosten vieler anderer Bürger leben zu lassen, sie an den „sozialen Tropf" zu hängen und dadurch vom Staat abhängig zu machen.

Ludwig Erhard hatte gesagt: „Der Ruf dürfe nicht lauten: 'du, Staat, komme mir zu Hilfe, schütze mich und hilf mir', sondern umgekehrt: 'Kümmere du, Staat, dich nicht um meine Angelegenheiten, sondern gib mir soviel Freiheit und laß mir von dem Ertrag meiner Arbeit soviel, daß ich meine Existenz, mein Schicksal und dasjenige meiner Familie selbst zu gestalten in der Lage bin'".

Aussichten für ein „zweites Wirtschaftswunder" in Deutschland

Solange diese pseudosozialen Umverteilungs- und Sicherungsideale in Deutschland vorherrschen und die Macht der organisierten Interessen ungebrochen ist, ist mit einem neuen „Wirtschaftswunder" nicht zu rechnen, auch und gerade nicht im entindustrialisierten Osten. Dagegen würden sich die Standortbedingungen Deutschlands drastisch verbessern, würde man Erhards sozialrevolutionäres Befreiungsprogramm – sein Verständnis von Sozialer Marktwirtschaft – konsequent umsetzen. Die ASU tritt im Sinne Erhards für eine Rückführung des Wohlfahrtsstaates auf seinen ursprünglichen sozialen Zweck ein. Es würde dann dem Bürger ein Großteil dessen zur Eigendisposition zurückgegeben, was ihm heute abgenommen wird. Es ist ja der Strukturfehler eines mit der Gießkanne operierenden Wohlfahrtsstaates, daß er praktisch allen Bürger Einkommensteile abnimmt, um ihnen diese dann – unter Abzug der beträchtlichen Verwaltungskosten – wieder zuzuwenden; eine sehr dubiose Methode, die Bürger „sozial" zu bereichern. Es ist eine Umverteilung aus der linken in die rechte Hosentasche. Dieses Verfahren nützt mehr der Sozialbürokratie und den Politikern als den „Betreuten", die dadurch die nötige Eigenvorsorge nicht mehr leisten können. Das bestehende System ist sozial ineffizient und schon gar nicht sozial gerecht. Es ist schlicht unsinnig, über alle Schichten der Bevölkerung gleichmäßig soziale Geschenke zu streuen oder zu einer Vorsorge beim Staat zu zwingen, zu der die Bürger aus Eigeninitiative und aus eigenen Mitteln fähig wären.

„Mehr Netto für alle"

Es ist zu erwarten, daß von einem „mehr Netto" bei Arbeitnehmern und Unternehmen eine dynamisierende Wirkung auf unser Wirtschaftssystem ausgehen wird. Eine Senkung der Abgabenbelastung stärkt die Investitionskraft der Unternehmen und die Nachfrage der Arbeitnehmer. So wird die Reprivatisierung vieler Sozialausgaben letztendlich zu einer Erhöhung des Lebensstandards führen. Der Wohlfahrtsstaat, wie er gegenwärtig ist, tötet dagegen die Anreize, unternehmerisch tätig zu werden und mehr zu leisten. Der Sozial-Fiskalstaat fördert im Gegenteil die Neigung, Arbeit außerhalb der regulären Märkte zu suchen („Schattenwirtschaft", Schwarzarbeit usw.) oder im Ausland zu investieren. Daß man unternehmerische Selbständigkeit nun andererseits durch Subventionen „fördert", zeigt die ganze Farce gegenwärtiger Gesellschaftspolitik.

Mit anderen Worten: Nötig ist ein radikaler Umbau des Wohlfahrtsstaates und seine Rückführung zum Sozialstaat. Diese Reform muß aus „einem Guß" sein. Sie müßte sich an folgenden vier Grundsätzen orientieren:

- *In der sozialen Sicherung muß möglichst weitgehend individuelle Freiheit, Eigenverantwortung und -initiative wiederhergestellt werden.*
- *Die sozialen Sicherungssysteme müssen auf eine Mindestsicherung (über private Institutionen!) zurückgeführt werden.*
- *Aufgabe des Sozialsystems ist die soziale Sicherung, nicht die Umverteilung.*
- *Durch Subventionsabbau muß die unternehmerische Eigenverantwortung verstärkt werden.*

Man sollte bei einer Radikalreform dieser Art den Eindruck vermeiden, daß es sich hier um einen „sozialen Kahlschlag" handelt, der die Bürger wohlverdienter Rechte und Ansprüche beraubt: vielmehr handelt es sich darum, dem Bürger einen Teil dessen zurückzugeben, was ihm der Wohlfahrtsstaat heute über hohe Sozialabgaben und Steuern abnimmt. Er wird so zu mehr Eigenvorsorge fähig. Es geht bei diesen Einsparungen also um Rückverlagerungen in die private Verantwortung, um eine umfassende Reprivatisierung, die das Einkommen und das Eigentum des Bürgers respektiert. Wer in diesem System bedürftig ist, wird über das bewährte Mittel einer (rationalisierten) Sozialhilfe direkt unterstützt.

Was die Bundesregierung bisher in diese Richtung unternahm, waren nur fiskalische Notoperationen, die zu keinem „mehr Netto" des Bürgers führten. Man mag anerkennen, daß der hundertprozentige Anspruch auf Lohnfortzahlung nun gesetzlich (aber längst noch nicht tarifvertraglich) in möglichst komplizierter Weise beseitigt ist. Aber wieso muß überhaupt die Lohnfortzahlung über die Unternehmen laufen? Warum keine versicherungsrechtliche Lösung in Zuständigkeit des Arbeitnehmers? Andererseits ist weiterhin das wettbewerbsfeindliche Tarifvertragsgesetz unverändert beibehalten, und auch die Novellierung des Arbeitsförderungsgesetzes wird keinen großen Umschwung bringen. Der Mangel aller dieser Reformgesetze ist, daß sie nicht aus einer Gesamtkonzeption hervorgehen, sondern nur Ausdruck einer Notlage sind. Solange die Regierung nicht wieder über ein gesellschaftspolitisches Leitbild im Sinne Erhards verfügt, wird diese Reform den Schwung einer ordnungspolitischen Wende vermissen lassen und wird die Kollektivierung weitergehen, sobald die unmittelbare fiskalische Notlage überwunden worden ist. Denn die Erwartungen an den Staat als „sozialen Heiland" können sich unter den Bedingungen einer solchen Politik nicht ändern. Die Erosion des Standortes Deutschland geht damit ebenfalls weiter. Wir brauchen ein neues Leitbild!

Das faszinierendste Wirtschaftswunderland ist heute Neuseeland. Es ist das erste Land, in dem ein perfekt ausgebauter Wohlfahrtsstaat in wenigen Jahren liberalmarktwirtschaftlich vollständig umgekrempelt worden ist. In Erhard'schem Geist sind hier zum Beispiel die landwirtschaftlichen Subventionen schlagartig abgeschafft, die Arbeitsmärkte vollständig liberalisiert, die sozialen Sicherungssysteme nachhaltig reformiert, das Steuersystem radikal vereinfacht, die gesamte Staatswirtschaft privatisiert, ein törichtes Ladenschlußgesetz ganz aufgehoben, die Zentralbank unabhängiger gemacht als selbst die deutsche. Hier muß bei mehr als zwei Prozent Inflation der Zentralbank-Chef seinen Hut nehmen. Die Staatsschuld ging von 57 Prozent des Bruttoinlandsproduktes auf etwas über 30 Prozent zurück und soll ganz beseitigt werden. Entsprechend stieg die internationale Standortbewertung Neuseelands: Es ist jetzt eines der wettbewerbsstärksten Länder der Erde. Der entscheidende Minister, Roger Douglas, ein Verehrer Erhards, gibt folgenden Ratschlag zur Durchführung von echten Reformen: „Grundsätzliche Reformen müssen in Quantensprüngen verwirklicht werden, weil sonst Interessengruppen Zeit finden, ihre Klientel zu mobilisieren, einen zu zermürben und alles zu verwässern. Schnelligkeit ist dabei ebenso wichtig wie das Prinzip, die Privilegien verschiedenster Gruppen auf einmal zu kappen." Er empfiehlt die Maxime: „Halte niemals auf halbem Weg an. Gegnerisches Feuer ist viel weniger gefährlich, wenn es sich auf ein schnell bewegliches Ziel richtet."

Ich möchte mit dem Zitat eines der großen amerikanischen Präsidenten, Abraham Lincolns, schließen, das ganz gewiß im Sinn Ludwig Erhards ist: „Ihr werdet die Schwachen nicht stärken, indem Ihr die Starken schwächt. Ihr werdet denen, die ihren Lebensunterhalt verdienen müssen, nicht helfen, indem Ihr die ruiniert, die sie bezahlen. Ihr werdet keine Brüderlichkeit schaffen, indem Ihr Klassenhaß schürt. Ihr werdet mit Sicherheit in Schwierigkeiten kommen, wenn

Ihr mehr ausgebt, als Ihr verdient. Ihr werdet
kein Interesse an den öffentlichen Angelegenheiten und keinen Enthusiasmus wek-
ken, wenn Ihr dem einzelnen seine Initiative
und seine Freiheit nehmt. Ihr könnt den
Menschen nie auf die Dauer helfen, wenn Ihr
für sie das tut, was sie selber für sich tun sollten und könnten."

Dr. Arend Oetker

VITA:

Geboren ist Dr. Arend Oetker am 30. März 1939 in Bielefeld. Nach dem Abitur am humanistischen Gymnasium Leopoldinum in Detmold leistet er den Wehrdienst bei der Luftwaffe und wird Hauptmann der Reserve. Von 1962 bis 1966 studiert er Betriebswirtschaftslehre und Politische Wissenschaften in Hamburg, Berlin und Köln. An der Universität zu Köln promoviert er 1967 zum Dr. rer. pol..

Dr. Arend Oetker ist Geschäftsführender Gesellschafter der Dr. Arend Oetker Holding GmbH & Co., Köln. Darüber hinaus hat er zahlreiche Aufsichtsrats- und Beiratsmandate inne.

Zu weiteren Funktionen zählen: Vizepräsident der Deutschen Industrie e.V., Köln, Präsidiumsmitglied der Bundesvereinigung der Deutschen Arbeitgeberverbände, Köln, stellvertretender Vorstandsvorsitzender des Stifterverbands für die Deutsche Wissenschaft, Essen, Präsidiumsmitglied der Bundesvereinigung der Deutschen Ernährungsindustrie e.V., Bonn, stellvertretender Vorstandsvorsitzender der Atlantik-Brücke e.V., Bonn. Außerdem ist er Vorstandsvorsitzender bei dem Kulturkreis der deutschen Wirtschaft im Bundesverband der Deutschen Industrie e.V., Köln, stellvertretender Vorsitzender des Kulturrats der EXPO 2000 Hannover GmbH, Hannover und Vorstandsvorsitzender bei dem Förderkreis der Leipziger Galerie für Zeitgenössische Kunst e.V., Leipzig.

Stabilität durch eine tiefverwurzelte Kultur der Selbständigkeit

von Arend Oetker

Verantwortung und Eigentum: Schlüsselgrößen des ökonomischen Erfolgs

Zentrales konstitutives Element unserer Wirtschaftsordnung ist die Freiheit. Ohne Freiheit wäre das Eigentum ständig bedroht, ohne Akzeptanz des Eigentums könnte sich der Wettbewerb nicht frei entfalten. Ein schwach ausgeprägter Wettbewerb böte nicht die für eine dynamische Volkswirtschaft selbstverständliche Effizienzkontrolle. Es käme zu Einbußen des individuellen sowie des gesellschaftlichen Wohlstandes. Die Abfederung sozialer Härten – notwendig und Konsens in unserer Gesellschaft – wäre folglich nur noch begrenzt funktionsfähig. Denn es gilt das schlichte ökonomische Gesetz: Nicht erwirtschaftete Mittel können auch nicht – ohne in cinc Schuldenspirale zu gelangen – verteilt werden.

Diese einfachen Verkettungen von Ursache und Wirkungen, in der Realität natürlich weitaus komplexer, offenbaren uns: Die Akzeptanz des Wertes „Freiheit" ist der Ausgangspunkt unseres wirtschaftlichen, politischen, sozialen Erfolgs in der Nachkriegszeit. Sie zu bewahren gehört mit zu den wichtigsten Tugenden aller derjenigen, die die politische Entscheidungsgewalt innehaben. Die Freiheit des Individuums ist dabei nicht schrankenlos, sondern begrenzt sich in der Verantwortung für den Mitmenschen, letztlich auch für sich selbst.

Jenseits des philosophisch wohlbegründeten, verfassungsmäßig abgesicherten Rechts wird der Lebensquell der freiheitlichen Ordnung durch Menschen gespeist, die tagtäglich bereit sind, das Risiko der Freiheit auf sich zu nehmen. Sie tragen als Unternehmer Verantwortung für ihr Handeln, ihr Eigentum, ihre Mitarbeiter; vielleicht um Neues zu schaffen, vielleicht um fremde Märkte oder Marktnischen zu erobern und so den eigenen Wohlstand zu mehren. Fraglos aber erbringen sie mit ihrem Engagement, mit ihrer triebhaften kreativen Unruhe — welche Wurzeln diese auch immer haben mag – Leistungen zum Wohle aller. Je mehr selbständige Existenzen entstehen, Fuß fassen, sich weiter entwickeln, desto stabiler ist das Staatswesen.

Breit gestreutes Eigentum schafft politische und ökonomische Unabhängigkeit, wirkt Vermassungstendenzen und Machtkonzentrationen entgegen.

Derartige Eigentümerunternehmer, vorwiegend mittelständisch geprägt, spielten nicht nur in der zurückliegenden Entwicklung Deutschlands eine wichtige Rolle. Vielmehr ist ihre Existenz ebenso für die heutige Gesellschaft, für unsere wirtschaftliche Situation, immer mit Blick auf die Zukunft, von hoher Relevanz:

Bezogen auf alle Wirtschaftsbereiche herrscht bei rund 89 % aller Unternehmen eine Rechtsform vor, bei der Einheit von Eigentum und Haftung besteht, wobei nahezu 99,6 % aller umsatzsteuerpflichtigen Unternehmen dem Mittelstand zuzurechnen sind. Diese (mittelständischen) Eigentümerunternehmer erwirtschaften weit mehr als ein Drittel aller Umsätze, beschäftigen nur marginal weniger als zwei Drittel aller Arbeitnehmer und bilden fast vier Fünftel aller Lehrlinge aus.

Ihr Beitrag zur gesamten Wertschöpfung (inklusive Staat) liegt bei rund 40%.

Eine stattliche Bilanz, die die Leistung anderer Unternehmen nicht schmälert, wohl aber den Beitrag der Eigentümerunternehmer, ihren persönlichen Erfolg, ins richtige wirtschaftspolitische Licht rückt.

Gesellschaft in der Krise

Endlose Erfolgsgeschichten gibt es in der Realität leider nicht. Veränderungen, die Gewohntes „über Bord werfen", Faktoren des Erfolgs außer Kraft setzen, sind Teil des menschlichen Lebens. Die erhoffte positive Fortsetzung hängt dabei in erster Linie von der Fähigkeit der Betroffenen ab, Korrekturen vorzunehmen und wenn nötig, völlig neue Wege zu beschreiten.

Gegenwärtig stehen wir in Deutschland vor einer solchen Herausforderung:
Die Bedingungen der sozialen Marktwirtschaft, mit ihr die Konditionen der Marktteilnehmer (also auch der Eigentümerunternehmer) befinden sich in unserer zum Ende dieses Jahrhunderts in Bewegung geratenen Welt in Auflösung.
Bisherige Richtmarken – Abmessungen des politischen, gesellschaftlichen und wirtschaftlichen Handelns – sind teilweise veraltet; mithin ohne Wert für Positions-, erst recht für Kursbestimmungen.

Neue Orientierungshilfen werden hektisch gesucht, forciert vor allem durch die aktuelle ökonomische Situation, die uns, von materiellem Reichtum Verwöhnte, unwohl stimmt:
Eine schwindsüchtige Beschäftigungsentwicklung, rückläufige Direktinvestitionen in Deutschland, abnehmender Anteil am Weltexport, hervorgerufen durch die harte internationale Konkurrenz und alles andere als eine freigiebige Konsumneigung.

Das geistige, politische, wirtschaftliche Klima, bedroht durch jene „Tiefausläufer", beginnt zu schwanken, wird unwirklicher. Die Phase der Desorientierung birgt insofern große Gefahren für alle diejenigen, die wie die eigenständigen Unternehmer die Freiheit wie die „Luft zum Atmen" brauchen. Gescheiterte Ideen (Protektion, Abkehr vom Wettbewerb, Subventionsmentalität, Staatswirtschaft) im neuen Gewande könnten als Licht im Tunnel angesehen werden, nicht als das was sie sind: Irrlichter im Dunkeln.

Belastung durch
marktwidriges Verhalten

Das Szenario ist mittlerweile allseits bekannt. Das ökonomische Beziehungsgeflecht beseitigt die lokalen Grenzen von Produktion, Handel und Faktorbewegungen; drängt in jede ökonomische Nische vor.
Die stetige Verbesserung der Kommunikationstechnologie, die Reduktion der Transportkosten überwinden Raum und Zeit als logistisches Problem.
Kurz: Der internationale Wettbewerb wird spürbar dichter. Der ohnehin harte Wettbewerb der Triade USA – Japan – Europäische Union verschärft sich einerseits durch die hochdynamischen Volkswirtschaften Asiens, andererseits durch die neuen Marktwirtschaften Mittel- und Osteuropas.

Global players, tangiert von dieser Entwicklung, können mittels ihrer reichhaltigen internationalen Erfahrung und den ihnen zur Verfügung stehenden Ressourcen verhältnismäßig leicht reagieren. Eigentümerunternehmer aber, die ein hohes persönliches Risiko für ihr Unternehmen, für ihr Kapital, ihren Mitarbeitern gegenüber tragen, unterliegen einem ungewohnten Anpassungsdruck. Diejenigen, die wegen begrenzter Ressourcen nicht ins Ausland abwandern oder Vorleistungen aus dem Ausland im großen Stile beziehen, haben es schwer, der internationalen Konkurrenz auch auf den heimischen Märkten Paroli zu bieten. Der Verlust von Marktanteilen, schlimmer noch, das Ausscheiden aus dem Markt, können die fatalen Folgen sein.

In einem solchen weltwirtschaftlichen Umfeld bedarf es daher unbedingt nationaler Rahmenbedingungen, die das unternehmerische Element in unserer Gesellschaft stärken. Denn nur auf diesem Wege sind die Ziele „hoher Beschäftigungstand" und „Wohlstand für alle" erreichbar. Deutschland, im Fokus der Betrachtungen, erfüllt diese Grundvoraussetzung bestenfalls nur bedingt, angesichts des die innere Dynamik lähmenden Verteilungsstreits.

Das Gütesiegel „made in Germany", einst weltweit bewundert, mutiert allmählich zu dem Kennzeichen „produziert unter außergewöhnlichen Belastungen"; ehrenwert für noch ansässige Unternehmen, jedoch nicht gerade marktfähig.

Entfernung von den geistigen Grundlagen des Erfolgs der sozialen Marktwirtschaft

Unabhängig der veränderten internationalen Bedingungen nährt sich zudem die Furcht vor Placebos, gar vor kontraproduktiven Rezepten, aus der seit Jahren zu beobachtenden schleichenden Entfernung der Gesellschaft von dem grundlegenden Prinzip der freiheitlichen Wettbewerbsordnung, das da lautet „beweise Dich auf dem Markt".

Das Staatswesen gezeichnet von solch ordnungspolitischer Verwahrlosung erscheint seltsam gelähmt. Es mangelt an der Durchsetzungskraft innovativer Realitäten, marktwirtschaftlicher Couleur, von Visionen ganz zu schweigen.
Die Diagnose könnte berechtigterweise lauten, Deutschland leide an der Alterskrankheit gesättigter Volkswirtschaften im Frühstadi-

um, die Mancur Olson in „Rise and Decline of Nations"[1] eindrucksvoll beschrieb. Stabile Gesellschaften, so die These, bilden im Zuge ausgereifter Interessen Verteilungskoalitionen heraus, die die Beweglichkeit, die innere Dynamik im Keim ersticken. Kumulierende strukturelle Probleme, die im Endstadium in eine inhärente Wachstumsschwäche münden, sind die bittere Konsequenz.

Und tatsächlich, in Deutschland steht mehr die Sicherung des Erreichten im Vordergrund als die notwendige Anpassung an die neuen Herausforderungen, die da lauten: innere Einheit und globaler Wettbewerb. Leicht erreichbare Transfereinkommen zählen mehr als mühsam am Markt erzielte Gewinne oder Einkommen. Sondervorteile, Besitzstandsdenken, Subventionsmentalität, die Überbetonung des Sozialen gegenüber wettbewerblicher Prozesse setzen sich – strategisch bedingt oder bar jeder ökonomischen Sachkenntnis ideologisch motiviert – zu Lasten Dritter durch.
Immer mehr gesunde marktwirtschaftliche Prozesse geraten deshalb in den Sog des Verteilungsstrudels; trotz der anderen deutschen Erfahrungen. Die Flut der Ansprüche unterspült allmählich die Fundamente unseres Wohlstandes.
In dieser Phalanx der Partikularinteressen bleibt die heterogene Gruppe der mittelständischen Eigentümerunternehmer, unabhängig ihrer gesamtwirtschaftlichen Bedeutung, mit ihren Hoffnungen auf freie Entfaltung auf freien Märkten leicht auf der Strecke.

Der Staat hat im Laufe der Entwicklungen als Reaktion auf die unterschiedlichsten Gruppeninteressen und Verteilungskoalitionen, die sich für alle sichtbar in Forderungen an die öffentliche Hand manifestieren, seinen

---

[1] *Olson, Mancur (1982): Rise and Decline of Nations: Economic Growth, Stagflation and Social Rigidities, New Haven-London.*

Einfluß nachhaltig gemehrt. Der für die Eigentümerunternehmer in Zeiten des globalen Wettbewerbs lebenswichtige marktwirtschaftliche Humus wurde im Zuge des Verlustes der ordnungspolitischen Selbstbindung fortgespült.

Die Staatsquote von derzeit rund 50% offenbart das Dilemma des maßlosen Zugriffs: Große Teile des Sozialproduktes beansprucht der Staat für sich; die Effizienzkontrolle des Wettbewerbs sinkt. Einher mit der überbordenden Staatstätigkeit gehen

- der Abbau von Eigenverantwortlichkeit;
- der Verlust von Unternehmenskultur;
- die Abnahme an Entscheidungsmöglichkeiten;
- eine schwindelerregende Zunahme von Gesetzen und Verordnungen, deren Bestandsdauer immer kürzer wird;
- entsprechend bürokratisch verkrustete, aufgeblähte Verwaltungsstrukturen;
- der Mißstand, Unternehmen als Vollzugsbeamte staatlicher Aufgaben zu bestimmen;
- leistungsfeindliches Steuer- und Sozialsystem, die die Ressourcen der Arbeitnehmer sowie der Arbeitgeber enteignungsgleich sozialisieren;
- ein Arbeitsmarkt, der das Wort „Markt" nicht verdient;
- populistische, den Wettbewerb verzerrende Hilfen für selbstverschuldet in Not geratene Großbetriebe.

Unser viel beschworenes Konzept der sozialen Marktwirtschaft erscheint nur noch als Fassade, hinter der sich die kollektive Ordnung mit ihrer Staatswirtschaft noch verbirgt. Der spärliche Unternehmernachwuchs spricht Bände; zeigt, daß diejenigen, die sich ein eigenes Unternehmen aufbauen, führen, gar erweitern wollen, durch die obwaltenden Umstände abgeschreckt werden: Deutschland besitzt innerhalb der Europäischen Union die niedrigste Unternehmerquote, die zudem noch rückläufig ist.

Therapie der Insuffizienz: Kultur der Selbständigkeit fördern

Der Weg aus der unbefriedigenden Situation beginnt natürlich mit der kurzfristig zu bewerkstelligenden Verbesserung elementarer Standortbedingungen. Die Gestaltung des unternehmerischen Rahmens darf dabei allerdings nicht einseitig das Wohlergehen von global players im Auge haben. Vielmehr macht es Sinn, Eigentümerunternehmer, speziell kleinerer und mittlerer Unternehmen, die in unserer Volkswirtschaft eine bedeutende Rolle spielen, verstärkt zu berücksichtigen.

Details bestehender und zu behebender Handicaps klangen zuvor schon an: so sind erstens die Überregulierungen, von denen kleinere und mittlere Unternehmen überproportional betroffen sind, auf dem Arbeitsmarkt wie den Gütermärkten abzuschaffen; beginnend bei den Bauvorschriften über komplizierte Produktionsauflagen bis hin zu eingeschränkten Flächen- und Gebäudenutzungen. Zweitens benötigen wir eine Verwaltung, die sich endlich in überzeugender Weise als Dienstleister versteht, nicht als Vollstrecker des Willens der Obrigkeit. Drittens sind zur Entlastung der öffentlichen Haushalte und um private Beschäftigungsfelder zu erschließen, umfassende Privatisierungen auf allen Ebenen zu tätigen. Viertens bedarf es einer Reform des Steuersystems, das sowohl die Belastungen bei geringen Abzugsmöglichkeiten reduziert als auch die Struktur vereinfacht. Dies würde nicht nur „frischgebackenen" Eigentümerunternehmern das Dasein erleichtern. Fünftens ist das Niveau unseres Sozialstaats auf ein finanzierbares Niveau zurückzuführen. Sozialpolitik im Rahmen der sozialen Marktwirtschaft hat lediglich ergänzenden Charakter. Sie darf kein Eigenleben führen. Pfleglich zu behandeln sind schließlich nicht nur die, die der Mittel tatsächlich bedürfen, sondern ebenso diejenigen, die die „Töpfe" füllen.

Soweit zu den kurzfristigen Maßnahmen, mittelfristig muß hingegen in Deutschland wieder eine Kultur der Selbstständigkeit entstehen. Dazu bedarf es auf der einen Seite eines Bildungswesens, das den nachwachsenden Generationen die Tugenden unseres marktwirtschaftlichen Systems näher bringt: Verständnis und Interesse weckt für Unternehmen, Wissen weitergibt um Märkte, Preise, Zinsen, Wechselkurse.

Auf der anderen Seite ist eine Rückbesinnung auf die Werte der sozialen Marktwirtschaft in allen Kreisen unserer Gesellschaft vonnöten. Die verwirrte ordnungspolitische Seele bedarf der Heilung. Soziale Marktwirtschaft ist in ihrem Wesen nämlich nicht identisch mit einem alle Lebensrisiken absichernden, paternalistischen Wohlfahrtsstaat, sondern setzt auf Eigenverantwortung und Risikobereitschaft, gekoppelt mit sozialer Verantwortung.

Die Freiheit des einzelnen ist, um diese Idee erfolgreich umsetzen zu können, ein eminent wichtiges Gut. Konkret muß sich die Wirtschaftspolitik bei ihren Aktivitäten stets fragen, inwieweit unternehmerische Handlungsfreiheit durch die angestrebten Maßnahmen eingeschränkt wird. Ohne Gespür für diesen zentralen Wert, ohne einen einhelligen Konsens bleiben Aktivitäten, Programme, Ideen nutzlos.

Eine tief im Bewußtsein verankerte Kultur der Selbständigkeit, die Eigentümerunternehmer nicht fesselt, hilft Krisen leichter zu überwinden, heißt in der Weltwirtschaft innovativ mitzuwirken, richtungsweisend zu sein, Zukunft zu gestalten.

Eine solche Kultur leistet ihren Beitrag zur Schaffung von Arbeitsplätzen und Wohlstand sowohl jetzt lebender als auch künftiger Generationen. In unserer Gesellschaft sind die Anlagen dafür – wie die Vergangenheit lehrt – vorhanden. Sie müssen nur genutzt werden.

Prof. Dr. Wolfgang Kartte

VITA:

Prof. Dr. h.c. Wolfgang Kartte wird am 7. Juni 1927 in Berlin geboren. Er studiert Rechtswissenschaften und Politische Wissenschaften an der FU Berlin, Hochschule für Politik Berlin, von 1948 bis 1954. Anschließend ist er von 1954 bis 1957 Assistent an der FU Berlin. Es folgt eine einjährige Tätigkeit als Rechtsanwalt in Berlin.

In den Jahren 1959 bis 1961 arbeitet er als Referent im Rechtsreferat des Bundeskartellamtes und von 1961 bis 1966 als Referent im Kartellreferat des Bundesministeriums für Wirtschaft. 1966 wird Wofgang Karte persönlicher Referent des Bundeswirtschaftsministers.

1967 leitet er das Referat „Binnenhandel" im Bundesministerium für Wirtschaft. Anschließend leitet er von 1968 bis 1974 die Referate „Wettbewerbspolitik" und „Europäische zwischenstaatliche Wettbewerbspolitik" im Bundesministerium für Wirtschaft. Im gleichen Ministerium wird er von 1974 bis 1976 Leiter der Unterabteilung Wettbewerbs- und Preispolitik.

Schließlich ist Wolfgang Kartte in den Jahren 1976 bis 1992 Präsident des Bundeskartellamtes.

Seit April 1977 ist er Honorarprofessor an der Universität Bonn. Die Universität Konstanz verleiht ihm 1980 den Dr. jur. h.c. Im Auftrag der Bundesregierung wird Wolfgang Kartte Wirtschaftsberater der Russischen Föderation seit März 1992. Als Mitglied der vom Bundespräsidenten berufenen Kommission unabhängiger Sachverständiger zur Parteifinanzierung ist er seit 1992/93 aktiv.

1994 erhält er den „Dr.-Friedrich-Joseph-Haass-Preis für deutsch-russische Verständigung". 1996 verleiht ihm die Aktionsgemeinschaft Soziale Marktwirtschaft die Alexander-Rüstow-Plakette.

Prof. Dr. h.c. Wolfgang Kartte veröffentlicht regelmäßig wirtschaftspolitische Beiträge.

Soziale Marktwirtschaft heute

von Wolfgang Kartte

Ludwig Erhard war ein Glücksfall für das Nachkriegsdeutschland. Seine Idee der Sozialen Marktwirtschaft hat es uns leicht gemacht, dem Sozialismus zu widerstehen, sie hat uns aber auch vor dem Kapitalismus bewahrt. Bei uns ist es nicht so, daß wenige Superreiche wie Fettaugen auf einer ziemlich dünnen Suppe schwimmen.

Die Soziale Marktwirtschaft hat wahrhaftig „Wohlstand für alle" Wirklichkeit werden lassen. Breite und tiefe wohlhabende Mittelschichten prägen unsere Gesellschaft.

Wenn es dem Esel zu wohl ist, geht er aufs Eis. So ist es dem Wettlauf der Sozialpolitiker in CDU und SPD zu verdanken, daß wir mittlerweile vom Sozialstaat in den Wohlfahrtsstaat abgerutscht sind. Betreuung statt Selbstverantwortung war zu lange die Devise. Das auch in der Sozialen Marktwirtschaft unentbehrliche System von Leistungsanreizen wurde verbogen, zuviel wurde reglementiert.

Jetzt macht uns der Wettbewerb aus Niedriglohnländern zu schaffen. Anhaltend hohe Arbeitslosigkeit und das Abwandern von Investitionen ins Ausland sind momentan die Folge.

Endzeitstimmung ist trotzdem nicht angebracht. Deutschland ist immer noch das Land, in dem die breite Masse der Bevölkerung höchsten Wohlstand, eine phantastische Infrastruktur und eine unvergleichliche kulturelle Vielfalt genießt. Die Abstimmung mit den Füßen, die Massen von Zuwanderern, sind der beste Beleg. Es lohnt sich also, um notwendige Korrekturen unserer Marktwirtschaftspolitik zu kämpfen.

Schon Ludwig Erhard hatte es nicht so leicht, wie eine verklärte Erinnerung an die Stunde Null der Sozialen Marktwirtschaft es wahrhaben möchte. Als Erhard antrat, lag nicht nur die einheimische Wirtschaft am Boden, ganz Europa stand vor neuen Anfängen. Erhards Konzept, das er im Zusammenhang mit der von den Alliierten veranlaßten Währungsreform vom Juni 1948 verfolgte, war einfach: Freie Preise statt Verwaltung des Mangels; Geldwertstabilität durch eine unabhängige Notenbank; Wettbewerb durch Verbot der seit Kaisers Zeiten in Deutschland üblichen Anbieterkartelle.

Gleichwohl stand Ludwig Erhard damals in seiner eigenen Partei auf der Kippe. Von den Alliierten hatte er mit General Lucius D. Clay nur die Amerikaner auf seiner Seite. In Großbritannien regierte gerade Labour, und Frankreich hatte sich seit 1946 der „Planification" verschrieben. Franz Böhm, Wirtschaftsprofessor an der Universität Frankfurt und Weggefährte Ludwig Erhards, erzählte später einmal, daß General Clay in einem der Gespräche mit Erhard vor der Aufhebung der Bewirtschaftung im Juni/Juli 1948 gesagt hatte: „Herr Erhard, die Deutschen haben schon so viele Fehler gemacht, so machen Sie auch noch diesen!" Demnach hatte sich selbst Lucius D. Clay, der amerikanische General, auf eine Pilatusgebärde zurückgezogen.

Da Preise und Unternehmergewinne im zweiten Halbjahr 1948 zunächst kräftig anstiegen, ergingen sich weite Teile unserer politischen Klasse in Aufgeregtheit, Kleinmut und im Schwarzer-Peter-Spiel.

Ludwig Erhard nennt in seinem Buch „Wohlstand für alle" einige Schlagzeilen aus der damaligen deutschen Presse: „Die Preise laufen davon", „Erhard am Ende seines Lateins", „Chaotisches Bild der Preise", „Wirtschaftsfachleute für Rückkehr zur Bewirtschaftung". Und im November 1948 riefen die deutschen Gewerkschaften zum Generalstreik gegen die Marktwirtschaft auf. Erhards Beharrlichkeit trug jedoch bald Früchte: Die Warenregale füllten sich, der schwarze Markt verschwand, und die Einzelhandelspreise gingen wieder zurück.

Erhard sagt in seinem Buch im Rückblick: „Hier gab es nur eine Richtschnur: Unbedingt standhaft bleiben! Es ist wert, diese einmalige geschichtliche Situation festzuhalten, denn nach aller Erfahrung kann füglich behauptet werden, daß keine Regierung und kein Parlament später die guten Nerven aufgebracht hätte, das System der freien Marktwirtschaft einzuführen und beizubehalten."

Was ist das Besondere an der Sozialen Marktwirtschaft, warum gilt sie als der dritte Weg zwischen Kapitalismus und Sozialismus, warum paßt sie so gut zum Lebensgefühl der Deutschen, ja sämtlicher Kontinentaleuropäer?

Marktwirtschaft, ob mit oder ohne Adjektiv, setzt, wie wir wissen, freie Preise, Privateigentum, mindestens private Verfügungsmacht, wertbeständiges Geld und offene Märkte mit Wettbewerb der Anbieter und Nachfrager voraus. Wir wissen auch, daß dieses Wirtschaftsmodell außerordentlich effizient ist.
Der wirtschaftliche Eigennutz der Produzenten, gelenkt, gebündelt und gewissermaßen veredelt durch die unsichtbare Hand des Wettbewerbs, ist die unverzichtbare Triebfeder für wirtschaftliches Wachstum.

Die soziale Marktwirtschaft, man kann auch sagen: die sozial gebändigte Markt-

wirtschaft, bedeutet eine Gratwanderung. Sie ist der Versuch, den Sozialdarwinismus der reinen Marktwirtschaft zu vermeiden, ohne die Vorteile der Marktsteuerung zu verlieren. Wie nötig solche Überlegungen sind, zeigt jetzt wieder die Situation in Rußland, Polen und der Tschechischen Republik. Dort hat die Entfesselung der Marktkräfte zu einer höchst einseitigen Verteilung des neuen Reichtums geführt. Auch in den USA wird die Umverteilung durch die Steuerpolitik und die sozialen Sicherungssysteme seit je kleingeschrieben, von Tarifautonomie, Mitbestimmung und Sozialpflichtigkeit des Eigentums ganz zu schweigen. Umgekehrt liegen die Dinge bei uns. Wir ersticken gegenwärtig am auswuchernden Sozialstaat.

Die Unterschiede zwischen der amerikanischen und der kontinentaleuropäischen Spielart der Marktwirtschaft sind kein Zufall; sie spiegeln unterschiedliche Kulturen wider. In den USA lebt eine mobile Siedler- und Gründergesellschaft, deren Väter am 21. November 1620 mit der „Mayflower" im heutigen Massachusetts landeten und auf der riesigen freien Fläche der Neuen Welt eine Wirtschaftsordnung nach ihrem Gusto neu aufbauen konnten.
Ich finde es immer wieder bewundernswert, wie eine anfänglich kleine Schar kalvinistisch geprägter Puritaner, die daran glaubten, daß der Grad ihrer Gottgefälligkeit sich an ihrem weltlichen Reichtum mißt, die amerikanische Marktwirtschaft geprägt hat. Erstaunlich ist, daß dieser Geist eines ziemlich rigiden Kapitalismus sich inzwischen über die ganze Welt verbreitet hat und als Inbegriff des wirtschaftlichen und gesellschaftlichen Fortschritts gilt.

Anders wir Europäer. Wir sind eher immobil, unsere Lebensart, unser Ambiente, unsere Kultur wurzeln in vielfältigen bodenständigen Traditionen, die unter vordergründigen Kostengesichtspunkten viel zu anspruchsvoll, unrationell und teuer sind. Kooperation und Solidarität schätzen wir mehr als Konkurrenz, und von den Vorteilen einer Wettbewerbswirtschaft ließen wir uns nur allmählich und widerwillig überzeugen. Gesetze gegen den unlauteren Wettbewerb rangieren bei uns bis heute vor den Gesetzen zum Schutz des Wettbewerbs. Der „verwaltete Wettbewerb" liegt uns näher als der freie. Runde Tische und den fürsorglichen Staat können wir uns aus der Wirtschaft kaum hinwegdenken. So paßt zum durchschnittlichen Mitteleuropäer eine auf Konsens gegründete Marktwirtschaft besser, sie ist unter unseren Rahmenbedingungen wahrscheinlich auch leistungsfähiger.

Meinen Studenten habe ich das immer so erklärt: Vor 300 Jahren hat es die Mutigen und die Unternehmungslustigen unter uns auf wackeligen Schiffen nach Amerika getrieben oder gezogen, zurückgeblieben sind die Gutsverwalter, Beamten und Rentiers.

Eine wichtige Grundregel der Sozialen Marktwirtschaft lautet, daß sich zwar Marktergebnisse durch sogenannte Transferzahlungen umverteilen lassen, daß die Politik aber nicht in den Marktmechanismus selbst eingreifen sollte. Ein viel zitiertes Beispiel ist die richtige Entscheidung des damaligen Bundeswirtschaftsministers Hans Friederichs anläßlich der Ölpreisexplosion Anfang der siebziger Jahre, nicht den Ölpreis zu reglementieren und dadurch unsere Versorgung zu gefährden, sondern an bedürftige Mieter staatliche Heizungskostenzuschüsse zu zahlen. Beispielsweise im Sozialen Wohnungsbau machen wir es immer noch falsch und verschenken viele Milliarden, indem wir die Mieten subventionieren anstatt im begründeten Einzelfall Mietbeihilfen zu leisten.

Die Unantastbarkeit des Marktmechanismus auch in der Sozialen Marktwirtschaft leuchtet ein. Was aber, wenn der Marktmechanismus selbst durch einseitige Markt-

macht gestört ist? Ein Beispiel ist der Zustand der aufkeimenden Marktwirtschaft in Rußland. Die amerikanischen Berater, Weltbank und Internationaler Währungsfonds fordern bedingungslos Liberalisierung, freie Preise, rasche Privatisierung, Inflationsbekämpfung, ausgeglichenen Haushalt und freien Marktzugang. Den Rest soll der Markt besorgen. In Wirklichkeit ist aber Rußland keine jungfräuliche Tabula rasa, auf der der Wettbewerb frei spielen könnte. Die alten Machthaber, die Funktionäre des Rohstoff-, des militärisch-industriellen und des Agrarkomplexes haben es großenteils geschafft, sich im Besitz der entsprechenden Ressourcen zu halten. Bisher ließen sie eine Marktsteuerung gar nicht aufkommen. Hier muß zunächst rigoros aufgeräumt, müssen Märkte überhaupt erst geschaffen werden.

Auch in unserer kultivierten, ja vielfach bereits überregulierten Marktwirtschaft gibt es Marktmacht, die den Wettbewerb verfälschen kann. Marktmacht, die im Wettbewerbsprozeß entsteht, ist nicht illegitim, solange sie wirksamer Konkurrenz ausgesetzt bleibt. Manche Vorsprünge lassen sich aber nicht durch bessere Leistungen im Wettbewerb einholen. So verfügen die großen multinationalen Konzerne über Strategien, die offensichtlich nicht leistungs-, sondern politikbedingt sind. Beispielsweise ermöglichen die von Land zu Land unterschiedlichen Steuersysteme die Ausnutzung von Finanzvorteilen, die kleine und mittlere Unternehmen nicht erlangen können. Wenn der Bundeskanzler nach China reist, kann er nicht den ganzen Schwarm interessierter Mittelständler mitnehmen, er muß sich seine Begleiter unter den Managern der Großunternehmen aussuchen. Die Weltbank und die Europäische Bank für Wiederaufbau und Rekonstruktion stellen Kredite für Unternehmen in Ländern des ehemaligen Ostblocks zur Verfügung. Aus bürokratischen Gründen sind aber die Mindestgrößen der Kreditbeträge so hoch angesetzt, daß Handwerk und Kleingewerbe vor der Tür bleiben.

Oft läßt sich nicht mit Sicherheit feststellen, ob ein Konzentrationsprozeß marktkonform verläuft oder ob er durch übermäßige Marktmacht gesteuert wird. Ein Beispiel ist die anhaltende Diskussion über die Ursachen des Ladensterbens. Ist es der geheiligte Wille des Verbrauchers oder sind die Großbetriebe des Einzelhandels mit ihrer Rabattschinderei schuld?

Gleichviel, unsere praktische Wettbewerbspolitik unter dem Zeichen der Sozialen Marktwirtschaft Ludwig Erhards hat mit Begriffen wie „Mittelstandspolitik", „Schutz des Leistungswettbewerbs", „Unternehmensgrößen-Strukturpolitik" einen Hauch von „verwaltetem Wettbewerb" zugelassen oder in Kauf genommen.

Wenn die Bundeswehr für die Soldaten Socken einkaufen will, wäre es für die Beamten im Beschaffungsamt einfacher, mit wenigen großen Anbietern zu verhandeln. Vielleicht wäre dann der Preis, der am Ende herauskäme, sogar günstiger. Gleichwohl hat der Bundeswirtschaftsminister Vergaberichtlinien erlassen, die die Aufteilung eines Großauftrages in einzelne Lose und die Einschaltung mittelständischer Anbieter zwingend vorschreiben.

Als junger Assessor im Bundeswirtschaftsministerium habe ich Anfang der sechziger Jahre eine Sitzung mit Ludwig Erhard erlebt, in der es um die damals noch zulässige Preisbindung der zweiten Hand bei Markenartikeln ging. Alle stimmten darin überein, daß bei Wegfall der Preisbindung der Konzentrationsprozeß im Handel angeheizt würde. Tatsächlich wurde die Preisbindung erst 1973 gesetzlich abgeschafft, nachdem sie im Markt zusammengebrochen war. Übrigens hatte auch Karl Schiller in seiner Zeit als Bundeswirtschaftsminister (1966 - 72) keine

Anstrengungen unternommen, um die Markenwarenpreisbindung zu verbieten.

Massive Wettbewerbsdämpfungen gab es in den sechziger Jahren gegenüber den ostasiatischen Billiganbietern. Damals habe ich als Bonner Wettbewerbsreferent mit voller Überzeugung für die kartellrechtliche Zulässigkeit der damals aufkommenden Selbstbeschränkungsabkommen der japanischen Exportindustrie gestritten. Hier ging es darum, den betroffenen einheimischen Branchen nach dem Motto „Gleitflug statt Sturzflug" Zeit für die Anpassung zu verschaffen. Nachahmenswert waren diese Selbstbeschränkungsabkommen insofern, als sie auf höchstens drei Jahre abgeschlossen werden durften und von Anfang an steigende Einfuhrmengen bei sinkenden Einfuhrpreisen vorsehen mußten.

Diese Beispiele für kalkulierte Interventionen zum Schutz des Leistungswettbewerbs und des Mittelstandes ließen sich beliebig vermehren. Indessen gingen wir mit Eingriffen, welche die Großen bei ihrem Eroberungsdrang zurückhielten und den Kleineren ein gewisses Maß an Kooperation im Wettbewerb ermöglichten, in die richtige Richtung. Wir sahen das immer als Nachteilsausgleich zwischen Klein und Groß, nicht als Wettbewerbsbeschränkung an. Denn die Großen haben zu allen Zeiten Mittel und Wege gefunden, durch Einfluß auf die Politik Wettbewerbsvorteile für sich herauszuholen. Allein das Faktum, daß bei einem Großen viele Arbeitsplätze auf dem Spiel stehen, garantiert ihm die Aufmerksamkeit und das Wohlwollen des Staates. Wer also Mittelstand und Großunternehmen im Wettbewerb formal gleich behandelt, bevorteilt in Wirklichkeit die Großen.

Ziel unserer Wettbewerbspolitik waren nicht Niedrigstpreise an allen Ecken und Enden. Wir nahmen an, daß solches „Preisdumping" regelmäßig nur durch Ausbeutung kleinerer

Konkurrenten oder Unternehmen der vor- oder nachgelagerten Wirtschaftsstufen möglich war. Preiswettbewerb war uns wichtig, zugleich wollten wir aber, auch im langfristigen Interesse des Verbrauchers, vielfältige Marktstrukturen sichern. Unsere Wettbewerbspolitik hatte ein bestimmtes Bild von der Wirtschaft im Auge, nämlich die berühmte „gesunde" Mischung aus Groß-, Mittel- und Kleinbetrieben.

Freilich liegt die Schwäche eines solchen Konzepts darin, daß es keinen bürokratisch nachvollziehbaren Gradmesser für den erwünschten „Leistungswettbewerb" und für das Ausmaß der marktwirtschaftlich zuträglichen Interventionen gibt. Dem Politiker wurden hier Zielklarheit, Phantasie, Augenmaß und Entscheidungsfreude abverlangt.

Natürlich gab es auch Flops. Als Fehlschlag „berühmt" wurde das vom Bundeswirtschaftsminister initiierte sogenannte Selbstbeschränkungsabkommen der Warenhäuser aus den sechziger Jahren. Zugunsten des mittelständischen Einzelhandels versprachen die Warenhäuser, bei der Ausweitung ihrer Verkaufsflächen kürzer zu treten.

Im Ergebnis kam dieses Abkommen aber nicht dem mittelständischen Handel, sondern den Falschen, nämlich den aufstrebenden Unternehmen der „grünen Wiese" zugute.

Fazit: Das Konzept der Sozialen Marktwirtschaft in seinem praktischen Vollzug bedeutete nicht Liberalität schlechthin mit offenem Ergebnis, es zielte vielmehr auf eine bestimmte, ausgeglichene Gesellschaftsstruktur ab. So sahen es auch Franz Böhm, Walter Eucken, Alexander Rüstow und Alfred Müller-Armack, die wissenschaftlichen Büchsenspanner Ludwig Erhards.

Erhard selbst hat sein Credo auf dem CDU-Parteitag der britischen Zone Ende August 1948 in Recklinghausen sinngemäß so formuliert: Die alte konservative soziale Struktur, die einerseits durch eine dünne Oberschicht, die sich alles leisten könne, andererseits durch eine sehr breite Unterschicht mit unzureichender Kaufkraft gekennzeichnet sei, müsse endgültig überwunden werden. Das Mittel zum Wohlstand sei der Wettbewerb. Auf dem Weg über den Wettbewerb werde – im besten Sinne des Wortes – eine Sozialisierung des Fortschritts und des Gewinns bewirkt und dazu noch das persönliche Leistungsstreben wachgehalten.

Nur im Blick auf diese sozialpolitische Zielsetzung schlossen sich die deutschen Sozialdemokraten 1959 unter dem Einfluß von Heinrich Deist und Karl Schiller in ihrem „Godesberger Programm" dem Konzept der Sozialen Marktwirtschaft an. Seitdem sind CDU und SPD mit ihrer Wirtschafts- und Sozialpolitik immer weiter aufeinander zugegangen; unseren Wohlfahrtsstaat haben sie beide zu verantworten. Dabei haben sie einen Nachsatz Ludwig Erhards zuwenig beachtet: „Wir dürfen unter dem sich ausweitenden Konsum die Mehrung der Produktivität der Wirtschaft nicht vergessen."

Immerhin hat diese Art von Wettbewerbspolitik dazu beigetragen, daß bei gleichwohl hohem gesamtwirtschaftlichen Ergebnis einem Kahlschlag im Bereich des Mittelstands entgegengewirkt wurde und die Einkommensunterschiede sich in Grenzen hielten. Vom Direktor bis zum Facharbeiter, vom Handwerksmeister bis zu den Angehörigen der freien Berufe, alle aßen im wesentlichen das gleiche, trugen die gleiche Kleidung, fuhren die gleichen Autos, hatten die gleichen Urlaubsziele.

Die häufige Folge von „Marktwirtschaft pur", Millionäre und Slums und dazwischen eine verunsicherte Mittelschicht, blieb uns erspart. „Verwalteten Wettbewerb" gibt es bei uns und in Brüssel nach wie vor, unser Mittelstand wird von den Politikern auch weiterhin gelobt, aber in der Praxis ist von Nachteilsausgleich im Interesse der mittelständischen

Wirtschaft nicht mehr viel zu spüren. Zwar hat die Erfahrung gelehrt, daß unsere Arbeitsplätze eher beim Mittelstand gut aufgehoben sind. Aber die Großen, auch wenn der Lack längst ab ist, geben im Augenblick wieder einmal den Ton an. Sie reden von „Globalisierung" des Wettbewerbs, kritisieren den Standort Deutschland, drohen mit Auswanderung und beschwören so den Schulterschluß mit dem Staat.

Gottseidank ist unser Mittelstand so leistungsfähig, daß er immer noch das Bild unserer Wirtschaft bestimmt und sich trotz aller Hemmnisse auch immer wieder regeneriert. Unseren Mittelständlern kann man nur empfehlen: Hilf dir selbst, so hilft dir Gott - und warte nicht auf den Staat!

Was ist zu tun?

Die zunehmenden wirtschaftlichen Verflechtungen in Europa und weltweit sind Tatsachen, mit denen wir leben müssen. Diese Entwicklung ist auch erwünscht und hat viele gute Seiten. Denn offene Märkte und freier Austausch von Waren und Leistungen über die Grenzen hinweg können allen Beteiligten Vorteile bringen; sie vermindern auch die Risiken gewaltsamer Auseinandersetzungen.

Eine solche Politik verlangt Geduld und langen Atem. Sie muß fein dosiert und kann nicht ohne Rücksicht auf die immer noch unterschiedlichen nationalen Interessen vorangetrieben werden. Franzosen, Engländer und alle anderen Partner in der Europäischen Union handeln auch danach. Unsere politische Klasse hingegen hat sich aus Gründen, die anscheinend in unguten Gefühlen sich selbst gegenüber liegen, der Erwartung verschrieben, das gute alte Deutschland sang- und klanglos im vereinten Europa aufgehen, besser noch: verschwinden zu lassen. Vielleicht ist dieser Opfergang als Initialzündung

für einen großen Sprung nach vorn im europäischen Einigungsprozeß gedacht. Da es bisher aber einen Konsens über den materiellen Inhalt einer einheitlichen europäischen Politik nicht gibt und die allseitige Bereitschaft zu solcher Gemeinsamkeit eher schwindet, wären die Erfolgsaussichten – gelinde gesagt – höchst ungewiß.

Ein vorschneller Verzicht auf eigene Wirtschaftspolitik würde uns unkalkulierbaren Risiken aussetzen. Das Unvermögen Europas, geschlossen auf die Massaker in Bosnien zu reagieren, hat wiederum gezeigt, daß die Europäische Union zu einer einheitlichen europäischen Politik noch nicht imstande ist. Auch in der Wirtschaftspolitik gibt es noch keine einheitliche Linie und noch keine klare Vorstellung von der zukünftigen europäischen Wirtschafts- und Sozialordnung.

Auf der anderen Seite stehen die „Global Player", die multinationalen Konzerne. Massen von Kapital lassen sich heute mit Lichtgeschwindigkeit von einem zum anderen Wirt auf der Erde hin- und herschieben. Wir laufen Gefahr, uns dem Regiment einer immer kleiner werdenden Zahl privater Machtzentren und ihrer weltweit agierenden Manager auszuliefern. Arbeit als Produktionsfaktor würde nichts mehr gelten. Bei offenen Grenzen ist jeder ersetzbar, und der Billigste kommt zum Zuge. Und die Brüsseler Bürokratie, parlamentarisch nur unzulänglich legitimiert und kontrolliert und von den vielen unterschiedlichen nationalen Interessen zerrissen, wäre uns kein zuverlässiger Schutz.

Dieses Horror-Szenario müssen wir vermeiden. Wenn es auch fast zu spät ist, um unsere Insel der Seligen in der gewünschten Façon zu halten, sollten wir uns den Stürmen nicht tatenlos hingeben, sondern versuchen, das Heft in der Hand zu behalten. Unsere Wirtschaftsordnung ist auch Teil unserer Kultur.

Dem amerikanischen Kapitalismus sollten wir nicht nacheifern. Der amerikanische Traum ist uns ebenso fremd wie den Amerikanern unsere Konsensgesellschaft. „Efficiency" ist für uns nicht Selbstzweck, die Kapitalrendite ist nicht unser Traumziel, wir leben und arbeiten nicht, um „Shareholder's value" zu steigern. Eine Volkswirtschaft ist bei uns dazu da, möglichst vielen ein glückliches Leben zu ermöglichen. Wir sehen auch nicht die Arbeit als beliebig disponiblen Produktionsfaktor an.

Unser Reichtum und Faustpfand ist der Standort Deutschland. In der Mitte Europas und mit hervorragender Infrastruktur, ist er für die Wirtschaft so gut, daß die Politik kaum genug Fehler machen könnte, um seine Vorteile aufzuwiegen.

Allerdings brauchen wir Kurskorrekturen, wobei das „Was" im wesentlichen unstreitig ist. Die Kosten für Investitionen müssen gesenkt werden, ohne daß wir zugleich soziales Elend produzieren. Wir brauchen überall mehr Leistungsanreize. Die Steuerung über den Preis läßt sich durch nichts ersetzen, sie ist das Herz der Marktwirtschaft. Die Privatisierung von Staatsbetrieben muß forciert weiter gehen.

Die Erfahrung zeigt immer wieder, daß der Staatsapparat von seiner Struktur her nicht erfolgreich wirtschaften kann. Die Renten- und Sozialversicherungskassen müssen den jeweiligen Beitragszahlern vorbehalten bleiben. Mit unserer Scheckbuchdiplomatie muß Schluß sein. Sogar russische Gesprächspartner fragen mich schon, weshalb wir, die Deutschen, unser Geld immer von anderen ausgeben lassen.

Falsche Zeichen setzt unser Wohlfahrtsstaat, der sanfte Sozialismus, in den wir längst hineingeschlittert sind und der sich am Bild des von der Wiege bis zur Bahre betreuten Bürgers zu berauschen scheint. Die natürliche Selbstverantwortung jedes einzelnen für sein Schicksal, seine Anlagen, seine Lebensführung, seine Entscheidungen und seine Fehlgriffe wurde mit Akribie Stück für Stück abgebaut und auf die Gesellschaft verlagert. Alle nur denkbaren Individualrechte wurden gesetzlich verbrieft, individuelle Verantwortung aber immer weiter reduziert. Jeder Querulant kann Mehrheiten leerlaufen lassen. Manchmal frage ich mich, welche Verkrampfungen die Initiatoren solcher Gesetze antreiben und ob sie nicht erkennen, welch verderbliche Anreizmechanismen sie dadurch schaffen. Dabei geht es nicht um den vieldiskutierten Mißbrauch unserer Sozialsysteme. Mißbrauch ist dem Wohlfahrtsstaat immanent; nicht nur die „kleinen Leute" nehmen sich, was sie kriegen können. Das eigentliche Übel ist die falsche Lebenseinstellung, die Anspruchshaltung, die der Wohlfahrtsstaat produziert. Die Betreuten werden um die Chance gebracht, den aufrechten Gang zu erlernen. Demgegenüber wird unser Mittelstand, wirtschaftlich und gesellschaftlich unsere Basis, immer mehr zur Milchkuh. Und die falschen Helden leben sich aus.

Für den Mittelstand müssen wir mehr tun. Die kleinen und mittleren Unternehmen bleiben auch im Zeitalter der Globalisierung die Stütze unserer Wirtschafts- und Gesellschaftsordnung. Die Großunternehmen werden ihre Produktionsstätten mehr und mehr in der Welt verteilen müssen. Nur unser Mittelstand verspricht genügend einheimische Arbeitsplätze. Mittelstandspolitik ist Nachteilsausgleich. Die Großen sitzen nach wie vor und heute mehr als früher den Politikern auf dem Schoß. Solange die Sicherung der Arbeitsplätze höchstes Ziel ist, haben sie ein gewaltiges Nötigungspotential in der Hand. Die Großen riskieren kaum noch etwas, kaum eine Investition in neue Märkte läuft ohne Subvention. Die Last der Anpassung an den verstärkten weltweiten Wettbewerb trägt vor allem unser Mittelstand.

Schwierig ist das „Wie" solcher Kurskorrekturen. Im Blick auf unsere verwöhnten, mißmutigen und immobilen Eliten erscheint es schier unmöglich, den oft zitierten Artikel Null des Grundgesetzes zu überwinden, welcher lautet: „Besitzstände sind zu erhalten." Unser Ständestaat mit der geschlossenen Gesellschaft seiner Funktionäre hat ein Ausmaß an Arroganz und Unbeweglichkeit erreicht, das auch bei normalen, gutwilligen Bürgern Verdrossenheit hervorruft. Wir haben gestandene, renommierte Politiker, die es sich leisten könnten, auch einmal die Konfrontation zu wagen. Gewerkschaftler, die den Untergang des Sozialstaats beschwören, wenn es um ein paar Stunden bezahlte Mehrarbeit geht, gehören an den Pranger. Ebenso skandalös ist ein Steuerrecht, das Abschreibungen zuläßt, durch die hohe Einkommen sich praktisch steuerfrei stellen lassen.

Dabei geht es nicht nur um die konkreten Einnahmeausfälle für die Staatskasse, sondern auch um die schlechte Optik und die Ungerechtigkeit, die unsere Marktwirtschaft im ganzen in Verruf bringt.

Überhaupt darf es nicht dazu kommen, daß nur die kleinen Leute die Zeche falscher Marktwirtschaftspolitik zahlen. Die unvermeidliche Erhöhung der Mehrwertsteuer geht ohnehin zu ihren Lasten. Man muß ihnen aber auch geduldig immer wieder klarmachen, daß wir nicht länger das Land mit den höchsten Löhnen und zugleich mit der meisten Freizeit sein können.

Die Leute sind nicht so dumm und uneinsichtig, wie manche Talkshows vermuten lassen könnten. Sie wollen aber das Gefühl haben, daß nicht nur sie den Gürtel enger schnallen müssen.

Wahrscheinlich am dringendsten benötigen wir eine neue Identität, einen Konsens über unsere Interessen und unseren künftigen Weg, als Staat und Nation innerhalb der Europäischen Union und in der großen weiten Welt. Ohne ein nationales Selbstwertgefühl, wie es für unsere Partner in Europa selbstverständlich ist, werden wir uns auch wirtschaftlich nicht behaupten. Diese Binsenweisheit wird bei uns verdrängt, unsere politische Klasse will sie nicht wahrhaben. Die oft hysterischen Züge unserer Rechts-Links-Diskussion, selbstverordnete Denkverbote, wie überhaupt die geistige und moralische Verunsicherung zeigen aber deutlich, wie dringend wir Perspektiven brauchen. Der Wegfall der Ost-West-Konfrontation und die Wiedervereinigung brachten uns eine neue Stunde Null, wie 1945, als wir mit dem Wiederaufbau anfingen. Wie damals, brauchen wir auch heute eine „corporate identity", auch um einen Kristallisationskern zu gewinnen, aus dem sich neue Gemeinsamkeiten entwickeln können.

Wir zappeln im Netz eines Zeitgeistes, der vielen deshalb gefällt, weil er ihnen schrankenlose Selbstverwirklichung erlaubt, ja, sie ihnen geradezu abverlangt und dadurch von vornherein jede Verantwortung für das Ganze, jeden Gemeinsinn hintanstellt.

Viele Bürger fragen sich, weshalb gerade sie sich zurückhalten sollen. Steuerhinterziehung, Schwarzfahren, Versicherungsbetrug, Ladendiebstahl werden weithin nicht mehr als Unrecht empfunden. Von der zunehmenden Gewaltbereitschaft ganz zu schweigen. Polizisten sind frustriert, weil sie Übeltäter, die sie gerade einkassiert hatten, wenig später auf der Straße wiederfinden. Die Selbstjustiz in Gestalt von Fußtritten und Schlägen, zu der einfache Gemüter unter ihnen sich hinreißen lassen, ist gegen das Gesetz, auch nicht entschuldbar, zwingt uns aber zum Nachdenken. Wer von den besseren Herrschaften, die sich immer gleich entrüstet geben, wollte wohl Wochenende für Wochenende, oft in stickigen Mannschaftswagen und schlecht bezahlt, abwarten, ob die Chaoten zuschlagen oder nicht?

Manche Nutznießer der Bindungslosigkeit in unserer intellektuellen Schickeria wollen gar keine neue staatliche und nationale Identität, weil sie Pflichten scheuen, oft keinerlei soziale Kompetenz haben. Und niemand sagt es ihnen. Was soll das abstrakte Gerede vom „Verfassungspatriotismus", unter dem sich der Normalbürger nichts vorstellen kann?

Lassen wir die Dinge so laufen, könnten wir – ungewollt – wiederum zum Störenfried der europäischen Völkerfamilie werden. Wir sind, in der Mitte Europas, zu groß, als daß wir uns Charakterlosigkeit und damit zugleich Unkalkulierbarkeit leisten könnten. Die gebetsmühlenhaft wiederholte Beteuerung, wir wollten in aller Bescheidenheit in der Europäischen Union aufgehen, muß unsere Nachbarn verunsichern. Selbst mit normalem Selbstbewußtsein ausgestattet, wollen sie Europa in dieser oder jener Form nur, um ihre eigenen nationalen Interessen voranzubringen. Die Europapolitik der anderen beweist es immer wieder, und das ist auch völlig natürlich. Der Nationalstaat ist eben nicht tot; ja, er feiert in einer Welt der Unsicherheit eher fröhliche Urständ. Dabei schließe ich nicht aus, daß die Jüngeren allmählich ein Stück echte Internationalität entwickeln.

Wenn jedoch heute ein Achtzigmillionenvolk sich ziert, klar definierte eigene Interessen zu formulieren, und es vorzieht, Wesenlosigkeit zu demonstrieren und sich als Durchgangszimmer für eine beliebige multikulturelle Population zu empfehlen, wird diese Masse Mensch zum Risiko. Wer kann dafür garantieren, daß nicht unsere nächste oder übernächste Generation das Vakuum so oder so auffüllt und Europa wieder durcheinanderbringt.

So verstehe ich auch das Bemühen vieler unserer Freunde in der Welt, uns neues Selbstvertrauen einzuhauchen. Warum hauen wir beispielsweise nicht endlich in Brüssel auf den Tisch und fordern, wenn schon nicht die unserer Bevölkerungszahl entsprechenden Sitze im Europäischen Parlament, so doch wenigstens Parität bei der Finanzierung der Europäischen Union und Deutsch als Amtssprache, was es im täglichen Umgang gar nicht mehr ist?
Ich wette, selbst Franzosen und Briten würden erleichtert aufatmen, hätte doch der ungelenke Koloß endlich zu sich selber gefunden. Und wir Deutschen hätten die Chance, zu einem neuen Konsens über die Fortschreibung unserer Sozialen Marktwirtschaft zu kommen.

Zusammen mehr bewegen!

Alte Leipziger Unternehmensverbund: Erfolg durch Partnerschaft und gemeinsame Verantwortung

Gemeinsam ist man stärker. Das spürte Ludwig Erhard, der Vater des Wirtschaftswunders und »Erfinder« der sozialen Marktwirtschaft. Als verantwortliche Sozialpartner beteiligte er Arbeitgeber und Arbeitnehmer sowie ihre inner- und außerbetrieblichen Interessenvertretungen gleichermaßen an den Früchten des rasanten Wirtschaftswachstums, im Sinne des Interessenausgleichs und der gerechten Teilhabe am Erfolg des wirtschaftlichen Handelns. Der Wiederaufbau der Bundesrepublik war die große Bewährungsprobe für diese Ideen.

Keine Gesellschaft, keine Volkswirtschaft, kein Betrieb, kein Mensch weiß, kann, leistet alles zugleich. Nur wenn man seine eigenen Stärken erkennt, sich auf seine Fähigkeiten konzentriert und sich gegenseitig ergänzt, lassen sich bleibende Erfolge erzielen. Mit vereinten Kräften beseitigt man viele Probleme und Gefahren, mindert Risiken und räumt so manche Widerstände aus. Wechselseitiges Aufeinander-angewiesen-Sein trifft insbesondere auf sensible Produkte wie Versicherungen und Finanzdienstleistungen zu. Denn sie erfordern in hohem Maße gegenseitiges Vertrauen. Schließlich geht es um anvertraute Gelder der Versicherten und Kunden, Gelder, die zum Risikoschutz und/oder zur materiellen Zukunftsvorsorge sicher und renditeträchtig angelegt werden sollen. Dieser schwierigen Aufgabe widmet sich der Alte Leipziger Unternehmensverbund schon seit Generationen, im Sach- und Lebensversicherungsbereich sogar bereits seit der ersten Hälfte des 19. Jahrhunderts. Die bewährte Kapitalanlagepolitik – allen voran der Lebensversicherungsgesellschaft im Unternehmensverbund – richtet sich nach Bonität, Sicherheit und Rentabilität. Erstklassige Anlagepapiere, Wohn- und Gewerbe-Immobilien sowie ausgesuchte Aktien und ein umfangreiches Beteiligungs-Portefeuille spielen dabei eine zentrale Rolle.

Der Gedanke des Vertrauens und des Aufeinanderangewiesen-Seins kommt besonders in der Rechtsform des Versicherungsvereins auf Gegenseitigkeit zum Ausdruck, in der die Alte Leipziger Lebensversicherungsgesellschaft auf Gegenseitigkeit und die Hallesche-Nationale Krankenversicherung auf Gegenseitigkeit organisiert sind. Dieses Denken bestimmt die gesamte Konzernpolitik.

Klarer Kurs: Kundenorientierung und Geschäftspartnerschaft

Es ist eher selbstverständlich, daß sich bei einem Konzern, der keine außenstehenden Eigentümer seiner Muttergesellschaften kennt, die Geschäftätigkeit ausschließlich auf die Mitglieder, d. h. unsere Kunden, seien es Versicherungsnehmer, Bausparer oder Investmentsparer, konzentriert. Gemeinsam mit kompetenten Vermittlern, d. h. selbständigen General- und Mehrfachagenten sowie Maklern, werden optimale Dienstleistungen für den individuellen Bedarf geboten. Der Unternehmensverbund beabsich-

tigt auch künftig, beim Absatz seiner Produkte keine anderen Vertriebsformen einzusetzen. Die Angebotspalette umfaßt neben Lebens- und Krankenversicherungen den gesamten Kompositbereich – auch im gewerblichen Sektor – sowie Bauspar- und Investmentprodukte. Einen hohen Anteil hat dabei die betriebliche Altersversorgung, die keinesfalls zur Erhöhung der Lohnnebenkosten führen muß.

Der Unternehmensverbund sorgt für überzeugende, preiswürdige, praxisgerechte Produkte und Problemlösungen für den Privat- wie für den Selbständigen- und Firmenbereich und legt Wert auf hohe Beratungsqualität. Die Vermittler übernehmen Information und Betreuung der Kunden und Versicherten. Gerade persönlicher Kontakt erlaubt bestmöglichen Service, verhindert die im Einzelfall häufig wenig geeigneten Standard-Konzepte und schafft ein Vertrauensverhältnis, das bei unsichtbaren Produkten eine gegenständlich konkrete Beschreibung (wie z. B. bei Autos oder Küchenmaschinen) ersetzen muß.

Gegenseitigkeit aus Prinzip

B eim Alten Leipziger Unternehmensverbund bilden zwei Versicherer auf Gegenseitigkeit, die Alte Leipziger Lebensversicherungsgesellschaft aG (Bild links die Direktion in Oberursel) und die Hallesche-Nationale Krankenversicherung aG (Bild rechts oben die Direktion in Stuttgart), einen Gleichordnungskonzern. Versicherungsvereine auf Gegenseitigkeit sind unabhängig von fremden Kapitalgebern und gehören den Versicherungsnehmern selbst. Sie dienen somit ausschließlich den Interessen der Versicherten. Strikte Kundenorientierung bestimmt aber auch die Geschäftspolitik der anderen Mitglieder des

Alten Leipziger Unternehmensverbundes: Alte Leipziger Versicherung AG, Alte Leipziger Bausparkasse AG, Rechtsschutz Union Versicherungs-AG, Alte Leipziger Trust Investment-Gesellschaft mbH, AURAS Ingenieurgesellschaft für aktive Umweltberatung, Risikoanalyse und Sicherheit mbH, DGI-Dienstleistungsgesellschaft für Gewerbe und Industrie mbH, Alte Leipziger Institut für betriebliche Versorgungsleistungen mbH und Zenith Versicherung AG. Sie alle haben – außer der Halleschen-Nationalen und der Rechtsschutz Union – ihren Hauptsitz in Oberursel. Mit den genannten Versicherern, Finanzdienstleistern und Beratungsunternehmen bildet der Unternehmensverbund eine große, marktrelevante Einheit in der deutschen Versicherungs- und Finanzdienstleistungsbranche. Über Tochtergesellschaften bzw. Kooperationen zeigt er Flagge in Westeuropa, dem östlichen Mitteleuropa und Osteuropa. Gerade in ehemals kommunistischen Ländern mit ihrem wirtschaftlichen Nach- und Aufholbedarf wird – unter dem Dach der Gesellschaft Alte Leipziger Europa – wertvolle Pionierarbeit beim Aufbau marktwirtschaftlicher Strukturen in den Versicherungsmärkten Polens, der baltischen Länder, Rußlands und Weißrußlands, geleistet. Sicherlich sind diese Investitionen nicht sogleich rentabel, sie beruhen jedoch auf einer Grundüberzeugung, die mit Freiheit und Verantwortung zu tun hat. Es sind Wertvorstellungen, für die Ludwig Erhard als erfolgreiches, leuchtendes Beispiel steht.

Über die legitimen Wirtschaftsinteressen hinaus fühlten sich die Gesellschaften des heutigen Unternehmensverbundes seit jeher ebenfalls dem Allgemeinwohl verpflichtet. Heute fördern sie mit Stiftungen und Spenden soziale Zwecke, medizinische Forschung sowie Kunst und Kultur insbesondere in Oberursel bei Frankfurt am Main, in Stuttgart und Leipzig.

ALTE LEIPZIGER

UNTERNEHMENSVERBUND

Prof. Dr.
Ulrich van Suntum

VITA:

Ulrich van Suntum ist am 6. Januar 1954 in Hamm/Westfalen geboren. In den Jahren 1972 bis 1977 studiert er Volkswirtschaftslehre in Münster und Bochum. Er promoviert in Bochum 1981 bei Prof. Dr. Hans Besters; Thema ist die Regionalpolitik in der Marktwirtschaft. Im Jahre 1984 folgt die Habilitation in Bochum über „Konsumentenrente und Verkehrssektor". Anschließend ist er von 1985 bis 1990 Professor für Volkswirtschaftslehre in Bochum. In den Jahren 1987/88 ist er Generalsekretär des Sachverständigenrates zur Begutachtung der gesamtwirtschaftlichen Entwicklung. Nach seiner Tätigkeit an der Universität in Bochum geht er von 1990 bis 1995 an die Universität Witten/Herdecke. Hier hat er den Lehrstuhl für Wirtschaftspolitik und Konjunkturforschung inne und ist darüber hinaus Leiter des gleichnamigen Institutes. 1994 folgt ein Ruf an die Universität Rostock, den er jedoch ablehnt. 1995 folgt ein weiterer Ruf an die Universität Münster; hier ist er seit März 1997, in der Nachfolge von Prof. Dr. Rainer Thoss, Direktor des Instituts für Siedlungs- und Wohnungswesen.

Neben zahlreichen Veröffentlichungen ist Prof. van Suntum aktiv als Mitglied im dogmenhistorischen Ausschuß des Vereins für Socialpolitik. Zudem entwickelt er 1992 den Handelsblatt-Frühindikator für Westdeutschland, 1995 das Handelsblatt-Konjunkturbarometer für Ostdeutschland. Von 1993 bis 1998 arbeitet er im Auftrag der Bertelsmann-Stiftung an einem Forschungsprojekt zum Thema „Internationaler Vergleich der Beschäftigungspolitik in 20 Industrieländern".

Fünf falsche Rezepte gegen die Arbeitslosigkeit und eine wirksame Medizin

von Ulrich van Suntum

In der Ökonomie ist es wie in der Medizin: Die Schulökonomen sind sich weitgehend einig darüber, wie Arbeitslosigkeit entsteht und was man dagegen tun kann. Aber es gibt zahlreiche Außenseiter und ökonomische Wunderheiler, die gänzlich andere Rezepte anzubieten haben. Meist handelt es sich um Heilmethoden, die jedermann sofort plausibel erscheinen und die wesentlich angenehmer sind als die unpopulären Maßnahmen, welche die Schulmediziner unter den Ökonomen empfehlen. Im folgenden werden die fünf wichtigsten Rezepte aus der ökonomischen Alternativmedizin vorgestellt und auf ihre Wirksamkeit einschließlich der Risiken und Nebenwirkungen überprüft.

Die Kaufkrafttheorie der Löhne

Hinter der Kaufkrafttheorie der Löhne steht der einfache Gedanke, daß höhere Löhne mehr Kaufkraft schaffen, die wiederum zu mehr Nachfrage und damit zu mehr Beschäftigung führen soll. Oft beruft man sich dabei auf die keynesianische Theorie, obwohl Keynes selbst niemals die Kaufkrafttheorie der Löhne vertreten hat.

Der Fehler in dieser Theorie ist schnell gefunden [1]: Nicht nur die Nachfrage steigt, sondern auch die Kosten pro Produkteinheit nehmen zu. Angenommen etwa, die Löhne werden um 20 % angehoben. Dann werden auch die Produktpreise steigen, allerdings um weniger als 20 %, weil ja die Löhne nur einen Teil der Produktionskosten ausmachen. Nehmen wir an, die Preise steigen um 10 %; dann bleibt insoweit also nur eine Reallohnsteigerung um ebenfalls rd. 10 %. Die reale Kaufkraft der Arbeitnehmer ist dann also nur um rd. 10 % gestiegen und nicht etwa um 20 %, wie uns eine allzu naive Version des Kaufkraftargumentes glauben machen könnte.

Damit aber nicht genug: Die gestiegenen Preise reduzieren auch die Kaufkraft der Kapitaleinkommen, die ja nicht gestiegen sind. Also steht der realen Kaufkraftsteigerung der Arbeitnehmer eine reale Kaufkraftsenkung der Bezieher von Gewinnen und Zinseinkommen gegenüber. Wir wollen nun den für die Kaufkrafttheorie günstigsten Fall unterstellen, daß die Unternehmen trotz der höheren Reallöhne und trotz der gesunkenen Rendite ihre Produktion nicht einschränken und auch niemanden entlassen. Dann wird das nominale Volkseinkommen um rd. 10 % steigen, nämlich genau mit der Preissteigerungsrate. Das reale Volkseinkommen und damit die reale Kaufkraft der Gesamtwirtschaft wäre aber nicht höher als zuvor, weil die nominale Einkommenserhöhung ja genau der Preissteigerungsrate entspricht.

Also wird die gesunkene Kaufkraft der Kapitaleinkommen die gestiegene Kaufkraft der Lohneinkommen genau kompensieren, und eine reale Kaufkraftsteigerung der Volkswirtschaft insgesamt kommt gar nicht zustande. Es ändert sich nur die Zusammensetzung der Güterproduktion, nämlich tendenziell zugunsten der Konsumgüterproduktion und zu Lasten der Investitionen, weil die Arbeitnehmer in der Regel weniger sparen als die Bezieher von Kapitaleinkommen. Eine sinkende Investitionsquote wird aber letztlich zu

---

[1] *Vgl. zu einer ausführlichen, modelltheoretischen Beweisführung U. van Suntum, Kaufkrafttheorie der Löhne. Wirtschaftswissenschaftliches Studium Heft 1/1997 sowie auch G. Dieckheuer, Makroökonomik, Berlin u.a., 2. Aufl. 1995, S. 285-288.*

geringerer Produktion und weniger Arbeitsplätzen führen als es ohne die Lohnsteigerung der Fall gewesen wäre.

Es kommt aber noch schlimmer: Realistischerweise muß man nämlich davon ausgehen, daß bei steigenden Reallöhnen und sinkenden Renditen die Produktion keineswegs unverändert bleibt. Vielmehr wird es sofort zu Entlassungen kommen, zumal ja die reale Güternachfrage insgesamt eben nicht gestiegen ist. Also wird das reale Volkseinkommen und damit auch die reale Kaufkraft der Gesamtwirtschaft infolge der Lohnerhöhung sogar sinken, weil durch die Entlassungen weitere Kaufkraft verloren geht. Am Ende werden sich die noch beschäftigten Arbeitnehmer zwar über eine Reallohnsteigerung freuen können, aber die Arbeitslosigkeit wird höher sein als zuvor.

Es gibt nur einen Fall, in dem Lohnerhöhungen nicht zwangsläufig zu Beschäftigungseinbußen führen, und das ist die Situation einer keynesianischen Unterbeschäftigung. Genauer gesagt muß man unterstellen, daß die Preise in der Ausgangslage bereits zu hoch sind, z.B. aufgrund eines plötzlichen Zusammenbruchs des Geldkreislaufes, wie es in der Weltwirtschaftskrise der 30er Jahre der Fall war. In einer solchen Situation würden die Unternehmen von der Kostenseite her gesehen gerne mehr produzieren, aber der allgemeine Liquiditätsmangel läßt wegen der zu hohen Preise keinen entsprechenden Absatz zu. Sind nun die Preise nach unten unflexibel, so kann diese Situation nur durch einen Anstieg der Nachfrage behoben werden. Hier könnten Lohnsteigerungen in begrenztem Ausmaß tatsächlich zu Neueinstellungen führen, denn sie hätten zunächst keine Preissteigerungen zur Folge und würden somit in der Tat die reale Kaufkraft und die reale Güternachfrage steigern. Sobald allerdings die Preise wieder zur nominalen Nachfrage passen und die Absatzbeschränkung damit überwunden ist, würden weitere Lohnsteigerungen die gleichen negativen Wirkungen haben

wie oben beschrieben.

Aber auch die anfänglich positiven Wirkungen der Lohnsteigerung würden teuer erkauft. Denn der gestiegene Reallohn würde nach Überwindung der Absatzbeschränkung nur eine geringere Beschäftigung ermöglichen, als es ohne Reallohnsteigerung der Fall wäre. Besser wäre es daher, die Nachfrage auf anderem Wege als über steigende Löhne anzukurbeln, beispielsweise über höhere Staatsausgaben. Dies war auch der Weg, den Keynes selbst empfohlen hat. Sobald die Investitionen anspringen, würde der Wirtschaftskreislauf von selbst wieder in Schwung kommen. Denn Investitionen erhöhen nicht nur das Angebot, sondern auch die Güternachfrage, weil es zu steigenden Einkommen in der Investitionsgüterindustrie kommt, die wiederum zu steigender Konsumgüternachfrage führen usw.. Also könnte die Staatsnachfrage alsbald wieder zurückgeführt werden, so daß hier im Gegensatz zu einer Nachfragesteigerung über höhere Löhne keine dauerhafte Kostenerhöhung (etwa auf dem Wege höherer Steuern zur Finanzierung der Staatsnachfrage) auftritt.

Zusammenfassend kann man also vor dem Rezept einer Lohnerhöhung selbst im Falle einer keynesianischen Unterbeschäftigungssituation nur warnen: Die kurzfristig positiven Wirkungen würden durch eine mittelfristige Beeinträchtigung der Beschäftigungsmöglichkeiten erkauft, so daß man besser auf andere nachfragesteigernde Maßnahmen setzt, idealerweise auf eine möglichst unmittelbare Erhöhung der Investitionen, notfalls auch im Staatssektor.

Zinssenkungen und expansive Geldpolitik

Immer wieder wird empfohlen, Produktion und Beschäftigung dadurch zu erhöhen, daß mehr Geld in den Wirtschaftskreislauf gepumpt wird und die Zentralbank ihre Zinsen senkt. Dahinter steht die Vorstellung der sog.

Phillipskurve, wonach die Beschäftigung um so höher sein wird, je mehr Inflation man zuläßt.

Wiederum mag dies kurzfristig auch gelingen: Die gestiegene Geldmenge gaukelt den Unternehmen eine steigende reale Nachfrage vor, und etwa einsetzende Preissteigerungen werden die Reallöhne senken, so daß der Einsatz von Arbeitskräften rentabler wird. Tatsächlich lassen sich solche Wirkungen im Konjunkturaufschwung beobachten.

Das dicke Ende kommt jedoch regelmäßig hinterher[2]: Die steigenden Preise werden die Gewerkschaften veranlassen, entsprechend höhere Lohnforderungen zu stellen, so daß alsbald die Reallohnsenkung wieder zunichte gemacht wird. Steigende Preise reduzieren zudem die reale Kaufkraft, und sie werden auch die Zinsen wieder steigen lassen. Denn für die Finanzierung der bisherigen Konsum- und Investitionsgütermengen wird jetzt mehr Geld benötigt, und außerdem werden die Kapitalbesitzer versuchen, die Inflationsrate auf ihre Zinsforderungen aufzuschlagen, weil sie ja ihr ausgeliehenes Kapital in schlechterem Geld zurückbekommen, als sie es ausgeliehen haben.

Versucht nun die Zentralbank, die von ihr ausgelöste Inflation wieder einzudämmen, so wird es sogar zu Beschäftigungseinbrüchen kommen: Denn inzwischen werden Kapitalbesitzer und Gewerkschaften die Inflationsrate in ihre Forderungen bereits einkalkuliert haben. Fällt diese nun aber wegen der Stabilitätsbemühungen der Zentralbank geringer aus als erwartet, so kommt es dementsprechend zu realen Lohn- und Zinssteigerungen. Damit wird der Abschwung eingeleitet, und am Ende ist bei der ganzen Aktion nicht mehr herausgekommen als eine Destabilisierung des Konjunkturverlaufs.

Die Inflationsmedizin ist also nichts anderes als eine kurzfristig wirkende Droge, die auf Dauer keine Heilung bringen kann. Längerfristig wird sie das Befinden des Patienten sogar nachhaltig verschlechtern. Zum einen wird sie selbst kurzfristig immer weniger wirken, je öfter man sie anwendet, denn dann werden Unternehmen, Kapitalbesitzer und Gewerkschaften sich kaum noch von der künstlichen Nachfragesteigerung täuschen lassen. Dementsprechend führt eine steigende Geldmenge dann kaum noch zu Produktionssteigerungen, sondern sehr rasch zu reiner Inflation: Das Phänomen der Stagflation tritt auf, so wie es in den 70er und 80er Jahren in vielen Industrieländern zu beobachten war.

Würde man nun versuchen, die Dosis ständig zu steigern, so könnte auch dies bald nicht mehr wirken; stattdessen würde nur der Geldwert und damit zunehmend die Funktion des Geldes als Wertaufbewahrungsmittel und allgemein anerkannte Recheneinheit zerrüttet. Am Ende stünde die Situation einer Hyperinflation, ähnlich wie sie in Deutschland nach den beiden Weltkriegen, in Lateinamerika während der 80er Jahre und in Osteuropa nach dem Zusammenbruch des Sozialismus aufgetreten ist: An die Stelle der Geldwirtschaft tritt dann ein Rückfall in die Naturaltauschwirtschaft, in der Ware nur noch gegen Ware abgegeben wird, oder es werden ausländische Währungen verwendet, die aber in der Regel knapp sind. Also müssen schließlich Produktion und Beschäftigung zusammenbrechen, so wie es in allen angeführten Fällen letztlich auch zutraf.

Protektionismus

Vielfach wird behauptet, billige Importe aus dem Ausland würden die inländische Produktion verdrängen und damit Arbeitsplätze vernichten. Als Rezept dagegen werden der inländischen Volkswirtschaft protektionistische Handelsschranken wie Zölle, mengenmäßige Importbeschränkungen oder gar Importverbote für allzu preiswerte Konkurrenzprodukte aus dem Ausland verschrieben.

---

[2] *Vgl. dazu im einzelnen zum Beispiel B. Felderer/St. Homburg, Makroökonomik und neue Makroökonomik, Berlin u.a., 2. Aufl., S. 263 -268.*

Dies sind uralte Rezepte aus der Hexenküche des Merkantilismus, und nach dem bahnbrechenden Theorem von David Ricardo über die relativen Kostenvorteile aus dem Jahre 1817 sollte klar sein, daß auch von diesem Heilmittel nur Übles zu erwarten ist. Trotzdem wird es immer wieder feilgeboten, und so wollen wir auch hier versuchen, den Fehler in möglichst einfacher Form aufzudecken.

Irrig ist zunächst die Vorstellung, das Inland könne mit Billigimporten aus dem Ausland gleichsam überschwemmt werden, ohne entsprechende eigene Exporte zu tätigen. Dies würde ja bedeuten, daß das Ausland uns permanent steigenden Kredit gibt, was aber auf Dauer nicht vorstellbar ist. Sieht man von der Möglichkeit ab, daß uns das Ausland seine Exportgüter einfach schenkt, so müssen diesen stets irgendwelche Exporte unsererseits in das Ausland gegenüberstehen.

Der wichtigste Mechanismus dazu ist der Wechselkurs: Bei dauerhaft hohen Importüberschüssen würde der Kurs der inländischen Währung sinken, weil zur Bezahlung der Importe immer mehr ausländische Währung an den Devisenmärkten nachgefragt würde. Ein sinkender Wechselkurs würde aber die inländischen Exporte auf den Auslandsmärkten verbilligen und die ausländischen „Billigimporte", in inländischer Währung gerechnet, verteuern. Den sinkenden Absatzchancen der nicht mehr wettbewerbsfähigen Inlandsbranchen (etwa der Kohle) stehen also stets steigende Absatzchancen anderer Industrien (etwa der Automobilindustrie) gegenüber.

Bei festen Wechselkursen oder im Falle einer Währungsunion ist es nicht anders. Hier würden anhaltende Importüberschüsse des Inlandes zu einer sinkenden Geldmenge im Inland führen, während sie im Ausland entsprechend steigt. Im Falle einer Währungsunion würde das Geld direkt abfließen, im Falle fester Wechselkurse würden die damit verbundenen Interventionspflichten der jeweiligen Zentralbanken für entsprechende Effekte sorgen. Also müßten auf Dauer die Preise und Löhne im Ausland steigen, während sie im Inland sinken, bis schließlich der Zahlungsbilanzausgleich wieder hergestellt ist.

Allerdings müssen die inländischen Produktionsfaktoren, namentlich die Beschäftigten, flexibel und mobil genug sein, um sich an die veränderten relativen Vorteile und den daraus entstehenden Strukturwandel anzupassen. Das wird als unbequem empfunden, und man muß einräumen, daß für einzelne Sektoren und ihre Beschäftigten damit reale Einkommenseinbußen verbunden sein können.

Die Volkswirtschaft insgesamt wird allerdings immer vom internationalen Handel profitieren. Denn dieser bedeutet ja nichts anderes, als daß sich jedes Land auf die Produktion derjenigen Güter konzentriert, die es im Vergleich zum Ausland besser oder preiswerter herstellen kann. Daß es immer solche Güter geben muß, haben wir soeben gesehen, und dies sollte seit Ricardo auch unstreitig sein.

Mit dem internationalen Handel ist es nicht anders als mit der Arbeitsteilung innerhalb der Volkswirtschaft: Wenn der Schriftsteller sowohl besser Bücher schreiben als auch besser putzen kann als das Hausmädchen, wird er sich gleichwohl ganz auf das Bücherschreiben konzentrieren, weil hier sein Vorteil gegenüber dem Hausmädchen relativ größer ist [3]. Also wird es auch für das Hausmädchen

---

[3] *Verdient er beispielsweise pro Stunde doppelt so viel mit schreiben wie ihn das Hausmädchen pro Stunde kostet, so wird er es beschäftigen, solange er nicht mindestens auch doppelt so schnell putzen kann. Kann er aber mehr als doppelt so schnell putzen, so ist es für beide Seiten besser, wenn das Hausmädchen den Schriftsteller als Putzhilfe engagiert und sich selbst anderswo verdingt. Allerdings wird diese volkswirtschaftlich sinnvolle Arbeitsteilung gestört, wenn Steuern gezahlt werden müssen. Beträgt beispielsweise für beide der Steuersatz 50% vom Einkommen, so wird der Schriftsteller auf das Hausmädchen bereits verzichten, sofern er auch nur genauso schnell putzen kann, da seine eigene Putzleistung steuerfrei ist. In gleicher Weise stören Zölle und andere Handelshemmnisse die internationale Arbeitsteilung und sollten daher unterbleiben. Vgl. zu einer ausführlicheren Darstellung z.B. W.J. Ethier, Moderne Außenwirtschaftstheorie, München/Wien, 2. Aufl. 1991, S. 7 ff.*

immer eine Beschäftigungsmöglichkeit geben, egal wie ungeschickt es ist, immer vorausgesetzt sie übertreibt es nicht mit ihren Lohnansprüchen. Was wird nun passieren, wenn man etwa die Kohleimporte gesetzlich beschränkt oder sie durch Zölle verteuert, um die Arbeitsplätze der inländischen Bergarbeiter zu schützen? Vordergründig werden dabei Arbeitsplätze erhalten, aber es gehen gleichzeitig auch Exportchancen verloren. Denn wenn das Ausland weniger Kohle an uns verkaufen kann, wird es aufgrund der beschriebenen Zahlungsbilanzmechanismen tendenziell auch weniger Güter aus dem Inland beziehen. Außerdem wird die inländische Produktion verteuert und die Reallöhne werden niedriger sein als bei freiem Welthandel, weil ja durch den Verbrauch der eigenen, relativ teuren Kohle Vorteile der internationalen Arbeitsteilung verschenkt werden.

Es steht zusätzlich zu befürchten, daß das Ausland seinerseits mit Vergeltungszöllen reagieren wird, womit weitere Wohlfahrtseinbußen für alle beteiligten Länder verbunden wären. Es ist wie in dem bekannten Kinoparadoxon: Wenn ein einzelner Zuschauer aufsteht, um besser sehen zu können, werden alle anderen das gleiche tun und am Ende haben alle an Bequemlichkeit verloren, ohne irgendeinen Vorteil davon zu haben. Zu Recht ist daher mit der GATT bzw. seiner Nachfolgeorganisation, der World Trade Organisation, eine Instanz geschaffen worden, die solche Protektionswettläufe möglichst zu verhindern sucht.

Währungsabwertung

Die Abwertung der inländischen Währung soll die inländischen Güter, in ausländischer Währung gerechnet, verbilligen und damit zu höheren Exporten führen. Gleichzeitig würden nach diesem Rezept die ausländischen Güter im Inland weniger konkurrenzfähig werden, weil beispielsweise 1 DM dem amerikanischen Exporteur jetzt eben nur noch 0,50 Dollar und nicht mehr 0,60 Dollar

erbringt. Daraus werden zusätzliche Produktionschancen der inländischen Industrie mit entsprechenden Arbeitsplatzgewinnen abgeleitet.

Im Prinzip ist dies nichts anderes als der Mechanismus des Zahlungsbilanzausgleichs, den wir oben für den Fall flexibler Wechselkurse abgeleitet haben. Tatsächlich kann auch bei festen Wechselkursen eine Währungsabwertung im Fall anhaltender Importüberschüsse sinnvoll bzw. notwendig sein. Sie löst aber niemals das Problem zu hoher Reallöhne im Inland und wirkt sich sogar kontraproduktiv aus, sollte man versuchen, mit diesem Instrument Exportüberschüsse entgegen den relativen Kostenvorteilen herbeizuführen [4].

Vergessen wird nämlich dabei, daß steigende Importpreise auch den Bezug von ausländischen Vorprodukten wie z.B. Öl verteuern, was wiederum die inländischen Kosten erhöht. Außerdem sinken die Reallöhne, wenn die Importgüter teurer werden. Versuchen nun die Gewerkschaften, einen ursprünglich zu hohen Reallohn durch entsprechend höhere Lohnforderungen erneut herbeizuführen, so wird die beschäftigungssteigernde Wirkung der Abwertung wieder zunichte gemacht. Nur kurzfristig wird es zu positiven Wirkungen auf die Beschäftigung kommen, weil ja zunächst die Reallöhne sinken. Ähnlich wie im Fall der inflationären Geldpolitik kann dies aber nicht von Dauer sein, wenn die Arbeitnehmer die notwendige Reallohnsenkung nicht hinnehmen.

Selbst wenn es tatsächlich zu Exportüberschüssen kommen sollte, so muß man weiter bedenken, daß damit immer auch ein entsprechender Export von Kapital verbunden ist. Denn wenn wir dem Werte nach mehr exportieren als importieren, so geben wir damit praktisch dem Ausland einen Kredit in Höhe

---

4 *Vgl. dazu ausführlich z.B. H. Siebert, Lohnzurückhaltung und Aufwertung, Kieler Diskussionsbeiträge H. 266, Februar 1996, sowie U. van Suntum, Löhne, Wechselkurse und Beschäftigung, Zeitschrift für Wirtschaftspolitik, Jg. 1997 (erscheint demnächst).*

des Leistungsbilanzüberschusses. Die dafür eingesetzten Ersparnisse stehen nun aber nicht mehr für inländische Investitionen zur Verfügung, d.h. der Exportüberschuß wird mit einer entsprechend sinkenden Inlandsnachfrage erkauft. Man kann es drehen und wenden wie man will: Eine Manipulation der Wechselkurse wird niemals in der Lage sein, dauerhafte Beschäftigungsgewinne hervorzubringen, weil sie letztlich nichts an den Verkaufschancen unserer Produkte im In- und Ausland zu ändern vermag. Diese hängen nur von den Nachfrage- und Angebotselastizitäten ab, aber nicht vom Wechselkurs, der insoweit nur eine Art Geldschleier über den eigentlich relevanten relativen Kostenvorteilen darstellt.

Gleichwohl könnte sich das Ausland veranlaßt sehen, im Gegenzug seine eigene Währung abzuwerten; es käme dann zu einem Abwertungswettlauf ähnlich wie in den 30er Jahren. An dessen Ende stünde lediglich eine Zerrüttung des Weltwährungssystems mit negativen Folgen für alle daran beteiligten Länder, so wie es damals auch der Fall war. Nicht umsonst hat man nach dieser Erfahrung versucht, mit Hilfe des Internationalen Währungsfonds solche Praktiken ein für allemal zu unterbinden.

Arbeitszeitverkürzung und Frühverrentung

Kommen wir zu einem letzten Rezept der ökonomischen Alternativmediziner, einer gesetzlich oder tariflich erzwungenen allgemeinen Arbeitszeitverkürzung. Dahinter steht die falsche Vorstellung, die volkswirtschaftlich nachgefragte Arbeitsmenge sei eine gegebene Größe, die es gerecht zu verteilen gelte.

In Wirklichkeit wird dabei nur die Arbeitslosigkeit anders verteilt, aber nicht behoben [5].

---

[5] *Vgl. den formalen Beweis der im folgenden geschilderten Zusammenhänge im Anhang.*

Nehmen wir wieder den für dieses Argument günstigsten Fall an, nämlich eine Arbeitszeitverkürzung ohne Lohnausgleich. Dann werden möglicherweise tatsächlich mehr Beschäftigte eingestellt, aber alle arbeiten jetzt weniger und erzielen ein geringeres Einkommen als sie eigentlich wollen. Denn da die Kosten der Arbeitsstunde durch diese Maßnahme nicht sinken, werden von den Unternehmen auch nicht mehr Arbeitsstunden nachgefragt werden. Wahrscheinlich werden die Kosten sogar steigen, weil es zu zusätzlichen Leerläufen im Zuge des Schichtwechsels kommen wird und die allgemeine Organisation des Arbeitsablaufes schwieriger wird. Würde ein teilweiser oder gar voller Lohnausgleich gewährt, so müßten die Kosten der Arbeitsstunde steigen und die Zahl der nachgefragten Arbeitsstunden (das Arbeitsvolumen) würde sogar sinken.

Nicht anders ist es mit der Frühverrentung. Zwar werden dabei Arbeitsplätze von älteren Arbeitnehmern zugunsten der Jüngeren freigemacht, aber es müssen jetzt pro Arbeitsplatz höhere Rentenzahlungen aufgebracht werden. Also werden auch hier die Kosten der Arbeitsstunde steigen und das von den Unternehmen nachgefragte Arbeitsvolumen muß sinken. Für wenig produktive Arbeitsbeschaffungsmaßnahmen, eine Verlängerung der Ausbildungszeiten und eine Übernahme der Arbeitslosen in den Staatsdienst gilt genau das gleiche. All dies mag die offizielle Arbeitslosenquote rein rechnerisch zwar senken, ist aber eindeutig kontraproduktiv für die Entwicklung des Arbeitsvolumens im regulären Arbeitsmarkt und droht diesen letztlich unter der steigenden Abgabenlast zu ersticken.

Was die ökonomischen Schulmediziner empfehlen

Nach dem vorher Gesagten liegen die Empfehlungen der ökonomischen Schulmedizin auf der Hand. Sie entsprechen im wesentlichen genau dem Gegenteil der Rezepte, welche die ökonomischen Dr. Eisenbarts anzubieten haben: Die Lohnpolitik sollte maßhalten und bei hoher Arbeitslosigkeit erst einmal auf weitere Reallohnsteigerungen verzichten, bis die Arbeitsproduktivität wieder in den zu hohen Reallohn hineingewachsen ist. Die Geldpolitik sollte strikt auf Preisniveaustabilität hin ausgerichtet sein und nicht der Versuchung erliegen, um kurzfristiger Konjunktureffekte willen die Zinsen zu senken. Wettbewerb und freier Welthandel wären unbedingt aufrechtzuerhalten, wobei zur Bewältigung des damit verbundenen Strukturwandels eine sinnvoll ausgestaltete, aktive Arbeitsmarktpolitik beitragen kann. Im übrigen sollte der Staat aber bemüht sein, die Steuer- und Abgabenlast gering zu halten, indem er eine entsprechende Ausgabendisziplin wahrt, auch in der Sozialpolitik. Und schließlich sollte eine wachsende Erwerbsbevölkerung nicht dadurch in den Arbeitsmarkt integriert werden, daß die Arbeit rationiert wird, sondern es wäre über entsprechend investitionsfreundliche Rahmenbedingungen ein zureichendes Wirtschaftswachstum sicherzustellen. Nur auf diesem Wege kann auch steigenden Realeinkommenswünschen der Arbeitnehmer letztlich Rechnung getragen werden. Ist dies nun wirklich eine wirksame Medizin? Der Verfasser hat sich im Auftrage der Bertelsmann-Stiftung bemüht, dies in einem Vergleich von 20 Industrieländern für den Zeitraum 1980 bis 1995 empirisch zu überprüfen [6]. Das Ergebnis war eindeutig: Länder, die den Empfehlungen der Schulmediziner gefolgt sind oder diese zumindest der Tendenz nach angewendet haben, konnten im angegebenen Zeitraum deutlich bessere Ergebnisse auf dem Arbeitsmarkt vorweisen als andere Länder. Speziell in Großbritannien, in den USA sowie in Japan, Österreich und Portugal war dies zu beobachten, während in Deutsch-

land der marktwirtschaftliche Ansatz Ludwig Erhards seit Beginn der 70er Jahre zunehmend durch Subventionen, einen ausufernden Sozialstaat, expansive Lohnpolitik und eine erdrückende Abgabenlast unterminiert wurde. Freilich sind die Empfehlungen der Schulökonomen im Vergleich zu den Rezepten der ökonomischen Alternativmediziner keine besonders wohlschmeckende Medizin. Es kommt hinzu, daß die alternativen Hausmittelchen kurzfristig durchaus Linderung verschaffen können, während die wirklich sinnvollen Maßnahmen zunächst einmal mit einer Verschlechterung im Befinden des volkswirtschaftlichen Patienten einhergehen. Somit sind sie für solche Politiker, die nur bis zum Tellerrand des nächsten Wahltermins blicken, wenig attraktiv. Stets bedurfte es daher mutiger und weitblickender Staatsmänner und -frauen wie Ludwig Erhard, Margaret Thatcher, Ronald Reagan oder Cavaco Silva im Falle Portugals, um einen wirklichen Heilungsprozeß in Gang zu setzen. Hier wie in der Medizin gilt: Der Patient muß selbst entscheiden, welchem Arzt er sein Vertrauen schenkt, wobei er aber zu bedenken hat, daß wirksame Pillen meistens bitter schmecken.

Anhang

Im folgenden werden die Auswirkungen einer Arbeitszeitverkürzung mit und ohne Lohnausgleich formal abgeleitet. Unterstellt wird eine handelsübliche Cobb-Douglas-Produktionsfunktion der Form

$$(1) \qquad Y = (t*A)^a * K^{(1-a)} \quad \text{mit } 0 < a < 1$$

Dabei bezeichnet Y das Produktionsniveau, t die Arbeitszeit pro Beschäftigten, A die Zahl der Beschäftigten und K den Kapitalstock. Es sei l der Stundenlohn, so daß $w = l*t$ das Einkommen pro Beschäftigten angibt. $V = t*A$ ist das Arbeitsvolumen, also die Gesamtzahl aller geleisteten Arbeitsstunden.

---

[6] Vgl. Bertelsmann Stiftung (Hg.), Internationales Beschäftigungsranking 1996, Gütersloh 1996.

Die Grenzproduktivität eines Beschäftigten muß stets seinem Lohn entsprechen, d. h.

$$(2) \quad dY/dA = a * t^a * A^{(a-1)} * K^{(1-a)}$$
$$= w = l * t$$

a. Arbeitszeitverkürzung ohne Lohnausgleich

Hier ist der Stundenlohn l konstant, so daß das Einkommen jedes Beschäftigten w bei einer Verkürzung der Arbeitszeit sinkt. Die Zahl der eingesetzten Beschäftigten in Abhängigkeit von der Arbeitszeit erhält man dann aus (2) als

$$(3) \quad A = (l/a)^{1/(a-1)} * t^{(1-a)/(a-1)} * K$$

Da der Exponent von t stets kleiner als Null ist, gilt

$$(4) \quad dA/dt < 0$$

d.h. eine Verkürzung der Arbeitszeit ohne Lohnausgleich (d.h. bei unverändertem Stundenlohn) wird die Zahl der eingesetzten Beschäftigten erhöhen. Eine Erhöhung der Arbeitszeit bei unverändertem Stundenlohn wird die Zahl der eingesetzten Arbeitskräfte dementsprechend senken. Dies wird verständlich, wenn man sich klarmacht, daß die Grenzproduktivität der Arbeit bei zunehmender Arbeitszeit sinkt, so daß zum geltenden Stundenlohn nur weniger Arbeitskräfte rentabel beschäftigt werden können.

Das Arbeitsvolumen V = t*A, d.h. die Zahl der insgesamt geleisteten Arbeitsstunden, wird in beiden Fällen jedoch unverändert bleiben, denn es gilt

$$(5) \quad V = t * A = (l/a)^{(1/a-1)} * t^{(1-a)/(a-1)} * t * K$$
$$= (l/a)^{(1/a-1)} * t^0 * K$$

und somit dV/dt = 0. Es kommt also nur zu einer Umverteilung der Arbeitslosigkeit, ohne daß insgesamt mehr produziert oder gearbeitet würde.

b. Arbeitszeitverkürzung mit vollem Lohnausgleich

Hier bleibt die Entlohnung pro Beschäftigten w konstant, so daß der Stundenlohn l bei sinkender Arbeitszeit steigt. Aus (2) erhält man dann für den Arbeitseinsatz

$$(3a) \quad A = (w/a)^{1/(a-1)} * t^{a/(1-a)} * K$$

Da der Exponent von t hier positiv ist, folgt

$$(4a) \quad dA/dt > 0$$

d.h. eine Arbeitszeitverkürzung bei vollem Lohnausgleich führt zu einem sinkenden Einsatz von Arbeitskräften. Klarerweise sinkt hier auch das Arbeitsvolumen, da sowohl die Zahl der Beschäftigten als auch ihre individuelle Arbeitszeit zurückgehen. Würde man dagegen die Arbeitszeit bei unveränderter Gesamtentlohnung w erhöhen, so würde die Zahl der Beschäftigten steigen; der Grund liegt darin, daß in diesem Fall der Stundenlohn sinkt und die Arbeit billiger wird.

Dr. Jürgen Zech

VITA:

Dr. Jürgen Zech ist am 24. Juli 1939 in Mönchengladbach geboren. Nach Schule und Militärdienst studiert er Betriebswirtschaft an der Universität Köln. Er erlangt 1964 den Abschluß als Diplom-Kaufmann. Von 1965 bis 1967 ist er für das Unternehmen Uniroyal, Inc., New York tätig. Er promoviert 1967 zum Dr. rer. pol.

Von 1967 bis 1968 studiert er am INSEAD, Fontainebleau in Paris und schließt als Master of Business Administration ab. Von 1968 bis 1975 arbeitet Dr. Zech für das Unternehmen McKinsey & Co., Inc., in Düsseldorf und New York, zuletzt als Partner. 1975 wechselt er zur Colonia Lebensversicherung in Köln, wo er als Vorstandsmitglied für die Sparten Leben und Betriebsorganisation zuständig ist. Für den Bereich Vertrieb und Marketing ist er in den Jahren 1980-1985 verantwortlich. Dr. Zech wird 1986 zum stellvertretenden Vorstandsvorsitzenden der Kölnischen Rückversicherungs-Gesellschaft AG berufen und übernimmt 1987 die Position des Vorstandsvorsitzenden. 1993 wechselt er zum Gerling-Konzern in Köln als Vorstandsvorsitzender der Gerling-Konzern Allgemeine Versicherungs AG sowie der Gerling-Konzern Speziale Kreditversicherungs-AG.

Seit 1996 ist er Vorstandvorsitzender der Gerling-Konzern Versicherungs-Beteiligungs AG, der Holding der Versicherungsgruppe.

Dr. Jürgen Zech ist verheiratet und hat drei Kinder.

Was ist eigentlich „sozial"?

von Jürgen Zech

Die Frage zu beantworten fällt schwerer als man zunächst annehmen könnte. Ich möchte mich der Antwort nähern, indem ich drei Themenkreise anspreche. Zum einen möchte ich den Blick auf die etwas schillernde Verwendung des Wortes „sozial" richten. Zum anderen werde ich mich damit befassen, was die Diskussion um den Begriff „sozial" heute so erschwert. Schließlich werde ich allgemein der Frage nachgehen, welches Verständnis von „sozial" zu einer wirklichen Verbesserung der Lebenssituation des einzelnen führt.

Das Attribut „sozial" wird in den verschiedensten Zusammenhängen und mit zum Teil stark unterschiedlicher Bedeutung und erst recht Intention verwendet. Mit der „sozialen Frage" etwa bezeichnet man die Ende des vorigen Jahrhunderts zusammenhängenden und nach Lösungen fordernden gesellschaftspolitischen Entwicklungen, die sich aus der fortschreitenden Industrialisierung in Deutschland ergaben. „Sozialkompetenz" beschreibt demhingegen die plakativ so bezeichnete Fähigkeit einer Führungskraft, Mitarbeiter nicht nur als „Produktionsfaktoren" zu sehen und zu behandeln, sondern sie ganzheitlich mit ihrer Persönlichkeit, ihren Fähigkeiten, Nöten und Bedürfnissen zu verstehen und dementsprechend zu handeln. Hier indiziert das Wort „sozial" also letztlich eine Fähigkeit im beruflichen Umgang miteinander. Mit einer noch anderen Bedeutung ist das Wort „Sozialstaat" versehen. Hier geht es um den schützenden, fürsorglichen und auch den versorgenden Staat. Von einem solchen Verständnis geht man gemeinhin auch aus, wenn von „Sozialer Marktwirtschaft" die Rede ist. Das „Soziale" an der Marktwirt-

schaft ist die Intervention des Staates mit genau der erwähnten Schutz- und Fürsorgefunktion zugunsten derer, die tatsächlich oder - in Einzelfällen – auch nur vermeintlich aufgrund des Ungleichgewichts der widerstreitenden Machtverhältnisse beim freien Spiel der Kräfte nach Ansicht einiger (wessen überhaupt? Politiker, Gewerkschaften, Arbeitgeber oder der Mehrheit der Bevölkerung?) benachteiligt werden oder werden könnten.

Die Schutz-, Fürsorge und Versorgungsfunktion des Staates ist nicht naturgegebene Aufgabe. Vielmehr ist sie durch gesellschaftliche Veränderungen in einem langen Prozeß gewachsen. Als Ludwig Erhard 1897 geboren wurde, war der Grundstein für das System der sozialen Sicherung in Deutschland gerade gelegt worden. Deutschland befand sich in einer Situation, in der sich die Risiken der industriellen Gesellschaft vornehmlich bei den abhängig Beschäftigten verwirklicht hatten. Die Notlage der Arbeiter, ihre Arbeits- und Lebensbedingungen sowie der zunehmende Verlust familiärer und verwandtschaftlicher Bindungen insbesondere die Auflösung der Großfamilie, die (relative) existentielle Sicherheit bedeuteten, waren ein neues gesellschaftliches Problem. Da sich die Entlohnung ausschließlich an der erbrachten Arbeitsleistung orientierte, wirkten sich persönliche Umstände, wie Krankheit, Invalidität usw. einkommensmindernd bis zum vollständigen Verlust jeder Einkünfte aus. Ein Armutsproblem hatte es zwar schon immer gegeben, neu war jedoch, daß die tradierten strukturellen Sicherungssysteme wie die (mehrere Generationen umfassende) Familie, Kirche, Gemeinde, Selbsthilfeeinrichtungen oder paternalistische Unternehmer das Problem nicht mehr bewältigen konnten. Die Einführung der gesetzlichen Krankenversicherung 1883, der Berufsunfallversicherung 1884 und der Invaliditäts- und Altersversicherung 1889 durch Bismarck (dessen Motivation hierfür allerdings maßgeblich von anderen als „sozialen" Aspekten geprägt war) war daher ganz wesentlich für die Entstehung unserer heutigen Sozialverfassung.

Die Entwicklung ist weitergegangen. Heute stellen wir fest, daß selbst das familiäre Band in Kleinfamilien abnimmt und eine immer stärkere Individualisierung in unserer Gesellschaft stattfindet. Die deutliche Zunahme von Single-Haushalten ist ein äußeres Zeichen hierfür. Wir stellen eine Ich-Zentrierung fest, die auf Verwirklichung der eigenen Persönlichkeit zielt und Beziehungen, Bindungen und auch das Verantwortungsgefühl für das Schicksal anderer immer weiter abnehmen läßt. Es besteht durchaus die Gefahr, daß auch noch der Rest der tradierten gesellschaftlichen Sicherungssysteme verloren geht. Parallel hierzu weiten sich die dem Staat zugedachten Schutz-, Fürsorge- und Vorsorgeaufgaben weiter aus. Man könnte auch von einer Delegation dieser Aufgaben von den tradierten Sicherungssystemen und auch dem einzelnen auf den Staat sprechen, der damit eine einem „Ausfallgaranten" ähnliche Funktion erhalten hat.

Der entscheidende Unterschied zu den auf familiären und verwandtschaftlichen Bindungen basierenden Sicherungssystemen liegt darin, daß der „Ausfallgarant" Staat anonym ist. Und diese Anonymität ist meines Erachtens ganz wesentlich für das geänderte Anspruchsverhalten derer verantwortlich, die von ihm Leistungen erwarten und fordern. Wer z. B. in einer Familie etwas bekommt, muß regelmäßig selbst Pflichten und Aufgaben übernehmen, damit das System Familie funktioniert. Der Staat kennt Pflichten hingegen – bis auf ganz wenige Ausnah-

men wie z. B. der Wehrpflicht – nur als Geldschulden in Form von Steuern, Beiträgen und Gebühren. Und die sind ebenfalls anonym und lassen häufig keinen direkten Zusammenhang mit der anschließenden Verwendung erkennen. Außerdem können sie nur bis zu einem gewissen Maß abverlangt werden.

Daneben gerät zunehmend aus dem Bewußtsein, daß es Rechte gegenüber dem Staat nicht isoliert geben kann, wenn die Gesellschaft dauerhaft intakt und leistungsfähig bleiben will. Es muß daher immer eine bewußt wahrgenommene Rechte- und Pflichten-Relation geben. Daran fehlt es heute vielfach. Und das Maß dieser Rechte- und Pflichten-Relation muß sich danach richten, was sich eine Gesellschaft dauerhaft leisten kann.

Die Sozialversicherungssysteme umfaßten ursprünglich nur einen sehr begrenzten Personenkreis und boten Schutz nur gegen bestimmte existentielle Risiken. In der Folgezeit wurde der Personenkreis dann ebenso ausgedehnt wie der Kreis der Risiken, gegen deren Folgen der Einzelne geschützt werden sollte. Hinzu kam eine ganz wesentliche Ausdehnung der Leistungen. Alle Maßnahmen haben dazu geführt, daß die Sicherheit des einzelnen vor den Folgen von Krankheit, Invalidität, Arbeitslosigkeit usw. aber auch vor nicht existenzgefährdenden Risiken beträchtlich zugenommen hat. Und an diesen, über Jahrzehnte gewachsenen Zugewinn an Sicherheit haben wir uns alle gewöhnt, er ist uns zur Selbstverständlichkeit geworden. Das Niveau wurde dabei maßgeblich von dem gewachsenen Wohlstand bestimmt, den sich die Deutschen erarbeitet hatten. Auch an diesen Wohlstand haben wir uns gewöhnt. Ich glaube, daß in weiten Bevölkerungskreisen das Bewußtsein fehlt, welchen hohen Standard wir in Deutschland im Vergleich zu anderen Ländern bei unseren Sozialleistungen erreicht haben. Bei der Einführung der Pflegeversicherung wurde nicht wenigen erstmals bewußt, daß auch ein gesetzlicher Feiertag letztlich eine Sozialleistung ist, die bis dahin allein von den Unternehmen finanziert wurde, indem das Gehalt auch für diesen Tag zu zahlen war.

Wir haben weitgehend die schon seit längerem zu erkennenden Zeichen ignoriert, die anzeigen, daß wir nicht mehr von einer Steigerung des allgemeinen Wohlstandes ausgehen können, sondern zufrieden sein müssen, wenn es uns gelingt, den gegenwärtigen Stand zu halten. Bei der Definition dessen, was der einzelne vom Staat beanspruchen kann – und hier meine ich nicht die Sozialhilfe – haben wir in der Vergangenheit eine Entwicklung zugelassen, die weg von dem Notwendigen hin zu dem gegangen ist, was heute als Luxus bezeichnet werden muß. Können wir uns das weiter leisten? Deutschland steht mehr denn je im internationalen Wettbewerb, und der früher bestehende Abstand zu anderen Ländern ist zusammengeschmolzen, teilweise haben uns andere Länder auch schon überholt.

Bisher habe ich lediglich über die Entwicklung und einige „Krankheitssymptome" unseres Sozialsystems gesprochen. Das liegt im Trend, denn die Diskussion beschränkt sich heute im wesentlichen auf die Finanzierbarkeit der Sozialversicherungssysteme. Das ist sicher wichtig, jedoch nicht allein entscheidend. Statt uns mit Krankheitssymptomen zu befassen, müssen wir die eigentlichen Ursachen für die Krise ausmachen und genau dort mit den notwendigen und grundlegenden Reformen ansetzen.
Hierbei stoßen wir zunächst auf ein mentales Hindernis. Die Bedeutung des Wortes „sozial" ist nämlich in Deutschland ausgesprochen positiv besetzt. Demgegenüber ist alles, was nicht „sozial" ist, schlicht unsozial und wird damit höchst negativ beurteilt. Wer propagiert, staatliche Leistungen auszuweiten oder von tatsächlich oder auch nur vermeintlich

Reichen – letztere nennt man dann „Besserverdienende" – einen noch größeren finanziellen Beitrag fordert, wird gefeiert und als Mann/Frau des „sozialen Ausgleichs" geehrt. Wer jedoch unter „sozial" mehr als eine Ausdehnung des alle versorgenden Staates und ein politisch plakatives Schlagwort für Umverteilung versteht und sich kritisch mit dem dahingehenden Verständnis auseinandersetzt, läuft Gefahr, als unsensibel, technokratisch, herzlos oder sogar als rücksichtsloser Kapitalist ins „Abseits" gestellt zu werden. Anders ausgedrückt: der Begriff „sozial" genießt in Deutschland einen Status der relativen gesellschaftspolitischen Unantastbarkeit. Das kann nicht richtig sein. Wir müssen vielmehr immer wieder prüfen, welche staatlich organisierten Maßnahmen und Leistungen unverzichtbar sind, welche zusätzlichen Dinge wir uns leisten können und besonders welche Nah-, Neben- und Fernwirkungen diese Leistungen auslösen; kurz: was umfassend betrachtet unserer Gesellschaft dient. Dies schließt die Finanzierbarkeit der Systeme, die Definition der zu schützenden Personenkreise, die Festlegung der Eingriffsschwelle und insbesondere, aber nicht zuletzt, die Bestimmung des Verhältnisses von Eigenverantwortung und Solidarität ein. Wenn ein Staat dauerhaft leistungsfähig bleiben soll, dann darf die Diskussion nicht durch Besitzstandsdenken, Klassenkampfparolen oder parteipolitisches Lagerdenken einseitig geführt werden. Zum Thema Besitzstandsdenken eine Anmerkung in Frageform: Können wir ein in Zeiten hohen Wirtschaftswachstums und hoher Beschäftigung erarbeitetes Niveau auch dann als unantastbares Minimum behandeln, wenn die Wirtschaft nicht floriert und Einnahmen für den Staat ausbleiben? Insgesamt müssen wir offen, vorbehaltlos und vor allem unvoreingenommen über eine Reform unseres Sozialsystems miteinander diskutieren.
Die entscheidende Frage, die wir stellen müssen lautet: Ist unser Sozialsystem noch

sen lautet: Ist unser Sozialsystem noch menschlich und dient es der Verbesserung der allgemeinen Zufriedenheit? Diese Frage führt uns zu den Wurzeln des Sozialstaatsverständnisses.

Deutschland hat eine lange Phase wirtschaftlicher, politischer und gesellschaftlicher Sicherheit erlebt. Und wir hoffen natürlich alle, daß dies auch so bleibt. Aber: Zu viel Sicherheit macht träge. Sie erstickt insbesondere eine unverzichtbare Vitalfunktion einer Gesellschaft – die Eigeninitiative und Eigenverantwortung des einzelnen. Wenn man der Frage nachgeht, „was ist eigentlich sozial?", dann darf dieser Punkt meines Erachtens nicht ausgespart werden. Im Gegenteil: Er ist besonders zu betonen.

Der Grundsatz muß lauten: Zunächst hat jeder einzelne alle ihm zur Verfügung stehenden Möglichkeiten auszuschöpfen, sich selbst zu helfen. Erst wenn dies nicht mehr gelingt, ist die Solidargemeinschaft gefordert und darf und muß die Hilfe des Staates einsetzen. Dieses Subsidiaritätsprinzip wurde in der Vergangenheit Schritt für Schritt in den Hintergrund gedrängt: durch eine immer stärkere Ausdehnung der Leistungen und Herabsetzung der Zumutbarkeitsschwelle. War der Staat zunächst „Ausfallgarant", ist er durch die weitere Entwicklung zum „Leistungsgaranten" geworden – ein Leistungsgarant, der nicht mehr nur garantiert, sondern immer mehr Leistungen selbst erbringt und eigenverantwortliches Handeln zunehmend unattraktiver macht. Ein Sozialsystem muß daher die Eigenverantwortung des einzelnen betonen und damit Eigeninitiative fördern. Die Geschichte der Gesellschaftssysteme in Osteuropa belegt, daß sich Systeme, die die Eigenverantwortung des einzelnen auf übergeordnete Stellen delegieren, nicht bewähren. Die Betonung der Eigenverantwortung entspricht auch einem zutiefst menschlichen Verhalten: immer den Weg des geringsten Widerstands und Aufwands zu gehen. Daher

halte ich auch die in Deutschland verbreitete Ansicht für falsch, das soziale Gefälle müsse durch eine noch weitergehende Umverteilung und damit Nivellierung der Einkommen gemildert werden. Die Umverteilung führt nämlich im Ergebnis zu einem weiteren Verlust an Eigeninitiative. Sie suggeriert die trügerische Sicherheit, eine übergeordnete Instanz werde es schon „richten". Der Haken an der Sache: Es gibt keine übergeordnete Instanz, die Fortschritt, Wirtschaftswachstum und Leistungen erbringt. Vielmehr sind es die Menschen, die die Gesellschaft bilden. Ohne Eigenverantwortung und -initiative des einzelnen erstarrt sie.

Die Verdrängung des Subsidiaritätsprinzips hat daneben auch zu einem weiteren und vielleicht noch wichtigeren Effekt geführt: einer steigenden Unzufriedenheit derer, die eigenverantwortlich handeln und in das System „einzahlen". Die Unzufriedenheit richtet sich einmal gegen den Staat, der den Ertrag ihrer Eigeninitiative und -verantwortung mit steigender Tendenz abschöpft, z. B. in Form immer höherer Steuern und Beiträge. Zum anderen – und das ist erheblich besorgniserregender – richtet sie sich gegen diejenigen, die Sozialleistungen vom Staat empfangen. „Der eine geht arbeiten. Der andere kassiert vom Staat", so lautet schlagwortartig verkürzt das Stimmungsgefüge dieser Tage. Sprach man früher von „Sozialneid" und meinte damit ein Gefühl der Mißgunst gegenüber Reichen, verkehrt sich dies heute vielfach ins Gegenteil. Und mit jedem Beispiel eines (zumindest als solchen empfundenen) Mißbrauchs des Sozialsystems steigt die Unzufriedenheit und sinkt die Leistungsbereitschaft und Zustimmung zu dieser Gesellschaft bzw. dem Staat. Außerdem fördert die Unzufriedenheit die Suche nach Möglichkeiten, selbst auch etwas vom Staat zu erhalten, etwas „herauszuholen". Und ist das dann gelungen, zeigen wieder die anderen wohl zu Recht auf die so dokumentierte Ungerechtigkeit und verlangen einen Ausgleich - auf der Leistungsspirale wird die nächste Ebene angepeilt. All das beschleunigt den inneren Zerfall des Sozialsystems und untergräbt die Moral in der Gesellschaft.

Wir müssen daher ernsthaft darüber nachdenken, in welchem Umfang die Eigenverantwortung wieder vom Staat auf die Bürger zurückdelegiert werden kann. Wir müssen fragen, ob der Staat nicht damit überfordert ist, Wohlstandssicherung für den einzelnen zu betreiben und sich nicht wieder auf die Rolle beschränken muß, Existenzsicherung zu gewährleisten und wirkliche Härten auszugleichen. Die Kunst wird darin bestehen, ein ausgewogenes, insgesamt gesellschaftsdienliches Verhältnis von Eigenverantwortung und Solidarität wiederzuerlangen. Dies ist kein Appell für eine Abkehr vom Sozialstaat. Im Gegenteil: es ist ein Plädoyer für eine freiheitliche Sozialpolitik mit einem hohen Maß an gesellschaftsdienlicher Eigenverantwortung. Bei Ludwig Erhard können wir es nachlesen. Warum lernen wir nicht?

Gunnar Uldall

VITA: Geboren ist Gunnar Uldall am 17. November 1940 in Hamburg. Er studiert Volkswirtschaftslehre von 1962 bis 1966.

Anschließend ist er bis 1970 als angestellter Unternehmensberater tätig. In den Jahren 1970 bis 1983 ist er Geschäftsführer bei der Mummert + Partner Unternehmensberatungs GmbH, seit 1984 im gleichen Hause Geschäftsführender Gesellschafter und seit 1996 Partner der Mummert + Partner Aktiengesellschaft.

Bereits 1962 tritt Gunnar Uldall in die CDU ein. 1966 wird er in die Hamburger Bürgerschaft gewählt. Seit 1980 ist er Schatzmeister der Hamburger CDU. Im Jahre 1983 erfolgt die Wahl in den Deutschen Bundestag; er wird Mitglied im Wirtschaftsausschuß und stellvertretendes Mitglied im Vermittlungsausschuß. Seit Februar 1996 ist er Wirtschaftspolitischer Sprecher der CDU/CSU-Bundestagsfraktion.

Gunnar Uldall ist Mitglied des Präsidiums der Aktionsgemeinschaft Wirtschaftlicher Mittelstand und Mitglied des Parlamentarischen Beirats des Bundesverbandes der Freien Berufe.

Für eine neue Einkommensteuer: einfach, sozial und marktwirtschaftlich!

von Gunnar Uldall

Die Investitionszurückhaltung der Unternehmen und das Verharren der Arbeitslosigkeit auf hohem Niveau stellen Politiker vor die schwere Aufgabe, diesen beiden Phänomenen adäquat zu begegnen. Meines Erachtens ist es hierfür unabdingbare Voraussetzung, daß wir die Fesseln lösen, die derzeit die Leistungsbereitschaft von Arbeitnehmern und Unternehmern beeinträchtigen. Neben den Maßnahmen aus dem „Programm für mehr Wachstum und Beschäftigung" und der Daueraufgabe Konsolidierung der Staatshaushalte halte ich eine grundlegende Reform der deutschen Einkommen- und Körperschaftsteuer für einen der wichtigsten Ansatzpunkte.

Das A und O im internationalen Standortwettbewerb sind zwar Innovationskraft, Wagnisbereitschaft und Flexibilität. Aber selbst wenn Deutschland in dieser Hinsicht verlorenes Terrain wiedergewinnen könnte, darf nicht ignoriert werden, daß der internationale Standortwettbewerb auch ein Wettbewerb der Steuerpolitik ist. Sowohl die Verteidigung etablierter Märkte als auch die Eroberung neuer Märkte erfordern unternehmerische Tüchtigkeit, Bereitschaft und Fähigkeit zum Risiko in einem Maße, wie es nur aus Gründerzeiten bekannt ist. Steuerliche Regelungen, die diese drei Faktoren sowie das Investieren selbst am Standort Deutschland uninteressant machen, sind nicht länger tragbar.

Warum gerade das heutige Steuerrecht eine der größten Fesseln an die Leistungsbereitschaft von Bürgern und Unternehmen legt, möchte ich zum Ausgangspunkt meiner weiteren Überlegungen machen.

Folgende Mängel kennzeichnen unser heutiges Steuersystem:

• *Unser Steuerrecht ist zu kompliziert.*
Nur ganz wenige Steuerpflichtige überschauen heute noch unsere Einkommensteuer. Steuerliche Vergünstigungen sind nur noch von denen zu nutzen, die einen Steuerberater beauftragen können und über entsprechende finanzielle Dispositionsmasse verfügen.
• *Unser Steuerrecht ist leistungsfeindlich und zugleich arbeitsplatzgefährdend.*
Eine der Hauptursachen für die Standortverlagerungen ins Ausland sind die hohen Steuersätze der Unternehmen in Deutschland. Die Unternehmen nehmen betriebswirtschaftlich unsinnige Manipulationen vor, nur um damit ihre Steuerlast zu drücken. Die Leistungsbereitschaft sowohl von Privaten als auch von Unternehmen wird stark beeinträchtigt.
• *Unser Steuerrecht ist ungerecht.*
Durch immer neue Ausnahmeregelungen sollte die besondere Situation einzelner Steuerpflichtiger berücksichtigt werden. Dieses Streben nach Einzelfallgerechtigkeit hat zu immer mehr Ungerechtigkeit geführt. Die vielen Ausnahmeregelungen haben die Bemessungsgrundlage so stark ausgehöhlt, daß heute nur noch mit hohen Steuersätzen das notwendige Steueraufkommen erzielt werden kann. Folge ist eine hohe nominale Besteuerung und gleichzeitig eine niedrige effektive Besteuerung.

Ausgehend von den genannten Mängeln kompliziert, leistungshemmend und ungerecht strebe ich mit meinen Reformvorstellungen ein System an, das das deutsche

Einkommen- und Körperschaftsteuerrecht wieder einfach, arbeitsplatzfördernd und gerecht gestaltet. Hierfür gibt es zwei Ansatzpunkte, nämlich den Tarif und die Bemessungsgrundlage. Im „Programm für mehr Wachstum und Beschäftigung" werden als Ziele der Steuerreform Tarifsenkung, Verbreiterung der Bemessungsgrundlage und Vereinfachung des Steuerrechts genannt. Ich bin davon überzeugt, daß diese Ziele nur mit einer wirklich drastischen Senkung der Steuersätze zu erreichen sind.

Die Senkung der Steuersätze ist in direktem Zusammenhang mit der Streichung von Steuervergünstigungen zu sehen. Diese beiden Komponenten der Steuerreform entsprechen zwei kommunizierenden Röhren. Nur wenn die Steuersätze wirklich spürbar gesenkt werden, läßt sich die Abschaffung von Steuervergünstigungen durchsetzen, da die einzelne Vergünstigung dann nicht mehr so viel „wert" ist. Doch nur wenn die Verbreiterung der Steuerbasis wirklich in großem Umfang gelingt, kann eine Senkung des Steuertarifs überhaupt finanziert werden. Mit Steuersätzen, von bis zu 40 %, wie sie teilweise derzeit diskutiert werden, lassen sich die Widerstände der Interessengruppen nicht überwinden. Nur wenn die Steuerpflichtigen erkennen, daß sie mit dem Verzicht auf liebgewordene Vergünstigungen eine spürbare Senkung der Grenzsteuerlast erkaufen können, werden sie zu diesem Verzicht bereit sein.

Für die Einkommensteuer, der mit Abstand wichtigsten Steuerart, nenne ich folgende Zielsetzungen:

- *Keiner soll mehr als 28% Steuern zahlen.*
- *Jeder soll in der Lage sein, seine Steuerschuld selbst zu berechnen und seine Steuererklärung selbst auszufüllen.*

Diese Ziele können meines Erachtens am besten mit einem Stufentarif erreicht werden. Der heutige komplizierte Formeltarif soll durch einen wie folgt gestalteten dreistufigen Tarif – für Verheiratete gelten die doppelten Schwellenwerte – ersetzt werden:

- *Allen Steuerzahlern wird unabhängig von der Höhe des zu versteuernden Einkommens ein steuerfreies Existenzminimum von 12.000 DM gewährt.*
- *Im Anschluß an diesen Grundfreibetrag gilt bis zu einem Einkommen von 20.000 DM ein Steuersatz von 8 Prozent.*
- *Einkommensteile zwischen 20.000 DM und 30.000 DM sollen künftig mit 18 Prozent besteuert werden.*
- *Alle über ein Jahreseinkommen von 30.000 DM hinaus gehende Einkommensteile sollen mit einem gleichbleibenden Spitzensteuersatz von 28 Prozent besteuert werden.*

In Anlehnung an den neuen Spitzensatz der Einkommensteuer soll auch der Körperschaftsteuersatz auf 28 % gesenkt werden, und zwar sowohl für einbehaltene als auch für ausgeschüttete Gewinne.

Das nur schwer verständlich zu machende heutige System des progressiven Formeltarifs der Einkommensteuer wäre ersetzt durch ein Stufensystem, das dem amerikanischen ähnlich ist. Übrigens: Deutschland ist das einzige große Industrieland, das einen Formeltarif hat. Unsere internationalen Wettbewerber haben Stufentarife, weil diese eben leichter verständlich sind. Warum sollte sich Deutschland diesem internationalen Trend verschließen? Neben der Senkung der Steuersätze hat die Tarifneugestaltung eine wichtige Signalfunktion für ausländische Investoren. Jeder kann sofort berechnen, was ihm nach Steuerabzug vom Gewinn übrig bleibt.

Die radikale Senkung der Steuersätze – im Eingangsbereich von heute knapp 26% auf

8% und in der Spitze von 53% auf 28% – wird natürlich nur zu finanzieren sein, wenn die daraus resultierenden Steuermindereinnahmen durch Mehreinnahmen aus der Verbreiterung der Bemessungsgrundlage kompensiert werden. Die hierzu erforderlichen Maßnahmen lassen sich in vier Kategorien einordnen:

• *Abschaffung von Freibeträgen: Künftig sollen grundsätzlich keine Freibeträge mehr gewährt werden, d.h. Sparerfreibetrag, Altersentlastungsbetrag, Versorgungsfreibetrag etc. würden gestrichen. Bestehen bleiben lediglich ein reduzierter Arbeitnehmerfreibetrag von 500 DM und der Kinderfreibetrag.*

• *Abschaffung von Abzugsmöglichkeiten: Auch die bisherige steuermindernde Abzugsmöglichkeit von Sonderausgaben, außergewöhnlichen Belastungen, Kirchensteuer etc. muß gestrichen werden. Lediglich der Abzug von Vorsorgeaufwendungen soll weiterhin möglich sein.*

• *Besteuerung bisher steuerfreier oder steuerermäßigter Einnahmen: Was man als Einkünfte bezogen hat, wird grundsätzlich besteuert. Damit ziele ich insbesondere auf die volle Besteuerung der bisher steuerfreien Einkünfte gemäß § 3 EStG (Ausnahme: staatliche Transfers) und die Zuschläge für Sonntags-, Nachtarbeit etc. ab. Für den Staat sollte es unerheblich sein, wann und wie die Arbeit geleistet wurde. Zuschläge sind schließlich Bestandteil des Tarifvertrags und damit des Lohns. Auch die Veräußerungsgewinne und andere außerordentliche Einkünfte sollten künftig wieder voll besteuert werden.*

• *Einschränkung des steuerlichen Gestaltungsspielraums von Unternehmen: In diesem Bereich strebe ich insbesondere die Rückführung der Abschreibungsmöglichkeiten auf das betriebswirtschaftlich bedingte Niveau an, d.h. Abbau sämtlicher Sonderabschrei-*

bungen. Auch die Übertragungsmöglichkeiten stiller Reserven müssen eingeschränkt werden. Hinzu kommt die Streichung unzähliger weiterer Ausnahmetatbestände, wie z.B. Abzugsmöglichkeit von Bewirtungskosten.

Durch die konsequente Durchsetzung aller genannten Maßnahmen lassen sich Steuermehreinnahmen von etwa 77 Mrd. DM erzielen. Durch die Absenkung der Steuersätze bei Einkommen- und Körperschaftsteuer ergeben sich Steuermindereinnahmen in Höhe von insgesamt ca. 123 Mrd. DM. Es bleibt somit eine Lücke von etwa 46 Mrd. DM. Die Bedingung der Aufkommensneutralität läßt sich meines Erachtens relativ leicht erfüllen, wenn man den häufig unterschätzten Selbstfinanzierungseffekt einer Steuerreform berücksichtigt. Ich denke hier insbesondere an die verstärkte Investitionstätigkeit von Unternehmen schon bei Ankündigung eines solchen Steuerrechts und an die Arbeitnehmer im unteren Einkommensbereich, die bei einem Eingangssteuersatz von 8% wieder eher dazu bereit sein werden, eine legale Beschäftigung aufzunehmen. Außerdem sind meine Vorschläge zur Verbreiterung der Bemessungsgrundlage als Beispiele zu verstehen.
Im Zuge der Gesetzesausarbeitung wird sich zeigen, daß in dem deutschen Steuerrecht noch viele weitere „streichungsfähige" Vergünstigungen schlummern. Somit ist eine Aufkommensneutralität durchaus vorstellbar und auch realisierbar.

Hinter der Maßnahme, sämtliche Steuervergünstigungen, Freibeträge, Ausnahmeregelungen etc. aus dem Steuerrecht zu streichen, steht neben dem Aufkommensaspekt vor allem der Vereinfachungsaspekt. Unser heutiges Steuerrecht, insbesondere das Einkommensteuerrecht ist so kompliziert, daß es keiner mehr versteht. Das Prinzip der Einzelfallgerechtigkeit führte zu so vielen Sonderbestimmungen, daß heute keiner mehr überschauen kann, welche Vergünstigungen überhaupt für ihn in Frage kommen. Mit dem Prinzip „Steuern mit Steuern" muß endlich Schluß sein. Jedem Bürger soll von vornherein mehr Geld in der Tasche verbleiben, über dessen Verwendung er dann frei entscheiden kann. Ansatz meines Reformvorschlags ist, dem Bürger mehr Freiheit zu geben, damit es sich für ihn wieder lohnt, am Standort Deutschland zu arbeiten und zu investieren. Mit der Gewährung von Entscheidungsfreiheit über das erzielte Einkommen ist dann allerdings auch wieder mehr Verantwortung verbunden. Ob der Bürger nun mit dem Auto zur Arbeit fährt, ob er für wohltätige Zwecke spendet, Vermögen bildet oder eine Beteiligung an einer Partenreederei übernimmt, bleibt dann sein Privatvergnügen. Mir ist sehr wohl bewußt, daß ein solches System ein grundlegendes Umdenken sowohl seitens des Bürgers erfordert, der bisher sämtliche Steuergestaltungsmöglichkeiten ausnutzte, als auch seitens des Staates, der dann die Einkommensverwendung des einzelnen nicht mehr so zielgenau wie bisher beeinflussen kann.

Ich bin der Überzeugung, daß wir nur mit einem so radikalen Befreiungsschlag unser Steuerrecht retten können. Die Steuerpolitik befindet sich in einer Sackgasse, aus der wir nicht mehr durch oberflächliche Korrekturen herauskommen, sondern nur durch einen grundsätzlichen Neuanfang. Hierzu reicht es meines Erachtens nicht aus, lediglich einige wenige Steuervergünstigungen zu streichen und den Knick im linear-progressiven Tarif, wie er durch das Jahressteuergesetz 1996 erzeugt wurde, zu beseitigen. Wir müssen den Mut aufbringen für etwas wirklich Neues, damit die Steuerpflichtigen auch erkennen, daß ein neuer Ansatz gewählt wird und nicht eine weitere Variation der vorhandenen Tarife erfolgt. Nur so werden wir die Reforr .nigkeit Deutschlands auch im Bereich der Steuerpolitik unter Beweis stellen können.

Der wichtigste Aspekt einer Steuerreform ist,

daß die Realisierung des neuen Systems den entscheidenden Kick für unsere Volkswirtschaft und für den Arbeitsmarkt bringt. Ganz im Sinne von Ludwig Erhard muß es unser Ziel sein, das deutsche Steuersystem wieder marktwirtschaftlich und zugleich sozial zu gestalten. Ein Steuersystem ist dann erst wieder marktwirtschaftlich, wenn der Hauptzweck der Steuern, nämlich die Einnahmenerzielung des Staates, wieder an erster Stelle steht. Der Nebenzweck, daß mit der Erhebung von Steuern auch Lenkungsmaßnahmen verbunden sein können, muß wieder in den Hintergrund treten. Unser Steuersystem muß auch wieder sozial gestaltet werden. Wichtigster Ansatzpunkt hierfür ist die Reduzierung der Steuersätze in der Einkommensteuer, denn aufgrund des heutigen überhöhten Niveaus ist die Steuer nicht mehr sozial, sondern sozialistisch. Wenn jemand Leistung erbringt, darf er nicht mit einem Steuersatz von heute über 60 % (incl. Kirchensteuer und Solidaritätszuschlag) dafür bestraft werden. Es bringt nichts, Leistungsträger auf dem Papier einer hohen nominalen Besteuerung zu unterwerfen, die sie dann entweder ganz umgehen durch Kapitalflucht ins Ausland oder die sie teilweise umgehen durch Ausnutzung sogenannter Steuersparmodelle. Je höher die nominalen Steuersätze, desto größer ist der Druck der Interessengruppen, immer wieder neue Ausnahmetatbestände in das Steuerrecht aufzunehmen. Damit muß jetzt endlich Schluß sein.

Im Hinblick auf einen radikalen Neuanfang im Steuerrecht gibt es naturgemäß eine Menge Bedenkenträger: die einen, weil sie das Steuerrecht als Lenkungsinstrument nicht aus der Hand geben wollen, die anderen, weil sie um die Einnahmen des Staates fürchten, wieder andere, die in dem Streichen von Ausnahmeregelungen neue Ungerechtigkeiten sehen, ... Die Reihe der Bedenkenträger mag sehr lang sein, doch darüber müssen wir uns mit Mut und Zuversicht hinwegsetzen.

Als Ludwig Erhard 1948 die Lebensmittelkarten abschaffte, gab es sicherlich genauso viele Bedenkenträger. Die einen wollten nach verschiedenen Lebensmittelarten differenzieren, die anderen nach Bevölkerungsgruppen. Hätte Erhard sich alle diese Bedenken zu eigen gemacht, hätten wir wahrscheinlich heute noch Lebensmittelkarten! Doch er hat sich gegen alle Bedenkenträger durchgesetzt und damit die Voraussetzungen für einen nachhaltigen Wirtschaftsboom geschaffen.

Daher mein Appell: Nehmen wir uns Ludwig Erhard und seinen Mut für Reformen zum Vorbild für die anstehende große Steuerreform. Nur so werden wir zum Ziel kommen!

Martin Lambert

VITA:

Martin Lambert wird am 19. Februar 1961 in St. Ingbert im Saarland geboren. In Saarbrücken und Köln studiert er Politikwissenschaft und Volkswirtschaftslehre. Im Jahre 1990 schließt er sein Studium als Diplom-Volkswirt sozialwissenschaftlicher Richtung in Köln ab. Von 1990 bis 1992 ist er anschließend als Wissenschaftlicher Mitarbeiter beim Statistischen Bundesamt in Wiesbaden tätig. Im April 1992 wechselt er als Wissenschaftlicher Mitarbeiter zur Ludwig-Erhard-Stiftung in Bonn. Darüber hinaus ist Martin Lambert in unterschiedlichen Bereichen ehrenamtlich tätig.

Erhards europapolitische Vorstellungen und neue Herausforderungen für die Europäische Union

von Martin Lambert

Ludwig Erhards europapolitische Vorstellungen sind als integraler Bestandteil seiner gesamten außenpolitischen und -wirtschaftlichen Ausrichtung zu verstehen. Ordnungspolitische Prinzipien, die Erhard im Rahmen der Sozialen Marktwirtschaft im „Binnenmarkt Westdeutschland" realisiert hatte, sollten auch auf internationaler Ebene bestimmend sein:

• *Leitidee und Menschenbild der Sozialen Marktwirtschaft sind der politisch und wirtschaftlich mündige Bürger und die Freiheit und Eigenverantwortlichkeit des einzelnen.*

• *Soziale Marktwirtschaft ist im Kern eine Wettbewerbsordnung. Wettbewerb bildet den Motor der dezentralen Entscheidungen der Märkte, sorgt für effizientes Wirtschaften, garantiert die bestmögliche Versorgung der Menschen und verhindert Machtkonzentrationen. Wettbewerb erlaubt es jedem Individuum, seine eigenen Ziele zu verfolgen und zugleich volkswirtschaftliche Effizienz zu bewirken.*

• *Die marktwirtschaftliche Ordnung bedarf der sozialen Ergänzung, durch die die Versorgung der Alten, der Kinder, der Kranken und Bedürftigen gewährleistet ist und generell Vorsorge gegen Wechselfälle des Lebens getroffen wird.*

• *In der Sozialen Marktwirtschaft hat der Staat die Aufgabe, eine Rahmenordnung zu installieren, die einzelwirtschaftliches Handeln nicht in Widerspruch geraten läßt zu sozialen Zwecken und zur Freiheit der anderen. Zur staatlichen Aufgabenstellung zählen die Sicherung der Wettbewerbsfreiheit, Preisniveaustabilität, der Währungskonvertibilität und des Privateigentums, die Garantie offener Grenzen mit freiem Waren-, Personen-, Kapital- und Dienstleistungsverkehr, die Bereitstellung notwendiger Infrastrukturen sowie der Aufbau eines Regelwerkes zum Schutz der Umwelt.*

Mit diesen Prinzipien lassen sich die internationale Arbeitsteilung intensivieren sowie der freie und friedliche Welthandel sichern. Um diese Ziele zu erreichen, präferierte Erhard die funktionelle Integration, also die Etablierung und die Einhaltung marktwirtschaftlicher Prinzipien in einem umfassenden europäischen Zusammenschluß. Ein institutionelles Dach für die Schaffung neuer Teilintegrationen mit supranationaler Verwaltungszuständigkeit, von den sogenannten Institutionalisten um Adenauer bevorzugt und mit der Gründung von EGKS, EWG und Euratom letztendlich durchgesetzt, war nach den Vorstellungen von Erhard zweitrangig. Immerhin konnte Erhard die Durchsetzung französischer Forderungen nach sozialer Harmonisierung und protektionistischer Handels- und Zollpolitik zurückweisen. Jedoch blieben die Zuständigkeiten bei der Währungs- und Wirtschaftspolitik in nationalen Händen.

Im Rückblick und mit Blick auf das nächste Jahrhundert läßt sich feststellen, daß sich die Vorstellungen einer institutionellen und einer funktionellen integrationspolitischen Vorgehensweise inzwischen zu einer Synthese in der Europäischen Union zusammengefunden haben: Die weit verbreitete Eurosklerose Ende der 70er und Anfang der 80er

Jahre wurde mit dem Plan zum europäischen Raum ohne Binnengrenzen 1985 und dem Vorhaben einer Europäischen Wirtschafts- und Währungsunion (EWWU) 1988 überwunden und durch eine neue Dynamik abgelöst.

Mit der Vollendung des Europäischen Binnenmarktes Ende 1992 und damit dem Abbau aller Hindernisse im Handels- und Wirtschaftsverkehr wurde ein wesentlicher Beitrag zur europäischen Integration geleistet. Die integrationspolitische Priorität verlagerte sich anschließend auf die Etablierung der Politischen Union: So wurde in der Präambel des „Vertrages über die Europäische Union" (EUV), dem Maastrichter Vertrag aus dem Jahre 1992, die Entschlossenheit bekundet, „den mit der Gründung der Europäischen Gemeinschaften eingeleiteten Prozeß der europäischen Integration auf eine neue Stufe zu heben". Dazu gehören neben den konkreten Plänen über eine Europäische Wirtschafts- und Währungsunion allgemeinere Bestimmungen zur gemeinsamen Außen- und Sicherheitspolitik sowie zur Zusammenarbeit in den Bereichen Justiz und Inneres.

Mit dem Vertrag von Maastricht wurden wichtige ordnungspolitische Weichen für die Entwicklung der Europäischen Union hin zu einer marktwirtschaftlichen Ordnung gestellt:
• *Die europäische Wirtschaftspolitik wird dem „Grundsatz einer offenen Marktwirtschaft mit freiem Wettbewerb verpflichtet" (Art. 3a EUV).*
• *Das Subsidiaritätsprinzip, auf deutschen Wunsch in den Vertrag aufgenommen (Art. 3b EUV), begrenzt das Tätigwerden der supranationalen Institutionen. Mit Artikel 3b EG-Vertrag wurde außerdem der Grundsatz der Verhältnismäßigkeit bei Gemeinschaftsmaßnahmen normiert. Die Wahrnehmung von Aufgaben durch europäische Gremien wird unter stetige Aufgabenkritik gestellt, das heißt, bei*

konkreten Maßnahmen ist zu prüfen, ob die Europäische Union oder nationale Regierungen und Regionen zuständig sind. Das Subsidiaritätsprinzip bildet somit ein Abwehrrecht gegen Zentralisierung und überzogene europäische Regulierung und Harmonisierung.
• *Eine Harmonisierung ist nur möglich, wenn die jeweiligen unterschiedlichen nationalen Regulierungen der Zielsetzung der Europäischen Union widersprechen oder diese hemmen, sich also gegen die Gewährleistung der Grundfreiheiten richten.*
• *Eine wirksame Bremse der Zentralisierungstendenzen stellt auch die in wichtigen Bereichen verlangte Einstimmigkeit bei Ratsbeschlüssen dar, etwa bei der sozialen Sicherheit und dem sozialen Schutz der Arbeitnehmer sowie bei finanziellen Beiträgen zur Förderung der Beschäftigung und zur Schaffung von Arbeitsplätzen.*
• *Und außerdem wird selbst in dem von Kritikern als „Industriepolitik" bezeichneten Artikel 130 EG-Vertrag ein „System offener und wettbewerbsorientierter Märkte" als Basis zugrundegelegt. Auch wird ausdrücklich erwähnt, daß der Artikel keine Grundlage dafür bietet, „daß die Gemeinschaft irgendeine Maßnahme einführt, die zu Wettbewerbsverzerrungen führen könnte".*

Nicht nur Geist und Buchstaben der Römischen Verträge, insbesondere auch der Vertrag von Maastricht haben die Voraussetzungen für eine Aufnahme der osteuropäischen Reformstaaten in die Europäische Union geschaffen. Fälschlicherweise wird häufig ein Gegensatz zwischen Erweiterung, nämlich der Aufnahme neuer EU-Mitgliedstaaten, und Vertiefung, dem Ausbau supranationaler Elemente der Europäischen Union, konstruiert. Ganz im Gegenteil gilt nämlich: Erweiterung und Vertiefung sind keine Gegensätze, wenn in sensiblen Bereichen wie Arbeitsmarkt, Agrarbereich und Fondspolitiken Ausnahmeklauseln oder zeitliche Übergangsregeln und -fristen festgelegt werden.

Gleichwohl ist es unerläßlich, den beitrittswilligen Ländern eine Beitrittsperspektive aufzuzeigen.

Notwendig – auch ohne eine bevorstehende Osterweiterung – sind institutionelle und materielle Reformen der Europäischen Union: Als wenige Stichworte seien die Ausdehnung des Mehrheitsprinzips im Ministerrat, die Stärkung der Mitentscheidungsbefugnisse des Europäischen Parlaments, die Verringerung der Zahl der Kommissionsmitglieder sowie die Überprüfung des EU-Engagements im Agrar- und Regionalbereich. Die noch laufende Regierungskonferenz zur Überprüfung und Fortentwicklung des Maastrichter Vertrages – als Maastricht II – bezeichnet, soll mit der Konferenz der Staats- und Regierungschefs im Juni 1997 beendet werden.

Die freiheitsbegründenden und machtkontrollierenden Funktionen des Wettbewerbs bilden die Grundlage der europäischen Ordnung. Es gilt nun, die Chancen einer konsequenten marktwirtschaftlichen Ordnungspolitik – auch gegen industriepolitische Optionen, Protektionismus und Dirigismus – auch bei der Etablierung der gemeinsamen europäischen Währung wahrzunehmen. Dazu bedarf es eines langen Atems, denn marktwirtschaftliche Prinzipien müssen kontinuierlich verteidigt werden.

Der endgültige Übergang zur Währungsunion mit einheitlichem Geld wird zu einem neuen Wachstumsimpuls für die europäischen Volkswirtschaften führen, weil die einheitliche Währung den Binnenmarkt von der monetären Seite her ergänzen und stärken wird (vgl. Ordnungspolitischer Bericht 1996 der Ludwig-Erhard-Stiftung):

• *Wechselkursschwankungen zwischen den Teilnehmerstaaten der Währungsunion und damit Wechselkursunsicherheiten werden der Vergangenheit angehören. Unternehmen erhalten dadurch mehr Kalkulationssicherheit und sparen Kurssicherungs- und Transak-*tionskosten. *Letzeres gilt auch für die Konsumenten, weil ein Tausch der eigenen gegen eine andere europäische Währung nicht mehr notwendig ist. Zudem werden Preisdifferenzen europaweit transparent, was Preissteigerungen erschweren wird.*

• *Politisch motivierte Wechselkursänderungen und damit einhergehende Wettbewerbsverzerrungen werden durch die gemeinsame Währung nicht mehr möglich sein. Realwirtschaftliche Faktoren werden in der Europäischen Union mit Einheitswährung Priorität genießen.*

• *Der europäische Finanzmarkt wird wesentlich breitere Anlage- und Finanzierungsmöglichkeiten bieten, als dies die heutigen Einzelmärkte können. Auch wird sich das Gewicht der europäischen Währung im Verhältnis zu den übrigen Weltwährungen Dollar und Yen erhöhen.*

• *Dadurch werden auch Spekulationen gegen einzelne Währungen zumindest schwieriger. Währungsturbulenzen mit ihren negativen Auswirkungen auf Wachstum und Arbeitsmarkt sind eingeschränkt. Und für die deutsche Währung entfällt mit dem Euro ihre Belastung in der Rolle als Reserve- und Anlagewährung.*

Damit aber der Europäische Binnenmarkt mit über 370 Millionen Menschen seine positiven Wirkungen für Wachstum und Arbeitsplätze voll entfalten und damit sich eine europäische Stabilitätsgemeinschaft entwickeln und nachhaltig bestehen kann, sind jedoch unabdingbare Voraussetzungen zu erfüllen:

• *Die Konvergenz- und Stabilitätskriterien müssen das Eintrittstor zur Währungsunion bleiben. Nicht ohne Grund haben die Staats- und Regierungschefs im Vertrag von Maastricht hohe Hürden gestellt, die die einzelnen Länder erfüllen müssen: Preisniveau- und Wechselkursstabilität, stabile Entwicklung der langfristigen Zinsen, solide öffentliche Finanzen. An diesen Kriterien kann und darf, wie nicht nur verantwortliche Politiker, sondern auch das Bundesverfassungsgericht festgestellt haben, nicht gerüttelt werden. Die Finanzwelt würde Abweichungen von und Aufweichungen der Konvergenzbedingungen oder Zweifel an dauerhafter Konvergenz mit Risikoaufschlägen beim Zins beantworten. Geringeres wirtschaftliches Wachstum als Folge höherer Zinsen würde die Vorteile der gemeinsamen Währung aufzehren.*

• Der Erfolg der Europäischen Währungsunion wird wesentlich davon abhängen, daß zwischen den teilnehmenden Staaten eine realwirtschaftliche Konvergenz besteht. Denn nach Einführung der Einheitswährung können Wettbewerbsnachteile nicht mehr durch Abwertungen ausgeglichen werden. Insofern können nur Länder teilnehmen, die dem strukturellen Anpassungsdruck durch globalen Wettbewerb standhalten. Dies macht flexible Märkte für Waren, Dienstleistungen, Kapital und Arbeit, kurzum: wettbewerblich funktionsfähige Märkte, erforderlich. Frühere Pläne für eine europäische Währung konnten aufgrund stark divergierender Wirtschafts- und Inflationsentwicklung nicht verwirklicht werden. Gerade diese Erfahrung aus den 70er Jahren lehrt: Die nationalen Politiken müssen die realwirtschaftliche Konvergenz durch Liberalisierung und Deregulierung der Märkte fördern.

• Insgesamt hat die stabilitätspolitische Qualität der Währungsunion Vorrang vor Terminzwängen, vor Teilnehmerstaaten und Teilnehmerzahl. Der Europäische Rat wird Anfang 1998 auf der Grundlage der volkswirtschaftlichen Daten von 1997 entscheiden, welche Teilnehmerstaaten sich für den Euro qualifiziert haben.

• Dies bedeutet jedoch keineswegs ein Abwarten, bis auch das letzte Land die Kriterien erfüllt: Es gilt die „Magnettheorie", die davon ausgeht, daß die EWWU in Nicht-Konvergenz-Ländern erhöhte stabilitätspolitische Anstrengungen auslösen wird. Darüber hinaus wird mit Transferzahlungen im Rahmen

der Fonds ein Ausgleich zwischen „reichen" und „armen" Ländern erreicht. Dabei sind jedoch Essentials zu beachten:

Erstens müssen sich Transferzahlungen auf Investitionsvorhaben, beispielsweise länderübergreifende Infrastrukturmaßnahmen – wie sie bei transeuropäischen Netzen in den Bereichen der Verkehrs-, Telekommunikations- und Energieinfrastruktur vorgesehen sind – konzentrieren. Deshalb gehören die bisherigen strukturerhaltenden und agrarlastigen EU-Ausgaben dringend auf den ordnungspolitischen Prüfstand.

Zweitens sind Unterschiede in nationalen Sozial- und Umweltstandards als Standortfaktoren zu werten, eine europaweite Vereinheitlichung würde in den weniger weit entwickelten Staaten die Arbeitslosigkeit erhöhen und weitere Transferforderungen nach sich ziehen. Bei unterschiedlicher Ausstattung der Länder mit Arbeit, Kapital und Technologie, was sich in unterschiedlichen Produktivitäten niederschlägt, müssen sich auch die Löhne, Sozial- und Umweltnormen an den unterschiedlichen Produktivitäten orientieren.

• Den noch nicht qualifizierten Euro-Teilnehmern muß darüber hinaus die baldige Beitrittsmöglichkeit offengehalten werden. Deshalb läßt sich in Anlehnung an das alte Europäische Währungssystem ein anpassungsfähiges System der Wechselkursbeziehungen (EWS II) etablieren – in seinen Grundsätzen wurde es auf dem Dubliner Gipfel im Dezember 1996 vereinbart. Dieses Regime darf die Fähigkeit der Europäischen Zentralbank zur internen Stabilitätspolitik nicht gefährden.

• Soll „Wohlstand für ganz Europa" (Otto Schlecht) auf Dauer realisiert werden, muß die Europäische Union als „Europa der Stabilität" in Form der Geldwertstabilität sowie der Stabilität der Finanzen entwickelt werden. Die Grundlage dazu ist mit dem Vertrag von Maastricht sowie dem inzwischen von

den Staats- und Regierungschefs grundsätz-
lich beschlossenen „Stabilitäts- und Wachs-
tumspakt" gelegt worden:

Die Europäische Zentralbank stellt eine
von politischen Weisungen institutionell, operativ und personell unabhängige Instanz dar. Das vorrangige Ziel der Geldwertstabilität ist Bestandteil des Maastricht-
Vertrages und besitzt damit Verfassungsrang;
die Kreditgewährung an Regierungen oder
andere öffentliche Stellen durch die Noten-
banken unterliegt einem Verbot. Die Festlegung auf Frankfurt als Sitz der europäischen Notenbank bedeutet außerdem eine
klare und psychologisch hilfreiche Manife-
station des Stabilitätswillens der europäischen Staats- und Regierungschefs.

Der Mitte Dezember 1996 abgeschlossene „Stabilitäts- und Wachstumspakt"
wird die Haushaltsdisziplin der an der
EWWU teilnehmenden Staaten sichern. Das
gegenüber dem Maastricht-Vertrag gestraffte
Verfahren kann nun innerhalb eines Jahres zu
finanziellen Sanktionen führen. Mit dem Pakt
gehen die an der Europäischen Währungsunion beteiligten Länder die Verpflichtung
für eine solide, auf Haushaltsausgleich über
Konjunkturzyklen hinweg angelegten Finanzpolitik ein. Wichtiger als die Frage der Auto-
matik oder Quasi-Automatik der Sanktionen
für Haushaltssünder ist allerdings das psychologische Moment der Abschreckung: Welche
Regierung wird sich der Gefahr aussetzen,
von der Europäischen Union des haushaltspo-
litischen Versagens angeprangert zu werden?

• *Zur weiteren europäischen Integration ist*
die Zustimmung der Bevölkerung unabding-
bar. Dies gilt für die Außen- und Sicherheits-
politik, die Justiz- und Innenpolitik ebenso wie
für die Einführung der einheitlichen europäi-
schen Währung. Gerade die Deutschen sind
für die Notwendigkeit einer stabilen Währung
besonders sensibilisiert:

Galoppierende Inflation, Währungsschnitt
1923/24, Weltwirtschaftskrise, Depression und Devisenbewirtschaftung Ende der
20er/Anfang der 30er Jahre zerstörten die
monetäre Basis der Deutschen.
Diese Erfahrung mit wertlosem Geld wurde
den nachfolgenden Generationen weitergege-
ben und sorgt noch heute dafür, daß der
Geldwertstabilität in Deutschland oberste politische und gesellschaftliche Priorität zukommt.

Die Währungsreform im Juni 1948 und Erhards mutige Wirtschaftsreformen ermöglichten die Entwicklung der D-Mark vom Besat-
zungskind zum Weltstar, bildeten die Grundlage für die Soziale Marktwirtschaft und den
erfolgreichen Wiederaufstieg Westdeutschlands, der immer auch eine Sogwirkung auf
die Bevölkerung der DDR ausgeübt hatte.
Schließlich wurde mit der Schaffung einer
Wirtschafts-, Währungs- und Sozialunion im
Juli 1990 auch in den jungen Bundesländern
die Soziale Marktwirtschaft eingeführt.

Bereits Ludwig Erhard wußte, „daß
Wirtschaftspolitik zu einem erheblichen
Teil auf richtigem psychologischen und
soziologischen Einfühlungsvermögen beruht". Deshalb müssen die Menschen über die
konkreten Schritte sowie möglichen Folgen
des DM-Umtausches aufgeklärt werden; ihnen muß die Gewißheit gegeben werden, daß
die europäische Währung mindestens so stabil sein wird wie die DM bisher. Es bedarf
deshalb einer „Multiplikatoroffensive" (Werner Hoyer), die politische Entscheidungen begründet, transparent macht und Preisniveaustabilität weiterhin als prioritäre politische
Zielsetzung in den Vordergrund stellt.

Langfristig muß in der europäischen
Gesellschaft eine europäische Stabili-
tätskultur entwickelt werden, die der Geldwertstabilität absolute Priorität in der gesellschaftlichen Wertschätzung einräumt. Ein

Bankerwort lautet: „Märkte haben ein langes Gedächtnis". Deshalb müssen die internationalen Finanzmärkte Vertrauen in die zukünftige Stabilität des europäischen Geldes erhalten, das jedoch erst langfristig aufgebaut werden kann.

Inzwischen hat mit der Präsentation der Entwürfe der europäischen Banknoten das Projekt Euro auch für die Bürger eine konkrete Gestalt angenommen.

Insgesamt besteht also die Chance, beim „Bau des Hauses Europa als einer Schicksalsfrage für eine gute Zukunft der europäischen Völker" (Helmut Kohl) einen deutlichen Schritt nach vorne zu kommen und mit der Zeit auch eine europäische Identifikation der Bevölkerung entstehen zu lassen. Denn, so hat bereits Ludwig Erhard 1956 festgestellt, „europäische Integration ohne entsprechenden Widerhall in der Öffentlichkeit verwirklichen zu wollen, ist ein Unding".

Der Messeplatz München

Die Unternehmensgruppe Messe München International hat seit 1964 ein internationales Fachmesseprogramm von mehr als 35 Veranstaltungen systematisch und kontinuierlich entwickelt. Damit gehört München zu den international führenden Messeplätzen im Zentrum Europas. Dies bezeugen vor allem die etwa 25 000 Aussteller aus rund 90 und zwei Millionen Besucher aus mehr als 140 Ländern, die Jahr für Jahr im Rahmen der ca. 25 überwiegend eigenen internationalen Messen und einigen Gastveranstaltungen in München zusammenkommen.

Das Veranstaltungsprogramm am Messeplatz München zeichnet sich durch zukunftsträchtige Messethemen aus, die auch über das Jahr 2000 hinaus von großer Bedeutung für die internationale Wirtschaft sein werden.

Als Hochburg der Baufachmessen, z.B. mit der weltgrößten Fachmesse für Bau- und Baustoffmaschinen BAUMA oder der BAU, die eine umfassende internationale Übersicht über Baustoffe und Bausysteme gibt, bedient München einen Wirtschaftsbereich, der in allen nationalen Wirtschaften eine Schlüsselposition einnimmt. Mit der Weltmesse für Entsorgung und Umweltschutz IFAT hat der Messeplatz München darüber hinaus eine Veranstaltung, die auch langfristig dem ununterbrochen steigenden Bedarf an Umwelttechnologie gerecht werden wird.

Die fünf Veranstaltungen, die dem Bereich der Elektronik zugeordnet werden - PRODUCTRONICA, ELECTRONICA, SYSTEMS, LASER, ANALYTICA - bilden eine weltweit einmalige Konzentration hochkarätiger Innovationsforen von der Mikro-elektronik über die elektronische Datenverarbeitung und Telekommunikation bis hin zur Lasertechnologie und biochemischen Analytik.

Investitionsgüterveranstaltungen von Weltformat in den Bereichen Getränketechnik oder Technologie für die gesamte Keramikindustrie und Spezialthemen wie Transport- oder Forstwirtschaft, Museumstechnik sowie Filmtechnik runden das Münchener Messeangebot im Technologiebereich ab. Einen sehr intensiven internationalen Interessensausgleich bewirken am Messeplatz München auch Marktpartner gehobener Konsumgüterbereiche im Rahmen der Pilotmessen für Sportartikel und Sportmode ISPO, GOLF EUROPE und FAIRWAY wie auch für Uhren und Schmuck - INHORGENTA.

Durch die Aktivitäten der Gesellschaft für Handwerksmessen und -ausstellungen GHM, die ebenfalls ihren Sitz in München hat, wird das Messeangebot auch für viele Bereiche des Handwerks geprägt. Neben der IHM - Internationale Handwerksmesse sind in diesem Zusammenhang auch Spezialveranstaltungen wie FARBE, ELTEC oder HEIM + HANDWERK zu nennen.

Mit dem Erfolg der Münchener Messen wurde das Messegelände am Rande der Innenstadt allerdings zu klein. Ein neues Messegelände mit mehr Hallenfläche mußte daher auf dem Areal des aufgelassenen Flughafens München-Riem gebaut werden. Ab Anfang 1998 stehen mit der Fertigstellung des ersten Bauabschnitts 140.000 qm Hallenfläche zur Verfügung. In einem zweiten Bauabschnitt erfolgt der Endausbau auf 200.000 qm.

Die Vorteile langfristig angelegter Konzeptionsarbeit am Messeplatz München werden mit Sicherheit eine entscheidende Rolle spielen im Wettbewerb international führender Messeplätze. München stellt sich diesem Wettbewerb mit einem erstrangigen Veranstaltungsprogramm, dem modernsten Messegelände der Welt und mit noch mehr Service und Dienstleistung für die nationale und internationale Wirtschaft.

bauma: Alle drei Jahre, während der größten Fachmesse der Welt, der bauma, wächst im und am Münchener Messegelände ein stählerner Wald aus den modernsten Maschinen und Ausrüstungen für die Bauwirtschaft.

Die Neue Messe München
Kunden und Partnern der Unternehmensgruppe Messe München International bietet die Neue Messe München ab 1998 ein hochmodernes Informations- und Kommunikationsforum mit bester technischer Infrastruktur und ausgezeichnetem Komfort.

Prof. Dr. Hans Willgerodt

VITA:

Geboren ist Prof. Dr. rer. pol. Hans Willgerodt am 4. Februar 1924 in Hildesheim. Er studiert Volkswirtschaftslehre und schließt als Diplom-Volkwirt ab. Es folgt die Habilitation. In den Jahren von 1963 bis 1989 ist er Direktor des Institutes für Wirtschaftspolitik an der Universität zu Köln und des Wirtschaftspolitischen Seminars der Kölner Universität. Hans Willgerodt ist heute emeritierter Ordentlicher Professor für Wirtschaftliche Staatswissenschaften an der Universität zu Köln. Er ist Mitherausgeber des ORDO-Jahrbuches.

Darüber hinaus ist er Mitglied der Mont Pelerin Society und der Ludwig-Erhard-Stiftung e.V., Bonn.

Keine Angst vor pfiffigen Partnern

Der internationale Wettbewerb bietet den alten Industrieländern um so mehr Chancen, je leistungsfähiger und wohlhabender die neuen Konkurrenten werden

von Hans Willgerodt

Wir müßten alle den Riemen enger schnallen, so heißt es landauf und landab. Weshalb? Weder hat ein Erdbeben unsere Fabriken vom Erdboden verschluckt noch fehlt es an Arbeitskräften. Vielmehr gibt es Arbeitslose, die gern produzieren möchten, aber aus merkwürdigen Gründen nicht können oder dürfen. Würden sie arbeiten, und wären die sonstigen Kapazitäten voll ausgelastet, dann gäbe es kaum Gründe für Kapuzinerpredigten und den Ruf, wir müßten alle mit weniger zufrieden sein. Oder werden wir ärmer, weil andere Länder wettbewerbsfähiger werden?

Wenden wir uns zunächst den Problemen der Binnenwirtschaft zu: Gewiß gibt es Instanzen und Personengruppen, die sich einschränken müssen, damit alle zusammen wieder mehr produzieren können. Die öffentlichen Kassen haben eine Verschuldungsorgie hinter sich, bei der viele Ersparnisse verbraucht worden sind, anstatt in produktives Kapital verwandelt zu werden.

Die Last von Verzinsung und Rückzahlung ist kommenden Generationen aufgebürdet worden, die ohnehin durch die Expansion sozialpolitischer Umlagen beschwert sind. Auch hat sich in subventionsgeübten Teilen der Wirtschaft und in Großgebilden mit internen Verrechnungsmöglichkeiten für Milliardenverluste eine Mentalität ausgebreitet, die von der sozialstaatlichen Ausgabepraxis nicht mehr weit entfernt ist. Werden wir alle ärmer, wenn dies nun endlich einmal anders werden muß?

Wenn staatliche Konsumkredite und privatwirtschaftliche Kapitalverschwendung verringert werden, so bedeutet das nicht, daß deswegen das Volkseinkommen sinkt. Es würden vielmehr Mittel in zweckmäßigere Verwendungen umgeleitet, so daß die Produktion steigen kann. Auch wird den Bürgern zurückgegeben, was ihnen zuviel entzogen worden ist. Damit steigen die Möglichkeiten für produktive Investitionen, die eine Quelle zusätzlichen Einkommens sein können.

Auch die Beschäftigung kann wieder steigen, sofern sich die Lohnkosten nicht mehr im Übermaß nach Umverteilungsforderungen der Kollektivkassen und den Einkommens- und Freizeitwünschen der noch Beschäftigten richten, sondern danach, was mit hoher Beschäftigung vereinbar ist. Nur in diesem Falle wird das Kapital nicht vorzugsweise für arbeitssparende Investitionen verwendet oder im Ausland angelegt. Wenn Staat und Wirtschaft einschließlich der Gewerkschaften sich wieder die Ansicht abgewöhnen, daß es auf eine Milliarde DM mehr oder weniger an Ausgaben, Kostensteigerungen und Verlusten nicht ankomme, steigt unser Wohlstand.

Weshalb eigentlich haben im übrigen nicht nur die Anteilseigner, sondern auch die Vertreter der Arbeitnehmer in den mitbestimmten Organen großer Kapitalgesellschaften von den Veränderungen nichts bemerkt, die in großen Verlusten und Entlassungen geendet haben? Oder hat man hier auf die überparteiliche Solidarität bei der Einwerbung von sozialstaatlichen Erhaltungssubventionen gehofft?

Wenn das Denken in vierten Dimensionen, aus denen Wohltaten bezahlt werden, wieder zurückgedrängt wird und bei jeder umverteilenden Maßnahme gefragt wird: Wer zahlt, und wie wirkt sich das aus?, dann werden wir alle zusammen nicht ärmer, sondern besser gestellt.

Auch die seit biblischen Zeiten bewährte Ansicht, daß wir nur durch Arbeit und nicht durch Arbeitszeitverkürzung und Frühpensionierung zu Wohlstand kommen können, wird eines Tages wieder Allgemeingut werden.

Aber sprechen nicht zahlreiche Alltagserfahrungen gegen solche unmodernen Thesen? Gewiß kann der einzelne Bürger versuchen, auch durch Minderleistung und Behinderung anderer ein größeres Einkommen zu erzielen oder sich mehr Freizeitbequemlichkeiten zu verschaffen. Wenn sich diese Methode allgemein ausbreitet, geht es allen zusammen schlechter, vielleicht auf kurze Frist aber einigen besser.

Worum es sich handelt, mag ein Beispiel zeigen: Als Student wohnte ich bei einem liebenswürdigen Druckereibesitzer. Er erzählte mir, er habe vor Jahren eine neue Druckmaschine gekauft und die alte in Zahlung geben wollen. Am Tage vor dem Verkauf habe er erfahren, ein Konkurrent wolle sich am selben Ort niederlassen und zu diesem Zweck bei dem Händler die alte Maschine erwerben. Deshalb sei er – mein Vermieter – in der Nacht aufgestanden und habe mit dem Vorschlaghammer die alte Maschine kurz und klein geschlagen. Vielleicht mag er dabei gewonnen haben. Aber das Zerstören noch verwendbarer Kapitalgüter schafft gesamtwirtschaftlich ebensowenig Reichtum wie Zwangsbrachen, Abwrackprämien, Zwangspensionierungen oder Arbeitslosigkeit.

Seit Jahren werden einzelwirtschaftliche Vorteilserwägungen wie diejenigen meines Vermieters auf ganze Volkswirtschaften übertragen. Dabei erscheint die volkswirtschaftliche Nachfrage nach Gütern als eine fest gegebene Größe. Was der eine Produzent mehr absetzt, entgeht nach dieser Auffassung dem anderen, dessen Absatz und Einkommen infolgedessen zurückgehen müßten. Der Wettbewerb erscheint als Methode zur wechselseitigen Schädigung, so daß man ihn beschränken müsse. Die beiden Drucker – um sie noch einmal in die Szene zu setzen – hätten sich ja über eine Aufteilung des Marktes und gemeinsame Erhöhung der Preise verständigen können. Man nennt dies verfälschend Marktordnung oder international Selbstbeschränkungsabkommen.

Der Trugschluß der festen Arbeitsmenge

Am Arbeitsmarkt gilt dies als Patentrezept. Die volkswirtschaftlich zu leistende Arbeitsmenge sei gegeben und schrumpfe sogar infolge technischen Fortschritts mindestens in der Industrie unablässig, ist oft zu hören. Für die meisten Menschen sei aber immer noch Arbeit die Haupteinkommensquelle. Die Möglichkeit, Arbeitseinkommen zu erzielen, müsse deshalb gerecht verteilt werden. Die Arbeitszeit sei möglichst ohne Einkommensverzicht der noch Beschäftigten zu verkürzen, Ältere seien aus dem Erwerbsleben zu verdrängen und Überstunden zu untersagen, die Lohnkonkurrenz durch Arbeitslose sei durch das Tariflohnkartell oder neuerdings sogar staatlich verordnete Mindestlöhne zu verbieten. Vor allem müßten Ausländer vom Inlandsmarkt ferngehalten werden, sei es unmittelbar – dem gemeinsamen EG-Markt zum Trotz –, sei es mittelbar, indem die Früchte ausländischer Arbeit durch Importhindernisse vom Inlandsmarkt vertrieben werden.

Würde man mit dieser Rezeptur ernst machen, dann müßten die jetzt noch voll Beschäftigten erhebliche Teile ihres Einkommens abtreten, denn eine Arbeitszeitverkürzung bei vollem Lohnausgleich ist unter heutigen Bedingungen eine Kostensteigerung, die zu mehr Entlassungen und nicht zu einer gleichmäßigeren Verteilung der Arbeit führen muß. Zu einem derartigen Einkommensverzicht dürfte die Mehrheit der Vollzeitbeschäftigten einschließlich der Gewerkschaftsmitglieder nicht bereit sein.

Da Arbeitslose vielfach die bisher Beschäftigten überhaupt nicht ersetzen können, würden die geleistete Gesamtarbeit, die Produktion und das Gesamteinkommen sogar fallen. Dies hindert Arbeitsmarktparteien nicht an der Behauptung, durch Arbeitszeitverkürzung werde mehr Arbeit geschaffen, wo es sich bestenfalls um mehr Arbeitsverträge handelt.

Für die subventionierte Frühpensionierung wird vorgebracht, man müsse Arbeitsplätze für Jüngere freimachen. Mit ähnlichen Argumenten wird die für die Sanierung der Rentenversicherung unabweisbare Heraufsetzung der Pensionierungsgrenze abgelehnt. Daß Jung und Alt gemeinsam arbeiten, wird für unmöglich gehalten.

Dem dahinter stehenden Trugschluß vom konstanten oder gar abnehmenden Arbeitsquantum liegt zunächst eine Art von Schlaraffenlandvorstellung zugrunde. Wir seien mit Gütern übersättigt, so daß es nur noch weniger zu tun gebe, um unseren Bedarf zu decken. Meinen das auch die Arbeitslosen und diejenigen, die Lohnerhöhungen fordern, um mehr ausgeben zu können? Warum wird dann gegen Einschränkungen demonstriert? Wenn es trotzdem vielen Unternehmen so erscheint, als sei die Nachfrage unzureichend oder schrumpfe sogar, so liegt dies an Branchenproblemen oder daran, daß man gesamtwirtschaftlich eine ordnungspolitische Sklerose zugelassen hat, durch die Produktion und Absatz gemeinsam behindert werden.

Neben die Vorstellung von allgemeiner Überproduktion, Sättigung und Schlarafffenland tritt auch wieder die alte Lehre der Freiset-zung von Arbeitenden durch technischen Fortschritt. Menschenleere Fabriken stellen angeblich ohne menschliches Zutun her, was das Herz begehrt, aber nicht gekauft werden kann, weil man arbeitslos geworden ist oder sich mit schlecht bezahlter Arbeit im Dienstleistungsbereich zufrieden geben muß.

Wer kauft dann die vermeintlich wie von Geisterhand spottbillig hergestellten Industrieprodukte? Müssen diese Fabriken nicht geplant, gebaut, überwacht, repariert und nach Vernutzung der Maschinen und Anlagen ersetzt werden? Braucht man dazu keine Arbeit? Mit Recht hat man doch Kapital als vorgetane Arbeit bezeichnet, die geleistet werden muß. Ob im übrigen technischer Fortschritt die Beschäftigung mindert, wird seit den theoretischen Überlegungen des englischen Nationalökonomen David Ricardo (1772 bis 1823) in der Wirtschaftswissenschaft kontrovers diskutiert.

Die Erfahrung lehrt aber, daß Arbeit damit gesamtwirtschaftlich keineswegs überflüssig wird. Bei richtigen Standortbedingungen wird Arbeitsleistung eher verlagert und sogar stärker in der Kapitalgüterproduktion und den zugehörigen Dienstleistungsbereichen nachgefragt, wenn man zu Umstellungen und zum Erwerb neuer Qualifikationen bereit ist. In der Zeit Ludwig Erhards war der technische Fortschritt besonders groß, es gab aber Vollbeschäftigung bei steigenden Lohnsätzen.

Trotzdem wird der Trugschluß vom festen Arbeitsquantum und einer begrenzten Gesamtnachfrage nach Gütern auf die Weltwirtschaft übertragen. Man huldigt wieder der merkantilistischen Ansicht Voltaires, daß ein Land nur auf Kosten eines anderen gewinnen könne. Deshalb solle die inländische Nachfrage den inländischen Anbietern reserviert werden. Britischen, portugiesischen oder gar polnischen Bauunternehmen soll verboten werden, mit Hilfe niedriger Kosten Teile der inländischen Nachfrage an sich zu reißen.

Es sollen im Gegenteil Exportüberschüsse erzielt werden, die als Sieg im Kampf um den internationalen Handel gefeiert werden. Denn damit entreißt man dem Ausland mehr Nachfrage, als man ihm bei den Einfuhren an eigener Nachfrage überlassen hat. Von Einfuhrüberschüssen wird dagegen wie über verlorene Schlachten berichtet. Von „roten Zahlen" und „Fehlbeträgen" ist dann die Rede, als ob ein Importüberschuß entstehen könnte, wenn er nicht finanziert wäre. Demzufolge soll die eigene Regierung die Ausfuhr fördern, sei es durch Subventionen wie im Schiffbau, sei es durch einen niedrigen Wechselkurs der Inlandswährung, sei es durch Zinssenkungen für Exportgeschäfte, Ausfallbürgschaften und dergleichen. Inländische Führungspersonen sollen bei Staatsbesuchen, umgeben von Wirtschaftsvertretern, mithelfen, der eigenen Wirtschaft neue Märkte zu erschließen. Wenn dies alles auf Gegenseitigkeit geschieht, wird die Exportförderung des einen zur Importförderung des anderen, das Streben nach Überschüssen geht aus wie das Hornberger Schießen, und nur der internationale Austausch belebt sich in verzerrter Form.

Was bedeutet es aber, wenn zum Jubel der Beschäftigungsprotektionisten ein Leistungsbilanzüberschuß erzielt wird? In Höhe dieses Überschusses wird netto Kapital exportiert. Den Exportüberschuß werten die Gewerkschaften als Zeichen, wie wettbewerbsfähig die heimische Wirtschaft sei und wie unbegründet Klagen über zu hohe Lohn- und Sozialkosten. Auf der anderen Seite wird der damit automatisch verbundene Export von Kapital als Symbol schlechter Standortqualität beklagt. Man schaffe damit Arbeitsplätze im Ausland statt im Inland, exportiere also Produktionsmittel. Bejaht wird damit anscheinend die schon 1907 von dem deutschen Sozialökonomen Heinrich Dietzel gestellte, aber von ihm verneinte Frage, ob Export von Produktionsmitteln volkswirtschaftlicher Selbstmord sei.

Die Arbeitsteilung steigert den Wohlstand

Es kommt hier auf die Umstände an: Eine Wirtschaft mit hohen Ersparnissen und Vollbeschäftigung sollte Auslandsanlagen nicht behindern, wenn sie höhere Erträge abwerfen als mögliche Inlandsinvestitionen. Wenn damit Ausländern ermöglicht wird, produktiver zu werden und höhere Löhne zu zahlen, so ist dies das Minimum an internationaler Solidarität, das von reichen Ländern verlangt werden muß. Inländische Arbeitnehmer können nicht nur während der Entstehung des Exportüberschusses einen Beschäftigungsvorteil haben, sondern auch von Zins- und Gewinnsteigerungen profitieren, wenn man sich bemühen würde, ihre Vermögensbildung anzuregen, anstatt dies durch Umlagen und zahlreiche andere Hindernisse zu diskriminieren.

Andererseits kann es bei Inflation und Unsicherheit zur Kapitalflucht kommen. Auch sie geht mit Exportüberschüssen einher. Es werden aber dabei eher inländische Arbeitsplätze abgebaut, weil die inländischen Standortbedingungen verschlechtert sind.

Über den merkantilistischen Handelsneid hat sich schon im Jahre 1758 der schottische Philosoph David Hume in einem berühmten Essay geäußert. Ihm ist die Vorstellung fremd, die Weltnachfrage nach Gütern sei eine feststehende Größe. Vielmehr beruhe der Wohlstand binnen- wie außenwirtschaftlich nicht zuletzt auf Arbeitsteilung und Austausch. Wer nichts anzubieten habe, mit dem könne man nicht gewinnbringend Handel treiben.

In der Tat: In den Besitz monetärer Kaufkraft gelangt man durch den Verkauf von Gütern, die man produziert hat, denn das Versilbern von Vermögen ist keine dauerhafte Quelle von Erlösen. Auch umverteilte Beträge werden letztlich aus der Produktion gespeist. Nur durch Produktion werden dauerhaft Gegenleistungen möglich, die ein ausländischer Anbieter verlangt. Die Möglichkeit, solche Gegenleistungen zu erbringen, so betont Hume, nimmt mit wachsender Produktion eines Landes zu, das heißt mit seinem Wohlstand. Um so größer werden auch die Möglichkeiten, mit einem solchen Land Handel zu treiben und zu einer produktivitätsfördernden Arbeitsteilung überzugehen.

Dazu ist allerdings notwendig, daß die beteiligten Länder ihre Produktionsstruktur umstellen. Hume versäumt nicht, auf die dabei entstehenden Probleme hinzuweisen, die er besonders für die wenig industrialisierten Niederlande seiner Zeit vermutet, traut ihnen aber zu, sich entsprechend anzupassen. Wie man sieht, gibt es Prognosen, die sich über zwei Jahrhunderte hinweg bewähren. Hume schließt damit, er bete aus den geschilderten Gründen nicht nur als Mensch, sondern auch als britischer Untertan für eine blühende Wirtschaft nicht nur Deutschlands, Spaniens, Italiens, sondern sogar Frankreichs selber (mit dem sich Britannien damals im Kriege befand).

Hat sich an dieser Weisheit inzwischen Wesentliches geändert? Wie erklärt sich die neue deutsche Konkurrenzfurcht in einem Land, dem Ludwig Erhard einst das Tor zur Welt durch seine freihändlerische Politik geöffnet hat und das seinen Wohlstand nicht zuletzt der internationalen Arbeitsteilung verdankt? Werden die Deutschen dadurch ärmer, daß nicht nur Länder in Asien wirtschaftlich aufholen, sondern auch unsere Nachbarn in Mittel- und Osteuropa? Ist das allgemeine Stirnrunzeln über den Beitrittswunsch dieser Länder zum Freihandelsraum der Europäischen Union ein Beweis dafür, daß mit einer solchen Öffnung für beide Seiten unkalkulierbare Risiken verbunden sind?

Es trifft zu, und das hat auch David Hume nicht geleugnet: Solche Branchen und Unternehmungen, die durch asiatisches, polnisches oder tschechisches Angebot unter Wett-

bewerbsdruck geraten, haben es schwerer, sich am Markt zu behaupten. Wenn sie nicht leistungsfähiger werden oder sich umstellen, müssen sie ausscheiden.

Das ist unter dem Druck nationalen und internationalen Wettbewerbs auch schon in der Zeit Ludwig Erhards geschehen. Man schätzt, daß 1958 etwa 50 Prozent aller derjenigen Arbeitsplätze verschwunden waren, die es zur Zeit der Wirtschaftsreforn von 1948 noch gegeben hat. Trotzdem war Vollbeschäftigung erreicht, weil entsprechend mehr neue Arbeitsplätze durch Investitionen und Umstellung entstanden waren.

Ist das heute unmöglich geworden? Gewiß kann man es durch Umstellungsverweigerung unmöglich machen. Die zahllosen scheinsozialen Gesetze, mit denen Strukturen verfestigt werden und das Vordringen in neue Tätigkeitsfelder behindert wird, können am Verlust solcher Arbeitsplätze nichts ändern, die bei offenen Grenzen unter internationalen Wettbewerbsdruck geraten und ihm nicht standhalten.

Falsch ist aber die beliebte These, durch Einfuhren verschwinde deutsche Kaufkraft unwiederbringlich im Ausland. Sicherlich können Ausländer das verdiente deutsche Geld horten und ihren Kassenbeständen einverleiben. Rentabel ist das für sie kaum und lohnt sich höchstens, wenn ihr Land noch nicht über ein funktionsfähiges eigenes Geld verfügt. Was dem deutschen Geldkreislauf damit entzogen wird, kann die Bundesbank wieder auffüllen und etwa dem Bund als Geschenk überreichen, das die Ausländer uns machen, denn sie haben Güter für ein Stück bedrucktes deutsches Geldpapier hergegeben.

Andere Geschenke werden uns die neuen Wettbewerber kaum machen. Auch daß sie uns Kredite gewähren oder bei uns investieren, ist nicht sehr wahrscheinlich, so erfreulich es für das Entstehen neuer deutscher Arbeitsplätze und deren Finanzierung wäre. So bleibt nur die Möglichkeit, daß die Ausländer mit ihren Erlösen deutsche Waren kaufen und damit Beschäftigung in der deutschen Exportwirtschaft hervorrufen. Sollten sie aber Güter anderer Länder mit den verdienten D-Mark kaufen, dann fließt das deutsche Geld diesen zu, die dann vor dem gleichen Problem stehen, was sie damit beginnen wollen. Sie werden es für deutsche Güter ausgeben, das ist der Normalfall.

Dem Konkurrenzdruck nicht hilflos ausgesetzt

Wird damit das deutsche Beschäftigungsproblem gelöst, soweit es durch neuen internationalen Wettbewerb entstanden ist? Nicht ganz. Wer zunächst als Anbieter ausscheidet, hat noch nicht wieder selbstverdiente Kaufkraft. Seine bisherigen inländischen Nachfrager haben sich günstigeren ausländischen Angeboten zugewandt. Unsere neuen ausländischen Partner und Wettbewerber sind aber durch den Handel und eigene Produktionsfortschritte wohlhabender und kaufkräftiger geworden. Bei ihnen sind neue Märkte und neue Nachfrage entstanden, um die wir uns bemühen können. Unsere Produktionsstruktur muß auf diese neue Nachfrage umgestellt werden, damit freigesetzte inländische Faktoren wieder beschäftigt werden können.

Ist diese Umstellung möglich? Sicher wird sie nicht dadurch behindert, daß wir von einem einzigen Erzeugnis oder einem bestimmten Rohstoff gelebt haben, dessen Märkte nun verloren gegangen sind wie einst die Märkte für chilenischen Salpeter. Die deutsche Volkswirtschaft ist so vielseitig, daß sie eigentlich auf so gut wie jeden ausländischen Bedarf eingestellt werden kann. Im übrigen ist es nicht der Auslandsmarkt allein, dem sich Arbeitslose bei uns zuwenden können.

Das Einkommen derjenigen Inländer, die vom günstigeren Import profitieren, kann steigen, zum Beispiel kann die inländische Nachfrage nach Komplementen zum Import zunehmen, etwa die Nachfrage nach Handelsleistungen, denn eingeführte Güter müssen auf dem Inlandsmarkt angeboten und verkauft werden, und zwar von Leuten, die bei uns wohnen.

Hat sich gleichwohl die Wettbewerbsfähigkeit inländischer Arbeitnehmer dadurch verschlechtert, daß ein internationaler Standortwettbewerb um das bewegliche Kapital stattfindet, bei dem neue Arbeitsplätze dort geschaffen werden, wo das Kapital die günstigsten Bedingungen findet? Ganz so beweglich, wie diese These vermuten läßt, ist das Kapital freilich nicht. Vor allem aber könnte Deutschland leicht einen erheblichen Standortvorteil für Kapitalinvestitionen schaffen, wenn es zu seiner früheren Politik verfassungsrechtlich gesicherten Eigentums, eines vorbildlichen Ausbildungssystems, marktkonformen sozialen Konsenses und größerer Berechenbarkeit der Wirtschafts- und Finanzpolitik zurückkehren und die ordnungspolitischen Sklerosen aufgeben würde, die sich überall bemerkbar machen.

Es kann auch keine Rede davon sein, daß wir uns allgemein vor niedrigeren ausländischen Löhnen fürchten müßten, dem vermeintlichen „Lohndumping" ärmerer Länder, von dem angeblich das Einkommen unserer Arbeitnehmer herabgedrückt werden kann. Der Schluß von einzelnen Branchen, wie der Bauindustrie, die sich teilweise konkurrenzunfähig gemacht haben, auf die Gesamtwirtschaft ist voreilig. Würden die neuen Wettbewerber uns in allen Branchen einholen, dann würden ihre Lohnsätze sehr stark steigen oder ihre Währungen stark aufgewertet werden. Das lehren zahlreiche Beispiele.

Länder mit niedrigem Lohnniveau haben nicht deswegen niedrige Löhne, weil sie unseren Sozialstaat zerstören und unsere Produzenten ruinieren wollen, sondern weil sie arm sind. Arm sind sie, weil sie sich wegen niedriger Produktivität keine höheren Löhne leisten können.

Eine internationale Angleichung der Lohnsätze auf niedrigem Niveau bei völligem Ausgleich der Kapitalrenditen ist wohl mehr eine theoretische Konstruktion als eine vor der Tür stehende Wirklichkeit. Trotzdem ist die Möglichkeit im Auge zu behalten, daß andere Länder dem Kapital bessere Bedingungen und größere Sicherheit bieten, weil sie erkannt haben, daß dies im Interesse ihrer Arbeitnehmer und der Beschäftigung liegt. Sollte es aber zu einer Angleichung der Lohnsätze auf hohem Niveau kommen, weil ärmeren Ländern unsere Märkte und auch unsere Kapitalmärkte geöffnet werden und sie damit gleichzeitig uns ihre wachsenden Märkte öffnen müssen: was wäre am steigenden Wohlstand anderer und ihrer zunehmenden Wettbewerbsfähigkeit auszusetzen? Man kann sehr viel tun, um David Hume zu bestätigen und Voltaire ins Unrecht zu setzen.

Quelle:
Hans Willgerodt: Frankfurter Allgemeine Zeitung,
21. September 1996

Jochen Friedrich Kirchhoff

VITA:

Geboren ist Dr.-Ing. Jochen F. Kirchhoff am 21. April 1927 in Iserlohn. Von 1936 bis 1943 besucht er die Grundschule und Oberschule in Iserlohn. Anschließend leistet er ab Mai 1943 Kriegsdienst. Vom August 1945 bis zum März 1946 sowie in den Semesterferien 1946 bis 1949 absolviert er insgesamt ein 20-monatiges Praktikum im Steinkohle- und Erzbergbau sowie in Hüttenwerken und Kraftwerken. Im Jahre 1946 beendet er in Iserlohn die Schule mit dem Abitur.

Danach, von Mai 1946 bis Oktober 1950, studiert er Berg- und Maschinenbau an der Technischen Universität Clausthal und schließt diese Ausbildung als Diplom-Ingenieur ab. Zusätzlich studiert er Wirtschaftswissenschaften an der Universität Köln in den Jahren 1950 bis 1952. Im November 1953 promoviert er zum Dr.-Ingenieur an der Technischen Universität Clausthal in den Fächern Maschinenbau und Betriebswirtschaft.

Von Januar 1953 bis April 1968 ist er bei der Deutschen Babcock AG in Oberhausen tätig. 1954 wird er Leiter der Abteilung Betriebswirtschaft. 1956 leitet er als Oberingenieur die Hauptabteilung Montage und den Technischen Außendienst. 1960 wird er Direktor der Fertigungsbetriebe, 1963 Vorstandsmitglied.

Ab 1968 ist er Mitinhaber und alleiniger Geschäftsführer des Familienunternehmens Stephan Witte & Comp. in Iserlohn. Heute ist er Vorsitzender der Geschäftsleitung KIRCHHOFF GRUPPE. Zu der Gruppe zählen insgesamt rund 2.400 Mitarbeiter, der Jahresumsatz beläuft sich insgesamt auf ca. DM 480 Mio..

Dr.-Ing. Jochen F. Kirchhoff ist Präsident der Landesvereinigung der Arbeitgeberverbände Nordrhein-Westfalen e.V., Düsseldorf sowie des Verbandes der Metall- und Elektroindustrie Nordrhein-Westfalen e.V., Düsseldorf, und des Wirtschaftsverbandes Stahlverformung e.V., Hagen. Des weiteren Vizepräsident des Gesamtverbandes der metallindustriellen Arbeitgeberverbände e.V., Köln, und des Instituts der deutschen Wirtschaft, Köln.

Er ist Mitglied des Präsidiums des Bundesverbandes der Deutschen Industrie e.V., Köln, und der Bundesvereinigung der Deutschen Arbeitgeberverbände e. V., Köln.

Darüber hinaus hat er zahlreiche Aufsichtsrats- sowie Beiratsmandate inne. Er ist Honorarkonsul der Republik Estland.

Dr.-Ing. Jochen F. Kirchhoff ist seit 1954 verheiratet und hat 4 Kinder.

Soziale Marktwirtschaft und Strukturwandel

von Jochen F. Kirchhoff

Soziale Marktwirtschaft als Synonym für die Wohlstands- und Wohlfahrtsentwicklung in der Bundesrepublik Deutschland ist 50 Jahre lang als erfolgreiches Markenzeichen in aller Welt anerkannt gewesen.

Die Übertragung des Modells auf Gesamtdeutschland zu Beginn der 90er Jahre erfolgte konsequent und im Konsens mit einer überwältigenden politischen Mehrheit.

Heute dagegen stellt die Demoskopie im Mutterland der Sozialen Marktwirtschaft einen erheblichen Verlust des Vertrauens in diese Wirtschaftsordnung fest. Ende 1996 hatten danach nur noch 40 % aller Befragten eine „gute Meinung" vom deutschen Wirtschaftssystem. In den neuen Bundesländern ist die Zustimmung auf ein Viertel geschrumpft.

Auch aus Glaubwürdigkeitszweifeln gespeiste Stimmungsbilder sind wichtig, da Handlungsbedarf signalisierend. Korrekturnotwendigkeit besteht in Deutschland bei allen der drei wesentlichen Faktoren der Sozialen Marktwirtschaft: Funktionierender Wettbewerb, stabile wirtschaftspolitische Rahmenbedingungen und Verteilung von Markteinkommen unter Beachtung, aber nicht Vorrang sozialer Schutzbedürfnisse.

Handlungsbedarf, Auswüchse zurückzuschneiden und Fehlentwicklungen zu korrigieren, bedeutet jedoch nicht grundsätzliches Infragestellen.

Über 40 Jahre Erfolgsgeschichte „Soziale Marktwirtschaft" nach deutschem Muster ist Bestätigung der Richtigkeit Erhardscher Wirtschafts- und Ordnungspolitik. In Anbetracht der rasanten Globalisierung des Wettbewerbs von Produkten, Dienstleistungen und Standorten bedarf „das System" indessen einer Reanimation seiner marktwirtschaftlichen Grundideen und einer baldigen Rückführung der zu hohen Sozialstandards. Das marktwirtschaftliche Credo von Henry Ford I gilt unverändert: „Nicht der Arbeitgeber zahlt die Löhne, sondern das Produkt." Gleiches gilt für den Staat. Die Balance zwischen Sozialkosten und Wirtschaftskraft ist erheblich gestört. Während 1970 die Investitionen noch so hoch waren wie die volkswirtschaftlichen Sozialkosten, übersteigt heute das staatliche Sozialbudget die Investitionen in Bauten und Ausrüstungen um die Hälfte. Wir müssen daher in Deutschland verstärkt Fragen zur Äquivalenz von Leistung und Gegenleistung stellen: Weg vom Besitzstanddenken und hin zur Subsidiarität, damit das deutsche Sozialsystem wieder finanzierbar wird.

Globale politische und wirtschaftliche Entwicklungen haben gerade in den letzten Jahren die Funktionsfähigkeit und Überlegenheit marktwirtschaftlicher Ordnung gezeigt: Die sozialistische Planwirtschaft hat ihre ruhmlose Pleite eingestehen müssen. Über die abgeschwächten westeuropäischen Varianten der Planwirtschaft spricht heute kaum jemand.

Inzwischen locken andere und durchaus erfolgreiche Konzepte. Der Vormarsch der südostasiatischen Länder gründet vielfach auf der Kombination marktwirtschaftlicher Elemente und staatlicher Eingriffe. Dabei werden einerseits zukunftsfähige Produktfamilien und Branchen gezielt gefördert, andererseits Lohn- und Sozialpolitik auf niedrigem Niveau gehalten, um international wettbewerbsfähig zu werden und zu bleiben.

Ähnlichkeiten zum japanischen Konzept der 60er und 70er Jahre sind erkennbar. Die Wirtschaftsgeschichte zeigt aber auch, daß dieser ordnungspolitische Weg durch das Prinzip des trial and error gekennzeichnet ist. Von einem bestimmten Punkt der ökonomischen Reife an sinkt die Erfolgskurve, weil industriepolitische Globalsteuerung gegenüber den heutigen Kräften und der Dynamik des Weltmarktes nicht auf Dauer standhalten kann.

Auch Befürworter einer stärker staatlich gesteuerten Industriepolitik in Deutschland müssen sich inzwischen fragen lassen, ob die deutschen Entwicklungsdefizite in den High-Tech-Sektoren allein mit der Passivität des Staates zu begründen sind. Das Beispiel Biotechnik zeigt, daß nicht ein Zuwenig, sondern ein Zuviel an Staatseinfluß die Entwicklung hemmen kann. In seiner ersten Version war das Gentechnik-Gesetz geradezu prohibitiv. Obwohl die deutschen Unternehmen Ende der 80er Jahre über strategische Patente auf diesem Feld verfügten, konnte sich die Biotechnik-Forschung auf deutschem Boden kaum entfalten.

Bedenklicher noch ist die zu beobachtende Gleichsetzung von staatlicher Industrie- und Subventionspolitik. Gerade für unter Strukturwandel stehende Branchen besteht eine kaum noch übersehbare Mischung aus Steuervergünstigungen, Anpassungshilfen und Stillegungsprämien. Solche Erhaltungssubventionen sorgen – da zumeist zeitlich nicht eng begrenzt – für hohe fiskalische und volkswirtschaftliche Kosten und haben damit die Staats- und Abgabenquote mit in die Höhe getrieben.

Seit Beginn der 90er Jahre hat sich der Integrationsraum in Europa zusätzlich erweitert. Die Ost-Öffnung hat für neuen strukturellen Druck gesorgt. Westeuropa hat diese Herausforderung zumeist im Geist der Marktwirtschaft angenommen. Es hätte allerdings auch anders kommen können: Noch mehr Quoten und Kontingente, noch mehr Abschottung gegen die neuen Hongkongs vor der eigenen Haustür, noch mehr Handelsabkommen, die in Wahrheit eher Handelsbeschränkungs-Abkommen sind.

Helmut Schmidt hat in bezug auf die Ursachen der aufgelaufenen deutschen Strukturprobleme festgestellt, es gebe kein Allheilmittel, man benötige vielmehr einen ganzen Rezeptblock, daneben Mut zur Wahrheit und Beharrlichkeit bei der Durchsetzung der nötigen Therapien, um die Leistungsfähigkeit der sozialen Marktwirtschaft wiederherzustellen. Das Bild vom Rezeptblock aufgreifend, müssen die seit langem anstehenden Aufgaben zügig angepackt werden. Es geht dabei vor allem

• *um überzeugende Anstrengungen zur Konsolidierung der öffentlichen Haushalte*
• *um eine fühlbare Senkung der Staats- und Steuerquote*
• *um wirksame Maßnahmen zur Steuer-Vereinfachung*
• *um die Sicherung von Leistungsfähigkeit und Finanzierbarkeit unseres Sozial- und Tarifvertragssystems sowie*
• *um die Schaffung gesetzlicher Voraussetzungen zur Beschleunigung und Vereinfachung von Genehmigungsverfahren.*

Am Ende dieses Jahrhunderts ist die Soziale Marktwirtschaft in Deutschland als System unverändert zu bejahen. Es leidet jedoch unter Verfälschungen und damit an Glaubwürdigkeit. Vielleicht hätte Ludwig Erhard uns in einer solchen Situation auch dem wirtschaftlichen Zugzwang ausgesetzt, den die europäische Wirtschafts- und Währungsunion durch das Erreichen der Konvergenzkriterien vorschreibt. Sie zu erfüllen wäre bei Anwendung marktwirtschaftlicher Mittel Erhard'scher Prägung von Anfang an kein Problem gewesen.

Dr. Horst Köhler

VITA: Dr. rer. pol. Horst Köhler ist am 22. Februar 1943 in Skierbieszow/Polen geboren. Nach dem Abitur 1963 und dem anschließenden Wehrdienst studiert er von 1965 bis 1969 Wirtschaftswissenschaften und schließt mit dem Diplom-Volkswirt ab. Als wissenschaftlicher Referent im Institut für Angewandte Wirtschaftsforschung arbeitet er in Tübingen von 1969 bis 1976. Er promoviert 1977.

In den Jahren 1976 bis 1980 ist er in der Grundsatzabteilung des Bundesministeriums für Wirtschaft tätig. Von 1981 bis 1982 arbeitet er in der Staatskanzlei der Landesregierung von Schleswig-Holstein. Seit Oktober 1982 arbeitet er im Bundesministerium der Finanzen. Ab 1990 ist er Staatssekretär im Bundesministerium der Finanzen. Ab August 1993 bekleidet er das Amt des Präsidenten des Deutschen Sparkassen- und Giroverbandes. Anschließend, seit Juni 1994, ist er Präsident der Europäischen Sparkassenvereinigung, Brüssel.

Dr. rer. pol. Horst Köhler ist verheiratet und hat zwei Kinder.

Globalisierung und Politik – eine überfällige Diskussion über die Zukunftsfähigkeit von Wirtschaft und Gesellschaft

von Horst Köhler

Die Welt befindet sich zum Ausgang des 20. Jahrhunderts in einem Veränderungsprozeß, dessen Richtung, Ausmaß und Auswirkungen noch nicht abschließend beurteilt werden können. Nach dem Scheitern des Kommunismus haben sich die Grundstrukturen einer neuen Weltordnung noch nicht herausgebildet. Die Perspektiven sind offen, weil neben den zweifellos gegebenen neuen Chancen von mehr Freiheit, Demokratie und Marktwirtschaft in der Welt auch gravierende neue Risiken und Herausforderungen ins Bewußtsein genommen werden müssen:

• Einkommen und Arbeitsplätze werden in der Weltwirtschaft derzeit neu verteilt. Insbesondere die Wohlfahrtsstaaten der „alten Welt" stehen vor tiefgreifenden wirtschaftlichen und sozialen Anpassungszwängen.

• Zu den noch bestehenden Unwägbarkeiten der Entwicklung in früheren kommunistischen Ländern und auch in Rußland kommen Unsicherheiten über den künftigen Kurs der USA als weltpolitische Ordnungsmacht.

• An den Grenzen der Europäischen Union haben fundamentalistische islamische Kräfte ungebrochenen Zulauf. Westliche Kultur- und Demokratieformen verblassen zunehmend als Vorbild – vor allem auch in Südostasien.

• Der Schutz der Umwelt, die Bekämpfung des internationalen Drogen- und Waffenhandels sowie die Asylproblematik können längst nicht mehr in nationalen Alleingängen, sondern nur noch staatenübergreifend angegangen und gelöst werden.

Manche prognostizieren jetzt sogar die Phase eines „neuen Mittelalters", in dem es keine überregionalen Ordnungskräfte mehr gibt, sondern wo sich ethnische und religiöse Gruppen befehden, wo Mafia und Korruption dominieren und wo letztlich die Vernunft auf der Strecke bleibt (Alain Minc).

Ein solches „neues Mittelalter" ist nicht deterministisch vorgezeichnet. Aber es muß auch konstatiert werden, daß der Sieg von Demokratie und Marktwirtschaft über den Kommunismus gleichzeitig Fragen nach Ziel und Selbstverständnis der offenen Gesellschaft aufgeworfen hat – der ersten Euphorie ist heute Ernüchterung gefolgt.
So gibt es eine zunehmende Diskussion darüber, ob dem Scheitern des Kommunismus möglicherweise der Zerfall des Wertesystems westlicher Industriestaaten folgen könnte. Scharfsinnige Beobachter freiheitlicher Gesellschaften stellen die ernstzunehmende Frage, ob nicht auch den Gesellschaften der westlichen Welt inzwischen ein motivierendes Zukunftsbild fehlt.

Manche Fundamentalkritiker schreiben dem Individualismus in den westlichen Industriegesellschaften eine geradezu selbstzerstörische Wirkung zu. Dies mag übertrieben sein. Aber es sind durchaus Signale dafür erkennbar, daß das Verständnis von individueller Freiheit in unserer Gesellschaft mit dem Verständnis von Verantwortung oder den Pflichten des einzelnen gegenüber der Gemeinschaft aus der Balance zu geraten droht. Zunehmend stellt sich die Frage, wie die Globalität von Wirtschaft und

Politik mit Demokratie und Solidarität vereinbar sind. „Eine Gesellschaft ohne Gemeinsinn ist nicht überlebensfähig", hat Ministerpräsident Kurt Biedenkopf festgestellt, und der amerikanische Ökonom Lester Thurow fragt, wieviel eine Gesellschaft in Richtung Ungleichheit gehen und dennoch die Demokratie bewahren kann.

Zwar haben die Staats- und Regierungschefs der G7-Länder in der Abschlußerklärung des Wirtschaftsgipfels von Lyon am 28. Juni 1996 die Globalisierung als „Quelle der Hoffnung für die Zukunft" bezeichnet. Die tragenden Eckpfeiler für ein politisches Konzept, wie die Menschen mit der Globalisierung zivilisiert umgehen und damit mit ihr fertig werden, sind aber noch nicht klar konturiert. Tatsächlich herrscht beim Umgang mit dem Begriff „Globalisierung" in der öffentlichen Diskussion eher noch Unsicherheit und auch die Versuchung zu Mißbrauch vor: Zum Beispiel, wenn „Globalisierung" dazu herhalten muß, schlicht Gedanken- und Einfallslosigkeit zu kaschieren – siehe manche Begründungen für Massenentlassungen in der Großindustrie – oder wenn „Globalisierung" unreflektiert dazu benutzt wird, einem Steuersenkungswettlauf zwischen Nationen und Regionen das Wort zu reden.

Problematisch wäre auch, wenn „Globalisierung" mit Handlungsohnmacht gleichgesetzt und von den Menschen zunehmend als „Ausgeliefert sein" empfunden würde. Das letztere kann sogar gefährlich sein, wenn daraus eine Abkehr von Weltoffenheit oder ein neuer Nährboden für Isolationismus oder Nationalismus resultiert.

Was ist zu tun?

Wahr ist: Globalisierung verlangt mehr denn je internationale Wettbewerbsfähigkeit und auch mehr denn je internationale Abstimmung und Zusammenarbeit zwischen Regierungen. Deshalb behalten z. B. die G7-Gipfel trotz immer wiederkehrender Enttäuschungen über den Mangel an konkreten Ergebnissen dennoch ihren Wert. Und deshalb ist es auch so wichtig, daß sich der Prozeß der europäischen Integration weiter fortsetzt.

Wahr ist aber auch: Wenn die Menschen nicht zum Treibgut in der Globalität werden sollen, brauchen sie Anker oder auch Verankerung in identitätsstiftenden Gemeinschaften. Sie brauchen verläßliche politische und ökonomische Handlungsstrukturen, die es ihnen ermöglichen, ihr Schicksal in die eigene Hand zu nehmen.

Das heißt: Auf der Suche nach Konzepten, wie mit der Globalisierung umzugehen ist, müssen im Grunde zwei Fragen beantwortet werden. Die erste Frage ist: Wie erreichen wir die Kreativität und Leistungsbereitschaft möglichst vieler Menschen? Die zweite Frage ist: Wie können wir gleichzeitig Bindung und Zusammenhalt in unseren Gesellschaften wieder stärken?

Natürlich muß in Deutschland der Staatsanteil nachhaltig zurückgeführt, die Kosten gesenkt und mehr Flexibilität in die Produktions- und Arbeitsmarktstrukturen gebracht werden. Damit allein ist es aber nicht getan. Wer die Gesellschaft spaltet, wird damit langfristig auch Kreativitäts- und Produktivitätspotentiale verschütten. Deshalb ist es wichtig, bei aller Härte der unvermeidlichen Auseinandersetzungen um die Rückführung nicht mehr finanzierbarer staatlicher Leistungen nie im unklaren zu lassen, daß der Standort Deutschland die Herausforderungen der „Globalisierung" nur als Sozialstaat bewältigen wird. Auch die Suche nach „Konsens" ohne Entscheidungsschwäche, z. B. in der Form eines „Bündnisses für Arbeit und Standortsicherung", ist nicht überholt. Für ein solches Bündnis sind dabei nicht nur und

nicht einmal in erster Linie die Gesprächs-
runden von Industrie, Gewerkschaften und
Politik beim Bundeskanzler ausschlaggebend. Konkrete Bedeutung hat dieser Ansatz
vor allem bei den Entscheidungen in den
Betrieben, vor Ort in den Kommunen und
Regionen. Tatsächlich beobachtet man vor
Ort auch häufig bereits mehr Einsicht und
Zusammenwirken, als es manches Kriegs-
geschrei auf „höheren Politikebenen" vermuten läßt. Dies reicht von flexibleren Regelungen für Arbeitszeiten oder der Beteiligung
von Arbeitnehmern am Produktivvermögen
auf Betriebsebene bis zu Selbsthilfegruppen
wie „Regionalgemeinschaften für ökologische Nahrungsmittel und Textilverarbeitung".
Die offizielle Wirtschaftspolitik in Deutschland hat den Möglichkeiten für Wachstum
und Arbeitsplätze durch Stärkung lokaler und
regionaler Wirtschaftskreisläufe noch nicht
annähernd die notwendige Aufmerksamkeit
geschenkt.

Für die Wirtschafts- und Beschäftigungspolitik braucht man nicht ein Bündnis für
Arbeit, sondern viele tausend. Es bedarf intelligenter Methoden für die Suche nach wirtschaftlichen und sozialen Problemlösungen.
Beides begründet eine Renaissance des politischen und wirtschaftlichen Konzepts der
Dezentralität. Bundespräsident Roman Herzog hat diesen Ansatz mit Recht auch in einen
emotionalen Zusammmenhang gestellt: „Der
Mensch, der sich in der komplizierten Umwelt nicht mehr zurechtfindet, sucht instink-
tiv die kleinen Einheiten". Man kann sogar
hinzufügen: Und wenn er sie – die kleinen
Einheiten – nicht findet, wird er den „großen
Einheiten" oder „Führern" zugetrieben.
Der amerikanische Nobelpreisträger für Wirtschaft des Jahres 1991, James Tobin, hat darauf hingewiesen, daß zu dem Vermögen einer
Region neben der Ressourcenausstattung und
dem Bestand an Sachkapital auch die sozialen
Interaktionen gehören, die Kooperation und
Gemeinsinn fördern. Ein anderer amerikani-

scher „Vordenker", Francis Fukuyama, hat in
einem aktuellen Buch die These aufgestellt,
daß „Social Capital" im Sinne von Vertrau-
enskapital in Wirtschaft und Gesellschaft –
neben Marktwirtschaft und liberaler Demokratie – eine Schlüsselbedeutung haben wird,
wie Nationen mit den Herausforderungen der
Zukunft fertig werden.

In Deutschland braucht man dieses Rad gar
nicht neu zu erfinden. Mit dem Ordnungs-
konzept der Sozialen Marktwirtschaft besteht
eine unverändert richtige und zukunftsfähige
Grundlage, um im globalen Systemwettbewerb bestehen zu können. Das dezentral auf-
gebaute Wirtschafts- und Gesellschaftssystem
in Deutschland ist im Prinzip eine hervorragende Ausgangsposition, um die Kreativität
und den Gemeinsinn der Menschen zu erreichen und zu fördern. Der föderale Staatsaufbau, die kommunale Selbstverwaltung und
eine stark mittelständisch geprägte Wirtschaft
bieten hierzu die besten Voraussetzungen. Es
gilt jetzt, das Netzwerk dieser subsidiären und
dezentralen Problemlösungskapazitäten voll
einzubringen, zu nutzen und zu stärken, damit
in Deutschland eine neue positive Entwick-
lungsdynamik in breiter Form entstehen
kann.

Hier wird deutlich, daß die Sparkassen-
idee eine moderne und zukunftsfähige
Idee ist. Ralf Dahrendorf hat diesen Tatbestand vor kurzem so beschrieben: „Neben
dem Generationenvertrag, den ich nicht an-
rühren würde, gibt es – ein anderes Beispiel –
in Deutschland eine wirtschaftliche Einrichtung, die große Bedeutung sowohl für die
Ökonomie als auch für soziale Kohäsion hat:
die Sparkassen. Das ist eine hochinteressante
Einrichtung. Hier (in Großbritannien – Hin-
zufügung des Autors) gibt es sowas nicht,
nichts dergleichen. Sparkassen sind sozusagen Banken, die keine Gewinne zu machen
brauchen – und vielleicht auch am besten keine machen, weil die sofort an den Fiskus ab-

geführt würden. Aber die Sparkassen sind ganz nah dran an den wirklich Wirtschaftenden, den Kleinen. Deshalb können sie mittelfristig denken, Rat geben, und bei ihnen ist das Geld gut angelegt. ... Hier haben wir eine Art Bindeglied zwischen Wettbewerbsfähigkeit und sozialer Solidarität."

In einem Punkt ist Ralf Dahrendorf zu widersprechen: Auch Sparkassen müssen selbstverständlich Gewinne erwirtschaften, als Voraussetzung für eigene unternehmerische Kraft und als Basis für die Gemeinwohlorientierung ihres Unternehmenszwecks.

Sparkassen und Landesbanken sind definiert als dezentrale Problemlösungskapazität. Die Konzentration auf einen bestimmten Wirtschaftsraum veranlaßt die Sparkassen aus Eigeninteresse, ihre Geschäftspolitik auf die Erhaltung und Weiterentwicklung der Wirtschaftskraft dieses Raumes auszurichten. Dazu gehört auch das bewußte Engagement der Sparkassen im Vereins-, Kultur- und Sozialleben der Kommunen als wichtiger Beitrag zur Stärkung gesellschaftlicher Bindungskräfte.

So entsteht eine Interessenidentität mit der mittelständischen Wirtschaft, den Bürgern und den Kommunen in den Regionen, die insgesamt die Mobilisierung regionaler Entwicklungspotentiale fördert. Dies institutionell abzusichern, ist die eigentliche Logik und Modernität der öffentlichen Rechtsform für Sparkassen.

In den Regionen durch Eigeninteresse verankerte Kreditinstitute, wie Sparkassen und Genossenschaftsbanken, vergrößern dort letztlich die Freiheitsgrade für politisches Handeln und Gestalten. Dies ist auch ein Beitrag zur Demokratiefrage des 21. Jahrhunderts. Hier wird – und auch mit Blick auf die Entwicklung der internationalen Finanzmärkte – deutlich, daß auch über die Grenzen von Deregulierung diskutiert werden muß.

Die deutsche Sparkassenorganisation bezieht sich nach ihrem Selbstverständnis aktiv und engagiert in ein Konzept von vielen Tausenden von „Bündnissen für Arbeit und Standortsicherung" vor Ort mit ein. Deshalb hat sie insbesondere auch neue Initiativen zugunsten der mittelständischen Wirtschaft, der Kommunen und der Verbraucher beschlossen. Durch eine neue Kooperation mit der Fraunhofer Gesellschaft soll z. B. ein Beitrag geleistet werden, Lücken zwischen technologischem Grundwissen und praktischer Marktnutzung in Deutschland schneller zu schließen. Die Sparkassenorganisation beteiligt sich auch engagiert an dem BioRegio-Wettbewerb des Bundesministers für Bildung, Wissenschaft, Forschung und Technologie.

Die s-Finanzgruppe ist mit rund 375.000 Beschäftigten nach Siemens der zweitgrößte Arbeitgeber, der im marktwirtschaftlichen Wettbewerb steht und mit rund 28.000 Ausbildungsplätzen mit Abstand der größte Ausbilder. Dabei handelt es sich fast vollständig um Arbeits- und Ausbildungsplätze in Deutschland.

Auch Sparkasseninstitute können für die Zukunft keine Garantien für einzelne Arbeitsplätze geben. Auch bei ihnen muß sich letztlich jeder Arbeitsplatz im Wettbewerb rechnen. Sie betreiben aber keine Geschäftspolitik, bei der die Zahl der Arbeitsplätze von vornherein der Maximierung kurzfristiger Gewinnausschüttungen untergeordnet wird. Ziel ist, die Arbeits- und Ausbildungsplätze in der deutschen Sparkassenorganisation zukunftssicher zu machen und auf hohem Niveau zu halten.

Dieses Selbstverständnis verlangt den Mitgliedern der Sparkassenorganisation größte unternehmerische Anstrengungen und Solidarität im Verbund ab. Die Politik auf Bundes-, Landes- und kommunaler Ebene sowie die Gewerkschaften können diese Zielsetzung dadurch unterstützen, daß sie vor allem verläßliche Rahmenbedingungen für öffentlich-rechtliche Kreditinstitute schaffen und beschäftigungsorientierte Tarifabschlüsse tätigen.

Vor dem Hintergrund extremer Kosten- und Wohlstandsunterschiede wird der Wettbewerb auf globalisierten Märkten immer härter. Als rohstoffarmes Land ist Deutschland, wie fast kein anderer vergleichbarer Industriestaat, zur Sicherung von Arbeitsplätzen und Wohlstand auf offene Märkte und kalkulierbare monetäre Austauschrelationen mit dem Ausland angewiesen. Wie die extremen Währungsturbulenzen in den letzten zehn Jahren und neue Formen des Handelsprotektionismus zeigen, sind aber gerade diese Bedingungen für die Zukunft nicht gesichert.

Mit dem Maastrichter Vertrag wird diesen Unsicherheiten mit zwei strategischen Ansätzen entgegengewirkt: Zum einen verpflichtet der Vertrag alle Mitgliedsstaaten der Europäischen Union „auf den Grundsatz einer offenen Marktwirtschaft mit freiem Wettbewerb". Damit hat die Verankerung der Marktwirtschaft überall in Europa Verfassungsrang und völkerrechtliche Qualität. Zum anderen macht erst eine gemeinsame Währung eine Freihandelszone zu einem wirklichen und irreversiblen Binnenmarkt. Um welches Potential es dabei geht, wird daran deutlich, daß die USA über einen Binnenmarkt von 260 Millionen Menschen verfügen. In der Europäischen Union leben 370 Millionen Menschen. Die Europäische Währungsunion ist also nicht nur ein währungspolitisches Projekt. Im Kern ist es ein Projekt zur langfristigen Verbesserung der Wachstumsgrundlagen und damit zur Sicherung von Arbeitsplätzen und Einkommen in Europa. Für Deutschland muß dies von besonderem Interesse sein, weil über 60 % der Exporte in die Länder der Europäischen Union gehen.

Nur eine Europäische Währungsunion als Stabilitätsgemeinschaft ist allerdings ein Fortschritt. Deshalb muß es zwei klare Voraussetzungen geben:

1. Nur diejenigen Länder dürfen an der Währungsunion teilnehmen, die sich durch die eindeutige Erfüllung der Stabilitätskriterien hierfür qualifiziert haben und der Stabilitätskurs muß auch nach Beginn der Währungsunion auf der Grundlage von Eigenverantwortung der Teilnehmerstaaten dauerhaft gesichert sein.

2. Die europäische Integration darf nicht mit dem Verlust oder einer leichtfertigen Beschädigung kultureller Identitäten bzw. lokaler oder regionaler Eigenständigkeiten erkauft werden. Die Menschen müssen darauf vertrauen können, daß der Europäische Einigungsprozeß nicht in einem „Brüsseler Einheitsbrei" endet.

Es ist wichtig, daß das im Maastrichter Vertrag verankerte Subsidiaritätsprinzip endlich zweifelsfrei konkretisiert wird. Die derzeit laufende Regierungskonferenz muß eine klare Aufgabenzuordnung für die verschiedenen Ebenen bringen und insbesondere die Kompetenzen der Brüsseler Ebene eindeutig definieren und begrenzen. Eine offene und öffentliche Verfassungsdiskussion für die Union ist überfällig.

Literaturhinweise:

BIEDENKOPF, KURT, *Referat anläßlich des 100. Bergedorfer Gesprächskreises am 13./ 14. November 1993*   >

DAHRENDORF, RALF, *Die Quadratur des Kreises. Ökonomie, sozialer Zusammenhalt und Demokratie im Zeitalter der Globalisierung, Blätter für deutsche und internationale Politik, 9/1996, S. 1060ff.*

FUKUYAMA, FRANCIS, *Konfuzius und Marktwirtschaft. Der Konflikt der Kulturen,* München 1995

Herzog, Roman, *Unsere Gesellschaft braucht Solidarität und Gemeinsinn, Ansprache auf der Tagung der Aktion Gemeinsinn am 11. November 1995, Bulletin der Bundesregierung vom 20. November 1995*

MINC, ALAIN, *Das neue Mittelalter, Hamburg 1994*

THUROW, LESTER, *Die Zukunft des Kapitalismus, Düsseldorf, München 1996*

TOBIN, JAMES / PETER KACKSON (HRSG.), *Policies for Prosperity. Essays in a Keynesian Mode, Brighton 1987*

WEIDENFELD, WERNER (HRSG.), *Demokratie am Wendepunkt – Die demokratische Frage als Projekt des 21. Jahrhunderts, Berlin 1996*

Hans Peter Stihl

VITA:

Hans Peter Stihl wird am 18. April 1932 in Stuttgart geboren. Nach dem Abitur studiert er an der Technischen Hochschule Stuttgart Maschinenbau und schließt 1957 als Diplom-Ingenieur ab. Er wird zunächst tätig als Konstrukteur bei der Robert Bosch GmbH und als Betriebsberater in verschiedenen anderen Firmen. 1960 tritt Stihl als Assistent der Geschäftsleitung in den väterlichen Betrieb, die Maschinenfabrik Andreas Stihl, die sich auf den Bau von Motorsägen spezialisiert, ein. Wenig später übernimmt er dort die Leitung der Abteilung „Fertigung und Konstruktion". 1966 wird er Mitglied der Geschäftsleitung mit Verantwortung für die Ressorts Entwicklung, Fertigung und Einkauf. Nach dem Tode seines Vaters wird Hans Peter Stihl 1973 alleiniger persönlich haftender Gesellschafter des Familienunternehmens. Die Firmengruppe beschäftigt weltweit fast 6.000 Mitarbeiter und verfügt über fünf Produktionsstätten im Ausland. Das Produktionsprogramm wird konsequent erweitert. In seinem Unternehmen beteiligt Stihl die Mitarbeiter seit 1985 am Unternehmenskapital.

Hans Peter Stihl ist seit 1988 Präsident des Deutschen Industrie- und Handelstages (DIHT) und seit 1990 Präsident der IHK Region Stuttgart. Zu seinen weiteren Ehrenämtern zählt der Vorsitz der Lateinamerika-Initiative der Deutschen Wirtschaft. Stihl war acht Jahre Vorsitzender des Verbandes der Metallindustrie Baden-Würtemberg und Vizepräsident von Gesamtmetall. In diesen Funktionen war er Verhandlungsführer bei zahlreichen Tarifverhandlungen der Metallindustrie mit der IG Metall.

Stihl ist heute Mitglied in zahlreichen Aufsichtsräten, Beiräten und Kuratorien der Kredit- und Versicherungswirtschaft und von Industrieunternehmen.

Ordnungspolitik im Zeitalter der Globalisierung

von Hans Peter Stihl

Wer heute Ordnungspolitik Erhard'scher Prägung anmahnt, muß mit dem Vorwurf rechnen, die Zeichen der Zeit nicht erkannt zu haben. Ordnungspolitik gilt vielen als statisches Konzept der Nachkriegszeit, das nicht recht in das Umfeld einer dynamischen Weltwirtschaft zu passen scheint. Manche halten sie gar für einen nationalen Sonderweg, weil der Begriff sich nicht in die Lingua franca der Wirtschaft, das Englische, übersetzen läßt. Ordnungspolitik scheint aus der Mode gekommen zu sein.

Die wirtschaftspolitische Diskussion wird von anderen Schlagworten bestimmt: Da ist von Globalisierung die Rede, von Standortwettbewerb, von internationaler Wettbewerbsfähigkeit, aber auch von Beschäftigungspolitik und vom Umbau des Sozialstaates. Wirtschaftspolitische Erfolgsmeldungen sind indes selten geworden. Deshalb lohnt sich die Frage, ob die Ordnungspolitik nicht auch Antworten auf wirtschaftspolitische Herausforderungen unserer Zeit bereithält.

Erhard selbst hat den Erfolg seiner Politik in erster Linie auf ordnungspolitische Grundsatzentscheidungen zurückgeführt. Die Nachkriegszeit war geprägt von der Unsicherheit der Menschen, die angesichts der chaotischen Verhältnisse den Wunsch nach einer neuen freiheitlichen Ordnung verspürten. Bis weit in das bürgerliche Deutschland hinein war freilich die Vorstellung verbreitet, der Staat allein sei es, der durch zentrale Planung und Koordination eine derartige „Ordnung" herzustellen habe.

Anders die Vorstellungen von Ordnung, die Ludwig Erhard und seine Mitstreiter prägten. Für sie war klar, daß freiheitliche Demokratie und marktwirtschaftliche Ordnung zwei Seiten derselben Medaille sind. Es ist die Einsicht in diese „Interdependenz der Ordnungen" (Walter Eucken), die Erhard mit seiner Politik des Wiederaufbaus geleitet hat. Hauptaufgabe der Ordnungspolitik war für Erhard, bei der Gestaltung der Rahmenbedingungen für wirtschaftliches Handeln die Beziehung verschiedener wirtschaftlicher Teilordnungen zueinander zu berücksichtigen. Die unerwünschten Nebenwirkungen wirtschaftspolitischer Eingriffe sollten ausgeschaltet werden, um eine Interventionsspirale zu vermeiden. Regulierungen sollten die Funktionsfähigkeit der marktwirtschaftlichen Ordnung nicht gefährden.

Erhard wußte, daß die Soziale Marktwirtschaft als offenes System auf Dauer nur mit der Zustimmung der Bürger zu ihren Grundprinzipien erfolgreich sein könnte. In seiner ordnungspolitischen Vorstellung ist die Wirtschaft kein starres mechanistisches Gebilde, denn, „das wirtschaftliche Schicksal wird vom Verhalten der Menschen bestimmt."[1] Dieses Menschenbild schlägt sich darin nieder, daß er die Soziale Marktwirtschaft als eine Ordnung versteht, „die das einzelne Individuum zur Geltung kommen läßt, die den Wert der Persönlichkeit oben anstellt und der Leistung den verdienenden Ertrag zugute kommen läßt."[2]

[1] *Hohmann, Karl (Hrsg.): Ludwig Erhard, Erbe und Auftrag, Düsseldorf, Wien 1977, S. 139.*

[2] *Hohmann, Karl (Hrsg.): Ludwig Erhard, Gedanken aus fünf Jahrzehnten, Düsseldorf, Wien 1988, S. 135.*

Erhards Konzept war revolutionär im Vergleich zu den üblichen Ordnungsvorstellungen seiner Zeit. So gesehen war marktwirtschaftliche Ordnungspolitik niemals in Mode. Vielmehr hatte Erhard bis weit in die 50er Jahre hinein gegen den erbitterten Widerstand nicht nur der Sozialdemokratie und der Gewerkschaften zu kämpfen. Auch in den bürgerlichen Parteien fand er nicht nur Zustimmung. Und selbst Industrie und Handel – vielfach auf Sicherung ihrer regulierten Märkte bedacht – standen keineswegs immer auf Erhards Seite.

Kennzeichnend für die damalige Auseinandersetzung war, daß Erhards Gegner die positiven Gesamtwirkungen marktöffnender Reformen nicht nachvollzogen haben. Die Argumentation seiner Gegner verengte sich auf die kurzfristigen Anpassungsprobleme bei der Abschaffung der Zwangswirtschaft, der Liberalisierung des Außenhandels und des Kapitalmarktes sowie bei der mit einer Aufwertung verbundenen Einführung der Konvertibilität der D-Mark. Diese Argumentationsmuster kennen wir auch heute, wenn behauptet wird, eine D-Mark-Aufwertung vernichte Arbeitsplätze, ein freier Kapitalmarkt führe zu Kapitalflucht und Steuerhinterziehung oder der technische Fortschritt sei für die hohe Arbeitslosigkeit verantwortlich. Daß Ludwig Erhard mit seiner Wirtschaftspolitik damals Erfolg hatte, bestreitet heute gleichwohl niemand mehr.

Erhards Stehvermögen in politischen Auseinandersetzungen rührte daher, daß er die Interdependenz zwischen Wirtschafts- und Sozialpolitik nicht aus den Augen verlor. Die von Erhard – gemeinsam vor allem mit Alfred Müller-Armack – propagierte Soziale Marktwirtschaft zielt darauf ab, durch eine marktwirtschaftliche Ordnung Rahmenbedingungen für die persönliche Freiheit der Bürger zu schaffen. In den Worten von Müller-Armack: „Der Begriff der Sozialen Markt-wirtschaft kann als eine ordnungspolitische Idee definiert werden, deren Ziel es ist, auf der Basis der Wettbewerbswirtschaft die freie Initiative mit dem gerade durch die marktwirtschaftliche Leistung gesicherten sozialen Fortschritt zu verbinden."[3] Deshalb muß Wirtschaftspolitik Vorrang vor Sozialpolitik haben. Nur ein leistungsfähiges Wirtschaftssystem kann die Ressourcen des sozialen Ausgleichs erwirtschaften. Diese Erkenntnis muß uns auch heute bei allen Überlegungen zum Umbau des Sozialstaates und zur Verbesserung der Rahmenbedingungen für neue Arbeitsplätze leiten.

Viele Einzelsymptome der Krise des Sozialstaates in Deutschland sind darauf zurückzuführen, daß diese zentrale Spielregel der Sozialen Marktwirtschaft zu oft vergessen wird: Eine Wirtschaftsordnung kann nur dann sozial sein, wenn sie effizient ist. Wer jedoch heute diese Einsicht der Väter der Sozialen Marktwirtschaft offen ausspricht, muß mit dem Vorwurf rechnen, er predige „Kapitalismus pur". Ein leistungsfähiges soziales Sicherungssystem setzt mündige Bürger und die Bereitschaft zur Eigenvorsorge voraus. Statt diese zu fördern, hat die Sozialpolitik mit zunehmendem Wachstum „Armut" immer großzügiger definiert. Dadurch wurden zusätzliche Sozialtransfers notwendig, die wiederum über eine erhöhte Steuerlast für weite Teile der Bevölkerung finanziert werden mußten. Die Sozialausgaben haben in den letzten Jahrzehnten bei wachsendem Bruttosozialprodukt überproportional zugenommen. Tatsächlich wird dabei häufig über Steuern aus der linken Tasche der Bürger das Geld genommen, das später nach Abzug der Kosten für die Sozialstaatsbürokratie als Transfer in die rechte Tasche des gleichen Bürgers zurückwandert. Weder Fachleute noch die betroffenen Bürger können die Ver-

---

[3] *Müller-Armack, Alfred: Wirtschaftsordnung und Wirtschaftspolitik, Freiburg 1966, S. 244.*

teilungswirkungen dieses Kreislaufs über-blicken.

Die Kehrseite dieser Politik sind Versor-gungsmentalität, mangelnde Eigenini-tiative sowie die Zunahme einer Trittbrett-fahrer-Mentalität. Erhard hat vor diesen Folgen eines ausufernden Wohlfahrtsstaates stets gewarnt. Er befürchtete, daß am Ende dieser Entwicklung, „der ‚soziale Untertan' und die bevormundende Garantie der sozialen Sicherheit durch den allmächtigen Staat so-wie die damit verbundene Lähmung des wirt-schaftlichen Fortschritts in Freiheit stünde"[4]. Diesen Zustand haben wir inzwischen er-reicht. Zu Recht stellt der Vorsitzende der Deutschen Bischofskonferenz, Karl Leh-mann, fest: „Eine Sozialpolitik, welche die wirtschaftlichen Antriebskräfte lähmt, die Flucht in die Schattenwirtschaft fördert und die Selbstverantwortung schwächt, belastet die Sozialkassen und setzt einen verhängnis-vollen Zirkel von sinkender Leistungsbereit-schaft und steigenden Abgabenbelastungen in Bewegung."[5]

Die Globalisierung der Wirtschaft ver-schärft die Folgeprobleme einer Sozial-politik, die die Grenzen der wirtschaftlichen Leistungsfähigkeit unserer Volkswirtschaft ignoriert. Vielfach wird die Befürchtung ge-äußert, der internationale Wettbewerb der Standorte führe zu einer „zerstörerischen Konkurrenz", die eine „Erosion des Sozial-staates" bewirke. Richtig ist, daß durch die Globalisierung heilsamer Druck auf den So-zialstaat ausgeübt wird. Schneller als früher wird sichtbar, wenn die Leistungsfähigkeit einer Volkswirtschaft überfordert wird.
Es soll nicht bestritten werden, daß ein funk-tionsfähiges soziales Sicherungssystem posi-tive Wirkungen für den Standort Deutsch-land hat. Solange der Sozialstaat einen Bei-trag zur Stabilität der marktwirtschaftlichen Ordnung leistet, hat er auch im Wettbewerb der Standorte eine Zukunft. Die aktuelle Be-gründungsnot der Sozialpolitiker erwächst nicht daraus, daß der Sozialstaat als solcher in Frage gestellt wird. Sie rührt daher, daß er Unternehmen und Bürger überstrapaziert. Man kann es einfach ausdrücken: Das Preis-Leistungs-Verhältnis unseres Sozialstaates stimmt nicht mehr.

Die Antwort auf diese Herausforderung kann nur lauten, daß kollektive Siche-rungssysteme schlanker werden und die Ei-genverantwortung in der sozialen Sicherung gestärkt wird. Im internationalen Wettbewerb müssen auch Arbeitsplätze konkurrenzfähig bleiben oder sie werden vernichtet. Eine So-zialpolitik, die diesen Zusammenhang igno-riert, beraubt sich selbst auf Dauer ihrer öko-nomischen Grundlagen.

Entscheidende Bedingung für einen „Wohl-stand für alle" ist heute wie zu Erhards Zeiten, daß unsere Volkswirtschaft die Chan-cen der internationalen Arbeitsteilung nutzt. Der Wohlstand, den Deutschland in den letz-ten Jahrzehnten erreicht hat, beruht auf der frühen außenwirtschaftlichen Öffnung in den 50er Jahren. Einbindung in weltumspannende Märkte ist gerade für deutsche Unternehmen schon jahrzehntelanger Alltag. Eine Stärkung der weltwirtschaftlichen Integration kann uns daher auch in Zukunft nur voranbringen. Wächst der Weltmarkt, so nimmt die Inten-sität der Arbeitsteilung und damit der Wohl-stand zu. In diesem Zusammenhang müssen die Auseinandersetzungen um die Notwen-digkeit einer zurückhaltenden Lohnpolitik gestellt werden. Lohnzurückhaltung bedeutet nicht, daß wir etwas abgeben müssen, weil uns Konkurrenten in nah und fern etwas weg-nehmen, sondern sie ist die Voraussetzung für unseren zukünftigen Wohlstand. Es bedarf einiger Geduld, bis sich die Erfolge einer

---

[4] *Erhard, Ludwig: Wohlstand für alle, Düsseldorf, Wien 1957, S. 252.*

[5] *zit. nach FAZ vom 24.9.1996.*

Lohnzurückhaltung in höherer Beschäftigung und langfristig wieder in höheren Einkommen niederschlagen.

Es darf nicht übersehen werden, daß bereits in den ersten Jahrzehnten des Bestehens der Bundesrepublik ein gesunder Druck vom internationalen Wettbewerb auf die deutschen Unternehmen ausgegangen ist. Wie sonst ist zu erklären, daß schätzungsweise 50 % aller Arbeitsplätze, die es zur Zeit der Wirtschaftsreform 1948 gegeben hat, im Jahre 1958 bereits verschwunden waren. Daß Ende der 50er Jahre dennoch nahezu Vollbeschäftigung erreicht wurde, ist ein Indiz für die damalige Anpassungsfähigkeit der deutschen Wirtschaft hin zu neuen Produkten und neuen Arbeitsplätzen.

Die hohe Arbeitslosigkeit, mit der wir uns heute in Deutschland und ganz Europa konfrontiert sehen, ist nicht zwangsläufig Folge eines Strukturwandels, der durch Veränderungen der weltweiten Arbeitsteilung ausgelöst wird. Sie ist vielmehr darauf zurückzuführen, daß wir bis in die Gegenwart hinein den Strukturwandel künstlich behindert haben. Dadurch ist es in unserer Gesellschaft zu einem Anpassungsstau gekommen, mit der Folge, daß zu wenig neue wettbewerbsfähige Arbeitsplätze entstehen konnten. Dennoch sucht die Wirtschaftspolitik vielfach weiterhin Zuflucht bei defensiven Konzepten wie strukturerhaltenden Subventionen und Arbeitsbeschaffungsmaßnahmen.

Diese defensive Strategie prägt viele wirtschaftspolitische Aktivitäten, vor allem auf dem Arbeitsmarkt. Nach wie vor erweckt die Politik den Eindruck, es gebe für unsere Volkswirtschaft eine von vornherein begrenzte Menge an Arbeit, die es gerecht zu verteilen gelte. Der Wohlstand der Völker ist das Ergebnis der Arbeit seiner Bürger. Mehr – nicht weniger – Arbeit schafft Wachstum und Wohlstand! Alle wirtschaftspolitischen Aktivitäten, die allein die Chancen für Mehrarbeit verringern wollen, sind defensiv und letztlich wohlstandsmindernd. Daher ist es abwegig, die Probleme des Sozialstaates durch Frühverrentung und damit durch Reduzierung der Arbeit lösen zu wollen. Auch die Verteilung der Arbeit über Teilzeitarbeit und den erzwungenen Abbau von Überstunden führt nicht weiter. Wir betrügen uns selbst, wenn wir mit derartigen Rückzugsgefechten Wege zu mehr Beschäftigung suchen.

Unser Wohlstand hängt weniger von der Ausstattung mit natürlichen Ressourcen als vielmehr von der Qualität der Ausbildung und der Produktivität der geleisteten Arbeit ab. An dieser Stelle muß die Politik ansetzen. Unser Bildungssystem muß sich schneller den wandelnden Anforderungen des marktwirtschaftlichen Wettbewerbs anpassen. Dies gilt zunächst für die duale Berufsausbildung, die nach wie vor ein entscheidender Baustein zur Sicherung der Produktivität der Arbeit in Deutschland ist. In noch stärkerem Maße muß aber die Hochschulbildung reformiert werden. Sie droht, den Anschluß im internationalen Wettbewerb zu verlieren. Zu Recht erinnert Bundespräsident Roman Herzog daran, daß „Bildungsinstitutionen keine philanthropischen Inseln abstrakten Diskurses, sondern Dienstleistungszentren"[6] sind. Ich füge hinzu: Sie müssen es zumindest werden!

Der ordnungspolitische Ansatz zeigt auch Wege auf, die in der internationalen Wirtschaftspolitik beschritten werden müssen. Daß die weltwirtschaftliche Integration im letzten Jahrzehnt beschleunigt werden konnte, ist auf Erfolge in der internationalen Handels- und Zollpolitik zurückzuführen. Viele Erhard'sche Forderungen, von der Abschaffung der Zölle über die freie Konvertibilität der Währungen bis zu freien Kapital-

[6] *Rede vor der Hochschulrektorenkonferenz am 8.7.1996. Zit. nach Bulletin der Bundesregierung 61/1996.*

märkten sind heute weitgehend erfüllt. Die GATT-Runden sind als Erfolg zu werten. Und wer hätte noch vor wenigen Jahren erwartet, daß sich viele Entwicklungsländer und Entwicklungshilfeorganisationen heute als Schüler Erhards präsentieren, die von uns in den Industrieländern die Liberalisierung des Handels einfordern.

Der Blick zurück zeigt, daß die Rollen getauscht wurden: In den 80er Jahren wurde von den Entwicklungsländern noch eine „gerechte Weltwirtschaftsordnung" angestrebt, die über Entwicklungshilfe und Mindestpreise für verschiedene Rohstoffe sowie eine Importsubstitutionspolitik befördert werden sollte. Zu Recht hatten die Industrieländer mit dem Hinweis geantwortet, daß in erster Linie Weichenstellungen hin zu mehr Marktwirtschaft für einen zunehmenden Wohlstand notwendig seien. Heute hingegen wehren sich die aufstrebenden Länder in aller Welt gegen die Versuche der Europäischen Union, über die Welthandelsorganisation (WTO) neue Handelsbarrieren in Form von Sozial- und Umweltstandards gegen ein angebliches „Lohndumping" einzuführen. Sie wissen, daß in ihren Ländern gegenwärtig keine höheren Löhne gezahlt werden, weil sie sich diese wegen einer geringeren Produktivität noch nicht leisten können. Die Beispiele in Asien bestärken jedoch die Wirtschaftspolitiker z. B. in Mittel- und Lateinamerika in ihrer berechtigten Hoffnung, daß die Teilnahme am Welthandel mit steigendem Wohlstand belohnt wird. Wir sollten diese Entwicklung unterstützen. Denn wir gewinnen, wenn unsere Handelspartner wohlhabender werden. Mit den Worten Erhards: „Es ist eine ökonomische Binsenweisheit, daß es einem Partner nur gut gehen kann, wenn auch seine Mitspieler wirtschaftlich gedeihen. Mit Bettlern kann man keine Geschäfte machen."[7]

[7] *Erhard, Ludwig: Wohlstand für alle, Düsseldorf, Wien 1957, S. 303.*

So gesehen ist die Soziale Marktwirtschaft tatsächlich zu einem Exportschlager geworden. Deutlicher als in Deutschland wird in vielen Teilen der Welt der enge Zusammenhang zwischen wirtschaftlicher Leistungsfähigkeit und sozialer Sicherung gesehen. Dabei bleibt neben den weltweit gleichen Grundbedingungen für marktwirtschaftliche Ordnungen genügend Spielraum für kulturell bedingte Nuancen und informelle Regeln. Es ist dieser Spielraum, der uns nach dem Wegfall der Ost-West-Konkurrenz weiterhin einen Wettbewerb der Ordnungen beschert. In diesem Zusammenhang wird fälschlicherweise der Eindruck erweckt, der dynamische Wettbewerb zwischen den verschiedensten Ausprägungen marktwirtschaftlicher Ordnungen sei ein Nullsummenspiel mit Gewinnern und Verlierern. Auch hier gilt jedoch, daß wir nur gewinnen können, da unterschiedliche Arbeitsauffassungen, wirtschaftspolitische Strukturen und soziale Bedingungen Voraussetzungen für eine wohlstandsfördernde Arbeitsteilung im Wettbewerb der Ordnungen sind.

Im Zuge der Europäischen Integration gilt es, diese Zusammenhänge ebenfalls zu berücksichtigen. Die Grundlagen für die erfolgreiche Einführung des Europäischen Binnenmarktes mit der Verwirklichung der vier Grundfreiheiten für einen freien Waren- und Dienstleistungsverkehr sowie für die unbeschränkte Wanderung von Arbeit und Kapital entspricht einer zentralen Leitidee der deutschen Wirtschaftspolitik in der gesamten Nachkriegszeit. Dieses Herzstück der Europäischen Union gilt es zu verteidigen gegen die aufflammenden Versuche, hier neuerliche Einschränkungen einzuführen. Es sei an dieser Stelle ausdrücklich an die Diskussion auf deutscher und europäischer Ebene um sogenannte Entsenderichtlinien erinnert!
Die Fortschritte bei der Europäischen Integration dürfen nicht den Anstrengungen zur Erweiterung der weltweiten Integration zuwi-

derlaufen. Das Ziel einer marktwirtschaftlichen Integration geht über die Grenzen Europas hinaus. Wir dürfen die „Welt nicht noch einmal in verschiedene Wirtschaftsräume aufsplitten,"[8] forderte Erhard schon zu Beginn der 50er Jahre im Hinblick auf die Erfahrungen in der ersten Hälfte dieses Jahrhunderts.

Leider haben sich in vielerlei Hinsicht Befürchtungen bestätigt, daß die Europäische Integration begleitet sein wird von Versuchen der „Harmonisierung" im Bereich der Sozialpolitik, die heute vielfach unter dem Deckmantel der „sozialpolitischen Konvergenz" vorangetrieben wird. Konvergenz meint dabei leider häufig in Brüssel nicht die Angleichung der wirtschaftlichen und sozialen Verhältnisse im Zuge des wirtschaftlichen Wettbewerbs, sondern eine verordnete Harmonisierung der sozialen Standards, die wirtschaftliche Unterschiede nicht berücksichtigt.

Der Wunsch nach mehr Verantwortung der Europäischen Kommission in Fragen der Sozialpolitik läßt sich nur schwer mit dem Prinzip der Subsidiarität in Einklang bringen. So stellt sich die Frage, warum in Brüssel Programme gegen Langzeitarbeitslosigkeit aufgelegt werden. Gleichzeitig gehen die Bestrebungen der nationalen Politik in Deutschland dahin, durch eine Dezentralisierung der Arbeitsförderung lokale und regionale Besonderheiten zu berücksichtigen. Dieser Ansatz ist von zentraler Bedeutung für die erfolgreiche Wiedereingliederung in den Arbeitsmarkt.

Die Suche nach einem neuen - für die Stabilität einer Ordnung wichtigen - Konsens über die Grundprinzipien der Sozialen Marktwirtschaft muß beim einzelnen Bürger ansetzen. Erhard wollte die Klassen- und Verteilungskämpfe gerade dadurch überwin-

den, daß er auf die Eigeninitiative aller Bürger setzte. Dies bedingt, daß nicht nur die Unternehmer unternehmerisch denken. Auch die Arbeitnehmer sowie die Politiker müssen schöpferisch die Initiative ergreifen. Wir sollten daher in unsere Bildungsanstrengungen, neben der notwendigen fachlichen Qualifikation, viel stärker die Vermittlung dieser Grundwerte einer marktwirtschaftlichen Ordnung einbeziehen. Der Anfang dazu muß in der Schule gemacht werden. Denn Marktwirtschaft wächst von unten.

Erhard war ein unverbesserlicher Optimist. Zaghaftigkeit und Pessimismus angesichts der schon zu seiner Zeit reichlichen Gefahren für die marktwirtschaftliche Ordnung waren ihm fremd. Diesen Optimismus sollten wir in den Auseinandersetzungen um eine Erneuerung der Sozialen Marktwirtschaft nicht verlieren. Wenn die wirtschaftspolitischen Reformen der letzten Zeit in vielerlei Hinsicht auch nur Notoperationen sind, so lassen sie doch den Willen nach der Herstellung eines ordnungspolitischen Gleichgewichts zwischen einer funktionsfähigen Wettbewerbsordnung einerseits und den Regeln für den sozialen Ausgleich andererseits erkennen.

Bei aller Kritik: Die Soziale Marktwirtschaft ist zwar kein ideales Wirtschaftssystem, schon gar nicht in ihrer aktuellen Ausprägung. Dennoch gilt für sie das Gleiche wie für die Demokratie im Bereich der politischen Systeme: Eine bessere ordnungspolitische Idee ist nicht in Sicht.

---

[8] *Erhard, Ludwig: Wohlstand für alle, Düsseldorf, Wien 1957, S. 310.*

Dr. Jürgen Rüttgers

VITA: Dr. Jürgen Rüttgers ist am 26. Juni 1951 in Köln geboren. Nach dem Besuch der Volksschule in Pulheim-Brauweiler absolviert er das Abitur am Apostel-Gymnasium in Köln. An der Universität zu Köln studiert er Rechtswissenschaften und Geschichte.

Von 1987 bis 1989 ist er Vorsitzender der Enquête-Kommission „Technikfolgenabschätzung und -bewertung" des Deutschen Bundestages, dem er seit 1987 angehört. In den Jahren 1987 bis 1990 ist er dort Mitglied des Forschungsausschusses. Von 1989 bis 1994 bekleidet er das Amt des Parlamentarischen Geschäftsführers der CDU/CSU-Bundestagsfraktion. Seit November 1994 ist er Bundesminister für Bildung, Wissenschaft, Forschung und Technologie.

Hat der Standort Deutschland Zukunft?

Vorzeichen und Vorbereitungen

von Jürgen Rüttgers

Am Ende des 20. Jahrhunderts wird viel über Zukunft gesprochen: Hat der Standort Deutschland Zukunft? Wie sieht die Zukunft der Arbeit aus? Sind die sozialen Sicherungssysteme auch in Zukunft sicher? Was hält unsere Gesellschaft zusammen? – Jahrtausendwenden sind Zeiten des Umbruchs, zumindest psychologisch. Aber es sind nicht die einzigen Zeiten, die den Menschen Anpassungsleistungen abverlangen.

Wie die Menschen die Zukunft vor fünfzig Jahren einschätzten, das hat Ludwig Erhard 1954 rückblickend so beschrieben: „Es war die Zeit, in welcher man in Deutschland errechnete, daß auf jeden Deutschen nur alle fünf Jahre ein Teller komme, alle zwölf Jahre ein Paar Schuhe, nur alle fünfzig Jahre ein Anzug, daß nur jeder fünfte Säugling in eigenen Windeln liegen könnte, und jeder dritte Deutsche die Chance hätte, in seinem eigenen Sarge beerdigt zu werden." [1] Erhards Überzeugung war es, daß die Zeitgenossen, die damals die Zukunft so einschätzten, keine Vorstellung hatten „von der sich entzündenden Kraft, sobald sich ein Volk nur wieder des Wertes und der Würde der Freiheit bewußt werden darf" [2].

Fünfzig Jahre später hat der Horror wieder Hochkonjunktur in Deutschland. Wohlmeinend warnende Stimmen beschreiben, wie sich Deutschland in den nächsten dreißig Jahren zu einem Empfängerland von Krediten der Weltbank entwickeln könnte [3], denn: „Mit Deutschland geht es bergab." [4] Und: „Bei der Fortschreibung der gegenwärtigen Trends gibt es keinen Anlaß zu Optimismus." [5] – Vor einem solchen Hintergrund macht die Frage Sinn, was Ludwig Erhard uns heute wohl zu sagen hätte.

Seinerzeit kritisierte Erhard das Unvermögen der Zeitgenossen, die zündende Kraft der Freiheit richtig einzuschätzen. Versagen wir heute vor der Herausforderung, das positive Potential aktueller Veränderungen richtig einzuschätzen? Zwei Megatrends werden unsere Zukunft wesentlich bestimmen: die „Globalisierung" der Wirtschaft und die Entwicklung unserer Gesellschaft zu einer „Wissensgesellschaft". Vor uns öffnet sich ein riesiges Handlungsfeld, das von seinem Umfang – nicht von seinen Inhalten – dem Handlungsfeld gleicht, das sich den Vätern der Sozialen Marktwirtschaft vor fünfzig Jahren öffnete. Heute wie damals sind es neue Freiheiten – nicht Begrenzungen –, die die Zukunft unsicher erscheinen lassen.

Wie 1948 wird man der neuen Komplexität nicht mit mehr Lenkung, sondern nur mit mehr Wettbewerb erfolgreich und für die Menschen gewinnbringend begegnen können. Aber deshalb ist auch die Ordnungsfrage am Ende des 20. Jahrhunderts so aktuell wie zu seiner Mitte. Denn: „Freiheit darf nicht zum Götzendienst werden, ohne Ver-

---

[1] *Ludwig Erhard, Wohlstand für alle, Düsseldorf 1957, S.18*

[2] *ebd.*

[3] *Herbert A. Henzler / Lothar Späth, Sind die Deutschen noch zu retten? Von der Krise in den Aufbruch, München 1993, S.14*

[4] *ebd., S.16*

[5] *ebd., S.18*

antwortung, ohne Ordnung, ohne Wurzeln. Die Verbindung zwischen Freiheit und Verantwortung bedarf vielmehr der Ordnung." So steht das, was Ludwig Erhard Anfang der sechziger Jahre beschrieb, im Sommer 1996 in der Wochenzeitung „Die Zeit"[6]. – Zeitgemäß ist der Vater der Sozialen Marktwirtschaft heute noch.

Wir brauchen in Deutschland eine Klärung der ordnungspolitischen Grundposition. Die Soziale Marktwirtschaft muß nicht neu erfunden werden, sondern nur von der Patina der wechselnden Geistesströmungen der vergangenen fünfzig Jahre gereinigt werden. Denn bis in die Gegenwart hinein wird der Begriff der Sozialen Marktwirtschaft weniger diskutiert als vielmehr strapaziert.

Von der SPD wird die soziale Komponente strapaziert. Es wird mit dem irrigen Gedanken gespielt, die Globalisierung der Wirtschaft mit internationalen Abmachungen zu begrenzen. Doch die Idee der Sozialen Marktwirtschaft setzt eine durch gemeinsame Werte verbundene Gesellschaft voraus. Soziale Marktwirtschaft kann nur in eine freie Gesellschaft eingebettet funktionieren. Aber eine globale Gesellschaft gibt es nicht, kann es im Sinne einer Wertegemeinschaft wohl auch gar nicht geben.
„Die Sinngebung der Wirtschaft fließt aus dem allumfassenden Lebensbereich eines Volkes und wurzelt damit in letzten, nicht mehr rational erfaßten Wertungen" schrieb Ludwig Erhard[7].

Von der FDP wird die marktwirtschaftliche Komponente strapaziert. Dem der Sozialen Marktwirtschaft inhärenten Gedanken des gesellschaftlichen Ausgleichs wird

immer öfter der starre Hinweis auf die reine Lehre der Marktprozesse entgegengehalten. Dabei scheint in Vergessenheit zu geraten, daß für die Väter der Sozialen Marktwirtschaft, wie übrigens auch für Adam Smith, den Moralphilosophen und Ahnherrn modernen marktwirtschaftlichen Denkens, Wettbewerb stets Mittel zum Zweck und niemals Selbstzweck war. „Ich bin nicht willens, die orthodoxen Spielregeln einer Marktwirtschaft, nach denen nur Angebot und Nachfrage den Preis bestimmen, und der Wirtschaftspolitiker sich darum jeder Einmischung auf die Preise zu enthalten habe, vorbehaltlos und in jeder Phase der Entwicklung zu akzeptieren", meinte Ludwig Erhard[8].

Die Zukunft Deutschlands wird sich im Wettbewerb entscheiden. Das Nachdenken über die Zukunft wird sich deshalb streng an den Kategorien Leistung, Wissen, Wettbewerb orientieren müssen. Das Ziel ist aber der Mensch, nicht der Markt. Wir müssen ähnlich wie vor fünfzig Jahren – Zukunft möglich machen. Wir können dies, wenn wir die entzündende Kraft der Freiheit erneut entfachen.

Vorzeichen der Zukunft

Globalisierung

Das Schlagwort von der „Globalisierung" muß für vieles herhalten. Vom Untergang der Nationalstaaten ist die Rede, vom Ende der politischen Ordnungen, von der Entmachtung der Regierungen, vom Export der Arbeitsplätze und vom Verkümmern der Kulturen. Wenig Hoffnungsvolles ist zu hören. Dabei ist es faszinierend, was geschieht: Ist es nicht ein eindrucksvolles Bild von Freiheit, wie ungehindert und über die ganze Welt verteilt die Unternehmen heute ihre Standorte

[6] Nikolaus Piper, Die gute Gesellschaft, in: DIE ZEIT vom 12.7.1996, S.36

[7] Ludwig Erhard, „Wohlstand für alle", Düsseldorf 1957, S. 354

[8] ebd., S.251f

wählen können? Ist es nicht beispiellos, wie moderne Informations- und Kommunikationstechnik Wissen zu einem Weltgut macht und zugleich die Konzentration von Spitzenwissenschaft auf regionale Wissensschmieden von Weltformat ermöglicht?

Länder, deren Menschen noch vor kurzem keine Chance zur Entfaltung hatten, nehmen auf einmal ernsthaft und erfolgreich am globalen Wirtschaftswettlauf teil. Angesichts der wachsenden und auch für viele Schwellen- und Entwicklungsländer chancenreichen Standortkonkurrenz ist es weltfremd und geradezu versponnen, diesen Megatrend zu negieren und ihm das Wunschgebilde einer Kooperation aller Staaten dieser Welt als Heilsbotschaft entgegenzustellen. Politik ist auch im Zeitalter von Globalisierung und Standortkonkurrenz möglich und nötig. Wirkung wird sie freilich nur erzeugen, wenn sie dieses neue Phänomen Globalisierung, das uns alle herausfordert, nicht oberflächlich beurteilt und mit Patentlösungen belegt. Die treibenden Akteure der Globalisierung – Unternehmer, Manager, Forscher und Entwickler – verbindet eines: Sie alle stecken in einem intensiven und dynamischen Lernprozeß. Die Politik muß mitlernen, wenn sie mitreden will.

„Globalisierung" steht in erster Linie für das Zusammenwachsen von Produktmärkten über nationale Grenzen hinweg und für immer stärkere internationale Produktions- und Handelsverflechtung. Eine besondere Rolle spielen Direktinvestitionen im Ausland. Es wird oft behauptet, für deutsche Unternehmen bedeute Globalisierung vor allem Flucht vor den hohen Kosten Deutschlands. Die Fakten stehen dagegen: Nur etwa 15 % der deutschen Auslandsinvestitionen gingen in den letzten Jahren nach Mittel- und Ost-Europa und Südostasien, also in Regionen mit deutlichem Kostengefälle gegenüber Deutschland. 20 % gingen in die USA, 65 % nach Westeuropa. Kostenunterschiede können deshalb weder

der einzige noch der entscheidende Grund für die Internationalisierung der deutschen Wirtschaft sein.

Eine zentrale Rolle spielen Kompetenzsicherung und Präsenz in neu entstehenden und stark wachsenden Märkten. Den Faktoren Technologie und Innovation kommt im globalen Wettbewerb enorme Bedeutung zu. In den vergangenen Jahren bauten deutsche Unternehmen ihre Forschung im Ausland kräftig aus. Allein in den USA unterhalten deutsche Unternehmen 95 unabhängige Forschungszentren, überwiegend in unmittelbarer Nähe zu führenden Universitäten. Mit fast 50.000 Mitarbeitern ist Siemens größter ausländischer Arbeitgeber in den USA.

Multinationale Unternehmen konzentrieren das technische Wissen ihrer jeweiligen Geschäftsfelder auf einige wenige Kompetenzzentren in der Welt. Ein Brennpunkt der internationalen Entwicklung sind die USA. Dort verdichten sich internationale Investitionen auf den Zukunftsfeldern Mikroelektronik, Computer, Software, Pharmazeutika und Gentechnik zu einer unbestrittenen Spitzenposition. Auch in Deutschland sind in jüngster Vergangenheit Kompetenzfelder entwickelt worden. Beispiele sind die Lasertechnik und die Robotik. Außerdem wurden wichtige klassische Kompetenzen verteidigt, zum Beispiel in der Fertigungstechnik und im Fahrzeugbau. Sogar verloren geglaubte Gebiete, wie die Fertigung von Speicherchips, konnten wieder zurückgewonnen werden.

Alle international führenden High-Tech-Unternehmen verfolgen die Strategie, mit Forschung und Produktentwicklung genau dort präsent zu sein, wo in ihrem Produktsegment bzw. Technologiefeld die weltweit besten Bedingungen für Innovation und Wissensgenerierung erfüllt sind. Sie begnügen sich nicht mit Standorten, die im weltweiten Technologiewettlauf gerade mithalten, sondern sie suchen gezielt die einzigartigen Spitzenzentren. Vor diesem Hintergrund wird der Wettbewerb zwischen den Ländern und ihren Innovationssystemen wachsen. Beste Aussichten haben solche Standorte, an denen günstige Produktionsstrukturen und Zuliefernetze, wachsende High-Tech-Märkte und Spitzenforschung zusammentreffen.

Die Politik kann die Anziehungskraft eines Standorts erhöhen, indem sie nicht nur auf einzelne technologische Durchbrüche abzielt, sondern gleichermaßen auf die Förderung innovativer Netzwerke und die Optimierung eines ganzen Bündels weiterer Standortfaktoren setzt. Hierzu gehört die internationale Offenheit und Attraktivität der Hochschulen ebenso wie Deregulierung und die Gestaltung optimaler Rahmenbedingungen dort, wo auf der Grundlage neuer Technologien neue Märkte entstehen.

„Wissensgesellschaft"

Die Überlegenheit multinationaler Unternehmen wird von vielen mit überlegenem Wissen erklärt. Demnach wären diese Unternehmen nicht nur die Vorreiter der Globalisierung. Sie wären zugleich Exponenten des zweiten Megatrends am Ende unseres Jahrhunderts: der Entwicklung hin zu einer Wissensgesellschaft. Jack Welch, der Konzernchef von General Electric (GE), hat gesagt: „Wenn GE-Manager aus Konzernsitzungen kommen, dann haben sie einen höheren Wissensstand als jeder andere Top-Executive der Welt. Wir führen die besten Ideen aus zwölf globalen Teilkonzernen zusammen."

Wir stehen am Beginn eines Zeitalters des Wissens. Schon seit einiger Zeit läßt sich erkennen, daß wirtschaftliches Wachstum neben Arbeit, Boden und Kapital mehr und mehr auch auf Bildung und Wissen beruht. Heute sind 90 % aller Wissenschaftler tätig, die jemals auf der Welt gelebt haben. An jedem Arbeitstag erscheinen 20.000 wissenschaftliche Aufsätze. Alle fünf Jahre verdoppelt sich das verfügbare Wissen der Welt. Der Zugriff darauf wird für immer mehr Menschen möglich. Die Mikroelektronik in einem Auto ist heute wertvoller als der ganze Stahl der Karosserie. Der Quarzsand für die Chipherstellung ist wertlos im Vergleich zum Programm des Mikroprozessors. Das in einem Arzneimittel gespeicherte Wissen dominiert den Wert der Wirkstoffe um das Tausendfache und mehr.

Information ist das Kapital der wissensbasierten Wirtschaft. Die Informations- und Kommunikationstechnik ist ihr Rückgrat. Deutschland hat alle Chancen der Informationsgesellschaft. Wir haben eine hervorragende Kommunikations-Infrastruktur. Die Telekom hat 100.000 km Glasfaserkabel verlegt, in den neuen Ländern flächendeckend. Hinzu kommen Netze der Energieversorgungsunternehmen und der Bahn AG mit einer Gesamtlänge von 11.500 km. Bei der PC-Ausstattung holen wir gegenüber den USA auf: Jedes Quartal werden in Deutschland 1 Million PCs ausgeliefert. Auf 100 deutsche Haushalte kommen schon 28 Computer. Die USA liegen mit 35 zwar immer noch vorn, aber in Japan sind es nur 15 pro Haushalt. Im April 1996 wurde der Startschuß für das Deutsche Breitband-Wissenschaftsnetz gegeben. Das Breitband-Wissenschaftsnetz ist ein mächtiger Glasfaserring von 5.000 Kilometern Länge durch ganz Deutschland. Das bedeutet Hochgeschwindigkeits-Datenkommunikation für mehr als 200.000 Forscher und Entwickler. Nirgends auf der Welt gibt es etwas Vergleichbares.
Andere reden von den Datenautobahnen. Wir haben sie schon. Worauf es jetzt ankommt ist, die vorhandenen Chancen zu nutzen. Nur so kann der Rohstoff Information seine Bedeutung als Entwicklungsmotor und als Produktionsfaktor gewinnen.

Jahrhundert der Biologie

Die Wissensgesellschaft wird nicht nur durch ihren hohen Grad der Informationsverarbeitung und Wissensgenerierung gekennzeichnet sein, sondern auch durch hohe Wertschöpfungsanteile in wissensintensiven Produktionszweigen. Die Biotechnologie wird im kommenden Jahrhundert in dieser Hinsicht mit an erster Stelle stehen. Dem Zeitalter der Physik wird ein „Jahrhundert der Biologie" folgen.

Vier von fünf Pharmazeutika werden heute schon mit Hilfe von biotechnologischen Verfahren hergestellt. Bekanntestes Beispiel ist das Insulin. Früher wurde es in Schweinemägen gewonnen, heute in Biotech-Labors. Die sogenannte „rote", die Medizin betreffende Gentechnik soll Erkenntnisse und Produkte liefern zur Bekämpfung von Volkskrankheiten und modernen Seuchen wie AIDS. Erfolge sind sichtbar, und kaum einer macht heute die Fortschritte durch Biotechnik in der Medizin noch streitig.

Was in der „roten" Gentechnik gelungen ist, muß jetzt auch in der „grünen" Gentechnik, die die Landwirtschaft betrifft, möglich werden. Wir brauchen die grüne Biotechnologie, um die globalen Probleme von Hunger und Umweltzerstörung in Zukunft zu bewältigen.
Jährlich gehen weltweit bis zu 30 Prozent der Ernte verloren, weil Pflanzen von Schädlingen vernichtet werden. Schon heute kann die Erde ihre Menschen nicht problemlos ernähren. Das Problem wächst, wenn sich die Zahl der Menschen von heute knapp 6 Mrd. bis zum Jahr 2050 annähernd verdoppelt. Mit Biotechnologie können Pflanzen entwickelt werden, die auch unter unwirtlichen Naturbedingungen sichere Erträge bringen. Ernteverluste durch Schädlingsbefall können vermindert werden. Es gibt erste Erfolge, auch aus deutscher Forschung. Ein Mecklenburger

Unternehmen hat das weltweit erste biologische Pflanzenschutzmittel gegen die weitverbreitete Pflanzenfäule „Weißstengeligkeit" entwickelt.

Bei der Rauchgasentschwefelung von Kohlekraftwerken haben wir zukünftig die Wahl zwischen chemischer oder biologischer Reinigung der Abluft. Bakterien können reine Luft und reinen Schwefel trennen. Der Schwefel wird dem Wirtschaftskreislauf wieder zugeführt, die Luft bleibt sauber. Verseuchte Altlasten können von „thermophilen Bakterien" entsorgt werden. Die Altlasten sind beliebig austauschbar, solange die Temperatur stimmt. Erfahrungen und Erfolge gibt es schon bei geschredderten Eisenbahnschwellen und bei Zuckerrübenschlamm. Auf gleiche Weise könnten aber beispielsweise auch Hühnerfedern aus Schlachtbetrieben biologisch entsorgt werden. Bisher ging das nur durch Verbrennen oder mit harter Chemie.

Biotechnologie ist eine dynamische Wachstumsbranche. Der weltweite Umsatz wird nach Schätzungen von rund 50 Mrd. Dollar heute auf mindestens 100 Mrd. Dollar im Jahr 2000 anwachsen. Produkte aus der Landwirtschaft werden etwa die Hälfte des Umsatzes ausmachen. Heute arbeiten 40.000 Menschen in der deutschen Biotech-Branche. In Europa sind es 184.000 Beschäftigte. Besonders aktiv sind die kleinen und mittleren Unternehmen, die alleine 1993 6,5 Prozent zusätzliche Stellen geschaffen haben.
Die gesetzlichen Rahmenbedingungen in Deutschland haben europäisches Spitzenniveau. Nach der Novellierung des Gentechnikgesetzes und der Neufassung der Gentechniksicherheitsverordnung gibt es in Deutschland keine rechtlichen Hindernisse mehr für die biotechnologische Forschung und Produktion.
Akzeptanz auf dem Markt läßt sich nicht verordnen. Wissenschaft und Wirtschaft sind am

Zuge. Sie müssen die Öffentlichkeit über Produkte und Verfahren der Gentechnik informieren und aktiv dafür werben. Die Wirtschaft wird ihre Anstrengungen für die Akzeptanz der Gen- und Biotechnologie verstärken müssen. Mögliche Risiken müssen abgeschätzt und minimiert werden. Doch genau dies verhindern militante Biotechnik-Gegner in Deutschland. Viele der Freilandversuchsfelder, die in Deutschland zerstört wurden, dienten gerade der Sicherheitsforschung im Bereich der Biotechnologie. Deutschland ist das einzige Land, das bis 1999 jährlich fast 10 Mio. DM in die Sicherheitsbegleitforschung von Gen- und Biotechnologie investiert.

Voraussetzung für Akzeptanz ist Transparenz. Die Menschen haben ein Recht darauf, zu erfahren, wann Gentechnik mit im Spiel ist. Unsicherheiten müssen ausgeräumt werden durch Offenheit und Aufklärung. Deswegen hat sich die Bundesregierung für eine umfassende Kennzeichnungspflicht gentechnisch veränderter Lebensmittel in Europa eingesetzt. Nicht um Gentechnik zu verhindern, sondern um sie möglich zu machen.

Vorbereitung auf die Zukunft

Schulen

Der Standort Deutschland hat kaum Rohstoffe, aber alles Wissen, das auf der Erde zur Verfügung steht. Aus diesem Wissen Produkte und Dienstleistungen zu machen, ist für Deutschland die einzige Chance, um hohe Wertschöpfung zu erzielen, unseren Wohlstand zu wahren und Arbeitsplätze zu sichern. In der Schule müssen die Grundlagen gelegt werden für motivierte und hochqualifizierte Kräfte in Beruf, Forschung und Wissenschaft.

Am Ende des 20. Jahrhunderts machen unsere Schulen ganz überwiegend nicht den Eindruck, dieser Herausforderung in jeder Hinsicht gewachsen zu sein. Es muß Schluß damit sein, in einzelne Bildungsabschnitte soviel hineinzupacken, als müsse es fürs ganze Leben reichen. Es muß vermittelt werden, wie man weiterlernt. Lebenslanges Lernen muß auch für die Schule zur Maxime werden. Die Vermittlung von Grundwissen muß wieder gestärkt werden. Dazu ist ein breiterer obligatorischer Fächerkanon in der gymnasialen Oberstufe nötig. Unsere Kinder müssen richtig lesen, schreiben und rechnen lernen. Wer hat nicht die Klagen von Handwerksmeistern, Unternehmern und Professoren im Ohr? Sogar Grundlagenwissen fehlt, von Schlüsselqualifikationen wie Fremdsprachen und Computerkenntnissen bei vielen keine Spur. Kindern und Jugendlichen muß ein vernünftiger Umgang mit den neuen Informations- und Kommunikationstechnologien vermittelt werden. Das Projekt „Schulen ans Netz" vom BMBF und Telekom wird den Anstoß geben und für 10.000 Schulen in Deutschland den Zugang zum Internet schaffen und die pädagogische Betreuung sicherstellen.

Im zukünftigen Arbeitsleben zählt nicht nur Wissen. Auch Teamfähigkeit und soziale Kompetenz sind gefragt. Schule muß sich deshalb neben Bildung wieder verstärkt der Erziehung widmen. Dazu gehört die Vermittlung von Toleranz, Mitmenschlichkeit, Hilfsbereitschaft und Eigenverantwortung. Die Wertevermittlung wird für den Zusammenhalt unserer Gesellschaft künftig noch wichtiger sein. Mehr Disziplin täte der Schule gut, auch um der wachsenden Gewaltbereitschaft und Zerstörungswut Einhalt zu gebieten. Zu lange wurde einer egalitären Bildungspolitik das Wort geredet. Die Vorstellung, daß jeder Schüler unbegrenzt bildungsfähig sei, ist eine Illusion. Sie hat zu einem ungebremsten Zustrom zu den weiterführenden Schulen, insbesondere zu den Gymnasien, und zur Diskriminierung der Hauptschule geführt. Wir müssen uns von der Vorstellung lösen, daß Bildung zum Nulltarif zu haben sei. Die

Ausgaben für private Nachhilfe wachsen. Der Zustrom zu den Privatschulen, die zum Teil Schulgeld erheben, steigt. Wer Bildungsleistungen in Anspruch nimmt, muß selbst Leistung erbringen.

Schulen brauchen Freiraum, damit sich lokale und private Initiativen und Verantwortung entfalten können. Die Schulen sollten ihr Profil auf das soziale und kommunale Umfeld ausrichten. Die Neuordnung der Schule geht aber nicht ohne Eltern und Lehrer. Man muß sie stärker einbeziehen und ihnen auch eine stärkere Mitgestaltungsmöglichkeit geben.

Alles dies macht eines ganz deutlich: Die Schule kann nicht so bleiben, wie sie heute ist. Mehr Geld allein löst die Misere nicht. Wir haben im deutschen Schulwesen jährliche Ausgaben von über 80 Mrd. DM. Das entspricht dem Jahresumsatz von VW. Wir haben 700.000 Lehrer. General Motors hat „nur" etwa halb so viele Mitarbeiter. Wir haben es bei unserem Schulsystem mit einem riesigen Konzern zu tun. Allerdings geben 16 autonome Holdingmitglieder – die Bundesländer – den Kurs an. Sie blockieren sich häufig gegenseitig. Klare Richtungsentscheidungen sind überfällig. Wir brauchen eine leistungsstarke und attraktive Schule, die Neugier und Lernbereitschaft von Kindern und Jugendlichen nutzt und ihnen Wissen, Maßstäbe sowie Orientierung vermittelt. Nur so sind wir für die Wissensgesellschaft gerüstet.

Berufliche Bildung

Fit werden für das 21. Jahrhundert heißt in der Bildungspolitik: mehr Qualität, mehr Leistung, mehr Wettbewerb, mehr Differenzierung; aber auch: mehr Chancengerechtigkeit, mehr Durchlässigkeit und die Gleichwertigkeit von allgemeiner und beruflicher Bildung. Gleichwertig ist nicht gleichartig, aber: Gleichwertiges muß gleichwertig behandelt werden. Die bildende Qualität auch der Berufsausbildung muß endlich anerkannt werden.

Berufliche Bildung darf nicht als Sackgasse empfunden werden. Die Leistungen beruflich Qualifizierter können gar nicht hoch genug eingeschätzt werden. Wir sind stolz auf Nobelpreise, die nach Deutschland kommen. Aber genauso stolz können wir auf die Qualifikation unserer Facharbeiter und Handwerksmeister sein. Auch die Wissensgesellschaft braucht qualifizierte Facharbeiter und Handwerker. Wissensgesellschaft bedeutet nicht Wissenschaftsgesellschaft. Das Bildungssystem muß alle Menschen mitnehmen in die Zukunft. 10 bis 14 % der Jugendlichen eines Jahrgangs in Deutschland bleiben ohne abgeschlossene Berufsausbildung. Es ist höchste Zeit, daß die Gewerkschaften den Widerstand gegen neue, praktisch ausgerichtete, zweijährige Ausbildungsberufe aufgeben.

Die Zahl der Lehrstellensuchenden wird in Zukunft noch steigen. Das ist gut und richtig so, denn eine gründliche Berufsausbildung wird immer wichtiger werden. Die hierfür notwendigen Ausbildungsplätze lassen sich durch ein von SPD und Gewerkschaften gefordertes Abgabensystem nicht in erforderlicher Zahl und Qualität erzwingen. Rückbesinnung auf die Prinzipien sozialer Marktwirtschaft muß im Bereich der beruflichen Bildung zuallererst bedeuten, daß existierende Ausbildungshemmnisse beseitigt werden. Deshalb wurde die Ausbildereignungsverordnung flexibilisiert, damit die Kammern qualifizierten Fachkräften auch ohne formelle Kammerprüfung die Ausbildereignung zuerkennen können. Die Länder wurden überzeugt, den Berufsschulunterricht flexibler zu organisieren, damit Lehrlinge während eines größeren Teils ihrer Ausbildung an vier statt nur an drei Tagen im Betrieb sind. Das schafft 20 bis 30 Tage mehr

Anwesenheit im Betrieb. Das Jugendarbeitsschutzgesetz wird geändert, damit erwachsene Lehrlinge, das ist die Mehrheit, zukünftig auch an Berufsschultagen noch im Betrieb ausgebildet werden können. Die Anrechnung des schulischen Berufsgrundbildungsjahrs auf die Ausbildungszeit soll von 12 auf 6 Monate verkürzt werden. Seit 1995 wurden 23 Ausbildungsberufe modernisiert, drei Berufe in den modernen Medien wurden neu geschaffen, in denen jetzt ausgebildet werden kann. Rund 90 Berufe für rund 500.000 Lehrlinge werden derzeit modernisiert, in 40 davon soll ab 1997 nach den neuen Berufsbildern ausgebildet werden.

Mit dem Meister-BAföG als einzigem neuen Leistungsgesetz dieser Legislaturperiode wurde eine Maßnahme zur Förderung besonders leistungswilliger junger Menschen in der beruflichen Bildung geschaffen. Die Bundesregierung hat das Gesetz in Rekordzeit vorgelegt. Auf dieser Grundlage können pro Jahr rund 90.000 junge Frauen und Männer in Handwerk und Technik bei ihrer beruflichen Aufstiegsfortbildung gefördert werden.

Die Anstrengungen für die berufliche Bildung in Deutschland sind groß. Das Ziel der Bundesregierung ist es, optimale Bedingungen für Berufsbildung zu schaffen. Einsatz für Ausbildung soll sich lohnen, auch bei der Vergabe von öffentlichen Aufträgen. Verzicht auf Ausbildung kann viele Gründe haben. Die Analyse und Beseitigung der Hemmnisse ist besser als eine „Strafsteuer", mit der sich reiche Unternehmen freikaufen, durch die bedrängte Unternehmen in ihrer Existenz bedroht werden und die insgesamt die Lenkungsfunktion der Beschäftigungsmärkte stört. Das Ziel der Bundesregierung wird weiterhin sein, daß jede junge Frau und jeder junge Mann, die eine Lehrstelle suchen, auch eine bekommen. Denn wir wissen: Berufliche Qualifikation wird in Zukunft noch wichtiger sein als heute.

Hochschulen

Das deutsche Hochschulsystem hat mit der gesellschaftlichen und wirtschaftlichen Entwicklung nicht Schritt halten können. Es hat viel von seiner ursprünglichen Leistungsfähigkeit eingebüßt. Lange Studienzeiten, hohe Abbrecherquoten, Überspezialisierung, fehlender Praxisbezug sind Indikatoren der Fehlentwicklung.

Gefährdet ist nicht nur der Wert des Studiums für den Einzelnen, sondern der Wert der Hochschulausbildung und der Hochschulforschung für das Gemeinwesen insgesamt. Universitäten waren lange Zeit unumstrittene geistige und kulturelle Zentren, Hort von Forschung und Lehre, absolute Instanzen in allen Wissensfragen. Die öffentliche Wahrnehmung ist heute eine andere. Zwar haben die Universitäten die ihnen in der Vergangenheit häufig vorgeworfene „Elfenbeinturm-Mentalität" weithin aufgegeben. Das Wirken hinein in die Gesellschaft, in ihre Region, in die Bevölkerung ihres unmittelbaren Einzugsgebiets ist vielerorts aber trotzdem noch begrenzt.

Auch die internationale Wahrnehmung unserer Hochschulen bereitet Sorge. Ausländische Studenten schlagen einen immer größeren Bogen um den Studienstandort Deutschland. Lange Studienzeiten, die im Vergleich zu angelsächsischen Hochschulen geringe Strukturierung des Studiums, die mangelnde internationale Akzeptanz der deutschen Hochschulabschlüsse, schwierige organisatorische Bedingungen und ausländerrechtliche Hemmnisse schaffen keine studienfreundliche Atmosphäre. Die Zahl der echten, nicht in Deutschland aufgewachsenen ausländischen Studenten aus vielen überseeischen Staaten ist im wesentlichen auf dem niedrigen Niveau der 70er Jahre. Dies gilt vor allem für die Zahl von Studenten aus wichtigen Staaten der zur Zeit wirtschaftlich dynamischsten Region der Welt, dem asiatisch-pazifischen Raum. Die intensiven Beziehungen auf der wirtschaftlichen Ebene finden keine Entsprechung bei den Austauschbeziehungen im Bildungs- und Wissenschaftsbereich. Die Zahl der in Deutschland studierenden Indonesier ist trotz spezieller Stipendienprogramme von rund 3.300 1975 auf 2.125 in 1992 abgesunken. Die Zahl der indischen Studenten in Deutschland stagniert seit den 70er Jahren bei etwa 700, die der japanischen Studenten bei unter 1.400. Die Zahl der Studenten aus China ist 1995 zwar auf 5.752 angestiegen. Insgesamt ist China damit aber unter den rund 120.000 ausländischen Studenten in Deutschland relativ schwach vertreten.

Diese Zahlen sind ein objektiver Maßstab, wie wir von außen gesehen werden. Wir müssen aber hohes Interesse an der Ausbildung ausländischer Studenten an deutschen Hochschulen haben. Das ist eine Zukunftsinvestition für unsere künftige wissenschaftliche und wirtschaftliche Zusammenarbeit mit anderen Teilen der Welt. Gesprächspartner und Entscheidungsträger im Ausland, die mit Deutschland bereits aus der eigenen Studienzeit vertraut sind, sind Türöffner für die Wirtschaft, sie sind auch ein Gewinn für die deutschen Hochschulen zum Aufbau fruchtbarer, wissenschaftlicher Austauschbeziehungen.

Trotz aller Probleme leisten unsere Hochschulen viel. Insbesondere angesichts der enormen Überlast in den letzten zwei Jahrzehnten ist es erstaunlich, was bewältigt wurde. Auch das Engagement, die Leistungsbereitschaft und die Zielstrebigkeit der Studenten sind so ausgeprägt wie schon lange nicht mehr. Doch der ungebremste Anstieg der Studentenzahlen erfordert Lösungen jetzt. Mit 326 Universitäten und Fachhochschulen verfügen wir in Deutschland über ein flächendeckendes, differenziertes Hochschulsystem.

Damit sind wir strukturell für die absehbare Zahl von ca. zwei Millionen Studierenden gerüstet. Das ist nicht zuviel. Denn die Wissensgesellschaft der Zukunft braucht viele gut ausgebildete Frauen und Männer. Gemeinsam mit den Ländern, mit den Hochschulen und mit Professoren muß über kronkrete Lösungen gesprochen werden. Alle Vorschläge müssen auf den Tisch. Wir brauchen eine Reform der Hochschulen, und wir dürfen dabei nicht zu kurz springen.

Das Hochschulsystem muß sich stärker daran orientieren, berufsqualifizierende Abschlüsse zügig zu vermitteln. Eine neue Balance zwischen Forschung, Heranbildung des wissenschaftlichen Nachwuchses und der Vermittlung berufsqualifizierender Abschlüsse ist nötig.

Die Fachhochschulen müssen schneller ausgebaut werden. Fächer, die bisher an Univer-sitäten gelehrt worden sind, können auf Fachhochschulen verlagert werden. Fachhochschulen sollten auf breiter Front duale Studiengänge durch Lernortkombination von Betrieb und Hochschule entwickeln: Lehre und Studium können Hand in Hand gehen.

Die Struktur des Studiums ist insgesamt nicht mehr zeitgemäß. Nur ein geringer Teil der Studierenden strebt wissenschaftliche Karrieren im engeren Sinne an. Die meisten suchen auch künftig mit einem berufsqualifizierenden Abschluß eine verantwortliche Position auf dem Arbeitsmarkt außerhalb der Hochschule. Das Studium muß dieser Situation stärker Rechnung tragen. Die Gliederung der Studiengänge muß präzise unterscheiden zwischen dem berufsqualifizierenden Abschluß, der grundsätzlich nach der Regelstudienzeit erworben wird, und der Heranbildung des wissenschaftlichen Nachwuchses.

Die Hochschulen sollten auch größeren Einfluß auf die Auswahl der Studierenden haben. Dies ermöglicht den Hochschulen Profilbildung und trägt zur Verbesserung des

Leistungswettbewerbs zwischen den Hochschulen bei. Die Hochschulen brauchen insgesamt mehr Bewegungsspielraum. Sie sollten über die vom Staat finanziell zur Verfügung gestellte Gesamtsumme sowie über die eingeworbenen Drittmittel frei verfügen können. Leistungen in Forschung und Lehre sowie bei der Förderung des wissenschaftlichen Nachwuchses sollten Kriterien für die Finanzierung sein. Auch die hochschulinterne Ressourcenverteilung auf die Fachbereiche sollte leistungsorientiert erfolgen. Marktwirtschaftliche und wettbewerbliche Elemente dürfen im Hochschulbereich nicht tabuisiert werden.

Die Hochschulen sind in Deutschland Stätten exzellenter Forschung. Die Ergebnisse müssen aber wirtschaftlich besser genutzt werden. Hochschullehrer und Hochschulen müssen wissenschaftliche Ergebnisse konsequent durch Patente schützen, wenn sich gewerblich anwendbare Ergebnisse abzeichnen. Kommerzielle Verwertung von Forschungsergebnissen muß in der deutschen Wissenschaft bewußter und aktiver verfolgt werden. Bisher ist das Patentbewußtsein an deutschen Hochschulen bis auf wenige Ausnahmen, z.B. der TU Karlsruhe, der TU Dresden und der Uni Hannover noch unterentwickelt. Nur 3% der Patentanmeldungen beim Deutschen Patentamt stammten 1993 von Hochschulprofessoren. Erfindungen und Patente sind nichts Unwissenschaftliches. Auch Patente sind ein Leistungskriterium der Wissenschaft. Patentanmeldungen schließen wissenschaftliche Veröffentlichungen nicht aus, sondern ergänzen sie.

In den vergangenen Jahren und Jahrzehnten strebten mehr als 50% der Hochschulabsolventen in den öffentlichen Dienst, ein weiterer Großteil zu Großunternehmen. Die Sättigungsgrenze in diesen Bereichen ist erreicht. Die Aufnahmekapazität im öffentlichen Dienst stößt auf absolute Grenzen. Neue Tätigkeitsfelder müssen erschlossen werden. Selbständigkeit muß auch für Hochschulabsolventen eine Alternative werden. Bisher gründen weniger als 15% ein Unternehmen.

Leistungsstarke Hochschulen sind eine wichtige Voraussetzung für die Zukunftsfähigkeit unseres Landes. Hochschulen haben einen gesellschaftlich-kulturellen Auftrag. Sie sind Teil unseres kulturellen Gefüges. Bei einer zukunftsorientierten Gestaltung unseres Gemeinwesens stehen die Hochschulen im Zentrum. Von ihnen sind entscheidende Impulse für den gesellschaftlichen Dialog über Grundfragen und wichtige Entwicklungen unserer Zeit zu erwarten. Zukunftssicherung braucht Innovationen im Bildungssystem. Ihr Vorreiter müssen die Hochschulen sein.

Forschungslandschaft

Deutschland verfügt über eine im internationalen Vergleich hervorragende Forschungslandschaft. Mit der Deutschen Forschungsgemeinschaft, der Max-Planck-Gesellschaft, der Fraunhofer-Gesellschaft, der Helmholtz-Gesellschaft und der Wissenschaftsgemeinschaft Blaue Liste existiert eine differenzierte, plurale und dezentrale Wissenschaftsstruktur, die weltweit zu den leistungsfähigsten zählt.

Die Anforderungen an das Wissenschaftssystem wachsen, gleichwohl sind die für Forschung und Entwicklung verfügbaren Ressourcen begrenzt. Politik und Wissenschaftsorganisationen sind gefordert, gemeinsam Wege zu einem effizienteren Ressourcenmanagement zu finden, das Fehlallokationen vermeidet und vor allem Leistung durch Wettbewerb stimuliert. Dabei müssen Freiheit und Eigenverantwortung der Forschung gewahrt bleiben. Der Staat ist weder der klügere Wissenschaftler noch der innovativere Unternehmer. Es geht aber darum, kostspielige Redundanzen und „lose Enden" zu vermeiden, d. h. besser zu gewährleisten, daß die Chancen von Erfindung und Entdeckung nicht folgenreich versäumt werden. Es geht um eine organisatorische Modernisierung des Gesamtsystems der Forschung in Deutschland durch eine bessere Arbeitsteilung, um Synergien durch Zusammenarbeit zwischen den Forschungseinrichtungen und ihren Partnern im In- und Ausland. Notwendig ist eine Verständigung über prioritäre Themen und Auswahlverfahren, die sicherstellen, daß zukünftig exzellenter Forschung die erforderlichen Mittel bereitgestellt werden und die Anknüpfung an Innovationen gelingt.

Angesichts der wachsenden Bedeutung neuer Technologien für unsere internationale Wettbewerbsfähigkeit ist es von entscheidender Wichtigkeit, die vorhandene, leistungsfähige Forschungsinfrastruktur in Deutschland durch fachübergreifende Kooperation, Themenkonzentration und Wettbewerb zu dynamisieren. Deshalb wollen wir die Grundfinanzierung absenken zugunsten von Wettbewerb um Forschungsmittel. Wir werden die Forschungseinrichtungen im Westen einer Evaluation unterziehen, so wie wir es im Osten bereits getan haben. Dort wo große wissenschaftliche Defizite festgestellt werden, stellt die Bundesregierung die Finanzierung ein.

Der Haushaltsvollzug in der institutionellen Förderung muß in einer Hand zusammengefaßt werden, also entweder beim Bund oder bei den Ländern. Denn die Verwaltung der öffentlich finanzierten Forschung muß einfacher und übersichtlicher werden. Es macht keinen Sinn, mit den Großforschungseinrichtungen Wirtschaftspläne abzuhaken, es muß über Programmbudgets verhandelt werden. Wie die Ziele erreicht werden, soll den Zentren überlassen sein.
Die Mittel in den Programmbereichen sollen

teilweise im Wettbewerb vergeben werden. Wer viel aus seinem Geld macht, soll mehr bekommen. Mittelbewirtschaftung und Personalverwaltung sollen insgesamt flexibilisiert werden. Forschungseinrichtungen und Teile von Forschungseinrichtungen, die sich dafür eignen, sollen privatisiert werden. Wir werden zunächst bei den „Innovationszentren" der Fraunhofer-Gesellschaft beginnen.

Die außeruniversitäre Forschung soll insgesamt mehr Bewegungsspielraum und mehr Wettbewerbsorientierung bekommen. Die Grundzüge für die Veränderungen stehen fest und sind vom Bundeskabinett gebilligt: Vor allem soll die staatliche Festfinanzierung von Forschungseinrichtungen stufenweise zurückgeführt und durch eine breitere leistungsorientierte Mittelvergabe im Wettbewerb der Einrichtungen und Forscher untereinander ersetzt werden.

Europa

Die Globalisierungsproblematik wird selten im Zusammenhang mit dem europäischen Gedanken diskutiert. Dabei ist es eigentlich naheliegend, daß für die Herausforderungen globaler Märkte wirtschaftliche Strukturen und politische Instrumente erforderlich sind, die den engen nationalen Rahmen überschreiten. Wenn es gelingt, das ökonomische Potential innerhalb der Europäischen Union in einem großen Binnenmarkt mit einer einheitlichen Währung zusammenzufassen, dann wird diese Bündelung der Kräfte mehr Zukunftssicherheit für die Menschen in ganz Europa schaffen.

Denn ein großer, leistungsstarker Wirtschaftsraum mit einheitlichen Strukturen und aufeinander abgestimmten Schwerpunkten kann mehr sichere Arbeitsplätze anziehen, schaffen und aufrechterhalten als ein zergliedertes Gebiet mit unterschiedlichen Rechts- und Wirtschaftsordnungen. Der große Binnenmarkt der USA, aber auch der Japans, und die daraus folgenden besseren Ausgangsbedingungen für dortige Unternehmen geben uns eine Vorstellung davon.

Deshalb müssen das Potential und die Vorteile des Wirtschaftsraums Europa mit seinen rund 350 Millionen Menschen allein innerhalb der Europäischen Union, mit seiner kulturellen Vielfalt und hervorragenden Infrastruktur, wesentlich stärker als bisher im internationalen Wettbewerb zur Geltung gebracht werden.

Die EU-Forschungspolitik muß endlich ihrer eigentlichen Rolle als Katalysator einer europäischen Forschungs- und Wissenschaftsgemeinschaft gerecht werden. Auch wenn der Anteil der EU-Forschungsförderung an den gesamten öffentlichen Ausgaben für Forschung und Entwicklung in Europa lediglich 4% beträgt, lassen sich damit erhebliche Wirkungen erzeugen – etwa durch den gezielten Einsatz dieser Mittel in Schwerpunktbereichen.

Spätestens seit dem Vertragswerk von Maastricht befinden wir uns in Europa in einem Integrationsprozeß von großer Dynamik. Dieser Prozeß wird Auswirkungen auf den Aktionsrahmen der Nationalstaaten haben, und auf das Selbstverständnis eines jeden einzelnen von uns. Wir werden langfristig nicht mehr lediglich über Europa reden, sondern lernen, europäisch zu denken. Dies schafft ganz neue Dimensionen für die Aktivitäten von Staat, Wissenschaft und Wirtschaft.

Warum sollten wir die Fragen und Schwierigkeiten, die die Globalisierung der Märkte aufwerfen, also nicht mit diesem Integrationsprozeß verbinden und versuchen, die anstehenden Probleme durch gemeinsame Anstrengungen und durch Erweiterung unseres nationalen Aktionsrahmens zu lösen? Hierfür sind abgestimmte Aktivitäten auf europäischer Ebene ebenso notwendig wie intensive bilaterale Beziehungen.

Leitprojekte

In der Forschungs- und Entwicklungspolitik gilt es, aus der Technologieförderung eine Innovationsförderung zu machen. Dies richtet sich neben öffentlich finanzierter Forschung an das große Forschungs- und Entwicklungspotential der privaten Wirtschaft. Viele Jahre schon wird über die mangelnde Kooperation von Wissenschaft und Wirtschaft in Deutschland geklagt. Es ist in der Vergangenheit mit 10.000 Projekten und mehr nicht gelungen, die Lücken zwischen Forschung und Anwendung zu schließen. Auch die Verbundforschung konnte dies nicht in der gewünschten Breite leisten. Wir werden deshalb zukünftig nicht nur die Forschung, sondern auch die Umsetzung der Ergebnisse zum Ziel unserer Fördervorhaben machen. Wir werden von Anfang an die Wirtschaft mit in die Projekte einbinden.

Leitprojekte sind anspruchsvolle, strategische Vorhaben, in denen Teams aus Wissenschaft und Unternehmen auf ein konkretes Innovationsziel hinarbeiten. Sie sind keine Staatsprojekte. Ihre Formulierung, Planung und Durchführung ist Sache der Forschungseinrichtungen und Unternehmen gemeinsam. Leitprojekte ersetzen nicht die notwendige Vielfalt der Förderinstrumente. Aber sie setzen Prioritäten. Sie gehen große Aufgabenstellungen an, deren Lösung den Beteiligten Chancen zur Führung am Weltmarkt bieten oder einen wichtigen Durchbruch im öffentlichen Interesse darstellen. Leitprojekte zielen auf konkrete Innovationen. Erste Leitprojekte sind das Humangenomprogramm, der BioRegio-Wettbewerb und das Mobilitätsprogramm.

Die Technologiepolitik muß weg von der überdifferenzierten Projektförderung in zigtausend Einzelprojekten.

Wir müssen zu einem integrierten Innovationssystem kommen, das den Herausforderungen des 21. Jahrhunderts gewachsen und ein Aushängeschild für den Standort Deutschland in der Welt ist.

Der Gedanke der Leitprojekte wird von manchen angegriffen mit dem pauschalen Vorwurf, daß dieser Ansatz aus ordnungspolitischen Gründen abzulehnen sei. Diese „Fundamentalisten der Marktwirtschaft" erscheinen päpstlicher als der Papst, oder eigentlich: altväterlicher als die Väter der Sozialen Marktwirtschaft. „Vom Standpunkt einer reinen Theorie aus mag sich (die) Beeinflussung der Marktteilnehmer (...) nicht recht in das System einer Marktwirtschaft üblicher Prägung einfügen. Ich sehe indessen keinen Anlaß, aus dogmatischen Gründen darauf zu verzichten."[9] So schrieb Ludwig Erhard 1957. Und er meinte weiter: „In meinen Augen liegt hier kein Verstoß gegen den richtig verstandenen Ordnungsgedanken einer Marktwirtschaft vor. (...) Das wirtschaftliche Geschehen läuft nicht nach mechanischen Gesetzen ab. Die Wirtschaft hat nicht ein Eigenleben im Sinne eines seelenlosen Automatismus, sondern sie wird von Menschen getragen und von Menschen geformt."[10] „Ein moderner und verantwortungsbewußter Staat

kann es sich einfach nicht leisten, noch einmal in die Rolle des Nachtwächters zurückversetzt zu werden."[11]

„Schließlich ist auch zu bedenken, daß in dem gesellschaftswirtschaftlichen Prozeß von heute ja nicht nur Individuen, sondern zunehmend Gruppen das Geschehen bestimmen. Um so notwendiger erscheint es mir deshalb, Einsichten und Erkenntnisse zu vermitteln, guten Willen zu wecken, den gesunden Menschenverstand anzusprechen, um so der wirtschaftlichen Vernunft zum Durchbruch zu verhelfen."[12]

Einsichten vermitteln und Willen zum Handeln wecken ist das Wichtigste, was wir brauchen, um dem Standort Deutschland Zukuftsperspektive zu geben. Nicht um uns vom Ordnungsgedanken der Sozialen Marktwirtschaft zu entfernen, sondern im Gegenteil, um dem ordnungspolitischen Denken am Ende des 20. Jahrhunderts wieder Leben und Faszination zu verleihen, so wie es Alfred Müller-Armack, Wilhelm Röpke, Walter Eucken, Franz Böhm, Alexander Rüstow und manchen anderen gemeinsam mit Ludwig Erhard in der Mitte dieses Jahrhunderts gelungen ist.

---

[9] *Ludwig Erhard, Wohlstand für alle, Düsseldorf 1957, S.246*

[10] *ebd., S.246f*

[11] *ebd., S.252*

[12] *ebd., S.253*

Dr. Georg Obermeier

VITA:

Dr. Georg Obermeier ist am 21. Juli 1941 in München geboren. Er studiert in München Betriebswirtschaftslehre und promoviert 1977. Von 1964 bis 1972 ist er bei der Knorr-Bremse GmbH München, zuletzt als Abteilungsleiter Vertrieb beschäftigt. In den Jahren 1973 bis 1989 ist er bei der Bayernwerk AG, München, zuletzt als Direktor des Finanz- und Organisationswesens, tätig.

Seit November 1989 ist er Mitglied des Vorstands der VIAG Aktiengesellschaft, München, und dort seit August 1995 Vorsitzender des Vorstands.

Hier ist er verantwortlich für die Geschäftsbereiche Energie und Chemie sowie für die Ressorts Investor Relations / Rechnungswesen, Unternehmensplanung, Controlling, Öffentlichkeitsarbeit, Revision, Obere Führungskräfte und Direktionsangelegenheiten.

„Die Chancen deutscher Unternehmen im internationalen Wettbewerb"

von Georg Obermeier

Der Begriff vom „Wirtschaftsstandort Deutschland" ist angesichts des negativen Tenors zahlreicher Veröffentlichungen und Diskussionen zu diesem Thema zunehmend ein Reizwort geworden. Der in den vergangenen Jahrzehnten erarbeitete Wohlstand, für den Ludwig Erhard während seiner Amtszeit als Wirtschaftsminister und Bundeskanzler den Grundstein gelegt hat, scheint ernsthaft in Gefahr zu sein. Es entsteht der Eindruck – ob zurecht oder nicht – einer nahezu unaufhaltsamen Verschlechterung der wirtschaftlichen, politischen und gesellschaftlichen Rahmenbedingungen für unternehmerisches Handeln und demzufolge einer ständig wachsenden Übermacht der amerikanischen, japanischen und zunehmend auch südostasiatischen Konkurrenz.

Deutsche Unternehmen und Standort Deutschland

Die Wettbewerbsfähigkeit deutscher Unternehmen und die Wettbewerbsfähigkeit des Standorts Deutschland sind zweifellos nicht dasselbe, sie bedingen einander allerdings zu einem großen Teil. Zwar haben Unternehmen heute im Gegensatz zu Staaten die Möglichkeit der „Globalisierung" – und sie nutzen sie in immer stärkerem Maße – dennoch gibt es aber auf der Welt nur wenige wirklich „multinationale" Unternehmen. In der Regel spielen der Hauptsitz des Unternehmens, seine historischen Wurzeln, der kulturelle und ethnische Hintergrund seines Führungsmanagements eine nicht unbedeutende Rolle für unternehmerische Entscheidungen. Es ist nur natürlich, daß Unternehmen, die ihre Historie und ihre Zentrale in

Deutschland haben, auch eine spezifische Loyalität zum Standort Deutschland aufweisen. Mangelnde Wettbewerbsfähigkeit des Standorts Deutschland belastet diese Unternehmen überproportional. Die Politik sollte sich allerdings des zunehmend labilen Charakters dieser standortspezifischen Loyalität im Zuge des „Zusammenwachsens der Welt" bewußt sein. Nur ein kreativer Dialog zwischen Politik, Gesellschaft und Unternehmen kann hier helfen.

Determinanten der internationalen Wettbewerbsfähigkeit deutscher Unternehmen

Die Wettbewerbsfähigkeit von Unternehmen zeigt sich in der Fähigkeit, Produkte anzubieten, die denen der Konkurrenz überlegen sind. Die Überlegenheit eines Produktes kommt letztlich nur in zwei Eigenschaften zum Ausdruck: Im Preis und/oder im Nutzen des Produktes für den Kunden. Ein Unternehmen kann Wettbewerbsvorteile folglich entweder über höheren Kundennutzen (nutzenorientierter Wettbewerb) oder niedrigere Preise (kostenorientierter Wettbewerb) erzielen.

In der Öffentlichkeit sind – insbesondere im Rahmen der überbordenden Shareholder-Value-Diskussion – einseitig die Kostenreduzierungen in den Vordergrund gestellt und als neue deutsche Unternehmenskultur proklamiert worden. Dabei dürfte eine Wertung oder Gewichtung dieser beiden Aspekte ebenso wenig möglich sein wie eine klare Trennung. Interdependenzen zeigen sich z. B. bei Prozeßinnovationen, die sowohl den Kundennutzen als auch die Kostensituation verbessern können. Die Verbesserung der Wettbewerbsfähigkeit deutscher Unternehmen muß in jedem Fall an beiden Hebeln ansetzen.

Umbau des Steuersystems und konsequente Deregulierung als zentrale Aufgaben des Staates

Der Staat beeinflußt die Kostenposition von Unternehmen auf sehr vielfältige Weise, wobei einige Faktoren nur schwer quantifizierbar sind.

Relativ leicht meßbar und auch international vergleichbar ist die Unternehmensbesteuerung. Im Vergleich der Spitzensätze der Einkommens- und Körperschaftssteuer der wichtigsten Industrienationen liegt Deutschland bei der Einkommenssteuer im Mittelfeld, bei der Körperschaftssteuer jedoch in der Spitzengruppe. Berücksichtigt man alle unternehmensrelevanten Steuern, d. h. insbesondere auch Gewerbe- und Vermögensteuer, nimmt Deutschland mit einer Gesamtsteuerlast von gut 62 % (auf thesaurierte Gewinne einer Kapitalgesellschaft) international eine Spitzenposition ein. Ob diese relativ hohe Steuerbelastung die Wettbewerbsfähigkeit deutscher Unternehmen ernsthaft gefährdet, ist umstritten. In jedem Fall verteuert sie aber die Produkte.

Daher bedarf das derzeitige deutsche Steuersystem einer grundlegenden Reform. Die grundsätzliche Zielrichtung sollte eine Verringerung der Besteuerung des Einkommens, dafür aber eine höhere Besteuerung des Konsums sein, zumal letztlich Unternehmenssteuern doch beim Konsumenten ankommen.

Die derzeit diskutierte Abschaffung von Gewerbekapital- und Vermögensteuer sowie die Absenkung der Gewerbeertragsteuer sind wichtige Ansatzpunkte, deren Finanzierung jedoch weitgehend über eine verstärkte Ausgabendisziplin, über Personalabbau beim Bund sowie über eine Reform der Beamtenversorgung erfolgen müßte.

Neben den Unternehmenssteuern ist die Regulierungsdichte in Deutschland von großer Bedeutung für die Wettbewerbsfähigkeit. Staatliche Regulierungen im Verkehrswesen, in der Kredit- und Versicherungswirtschaft, in der Telekommunikation und auch in der Energiewirtschaft verteuern die Produktion in Deutschland. Darüber hinaus werden Unternehmen durch weitreichende Umweltauflagen belastet. Nicht unterschätzt werden darf auch der Einfluß einer aufgeblähten öffentlichen Verwaltung. Langwierige und umständliche Genehmigungsverfahren bei der Einführung neuer Produkte (z. B. im Bereich der Biotechnologie) und bei Bauvorhaben beeinträchtigen die Rentabilität gerade langfristig bedeutsamer Investitionen erheblich und zwingen teilweise die deutschen Unternehmen zur Verlagerung von Aktivitäten ins Ausland, wenn sie nicht unabsehbare Wettbewerbsnachteile hinnehmen wollen. Eine konsequente Deregulierung ist dringend notwendig, um die Effizienz der öffentlichen Verwaltung zu erhöhen und die bürokratischen Hürden für Unternehmen zu verringern.

Es ist mittlerweile unumstritten, daß viele bislang staatlich wahrgenommene Aufgaben privatwirtschaftlich besser gelöst werden können. Letztlich geht es darum, den in der Vergangenheit scheinbar unaufhaltsamen Trend der Erhöhung der Staatsquote zu stoppen und umzukehren. Denn diese überhöhte Staatsquote macht aus durchaus darstellbaren verfügbaren Arbeitseinkommen viel zu hohe Bruttoeinkünfte oder anders ausgedrückt: Erst die viel zu hohe Staatsquote führt neben den zu hohen Lohnnebenkosten zu neuen Wettbewerbsnachteilen.

Steigerung der Arbeitsproduktivität wichtiger als Senkung der Arbeitskosten

Im Mittelpunkt der meisten Diskussionen um den Standort Deutschland stehen die Arbeitskosten. Tatsächlich ist der Produktionsfaktor Arbeit in keinem Land teurer als in Deutschland. Zwar werden z.B. in Dänemark, in der Schweiz und auch in Norwegen noch höhere Stundenlöhne bezahlt, die Lohnzusatzkosten liegen dort aber deutlich niedriger. 1994 betrugen die Arbeitskosten in der deutschen verarbeitenden Industrie knapp 44 DM pro Arbeitsstunde, während z.B. Japan bei rund 36 DM, die USA bei ca. 28 DM je Stunde liegen. Diese gravierenden Kostenunterschiede werden zumindest teilweise durch eine relativ hohe Arbeitsproduktivität, vor allem aufgrund der guten Ausbildung der Arbeitnehmer, kompensiert. Bedenklich stimmt allerdings die Tatsache, daß die Produktivitätsfortschritte in den letzten Jahren nicht mehr mit der Steigerung der Arbeitskosten Schritt halten konnten und somit die im internationalen Vergleich sehr hohen Arbeitskosten in Deutschland zu einem bedeutenden Wettbewerbsnachteil werden.

Eine Verringerung der Arbeitskosten auf ein „wettbewerbsfähiges Niveau" ist jedoch völlig unrealistisch. In einigen Wirtschaftszweigen oder bei bestimmten arbeitsintensiven Fertigungsstufen wird eine weitere Verlagerung von Produktionsstätten ins Ausland nicht vermeidbar sein. Da eine substantielle Verringerung der Arbeitskosten nicht möglich ist, müssen die Bemühungen zur Erhöhung der Arbeitsproduktivität verstärkt werden. Dazu sind flexible Arbeitszeiten von zentraler Bedeutung. Sie erlauben einerseits eine optimierte Nutzung von Anlagen und Maschinen und andererseits eine Anpassung an Nachfrageschwankungen am Absatzmarkt. Nötig sind auch Maßnahmen zur Erhöhung der Arbeitsproduktivität. Dank des dualen Berufsausbildungssystems verfügt Deutschland grundsätzlich über gut ausgebildete Arbeitskräfte. Angesichts der Dynamik von Umweltveränderungen und des rasanten technischen Fortschritts gewinnt die berufliche Fortbildung jedoch zunehmend an Bedeutung. Betriebliche Weiterbildung entspricht einer Investition in das Humankapital und kann die Arbeitsproduktivität und damit die Wettbewerbsfähigkeit eines Unternehmens deutlich verbessern.

Verbesserung der Bedingungen zur Kapitalbeschaffung und Förderung von Risikokapital

Seit dem Zweiten Weltkrieg hat in Deutschland eine beträchtliche Akkumulation von Privatvermögen stattgefunden. Auch die Bilanzen vieler deutscher Unternehmen weisen hohe Bestände an liquiden Mitteln aus. So erwirtschaften einige Unternehmen durch Finanzanlagen höhere Erträge als im operativen Geschäft. Insgesamt läßt sich feststellen, daß sowohl die privaten Haushalte als auch die Unternehmen über ein erhebliches Nettogeldvermögen verfügen. Demgegenüber steht das steigende Defizit des Staates. Sollte es allerdings in Zukunft nicht gelingen, die wachsende Staatsverschuldung durch eine verbesserte Ausgabendisziplin einzudämmen, so wird auch der deutschen Wirtschaft bald nicht mehr ausreichend Kapital zur Verfügung stehen.

Durch das deutsche Bankensystem ist die Beschaffung von Fremdkapital für deutsche Unternehmen bislang relativ unproblematisch. Das im internationalen Vergleich niedrige Zinsniveau in Deutschland verschafft den Unternehmen sogar teilweise Wettbewerbsvorteile gegenüber der ausländischen Konkurrenz. Noch immer unterentwickelt ist jedoch der deutsche Equity- und Risikokapitalmarkt. Um im internationalen Wettbewerb um Eigenkapital bestehen zu können, müssen sich die deutschen Unternehmen daher zunehmend an internationalen Standards orientieren. Dazu gehören eine stärkere Betonung des Shareholder-Value-Gedankens, aber auch etwa eine kapitalmarktorientierte Rechnungslegung.

Konsequenter Ausbau der Infrastruktur

Grundsätzlich verfügt Deutschland sowohl im Westen, als auch im Osten über eine hoch entwickelte Infrastruktur. Vor allem in den sechziger Jahren wurden enorme Summen in den Bereichen Verkehr, Bildung, Wohnungsbau und Energieversorgung investiert. In den siebziger Jahren standen Investitionen im sozialen Bereich im Vordergrund. Aufgrund der nachlassenden Konjunktur und dem wachsenden Staatsdefizit in den achtziger Jahren schwächte sich das Wachstum der öffentlichen Infrastrukturausgaben deutlich ab. In den letzten Jahren stand der Ausbau der ostdeutschen Infrastruktur im Mittelpunkt.

Trotz der in fast allen westlichen Industrieländern beobachtbaren nachlassenden Investitionsdynamik muß die Infrastruktur in Deutschland auch in Zukunft erneuert und ausgebaut werden, um den derzeitigen Wettbewerbsvorteil zu erhalten. Die politischen und wirtschaftlichen Veränderungen in Osteuropa bieten die Chance, daß sich Deutschland zur zentralen Drehscheibe Europas entwickelt. Dies stellt jedoch enorme Anforderungen an die Infrastruktur. Um den öffentlichen Haushalt nicht übermäßig zu belasten, muß produktiven Infrastrukturinvestitionen (wie z. B. dem Ausbau von Wasserwegen u. ä.) in nächster Zeit eindeutig Vorrang vor konsumptiven Infrastrukturinvestitionen (wie z. B. Freizeiteinrichtungen u. ä.) eingeräumt werden.

Erhöhung der Produkt- und Servicequalität durch verstärkte Kundenorientierung

Die international herausragende Qualität deutscher Produkte stand lange Zeit außer Frage. Ludwig Erhard lobte schon 1948 „...die in Geschmack und Qualität hochwertige deutsche Fertigware..." und behielt Recht mit der These, daß darin die Exportchancen der deutschen Wirtschaft liegen.[1] Inzwischen ist der Glanz des Labels „Made in Germany" aber deutlich verblaßt. Vor allem die Qualitätsoffensive japanischer Unternehmen, aber auch die Fortschritte in vielen Schwellenländern haben diesen einstigen Wettbewerbsvorteil deutscher Unternehmen stark relativiert.

Neben der Produktqualität gewinnen Lieferzeiten und Servicequalität zunehmend an Bedeutung. In diesem Punkt nehmen deutsche Unternehmen in der Regel keine Spitzenstellung ein. Vor allem amerikanische Unternehmen (wie z. B. IBM) haben sich in den letzten Jahren maximale Kundenorientierung auf ihre Fahnen geschrieben und dadurch Wettbewerbsvorteile erzielt.

Förderung und zielgerichtete Nutzung des Innovationspotentials von Unternehmen

Technologisch hochwertige, innovative Produkte, kontinuierliche Prozeßoptimierungen und neue Strategien bildeten lange Zeit die Basis für die internationale Wettbewerbsfähigkeit deutscher Unternehmen. Inzwischen geraten jedoch frühere Renommierbranchen wie z. B. der Maschinenbau oder die Automobilindustrie zunehmend unter Druck. Bedenklich stimmt vor allem die Tatsache, daß die Exportstärken Deutschlands im wesentlichen bei reifen Produkten liegen, während die Spitzentechnologien – vor allem die Informations- und Biotechnologie – von amerikanischen und japanischen Unternehmen dominiert werden.

Zahlreiche Untersuchungen bescheinigen noch immer der Bundesrepublik Deutschland eine im internationalen Vergleich

---

[1] *Ludwig Erhard: Rede vor der 14. Vollversammlung des Wirtschaftsrates des Vereinigten Wirtschaftsgebietes, Frankfurt a. M., 21. April 1948*

sehr hohe Innovationsfähigkeit. Hinsichtlich der staatlichen und privaten Ausgaben für Forschung und Entwicklung, der Infrastruktur für Grundlagenforschung und auch in bezug auf die gesellschaftliche Akzeptanz von Forschung und Innovationen kann Deutschland durchaus mit den wichtigsten Wettbewerbern mithalten. Schwächen zeigen sich jedoch in der Fähigkeit, innovative Produkte international zu vermarkten. Eines der berühmtesten Beispiele hierfür ist sicherlich das Faxgerät, das zwar in Deutschland erfunden wurde, dessen weltweite Vermarktung inzwischen aber nahezu ausschließlich bei amerikanischen und japanischen Unternehmen liegt. Allerdings scheint ein bedeutsames Manko deutscher Produzenten die oft mangelnde Kundenorientierung zu sein. Nicht technische Überentwicklung, sondern Benutzerfreundlichkeit müßte im Vordergrund stehen.

Der Grundstein für technologische Innovationen wird überwiegend in Hochschulen und Forschungseinrichtungen gelegt. Ob das deutsche Bildungs- und Hochschulsystem allerdings dazu geeignet ist, bahnbrechende Innovationen hervorzubringen, erscheint fraglich. Nur sehr selten können deutsche Universitäten – im Gegensatz zu einigen amerikanischen Eliteschulen – aufsehenerregende Forschungserfolge verkünden. Eine Reform des deutschen Hochschulsystems, die den Leistungswettbewerb zwischen den Universitäten fördert und die Qualität der Ausbildung wieder in den Mittelpunkt stellt, ist daher dringend notwendig. Außerdem sollte durch eine verstärkte Zusammenarbeit von Wissenschaft und Wirtschaft sichergestellt werden, daß das an Hochschulen und Forschungseinrichtungen erarbeitete Wissen möglichst schnell in den Unternehmen genutzt werden kann.

Nicht zielführend kann allerdings eine aktiv gestaltende staatliche Industriepolitik sein.

Die vielfach geforderte Identifikation und Förderung von „Schlüsselindustrien" durch den Staat scheitert am sogenannten Hayekschen Informationsproblem, das besagt, daß nur der Wettbewerb zeigt, welche Produkte und Produktionsverfahren sich durchsetzen können. Die Aufgabe des Staates besteht ausschließlich darin, innovations- und leistungsfördernde Rahmenbedingungen für Unternehmen zu schaffen.

Mut zum unternehmerischen Risiko als Schlüssel zur Wettbewerbsfähigkeit deutscher Unternehmen

Viele deutsche Unternehmen haben in den letzten Jahren ihre Kostenposition durch drastische Einschnitte im Personalbereich deutlich verbessert. Das war nötig, da in den vergangenen „fetten Jahren" einiger Speck angesetzt worden war. Allerdings besteht die Gefahr, daß durch übertriebene Schlankheitskuren die Wettbewerbsfähigkeit nicht verbessert, sondern vielleicht sogar gefährdet wird, weil die Ressourcen, die zur Generierung von Wettbewerbsvorteilen notwendig sind, beschnitten werden.

Kostensenkung muß zwar als permanente Aufgabe verstanden werden, langfristige Wettbewerbsvorteile und damit nachhaltiges Unternehmenswachstum lassen sich jedoch nur durch Innovationen und damit verbundener Risikobereitschaft erzielen. Umgekehrt muß auch die Gesellschaft solch eine Risikobereitschaft honorieren und im Einzelfall auch ein Scheitern akzeptieren. Insofern ist eine Rückbesinnung auf die zentralen Elemente der sozialen Marktwirtschaft dringend notwendig.

Helmut Kohl hat in seiner Rede anläßlich des 90. Geburtstages von Ludwig Erhard die Faktoren, die lange Zeit für die internationale Wettbewerbsfähigkeit deutscher Unternehmen maßgeblich waren, folgendermaßen charakterisiert: „Er [Ludwig Erhard] schuf eine Ordnung, in deren Rahmen sich die Leistung der Bürger alsbald wieder lohnte. Die Initiative der vielen einzelnen konnte er in einem Ausmaß ermuntern und beflügeln, das Zuversicht und Fortschrittsfreude zu einem vorherrschenden Zeitgefühl machte. Erhards unverwüstlicher, bewußt zur Schau getragener Optimismus übertrug sich auf die Menschen. Die Zukunft zeigte sich den Erfindungsreichen, den Fleißigen und Risikobereiten voller Chancen. Die Bereitschaft zum Einsatz aller Fähigkeiten wurde ermutigt und wirkte sich schon nach kurzer Zeit zum Wohl aller aus.“ [2]

Leistungsbereitschaft, Initiative, Eigenverantwortung und Risikobereitschaft waren zu Zeiten Ludwig Erhards und sind auch noch heute die tragenden Säulen für Wachstum und Wohlstand, werden aber zunehmend durch Besitzstandsdenken und Versicherungsmentalität verdrängt.

Versicherungsmentalität und (Gesetzes-) Perfektionismus

Die Währungsreform 1948 mit der Einführung der sozialen Marktwirtschaft war ein gesellschaftliches Wagnis. Zumindest waren die Folgen im einzelnen und für den Einzelnen vorher nicht durchgeplant – und letztlich auch nicht planbar. Solch eine Aktion erscheint unter den gegenwärtigen gesellschaftlichen Strukturen in Deutschland fast unmöglich. Wo immer es derzeit um die Reform offensichtlicher Mißstände geht, wird sie blockiert von Individualinteressen. Hierin gleichen sich Gewerkschaftler, Bauernverbände oder Lobbyisten subventionierter Industrien. Der deutsche Hang zum Gesetzesperfektionismus, die offensichtliche zwang-

hafte Vorstellung, auch den letzten Einzelfall „gerecht“ lösen zu müssen und die offenbar tiefverwurzelte Vorstellung, daß der Staat „niemanden hängen lassen darf“, erleichtern ihnen dieses Vorgehen. Eine Reform scheint in Deutschland nur noch durchsetzbar, wenn vorab sichergestellt wird, daß sich nichts ändert. Diese fast schon strukturelle Unfähigkeit zur Veränderung ist das größte Manko bei der Sicherung und Stärkung der Wettbewerbsfähigkeit. Die Erhöhung des Veränderungspotentials in der Gesellschaft und auch in den Unternehmen wird der wichtigste Erfolgsfaktor für Deutschland.

---

[2] *Rede von Helmut Kohl in einer Festveranstaltung anläßlich des 90. Geburtstages von Ludwig Erhard am 4. Februar 1987 in der Redoute in Bonn-Bad Godesberg*

Attraktive Lebensräume

Als Josef Schörghuber nach dem Krieg seinen Weg in die Baubranche begann, waren Engagement und Begeisterung sein einziges Kapital. Aus dem Gründungsunternehmen »Bayerische Hausbau« entwickelte sich eine Gruppe, die heute rund 4.500 Mitarbeiter beschäftigt.

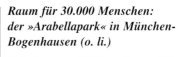

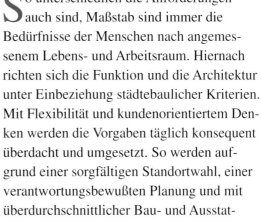

Raum für 30.000 Menschen: der »Arabellapark« in München-Bogenhausen (o. li.)

Erhaltung und Pflege des traditionellen Stadtbildes: Das »Paulaner-Palais« in Leipzig (o. re.)

Zukunftsweisende Architektur: Zentrale der Deutschen Bank in Frankfurt (li.)

1.100 Reihenhäuser und mehr als 1 Million m² Gewerbeflächen realisiert.

Unternehmen wie zum Beispiel die »Paulaner«- und die »Hacker-Pschorr«-Brauereien, die über 50% des Münchner Bierausstoßes produzieren, die »Arabella«-Hotelgruppe mit 13 internationalen Hotels oder die »Bayerische Immobilienverwaltung«, die über 1 Mio. m² Wohnimmobilien und 1,2 Mio. m² Gewerbeflächen verwaltet, sind verläßliche Partner und sorgen für ein solides Fundament und finanzielle Unabhängigkeit.

Mit persönlichem Engagement, großer Finanzkraft und einem bewährten Mitarbeiterstamm haben Josef und Stefan Schörghuber mit der »Bayerischen Hausbau« bundesweit bislang über 18.000 Wohnungen,

So unterschiedlich die Anforderungen auch sind, Maßstab sind immer die Bedürfnisse der Menschen nach angemessenem Lebens- und Arbeitsraum. Hiernach richten sich die Funktion und die Architektur unter Einbeziehung städtebaulicher Kriterien. Mit Flexibilität und kundenorientiertem Denken werden die Vorgaben täglich konsequent überdacht und umgesetzt. So werden aufgrund einer sorgfältigen Standortwahl, einer verantwortungsbewußten Planung und mit überdurchschnittlicher Bau- und Ausstattungsqualität neue, attraktive Lebensräume geschaffen, deren Wert sich beständig über alle Zeiten hinweg entwickelt.

BAYERISCHE HAUSBAU

Denninger Straße 165 · 81925 München · Telefon 0 89/92 38–2 25

SCHÖRGHUBER UNTERNEHMENSGRUPPE

Thad Perry

VITA:

Thad Perry, Jahrgang 1943, besucht die Ohio State University und schließt dort mit einem Diplom im Fach Fertigungstechnik ab, dem er 1988 einen weiteren Abschluß (MBA) in Betriebswirtschaftslehre hinzufügt. Der Schwerpunkt seiner beruflichen Tätigkeit als Mitglied des Andersen Consulting Global Management Council liegt im Bereich staatlich regulierter Industrien. Er berät unter anderem Unternehmen der Telekommunikationsindustrie und des Gesundheitswesens sowie öffentliche Verwaltungen.

Standort Deutschland

von Thad Perry

Der Standort Deutschland war jahrzehntelang ein guter Standort. Um ihren allgemeinen Wohlstand und ihren sozialen Frieden wurden die Deutschen von vielen Wettbewerbern auf dem Weltmarkt beneidet. Auch die Probleme einzelner Branchen waren in der Vergangenheit kein Anlaß, eine Standortdiskussion zu führen. Plötzlich ist sie da.

Die Standortfrage wird zu Recht gestellt. Zu Recht wird diskutiert, ob die deutsche Wirtschaft für die Herausforderungen des globalen Wettbewerbs gerüstet ist, welche Möglichkeiten sie hat, auch in der Zukunft so erfolgreich zu sein wie in der Vergangenheit und was dafür geschehen muß. Bevorzugtes Thema in dieser Diskussion ist die Höhe der deutschen Lohn- und Lohnnebenkosten. Sie zu senken, wird in weiten Kreisen von Wirtschaft und Politik als wesentliche Voraussetzung für den Erhalt der Wettbewerbsfähigkeit gesehen.

Richtig an dieser Argumentation ist ganz augenscheinlich, daß die Arbeitskosten in Deutschland die höchsten der Welt sind – etwa fünfzehn Prozent höher als beispielsweise in den Vereinigten Staaten. Und inzwischen ist wahrscheinlich jedem deutschen Arbeiter bewußt, daß seine Kollegen in den nach vorn drängenden Ländern des ehemaligen Ostblocks oder auch in China nur darauf warten, seinen Job zu übernehmen. Trotzdem machen es sich all jene zu leicht, die in den Lohnkosten das alleinige Hindernis und in ihrer Reduzierung die einzige Voraussetzung für den Erfolg auf dem globalen Markt erkennen.

Sieht man sich einmal an, wie hoch der Anteil der direkten Lohnkosten zum Beispiel an technischen Konsumgütern tatsächlich ist, dann stellt man fest, wie abwegig es ist, die Lösung der wirklichen Probleme nur in diesem einen Punkt zu suchen. Es gibt eine ganze Reihe vor allem technischer Produkte, bei denen die direkten Lohnkosten gerade einmal um die sechs Prozent der Gesamtkosten betragen. Trotzdem wird hier die große Diskussion so gut wie ausschließlich um Lohn- und Lohnnebenkosten geführt – und damit der soziale Friede bedroht, immerhin einer der wesentlichen Aktivposten der deutschen Wirtschaft.

Natürlich gibt es jede Menge Fälle, in denen die Kosten der Produkte zu hoch sind. Es gibt aber auch eine Vielzahl von Hebeln, die hier anzusetzen sind. Im sogenannten „White-Collar-Bereich" oder bei der Logistik kann durch eine bessere Gestaltung der Prozesse der gesamte Kostenrahmen signifikant beeinflußt werden. Zur Beratungspraxis von Andersen Consulting gehören Fälle, in denen die Logistikkosten, die üblicherweise einen höheren Anteil an den Gesamtkosten ausmachen als die Lohnkosten, durch eine Neuausrichtung, durch eine Reduzierung der Läger und damit der Bestände, um 30 Prozent und mehr gesenkt wurden.

Als Alternative wird häufig diskutiert, die Fertigung ins Ausland zu verlegen. So sinnvoll dies unter dem Gesichtspunkt der Marktnähe sein kann, so fraglich ist der Erfolg, wenn man allein die Lohnkosten im Blick hat. Am Beispiel China hat Andersen Consulting in einer Studie sehr deutlich nachgewiesen, daß diese Alternative gar keine ist, jedenfalls dann nicht, wenn es um Produkte für den europäischen Markt geht. Der sicherlich ganz erhebliche Lohnkostenvorteil bringt letztlich keinerlei Wettbewerbsvorteil: Es gibt in China eben keinen Ausbildungsstandard bei Fabrikarbeitern wie es ihn bei uns gibt. Qualität und Produktivität fallen im Vergleich zum deutschen Standard dermaßen ab, daß der Kostenvorteil durch den zusätzlichen Aufwand mehr als kompensiert wird. Dazu kommt der Verlust an Flexibilität: Die Bekleidungsindustrie kann gegebenenfalls in Fernost nicht so nachordern, wie es dem aktuellen Bedarf entspräche. Die Elektroindustrie hat es wahrhaftig erleben müssen, daß in Fernost gefertigte Geräte bereits technisch veraltet waren, als sie endlich in Europa eintrafen.

Standortpolitik durch Verlegung der Produktion ist zumindest nicht frei von Risiken. Wenn die Reaktionsgeschwindigkeit des Unternehmens im Markt darunter leidet, ist langfristig nichts gewonnen, viel eher wird die Wettbewerbsfähigkeit geschwächt. Ebenso schwer wiegt ein weiterer, bereits erwähnter Aspekt: Der bemerkenswert gute Ausbildungsstand in Deutschland ist ein wesentlicher positiver Standortfaktor. Ihn unter dem gegenwärtigen operativen Kostendruck zu ignorieren, bedeutet, die langfristigen Ziele aus den Augen zu verlieren.

Das größte Vermögen, das dieses Land besitzt, sind die disziplinierten und außerordentlich gut ausgebildeten Arbeitskräfte: Menschen, die imstande sind, komplizierte Prozesse und Verfahren zu beherrschen. Vermutlich ist die deutsche Fachausbildung im Rahmen des dualen Bildungssystems die beste der Welt. Die durchschnittliche technische Intelligenz, die ein deutscher Arbeitnehmer in seine Tätigkeit einbringt, ist etwa 30 bis 40 Prozent höher als in den USA oder Großbritannien. Eine solche qualifizierte Arbeiterschaft zustande zu bringen, bedarf es jahrzehntelanger, hoher Investitionen. Aber wenn dieses Qualifikationsniveau einmal da ist, ist auch eine Neuorientierung verhältnis-

mäßig einfach. Sie erfordert vielleicht nur noch 20 der 30 Prozent der ursprünglichen Anstrengungen.

Soll das nun etwa heißen, daß mit dem Standort Deutschland eigentlich doch alles zum Besten steht, daß sich gar nicht viel ändern muß? – Im Gegenteil, es muß sich viel mehr und viel Grundsätzlicheres ändern als nur das Lohnniveau.
Wenn Deutschland im 21. Jahrhundert ebenso erfolgreich sein will, wie es in den zurückliegenden drei oder vier Jahrzehnten war, sind große Veränderungen auf vielen Ebenen notwendig. Das gleiche gilt zwar für die meisten Länder der Welt, hier gibt es jedoch eine zusätzliche Schwierigkeit: Man hat über eine Formel verfügt, die in der Vergangenheit so wunderbar funktioniert hat. Gerade weil es so lange so gut gegangen ist, gerade weil man so erfolgreich war, fällt es in Deutschland ausgesprochen schwer, alles Bisherige in Frage zu stellen. Andere Länder, die aufstrebenden vor allem, haben dieses Problem nicht.

Die entscheidenden Faktoren der deutschen Erfolgsformel sind zum Einen die qualifizierten Mitarbeiter und zum Anderen die daraus resultierende Qualität deutscher Produkte. Hinzu kommt die Agilität des deutschen Mittelstandes, der praktisch auf allen Märkten vertreten ist und am bisherigen Erfolg der deutschen Wirtschaft erheblichen Anteil hat. Das ist ein großartiges Kapital. Doch es reicht für den Erfolg heute nicht mehr aus.

Die Märkte und die Welt als Ganze verändern sich in einem ungeheuren Tempo, angetrieben von der Entwicklung der Technologie, die die Welt täglich kleiner werden läßt. Der alte Grundsatz „Strategy drives Technology" ist nicht mehr gültig. Künftig wird es heißen müssen „Technology drives Strategy". Strategische Überlegungen und Planungen werden in immer kürzeren Zeiträumen überprüft werden müssen. Produkt-lebenszyklen elektronischer Geräte sind auf weniger als ein Jahr zusammengeschrumpft. Die Leistungsfähigkeit der modernen Daten-verarbeitung verdoppelt sich alle 18 Monate. Technologien verschmelzen, und die globale Vernetzung der Volkswirtschaften resultiert in einer Verschmelzung der Märkte. Technolo-gie ist nicht mehr Hilfsmittel sondern treiben-de Kraft.

Und es läßt sich ohne Zweifel auch sagen: „Technology drives Politics". Denn es war die Technologie, die die Mauer zu Fall ge-bracht hat. Es gab keine technische Möglich-keit mehr, die Menschen in der DDR vom Rest der Welt zu isolieren.

Die deutsche Wirtschaft und nicht zuletzt auch die deutsche Politik müssen jetzt die Frage beantworten, ob sie in der Lage sind, eine neue Erfolgsformel zu entwickeln, die die neuen Gegebenheiten in Rechnung stellt. Die bisherige Stabilität ist ein Produkt von Übereinkünften zwischen der Regierung, den Managern, den Arbeitern und des Team-works von Arbeitern und Unternehmen. Aber wir haben nicht mehr die Stabilität der siebzi-ger Jahre, den ständigen, ununterbrochenen Aufschwung. Die Übereinkünfte müssen sich also ändern, die Prozesse, wie Übereinkünfte geschlossen werden – alles muß sich ändern. Aber Deutschland ist ein kein besonders fle-xibles Land.

Die Beschäftigten in den Unternehmen und Verwaltungen sind nicht flexibel; das Management ist es nicht, und auch nicht die Regierenden. Flexibilität bedeutet die Fähigkeit zur schnellen Anpassung, zur schnellen Änderung des Laufs der Dinge, die Fähigkeit, die Lage von einem Tag auf den anderen aus einem neuen Blickwinkel be-trachten zu können. Die Mitarbeiter konzen-trieren sich jedoch vor allem auf die Aufrechterhaltung ihrer Sicherheit. Topmana-ger verbringen 50 Prozent ihrer Zeit damit,

ihr Überleben an der Spitze zu sichern. Alle fürchten sich vor Änderungen und ignorieren dabei, daß sich die Welt um sie herum mit rasender Geschwindigkeit ändert. Um den alten Zustand zu beschwören, beruft man sich auf die Qualität der deutschen Produkte, an der es ja wohl nichts zu rütteln gebe.

Doch Qualität ist nicht mehr das unter-scheidende Merkmal, das es früher ein-mal war. Die Japaner haben längst gezeigt, daß sie auf fast allen Gebieten mindestens die gleiche Qualität produzieren können wie die Deutschen. Im Prinzip kann alles überall pro-duziert werden. Wenn man die vorhin be-schriebenen Bedenken überwindet, kann man jedes Teil, jede Chemikalie auch außerhalb Deutschlands herstellen lassen. Dort werden nicht nur die Arbeitskosten geringer sein, bei-spielsweise wird dort wahrscheinlich auch die Umwelt nicht so ernst genommen. Entspre-chend günstig liegen die gesamten Kosten. Und gekauft wird von dem, der am günstig-sten anbietet. Auch wenn das nicht unbedingt wünschenswert ist, ist es doch wirtschaftliche Realität.

Letztlich geht es aber gar nicht nur um Arbeits- oder Umweltkosten, es ist die Einstellung der Menschen, die zählt, ihr Be-wußtsein, ihre Art zu denken. In Deutschland haben wir eine Produktivität, die – gemessen am Potential – außerordentlich gering ist. Denn die Zahl der Tage, an denen gearbeitet wird, ist gering. Wir haben ein Gesundheits-wesen, das dazu anregt, nicht arbeiten zu gehen. Es ist eines der Besten der Welt, aber leider ist die Verlockung sehr groß, es auszu-nutzen. Nicht nur deshalb, aber deshalb auch, hat jedes bedeutende deutsche Unternehmen etwa zehn bis 30 Prozent zu viele Mitarbeiter, vor allem im Bereich der Verwaltung.

Administration, Verwaltung, ist ein wun-der Punkt in Deutschland. Dieses Land hat eine sehr bürokratische und unflexible öffentliche Verwaltung, vermutlich schlechter als die der meisten anderen Staaten. Man ist immer sehr präzise in dem, was man tut, aber absolut ineffektiv. Beispielhaft dafür ist jedes Postamt: Hier ist ein Schalter für Briefe, dort einer für Pakete. Wer sich untersteht, am falschen Schalter zu warten, muß darauf gefaßt sein, nicht bedient zu werden. Wir haben in allen Bereichen Arbeitskräfte erzogen, die ein sehr enges Blickfeld haben.

In Deutschland gibt es hervorragende Spezialisten. Deutsche Ingenieure bauen ausgezeichnete Maschinen. Wer aber kümmert sich in diesem Land um mehr Effizienz im Rechnungswesen, in der Arbeitsmarktpolitik, darum, wie Führerscheine erteilt werden und unter welchen Umständen man einkaufen muß? Wenn es um die allgemeinen Dinge des Lebens geht, sind immer die anderen zuständig. Was wird zum Beispiel in diesem Land getan, um für die in ihren Betrieben überflüssig gewordenen Menschen neue Arbeitsplätze zu schaffen? Nicht viel. Es wird einfach erwartet, daß die Unternehmen etwas tun. Immer wieder wird von hoher Warte erklärt, daß in Deutschland der Dienstleistungssektor unterentwickelt ist. Das ist richtig: Während dieser Bereich hier etwa 52 Prozent der Volkswirtschaft ausmacht, sind es in den USA oder Japan 67 Prozent. In Amerika und Großbritannien werden die Menschen ermutigt, Unternehmen zu gründen. Was wird denn aber in Deutschland getan, um den unternehmerischen Mut zu fördern? Hier gibt es Einschränkungen und Auflagen. Man will die Menschen vor allen möglichen Risiken beschützen und macht sie arbeitslos. Die Chancen werden nicht gesehen, zumindest nicht genutzt.

Die notwendigen Veränderungen rühren am Grundverständnis der deutschen Konsensgesellschaft, sie bedeuten eine Revolution in den Köpfen. Und diese Revolution braucht Revolutionäre, entschlossene Führungspersönlichkeiten, die nicht viel reden, aber mutig

handeln, die das neue Denken in die Tat umsetzen. Es gibt sie: Junge Leute, die durch den Generationswechsel an den Spitzen der Institutionen hoffentlich in die richtigen Positionen gelangen. Von ihnen muß der Prozeß des Wandels ausgehen, der alle erfaßt.

Menschen können ihr Verhalten ändern. Es mag schwierig sein, Einzelne dazu zu bewegen, daß sie ihre Angewohnheiten ablegen. Aber man kann die Kultur, das Gruppenverhalten in einer vorhersagbaren Richtung verändern. Also müssen wir beim Ausbildungssystem beginnen: Es muß schneller durchlaufen werden. Die Universitäten können nicht länger ein Ort der Selbstfindung sein. Mehr Selbstdisziplin ist verlangt, mehr konkrete Problemlösungen, weniger Theorie. Wir müssen den Studenten die Techniken des Zusammenarbeitens beibringen. Denn das vernetzte Arbeiten wird dank des Computers immer mehr zur Arbeitsweise der Zukunft, der allernächsten Zukunft. Nicht nur die arbeitstechnischen Fähigkeiten müssen sich ändern, vor allem ist auch ein Wandel der Einstellung jedes Einzelnen zu seiner Arbeit nötig, zu seiner Funktion, zu sich selbst. Die Art und Weise, wie die Menschen über sich denken, muß sich ändern. Es ist heute weitaus wichtiger als je zuvor, den eigenen Kopf zu benutzen.

Es sieht ganz so aus, als seien die deutschen Arbeiter darauf besser vorbereitet als viele andere. Die Veränderung der Übereinkünfte, die unser soziales System konstituieren, und der Prozesse, wie sie geschlossen werden, wird von ihnen mehr und mehr akzeptiert. Sie sehen, daß sie selbst keine Zukunft haben, wenn ihr Unternehmen Marktanteile verliert, wenn die Kunden zu anderen Lieferanten gehen, die billiger anbieten können. Sie scheinen bereit, sich von den Stereotypen frei zu machen, die als Reliquien früherer Erfolge noch immer hochgehalten werden.

Die Europäische Union trägt auch dazu bei, daß sich die Voraussetzungen für das wirtschaftliche Handeln in Deutschland verändern. Nicht allein, weil die Märkte größer werden, sondern weil sie Deutschland dazu zwingen, sich schneller zu ändern. Nachdenklich stimmt allerdings das Ergebnis einer Studie zum Thema Europäische Währungsunion, die Andersen Consulting im vorigen Jahr vorgelegt hat. Auf die Frage, wie sie sich auf die EWU vorbereiten, antwortete die Mehrheit der Unternehmensleitungen, daß sie zunächst Arbeitsgruppen einsetzen und den Markt beobachten. Das klingt nun leider nicht so, als wolle man das Gesetz des Handelns selbst bestimmen. Abwarten ist in der Situation des rasanten Wandels nicht die beste Möglichkeit. Da ist es auch kein Trost, daß die Führungskräfte in zwölf weiteren europäischen Ländern genau dieselbe Antwort hatten.

Dr. Jürgen Kluge

VITA: Dr. Jürgen Kluge ist am 2. September 1953 in Hagen, Westfalen, geboren. Er studiert Physik in Köln und promoviert über experimentelle Laserphysik an der Universität Essen. 1984 nimmt er seine Tätigkeit bei McKinsey auf. Neben seinem Arbeitsschwerpunkt im strategischen Technologiemanagement betreut er Projekte zu operativen Fragestellungen der Automobil-, Elektro- und Büroautomatisationsindustrie. Seit 1989 ist Dr. Kluge Mitglied der deutschen, seit 1995 der internationalen Geschäftsführung. 1993 übernimmt er die Leitung des Assembly-Industrie Sektors von McKinsey in Deutschland. Heute ist er Director bei McKinsey & Company in Düsseldorf.

Dr. Kluge ist Mitautor der Bücher „Einfach überlegen" (1992), „Simplicity Wins" (1995), „Wachstum durch Verzicht" (1994) und „Shrink to Grow" (1996).

Standortverlagerung ist nicht das Allheilmittel für die Kostensenkung

Weltklasse-Unternehmen können sich auch in Deutschland gut behaupten

von Jürgen Kluge

Zunehmender Kostenwettbewerb, drükkende Personalkostenblöcke mit absehbaren weiteren Belastungen sowie der zunehmende Zwang zur Internationalisierung: Wer dächte da als Manager angesichts dieser Schlagworte nicht sofort an den raumgreifenden Befreiungsschlag – die Standortverlagerung möglichst in ein Land mit niedrigeren Lohnkosten? Die Praxis zeigt jedoch, daß viele der versuchten Standortverlagerungen zu echten Rückschlägen wurden. Entweder wurden deutsche Strukturen und Verhältnisse übertragen und damit nicht nur lokale Widerstände geschaffen, sondern auch ein untragbares Kostenniveau wurde festgeschrieben, oder die angestrebten Qualitäts- oder Imagepositionen ließen sich nicht erzielen.

Die Motivation für Standortverlagerungen ist oft zu vordergründig auf Lohnkosteneinsparungen ausgerichtet, und in Unkenntnis der Verhältnisse im Zielland sitzt das verlagernde Unternehmen Trugschlüssen auf. Auf der anderen Seite werden viele mit Standortverlagerungen verbundene Chancen nicht vollständig genutzt. Diese sind zum Beispiel der Marktzugang, der nur durch lokale Produktion erschlossen werden kann, sowie der Zugang zu Weltklasse-Innovations- und Lieferantenclustern.

Die Nutzung von Faktorkostenvorteilen (niedrigere Personal- oder Kapitalkosten) dominiert die beiden erstgenannten Gründe in der Diskussion leider zu oft und erweist sich später als nicht ausreichend.

Die vordergründige Motivation für Standortverlagerung

Die Verlagerung von Produktionskapazitäten durch Übernahme von Volumen durch internationale Wettbewerber in den Vereinigten Staaten oder Fernost aus europäischen Standorten heraus ist in vollem Gange. So sank in nur vier Jahren von 1990 bis 1994 der europäische Produktionsanteil an weltweiten Wachstumsbereichen wie zum Beispiel Computer, Telekommunikation, elektronische Konsumgüter und Komponenten um zwei bis sechs Prozentpunkte. Bei einem Ausgangsniveau in der Größenordnung von zirka 20 Prozent ist dies eine drastische Verschlechterung. Dabei sind sogar die europäischen Heimatmärkte in Gefahr. Westeuropäische Computerunternehmen bedienen ihren europäischen Heimatmarkt heute nur mit rund 28 Prozent Marktanteil, in den Vereinigten Staaten und Asien sind sie mit fünf beziehungsweise zwei Prozent fast nicht vorhanden. Dahingegen werden die großen Märkte in den Vereinigten Staaten zu über 80 Prozent von amerikanischen Unternehmen bedient und in Asien zu zirka 75 Prozent von japanischen Unternehmen. Volkswirtschaftlich betrachtet resultiert daraus ein großes und wachsendes Handelsbilanzdefizit, zum Beispiel in Konsumelektronik und Computerindustrie.

Aber auch in eher traditionell starken Branchen wie zum Beispiel Pkw-Produktion ist der Anteil europäischer Pkw-Hersteller in den Vereinigten Staaten deutlich zurückgegangen und Japan (zumindest für Massenprodukte europäischer Hersteller) nie ein Markt gewesen. Neuere Zahlen belegen dabei das Wiedererstarken der amerikanischen Automobilindustrie nach erfolgter Restrukturierung und Produktivitätssteigerung und den Versuch, die japanischen Produzenten in ihren Marktanteilen zurückzudrängen. Die etwas später gestarteten Bemühungen der deutschen Automobilindustrie, verlorenen Boden gutzumachen, sind derzeit in vollem Gange und werden zu weiteren erheblichen Auswirkungen auf Beschäftigung und Arbeitsmodelle in Deutschland führen. Als Fazit ist zu ziehen: Der „Exportweltmeister" Deutschland ist oft nur noch in Europa bedeutend vertreten und dort meist dominant nur in kleineren Märkten wie Österreich oder Finnland; bereits in den großen Märkten Frankreich, Großbritannien und Italien ist die Situation deutlich ungünstiger.

Hauptgrund für diese ungünstige Wettbewerbsposition ist die unzureichende Kostenposition, und hier besonders die niedrige Personalproduktivität, gemessen zum Beispiel als Wertschöpfung pro Mitarbeiter. So sind Unterschiede von 35 bis 50 Prozent zum jeweils weltbesten bei vergleichbaren Produkten und Prozessen keineswegs die Ausnahme. Die Hauptverbesserungspotentiale liegen dabei einerseits bei den Materialkosten (häufig größter Kostenblock mit Einsparungen von zirka 20 Prozent) sowie bei den internen Entwicklungs-, Produktions- und Vertriebskosten (als Kostenblöcke kleiner, jedoch mit teilweise dramatischen Einsparungsmöglichkeiten von über 50 Prozent).

Neben den signifikanten Kostennachteilen fallen die Vergleiche mit der Weltspitze auch im Zeitwettbewerb (zum Beispiel doppelte Entwicklungszeiten) oder bei der Qualität (im Schnitt zirka 30 Prozent höhere Qualitätskosten) nicht gerade schmeichelhaft aus. Die Kostenunterschiede resultieren dabei meist überproportional aus der eigenen Wertschöpfung und nur zum geringeren Teil aus dem eingekauften Material. Die gerade laufenden Bemühungen, die erheblichen Produktivitätslücken zu schließen, sind letztlich ein Wettlauf gegen den zunehmenden Preisverfall bei Öffnung von Märkten; noch wird die niedrigere Produktivität wenigstens teilweise durch höhere Preise kompensiert.

Hauptansatzpunkt in diesem Anpassungsprozeß ist bei den typischen Kostenstrukturen deutscher Unternehmen die Personalproduktivität. Was liegt da näher, als durch Verlagerung die niedrigeren Personalkosten im Ausland zu nutzen, wenn man nicht den mühevollen Weg operativer Verbesserungen gehen will, die den Personaleinsatz minimieren? So zeigen zum Beispiel Rechnungen für die landesspezifischen Herstellungskosten von Automobilen aus dem Jahr 1995 Herstellungskostenvorteile für einen Standort in Tschechien von 38 Prozent, für Mexiko von 28 Prozent im Vergleich zu einer Produktion in Deutschland. Und dies trotz doppeltem Personaleinsatz sowie zehn Prozent höheren Kapitalkosten durch höhere Risikoprämien bei Kapitalbeschaffung sowie schlechterer Auslastung.

Überkompensiert werden diese Nachteile durch das um den Faktor zehn bis fünf niedrigere Lohnniveau. Auf den ersten Blick also eine durchaus attraktive Option – werden doch die anderen Alternativen wie Aufgeben, Rückzug in Teilmärkte oder das Kooperieren mit Weltklasse-Herstellern als wenig attraktiv und der aggressive Angriff mit Halten des eigenen Standorts und Aufbau der eigenen Fähigkeiten oft als zu mühevoll oder nahezu unmöglich eingeschätzt.

Viele Unternehmen suchen deshalb mit einer Verlagerung die scheinbar schnelle und einfache Lösung einer Vielzahl ihrer Probleme zu Hause. Was sich als vielversprechender Befreiungsschlag ausnimmt, basiert aber oft auf zu kurzen oder unvollständigen Überlegungen.

Die großen Trugschlüsse bei derartigen Entscheidungen sind:

- *Verlagerung ist der größte Stellhebel bei den Kosten*
- *Verlagerung bringt schnellen Nutzen, danach kann die Produktivität gesteigert werden*
- *Der neue Standort muß selbst gebaut werden*
- *Eine Kopie der hiesigen Standorte ist die beste Lösung*
- *Der Personalbedarf kann in Qualität und Quantität ausreichend gedeckt werden.*

Heutige Analysen zeigen, daß die Kostenunterschiede vor allem von Produktkonstruktion und Arbeitsorganisation verursacht werden und nicht etwa durch unterschiedliche Faktorkosten wie zum Beispiel die Personalkosten. So sind bei den Kostenlücken von rund 35 bis 50 Prozent in der Regel nur zirka fünf Prozentpunkte auf Faktorkostenunterschiede zurückzuführen, der Hauptteil kommt hingegen aus Produktgestaltung, Materialeinkauf und operativer Effizienz. Also Ansätze, die überall und auch ohne Verlagerung weitgehend erschlossen werden können.

Zunächst Produktivität im Inland optimieren

Die McKinsey-Branchen-Untersuchung „Wachstum durch Verzicht", erschienen im Verlag Schäffer-Poeschel, belegt die niedrigere Arbeitsproduktivität (gemessen in Wertschöpfung pro Stunde und damit korrigiert um eventuelle Unterschiede in der Fertigungstiefe) von je nach Branche 26 bis 50 Prozent in der Elektroindustrie an über 100 weltweit untersuchten Unternehmen, und unsere detaillierten Studienerfahrungen zei-

gen immer wieder das überragende Potential in Produktgestaltung (Design-to-Cost) und operativer Effizienz.

So zeigten eine ganze Reihe von Projekten von komplizierten Maschinenbauprodukten über hochwertige Konsumgüter bis zu Automobilkomponenten, von Rohteilen über Vorprodukte bis zu kompletten Aggregaten im Schnitt Nachteile bei der Produktgestaltung von selbstgefertigten und zugekauften Teilen in der Größenordnung von zirka 20 Prozent sowie weitere 20 Prozent bei der Effizienz des Faktoreinsatzes (und hier besonders beim Faktor Personal).

Die Unterschiede bei den Faktorkosten rangierten jeweils nur zwischen vier Prozent (Vorprodukt) bis in der Spitze zehn Prozent (Teilefertigung). Neben einem genaueren Verständnis der Kostenlücke zeigen detailliertes Benchmarking und Reverse Engineering dann auch die Gründe in Produktgestaltung (zum Beispiel höhere Komplexität, mehr Bearbeitungsschritte, engere Toleranzen) und operativer Effizienz (zum Beispiel Funktionsintegration beim Bediener, andere Arbeitsorganisation in Teams, andere Logistikprinzipien). Aus diesen Benchmarking-Ergebnissen lassen sich so die Ansätze zur Schließung der Kostenlücke direkt ableiten.

Unter diesen Prämissen werden die Faktorkostenunterschiede zu einer Frage des Blickwinkels. Wer zuerst das Produktdesign auf Weltklasse-Standard bringt und das operative Potential voll ausschöpft, wird nur noch marginale Verbesserungen durch Verlagerungen sehen, die wahrscheinlich durch Fracht und Zoll kompensiert werden. Wer hingegen unproduktiv viele Mitarbeiter beschäftigt, wird durch scheinbar hohes Verlagerungspotential geblendet sein, nach der Verlagerung aber mit dem Produktivitätsproblem kämpfen müssen. Es kommt also durchaus auf die Reihenfolge der Initiativen an, auch schon bei ihrer Planung und Bewertung.

Die Erfahrung zeigt, daß nur der erste Weg erfolgreich ist: Zuerst müssen das Produktdesign vereinfacht und die operativen Fähigkeiten gesteigert werden, erst dann und sozusagen im „Endspiel" macht eine Verlagerung Sinn. Wie groß die Unterschiede sein können, macht ein Vergleich der Produktivität zwischen der Volksrepublik China und besten europäischen Wettbewerbern aus dem Jahr 1992 klar.

So förderte zum Beispiel ein Arbeiter in China pro Jahr zirka 1,3 Tonnen Kohle, sein französischer Kollege jedoch 6,9 Tonnen, ein Arbeiter in der Ölraffinerie in China erzeugte 876 Tonnen pro Jahr gegen 1.152 Tonnen in Europa. Ähnlich eindrucksvoll sind die Vergleiche bei Elektro-Stahl (229 Tonnen pro Jahr und Arbeiter gegen zirka 1.500) und Zement (281 Tonnen pro Jahr und Arbeiter gegen 7.691) sowie bei Fertigprodukten (0,9 Nutzfahrzeuge pro Jahr und Arbeiter gegen zirka 4,3). Hier sind also Weltklasse-Produktivitätskonzepte mitzubringen respektive neue zu entwickeln.

Dies gilt besonders auch dann, wenn mit Partnern in den Verlagerungsländern gemeinsam Standorte aufgebaut werden sollen, da nach unseren Erfahrungen nur Allianzen aus starken Partnern wenigstens auf Zeit hinreichende Erfolgsaussichten bieten.

In den am stärksten vom internationalen Wettbewerb betroffenen Branchen, wie zum Beispiel der Konsumelektronik, sehen wir dann auch entsprechend in unseren Industrieuntersuchungen mit rund 35 Prozent zum Beispiel bei der Bestückung von Flachbaugruppen den höchsten Anteil von Eigenfertigung in Billiglohnländern gegenüber zirka 25 Prozent Fremdbezug und nur 40 Prozent Eigenfertigung im Hochlohnland. Die noch relativ vom Wettbewerb geschützte

Industrieelektronik oder Meßtechnik hat hingegen noch über 80 Prozent Eigenfertigungsanteil im Hochlohnland und unter 20 Prozent Fremdbezug. Eigenfertigung im Billiglohnland kommt praktisch nicht vor, von Ausnahmen wie der Fertigung von auslaufenden Steuerungskomponenten für Kernkraftwerke durch General Electric in China abgesehen, die aber zeigen, daß derartige Möglichkeiten – auch bei höchsten Qualitätsanforderungen – durchaus auch in diesem Segment gegeben sind.

Auch eine Übertragung der bestehenden Fabriken ist nicht die Lösung der Wahl. Neben trivialen Schwierigkeiten, wie einer aus Deutschland übernommenen Heizung oder den hier typischen Dachlasten zur Absicherung bei Schneefall, die dann auf tropische Standorte übertragen werden, oder der Vorschreibung von extrem teuren und vor Ort nicht erhältlichen Fertigungsmaterialien, liegt der Fehler oft auch in einer falschen Auslegung der Fabrik. Der Abgleich zwischen Personaleinsatz und Automatisierung muß neu gefunden werden, und oft sind deutlich niedrigere Automatisierungsgrade bei kostengünstigem Personal zu wählen. Damit verschieben sich die Fixkostendegressionskurven auch oft in einer Weise, daß deutlich kleinere kritische Stückzahlen gebraucht werden, um die Fabriken kostengünstig zu betreiben. Hier kann in der Bedienung attraktiver lokaler Märkte zusätzliche Flexibilität gewonnen werden.

Konkrete Beispiele zeigen zwar ein Potential bei Verlagerung der bestehenden Strukturen, das aber von Weltklasse-Wettbewerbern im Hochlohnland sogar manchmal knapp unterboten werden kann. Erst eine Übertragung von optimierten Strukturen zeigt den durchschlagenden Erfolg. Unterschätzt wird häufig auch der Personalbedarf bei Verlagerung sowohl in Qualität, wozu die Auslands- und Management-Erfahrung sowie

Sprachkenntnisse zählen. Aber auch bei der Quantität, beispielsweise bei der Bereitschaft deutscher Experten, ins Ausland zu gehen, der Verfügbarkeit lokaler, gutausgebildeter Führungskräfte und der einzukalkulierenden Fluktuation können Schwierigkeiten auftreten. Hier fehlt es den Unternehmen oft an langfristig und strategisch angelegten Personalentwicklungsplänen. Durch die Rekrutierung und das Training von Mitarbeitern aus dem Zielland mit relativ hohem Investment lassen sich hier attraktive Mitarbeiterpotentiale erschließen.

Eigenfertigung in Hochlohnländern wirkt wie ein Verstärker auf die Rendite. Was Weltklasse ist, kann sich mit attraktivem Gewinn deutlich behaupten; wer unproduktiv wirtschaftet, den zieht das Lohnkostenniveau wie ein Mühlstein nach unten. Eigenfertigung in Billiglohnländern ist nicht das Allheilmittel und kann leicht zum Fehlschlag werden.

Gute Gründe für Verlagerungen

Der wichtigste Grund für Standortverlagerungen ist die Chance, sich Marktzugang und Zugang zu Innovations- und Lieferantenclustern zu schaffen. Eine Herausforderung im „schwierigen Markt" (zum Beispiel in Japan) leistet oft genauso viel für die interne Leistungsfähigkeit von Unternehmen als jahrelange interne Programme zu Verbesserungen. Die erfolgreiche Rückübertragung der unter den schwierigsten Bedingungen erarbeiteten Vorgehensweisen und Prinzipien ist der Schlüssel für eine wirksame Verbesserung des gesamten Unternehmens. Oft ist auch ein Standort im Land aus „Local content"-Gründen zwingend erforderlich, um den Marktzugang überhaupt zu erreichen. In manchen Fällen bietet sich sogar die theoretische Möglichkeit, durch Schaffung von neuen Industrieclustern hohe Anteile der Wertschöpfung mit niedrigen Faktorkosten zu produzieren und so eine Angriffsbasis auf „eingesessene" Weltklasse-Anbieter zu finden.

Auch der Zugang zu bereits existierenden Innovations- oder Lieferantenstrukturen kann der entscheidende Vorteil bei einer Standortverlagerung sein. Und bei vielen Verlagerungen zum Beispiel nach Hongkong oder Singapur stellt sich heraus, daß der entscheidende Vorteil nicht aus der billigeren eigenen Produktion, sondern aus dem Zugang zu den dort heimischen, leistungsfähigeren Lieferanten bestand.

In manchen Fällen ist es aber auch die Chance, auf der „grünen Wiese" einen Neuanfang mit geänderten „Spielregeln" zu wagen, wobei oft die berechtigte Frage gestellt werden kann, warum dieser Neuanfang unbedingt im fernsten Winkel der Erde und nicht auch in Deutschland geschafft werden kann.

Eine McKinsey-Untersuchung von weltweiten Elektronikunternehmen zeigt, daß „Innovatoren", die führend in der Generierung von neuen Umsätzen mit neuen Produkten sind, sich eher Märkte mit höherem Wachstumspotential (14 statt sechs Prozent pro Jahr) und kürzeren Produktlebenszyklen (40 gegenüber 59 Monaten) aussuchen als der durchschnittliche deutsche Hersteller. Die „Innovatoren" beziehen dabei mehr Ideen direkt vom Kunden, aus dem Vertrieb und von den Lieferanten als die deutschen Hersteller und verarbeiten sie auch noch intelligenter.

Weitere Untersuchungen zeigen, daß sich erfolgreiche Unternehmen in der Regel dadurch auszeichnen, daß sie von weniger Lieferanten beziehen. Auch hier gilt die Logik, daß zuerst die Potentiale der Lieferantenreduktion erschlossen werden müssen und dann eine Verlagerung in ein leistungsfähiges Lieferantencluster Erfolg verspricht. Sind die Standardisierungsbemühungen erst erfolgt und ist es möglich, einen Lieferanten zum Beispiel für alle gleichartigen Bauteile zu finden, so läßt sich dieser Lieferant wegen des kritischen Volumens wahrscheinlich auch aufbauen, mitziehen oder direkt vor Ort finden.

Kennzeichen der erfolgreichen Unternehmen ist gerade die enge Zusammenarbeit mit den Lieferanten, sie ermöglicht dann auch die entscheidenden Einsparungen, wie zum Beispiel den Verzicht auf die doppelte Kontrolle im Wareneingang, eine enge Logistikkopplung oder ähnliches. Dabei überwiegt bei den erfolgreichen Unternehmen eine Beschaffungsstrategie, die sich auf einen Lieferanten für alle gleichartigen Bauteile konzentriert. Wettbewerb wird hier eher über Kostenstrukturvergleiche erzielt als über konkurrierende Angebote. Nur bei wenigen ausgewählten Komponenten sind mehrere Lieferanten pro Bauteil involviert. Vertrauensverhältnisse und Transparenz über globale Lieferanten müssen meist erst noch aufgebaut werden, dies geht nicht ohne signifikantes Investment an Zeit und Geld in die Lieferantenentwicklung.

Neben den Lieferantenstrukturen müssen oft auch Innovationsstrukturen erschlossen werden. Gerade hier läge eine Chance für deutsche Unternehmen, rasch in Weltklasse- und Trendsetter-Zirkel einzudringen und die enormen Rückstände in der Innovationsproduktivität aufzuholen.

So lag zum Beispiel der Umsatz aus neuen Produkten (letzte 36 Monate) pro Entwickler bei den deutschen Elektronikherstellern 1993 im Mittel bei zirka 1,3 Millionen Dollar, der Durchschnitt der ausländischen Wettbewerber lag bei drei Millionen Dollar, und die ausländischen Spitzenreiter (oberes Drittel) erzielten mit 6,2 Millionen Dollar Umsatz aus neuen Produkten pro Entwickler eine fast fünfmal so hohe Innovationsproduktivität. Zerlegt man die Kennzahl in ihre Ursachen, so stammt nur zirka ein Drittel des Unterschiedes aus der geringeren Anzahl neuer Produkte pro Entwickler, zwei Drittel aber aus dem geringeren Umsatz pro neues Produkt. Offensichtlich gelingt es nicht, echte Durchbrüche am Markt zu erzielen.

Dieses Phänomen ist übrigens keineswegs neu. Die deutsche Druckindustrie (Papier, Farben, Maschinen) um Frankfurt oder die schwäbischen Maschinen- und Autobauer bildeten und bilden teilweise noch immer solche Innovationscluster. Schade ist nur, daß der deutsche Vorsprung sich mittlerweile häufig in einen Nachteil verwandelt hat. So beträgt in international tätigen Unternehmen zum Beispiel der Umsatzanteil von Produkten, die innerhalb der letzten Jahre eingeführt wurden, bei den innovativsten Maschinenbauern zirka 57 Prozent, die deutschen Unternehmen liegen bei zirka 15 Prozent, und entsprechend beträgt der Umsatz aus neuen Produkten (in den letzten Jahren) pro Entwickler 1,5 oder nur 0,2 Millionen Dollar.

Industriecluster entstehen und wachsen oft an gänzlich unvermuteten Orten. Ein inzwischen bekanntes Beispiel ist die Softwareindustrie rund um Bangalore in Indien mit F&E-Niederlassungen von international tätigen Unternehmen wie zum Beispiel Texas Instruments, DEC, HP oder Motorola und einer blühenden „Aufsteigerkultur". Insgesamt sind in Indien zirka 34.000 Informatiker bei Softwarefirmen beschäftigt, und jährlich kommen zirka 12.000 neue Absolventen hinzu: und das bei einem (für Indien hohen) Durchschnittsgehalt von 650 DM pro Monat. In dem beschriebenen „Verlagerungsspiel", um Lieferanten- oder Innovationscluster anzuzapfen, gibt es eine gewisse Dringlichkeit, einen „first-mover advantage".

Da auf begrenzte Ressourcen an Lieferanten, Innovationspartnern oder Mitarbeitern zugegriffen werden muß, können sich die ersten Unternehmen bei freier Auswahl die besten Ressourcen, noch dazu mit niedrigen Kosten, sichern. So stieg zum

Beispiel das Einstiegsgehalt eurochinesischer MBA-Absolventen von 1991 bis 1993 von zirka 500 Yuan monatlich auf 3.000 bis 5.000 Yuan. Und hatte 1989 jeder Kandidat im Durchschnitt nur ein Angebot, sind es 1993 bereits zehn, unter denen er auswählen kann, inklusive „einheimischer" Angebote mit relativ niedrigem Gehalt, aber hoher Position und hohen „fringe benefits". Die Gehaltssteigerung wird wahrscheinlich zügig weitergehen, so erreichen knapp 2.000 Absolventen bereits Gehälter von 2.000 bis 3.000 Dollar pro Monat.

Fazit

Auf die globale Herausforderung, der sich deutsche Unternehmen heute stellen müssen, kann die Standortverlagerung nur eine in Spezialfällen ausreichende Antwort sein. Restrukturierung der Kosten durch „Design-to-Cost" und Produktbereinigung, operative Effizienz und Standortbereinigung sowie Optimierung der Fertigungstiefe müssen einhergehen mit einer Initiative im Markt, die auf der Vermarktung von neuen Technologien und der Schaffung neuer Produkte und Segmente sowie dem Angriff auf attraktive lokale Märkte basiert. Gerade für die Schaffung einer ertragreichen Position in diesen Märkten kann ein Aufbau einer lokalen Produktion das richtige Mittel sein, denn oft sind nur so die geforderten Kostenpositionen zu erreichen und nicht durch Export von Produkten aus Deutschland. So „kostet" der Aufbau von globaler Kapazität auch keine deutschen Arbeitsplätze, denn die Segmente, die erschlossen werden sollen, sind aus Deutschland heraus gar nicht zu bedienen. Darüber hinaus bietet sich die Möglichkeit, Kostenvorteile durch Eintritt in leistungsfähige Lieferantencluster zu realisieren und am Innovationsgeschehen an vorderer Front teilzunehmen. Dies gilt auch für die Produkte, die noch in Deutschland gefertigt werden.

Die gleichzeitige Steigerung von Produktivität über Kostenreduktion und Umsatzwachstum muß der Schlüssel sein, Beschäftigung auch und gerade in Deutschland zu erhalten. So paradox es klingt, Stellenabbau in unproduktiven Bereichen und Verlagerung sind längerfristig wahrscheinlich die wirksamsten Waffen zur Sicherung der Beschäftigung am Standort Deutschland. Untersuchungen zeigen, daß gerade die Unternehmen mit den radikalsten Produktivitätssteigerungen höchstes Wachstum erzielen können und trotz des laufenden Verlustes von „alter" Wertschöpfung überproportional viel „neue" Wertschöpfung generieren und deshalb vielfach sogar Personal einstellen. Standortverlagerung sollte also genau überlegt und nicht vordergründig als Allheilmittel zur Lösung der strukturellen Schwierigkeiten eingesetzt werden.

Quelle: Jürgen Kluge, Erstveröffentlichung in Franz/ Kajüter: Kostenmanagement, Bd. 33 der USW-Schriftenreihe, Schäffer-Poeschel Verlag, Stuttgart, 1997.

Dr. Lothar Späth

Dr. h. c. Lothar Späth ist am 16. November 1937 in Sigmaringen geboren. In den Jahren 1960 bis 1970 ist er nach seiner Ausbildung für die öffentliche Verwaltung als Beigeordneter für das Finanzwesen und als Bürgermeister bei der Stadt Bietigheim-Bissingen tätig. In den darauffolgenden Jahren geht er in die Privatwirtschaft. Als Vorstandsmitglied und Geschäftsführer ist er in Unternehmen der Bauträger- und Bauindustriebranche aktiv. Zudem ist er Mitglied verschiedener Aufsichts- und Beiräte.

Er ist Mitglied des Landtags von Baden-Württemberg in den Jahren 1968 bis 1991. Von 1972 bis 1978 ist er Vorsitzender der CDU-Fraktion im Landtag von Baden-Würt-temberg. 1978 wird er Innenminister. Von 1978 bis 1991 ist er Ministerpräsident des Landes Baden-Württemberg, 1985 Präsident des Deutschen Bundesrates. Zudem ist er von 1979 bis 1991 Vorsitzender der CDU Baden-Württemberg, danach ihr Ehrenvorsitzender und in den Jahren 1981 bis 1989 Stellvertretender Vorsitzender der CDU Deutschlands.

Als Bevollmächtigter der Bundesrepublik Deutschland für kulturelle Angelegenheiten im Rahmen des Vertrages über die deutsch-französische Zusammenarbeit ist er von 1987 bis 1990 tätig.

Im Juni 1991 übernimmt Dr. h. c. Lothar Späth die Leitung der JENOPTIK GmbH in Jena. Mit Beginn des Jahres 1996 erfolgt die Umfirmierung zur Aktiengesellschaft, und er wird Vorsitzender des Vorstandes der JENOPTIK AG.

Seit dem September 1992 ist er Königlich Norwegischer Generalkonsul für Thüringen und Sachsen-Anhalt, zudem seit April 1996 Präsident der Industrie- und Handelskammer Ostthüringen zu Gera.

Er ist Ehrendoktor der wirtschaftswissenschaftlichen Fakultäten der Universitäten Karlsruhe und Pecs, Ungarn. Er ist Autor zahlreicher Bücher.

Dr. h. c. Lothar Späth ist verheiratet, hat einen Sohn und eine Tochter.

Hat die Markwirtschaft in den neuen Bundesländern versagt?

Die deutsche Wiedervereinigung und der Primat des Politischen

von Lothar Späth

Zweierlei Neubeginn

Die neuen Bundesländer lassen sich nicht nach dem Vorbild der alten Bundesrepublik entwickeln. Durch die Wirtschafts- und Währungsunion sowie die Übertragung des westdeutschen Sozial- und Tarifsystems wurden Ausgangsbedingungen für den Aufbau Ost geschaffen, die den Methoden Ludwig Erhards die Grundlage entziehen. Die Soziale Marktwirtschaft hat in Ostdeutschland nicht versagt, vielmehr ist sie dort noch kaum zur Anwendung gekommen.

Durch den Zeitplan und die Modalitäten der wirtschaftlichen Wiedervereinigung wurde ein radikaler Strukturbruch der ostdeutschen Wirtschaft herbeigeführt. Bereits dieser selbst hatte nichts mit einem marktwirtschaftlichen Pfad der Systemtransformation, wie er von unseren osteuropäischen Nachbarn verfolgt wird, zu tun. Ebensowenig konnte daher der anschließende Umbau der ostdeutschen Wirtschaft auf marktwirtschaftlicher Grundlage erfolgen. Die damals vereinzelt bemühte Analogie zum westdeutschen Wiederaufbau nach 1945 erwies sich rasch als absurd. Besonders die folgenden drei Grundentscheidungen sind unter Mißachtung marktwirtschaftlicher Imperative gefallen, um einen befürchteten sozialen und politischen Bruch im Gefolge der Wirtschafts- und Währungsunion zu vermeiden:

1. Die damalige DDR erhielt verabredungsgemäß die D-Mark, und zwar in einem Umtauschverhältnis, das ihrer wirtschaftlichen Leistungskraft keineswegs entsprach. Für die Menschen erleichterte das den Systemwechsel, für die Unternehmen war das Gegenteil der Fall: Die Umstellung auf die harte und uneingeschränkt konvertible D-Mark bedeutete für die ostdeutsche Wirtschaft eine De-facto-Aufwertung auf etwa das Dreifache. Diesem Sprung konnte die reale Entwicklung bei der Produktivität, der Qualität der Erzeugnisse usw. natürlich nicht folgen. Was gegenwärtig für die Staaten Osteuropas eine Selbstverständlichkeit ist, um ihren Unternehmen die Anpassung zu erleichtern, nämlich Unterbewertung ihrer Währung, war der ostdeutschen Wirtschaft verwehrt. Man darf in diesem Zusammenhang nur daran erinnern, daß unter Ludwig Erhard die D-Mark jahrelang gegenüber dem US-Dollar künstlich unterbewertet wurde, um den Inlandsmarkt zu schützen und Exporte zu erleichern. Die ostdeutsche Wirtschaft mußte sich dagegen von Anfang an und ohne jegliche Vorbereitung dem rauhen Wind der westdeutschen und der internationalen Konkurrenz stellen. Die Folgen dieses gänzlich unnatürlichen Vorgehens sind allseits bekannt.

2. Im Zuge der Wiedervereinigung kam es ferner zu einer Orientierung des Lohngefüges an westdeutschen Maßstäben. Der volkswirtschaftlich wichtige Zusammenhang zwischen Lohn- und Produktivitätsniveau wurde aus politischen Gründen ignoriert, die Löhne eilen der Produktivität bis heute weit voraus.

3. Schließlich wurde mit der Wiedervereinigung das westdeutsche Sozialsystem auf die

neuen Länder übertragen. Die Anpassung der Renten- und Sozialleistungen an Westniveau ging noch weitaus schneller als die der Tariflöhne vonstatten und ist praktisch vollständig abgeschlossen. Das vom Staat gewährte Transfereinkommen wirkt als staatlicher Mindestlohn, gegen den viele ostdeutsche Privatunternehmen nicht konkurrieren können.

Durch die dargestellten politischen Weichenstellungen wurden bedeutende marktwirtschaftliche Zusammenhänge außer Kraft gesetzt. Die Folge davon war die abrupte Entwertung des Produktivvermögens und - daraus resultierend – der Zusammenbruch der überkommenen Wirtschaftsstruktur binnen Monaten. Die getroffenen Grundentscheidungen sind also wirtschaftlich problematisch, sie können und sollen daher nicht wirtschaftlich gerechtfertigt werden. Deren Notwendigkeit ergibt sich vielmehr aus politischen Gründen: Ein Hinauszögern der Wiedervereinigung hätte nicht nur die einmalige weltpolitische Konstellation versäumt, sondern auch die innere Stabilität Deutschlands aufs Spiel gesetzt. Wer die Wiedervereinigung wirklich wollte, mußte für deren rasche Umsetzung sein. Marktwirtschaftliche Anpassungsprozesse brauchen dagegen Zeit, die damals nicht vorhanden war. Es geht daher an der Sache vorbei, wenn heute allenthalben das Versagen der Marktwirtschaft in den neuen Ländern beklagt wird.

Die Renaissance der Marktwirtschaft geht vom Osten aus

Grundsätzlich bestand in den neuen Ländern keine Alternative zu einer Industriepolitik großen Stils. Zu radikal war der Wechsel von einem Wirtschaftssystem in ein anderes, zu kraß die Verletzung marktwirtschaftlicher Wirkungszusammenhänge, als daß der Markt dies von selbst hätte heilen können. Durch unzählige Förder- und Erhaltungsmaßnahmen wurde folglich der Versuch

unternommen, nachträglich „Zeit zu kaufen", die für die Umstellung der Wirtschaft nötig erschien. Inzwischen sind einige Jahre vergangen, die Gelegenheit zu vielerlei Anpassungen gegeben haben oder zumindest hätten. Die entscheidende Frage im siebenten Jahr nach der Wiedervereinigung lautet daher für mich: Wurde diese Zeit genutzt, um die Grundlagen für ein effektives Funktionieren der Marktwirtschaft und damit für die Anwendung Erhard'scher Prinzipien in Ostdeutschland zu schaffen?

Die Antwort auf diese Frage fällt im Grundsatz negativ aus. Zwar kann man zu Recht argumentieren, daß der Mittelstand in Ostdeutschland Tritt gefaßt hat, doch blüht auch er nur in transferbegünstigten Bereichen wie Bau, Handwerk und Handel, und selbst das ausschließlich auf lokalen Märkten. Dagegen trägt die Industrie nur noch 15 Prozent zur ostdeutschen Wirtschaftsleistung bei.

Rund die Hälfte der Firmen befindet sich in einer existenzbedrohlichen Situation, und industrielle Großbetriebe existieren im Osten ohnehin kaum mehr. Die Strukturprobleme der ostdeutschen Wirtschaft sind längst nicht behoben, ein selbsttragendes Wachstum gar ist nicht in Sichtweite. Trotz weiterhin hoher Transferleistungen erwarten die Wirtschaftsforschungsinstitute für 1997 im Osten ein geringeres Wachstum als im Westen und somit eine Umkehrung des Aufholprozesses. Der Aufschwung der neuen Länder nach der Wiedervereinigung erweist sich als Strohfeuer. Die positiven Zahlen der letzten Jahre - hervorgerufen durch einen künstlichen Bauboom, geschönte Arbeitsmarktstatistiken und politischen Zweckoptimismus – weichen der harten Wirklichkeit.

Dies ist die Zwischenbilanz nach sechs Jahren Aufschwung Ost, die noch längst nicht die „Hälfte des Weges" markieren [1]. Das Bundeswirtschaftsministerium spricht inzwischen von weiteren zehn bis fünfzehn Jahren, der Sächsische Ministerpräsident Kurt Biedenkopf gar von 70 Jahren bis zur Angleichung des Ostens. Fazit: „Aufgegeben werden muß die Vorstellung, daß wir die neuen Bundesländer in einem absehbaren Zeitraum an das wirtschaftliche und strukturelle Niveau der Altländer heranführen können."[2]

Die neuen Ländern werden folglich noch über Jahre hinweg Empfänger von Transferleistungen bleiben. Die Dauer der Abhängigkeit kann nur durch eine konsequente Fortsetzung des Strukturwandels zeitlich begrenzt werden. Dazu gilt es, Fehlentwicklungen zu beseitigen, welche die Dynamik der ostdeutschen Wirtschaft nachhaltig dämpfen. Selbst wenn man der Auffassung ist, daß die Voraussetzungen für eine selbsttragende marktwirtschaftliche Entwicklung dort noch nicht gegeben sind, muß man folglich die Beseitigung von Hemmnissen fordern, die das Funktionieren marktwirtschaftlicher Steuerungsmechanismen systematisch verhindern. Auf drei Gebieten erscheint mir das in besonderem Maße erforderlich zu sein:

1. Die Industriepolitik bedarf einer grundlegenden Neuausrichtung. Die bisherigen Maßnahmen waren einseitig und stark strukturkonservierend. Ein Beispiel hierfür ist der Bausektor, in dem seit der Wende zweifellos viel erreicht wurde, das meiste jedoch getrieben durch steuerliche Sonderabschreibungen und vieles davon vorbei am örtlichen Bedarf. Die neuen Länder sind das größte Abschreibungsmodell der deutschen Geschichte, durch das eine westdeutsche Rentiersgesellschaft ihr Vermögen im Osten investieren und dort eine „Bubble Economy" hervorbringen konnte. Die inzwischen beschlossene Senkung der Sonderabschreibungssätze ist daher sukzessive fortzusetzen.

Manches deutet zudem darauf hin, daß die bisherige Wirtschaftsförderung stagnierende Branchen konserviert und einen Strukturwandel in die Vergangenheit unterstützt hat. Aufschlußreich ist in diesem Zusammenhang ein Ost-West-Vergleich der Investitionen in verschiedenen Zweigen des Verarbeitenden Gewerbes, wie ihn das ifo-Institut München für die Jahre 1991 bis 1995 angestellt hat. Der Schiffbau und die Mineralölverarbeitung erweisen sich darin als die einsamen Spitzenreiter. In ihnen liegt das am westdeutschen Wert gemessene Investitionsnivau um mehr als 40 Prozentpunkte höher als im Durchschnitt aller ostdeutschen Industriebereiche. Zugleich handelt es sich um die beiden höchstsubventionierten Wirtschaftszweige in den neuen Ländern. Wie sonst wäre es möglich, daß ausgerechnet zwei Branchen, die unter weltweiten Überkapazitäten leiden und keinerlei Wachstumspotential besitzen, im Osten einen regelrechten Investitionsboom erleben?

An Stelle von alten industriellen Kernen muß vielmehr der innovative Mittelstand zum Hauptadressaten der Wirtschaftsförderung werden. Statt gegen die unabwendbare Schrumpfung von Großbetrieben zu kämpfen, gilt es, die dynamischen Klein- und Mittelbetriebe zu stärken, die sich in vollem Wachstum befinden. Deren größtes Problem besteht paradoxerweise in eben dieser Expansion, da sie durch ihre schwache Eigenkapitalausstattung sehr schnell an die Grenzen ihrer Investitionsmöglichkeiten stoßen. Hier sind weitere und deutlich höhere Hilfen in Form von Risikokapital- und Innovationsfonds erforderlich. Die bisherigen Abschreibungen nutzen eigenständigen Ost-Unternehmen jedenfalls kaum, da diese überwiegend von Verlusten geplagt sind. Die Nutz-

[1] vgl. „Aufbau Ost – Die zweite Hälfte des Weges – Stand und Perspektiven", Bericht der Bundesregierung zur Entwicklung in den neuen Ländern, Bundestagsdrucksache Nr. 13/2489 vom 29.9.1995.

[2] Herbert Henzler/Lothar Späth: Zur wirtschaftlichen Entwicklung der neuen Bundesländer. Ein Plädoyer für neue Wege und Strategien, Düsseldorf, 19. Okt. 1992, S. 4.

nießer sind weitaus häufiger profitable Muttergesellschaften mit Sitz in den alten Bundesländern.

2. Der Angebotssektor muß vorrangig ausgebaut werden. Bislang wird die ostdeutsche Nachfrage zu weniger als zwei Dritteln durch die eigene Wirtschaftsleistung getragen . Das entspricht einem Fehlbetrag von rund 200 Milliarden Mark, der jährlich durch Transfers und Kredite gedeckt werden muß. Die Ursachen für dieses Auseinanderklaffen sind sowohl auf der Angebots- als auch der Nachfrageseite zu suchen. Der Angebotsschwäche Ostdeutschlands, die sich vor allem in dem extrem niedrigen Anteil von nur zwei Prozent an den gesamtdeutschen Exporten zeigt, steht eine künstlich erhöhte Nachfrage gegenüber. Diese speist sich aus direkten Zuschüssen an Unternehmen und Haushalte sowie Löhnen und Sozialeinkommen, die der wirtschaftlichen Entwicklung weit vorauseilen. Die Folge war ein Nachfragefeuerwerk, der sogenannte Einheitsboom, von dem in erster Linie die Wirtschaft in den alten Ländern profitierte, und das heute noch tut. Denn der Nachfrageüberschuß hat seit 1991 sowohl absolut als auch prozentual noch weiter zugenommen .

Es muß unmittelbar einleuchten, daß dies kein gesunder und auf Dauer vertretbarer Zustand sein kann. Auch hartnäckige Verfechter einer nachfrageorientierten Wirtschaftspolitik müssen einsehen, daß für eine solche in den neuen Ländern die Voraussetzungen fehlen. Das zentrale Problem der ostdeutschen Wirtschaft sind nicht unausgelastete, sondern fehlende Kapazitäten, und zwar in erster Linie in exportorientierten, international wettbewerbsfähigen Bereichen. Der Aufbau eines modernen Kapitalstocks, der diesen Anforderungen genügt, ist somit längst nicht abgeschlossen und stellt die Hauptaufgabe in Ostdeutschland dar.

In diesem Punkt mag man durchaus eine Parallele zur wirtschaftlichen Situation im Nachkriegsdeutschland sehen, vor die Ludwig Erhard sich als Wirtschaftsminister gestellt sah. Vergessen darf man aber bei einem solchen Vergleich nicht, daß damals ein ungesättigter Markt dankbar auf die wachsende Produktion wartete und selbige unter Entbehrungen wieder aufgebaut wurde.

3. Dieser letzte Punkt berührt die wohl gravierendste Fehlentwicklung in den neuen Ländern, nämlich die völlige Abkoppelung der Tariflöhne von der Produktivitätsentwicklung. Auch diese These läßt sich leicht durch das Auseinanderklaffen zweier Eckdaten belegen. Während die Produktivität der ostdeutschen Wirtschaft erst 50 Prozent des westdeutschen Wertes erreicht, wurden die Tariflöhne im Juli 1996 auf 100 Prozent West angehoben. Auch die Effektivlöhne liegen nur noch um ein Drittel unter dem westdeutschen Durchschnitt. Die Folge sind Lohnstückkosten, die um ein Drittel höher als in den alten Ländern liegen – und dies unverändert seit drei Jahren! Denn die Produktivitätsfortschritte, die in diesem Zeitraum erzielt wurden, reichten stets gerade dazu aus, die gestiegenen Lohnkosten zu decken.

Dagegen verdankte die Bundesrepublik nach '45 ihren enormen wirtschaftlichen Aufschwung nicht zuletzt der Lohnzurückhaltung. Sie ermöglichte es den Unternehmen, rasch in neue Produktionskapazitäten zu investieren und auf die wachsende Nachfrage im In- und Ausland zu reagieren. In den neuen Bundesländern kann dagegen jede Nachfrage sofort von außen befriedigt werden, und das Einkommensniveau orientiert sich an diesen Konsumchancen. Nicht die erzielte Produktivität, sondern die gewünschte Verteilung ist daher Maßstab der Tarifpolitik. Das stellt eine schwere Bürde für die einheimische Wirtschaft dar, die diese Überschußlöhne aufbringen soll, ohne von der damit ausgelösten Überschußnachfrage zu profitieren.

Nirgends zeigt es sich so deutlich wie hier, daß die alte Bundesrepublik als Vorbild für den Wirtschaftsaufbau in Ostdeutschland versagt hat, zumindest aber ungeeignet ist. Während das Tarifkartell in Westdeutschland an der Frage von Nullrunden auseinanderzubrechen droht, führte dasselbe System im Osten seit 1992 zu alljährlichen Lohnkostensteigerungen in zweistelliger Höhe. Der Begriff der „Tarifautonomie" hat daher in den neuen Ländern längst eine neue Bedeutung bekommen, er bezeichnet die Autonomie der Unternehmen vom Verbandstarif. In einzelnen Branchen gehören nicht einmal mehr 30 Prozent der Firmen einem Tarifverband an, und weniger als die Hälfte von ihnen zahlt noch Löhne und Gehälter in tariflicher Höhe. Diese Entwicklung soll keinesfalls gutgeheißen werden, sie wird jedoch weiter voranschreiten, wenn die Flächentarifverträge weiterhin die reale Situation auf dem Arbeitsmarkt und innerhalb der Unternehmen zu ignorieren versuchen.

Inzwischen weisen deutliche Anzeichen darauf hin, daß die marktwirtschaftliche Komponente der Sozialen Marktwirtschaft in den neuen Ländern zu neuer Geltung gelangt. Der Rückgriff auf die Tugenden des Wettbewerbs und der Eigeninitiative erklärt sich aus der erdrückenden Bürde von Strukturen und Besitzständen aus westdeutschem Bestand, die die neuen Länder nicht tragen können. Selbst Transferleistungen in dreistelliger Milliardenhöhe bieten dafür keine Kompensation, weil sie der Wirtschaft keinen Entfaltungsspielraum geben. Unternehmen sind kein Objekt sozialstaatlicher Fürsorge, sie wollen vielmehr selbst ihre Geschicke auf den Märkten bestimmen. Die ostdeutsche Wirtschaft beginnt daher, sich den hypertrophen Regulierungssystemen von Staat und Verbänden zu entwinden. Das wird nicht ohne Rückwirkungen auf die alten Länder bleiben, wo die Regulierungsinstanzen bereits mit Sorge auf die nonkonformen Unternehmen und Belegschaften in den neuen Ländern blicken. Diese wissen indes, daß unter den Bedingungen von 1989 auch im Westen seinerzeit kein Wirtschaftswunder stattgefunden hätte.

Die Marktwirtschaft in Ostdeutschland vom Kopf auf die Beine stellen

War es ein Grundsatz der Erhard'schen Wirtschaftspolitik, möglichst wenig staatliche Eingriffe in den Markt vorzunehmen, so scheint heutzutage die Maxime zu lauten, möglichst wenig dem „Zufallsprinzip Markt" zu überlassen. Dies wird in Ostdeutschland besonders deutlich.

Beispielhaft – nach westdeutschem Vorbild – wurde dort zuerst die Verteilungsseite des Wirtschaftsprozesses definiert. Sie stellt bis heute den Maßstab dar, nach dem sich die Entstehungsseite zu orientieren hat, um den Vorgaben sukzessive gerecht zu werden. Entspricht das aber noch dem Gedanken der Sozialen Marktwirtschaft? Zweifellos nicht, es verkehrt ihn geradezu in sein Gegenteil. Unternehmen sind nicht dazu da, um Verteilungsziele zu erfüllen, sondern um im Wettbewerb erfolgreich zu sein. Das Funktionieren der Märkte, wohlgemerkt auch des Arbeitsmarktes, ist somit die Voraussetzung für die nachfolgende Verteilung und soziale Umverteilung von Einkommen, ohne darin aber ihre Bestimmung zu finden. Die Soziale Marktwirtschaft beruht ja gerade auf der bislang nicht widerlegten Überzeugung, daß Wettbewerb und Privatinitiative am besten geeignet sind, um „Wohlstand für Alle", auch für die sozial Schwachen, zu ermöglichen.

Sicherlich ist allein aufgrund der Dauer des marktwirtschaftlichen Anpassungsprozesses und des Strukturbruchs, dem die neuen Länder ausgesetzt waren, Hilfe zum Aufbau weiterhin erforderlich, um soziale Härten zu vermeiden. Diese Hilfe wird jedoch inzwischen überwiegend dazu eingesetzt, um den bestehenden Zustand zu stabilisieren, nicht, um ihn zu überwinden. Auf investive Ausgaben entfielen 1996 nur noch 40 Prozent der Transfermittel für Ostdeutschland, während 60 Prozent in den Konsum flossen. Von den gesamten bisher geleisteten Transfers gelangten nach Berechnungen des Instituts der deutschen Wirtschaft nur knapp 20 Prozent direkt in die Betriebe, abzüglich des Anteils der Treuhandanstalt waren es gar nur 7 Prozent (geschätzte Werte aus 1996) . Die Relation zeigt das enorme Gewicht einer vielgestaltigen Sozialpolitik, die über ihr angestammtes Feld hinaus auch im Gewande einer überwiegend sozialpolitisch motivierten Arbeitsmarkt- und Industriepolitik praktiziert wird.

Die neuen Länder stellen somit den Gipfel einer Verteilungs- und Umverteilungspolitik dar, die grundlegende Zusammenhänge der Sozialen Marktwirtschaft auf den Kopf stellt. Die Wirtschaft erscheint als Vehikel zur Erfüllung exogen vorgegebener Anspruchsniveaus. Die durch staatliche und quasi-staatliche Instanzen, wie Sozialversicherungen und Tarifverbände, beschlossenen Einkommen bilden den Maßstab für die Lei-

stungskraft der Wirtschaft, nicht umgekehrt. Diese Politik hat keinen Bestand. Die Angleichung der ehemals getrennten Teile Deutschlands kann nur als gemeinsame Aufgabe bewältigt werden, bei der alle Ansprüche zur Disposition stehen. Die Teilung ist de facto nur durch Teilen zu überwinden. Entscheidbar ist dabei lediglich, ob dies früher oder später, ob es freiwillig oder durch den Zwang der Entwicklungen geschehen soll.

Die Soziale Marktwirtschaft im Geiste Ludwig Erhards ist ein offenes und gestaltungsbedürftiges Konzept, in dem die wirtschaftliche Freiheit des Einzelnen die Grundlage für den Wohlstand der Vielen bildet. Beide Seiten dieser Gleichung unterliegen Beschränkungen, durch die ein Ausgleich zwischen wirtschaftlicher und sozialer Sphäre gewährleistet wird.
Eine gesunde Wirtschaft eröffnet soziale Verteilungsspielräume, eine stabile Gesellschaftsordnung schafft im Gegenzug ideale Bedingungen für wirtschaftliche Prosperität. Ein Übermaß an kapitalistischem Laisser-faire führt dagegen ebenso zur Degeneration wie ein Zuviel an verteilungspolitischen Ansprüchen.

Dr. Bernhard Vogel

VITA:

Dr. Bernhard Vogel ist am 19. Dezember 1932 in Göttingen geboren. In Gießen besucht er die Volksschule und ein humanistisches Gymnasium. Sein Abitur legt er 1953 in München ab. Er studiert Politische Wissenschaft, Geschichte, Soziologie und Volkswirtschaft in Heidelberg und München. Im Jahre 1960 promoviert er zum Dr. phil. mit einer Arbeit über „Wählergruppen in den Kommunalvertretungen" bei Dolf Sternberger. Er assistiert am Institut für Politische Wissenschaft an der Universität Heidelberg.

Von 1961 bis 1967 ist er an diesem Institut als Lehrbeauftragter tätig. Gleichzeitig arbeitet er in der Erwachsenenbildung. Er ist in den Jahren 1963 bis 1965 Mitglied des Heidelberger Stadtrates und von 1965 bis 1967 Bundestagsabgeordneter für den Wahlkreis Neustadt/Speyer sowie Beisitzer im Bezirksvorstand der CDU Pfalz. Von 1967 bis 1975 ist er Vorsitzender des Bezirksverbandes der CDU Pfalz (1967 - 1969), später Rheinhessen-Pfalz (1969 - 1975). Vogel wird Mitglied des Landtags von Rheinland-Pfalz von 1971 bis 1988, von 1974 bis 1988 Landesvorsitzender der CDU-Rheinland-Pfalz.

Seit 1975 ist er Mitglied des Bundesvorstandes der CDU Deutschlands. Bei der Max-Planck-Gesellschaft ist er seit 1984 Senator.

Darüber hinaus ist er in den Jahren 1967 bis 1976 Kultusminister von Rheinland-Pfalz und von 1970 bis 1976 im jährlichen Wechsel Vorsitzender oder stellvertretender Vorsitzender der Bund-Länder-Kommission für Bildungsplanung und Forschungsförderung, BLK. Er ist 1976 bis 1988 Ministerpräsident von Rheinland-Pfalz, zudem Vorsitzender der Ministerpräsidentenkonferenz in den Jahren 1981 bis 1982. Seit 1981 ist er Vorsitzender des Ausschusses „Europäische Politik" der Europäischen Demokratischen Union, EDU, seit 1985 Vizepräsident. Vom März 1989 bis zum März 1995 ist er Vorsitzender der Konrad-Adenauer-Stiftung. Bei dem Zweiten Deutschen Fernsehen ist er von 1979 bis 1992 Vorsitzender des Verwaltungsrates, danach stellvertretender Vorsitzender.

Bernhard Vogel bekleidet das Amt des Präsidenten des Bundesrates 1976/1977 und 1987/1988. Er ist Vorsitzender der Rundfunkkommission der Ministerpräsidenten von 1976 bis 1988. Im Rahmen des Vertrages über die deutsch-französische Zusammenarbeit ist er von 1979 bis 1982 Bevollmächtigter der Bundesrepublik Deutschland für kulturelle Angelegenheiten.

Bernhard Vogel ist seit dem 05. Februar 1992 Thüringer Ministerpräsident, seit dem 23. Januar 1993 Landesvorsitzender der CDU Thüringen, seit Oktober 1994 Mitglied des Thüringer Landtags.

Die Soziale Marktwirtschaft ist dabei, ihre zweite Feuerprobe zu bestehen

von Bernhard Vogel

Auch Wohlstand und Eigentum sind keine letzten und absoluten Werte, aber sie verhelfen dem Staatsbürger zu der inneren Bereicherung, die aus dem Erlebnis der Persönlichkeit und der menschlichen Würde fließt. Wir hätten unser Leben vertan und unsere Verantwortung vor Gott und den Menschen gewiß nicht erfüllt, wenn uns am Ende unserer Tage nichts anderes zu sagen bliebe, als daß wir gut gelebt und auch Besitz erlangt hätten!"

Diese Betrachtung über menschliches Tun und seine Zielrichtung kennzeichnen einen Mann, mit dem viele Menschen nicht nur in Deutschland zwei Begriffe assoziieren: Soziale Marktwirtschaft und Wirtschaftswunder. Beides ist in den zurückliegenden Jahrzehnten zu einem Marken- und Exportartikel der Bundesrepublik Deutschland geworden. Der am 4. Februar 1897 im fränkischen Fürth geborene Ludwig Erhard, Sohn eines angesehenen Textilhändlers, war ein Glücksfall für Deutschland. Sein wirtschaftspolitisches Konzept eines sich weitgehend aller ökonomischen Interventionen enthaltenden Staates, der nur den ordnungspolitischen Rahmen bestimmt, erweist sich bis heute als richtig und erfolgreich, folglich als richtungs- und zukunftsweisend.

Nicht alles, was in den vergangenen 48 Jahren nach Gründung der Bundesrepublik Deutschland wirtschaftspolitisch geschehen ist, steht voll in der Tradition der Sozialen Marktwirtschaft, wie sie Ludwig Erhard vertrat, und verdient das Prädikat marktwirtschaftlich. Der Glaube an die Gestaltbarkeit, Steuerbarkeit, an die Vorhersehbarkeit und Planbarkeit makroökonomischer Abläufe begleitete vor allem die Wirtschaftspolitik in den 70er Jahren zu Zeiten der sozialliberalen Koalition. Schon in der vorausgehenden Großen Koalition hatten die Bonner Ökonomen unter dem Begriff „aufgeklärte Soziale Marktwirtschaft" die Globalsteuerung als Instrument der Wirtschaftspolitik entdeckt.

Die Wesensmerkmale der Sozialen Marktwirtschaft charakterisierte Ludwig Erhard einmal selbst so: „Zu den wesentlichen Bestandteilen der Sozialen Marktwirtschaft gehören die Eigenverantwortung, persönliche Initiative und das Privateigentum. Sie ist eine Gesellschaftsordnung, in der die Wahrnehmung der persönlichen Freiheit, der Gleichheit der Chancen und des wachsenden Wohlstandes mit dem durch den Wettbewerb gesicherten sozialen Fortschritt in Einklang gebracht werden kann. Die Praktizierung der Sozialen Marktwirtschaft möchte ich als den Versuch definieren, Freiheit mit Ordnung zu verbinden, um mehr Gerechtigkeit walten zu lassen. Ordnung soll hier nicht so sehr als Rechtsordnung verstanden werden, sondern als Lebensordnung einer Gemeinschaft. Wie aber kann nun Ordnung mit Freiheit in Einklang gebracht werden? Lassen Sie mich als Antwort mich selbst zitieren, wenn ich wiederholt ausführte, daß Ordnung ohne Freiheit nur zu oft zum Zwang führt, Freiheit ohne Ordnung aber allzu leicht chaotisch zu entarten droht. Für beide Thesen lassen sich in der Geschichte genügend Beispiele anführen" (aus: Marktwirtschaft Nr. 5 / Mai 1971 / der Leitartikel).
Soziale Marktwirtschaft, das war für Ludwig Erhard stets mehr als ein Wirtschaftssystem,

mehr als ein rein „mechanistisches Wirkungsgefüge". Sie ist vielmehr, so äußert sich Erhard in demselben Artikel, Ausdruck einer auf Gesinnung und Gesittung, auf Freiheit und Recht begründeten Lebensordnung. Dieses Verständnis von Sozialer Marktwirtschaft als gesellschaftspolitischer Ordnungsrahmen, wie es Ludwig Erhard vorschwebte, geht weit über die gesellschaftspolitische Wirklichkeit im Deutschland der 90er Jahre hinaus. Die Forderung Ludwig Erhards, daß Wirtschaftspolitik in Zukunft mit großem Gewicht Teil einer bewußten Gesellschaftspolitik bleiben müsse, wie er sie 1975 zum 25jährigen Bestehen des „Bayernkurier" aufstellte, ist zumindest in der beabsichtigten Konsequenz nicht erfüllt worden. Vermutlich konnte sie auch nicht erfüllt werden.

Wie hoch die Väter der Sozialen Marktwirtschaft die gesellschaftspolitischen Wertgrundlagen und die Werteorientierung schätzten, verdeutlichen einige Ausführungen anerkannter und selbst maßgeblicher Ökonomen dieser Zeit. Alfred Müller-Armack, der ganz wesentlich den Begriff der Sozialen Marktwirtschaft prägte, schreibt dazu: „Letztes Kriterium einer Ordnung kann nicht ein Ziel wie Macht oder Recht, Mehrheit oder Freiheit, Demokratie oder Diktatur sein, sondern nur dies eine: Humanität ... Humanitas ist für uns der Inbegriff alles dessen, was wir aus einem tiefen Verstehen des Menschen .... heraus als Wesensvoraussetzung seines Daseins und seiner Daseinserfüllung verstehen (aus Alfred Müller-Armack: Genealogie der Sozialen Marktwirtschaft). Und bei Wilhelm Röpke, dem neoliberalen Sozioökonomen, kann man nachlesen: „Ökonomismus, Materialismus und Utilitarismus haben in unserer Zeit vereint zu einem Kult der Produktivität, der materiellen Expansion und des Lebensstandards geführt, der aufs Neue beweist, daß alles Absolute, Unbegrenzte und Unmäßige vom Übel ist ... Dieser Kult des Lebensstandards ist ... selbstverständlich ein Sehfehler

der Seele von geradezu klinischem Charakter, eine unweise Verkennung der wahren Rangordnung der Lebenswerte und eine Erniedrigung des Menschen, die er auf Dauer kaum ertragen wird" (aus Wilhelm Röpke: Jenseits von Angebot und Nachfrage).

In der Grundüberzeugung, daß der Mensch nicht für die Wirtschaft, sondern die Wirtschaft für den Menschen da ist, konnte sich Ludwig Erhard auch durch Alexander Rüstow, einen anderen Sozioökonomen, bestätigt fühlen: „Wir sind der Meinung, daß es unendlich viele Dinge gibt, die wichtiger sind als Wirtschaft: Familie, Gemeinde, Staat, alle sozialen Integrationsformen überhaupt bis hinauf zur Menschheit, ferner das Religiöse, das Ethische, das Ästhetische, kurz das Menschliche, das Kulturelle überhaupt. Alle diese großen Bereiche ... sind wichtiger als die Wirtschaft. Aber sie alle können ohne die Wirtschaft nicht existieren; für sie alle muß die Wirtschaft das Fundament, den Boden bereiten" (aus Alexander Rüstow: Wirtschaft als Dienerin der Menschlichkeit).

Soziale Marktwirtschaft also ist alles andere als ein wertfreier Raum, in dem die Kräfte des Marktes ungezügelt entfesselt werden können. Und dennoch ist die Soziale Marktwirtschaft das glatte Gegenteil dessen, was bei ihrer Konzeptionierung und Erprobung nach dem Grundsatz „learning by doing" die großen Parteien in Deutschland und auch die Gewerkschaften wollten. Die SPD forderte „eine sozialistische Wirtschaft durch planmäßige Lenkung und gemeinwirtschaftliche Gestaltung" und die Sozialisierung „der Großbetriebe ... jeder Form der Versorgungswirtschaft und der Teile der verarbeitenden Industrie, die zur Großunternehmung drängen". Die CDU erklärte in ihrem Ahlener Programm, das übrigens in den ersten Februartagen 1947 verabschiedet wurde und in diesem Jahr seinen 50. „Jahrestag" feiert, wenn auch auf dem Hintergrund der damals drohenden Demontage durch die Alliierten: „Planung und Lenkung der Wirtschaft wird auf lange Zeit hinaus in erheblichem Umfange nötig sein". Die Gewerkschaften ihrerseits wollten wichtige Schlüsselindustrien sowie die Kredit- und Versicherungsinstitute in Gemeineigentum überführen.

So sah die politische Landschaft damals in Deutschland aus; die Situation der Menschen und des Gemeinwesens war desolat und sprengt die Vorstellungskraft der nach dem Kriege geborenen Generationen. Gustav Stolper beschrieb dieses Deutschland im Frühjahr des Jahres 1947 in seinem Buch „Die deutsche Wirklichkeit" als eine „biologisch verstümmelte, intellektuell verkrüppelte, moralisch ruinierte Nation ohne Nahrung und Rohstoffe, ohne funktionierendes Verkehrssystem und gültige Währung, als Nation, deren soziales Gefüge durch Massenflucht und -vertreibung zerrissen war", als ein Land, „wo in Hunger und Angst die Hoffnung erstarb".

In dieser für viele Millionen Deutscher fast aussichtslos erscheinenden Situation setzte Ludwig Erhard Zeichen. Als Direktor der für die Bizone zuständigen „Verwaltung für Wirtschaft der vereinigten Wirtschaftsgebiete" bewies er Weitsicht und großen politischen Mut, die von den Alliierten verfügte Währungsreform durch das „Gesetz über Leitsätze für die Bewirtschaftung und Preispolitik nach der Geldreform" zu flankieren und damit die Preisbindung für viele Produkte des täglichen Bedarfes aufzuheben. Mit seiner Eigenmächtigkeit, für die er nicht nur von den alliierten Militärgouverneuren stark angefeindet wurde, entfesselte der Wirtschaftsfachmann Erhard eine nicht für möglich gehaltene wirtschaftliche Dynamik. In den Tagen nach Aufhebung der Fremdbewirtschaftung waren die Schaufenster plötzlich wieder voll. Sein Konzept, die Preise im

freien Spiel der Kräfte von Angebot und Nachfrage sich selbst bestimmen zu lassen und sie nicht auf dem Wege einer verordneten Zwangsbewirtschaftung festzusetzen, erwies sich als richtig. Dabei konnte man zu dem damaligen Zeitpunkt noch keineswegs davon ausgehen, daß es bei dem von dem liberalen Ökonomen eingeschlagenen Weg blieb. Vielen Mitgliedern des Parlamentarischen Rates waren die Ideen Erhards viel zu liberal. Aber aus der Erkenntnis, daß eine Festschreibung der Wirtschaftsverfassung im Grundgesetz nur als Kompromiß mit den anderen Parteien denkbar war, verzichteten die Sozialdemokraten auf irgendgeartete Festlegungen und Korrekturen an den Reformschritten. Die SPD wiegte sich in der Sicherheit, bei den ersten Bundestagswahlen 1949 eine Mehrheit für ihre Politik zu erhalten. Doch es sollte anders kommen: Die Bürgerinnen und Bürger bestätigten bei der Bundestagswahl am 14. August 1949 nicht zuletzt die Erhard'sche Politik auf eindrucksvolle Weise.

Mit der Errichtung der Sozialen Marktwirtschaft noch vor der Gründung der Bundesrepublik und der am 18. Juni 1948 verkündeten Währungsreform mit der Aufhebung zahlreicher Bewirtschaftungsvorschriften am 24. Juni des gleichen Jahres begann eine Erfolgsgeschichte, die bis heute anhält. Nach Überwindung von Anfangsschwierigkeiten, etwa den starken Preissteigerungen nach der Währungsreform und der Aufhebung der Preisbindung und plötzlich stark steigender Arbeitslosigkeit durch den Zustrom von Flüchtlingen und Vertriebenen setzte ein Prozeß wirtschaftlichen Wachstums ein, für den die Welt bis heute nur einen Ausdruck kennt, „Wirtschaftswunder". Indikatoren dieser Entwicklung für die Jahre 1950 - 1958 sind eine durchschnittliche jährliche Wachstumsrate des realen Bruttosozialproduktes von 7,9 %, eine Zunahme der Zahl der beschäftigten Arbeitnehmer von 13,9 auf 18,5 Millionen, ein Rückgang der jahresdurchschnittlichen Arbeitslosenquote von 11 % auf 3,7 %, ein Anstieg der Nettorealverdienste je beschäftigtem Arbeitnehmer um durchschnittlich 5,3 %, die Fertigstellung von 500.000 Wohnungen im Jahresschnitt und ein Anstieg der Sozialleistungen pro Kopf der Bevölkerung auf das 2,5fache, nämlich von 308 DM auf 763 DM. Doch: Es war kein „Wirtschaftswunder", reklamierte Erhard selbst, sondern Resultat des richtigen Konzepts, und nicht zuletzt Ausfluß des Fleißes und ungebrochenen Aufbauwillens der Deutschen. Aber auch von Hilfe von außen.

Heute, ein halbes Jahrhundert danach, sind die Chancen der jungen Länder des wiedervereinigten Deutschland weit größer als sie es 1948 für das in Zonen eingeteilte Nachkriegsland waren. Die Situation des Jahres 1945 in Deutschland auf die Situation nach dem Fall der Mauer 1989 und nach der Wiedervereinigung 1990 ist nicht übertragbar. In den Nachkriegsjahren wurde ein Wirtschafts- und Gesellschaftsmodell sozusagen am lebenden Modell erprobt, für das es in dieser Ausprägung weltweit kein Vorbild gab. Das damalige Experiment gelang, besser und schneller als es viele seiner geistigen Väter vorausgesehen und erhofft hatten. Mit dem Grundgesetz erhielt die Bundesrepublik 1949 einen verfassungsrechtlichen Rahmen, der zwar keine konkrete Wirtschaftsordnung festschrieb, mit seinen Artikeln jedoch eine demokratische und marktwirtschaftliche Ordnung normierte. Die Kennzeichen dieses neuen staatlichen Gebildes waren die Gewährung unveräußerlicher Grundrechte der Vertrags- und Koalitionsfreiheit, die Garantie des Privateigentums, ein föderaler Staatsaufbau sowie rechtsstaatliche und sozialstaatliche Regelungen des gesellschaftlichen Miteinanders. Damals, nach der totalen Niederlage, machte sich ein ganzes Volk daran, die Trümmer der zerbombten Städte und die geistigen Scherben ideologischer Verführung und Verirrung beiseite zu räumen, mit unterschiedli-

chem Erfolg und unterschiedlichen Möglichkeiten. In Deutschland West unter der Obhut der westlichen Alliierten gedieh ein demokratisches Gemeinwesen, das schrittweise den Weg in die Völkergemeinschaft der demokratischen Staaten fand; in Deutschland Ost hingegen wurden unter den strengen Augen der sowjetischen Besetzer die braunen Staatsstrukturen durch einen kommunistischen Staats- und Parteienapparat ersetzt.

Als am 9. November 1989 die Mauer fiel, war die DDR – in der OECD-Statistik völlig unsinnig, wie wir heute wissen, als zehntstärkster Industriestaat ausgewiesen – wirtschaftlich wie politisch längst am Ende. Eine gigantische Verschuldung im Westen, von der SED-Führung immer geleugnet, hatte die sozialistische Planwirtschaft an den Rand des Ruins getrieben. In einem Geheimpapier prominenter Wirtschaftslenker der DDR vom 28. Oktober 1989 hieß es: „Allein ein Stoppen der Verschuldung würde im Jahre 1990 eine Senkung des Lebensstandards um bis zu 30 % erfordern und die DDR unregierbar machen". Das sozialistische System, das seinen Bürgern scheinbar sichere Arbeitsplätze, soziale Sicherheit und billigen, wenn auch bescheidenen Wohnraum bot, basierte zuletzt nur noch auf der Kreditnahme im Westen.

Die Annahme, die Leistungsschwäche ostdeutscher Industriebetriebe beruhe vor allem auf der verschlissenen, veralteten Produktionstechnik, erwies sich in der Praxis als zu kurz gegriffen. Es fehlte nicht nur moderne Technik, sondern es mangelte vor allem an neuen und konkurrenzfähigen Produkten für den Weltmarkt. Die gewaltige Deindustrialisierung im Rahmen des quasi über Nacht einsetzenden Strukturwandels, die noch 1989 einsetzte und in den nächsten drei bis vier Jahren anhielt, war so etwas wie eine natürliche Reaktion auf eine verfehlte Politik, die jeglichen wirtschaftlichen Fortschritt durch planwirtschaftliche Vorgaben und Bestimmung zunichte machte. Die Zahl der industriellen Arbeitsplätze schrumpfte in diesen Jahren auf dem Gebiet der ehemaligen DDR von 2,2 Millionen auf gut 600.000.

Auch in Thüringen gerieten alle Kombinate in den Sog dieser industriellen Erosion, die Hunderttausende den Arbeitsplatz kostete. Die Zahl der industriellen Arbeitsplätze liegt heute in Thüringen bei etwa 105.000. Unter dem Druck anhaltender Deindustrialisierung ganzer Regionen war ein Umsteuern unvermeidlich: Im Juni 1993 kam die Bundesregierung einer dringenden Forderung der jungen Länder nach Erhalt sogenannter industrieller Kerne in den jungen Ländern nach und legte ein Konzept zum Erhalt solcher ehemaligen Großbetriebe vor. Mit den Bestandsgarantien für industrielle Kerne gelang es in einer gemeinsamen Kraftanstrengung von Bund, Treuhand und Ländern, das Aus für die noch verbliebenen Industriebetriebe abzuwenden und „Keimlinge" für den wirtschaftlichen Aufschwung zu pflanzen.

Diese Politik zum Erhalt alter, traditioneller industrieller Standorte und Kernanlagen zeigt inzwischen Erfolge. In Eisenach, frühere Produktionsstätte des Wartburgs, steht heute das modernste Automobilwerk Europas, wo jetzt im September 1996 der 500.000. Opel vom Band lief. In Rudolstadt Schwarza konnte die dort seit langem beheimatete Faserindustrie dank eines amerikanischen Investors erhalten werden. In Unterwellenborn, wo einst die Wiege der thüringischen Stahlerzeugung war, steht heute eines der modernsten Elektrostahlwerke in Europa. Andere Beispiele wie der Keramik-Standort Hermsdorf, Sömmerda als Produktionsort von Computern und Erfurt als ausgewiesener Mikroelektronikstandort ließen sich hinzufügen, nicht zu vergessen Jena, wo vor 150 Jahren Carl Zeiss und Ernst Abbe begannen, optische Geräte zu produzieren, die bis heute auf vielen Gebieten Weltruf genießen, in der Medizintechnik, in der Weltraumfahrt, in der Forschung.

Manchem Vertreter der „reinen Lehre" der Marktwirtschaft erschien die Art von Strukturpolitik als ein Sündenfall. Doch dieser Vorwurf greift zu kurz, weil er an der gesellschaftlichen und politischen Wirklichkeit der Situation in den jungen Ländern vorbeigeht. Die Alternative zu den Milliarden-Subventionen zum Erhalt und Aufbau wettbewerbsfähiger Industrien wäre der vollständige Verlust aller industriellen Arbeitsplätze in Ostdeutschland gewesen – mit unübersehbaren Folgen für das soziale Klima. Die alte Bundesrepublik Deutschland war zwar auf die Wiedervereinigung insgesamt gut vorbereitet, wie der frühere Staatssekretär im Bundeswirtschaftsministerium, Prof. Dr. Otto Schlecht, in einem Beitrag über „Geschichte und Chancen der Sozialen Marktwirtschaft" schreibt. Die Staatsfinanzen seien solide gewesen, die Leistungsbilanz habe hohe Überschüsse mit einem hohen Nettoauslandsvermögen ausgewiesen, die Währung sei stabil gewesen. Aber die Gesellschaft in Westdeutschland war auf die Wiedervereinigung in großen Teilen bei weitem nicht so gut vorbereitet, und in keiner Schublade lag so etwas wie ein Konzept 'Wie macht man aus Sozialismus Soziale Marktwirtschaft'. Viele Unternehmen profitierten zwar vom Wiedervereinigungsboom und erzielten hohe Renditen, betrachteten aber die neuen Märkte in den jungen Ländern vielfach als verlängerte Werkbank des Westens. Verkaufen ja – produzieren eher nein. Keines der großen Industrieunternehmen Westdeutschlands war, auch wenn es vor dem Krieg seinen Firmensitz auf dem Gebiet der ehemaligen DDR hatte, bereit, seine Konzernleitung wieder an die angestammte Heimat zurückzuverlegen.

Natürlich war das Zögern der Industrie auch verständlich: Das Fehlen einer funktionierenden, leistungsfähigen Infrastruktur erwies sich als einer der größten Hemmschuhe beim wirtschaftlichen Aufbau der jungen Länder. Die sogenannten Transferleistungen, die der gemeinsamen Kraftanstrengung von Europa, Bund, Ländern und Kommunen entspringen, und zu einem nicht unbeträchtlichen Teil in die Infrastruktur investiert wurden, sind also mittel- und langfristig gut angelegt. Im übrigen wird schnell vergessen, daß auch der jungen Bundesrepublik beim Aufbau erhebliche finanzielle Mittel über den Marshall-Plan der Amerikaner zur Verfügung gestellt wurden.

Auch wenn die Bundesrepublik wirtschaftlich gesehen recht gut auf die Wiedervereinigung „vorbereitet" war, wie Otto Schlecht, heute der Vorsitzende der Ludwig-Erhard-Stiftung, in seinem Beitrag schreibt, so gab es doch auch schon bis 1989 eine Reihe von zu ernster Sorge Anlaß gebenden Entwicklungen, die allerdings von vielen Menschen nicht so wahrgenommen wurden. Ludwig Erhard hat auf eine Reihe dieser Gefahren schon selbst hingewiesen, als er 1971 in einem Beitrag über „Die Soziale Marktwirtschaft – Grundlage einer freiheitlichen Gesellschaftsordnung" (aus: Marktwirtschaft Nr. 5) schrieb: Der Sozialen Marktwirtschaft drohe auch durch eine falsche Ausdeutung des Begriffes „sozial" die Gefahr, von Staats wegen manipuliert zu werden. Erhard wörtlich: „Dient es wirklich dem Wohl der Menschen, der inneren Festigung der Gesellschaft oder der Stärkung des demokratischen Gedankens, wenn es Sucht oder auch ‘modern’ geworden ist, dem Staate immer mehr Eingriffsrechte in die private Sphäre des Bürgers zuzugestehen? Will dieser nicht erkennen, daß er vermeintliche Wohltaten mit zunehmender Abhängigkeit und Schwierigkeit gegenüber dem Staat bezahlt?"

In einer Bilanz der wirtschafts-, gesellschafts- und sozialpolitischen Entwicklungsgeschichte der Sozialen Marktwirtschaft als ordnungspolitischem Grundaxiom der Bundesrepublik kam Heinz Lampert, Prof. für Volkswirtschaftslehre, Wirtschafts- und Sozialpolitik an der Universität Augsburg, bereits 1988 zu recht aufschlußreichen Erkenntnissen. In einer Betrachtung über „Die Soziale Marktwirtschaft in der Bundesrepublik Deutschland" (aus: Aus Politik und Zeitgeschichte – Beilage zur Wochenzeitung Das Parlament, 22. April 1988) bilanziert Lampert: „Die Soziale Marktwirtschaft hat sich erheblich gewandelt. Bezugszeitraum für die Bewertung dieses Wandels sollte jedoch nicht die Aufbauphase sein, in der die soziale Komponente notwendigerweise weniger entwickelt werden konnte. Geht man von der geistigen Konzeption dieser Ordnung aus, dann läßt sich feststellen, daß es überwiegend gelungen ist, eine leistungsfähige, beachtliche Freiheitsspielräume gewährende Ordnung zu realisieren, gleichzeitig aber ein grundsatzordnungskonformes, sehr hohes Maß an sozialem Gehalt der institutionellen Regelungen (Betriebs- oder Unternehmenserfassung), der Ordnung der Märkte und des sozialen Leistungssystems zu erreichen. In bestimmten Bereichen", so schwenkt Lampert dann ein, „wurde die Ordnung verwässert und mehr als nötig auf marktwirtschaftliche Lösungen verzichtet". Explizit nennt er die Landwirtschaftspolitik, die Rentenpolitik und die Krankenversicherung, alles Bereiche, die nach Ansicht Lamperts auch damals schon reformbedürftig gewesen seien. Lampert: „Im sozialen Bereich scheint eine quantitative Grenze erreicht zu sein". Eine Auflistung ungelöster Probleme und Aufgaben für die Zukunft liest sich wie ein Beitrag aus der aktuellen Diskussion über die Notwendigkeit des Umbaus des Sozialstaates und der Standortdebatte. Lampert schreibt: „Im sozialpolitischen Bereich müssen nicht nur bestimmte Mängel des sozialen Leistungssystems beseitigt werden, z. B. die Steuerungsdefizite in der gesetzlichen Krankenversicherung und Mißbrauchstatbestände bei der Lohnfortzahlung im Krankheitsfall sowie im Falle der Arbeitslosigkeit, vielmehr ist wegen der bevorstehenden Bevölkerungsschrumpfung und insbesondere wegen der Änderung der Altersstruktur eine Reform der Rentenversicherung unausweichlich. Dabei geht es nicht nur um eine finanzielle Konsolidierung, sondern um die Anpassung der Rentenversicherung an veränderte wirtschaftliche und soziale Verhältnisse, z. B. an das veränderte Erwerbsverhalten der Frauen, an das Ziel der eigenständigen sozialen Sicherung der Frau, an neue Arbeitszeitformen, an den Beitrag kinderversorgender und -erziehender Frauen für die Sicherung des Drei-Generationen-Vertrages." Die Mittel für eine familienfördernde Politik will Lampert durch Umstrukturierung in den öffentlichen und sozialen Haushalten sowie durch den Abbau „strukturkonservierender Subventionen" freigesetzt sehen.

Diese Ausführungen belegen gleich mehreres: Die alte Bundesrepublik schob eine Reihe ungelöster Probleme vor sich her und brachte sie ihrerseits als Hypothek in das wiedervereinigte Deutschland mit ein. Um nur einige zu nennen: die Überfrachtung des sozialen Sicherungssystems, eine stetig steigende Sockelarbeitslosigkeit, eine in großen Kreisen der Bevölkerung verbreitete Technik- und Innovationsfeindlichkeit und Verkrustungen im Tarifrecht, die sich als ausgesprochen investitionsunfreundlich und -hemmend erwiesen. Diese Erkenntnisse belegen aber auch, welche einschneidende Veränderung die deutsche Wiedervereinigung für uns alle mit sich gebracht hat und daß die Lösung der aktuellen Tagesprobleme oft die Sicht auf die grundlegenden Probleme in Deutschland verstellt hat. Vieles von dem, was heute in der parteipolitischen Diskussion verkürzt und gleich zweifach falsch als „Kosten der Wiedervereinigung" bezeichnet wird, taucht schon zu Ende der 80er Jahre als Problemgrundmuster in der alten Bundesrepublik auf, wo es dann zunächst in der stürmischen Entwicklung von Mauerfall und Wiedervereini-

gung aus dem Bewußtsein verschwand. Andere Länder haben diese Debatte um die Zukunft des Wirtschafts- und Sozialstaates wesentlich früher geführt und haben Gegenmaßnahmen, mindestens aber Korrekturen eingeleitet. Deshalb sind uns eine Reihe unserer europäischen Nachbarn und Freunde, wie die Niederlande, Schweden, Österreich und Großbritannien, zumindest in Teilen beim notwendigen Umsteuern voraus.

Diese notwendige Diskussion wird bei uns unter dem Stichwort „Standortdebatte" geführt. Das ist eine, wenn nicht gefährliche, so zumindest unangemessene Verkürzung der Probleme, vor denen wir heute weiterhin stehen. Es geht nicht allein um die wirtschaftliche Attraktivität des Standortes Deutschland, sondern es geht um eine gesellschaftspolitische Standortbestimmung auf dem Hintergrund veränderter Koordinaten in allen Bereichen der Politik. Auch die Väter der Sozialen Marktwirtschaft, Ludwig Erhard und Alfred Müller-Armack, haben schon sehr früh erkannt, daß in den Aufbaujahren die sozial- und gesellschaftspolitische Komponente zu kurz kommt. Müller-Armack wollte diesen schon damals sich abzeichnenden Nachholbedarf mit Hilfe einer „zweiten Phase der Sozialen Marktwirtschaft" decken. Er empfahl – bei weiterhin konsequenter Wachstumspolitik – eine Verstärkung der Investitionen in das „Humankapital", er gebrauchte dieses schreckliche Wort, die Schaffung selbständiger Existenzen, die Verbesserung der betrieblichen, sozialen und räumlichen Umwelt und die Auswertung der Investitionen im Bildungs-, Gesundheits-, Verkehrs- und Wohnungssektor. Ziel war, laut Müller-Armack, „den in die Vereinzelung gedrängten Menschen unserer Zeit das Bewußtsein und die objektive Sicherung in einer ganzheitlichen gesellschaftlichen Konzeption" zu geben. Teilziele dieser Vision haben wir inzwischen erreicht, ohne daß sich die erhofften und gewünschten Effekte eingestellt hätten. Doch das Ziel sollten wir deshalb nicht aus dem Auge verlieren. Soziale Marktwirtschaft ist mehr als nur eine Wirtschaftsordnung. Geradezu beschwörend heißt es in dem schon zitierten Beitrag Erhards zum 25jährigen Bestehen des Bayernkuriers: „Die Soziale Marktwirtschaft ist also weitaus mehr als ein effizientes Wirtschaftssystem im engeren Sinne. So haben wir sie von Anfang an verstanden und angewendet, und so war sie auch gerüstet, die materielle Seite unseres Lebens in nicht voraussehbarer Weise zu bereichern. Daß übrigens nicht wenige einen sehr primitiven Gebrauch von den materiellen Möglichkeiten, die unsere Wirtschaftsordnung ihnen bietet, machen, darf keineswegs dieser Ordnung angelastet werden – wie das allenthalben geschieht. Die Ursachen liegen wohl mehr in gewissen Grundeigenschaften des menschlichen Wesens, die zu beeinflussen vor allem dem Elternhaus, den Schulen und den Kirchen anheim gegeben ist. Die Bereicherung des individuellen Lebens sowie die Deckung des wachsenden öffentlichen Bedarfs wird in der Sozialen Marktwirtschaft ebenso lange möglich sein, wie wir sie als Teil einer umfassenderen, auch an außermateriellen geistigen Werten orientierten Gesamtordnung unseres Daseins verstehen".

Bei dieser sehr realistischen, weil menschlichen Einschätzung der Sozialen Marktwirtschaft und ihrer Akzeptanz bei den Bürgerinnen und Bürgern kann es nicht überraschen, daß angesichts der wachsenden wirtschaftlichen Probleme das Ansehen der Sozialen Marktwirtschaft gerade in den jungen Ländern zurückgegangen ist. Laut Allensbach hatten im Frühjahr und Sommer des Jahres 1990 77 % der Ostdeutschen eine gute Meinung über die Soziale Marktwirtschaft.

Bis zum Sommer 1995 ging diese gute Meinung über die Soziale Marktwirtschaft kontinuierlich auf nur noch 34 % zurück. Eine durchaus erklärbare, aber dennoch nicht hinnehmbare Entwicklung. Denn was wäre die Alternative zu Sozialer Marktwirtschaft? Es wäre ein Weg zurück zu einer grundlegend falschen und inhumanen Politik, ein Weg zum Protektionismus ohne Entscheidungs- und Entfaltungsmöglichkeiten für die Kräfte des Individuums und des Marktes. Es wäre der sichere Weg ins Abseits, in die europäische Isolation.

Allen Widerständen, Anfeindungen, selbst von Seiten der Unternehmer und auch aus den eigenen Reihen zum Trotz, hat Ludwig Erhard vor über 50 Jahren beharrlich am Konzept der Sozialen Marktwirtschaft festgehalten. Sein Weg hat sich als der richtige erwiesen, auch weil er die Rechte des Einzelnen gegenüber der Gesamtheit verstärkt. Diesen Weg von Ludwig Erhard und seinem Konzept von Sozialer Markwirtschaft sollten wir gerade jetzt in schwierigen Zeiten weitergehen.

Wohlstand für alle" – so lautet der Titel eines Buches von Ludwig Erhard, das zum Bestseller wurde. Die in dem Titel enthaltene Forderung ist bis heute aktuell und müßte ergänzt werden durch den Appell „Soziale Gerechtigkeit für alle". Ein halbes Jahrhundert nach der Einführung der Sozialen Marktwirtschaft erfährt Ludwig Erhards Konzept eine zweite Bestätigung. Die Soziale Marktwirtschaft bewährt sich heute in den jungen Ländern und erlebt ihre zweite Feuertaufe. Und am Vorabend eines neuen Jahrtausends schickt sie sich an, bei unseren östlichen Nachbarn auch ihre dritte Bewährungsprobe zu bestehen.

Konrad Weiß

VITA: Konrad Weiß ist am 17. Februar 1942 in Lauban geboren. Nach dem Besuch der Mittelschule durchläuft er eine Berufsausbildung zum Elektromonteur in Genthin. Er absolviert sein Abitur an der Volkshochschule. In den Jahren 1963 bis 1965 ist er Mitarbeiter im katholischen Seelsorgeamt Magdeburg. 1964 wird er Mitglied der „Aktion Sühnezeichen". Er studiert an der Deutschen Hochschule für Filmkunst in Potsdam-Babelsberg von 1965 bis 1969 und schließt mit dem Diplom als Regisseur ab.

Als Regisseur arbeitet er von 1969 bis 1990 im DEFA Studio für Dokumentarfilme in Berlin. In dieser Zeit dreht er ca. fünfzig Dokumentarfilme, vor allem für Kinder und Jugendliche. Darüber hinaus arbeitet er seit 1970 als Publizist.

Als Mitglied im Medienbeirat beim Bund der Evangelischen Kirche ist er in der ehemaligen DDR von 1978 bis 1990 tätig. 1989 wird er Mitbegründer und Sprecher der Bürgerbewegung „Demokratie Jetzt". 1989/90 vertritt er „Demokratie Jetzt" am Runden Tisch. Zudem wird er 1990 Mitglied der Volkskammer und ist von 1990 bis 1994 Mitglied des Deutschen Bundestages. Konrad Weiß arbeitet seit 1995 als freier Publizist.

Im Jahre 1990 wird er Präsident der AMCHA (hebr. „Mein Volk") Gesellschaft, jetzt Mitglied des Stiftungsrates der AMCHA Stiftung in Deutschland. AMCHA ist das Nationale Israelische Zentrum zur psychosozialen Betreuung von Holocaust-Überlebenden und deren Kindern. In Deutschland geht die AMCHA Stiftung auf eine Zustiftung der letzten frei gewählten DDR-Regierung zurück. Deutsche Verbände und Unternehmen haben dazu beigetragen, daß das Vermögen mittlerweile auf über 8 Mio. DM angewachsen ist; die Zinserträge fließen AMCHA in Israel zu.

Von 1991 bis 1994 ist er Vizepräsident der Deutsch-Israelischen Gesellschaft. Im Stiftungsrat der Stiftung KREISAU für europäische Verständigung ist er seit 1994 Mitglied. Darüber hinaus ist er von 1990 bis 1995 Mitglied im Stiftungsrat der Stiftung Kulturfond. Konrad Weiß ist Mitglied des Kuratorium der „Aktion Sühnezeichen" und der Deutschen Stiftung für UNO-Flüchtlingshilfe.

1990 erhält er die Carl-von-Ossietzky-Medaille der Internationalen Liga für Menschenrechte, 1995 das Bundesverdienstkreuz I. Klasse.

Konrad Weiß ist verheiratet und hat drei Töchter.

Marktwirtschaft kontra Kommandowirtschaft

von Konrad Weiß

Bei der Wiedervereinigung 1990 sind zwei völlig unterschiedliche Wirtschaftssysteme aufeinandergeprallt: die sozialistische Kommandowirtschaft der DDR und die soziale Marktwirtschaft der alten Bundesrepublik. Schon damals hatte ich den Eindruck, der sich bis heute gehalten hat, daß viele westdeutsche Ökonomen und Politiker die Dramatik dieses Vorganges nicht wirklich begriffen haben. Natürlich wurde viel darüber geredet, daß es eine gigantische Aufgabe sein würde, aber gehandelt wurde so, als wäre die Kommandowirtschaft lediglich eine deformierte Abart der Marktwirtschaft. Also wurden Kategorien marktwirtschaftlichen Handelns alsbald auf die Wirtschaft in Ostdeutschland übertragen, wo das zwangsläufig zu Mißverständnissen, Fehldeutungen und Fehlerwartungen führen mußte.

Die Verwirrung, auch die der Begriffe, hält bis heute an.

Marktwirtschaft ist, ideal betrachtet, Wirtschaftsdemokratie. Kommandowirtschaft hingegen ist Wirtschaftsdiktatur. Das ökonomische Geschehen unterliegt nicht objektiven Gesetzmäßigkeiten, obwohl gerade das ja von den Marxisten immer behauptet wird, sondern wird vollkommen beherrscht von der Ideologie. Nicht soziale oder ökonomische Notwendigkeiten bestimmten in der DDR das wirtschaftliche Handeln, sondern die Vorgaben der Partei, die sich, oftmals fern der Realität und vom Wunschdenken geprägt, im Volkswirtschaftsplan manifestierten. Natürlich wurde das in der Praxis vielfach durchbrochen, mußte durchbrochen werden, um überhaupt das Notwendigste produzieren und den Warenfluß aufrecht erhalten zu können. Aber im Grunde trifft es zu.

Wenn ich in meinem Betrieb, dem DEFA Studio für Dokumentarfilme, einen Film billiger produziert hatte, als der Plan es vorsah, wurden mein Team und ich dafür ebenso bestraft wie für die Überziehung der Kalkulation. Uns vertragsgemäß zustehende Prämien wurden in beiden Fällen gleichermaßen gekürzt oder versagt. Die Einsparungen wurden nicht als Gewinn gewürdigt, von dem das Unternehmen oder die Allgemeinheit profitiert, sondern waren eine Fehlleistung, für die sich das Management vor der Partei zu verantworten hatte. In der Praxis freilich wurde das von den Ökonomen des Studios stillschweigend so geregelt, daß die Einsparungen jenen Kollegen zugute kamen, die zu teuer produziert hatten. Und da jeder mal irgendwann in die Verlegenheit kam, mehr Geld für einen Film verbraucht zu haben als geplant, ließen sich alle auf das Verfahren ein. Es ging eben seinen sozialistischen Gang. Aber eine realistische Einschätzung der tatsächlichen wirtschaftlichen Potenz des Unternehmens, der Relation zwischen realen Kosten und realem Gewinn, des Wertes menschlicher Arbeit war so nicht zu erlangen. Ähnlich wie in meinem kleinen Studio lief das letztlich in der gesamten Wirtschaft der DDR ab.

Natürlich waren im System der Kommandowirtschaft dem verantwortlichen Handeln des Einzelnen enge Grenzen gesetzt. Entscheidend war nicht der wirtschaftliche oder sonstige Sach- und Fachverstand, sondern der selbstherrliche Wille der politischen Führungsschicht, so abstrus dieser auch sein mochte. Das natürlichste Regularium, das Lernen aus den eigenen Fehlern, war weitgehend außer Kraft gesetzt. Ökonomische Daten und Fakten wurden zwar en masse geliefert, aber nicht oder nur selektiv zur Kenntnis genommen. Was nicht in das Idealbild paßte, wurde verworfen. Und da in diesem autoritären System nie diejenigen verantwortlich gemacht wurden, die gemäß ihrer Stellung in der Hierarchie die Verantwortung hatten, sondern immer die jeweils Untergebenen, waren alle aufs Kräftigste bemüht, nur Erfolge nach oben zu melden und Kritik tunlichst schonend zu äußern.

Man muß davon ausgehen, daß auch die Wirtschaftsdaten der DDR ideologisch determiniert, mithin also vielfach gefälscht waren. Man wollte sich schließlich nicht vom Klassenfeind zu sehr in die Karten gucken lassen. Naive DDR-Forscher im Westen freilich nahmen die Propaganda allzuoft für bare Münze.

Insgesamt führte diese Ideologisierung zu einem völlig verzerrten Wirtschaftsgeschehen, dem Effizienz, soziale Ausgewogenheit und verantwortlicher Umgang mit den natürlichen Ressourcen, mithin also Verantwortung für das Gemeinwohl, fremd bleiben mußte. Vollbeschäftigung wurde vorgetäuscht. Über die ökonomische und ökologische Realität wurde ein Verdikt des Schweigens verhängt. Tag für Tag übertönten die Fanfarenstöße der Erfolgsmeldungen jeden noch so vorsichtigen Versuch, die Situation zu analysieren und wahrhaftig darzustellen. Wer etwa über die wirklich katastrophalen Umweltsünden der volkseigenen Kombinate forschen und publizieren wollte, mußte dies im Untergrund oder in den von der Kirche geschützten Gruppen tun. Das brauchte Mut, denn auch die Weitergabe nicht geheimer Daten konnte gemäß §99 des Strafgesetzbuches der DDR in der Fassung vom 28. Juni 1979 als „landesverräterische Nachrichtenübermittlung" mit bis zu zwölf Jahren Freiheitsstrafe geahndet werden. Und jede noch so berechtigte Kritik konnte willkürlich gemäß §220 als „Öffentliche Herabwürdigung" der staatlichen Ordnung der DDR gedeutet und mit bis zu fünf Jahren Gefängnis bestraft werden.

Manchmal hat das System der sozialistischen Kommandowirtschaft zu geradezu abenteuerlichen Auswüchsen geführt. Manches davon ist durch die Arbeit des Untersuchungsausschusses des Deutschen Bundestages zu Schalck-Golodkowskis absurder Kompanie „Kommerzielle Koordinierung" öffentlich geworden.

Ich will nun eine Akte öffnen, die mir unlängst wieder in die Hände und in die Erinnerung gekommen ist, eine wirkliche Realsatire auf den Sozialismus:

1986 habe ich eine Kamera vom Typ Praktika aus dem hochgepriesenen Hightech-Kombinat VEB Carl Zeiss Jena, einem Vorzeige-Unternehmen der DDR, erworben. Leider waren damit keine scharfen Bilder zu machen. Die Kamera kam mehrmals in die Werkstatt. Die Werkstatt behauptete, der Fehler sei behoben. Ich machte eine Testreihe und stellte fest, daß alles beim alten geblieben war. So weit, so menschlich, das kann mir auch heute passieren. Irgendwann aber reichte es mir, und ich beschwerte mich beim Generaldirektor des Kombinats, Prof. Dr. Dr. h. c. Wolfgang Biermann, Mitglied des ZK der SED, ein auch vom Westen hofierter Manager. Biermann selbst nahm sich der Sache an. Ich bekam insgesamt sieben Briefe mit seinem Autogramm. Die Kamera wurde beim Hersteller geprüft, repariert und justiert. Als sie nach Monaten wieder bei mir ankam, funktionierte sie noch immer nicht. Sie ging zurück und wurde erneut repariert, diesmal erfolgreich, aber dafür funktionierte etwas anderes nicht mehr. Erbost rief ich in Jena an und bestand darauf, Herrn Biermann zu sprechen. Irgendwann hatte ich ihn tatsächlich am Apparat und habe ihm, wenig freundlich, meine Meinung über das „Weltniveau" seines Unternehmens gesagt. Das Ergebnis: Ich erhielt den Kaufpreis zurück, dazu die reparierte, nun endlich funktionierende Kamera samt Qualitätszertifikat. Spätestens da habe ich begriffen, daß eine sozialistische Kommandowirtschaft nicht funktionieren *kann*.

Diese Kombinate und Betriebe nun wurden nach 1990 privatisiert. Auch wenn das Management ausgewechselt wurde, überdauerte allzu oft doch die DDR-Mentalität, die die Wirtschaft als Kommandosache, als Sache von oben begreift. Der Gedanke von der Marktwirtschaft als Wirtschaftsdemokratie, in die jeder sich einzubringen hat und die jeder mitgestalten kann, blieb vielen fremd. Anfangs gab es eine naive Gläubigkeit an alles, was aus dem Westen kam; auch die Marktwirtschaft wurde bestaunt wie weiland die Glasperlen von den Eingeborenen. Das Geld und das Glitzern aus dem Westen wurde herbeigesehnt, aber die Konsequenzen, die der Umbau der Wirtschaft mit sich bringen würde, wollte man und konnte man wahrscheinlich auch nicht erkennen. Ich bin vor den Volkskammerwahlen im Frühjahr 1990 durch Brandenburg gezogen und habe, wie viel Kompetentere auch, vor einer schnellen Währungsunion gewarnt, da diese der DDR Millionen Arbeitslose bringen würde; man hat uns ausgelacht. Ebenso vergeblich waren später die Mahnungen, sich im Kaufrausch nach der Währungsunion nicht jeden Schrott andrehen zu lassen und zur Erhaltung des eigenen Arbeitsplatzes durch den Kauf von ostdeutschen Produkten beizutragen.

Psychologisch ist das ja verständlich. Die sozialistische Mangelwirtschaft hatte einen erheblichen Konsumbedarf hinterlassen. Die DDR-Bürger waren unerfahren im Umgang mit einem praktisch unbegrenzten Angebot und ungeübt im Abwägen verschiedener Angebote und dem Vergleichen von Preisen und Qualität. Die Scheinwelt des Fernsehens und die überwältigenden Eindrücke bei den ersten Verwandtenbesuchen, die immer eine Ausnahmesituation waren, hatten keine Erfahrungen mit dem bundesdeutschen Alltag zugelassen. Das Ergebnis des Wirtschaftswunders wurde wahrgenommen, nicht aber der Weg dahin, nicht die Konflikte und Widersprüche, die doch Ende der achtziger

Jahre auch in der alten Bundesrepublik schon erheblich waren.

Den großen Illusionen ist die große Ernüchterung gefolgt und häufig umgeschlagen in eine Feindseligkeit gegenüber der Marktwirtschaft. Der Spruch, Marx und die Marxisten hätten doch recht gehabt, der Kapitalismus sei eben wirklich eine Wolfsgesellschaft, ist immer häufiger zu hören. Natürlich haben dazu auch die Fehler im Einigungsprozeß, die vielen Glücksritter, die Ostdeutschland überrannt haben und die schon angesprochene Unkenntnis über die tatsächlichen Verhältnisse in der DDR und die Mechanismen der sozialistischen Kommandowirtschaft beigetragen. Diese Rückwendung zur marxistischen Phraseologie wäre nicht weiter tragisch, wenn die Ablehnung der Marktwirtschaft als Wirtschaftsdemokratie nicht zugleich auch zur Ablehnung der politischen Ordnung führen würde. Das ist es eigentlich, was uns besorgt machen muß.

Viele, die als Unternehmer oder Spekulanten, als Berater oder Mitarbeiter der Treuhand in den Osten gekommen sind, waren denkbar schlechte Botschafter der Marktwirtschaft. Nicht die Marktwirtschaft hat im Osten versagt, sondern die Marktwirtschaftler haben versagt. Bei der Währungsunion und später beim Einigungsvertrag wurden, weil es an der präzisen Analyse des kommandowirtschaftlichen Systems mangelte, schwerwiegende Fehler gemacht. Dazu gehört, daß die Kommunen und volkseigenen Betriebe bei der Währungsunion nicht entschuldet wurden, sondern die über sie verhängte Schuldenlast, wenn auch halbiert, ins DM-Deutschland mitschleppen mußten. Diese Schulden waren den Schuldnern von der Partei oft willkürlich aufgebürdet worden. Als abschreckendes Beispiel habe ich den Bonner Beamten schon vor der Währungsunion von einem Betrieb aus Halle a.d. Saale berichtet, der 1988 eine Anlage für 1,2 Millionen DM im Westen gekauft hatte. Wie in der DDR üblich, wurde ihm das Vierfache des Preises in DDR-Mark in Rechnung gestellt. Bei der Währungsunion wurde diese Schuld, also 4,8 Millionen DDR-Mark, halbiert. Somit stand das Unternehmen am Tag nach der Währungsunion mit 2,4 Millionen DM in der Kreide für eine Anlage, die nur die Hälfte wert war. Das hat zum alsbaldigen Konkurs des Unternehmens beigetragen. Ähnlich mag es anderen ergangen sein.

Nicht minder fatale Folgen hatten und haben die unentschlossenen und realitätsfremden Versuche, die Eigentumsverhältnisse und offenen Vermögensverhältnisse zu regeln. Nach fast fünfzig Jahren mußte das Prinzip „Rückgabe vor Entschädigung" zu wirtschaftlichen Verwerfungen und sozialen Unruhen führen. Es war doch klar, daß sich die Verhältnisse nicht vollständig restaurieren ließen, was im übrigen auch nicht wünschenswert gewesen wäre, und daß es somit massenhaft zur Ungleichbehandlung von Ansprüchen, also Ungerechtigkeit kommen würde. Ebenso war absehbar, daß mit der Währungsunion für die DDR-Betriebe die Ostmärkte wegbrechen würden. Der verbreitete Optimismus, das könne leicht durch neue Märkte im Westen kompensiert werden, zeugt wiederum von völliger Unkenntnis der wirtschaftlichen Realität im Westen und von illusionären Vorstellungen über das Funktionieren von Märkten bei den Ostdeutschen. Einwände und Vorschläge, wie die Folgen zumindest zu mindern seien, etwa durch eine temporäre Beibehaltung des nichtmonetären Warenaustauschs oder des Transferrubels, wurden leichtfertig abgetan. Einen Versuch, denke ich, wäre es zumindest wert gewesen; mancher ostdeutsche Betrieb hätte so überleben können und es leichter mit der Anpassung an die Marktwirtschaft gehabt.

Ebenso unsinnig war es – als politischen Preis der Wiedervereinigung – unkonditionierte Kredite und Milliardengeschenke an

die ehemals sozialistischen Staaten zu vergeben. Auch hier hat es alternative Vorstellungen gegeben. So wurde vorgeschlagen, diese Mittel konzentriert in die ostdeutsche Wirtschaft fließen zu lassen, die dann ihrerseits dringend benötigte Investitionsgüter und Ersatzteile nach Rußland und die anderen mittel- und osteuropäischen Staaten hätten liefern können, kostenlos oder zu günstigsten Bedingungen. Das hätte, für eine Übergangszeit Arbeitsplätze gesichert und wäre für den Steuerzahler in Deutschland insgesamt billiger gewesen. Offenbar fehlte es an Mut und an der Fantasie, sich auf solche alternativen Modelle einzulassen. Wahrscheinlicher aber ist, daß die westdeutsche Wirtschaft eine erstarkende ostdeutsche Industrie als potentiellen Konkurrenten fürchtete und deshalb jede unkonventionelle Innovation abzublocken versuchte.

Ostdeutschland wurde anscheinend ausschließlich als Markt betrachtet; sechzehn Millionen neue Konsumenten waren natürlich willkommen. Die westdeutsche Wirtschaft hatte keine Mühe, diesen Markt zu bedienen. Nur die Tatsache, daß ein Transfer, der vorwiegend in den konsumtiven Bereich floß und fließt, auf Dauer nicht zu leisten sein würde, wurde nicht beachtet. Wenn aus den als Anschubfinanzierung gedachten Milliarden keine eigene Wirtschaftskraft entsteht, die ihrerseits Kaufkraft erzeugt, versickert das Geld letztlich im ostelbischen Sand. Das alles sind Binsenweisheiten. Wenn sie dennoch nicht beachtet werden, mag das am mangelnden Vertrauen der Marktwirtschaftler in die Marktwirtschaft liegen.

Das ist ja allenthalben zu beobachten: im gigantischen Subventionismus, der marktfremden Regulierungspolitik und dem Protektionismus der Europäischen Union ebenso wie in der Marktfeindlichkeit der deutschen Politik. Ich bin immer wieder schockiert, wieviel kommandowirtschaftliches Denken mir auch im Westen begegnet. Das verträgt sich natürlich bestens mit der in der DDR über vier Jahrzehnte ausgebildeten Mentalität, die gekennzeichnet ist durch überhöhte Erwartungen an den Staat und die fehlende Bereitschaft, eigenverantwortlich zu handeln. Wirtschaftliches Handeln wird nicht als unabhängig vom Staat und sozial verpflichtet begriffen. So wurden, um nur ein Beispiel zu nennen, Arbeitsbeschaffungmaßnahmen statt Arbeitsplätze gefördert, mithin also ein Instrument verstetigt, das als Überbrückungsmaßnahme, als soziales Hilfsinstrument konzipiert ist. ABM sind eine Leistung der Solidargemeinschaft und werden von denen bezahlt, die Arbeit haben. Mittlerweile dienen sie aber vor allem dazu, die mangelnde Effizienz der Wirtschaft und die verfehlte Strukturpolitik zu kaschieren. Arbeitsbeschaffungsmaßnahmen fördern vor allem die Bequemlichkeit und die mangelnde Risikobereitschaft der Wirtschaft, nicht aber den Arbeitsmarkt - und das auf unser aller Kosten.

In Ostdeutschland übersteigen mittlerweile in manchen Wirtschaftszweigen die Arbeitsfördermaßnahmen die Arbeitsplätze. Im privaten Garten- und Landschaftsbau kommen zum Beispiel acht ABM-Beschäftigte auf einen regulären Arbeitnehmer. Viele kommunale und kulturelle Einrichtungen existieren nur dank ABM. Das kann keine Volkswirtschaft, kein Gemeinwesen auf Dauer verkraften. Deshalb müssen alle Anstrengungen unternommen werden, um Arbeitsplätze zu schaffen und ABM abzubauen. Nur wer Arbeit hat, zahlt Steuern und Beiträge. Aber natürlich kann die Bundesregierung die Schieflage, für die sie verantwortlich ist, nicht mit einem Federstrich, mit radikalen Haushaltskürzungen aus der Welt schaffen. Für viele, vor allem im Osten, sind ABM zum sozialen Rettungsanker geworden.
Ein abrupter Abbruch der Fördermaßnahmen würde nur neue Ungerechtigkeit schaffen. Überdies müßten auch sinnvolle Projekte aufgegeben werden. Dennoch: Ein Umsteuern,

Arbeit statt ABM, tut not. Aber das ist ein langfristiges Projekt, das bei Wirtschaft, Politik und Arbeitnehmern Innovationskraft und soziales Verantwortungsbewußtsein voraussetzt. Nur ein intakter Arbeitsmarkt kann den Sozialstaat sichern.

Nicht minder wichtig wäre es gewesen, in Ostdeutschland Eigentum zu schaffen. Das war ja auch die ursprüngliche Idee für eine Treuhandanstalt, wie sie von der Bürgerbewegung „Demokratie Jetzt" schon 1989 angedacht worden ist. Also die Überführung des nominellen Volkseigentums, das ja in Wahrheit Eigentum des Staates und der Partei war, in wirkliches Eigentum derer, die es geschaffen haben. Mithin eine wirkliche, eine breite Privatisierung als Voraussetzung für die Demokratisierung der ostdeutschen Wirtschaft. Was wir wollten, wurde auch nicht ansatzweise verstanden, obgleich sich im Einigungsvertrag noch ein Relikt dieser Idee findet.

Selbst wenn der Wert der DDR-Volkswirtschaft zunächst irreal hoch angesetzt war - die Ostdeutschen zu Eigentümern ihrer Betriebe zu machen und sie damit unmittelbar in die Verantwortung zu nehmen und für das eigene Unternehmen zu interessieren, wäre allemal besser gewesen als Betriebe, wie vielfach geschehen, an Außenstehende zu verschleudern. Es war doch absehbar, daß bei dieser Art der Privatisierung die Unternehmen auch an Leute gelangen würden, die sich bloß der potentiellen Konkurrenten entledigen wollten, oder gar in die Hände von Glücksrittern und Bankrotteuren, die vor allem an Immobilien, Know-how und Cash interessiert waren. Aber der Gedanke, Arbeitnehmer zu Eigentümern zu machen, etwa durch Investivlohn-Modelle, hatte sich ja auch in der alten Bundesrepublik nicht durchsetzen können.
Es bleibt eine Aufgabe für die Zukunft; die Chance, dazu die Wiedervereinigung kühn zu nutzen, wurde jedenfalls vertan.

Am fatalsten aber ist, für die deutsche Wirtschaft insgesamt betrachtet, daß in Ostdeutschland beim Transformationsprozeß von der Kommandowirtschaft zur Marktwirtschaft erschreckend häufig der Gedanke von der Sozialpflicht des Eigentums auf der Strekke geblieben ist. Hier ist durch die Wiedervereinigung eine Entwicklung beschleunigt und verstärkt worden, die in der alten Bundesrepublik längst begonnen hatte. Besonders jenen Neukapitalisten im Osten, die aus den sozialistischen Kaderschmieden der SED oder Blockparteien gekommen sind, ist eine Verpflichtung für das Gemeinwohl, die aus dem Eigentum erspringt, so wie es das Grundgesetz im Artikel 14.2 postuliert, oftmals fremd. Sie sind es gewohnt, in engen Gruppeninteressen zu denken und zu handeln. Die Wirtschaft hat dadurch, daß sie bei der Einstellung dieser Leute vor allem Wert auf fachliche Kompetenz, nicht aber auf persönliche Integrität und Charakterstärke gelegt hat, geradezu eine Negativauslese betrieben. Daß viele, die sich der SED widersetzt haben, bis zur Wiedervereinigung nicht die geringste Chance hatten, wirtschaftliche Fähigkeiten zu erproben und Kompetenz zu erlangen, wurde nicht beachtet. So sind oftmals gerade diejenigen, die in der DDR Charakterstärke bewiesen hatten, zu Einheitsverlierern und Opfern eines rüden Neokapitalismus der vormaligen Sozialisten geworden.

Auch heute gilt, nicht anders als zu Ludwig Erhards Zeiten, daß jede wirtschaftliche Tätigkeit zugleich der Allgemeinheit zu dienen hat, die dafür ja die Grundlagen zur Verfügung stellt: die Menschen und das Wissen der Menschheit, die Energie und die Bodenschätze, den Grund und Boden und nicht zuletzt den Rahmen, der Marktwirtschaft erst möglich macht, nämlich ein friedvolles, demokratisches und geordnetes Gemeinwesen. Wer aber um des Profits willen rücksichtslos Arbeitsplätze abbaut, Ressourcen vernichtet und Abgaben an die Allgemeinheit

hinterzieht, handelt kurzsichtig und töricht. Er stört den sozialen Frieden, verhindert soziale Gerechtigkeit und gefährdet Demokratie und Freiheit. Damit beraubt er nicht zuletzt sich selbst des Fundaments jeglichen wirtschaftlichen Handelns. Ich bin überzeugt, daß eine ausschließlich am Profit orientierte Wirtschaft, langfristig betrachtet, weder konkurrenzfähig noch zukunftsfähig ist – so idealistisch das auch klingen mag. Gerade die jüngsten Entwicklungen, insbesondere die Globalisierung und das kommunikative Zusammenwachsen der Menschheit, fordern mehr denn je Verantwortungsbewußtsein und Gestaltungswillen für das Ganze. Der isolierte Wohlstand einer Minderheit auf der einen und unermeßliche Armut auf der anderen Seite produzieren Gewalt, moralischen Verfall und Krieg.

Der Grundwiderspruch, mit dem wir Ende des 20. Jahrhunderts konfrontiert sind, ist doch, daß immer mehr mit immer weniger menschlicher Arbeitskraft produziert werden kann. Es entsteht eine Zweiklassengesellschaft, die in Arbeitbesitzer und Arbeitslose gespalten ist. Das Grundrecht auf ein menschenwürdiges Leben gilt universell, und es schließt selbstverständlich auch das Recht eines jeden Menschen auf Arbeit ein, auch wenn es, als Anspruch auf einen Arbeitsplatz oder als Bringschuld des Staates, nicht einklagbar sein kann und soll. Vielmehr ergibt sich das Grundrecht auf Arbeit zwingend aus der Sozialpflicht des Eigentums, wenn damit nicht bloß mildtätige Gaben gemeint sein sollen. Hierbei haben nach meinem Eindruck nicht nur die Arbeitgeber, sondern auch die Gewerkschaften versagt. Sie haben sich zu Lobbyisten der Arbeitbesitzer fehlentwickelt und gleichermaßen den Blick auf das Ganze verloren. Es ist doch geradezu unverantwortlich, einmal erlangte Privilegien mit Krallen und Klauen zu verteidigen, auch um den Preis des allgemeinen wirtschaftlichen Niedergangs.

Insgesamt ist der notwendige Strukturwandel, der sich aus den globalen Veränderungen ergibt, bei der Transformation der ostdeutschen Kommandowirtschaft in die Marktwirtschaft nicht ausreichend erkannt und zu halbherzig angepackt worden. Eine große Chance wurde vertan. Das unkritische Kopieren des westdeutschen Modells, das sich doch seinerseits längst in der Krise befand, hat völlig unnötig Probleme und Konflikte in den Osten transportiert und somit oft genug notwendige Veränderungen verzögert und verhindert. Es hätte zwar noch schmerzhaftere Einschnitte verursacht, wäre auf Dauer aber sozial stabilisierend und wirtschaftlich effizienter gewesen, nicht die Industriefossilien des 19. Jahrhunderts zu reanimieren, sondern konsequent auf Zukunftstechnologien zu setzen. Also nicht industrielle Kerne zu fördern, sondern technologische, um die herum sich Forschung, mittelständische Unternehmen und Dienstleister hätten ansiedeln können. Die Voraussetzungen dafür waren nicht einmal schlecht. Gerade für Kommunikations-, Medien- und Umwelttechnologien bestand und besteht ein großer Bedarf. Andererseits hätte mühelos ein großes Potential gut ausgebildeter Fachleute mobilisiert werden können, die über ein solides Grundwissen verfügten und motiviert waren, ihr Wissen und ihre Fähigkeiten zu erweitern. Inzwischen haben so viele Menschen Rückschläge erlitten und sind enttäuscht worden, daß die Aufbruchsstimmung in den ostdeutschen Bundesländern in eine verbreitete Resignation und Lethargie umgeschlagen ist.

Ich will ein einziges Beispiel nennen. Mir und manchem Kollegen schwebte gleich nach der Wende vor, die unvergleichlichen Standortvorteile der DEFA zu nutzen und Babelsberg zum europäischen Hollywood zu machen. Nirgendwo sonst in Europa gab es ein so ausgedehntes Filmgelände inmitten einer Großstadt, mit hervorragender Verkehrsanbindung. Nirgendwo sonst gab es so viele hervorragend ausgebildete Filmfachleute, die fest in der Tradition des europäischen Films verwurzelt waren. Es gab brauchbare Studios, einen reichhaltigen Fundus, Werkstätten mit kreativen Handwerkern, ein umfassendes Archiv. Was fehlte, waren moderne Filmtechnologie und auf den neuesten Stand der Technik gebrachte Studios, und natürlich ein marktwirtschaftlich erfahrenes Management. Vor allem aber fehlte der politische Wille in Brandenburg, in Brüssel und Bonn, mit den Pfründen dieses Standortes zu wuchern. Partikulare Interessen der Länder und ihrer Filmwirtschaften überwogen. Es wurde gekleckert, nicht geklotzt.

Inzwischen sind zahlreiche hochqualifizierte Filmfachleute abgewandert, das Gelände wurde zur Immobilie, der Fundus zerstreut. Nicht einmal die Zukunft des Filmstocks der DEFA ist bis heute gesichert – und das in einer Mediengesellschaft, in der jeder sendefähige Filmmeter Gold wert ist. Babelsberg ist ein mittelmäßiger Filmstandort geworden, einer unter vielen, aber nicht das kreative und technologisch innovative Zentrum einer europäischen Filmindustrie.

Der notwendige Strukturwandel kann nicht angepackt, erst recht nicht bewältigt werden, wenn es an sozialer Verantwortlichkeit und an Mut zum wirtschaftlichen Risiko fehlt. Dazu gehört, daß angesichts der weltweiten Veränderungen auch der wirtschaftliche Erfolg neu definiert werden muß. Die längst erkannten Grenzen und Risiken des Wachstums müssen ernst genommen werden. Eine wirtschaftliche Expansion, die nicht zugleich auch soziales Wachstum gewährleistet, also ein Mehr an Freiheit, Gerechtigkeit und Demokratie bringt, muß letztendlich, auf das Ganze und auf die Zukunft betrachtet, als unwirtschaftlich begriffen werden. Der Abbau von Arbeitsplätzen, auch wenn er ein Unternehmen schlank und kurzzeitig profitabler macht, ist volkswirtschaftlich betrachtet, immer ein Verlust. Denn dann muß die Allgemeinheit, oft auf Jahrzehnte hin, für die aufkommen, die ihre Arbeit verloren haben. Muß denn wirklich immer, wo es technisch nur machbar ist, menschliche Arbeitskraft durch Maschinen ersetzt werden? Sollte nicht die möglichst hohe Anzahl der Beschäftigten, denen ein Unternehmen Arbeit und Brot gibt, eine ebenso wichtige Kennzahl sein können wie der Gewinn oder der möglichst geringe Verbrauch von Energie und Rohstoffen?

Dafür genügen Appelle allein nicht. Die gesellschaftlichen Rahmenbedingungen müssen verändert werden. Es sollten, ähnlich wie es mit der ökologischen Besteuerung angedacht und mit Umweltbilanzen hier und da erprobt worden ist, Regularien für den sorgsamen Umgang mit Arbeitsplätzen gefunden werden. Das kann jedoch nicht zuerst Aufgabe der Politik sein, sondern muß von der Wirtschaft selbst als Herausforderung zur Standort- und Zukunftssicherung verstanden werden. Erst wenn sich die Wirtschaft dem notwendigen Wandel versagt, sollte an politische Maßnahmen gedacht werden. Zum Beispiel an die Besteuerung von Maschinen, die Arbeitsplätze vernichten, damit die Verluste, die dadurch die Allgemeinheit erleidet, wenigstens teilweise kompensiert werden können. Das mag marktfeindlich klingen, ist aber nur die konsequente Anwendung der Erkenntnis, daß wirtschaftliches Handeln sozial verantwortlich sein muß.

Denn der Markt ist ja kein Deus ex machina, kein Fetisch, keine unbeherrschbare höhere Gewalt, sondern ein Instrument, das dem Menschen zu dienen hat. Der Mensch muß den Markt beherrschen, nicht umgekehrt. Für seine Beherrschbarkeit müssen Menschen einstehen, die dem Gemeinwohl verpflichtet sind, damit möglichst viele von den Früchten menschlicher Arbeit und Schöpferkraft profitieren können. Eine Marktwirtschaft ohne soziale Bindung jedenfalls ist ebenso fossil und steril wie die Kommandowirtschaft – und ebensowenig überlebensfähig wie diese.

Kraft und Mythos einer Weltmarke

Apollinaris - ein rotes Dreieck wird zum Symbol

Ein Naturprodukt aus einer Quelle bei Bad Neuenahr ist eine der ganz wenigen Weltmarken deutscher Provenienz: das Mineralwasser Apollinaris.

Dabei ist der Weg von einem Mineralwasser zur Marke keineswegs vorgezeichnet gewe-

Georg Kreuzberg

sen. Daß dieser 1894 erstmals patentierte Markenartikel mit dem roten Dreieck als Markensymbol heute weltweit so jung und aktuell wie eh und je ist, verdankt er sicherlich vor allem seiner natürlichen Qualität, seiner hohen und ausgewogenen Mineralisation sowie dem exzellenten Geschmack. Hinzu kam eine stets zeitgemäße Markenführung dieses traditionsreichen Klassikers.

Selten ist eine Investition so mißlungen und gelungen zugleich wie die 15 Taler, mit denen der Ahrweiler Weinhändler Georg Kreuzberg im Jahre 1852 einen Weinberg bei Bad Neuenahr ersteigerte. Kreuzbergs Enttäuschung war groß: Die Reben wollten nicht gedeihen. Eine Bodenuntersuchung entdeckte Ausdünstungen, die nur von einer mineralischen Quelle stammen konnten. Bohrungen bestätigten den Befund.

Kreuzberg machte das Beste daraus: Dem Wandel von Wein zum Wasser stand nichts im Wege.

Einen Namen für seinen Fund hatte der Weinhändler auch zur Hand. Er taufte seinen Brunnen nach einem Bildstock des Heiligen Apollinaris, der neben der Quelle stand.

Die 1853 gegründete „Commanditgesellschaft Georg Kreuzberg & Co" erhielt von der königlich-preußischen Regierung in Koblenz die Verkaufslizenz für dieses neue Mineralwasser mit seiner unvergleichlichen Mischung aus belebenden Mineralien.

Dank Kreuzbergs unternehmerischer Weitsicht gewann sein Mineralwasser in wenigen Jahren Freunde über das Rheinland hinaus. Zu den treuesten Kunden zählte Reichskanzler Fürst Otto von Bismark, der vom guten Essen und Trinken mindestens ebensoviel verstand wie von Politik.

Schon 1873 wagte Kreuzberg den Schritt auf den internationalen Markt und eröffnete „The Apollinaris Company London". Und bald führten Niederlassungen in aller Welt das Produkt aus Bad Neuenahr im Sortiment.

Der weltweite Vormarsch endete auch nicht mit dem Tode des Pioniers. Seine Erben gründeten 1876 die „Aktiengesellschaft Apollinaris Brunnen vorm. Georg Kreuzberg", die 1892 in englischen Besitz überging und damals bereits über 18 Millionen Füllungen verkaufte. Damit zählte Apollinaris zu den erfolgreichsten Unternehmen seiner Zeit.

Den ersten Schritt zur Marke mit Weltgeltung machte Apollinaris, wie sie Verbraucher sowie Handel und Gastronomie heute kennen und schätzen, in Großbritannien. Der entscheidende Anstoß: Produkte „von hervorragender Qualität" durften seit 1892 mit einem roten Dreieck versehen werden, was sie vor Verwechslungen und Nachahmungen schützen sollte. Dieses schlichte Markenzeichen und der Schriftzug „Apollinaris" lagen auch der Eintragung in das Warenverzeichnis beim Kaiserlichen Patentamt in Berlin zugrunde. Unter der Warenzeichennummer 5460 bestätigte das Patentamt am 20. April 1895 den Schutz des Produktes. die Marke „Apollinaris" war auch von Amts wegen geschaffen, und zwar als eine der ersten in Deutschland überhaupt.

Das Markenbild krönte den Titel: „The Queen of Table Waters", eine Kreation von Ernest Heart, Herausgeber des „British Medical Journal" und wissenschaftlicher Berater der Apollinaris Company. Tatsächlich etablierte sich das geadelte Getränk über alle Zeitabläufe und Regierungsformen hinweg. Ob „Apollinaris" genannt oder „Polly", diese Marke hatte und hat einen guten Namen bei Verbrauchern, im Handel und in der Gastronomie. Slogans wie „Aus dieser Quelle trinkt die Welt" und „In den besten Häusern zu Hause" waren und sind keine leeren Versprechungen. Internationale Klasse prägt diese Premiumsmarke bis heute.

Weltweit angelegte Markenpolitik blieb auch das verbindende Element, als 1956 die heutige Brau & Brunnen AG die Markenführung übernahm und 1991 in das deutsch - englische Gemeinschaftsunternehmen Apollinaris & Schweppes einbrachte.

Wie marktgerecht sich Apollinaris entwickelte und dabei den Markenkern erhielt, zeigt nichts

besser als der Verbund von Tradition und Innovation in der Produktpalette. Mit einer klaren Sortimentsstrategie trägt Apollinaris den unterschiedlichen und sich wandelnden Trinkgewohnheiten Rechnung:

• *Apollinaris Classic* - das traditionell führende Mineralwasser. Seine Reinheit und hochwertige Mineralstoffe machen es so geschmackvoll und erfrischend.

• *Apollinaris Medium* - das wertvolle Mineralwasser mit wenig Kohlensäure. Ausgewogene Mineralstoffe machen den Genuß zu einem natürlichen Erlebnis.

• *Apollinaris Lemon* - mit einem Hauch von natürlichen Auszügen der Zitrone.

So wie die durchgängige Apollinaris-Qualität unverzichtbarer Bestandteil des Produktes und der Marke ist, so bleiben das rote Dreieck und der markante Slogan „The Queen of Table Waters" die unverwechselbaren Symbole für eine gewachsene Weltmarke. In der nahezu 150-jährigen Apollinaris-Geschichte hat dieser Markenklassiker par excellence somit für die Konsumenten von heute nichts von seiner Vitalität, seiner Attraktivität und seinem einmaligen Geschmackserlebnis eingebüßt.

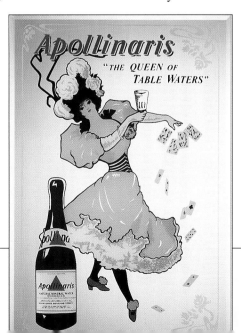

Dr. Edmund Stoiber

VITA: Dr. Edmund Stoiber wird am 28. September 1941 in Oberaudorf, Landkreis Rosenheim, geboren. Nach dem Abitur und Dienst bei der Gebirgsdivision in Bad Reichenhall und Mittenwald studiert er Rechtswissenschaften und politische Wissenschaften an der Universität München und an der Hochschule für politische Wissenschaften. Anschließend wird er wissenschaftlicher Mitarbeiter am Lehrstuhl für Strafrecht und Ostrecht an der Universität Regensburg.

Nach dem 2. juristischen Staatsexamen tritt er 1971 in das Bayerische Staatsministerium für Landesentwicklung und Umweltfragen ein. In den Jahren 1972 bis 1974 ist er dort persönlicher Referent des Staatsministers und leitet zuletzt das Ministerbüro. Bis 1976 ist er Kreisvorsitzender der Jungen Union von Bad Tölz-Wolfratshausen, seit 1975 Mitglied des Bezirksvorstandes der CSU Oberbayern. Von 1978 bis 1984 ist er Mitglied des Kreistages Bad Tölz-Wolfratshausen. Seit dem Juli 1978 ist Edmund Stoiber als Rechtsanwalt zugelassen.

Von November 1978 bis April 1983 ist er Generalsekretär der Christlich-Sozialen-Union in Bayern. Er wird Stellvertretender Parteivorsitzender von November 1989 bis Oktober 1993 und ist gleichzeitig von November 1989 bis November 1993 Vorsitzender der Grundsatzkommission. Von Oktober 1982 bis Oktober 1988 ist er Leiter der Bayerischen Staatskanzlei, seit 1986 als Minister. Von 1988 bis 1993 ist Edmund Stoiber Bayerischer Staatsminister des Inneren und seit dem 28. Mai 1993 Bayerischer Ministerpräsident. Bereits seit 1974 gehört er als Mitglied dem Bayerischen Landtag an.

Dr. Edmund Stoiber ist römisch-katholisch, seit 1968 verheiratet und hat drei Kinder.

Wege in die Zukunft – Bayerns Wirtschaft im Zeichen der Sozialen Marktwirtschaft

von Edmund Stoiber

Seit Ludwig Erhard 1948 mit seiner mutigen Entscheidung, die Fesseln der Wirtschaftslenkung abzustreifen, den Startschuß für die soziale Marktwirtschaft und den Wiederaufbau gab, hat Bayern eine besonders dynamische Entwicklung erlebt. Dank eines energisch vorangetriebenen Industrialisierungsprozesses entstanden regional verteilt in ganz Bayern moderne Industriezweige und ein blühendes Gewerbe.

Wachstum und Beschäftigungsentwicklung lagen in den letzten 20 Jahren weit über dem Bundesdurchschnitt. Seit 1970 hat sich die gesamtwirtschaftliche Leistung des Freistaats mehr als verdoppelt. Die besondere Stärke der bayerischen Wirtschaft liegt in ihrer ausgewogenen Struktur. Wir haben exportstarke High-Tech-Sektoren von internationalem Zuschnitt ebenso wie ein leistungsfähiges, innovatives Handwerk und einen qualifizierten Dienstleistungsbereich. Neben den bayerischen Großunternehmen, die in aller Welt den Ruf Bayerns als führender Industriestandort repräsentieren, verfügen wir über einen breiten Mittelstand und die höchste Selbständigenquote. Das moderne Bayern ist ein dynamischer, hochtechnologieorientierter Wirtschaftsstandort mit intensiven internationalen Wirtschaftsbeziehungen. Die erfolgreiche Wirtschaftsentwicklung Bayerns zeigt sich daran, daß wir heute mit dem Pro-Kopf-Volkseinkommen im Vergleich der deutschen Flächenstaaten an zweiter Stelle stehen und die niedrigste Arbeitslosigkeit im Bundesgebiet haben.

Trotz dieser Erfolge stellen uns die dynamischen Entwicklungen der Weltwirtschaft und die neuen politischen und wirtschaftlichen Dimensionen in Europa vor gewaltige Herausforderungen. Mit den aufstrebenden Schwellenländern in Asien und Lateinamerika und mit den Reformstaaten Mittel- und Osteuropas sind neue, starke Konkurrenten auf dem Markt. Noch nie zuvor standen deutsche Unternehmen und der Standort Deutschland in einem vergleichbaren globalen Wettbewerb. Im Rahmen der sozialen Marktwirtschaft müssen wir unsere ökonomischen, ökologischen und sozialen Spitzenstandards verteidigen. Vor dieser Herausforderung stehen Wirtschaft, Gesellschaft und Staat gleichermaßen.

Unsere spezifischen Standortvorteile, die sich vor allem auf den Nenner „hohe Produktivität" bringen lassen, werden durch den Aufholprozeß anderer Volkswirtschaften, die Internationalisierung des Wirtschaftsgeschehens und den immer rascheren Abbau von Know-how-Vorsprüngen geringer. Gleichzeitig wirken sich unsere Kostennachteile stärker aus.

Wir befinden uns in einer historischen Umbruchsituation. Wir müssen neu lernen, daß wir unseren Wohlstand, unsere soziale Sicherheit und politische Stabilität nur erhalten werden, wenn wir im globalen Wettbewerb mit hochwertigsten Produkten antreten. Deshalb brauchen wir Innovationen, die die Grundlage für die Produkte von Morgen schaffen. Dies kann nur gelingen, wenn wir alle Leistungsreserven mobilisieren und optimale Rahmenbedingungen für die Wirtschaft schaffen.

Die Wirtschaft gedeiht dort am besten, wo den dynamischen Kräften der Wirtschaft Raum gegeben wird, wo die Leistung des

Unternehmers anerkannt wird und das Umfeld motivierend wirkt. Ziel der Staatsregierung ist es, im Rahmen der sozialen Marktwirtschaft dieses Umfeld in Bayern auch in Zukunft weiter zu verbessern und der Wirtschaft vielfältige Impulse für zukunftsweisende Entwicklungen zu geben.

Dabei darf der soziale Aspekt unserer Marktwirtschaft nicht zu kurz kommen. Der Aufstieg Deutschlands zu einer führenden Wirtschaftsnation nach dem Krieg war durch ein hohes Maß an sozialer Partnerschaft gekennzeichnet. Das war im Vergleich zu anderen europäischen Ländern für uns ein erheblicher Standortvorteil. Dieser Grundkonsens in der Sozialen Marktwirtschaft hat den Unternehmen stabile Grundlagen für langfristige Investitionsentscheidungen gegeben und fruchtlose Verteilungskämpfe verhindert.

Deshalb setze ich mich auch heute nachdrücklich für die Erhaltung des sozialen Konsenses ein, denn sein Verlust würde eine nachhaltige Schwächung unseres Wirtschaftsstandorts bedeuten. Wir brauchen auch in Zukunft die Zusammenarbeit aller gesellschaftlichen Kräfte.

Mit dem „Beschäftigungspakt Bayern" haben wir ein Zeichen gesetzt, daß Verantwortung, Dialogbereitschaft und Konsensfähigkeit der Tarifpartner unverändert vorhanden sind. Die Organisationen der bayerischen Wirtschaft und der DGB Bayern haben sich verpflichtet, in ihren Bereichen auf beschäftigungsorientierte Tarifabschlüsse hinzuwirken. Sie sollen unter dem Leitmotiv „Sicherung und Schaffung von Arbeitsplätzen" geführt werden. Verteilungsfragen dürfen heute nicht mehr im Mittelpunkt stehen, es geht vielmehr um die gemeinsame Verteidigung von Arbeitsplätzen.

Ich freue mich deshalb sehr über die konstruktiven Gespräche, die zwischen den Partnern des Beschäftigungspakts in Bayern geführt werden. Dabei standen bisher Fragen der Lehrstellensituation, technologische Leitprojekte, ein Arbeitsmarktfonds und eine Offensive für Existenzgründungen im Mittelpunkt. Wir werden diese Gespräche in Bayern fortsetzen.

So bedarf es in allen Bereichen der Wirtschaft und Gesellschaft Mut zu neuen Problemlösungen und der Bereitschaft zu Innovationen. Die Innovationsfähigkeit ist die wichtigste Herausforderung für unsere Gesellschaft.

In allen Bereichen erfordert der Aufbruch ins neue Jahrtausend Umdenken, Flexibilität und Mut zu Neuem. Dafür schaffen wir auch im Bildungswesen die Voraussetzungen. Die Förderung des „Rohstoffes Geist" in Schule und Hochschule, in Aus- und Fortbildung ist ein entscheidender Faktor für die Zukunftsfähigkeit unseres Landes.

Die hohe Qualität unserer Bildungseinrichtungen wird weit über Bayern hinaus anerkannt. Um diesen Standard zu sichern, halten wir zum Beispiel an 13 Jahren Schulzeit bis zum Abitur fest und vermitteln in der Schule die Vertrautheit mit modernen Technologien. Informationstechnische Grundbildung ist heute als fächerübergreifender Unterricht an allen Schularten eingeführt. Den wachsenden Herausforderungen im verschärften internationalen Wettbewerb wollen wir auch im Bereich der Hochschulen gerecht werden. Wir bringen deshalb aus Privatisierungserlösen über 2 Mrd. DM zusätzlich für den Hochschulbau auf. Wir stellen 7.000 Studienplätze an den neuen Fachhochschulen bereit und errichten an verschiedenen Hochschulstandorten in Bayern neue Fakultäten.

Nachdrücklich setze ich mich auch für eine Hochschulreform ein. In Zusammenarbeit mit der Bayerischen Rektorenkonferenz wurde ein Konzept entwickelt, das die Hochschulen in ihrer Effizienz und Wirtschaftlichkeit stärkt, ihre Eigenverantwortung und Autonomie erweitert, den Wettbewerb der Hochschulen untereinander fördert und die Lehre auch im Hinblick auf den Arbeitsmarkt verbessert. Ein qualifiziertes Bildungssystem ist noch immer die wichtigste Investition in die Zukunft für die Wirtschaft wie für die Gesellschaft.

Darüber hinaus tut die Bayerische Staatsregierung alles, damit Forschung und Innovation über Rahmenbedingungen verfügen, in denen sie sich bestmöglich entwickeln können. Schon in den 80er Jahren wurde der wirtschaftliche Aufschwung zu einem wesentlichen Teil von den forschungs- und entwicklungsintensiven Wirtschaftszweigen getragen. Dieser Trend wird sich in Zukunft verstärken. Deshalb setzen wir Akzente zugunsten der Förderung von neuen Technologien, Forschung und Entwicklung.

Die Privatisierungserlöse von insgesamt mehr als 5 Mrd. DM geben uns die einmalige Chance, durch gezielte Maßnahmen die Entwicklung im wissenschaftlichen und technischen Bereich voranzutreiben. Im Rahmen der „Offensive Zukunft Bayern" investieren wir in Zukunftsfelder der Wirtschaft wie Verkehrstechnologie, Kommunikationstechnologie, der Materialwissenschaft, der Umwelttechnik, der Bio- und Gentechnologie sowie der medizinischen Forschung. Dies sind Bereiche, in denen wir Spitzenleistungen brauchen, um international wettbewerbsfähig zu bleiben.

Eines der wichtigsten Vorhaben zur Förderung des Hochtechnologiesektors ist der Bau des neuen Forschungsreaktors im Norden von München, in Garching. Damit dokumentieren wir unseren Willen, auch in Zukunft maßgeblich an der Spitzenforschung teilzunehmen. Neutronenforschung und die Strukturaufklärung mit Neutronen stellen heute unverzichtbare Voraussetzungen für wissenschaftliche und technologische Spitzenleistungen dar. Aus diesem Grund haben

wir uns für die Erneuerung des Forschungsreaktors in Garching entschieden.

Enorme Entwicklungsmöglichkeiten sehe ich in der Bio- und Gentechnik. Im Wettlauf um diese Zukunftstechnologie hat sich Bayern mittlerweile eine gute Ausgangsposition erarbeitet, nicht zuletzt durch eine offensive Forschungspolitik und die Beseitigung administrativer Hemmnisse. Wir haben große Anstrengungen unternommen und vor allem in Martinsried in einen leistungsfähigen Forschungs- und Anwendungsverbund investiert. Das Uni-Klinikum, das Gen-Zentrum, das Max-Planck-Institut, das Innovations- und Gründerzentrum der Fraunhofer-Gesellschaft und die chemisch-pharmazeutischen Institute arbeiten künftig in enger Nachbarschaft. Hinzukommen werden die Institute für Anthropologie und Humangenetik.

Ich freue mich deshalb ganz besonders über die Auszeichnung Münchens als führende Bio-Technologie-Region Deutschlands. Die Bedeutung dieser Auszeichnung geht weit über die zusätzlich zu erwartenden Fördermittel hinaus. Mit ihr wurde gleichzeitig die herausragende Qualität der bayerischen Forschungseinrichtungen und des innovativen Umfeldes gewürdigt.
Dieses Beispiel zeigt darüber hinaus sehr deutlich, daß Forschung und Anwendung immer stärker zusammenrücken müssen, wenn aus guten Ideen wirtschaftlicher Erfolg und Arbeitsplätze entstehen sollen.

Auch in Augsburg und Nürnberg sollen Kompetenzzentren Entwicklungsimpulse für neue Technologien geben. So wird in Augsburg ein Kompetenzzentrum für Umweltforschung und Materialtechnologie entstehen. Bereits im vergangenen Jahr wurde das Institut für Abfallforschung in Augsburg eingeweiht, und der erste Spatenstich für das Landesamt für Umweltschutz steht kurz bevor. Im Verbund mit diesen Einrichtungen wird auch ein umwelttechnisches Gründerzentrum errichtet.

Da wir in Deutschland weltweit eine führende Position bei der Entwicklung von Umwelttechnologien einnehmen und dieser Bereich gleichzeitig zu den bedeutendsten Zukunftsindustrien zählt, erhoffe ich mir davon eine nachhaltige Stärkung der Wirtschaftsdynamik Schwabens.
In Nürnberg entsteht ein Kompetenzzentrum für Verkehrs- und Telekommunikationstechnik sowie Medizintechnik. Für 23 Leitprojekte wendet der Freistaat 70 Mio. DM auf, um für Mittelfranken zukunftsträchtige industriepolitische Signale zu setzen.

Die Staatsregierung ist darüber hinaus der Überzeugung, daß den Informations- und Kommunikationstechnologien ganz generell eine Schlüsselrolle für die Zukunft des Wirtschaftsstandorts Bayern zukommt. Gerade für einen Flächenstaat wie Bayern haben die Entwicklung dieser Technologien und die damit verbundenen technischen Anwendungen wie z.B. die Telearbeit herausragende Bedeutung.

Bayern ist innerhalb Deutschlands der bedeutendste Standort der kommunikationstechnischen Industrie, der Elektro-, der Elektronik und der Unterhaltungselektronik mit knapp einer viertel Million Mitarbeitern. Auch die bayerische Forschung im Bereich der Mikroelektronik und Telekommunikation nimmt in Europa eine führende Position ein.
Diese Entwicklung unterstützen wir nachdrücklich mit unserem Förderkonzept „Bayern Online". Die Staatsregierung hat dafür im Rahmen der „Offensive Zukunft Bayern" 148 Mio. DM bereitgestellt. Dieses Konzept, das wir zusammen mit Anbietern und Nutzern, mit Wirtschaft, Wissenschaft und Verwaltung erarbeitet haben, führte zur Errichtung einer bayerischen Hochleistungsdatenautobahn, die alle 26 bayerischen Hochschulen verbindet.

Darüber hinaus eröffnet sie Behörden und Privaten den Zugang zu diesem sogenannten Bayernnetz. Weitere Pilotprojekte fördern die Anwendung der digitalen Technik in unterschiedlichen Feldern. Neue Projekte werden in den Bereichen innere Sicherheit, ländlicher Raum und Schule verwirklicht.

Ich bin sehr zuversichtlich, daß dieses Engagement Wege in die Zukunft für Bayerns Wirtschaft weist und nachhaltig zur Schaffung neuer Arbeitsplätze führt. Diese Impulse aus Forschung und Wissenschaft, die wir mit staatlichen Mitteln fördern, tragen zur offensiven Bewältigung des wirtschaftlich-technologischen Wandels bei, ohne die Wirtschaft industriepolitisch zu gängeln. Auch in Zukunft setzen wir auf den freien Wettbewerb in der Sozialen Marktwirtschaft.

Marktwirtschaft lebt von Wettbewerb und Dynamik, lebt von der Neuerung. Gerade deshalb ist es der Staatsregierung ein besonderes Anliegen, unternehmerische Talente zu fördern und Existenzgründer bei ihrem Start in die Selbständigkeit zu unterstützen. Kein anderes Land fördert den Mittelstand und die Selbständigkeit so wie wir in Bayern. So haben wir z.B. einen Meisterpreis geschaffen, mit dem wir die besten Absolventen der Meisterprüfung belohnen. Wir errichten 20 neue Gründerzentren, die Jungunternehmern bei den ersten Schritten in die Selbständigkeit helfen. Wir haben außerdem eine Risikokapital-Beteiligungsgesellschaft gegründet und wollen die Rahmenbedingungen zugunsten einer stärkeren Bereitstellung von Risikokapital durch Banken und Versicherungen verbessern.

Ganz entscheidend kommt es darauf an, wieder ein positives Klima für unternehmerische Tätigkeit und Selbständigkeit zu entwickeln. Existenzgründungen bringen neue Ideen und neue Motivation. Das ist unverzichtbar für die Erneuerung der Sozialen

Marktwirtschaft und die Schaffung neuer Arbeitsplätze.

Bayern hat deshalb ein umfassendes Mittelstandsprogramm entwickelt. Im Rahmen dieses Programms stellen wir seit über zwei Jahrzehnten Mittel für die Gründung und Sicherung selbständiger Existenzen bereit. Allein in den letzten fünf Jahren erhielten kleine und mittlere Betriebe 27.000 Darlehen mit einem Volumen von fast 3 Mrd. DM. Dieses Programm werden wir auch in Zukunft zugunsten des Mittelstandes auf diesem hohen Niveau fortsetzen.

Bayern kann sich derartige Förderprogramme leisten, weil es in der Vergangenheit durch eine solide Haushaltspolitik günstige Wachstumsvoraussetzungen geschaffen hat. Wir haben die niedrigste Pro-Kopf-Verschuldung und senken unsere Kreditfinanzierungsquote auf 3,2 %, während die Quote in den anderen Ländern mehr als doppelt so hoch ist. Die Steigerungsrate unseres Haushalts haben wir auf 1,9 % beschränkt. Sie liegt damit deutlich unter dem Wachstum des Bruttoinlandprodukts, so daß die bayerische Staatsquote zurückgehen wird.

Neben unserer soliden Haushaltspolitik schaffen wir durch unsere Anstrengungen zur Privatisierung, Entbürokratisierung und Verwaltungsreform die nötigen Freiräume für privates Engagement und Unternehmertum in der Sozialen Marktwirtschaft. Wir werden die 1993 begonnenen Verwaltungsreformen entschlossen fortsetzen, denn unser Staat braucht mutige Reformen, um im internationalen Standortwettbewerb Boden gutzumachen. Die staatliche Verwaltung muß beweglicher, flexibler und bürgernäher werden. Dies entscheidet mit über die Wettbewerbsfähigkeit Deutschlands und Bayerns.

In Zukunft werden die Bauherren in Bayern noch größere Freiheit, aber auch Verantwortung haben. Durch die Novellierung der bayerischen Bauordnung sollen im Ergebnis nur noch schätzungsweise zwischen 5 bis 10 % aller Bauvorhaben im herkömmlichen Genehmigungsverfahren behandelt werden. Alle übrigen sind genehmigungsfrei oder durchlaufen ein vereinfachtes Verfahren. Wir verfahren dabei nach dem Prinzip: „So viel Privatinitiative und private Verantwortung wie möglich, und nur noch so viel staatliche Einwirkung wie nötig."

Wir müssen wegkommen von immer mehr Gesetzen, Verordnungen und Verwaltungsvorschriften. Das gilt auch für den Umweltschutz. Dort setzen wir verstärkt auf Kooperation, d.h. mehr Verantwortung für den Betreiber der Anlage. In einer bisher einmaligen Initiative hat Bayern mit der Wirtschaft eine freiwillige Vereinbarung für mehr Umweltschutz, den „Umweltpakt Bayern", ausgehandelt. Kern der Vereinbarung ist den Betreibern mehr Selbstverantwortung und Kontrolle zu überlassen, z.B. durch Teilnahme an einem Öko-Audit, und dafür im Gegenzug die staatliche Überwachung zurückzufahren.

Wir machen aber auch mit dem Aufgaben- und Stellenabbau beim Staat ernst. So wurden z. B. die staatlichen Förderprogramme erheblich vereinfacht. In den nächsten Jahren werden wir durch weiteren Aufgabenabbau und Delegation Tausende von Stellen einsparen. Dies stärkt letztlich die Privatinitiative und damit die Soziale Marktwirtschaft.

Aufgabenabbau und Verwaltungsreform bedeuten aber keineswegs den Rückzug des Staates aus seiner Verantwortung für das soziale Umfeld. Manche sehen mit der Globalisierung das Ende des Sozialstaats gekommen. Sie fürchten, daß in Zukunft der Sozialstandard der Schwellenländer zum Maßstab für unser Land werden könnte. Eine solche Entwicklung ist ökonomisch keineswegs zwingend, und ich halte diese Vorstellung für abwegig. Dennoch führt kein Weg an der Erkenntnis vorbei, daß weitere maßvolle Korrekturen im Sozialbereich, z. B. zur Beseitigung von Mißbrauch und zur Stärkung der Eigenverantwortung notwendig sind. Nur wenn wir das soziale Netz auf das finanzierbare Maß beschränken, sichern wir soziale Stabilität und Wettbewerbsfähigkeit.

Die Entscheidung für die Soziale Marktwirtschaft war in erster Linie eine Entscheidung vom Menschenbild her. Es war die Entscheidung für die Gestaltung einer freiheitlichen Ordnung aus christlich-ethischer Verantwortung.
Diese Verantwortung verpflichtet zu mitmenschlicher Solidarität – allerdings nicht bei jeder Gelegenheit und ohne Rücksicht auf die Lage des Betroffenen, sondern nur dort, wo sich dieser nicht selbst helfen kann. Diesen Grundsatz müssen wir verstärkt deutlich machen.

Soziale Marktwirtschaft verbindet die „Freiheit auf dem Markt mit dem Prinzip des sozialen Ausgleichs". Das bedeutet keinen permanenten Vorrang der Ökonomie, umgekehrt dürfen aber auch ökonomische Aspekte nicht immer hintangestellt werden. Marktprinzip und Sozialprinzip müssen sich die Waage halten. Sie sind prinzipiell gleichrangig und gleichwertig. Aufgabe der Politik ist es, stets aufs Neue zu prüfen, ob dieses Gleichgewicht noch gewahrt ist. In Zukunft muß das Prinzip der primären Eigenverantwortung, das Prinzip der Subsidiarität stärker berücksichtigt werden.

Trotz des enormen Sparzwangs werden wir in Bayern aber auch den sozialen Herausforderungen gerecht. Im Gegensatz zu anderen Ländern wächst der bayerische Sozialhaushalt auch in den nächsten Jahren noch an. Dies ist ein Beweis dafür, daß das Soziale im Begriff Soziale Marktwirtschaft für die Bayerische Staatsregierung kein Fei-

genblatt ist, sondern praktizierte soziale Verantwortung. Die materielle und ideelle Stärkung der Familien ist uns dabei weiterhin ein besonderes Anliegen. Mit 285 Mio. DM werden wir allein 1997 die Familien unterstützen. Auch im Kindergartenbereich haben wir die Mittel erheblich erhöht. So steigen im neuen Doppelhaushalt von 780 Mio. auf 817 Mio. DM. Insgesamt beliefen sich unsere Leistungen für die Familien 1996 auf 2,78 Mrd. DM. Auch in Zukunft werden die Familien mit ihren Kindern im Mittelpunkt unserer Sozialpolitik stehen.

Im Rahmen der „Offensive Zukunft Bayern" setzt Bayern Privatisierungserlöse auch für innovative Arbeitsmarktpolitik und soziale Projekte ein. Es wurde ein Arbeitsmarkt- und Sozialfonds geschaffen, der mit 400 Mio. DM dotiert ist. Er ermöglicht allein in den Jahren 1997/98 eine staatliche Anschubfinanzierung für 65 Projekte im Umfang von über 55 Mio. DM. Staatsregierung, Arbeitgeber und Gewerkschaften haben gemeinsam diese Projekte zur Förderung der Beschäftigungs- und arbeitsmarktpolitischen Initiativen ausgewählt.

Die Mittel aus dem Arbeitsmarktfonds sollen z. B. zur Entwicklung und Erprobung innovativer Instrumente wie Dienstleistungszentren oder Dienstleistungsagenturen und speziell für Vorbereitungs- und Beratungsangebote für Frauen zur Existenzgründung eingesetzt werden. Unterstützt werden darüberhinaus regionale Arbeitsmarktinitiativen, spezielle Qualifizierungsmaßnahmen für Bezieher von Strukturkurzarbeitergeld oder die berufliche Qualifizierung für sozial benachteiligte Jugendliche. Mit dem Sozialfonds werden gezielte Projekte für Familien und Jugendliche, für Behinderte und zur Errichtung stationärer Hospize zur Betreuung schwerkranker Patienten im Endstadium ihrer Krankheit unterstützt.

Diese Beispiele zeigen, daß soziale Marktwirtschaft die Verbindung von wirtschaftlichem Erfolg und sozialer Verantwortung darstellt. Die Verwendung der Privatisierungserlöse für Modernisierungsmaßnahmen einerseits, für Sozialprojekte andererseits, unterstreicht diesen Grundsatz.

Die aktuellen Herausforderungen in Wirtschaft und Gesellschaft müssen zum Impuls für eine neue Aufbruchstimmung werden. Entscheidend kommt es darauf an, die Aufgaben offensiv anzugehen, Leistungsfähigkeit und Kreativität in allen Bereichen unserer Gesellschaft zu fördern und die Chancen des Strukturwandels zu nutzen. Nur so werden wir mehr Arbeitsplätze schaffen, den sozialen Frieden erhalten und die sozialen Sicherungssysteme stabilisieren. Das Gleichgewicht dieser Aspekte zeigt uns den erfolgreichen Weg in die Zukunft im Zeichen der Sozialen Marktwirtschaft.

Otto Wolff von Amerongen

VITA: Otto Wolff von Amerongen ist am 6. August 1918 in Köln geboren. Im Jahre 1940 tritt er in die Geschäftsleitung der Firma Otto Wolff ein und ist dort bis 1990 tätig. Seit 1956 ist er Vorsitzender des Ostausschusses der Deutschen Wirtschaft. Er wird 1966 Präsident der Industrie- und Handelskammer zu Köln und bekleidet dieses Amt bis 1990, anschließend als Ehrenpräsident. In den Jahren 1969 bis 1988 ist er Präsident des Deutschen Industrie- und Handelstages, dann Ehrenpräsident. Er wird 1971 Präsident der Deutschen Gesellschaft für Osteuropakunde in Berlin.

Darüberhinaus gehört Otto Wolff von Amerongen verschiedenen Aufsichtsrats- und Beratungsgremien deutscher und ausländischer Gesellschaften und Institutionen an. Er ist Vorsitzender der Geschäftsführung der Otto Wolff Industrieberatung und Beteiligungen GmbH, Köln und Vorsitzender des Vorstandes der Otto Wolff von Amerongen Stiftung, Köln. Er ist Ehrendoktor der Universitäten Köln und Jena und der Deutschen Sporthochschule in Köln. An der Technischen Universität Cottbus ist er Honorarprofessor.

Auf dem Weg zur Marktwirtschaft. Zwischenbilanz einer Transformation in Mittel- und Osteuropa

von Otto Wolff von Amerongen

Keine Nation hat bis 1990 Erfahrungen sammeln können mit der marktwirtschaftlichen Veränderung von Gesellschaftssystemen und Wirtschaftsordnungen im großen Maßstab. Über 300 Millionen Menschen von Magdeburg bis Wladiwostock und von der Barentsee im Norden bis zur Straße von Otranto, zwischen Korfu und Albanien haben sich schnell, teils freudig und offen, teils auch schmerzhaft mit der Tatsache auseinandersetzen müssen, daß 40 bis 70 Jahre Kommunismus, daß umfassende staatliche Planung des Arbeits- und Wirtschaftslebens ein völliger Irrweg waren. Der Zusammenbruch einer ökonomisch unzulänglichen Ideologie verursachte auf alle Menschen dort einen ungeheuren Druck: Sie mußten ihre Einstellung verändern, sie mußten sich daran gewöhnen, daß nunmehr Privatinitiative und Eigenverantwortung notwendig wurden und daß niemand ihnen mehr die eigenständige Lebensführung abnimmt. Es ist der größte gesellschaftliche und wirtschaftliche Umbruch in der Geschichte Europas.

Dieses Experiment findet nicht unter Laborbedingungen statt, sondern im wirklichen Leben. Und von diesem Experiment sind wir alle betroffen, im Osten wie im Westen. Wir sind alle Handelnde und Betroffene aller Maßnahmen, die ergriffen werden, diesen Transformationsprozeß voranzubringen. Der Westen ist betroffen, weil die neuen Strukturen, die dort entstehen, harte Konkurrenz bedeuten für die etablierten westlichen Industriefirmen, ist betroffen auch, weil hier Marktpartner entstehen, die für seine Unternehmen wichtige Kunden sind und die sie anders bewerben müssen als zur Zeit der zentralen Wirtschaftsadministration.

In den letzten sechs Jahren ist in großem Umfang Beratungshilfe nach Osteuropa geflossen. Diese Beratung galt Unternehmen. Sie galt den Regierungen. Ziel dieser Beratungen war es, den marktwirtschaftlichen Reformprozeß mit dem Know-how westlicher Forschungseinrichtungen und Praktiker in einer Marktwirtschaft zu begleiten und abzusichern.

Ausgangslage: Unflexible Strukturen

Das Wirtschaftssystem und das industrielle Potential in Mittel- und Osteuropa basierte auf staatseigenen, in der Regel großen bis sehr großen Betrieben. In der Anfangsphase des Reformprozesses wurden beachtliche Mittel aufgewendet, diese Betriebe zu analysieren und gleichzeitig die Regierungen zu beraten, wie die Privatisierung solcher Unternehmen vonstatten gehen sollte. Zwei Erkenntnisse dominierten: Das Management dieser Großbetriebe hatte überhaupt keine Marktfühlung. Es war bislang ohne sie ausgekommen, weil die Anweisungen zur Produktion aus der Administration und nicht vom Markt kamen. Folglich war das Qualitätsniveau der Produkte niedrig und entsprach nicht den Weltmarktgegebenheiten. In fast allen industriellen Bereichen fehlte es an Design und Qualität. Die metallverarbeitende Industrie beruhte auf alten Produktionsverfahren und benötigte Lizenzen zur Prozeß-innovation. Der russisch-militärindustrielle Komplex brauchte neue Ausrüstungen, um sinnvoll Konversion zu betreiben und zivile Produkte herzustellen. Dabei ging vielen Regierungen der Überblick verloren: Die meisten Regierungen in Osteuropa verfolgten die Restrukturierung der Betriebe, die es wert gewesen wären, nicht prioritär. Stattdessen wurde ein Weg gewählt, sie zu privatisieren, egal was es koste. Gleichzeitig wurde in vielen Fällen die Übertragung der Unternehmen so vorgenommen, daß sie die neuen Funktionseliten, also in gewisser Weise die Regierenden oder deren Anhänger, selbst begünstigte. Hinzu kommen in Rußland von Willkür beherrschte Bürokratien, die Investitionen behindern; Finanzbehörden, die fiskalisches Raubrittertum betreiben und besonders den ausländischen Investoren jede Lust auf Erschließung des russischen Marktes nehmen. Die beachtlichen Verzögerungen bei der Schaffung einer marktwirtschaftlichen Ordnung in Rußland entstehen nicht durch die Akteure der Marktwirtschaft, die Investoren, Produzenten, Abnehmer oder Konsumenten. Sie entstehen durch jene staatlichen Instanzen, die hinter jeder Betriebsgründung die Entstehung von Wohlstand vermuten und frühzeitig daran teilhaben möchten, obwohl Markterfolge noch gar nicht vorliegen.

Dabei war alle Hoffnung am Anfang schon darauf gerichtet, daß die neuen Ökonomien in Osteuropa dadurch exportfähig werden sollten, daß sie ein außerordentlich niedriges Lohnniveau und billige Rohstoffe als Marktvorteile hätten nutzen können. Gehofft hatte man auf westliche Investoren, die mit entsprechend kapitalistischem Know-how die großen Staatsbetriebe übernehmen und managen und somit den Erfolg garantieren. Gehofft hatte man auf westliche Unternehmen, die zusammen mit inländischen Partnern neue Unternehmen gründen. Man war sich auf beiden Seiten bewußt, daß

marktwirtschaftliches Know-how nur aus dem Westen „importiert" werden und vor Ort den gewünschten Transaktionsprozeß in Gang setzen konnte.

Mehr Schwierigkeiten als erwartet

Inzwischen wissen wir, daß der Umgestaltungsprozeß so einfach nicht ablief, und daß vor allem die sehr großen Unternehmen im Staatsbesitz nur in den seltensten Fällen privatisiert werden konnten. Es gibt einige wenige Beispiele, wie der Tungsram-Konzern in Ungarn, Teile des Raba-Konzerns in Ungarn oder verschiedene Bereiche der Skoda-Werke in Tschechien. Sie zeigten, daß es nur hochspezialisierten Unternehmen des Fahrzeugbaus, der Elektronik, des Turbinenbaus möglich war, mit westlichen Partnern zusammenzugehen und auch nur sie zu privatisieren waren. Gegenbeispiele sind Projekte im Öl- und Gasbereich der russischen Föderation, die unverändert schwierig in Gang kommen. So sind von deutschen Unternehmen Projekte zur Nutzung des bei der Ölförderung anfallenden assoziierten Gases angeboten worden, auf die weder die russischen Ölgesellschaften, noch die russischen Gasgesellschaften eingegangen sind. Legt man die Kosten/Nutzen-Kategorie an, so kostet diese Fehlentscheidung und Hinauszögerung einer sinnvollen Privatisierung unter Einbeziehung westlicher Partner die russische Volkswirtschaft schon heute Milliarden Dollar. Außerdem bedeutet das Abfackeln von Gas bei der Ölproduktion einen hohen ökologischen Schaden.

Trotzdem: Es sind auch bemerkenswerte Erfolge seit 1990 erzielt worden. Dies gilt besonders für die Volkswirtschaften im östlichen Mitteleuropa. Hier gibt es Erfolge im mittelständischen Bereich. Wenn Polen zum Beispiel 1995/96 ein durchschnittliches Wachstum des Bruttoinlandsprodukts von etwa sechs Prozent erzielte, die tschechische

Republik von nahezu fünf Prozent, die baltischen Staaten und Ungarn ebenfalls Wachstumsraten in ähnlicher Größenordnung erzielen, so liegt dies auch darin begründet, daß immer mehr mittelständische Unternehmer Investitionen dort wagen und auf Märkten Erfolg haben. Polen, Tschechien und Ungarn haben inzwischen die Talsohle durchschritten und konnten ihre Industrieproduktion beachtlich steigern.

Wenn Rußland im Jahre 1996 einen weiteren Rückgang des Bruttoinlandsprodukts von sechs bis sieben Prozent hinnehmen mußte, so liegt dies auch wesentlich daran, daß dort entsprechende mittelständische Strukturen wie in Ungarn und Polen noch nicht gewachsen sind und die großen Industrieunternehmen nach wie vor beachtliche Anpassungsprobleme haben und in alten Organisationsformen verharren.

Erfolge in Mittel- und Osteuropa, die sich an einzelnen Zahlen festmachen lassen, sind keineswegs Indikator für den sozialen Zustand der reformierten und noch weiter zu reformierenden Volkswirtschaften. Nach wie vor sind die Arbeitslosenquoten hoch, weil ein Abbau der Beschäftigung aus bürokratischer Überfrachtung der gesamten Volkswirtschaft unvermeidlich war. Die Arbeitslosigkeit existierte bereits früher, nur wurde sie durch ineffiziente und aufgepfropfte Arbeitsorganisationen im sozialistischen System überdeckt. Die Werke waren in aller Regel hoffnungslos übersetzt, effiziente Produktionen mit den hohen Personalständen gar nicht möglich. Deshalb ist der Prozeß der beschäftigungspolitischen Anpassung bei weitem noch nicht abgeschlossen, und er wird auch in den nächsten Jahren andauern. Am weitesten fortgeschritten ist Tschechien. Dort liegt die Arbeitslosenquote nur noch bei vier bis fünf Prozent. Polen hat immer noch Werte von über zehn Prozent. Und auch Ungarn weist mit über zehn Prozent einen relativ hohen Arbeitslosenstatus aus.

Zahlen für Rußland liegen offiziell bei zwölf Prozent. Sie sind aber eher zu niedrig veranlagt, weil es Indizien dafür gibt, daß eine Vielzahl von Arbeitnehmern immer noch nur formal beschäftigt ist.

Allerdings beobachten wir in Rußland und in der Ukraine eine Organistion der Volkswirtschaft von unten – genauer gesagt, von ganz unten. Die Menschen ziehen kleine private Handels- und Handwerksunternehmen auf. Sie sind Selbstversorger mit Lebensmitteln durch die traditionell vorhandene „Datschenkultur". Dies erlaubt, die verfallenen sozialen Strukturen bis zu einem gewissen Grad aufzufüllen. Aber dies wächst nur langsam und ohne den Glanz öffentlicher Erfolgsmeldungen. Allerdings kann von einer festen mittelständischen Struktur bei weitem noch nicht gesprochen werden.

Spiegelbild Außenhandel

Besonders bemerkenswert ist, daß die soeben beschriebene Entwicklung mit entsprechenden Zahlen des deutschen Außenhandels mit diesen Ländern korrespondiert.

Polen ist inzwischen für Deutschland ein hochinteressanter Exportmarkt geworden. Deutsche Unternehmen führten beispielsweise 1993 Waren im Werte von 9,7 Milliarden D-Mark nach Polen aus. 1994 betrug der Wert 10,3 Milliarden. 1995 etwa 11 Milliarden D-Mark und 1996 lag der Wert bei etwa 13 Milliarden D-Mark. Damit ist Polen zur Nummer eins unter den Exportmärkten in Osteuropa für deutsche Exporteure aufgerückt. Genau so wichtig ist Tschechien, das in diesem Jahr 1996 ebenfalls deutsche Waren einer Größenordnung von rund 12 bis 14 Milliarden D-Mark importieren wird. An dritter Stelle auf der Exportrangliste liegt Rußland mit etwa neun bis zehn Milliarden D-Mark. Dann folgt Ungarn mit rund sieben Milliarden D-Mark und das kleine Slowenien mit knapp drei Milliarden D-Mark. Bei Rußland muß man allerding hinzufügen, daß deutsche Exporte nach Rußland rückläufig sind, so betrug der Export im Jahre 1993 noch 11,4 Milliarden.

Allerdings wäre es falsch, Rußland so darzustellen, als ob es seine Leistungskraft weiter verlieren würde. Dagegen sprechen folgende Zahlen bei den deutschen Einfuhren. Ihre Werte sind gestiegen. Die Einfuhren aus Rußland liegen im Jahre 1996 bei etwa 14,5 Milliarden D-Mark. 1995 waren es etwa 14 Milliarden. 1994 waren es 13 Milliarden, 1993 nur 10 Milliarden D-Mark. Interessanter aber noch ist das wachsende Einfuhrvolumen aus Polen und aus Tschechien. Deutsche Unternehmen führten im Jahre 1994 Waren im Wert von über zehn Milliarden D-Mark und 1995 im Werte von elf Milliarden D-Mark aus. Auch 1996 wurde eine Steigerung erreicht: Der Wert der Einfuhren aus Tschechien beträgt inzwischen 12 Milliarden D-Mark. Auch hier sind in den letzten Jahren beachtliche Steigerungsraten erzielt worden. Deutliche Steigerungsraten erzielen auch unsere Importe aus Ungarn. Hier sind in den letzten Jahren Plusraten von 14 und 17 Prozent zu beobachten, so daß wir im Jahre 1996 eine Größenordnung von etwa acht Milliarden D-Mark erreicht haben.

Insgesamt liegt das Handelsvolumen, das Deutschland mit dem östlichen Mitteleuropa erzielt, inzwischen bei annähernd 100 Milliarden D-Mark. Rechnet man noch etwa 24 Milliarden D-Mark mit Rußland und den anderen Staaten der GUS dazu, so liegt der Anteil des östlichen Außenhandels am Gesamtvolumen des deutschen Außenhandels bei über neun Prozent. Dies entspricht dem Handel mit den Vereinigten Staaten von Amerika und liegt inzwischen deutlich über dem Außenhandelsanteil, den wir zu Zeiten der sozialistischen Planwirtschaft mit den Staaten des Ostblocks erzielten. Damals verfestigte sich der Außenhandel über viele Jahre bei fünf Prozent.

Eigentlich ein hoffnungsvolles Zeichen für die weitere Entwicklung. Denn das Geschäft im Osten Europas ist heute in vielfacher Hinsicht schwieriger als in der Vergangenheit. Der Markterschließungsaufwand ist hoch. Es genügt nicht, daß ein Unternehmen in Moskau oder in Petersburg präsent ist. Will man komplizierte Produkte oder Anlagen verkaufen, so müssen die Endabnehmer direkt aufgesucht werden. Dies war zu sozialistischen Zeiten nicht nötig. Man hatte einen zentralen Ansprechpartner in der Außenhandelsorganisation, die alles weitere veranlaßte und kanalisierte.

So ist es heute wichtig, in regionalen Zentren frühzeitig Präsenzen aufzubauen, so zum Beispiel in Zentralsibirien, künftig auch im Fernen Osten in Wladiwostok. Heute arbeiten deutsche Unternehmen an der mittleren Moldau in Städten wie Samara oder Satarow. Heute kooperieren Firmen mit Rüstungsunternehmen im Ural – nicht in der Waffenproduktion, sondern bei vielen zivilen Projekten, auch wenn es noch Marginalien sind im Vergleich zu dem Potential, das dieses riesige Land Rußland darstellt.

In sehr großem Umfang wurden inzwischen lohnveredelnde Produktionen in das östliche Mitteleuropa und in die Nachfolgestaaten der Sowjetunion verlagert. Textilhersteller lassen Blusen und T-Shirts in der Slowakei, in der Ukraine oder in Albanien nähen. Metallverarbeitende Betriebe beziehen Gußteile aus Polen und Tschechien. Turbinenschaufeln werden in Rußland und in Polen gefertigt. Da technisches Know-how inzwischen leichter transportierbar ist als früher, wagen immer mehr Unternehmen technisch komplizierte Fertigungsteile aus Betrieben Osteuropas zu beziehen, nachdem man sie entsprechend technisch ausgerüstet hat. Erkennbar haben die Staaten im östlichen Mitteleuropa komperative Kostenvorteile, wenn es um Produktionsverfahren geht, die dem mittleren technischen Bereich zuzuordnen sind. Diese Standortvorteile in Osteuropa werden von den Firmen im westlichen Europa zunehmend genutzt, besonders von Firmen in Deutschland.

Nun könnte man annehmen, daß sich diese Investitionen in die Länder Osteuropas vor allem den Handelsströmen anpassen, über die soeben geschrieben wurde. Für die Investitionsentscheidungen gibt es aber gerade in den Aufbauländern des Ostens mit ihrer neuen marktwirtschaftlichen Orientierung noch andere wichtige Kriterien: die Sicherheit der Investitionen, die Ertragsaussichten und besonders das Investitionsmarketing der Behörden in den Zielländern. Das nach wie vor freundlichste Investitionsland Osteuropas ist Ungarn. Auch im Jahre 1995 war es Zielland Nummer eins für deutsche Investitionen mit über 1,8 Milliarden D-Mark, die sich bis zum Ende des Jahres 1995 auf ein Gesamtvolumen aus den vergangenen Jahren von über fünf Milliarden D-Mark kumulierten. Zielland Nummer zwei ist die tschechische Republik, in die 1,2 Milliarden D-Mark im Jahre 1995 geflossen sind, so daß sich das Gesamtvolumen bis Ende 1995 auf etwa 4,5 Milliarden Kapitalbestand aus Deutschland angesammelt hat. Zielland Nummer drei ist Polen mit einem angesammelten Gesamtinvestitionsvolumen bis zum Ende des Jahres 1995 auf knapp zwei Milliarden D-Mark. Rußland, ein Land mit seinem riesigen Potential zur Erschließung von Ressourcen und Märkten liegt auf Rang Nummer vier mit einem kumulierten Investitionsvolumen von nur 400 Millionen D-Mark. Dies ist im Vergleich zu den zuvor genannten Ländern sehr gering und bringt zum Ausdruck, daß viele Unternehmen aus den Gründen der administrativen Willkür den Schritt nach Rußland nicht wagen wollen, obwohl sie ein sehr großes Interesse hätten, dort zu investieren. Dies gilt aber nicht nur für Rußland, das gilt genauso für die Ukraine, wo sich ebenfalls eine Vielzahl von Unternehmen durch Bürokratie und Administration behindert sieht. Die Beeinträchtigung des unternehmerischen Handelns durch Willkürentscheidungen der Behörden ist und bleibt das größte Investitionshindernis in Rußland. Erst wenn dies abgebaut ist, wird es mehr Kontinuität in den Investitionsströmen, aber auch im Aufbau der Handelsbeziehungen zwischen Deutschland und Rußland geben, kann der gewaltige Reichtum an Ressourcen und auch an menschlichen Talenten zum Wohle dieses Landes ausgenutzt werden.

Orientierungsmodell: Marktwirtschaft des Westens

Die Länder Mittel- und Osteuropas haben als wirtschaftliche Orientierungsgröße die Marktwirtschaften des Westens, bevorzugt die der Bundesrepublik. Es geht also nicht um die Adaption von Lehrbuchmodellen nach den Vorgaben von Adam Smith, Walter Eucken, John Stuart Mill. Es geht um die Vorgaben der „real existierenden" Marktwirtschaft in den westlichen Ländern.

Das deutsche Modell „Soziale Marktwirtschaft" dürfte in seiner heutigen Gestaltung nur noch bedingt als zulässige Orientierung gelten, weil die sozialen Komponenten inzwischen überstrapaziert wurden, so überstrapaziert wurden, daß die Marktkräfte darunter leiden. Der Staatsanteil am Bruttosozialprodukt betrug im Jahre 1960, als Ludwig Erhard noch Wirtschaftsminister war, 30 Prozent. Heute liegt sie bei über 50 Prozent. Besonders unsere Sozialpolitiker sind stolz darauf, daß der Sozialetat inzwischen der größte Posten des Bundeshaushalts ist und daß ein Drittel des Bruttosozialprodukts umverteilt wird. Längst stimmen in Deutschland die Proportionen zwischen Anspruch an die Gemeinschaft und Beitrag durch Eigenleistung nicht mehr. Auch die Wirtschaft selbst hat daran ihren Anteil durch Subventionen und Marktschutz gegenüber den Weltmärkten. Allein von 1980 bis 1995 sind die Subventionen von 60 auf 130 Milliarden D-Mark gestiegen. Dieser Staatsdirigismus im Orientierungsmodell „Soziale Marktwirtschaft Deutschland" sendet für die Länder Mittel- und Osteuropas falsche Signale aus. Denn allzu leicht verführt eine solche Politik des sogenannten „Musterknabens" dazu, ähnlich zu verfahren, wenn Unternehmen in Schwierigkeiten geraten, wenn Märkte Friktionen aufweisen, wenn Ansprüche einzelner sozialer Gruppen größer sind als die Leistungen der Gemeinschaft rechtfertigen. Deshalb ist es dringend erforderlich, die Länder des Ostens auf jene Zeit zu verweisen, in der die Wirtschaft der Bundesrepublik Deutschland im Aufbau begriffen war: die fünfziger und die sechziger Jahre, als die soziale Marktwirtschaft noch Marktwirtschaft war.

Deshalb ist als aktuelles Modell die britische Wirtschaftspolitik für Osteuropa derzeit empfehlenswerter als das, was in Deutschland geschieht. Die britische Wirtschaftspolitik – ausgehend von den harten marktwirtschaftlichen Maßnahmen Margret Thatchers – hat inzwischen Selbstheilungskräfte motiviert, so daß dieses Land den größten Teil der Investitionen, die nach Europa gehen, auf sich zu zieht und seine Wirtschaft dadurch wettbewerbsfähig machen kann.

Konkret: Es geht für die ehemals sozialistischen Volkswirtschaften darum, durch eine mutige Öffnung der Märkte, durch eine moderate Tarifpolitik, durch attraktives Investitionsmarketing – dies bedeutet vor allem Abbau von Bürokratien – jene Vorteile zu nutzen, die sich durch eine immer stärker zunehmende Globalisierung auf den Welt-

märkten bieten. Der Strom der internationalen Direktinvestitionen der großen Weltkonzerne beträgt inzwischen etwa 500 Milliarden D-Mark. Eine Gruppe von etwa 40.000 multinationalen Gesellschaften verfügt zur Zeit über 277.000 Tochter- und Beteiligungsgesellschaften im Ausland – mit steigender Tendenz. Nach einer Studie des Washingtoner Institute for Policy Studies entspricht der Umsatz der 200 größten Konzerne mit über 11 Billionen D-Mark einem Anteil von knapp 30 Prozent am Welt-Bruttoinlandsprodukt. Noch fließen die Direktinvestitionen dieser Global player zu einem ganz überwiegenden Teil in die westlichen und vor allem in die fernöstlichen Industriestaaten, sie fließen aber auch in Entwicklungsländer – allerdings nur zehn bis zwölf Staaten in Asien und Lateinamerika. Notwendig ist, diese Global players auch für Osteuropa zu gewinnen. Nach Schätzung der Unctad – der UN-Konferenz für Handel und Entwicklung – wird die Globalisierung in hohem Tempo weitergehen. Betroffen sind vor allem Chemie, Elektronik, Automobilindustrie und Handel. Zwar beschäftigen diese Global players derzeit nur etwa 20 Millionen Mitarbeiter, was lediglich ein Prozent der weltweit arbeitenden Bevölkerung bedeutet, vergessen sollten wir aber nicht, daß in ihrem Schatten mittelständische Strukturen entstehen, die eine eigene Dynamik entfalten können.

Die Wirtschaft Osteuropas braucht nicht nur Orientierung, sie braucht mutige Entscheidungen. Denn der Fortschritt hat viele Namen: für die Schwachen ist er das Unerreichbare, für die Furchtsamen ist er das Unbekannte. Nur für die Tapferen ist er die Chance. Die meisten Länder des Ostens werden von mutigen Politikern geführt, die auch die Opferfähigkeit der Bevölkerung richtig einzuschätzen wissen. Sie wurden bislang von der Lebenshaltung risikofreudiger Entscheider geprägt, die auf das Beste hofften, aber gleichzeitig auch auf das Schlimmste gefaßt waren. Wenn die Kombination aus Mut, Risiko und Opferbereitschaft erhalten bleibt, dann können der Osten Europas und das weite Rußland in Zukunft das werden, was wir heute noch „westliche Welt" nennen – ein Synonym für Prosperität und Wohlstand.

Gerard Francis Thompson

VITA:

Geboren ist Gerard Francis Thompson am 2. Dezember 1941 in Wellington, Neuseeland. Er absolviert ein Geschichtsstudium an der Viktoria Universität in Wellington und schließt dies mit dem „Master of Arts" ab.

Im November 1963 tritt er dem Industrie- und Handelsministerium bei. Er ist sowohl in dem Ministerium selbst als auch in den neuseeländischen Botschaften in London und Paris tätig, wobei er insbesondere für Handel- und Wirtschaftsfragen verantwortlich ist. Er wird erneut als Gesandter Handel an die neuseeländische Botschaft in London geschickt. Im Jahre 1981 wird er zum Stellvertretenden Staatssekretär im Ministerium für Handel und Industrie ernannt. Hier ist er für die internationale Handelspolitik zuständig. Im Jahre 1986 wird er als Botschafter nach Brüssel gesandt; er ist nicht nur für Belgien, sondern auch für die Europäische Gemeinschaft zuständig. 1990 tritt er dem Außenministerium bei und wird Direktor des Europareferats.

Seit Juli 1994 ist er für Neuseeland als Botschafter in Bonn tätig.

Gerard Francis Thompson ist verheiratet und hat zwei Töchter.

Die wirtschaftlichen Reformen Neuseelands

von Gerard F. Thompson

Einer Krisensituation entspringen oft neue Ideen, und sie inspiriert die Vision und den Mut, diese zu realisieren. Dieses gilt nicht zuletzt im wirtschaftspolitischen Bereich. Das Entstehen Deutschlands aus den Zerstörungen des Zweiten Weltkrieges und seine rasche Entwicklung zu einer der führenden Wirtschaftsnationen der Welt ist eng mit Ludwig Erhards Politik der Sozialen Marktwirtschaft verknüpft. In Neuseeland war es ebenfalls eine Krise – zwar von geringerem Ausmaß, jedoch nichtsdestotrotz mit gravierender Bedeutung für unser Land – welche in den achtziger und neunziger Jahren ein Programm von Wirtschafts- und Sozialreformen auslöste. Dieses ist in Bezug auf seinen Umfang und den kurzen Zeitrahmen, in welchem es durchgeführt wurde, einmalig.

Trotz der unterschiedlichen Umstände und Größe der beiden Länder ist es möglich, einige interessante Parallelen zwischen den beiden Erfahrungen zu ziehen. Ludwig Erhards Einführung des Sozialstaates im Deutschland der unmittelbaren Nachkriegszeit zeugte von der Erkenntnis, daß zum Wiederaufbau der zerstörten deutschen Wirtschaft eine Ausgewogenheit zwischen der kreativen Dynamik der Kräfte des Marktes und der Sicherheit eines Wohlfahrtsstaates gefunden werden mußte. Neuseelands eigener Wohlfahrtsstaat, welcher von seinem Architekten Premierminister Michael Joseph Savage in den dreißiger Jahren als „angewandtes Christentum" bezeichnet wurde, war die Antwort auf die Weltwirtschaftskrise. Die Wirtschaftskrise, welche Neuseeland in den achtziger Jahren heimsuchte, hat es jedoch notwendig gemacht, eine grundlegende Neueinschätzung vorzunehmen, wo im Falle Neuseelands die richtige Ausgewogenheit zwischen dem sozialen Aspekt und der Marktwirtschaft lag.

Bis 1984 war die neuseeländische Wirtschaft durch Einschränkungen und alle möglichen Arten von Interventionen gekennzeichnet. Die Regierung war in vielen Bereichen der Wirtschaft selbst aktiv. Eine stark auf Protektionismus ausgerichtete verarbeitende Industrie beschäftigte zuviele Arbeitskräfte und die Produktivität war gering, während die Subventionen auf ein unhaltbares Maß gestiegen waren. Selbst in der Landwirtschaft waren die produktionsunabhängigen Beihilfen nicht mehr weit von denen Kanadas und der Europäischen Gemeinschaft entfernt. Neuseeland hatte zu dieser Zeit eine der interventionistischsten Wirtschaften außerhalb der kommunistischen Welt, wobei über einen Zeitraum von mehreren Jahren eine geringe Wachstumsrate erzielt wurde, in dem sich die Inflation zwischen 15 und 20 Prozent bewegte. Dadurch, daß ein großer Anteil der staatlichen Kreditaufnahme für konsumptive Zwecke anstatt für die Kapitalbildung eingesetzt wurde, war die Kreditwürdigkeit Neuseelands geschwächt. Mitte 1984 war es für Neuseeland bereits zu einem ernsthaften Problem geworden, sich Kapital im Ausland zu beschaffen. Im Juni jenes Jahres rief der damalige Premierminister Sir Robert Muldoon überraschend Wahlen aus. Seine Regierung unterlag. Die Zeit war reif für das Wirtschaftsreformprogramm der neu gewählten Labour Regierung.

Die Reformen gewannen an Schwung und erhielten die Unterstützung der beiden großen Parteien. Dieser Prozeß setzte sich für mehr als ein Jahrzehnt unter aufeinanderfolgenden Regierungen fort. Mit der Liberalisierung der Finanzmärkte und des Handels läutete die Labour Partei den Prozeß ein. Nach einer kurzen Verlangsamung der Reformen 1989-90 stellte die National Partei die Regierung, und der alte Schwung des Reformprozesses wurde wieder aufgenommen. Die Reformen beinhalteten den Arbeitsmarkt und die Beziehungen zwischen Arbeitgebern und Arbeitnehmern. Die Koalitionsregierung aus der National Partei und New Zealand First, welche Ende 1996 ins Amt kam, hat sich verpflichtet, die Errungenschaften des Reformprozesses aufrechtzuhalten und zu steigern.

Was hat ursprunglich dazu geführt, daß ein solches Reformprogramm überhaupt möglich war? Zu allererst das Gefühl einer wahren Krise im Jahre 1984. Neuseeland hat einen sehr hohen Grad an Zeitungslesern und politischer Diskussion. Es wurde erkannt, daß die alte Interventionspolitik ungeeignet sein dürfte, das Land aus der wirtschaftlichen Stagnation herauszuziehen und ein zukünftiges Wachstum und Wohlstand zu sichern. Was benötigt wurde, war eine fundamentale Richtungsänderung der Wirtschaftspolitik. Man hatte verstanden, daß radikale Reformen und eine nachhaltige Umstrukturierung zu einigen Unannehmlichkeiten führen würden, bevor der Nutzen spürbar werden würde. Somit gab es ein politisches Klima, welches der Einführung von radikalen Maßnahmen dienlich war.

Die Reformer erkannten bereits zu Beginn, daß die Reformen umfassend sein mußten und alle Bereiche der Wirtschaft einschließen mußten. Dadurch sollte sichergestellt werden, daß die alten Beeinträchtigungen nicht erneut durch eine falsche Verteilung der Mittel ersetzt wurden. Außerdem spielte dieser Ansatz eine wichtige Rolle für das Sichern einer breiten Unterstützung der Reformen. Auch der landwirtschaft-

liche Sektor, welcher mehr als die Hälfte des neuseeländischen Exportvolumens ausmacht, war bereit, auf seine Subventionen zu verzichten, da auch die anderen Wirtschaftsbereiche betroffen waren. Die verarbeitende Industrie verlor ebenfalls ihre Subventionen und den bedeutenden Importschutz, welchen sie bis dahin genossen hatte. Auch der staatliche Sektor sollte rigorose Reformen über sich ergehen lassen.

Die notwendige Gesetzgebung wurde außerdem durch den relativ einfachen Aufbau des Regierungsapparates in Neuseeland vereinfacht. Das Mehrheitswahlrecht nach britischem Vorbild schuf in der Regel eine klare Mehrheit für die stärkste Partei. Das Parlament verfügte über kein Oberhaus, welches den Prozeß der Entscheidungsfindung hätte verlangsamen können. Außerdem gab es keine Bundesländer, welche die neuen Maßnahmen hätten in Frage stellen können. Die politischen Entscheidungen wurden vom Kabinett getroffen, und der Gesetzgebung mußte nur vom Repräsentantenhaus zugestimmt werden, um Gesetz zu werden – eine einfache Aufgabe, solange eine Partei die absolute Mehrheit im Parlament innehatte. In der Tat könnte wohl vielen Neuseeländern bei der Schnelligkeit dieses Systems etwas schwindelig geworden sein. Einige Kommentatoren sahen in der Entscheidung der neuseeländischen Wählerschaft, welche sich (durch ein Referendum im Jahre 1993) für die Einführung des deutschen Wahlrechts aussprach, eine Präferenz für eine bedächtigere, stärker auf Verhandlungen basierende politische Entscheidungsfindung, die unter Koalitionsregierungen üblich ist.

Die wirtschaftlichen Umstände, die in den achtziger Jahren für Neuseeland charakteristisch waren, bildeten ebenfalls den Rahmen für einen weitreichenden Reformprozeß. Diese beinhalten den Versuch, sich an eine Welt anzupassen, in der unser traditioneller

Markt, Großbritannien, der Europäischen Gemeinschaft beigetreten war. Dadurch war uns der bis dahin ungehinderte Zugang für unser großes Exportvolumen von landwirtschaftlichen Produkten nicht mehr möglich, und es entstand die dringliche Notwendigkeit, unsere Produktpalette zu erweitern und zusätzliche Absatzmärkte zu finden, um uns in der Welt unseren Lebensunterhalt verdienen zu können.

Die Kohärenz und Konsistenz des Reformprozesses hätte ohne die recht starke intellektuelle und theoretische Unterstützung innerhalb der 1984 neu gebildeten Regierung nicht erreicht werden können. Roger Douglas, der neue Finanzminister, war der Sohn eines traditionellen Politikers der Labour Partei, der der Gewerkschaftsbewegung entstammte. Aber er war außerdem ein Geschäftsmann und hatte am eigenen Leibe erfahren, wie die Interventionen und Regulierungen von Seiten der Regierung unternehmerische Energie und Talent behinderten. Gleichzeitig waren einige der Wirtschaftswissenschaftler und ranghohen Beamten – besonders im Wirtschaftsministerium – aufgrund ihrer akademischen Ausbildung oder Überzeugung Anhänger der liberalen Marktwirtschaft. Der politische Wandel gab ihnen die Möglichkeit, die Mittel einzusetzen, welche sie als notwendig erachteten: systematische Deregulierung, wirtschaftliche Liberalisierung, um die wettbewerbsfähige Leistungsfähigkeit zu steigern, sowie ein Zurückfahren und eine größere Leistungsfähigkeit und Verantwortlichkeit im öffentlichen Sektor. Die große Mehrheit der ranghohen Beamten begrüßte die Änderungen in der wirtschaftlichen Ausrichtung, obwohl sie erkannte, daß sie radikale Veränderungen für ihre Aufgaben und eine verringerte Arbeitsplatzsicherheit zufolge haben würden.

Die folgende kurze Zusammenfassung sollte unmittelbar veranschaulichen, wie weitreichend die Reformen waren.

Finanzpolitische Liberalisierung

• *Eines der ersten Reformgebiete war die Liberalisierung der Finanzmärkte. Alle Einschränkungen für den Devisentransfer wurden abgeschafft, ein flexibler Wechselkurs wurde eingeführt. Außerdem erfolgte eine Abschaffung aller Preis- und Zinskontrollen.*

• *Es fand eine Deregulierung des Finanzmarktes statt, was auch die Abschaffung der Wettbewerbsbeschränkungen des Bankensektors beinhaltete. Bis vor kurzem oblag der Reserve Bank (neuseeländische Zentralbank) die Überwachung der Geschäftsbanken. Diese wurde 1996 durch ein System ersetzt, welches von den Banken verlangt, wichtige Geschäftsdaten zu veröffentlichen und sie den Kunden und Aktionären zur Verfügung zu stellen.*

Finanzpolitik

• *Die Finanzpolitik wurde zur Erreichung der mittelfristigen Ziele der Erwirtschaftung eines Haushaltsüberschusses, Abbau der Staatsschulden und Senkung der Staatsausgaben, gemessen am Bruttoinlandsprodukt, neu ausgerichtet. Durch eine strenge Kontrolle der Staatsausgaben gelang es der Regierung, 1993-94 einen Haushaltsüberschuß zu erzielen. In den beiden Folgejahren betrug dieser Überschuß ungefähr 3 % des Bruttoinlandsproduktes. Unter der neuen Koalitionsregierung der National Partei und New Zealand First werden weiterhin Haushaltsüberschüsse erwartet. Ein großer Teil dieser Haushaltsüberschüsse dient der Tilgung der Staatsschulden, welche sich gemessen am BIP rasch reduzieren und bis 1996-97 unter 30 % liegen sollten (Netto des Aktivvermögens). Durch den Verkauf von staatseigenen Betrieben wurde ebenfalls ein erheblicher Beitrag zur Verringerung der Staatsschulden geleistet.*

• *Das 1994 verabschiedete Gesetz der Fi-*
nanzverantwortung (Fiscal Responsibility
Act) verpflichtet die Regierung rechtswirk-
sam, in regelmäßigen Abständen das Par-
lament darüber zu informieren, inwieweit sich
ihre finanzpolitischen Maßnahmen mit den
Prinzipien einer verantwortungsvollen Haus-
haltsführung im Einklang befinden und jedes
Abweichen von diesen Prinzipien zu begrün-
den. Die Regierung ist verpflichtet, je-des
Jahr mit dem Haushaltsentwurf eine
Erklärung über ihre langfristigen geldpoliti-
schen Ziele und die Hauptanliegen für das
Jahr abzugeben.

Mit jedem Haushaltsplan muß ein Bericht
über die finanzpolitische Strategie abgeliefert
werden, welcher angibt, inwieweit der Haus-
halt mit den im Vorfeld gemachten finanzpoli-
tischen Aussagen übereinstimmt. Dieser Be-
richt muß außerdem Auskunft über die für die
kommende Dekade angestrebten Fortschritte
geben. Das Gesetz liefert einen wichtigen
Beitrag zur Transparenz der Regierungspo-
litik, und es stärkt das Vertrauen der Ge-
schäftswelt.

Geldpolitik

• *Das alleinige Ziel der Geldpolitk ist es, die*
Preisstabilität zu sichern. Die Formulierung
und Durchsetzung der Geldpolitik wurde der
unabhängigen Notenbank Neuseelands über-
tragen, der Reserve Bank of New Zealand. Ihr
Governeur trägt Verantwortung dafür, daß
die Inflation ein gewisses Maß nicht über-
steigt. Anfangs lag diese Marge zwischen 0 %
und 2 %. Unter der neugewählten Koalitions-
regierung wird diese Marge auf 3 % erwei-
tert. Die Prozentzahlen sind in dem Vertrag,
welcher zwischen dem Finanzminister und
dem Gouverneur der Reserve Bank geschlos-
sen wurde, verankert. Falls die Inflation über
das vereinbarte Niveau steigt, ist der Minister
aufgrund des Vertrages ermächtigt, den Gou-
verneur zu entlassen.

Liberalisierung des Handels

• *Alle Mengenkontrollen für Importe wurden*
abgeschafft, und die traditionell hoch ange-
siedelten Zölle wurden gesenkt. Bis zum Jahr
2.000 werden die meisten Zölle abgeschafft
sein, die meisten anderen werden bei 5 % lie-
gen, und es wird keine Zölle über 15 % geben.
Neuseeland hat die Anforderungen der
Uruguay Runde bei weitem übertroffen. Wir
haben erkannt, daß es nicht unsere Han-
delspartner, sondern wir selbst sind, die am
meisten von unserer Liberalisierung profitie-
ren.

• *Landwirtschaftliche Subventionen wurden*
praktisch abgeschafft. Die neuseeländischen
Bauern müssen sich auf die internationalen
Marktpreise einstellen, welche sie für ihre
Produkte erzielen.

Steuerreform

• *Es wurde ein umfassendes Mehrwertsteuer-*
system mit einem Einheitssteuersatz einge-
führt. Zur Zeit beträgt die Mehrwertsteuer für
alle Güter und Dienstleistungen 12,5 %.
• *Die direkte Besteuerung wurde vereinfacht,*
Steuerbefreiungen wurden abgeschafft und
die Steuersätze wurden gesenkt. Es gibt drei
Steuersätze, wobei der Spitzensatz derzeit bei
33 % liegt. Die Steuern wurden 1996 gesenkt,
und weitere Steuersenkungen sind vorgese-
hen.

Reformen im Öffentlichen Dienst

• *Staatliche Wirtschaftsbetriebe wurden ent-*
weder in eigene Gesellschaften umgewandelt
(corporatised) oder privatisiert. „Corpora-
tisation" bedeutet die Umwandlung der staat-
lichen Wirtschaftsunternehmen zu staatseige-
nen Unternehmen, sogenannten State-Owned
Enterprises (SOEs), welche sich aufgrund der

Gesetzgebung wie privatwirtschaftliche Unternehmen auf dem Markt behaupten müssen. Das Einkommen dieser SOEs, welche auch die Unternehmen New Zealand Post und Electrocorp (Elektrizitätsherstellung) beinhalten, wurden steuerpflichtig, und sie dürfen keine finanziellen Mittel mehr vom Staat erhalten. Es wird von ihnen erwartet, daß sie für ihren Eigentümer, also den Staat, eine Dividende erwirtschaften. Geführt werden diese Unternehmen von Verwaltungsräten, welche vom Staat ernannt werden, jedoch fast ausschließlich aus der Privatwirtschaft stammen. Andere Staatsunternehmen wie beispielsweise Air New Zealand, die Eisenbahngesellschaft und das Telekommunikationssystem wurden vollständig privatisiert.

D*ie hierbei erzielten Ergebnisse waren sehr zufriedenstellend. Dieses gilt sowohl für die privatisierten als auch für die in eine eigene Gesellschaft umgewandelten Unternehmen. Dieses wurde erreicht, indem die Unternehmen den Marktdisziplinen unterworfen wurden, was auch die Auseinandersetzung mit Konkurrenz bedeutet.*
So stiegen die Preise für die Postzustellung beispielsweise in den Jahren 1991 bis 1996 nur um die Hälfte der Inflationsrate. Die Portokosten für Inlandsbriefe wurden sogar gesenkt.

• Der Kernbereich des öffentlichen Dienstes wurde durchgreifenden Reformen des Finanzmanagements unterworfen. Die Regierung führte für ihre Staatskonten ein System der periodenechten Aufwands- und Ertragsrechnung (accrual accounting practices) ein, so daß bei Haushaltsmaßnahmen die Steuereinnahmen und Steuerausgaben deutlich werden. Außerdem werden die Ministerialleiter nun durch zeitlich begrenzte, leistungsbezogene Verträge an ihre Minister gebunden. Andere ranghohe Beamte sind wiederum vertragsmäßig an die Chefs der Verwaltungseinheiten gebunden. Verantwortlichkeit und

Transparenz bilden die Kernelemente des modernen öffentlichen Sektors Neuseelands.

• Durchgreifende Umstrukturierungen in der sozialen Fürsorge und Rentenpolitik strebten eine größere Leistungsfähigkeit an und führten zu einer gezielteren Hilfeleistung.

Liberalisierungsmaßnahmen in fast allen Wirtschaftsbereichen

• Die staatliche Aufsicht über Beteiligungen in den wichtigsten Bereichen der Infrastruktur, wie Straßen-, Eisenbahn-, Luft- und Seetransport, Telekommunikation, Rundfunk und Fernsehen und Stromversorgung wurde aufgehoben.

Deregulierung des Arbeitsmarktes

• Durch das Beschäftigungsvertragsgesetz (Employment Contracts Act) des Jahres 1991 wurden weitreichende Deregulierungen des Arbeitsmarktes eingeführt. Das Beschäftigungsvertragsgesetz erlaubt es Arbeitnehmern und Arbeitgebern, einen Vertrag abzuschließen, der abgesehen von einigen Mindestvorgaben (wie z. B. ein Mindestlohn, gesetzliche Bestimmungen über die Entlohnung im Krankheitsfall, gesetzlich vorgeschriebener Urlaubsanspruch und das Zahlen einer Abfindung bei ungerechtfertigter Kündigung) von wenigen rechtlichen Vorschriften beeinträchtigt wird. Arbeitsverträge können individuell oder kollektiv ausgehandelt werden. Der einzelne Arbeitnehmer kann direkt mit dem Arbeitgeber verhandeln, oder sich durch eine dritte Partei, wie auch eine Gewerkschaft, vertreten lassen. Durch das Beschäftigungsvertragsgesetz wurde die Zwangsmitgliedschaft in einer Gewerkschaft ebenso wie das automatische Recht der Gewerkschaften, für einen Arbeitgeber zu verhandeln, abgeschafft.

Es ist keine leichte Aufgabe, auf wenigen Seiten ein umfassendes Bild der weitreichenden Wirtschaftsreformen zu zeichnen, welche in Neuseeland in den vergangenen zwölf Jahren durchgeführt wurden. Kurz zusammengefaßt läßt sich jedoch sagen, die Reformen haben:

- *anstelle von Interventionen von Seiten der Regierung den Unternehmungsgeist gefördert*
- *ein größeres Gewicht auf Eigenverantwortung gesetzt und die Abhängigkeit vom Wohlfahrtsstaat verringert; und*
- *an Stelle von undurchsichtiger Bürokratie Verantwortlichkeit und Transparenz geschaffen.*

Die Reformen hatten einen beträchtlichen Erfolg. Desweiteren ist dank des Gesetzes der Finanzverantwortung (Fiscal Responsibility Act) der Rahmen für eine zukünftige verantwortungsbewußte Wirtschaftspolitik fest verankert. Ein Anhalten der Schuldentilgung, ein nachhaltiges Wachstum des Bruttoinlandsproduktes von ca. 3-4 % und das Erwirtschaften von Haushaltsüberschüssen, kombiniert mir einer effizienteren und leichter durchschaubaren Bürokratie, sollten sicherstellen, daß Neuseeland eine gefestigte Position hat, um auf zukünftige wirtschaftliche Herausforderungen zu reagieren.

Es wäre jedoch irreführend, anzunehmen, daß solch umfassende Reformen eine leichte Aufgabe waren. Sie führten während des Anpassungsprozesses zu einigen Umwälzungen. Die Arbeitslosenzahlen schnellten beispielsweise anfangs in die Höhe, da unprofitable Unternehmen der öffentlichen und privaten Wirtschaft viele tausend Angestellte entließen. Viele Firmen, besonders in der verarbeitenden Industrie, mußten in ihrem Streben nach Steigerung der Produktivität und Wettbewerbsfähigkeit radikale Umstrukturierungen vornehmen. Das führte dazu, daß Mitte 1991 die Arbeitslosigkeit in Neuseeland auf fast 11 % stieg. Danach hat das Reformprogramm jedoch dafür gesorgt, daß die Nettobeschäftigung rasch zunahm. Aktuell beläuft sich die Arbeitslosigkeit auf ca. 6 %. Die Zunahme der Beschäftigungszahlen, wie die willkommene beträchtliche Steigerung bei privaten Auslandsinvestitionen, resultiert nicht aus Interventionen oder „Anreizen" (oft Subventionen unter anderem Namen), sondern aus der Schaffung des richtigen Umfeldes für ein wirtschaftliches Wachstum: geringe Inflation, ein Minimum an Vorschriften, ein flexibler Arbeitmarkt und, was am wichtigsten ist, Transparenz und eine garantierte Konsistenz der Politik.

Die neuseeländischen Erfahrungen mit zwölf Jahren Wirtschaftsreformen sind weltweit auf beträchtliches Interesse gestoßen. Neuseeland ist nicht das einzige Land, welches sich in einem zunehmend globalisierten internationalen Wirtschaftsumfeld den Wettbewerbsherausforderungen stellen muß. Natürlich sind die Umstände in den einzelnen Ländern verschieden, und die Erfolge der neuseeländischen Wirtschaftsreformen sind eng an einzigartige politische, soziale und wirtschaftliche Faktoren geknüpft. Die neuseeländische Erfahrung stellt kein Modell dar, welches sich einfach auf andere Länder übertragen läßt. Trotzdem dürften unsere Erfahrungen als Fallstudie von Interesse sein. Es zeigt, daß eine sehr ernste wirtschaftliche Lage abgewendet werden kann, falls die politisch Verantwortlichen die Aufgabe mit einer umfassenden und kohärenten Vision angehen.

Ludwig Erhard hatte solch eine historische Vision bei Anbruch des deutschen Wiederaufbaus im Nachkriegsdeutschland. Sein Beispiel diente vielen als Inspiration, nicht zuletzt Neuseeland, wo dem unter Erhards Führung geschmiedeten Wirtschaftswunder beträchtlicher Respekt und Bewunderung zuteil wird.

Deutschland und Neuseeland haben jeweils ihre eigene Ausgewogenheit zwischen der Sozialpolitik und einer freien Marktwirtschaft gefunden, um den sich entwickelnden Bedürfnissen der Gesellschaft gerecht zu werden. In Deutschland wird zur Zeit vielleicht ein größeres Gewicht auf die soziale Komponente gelegt; in Neuseeland richtet sich das Augenmerk in den achtziger und neunziger Jahren eher auf den freien Markt. Aber in beiden Fällen stellt die Wirtschaftspolitik eine Ausgewogenheit beider Perspektiven dar. Heute ist die Schaffung einer fairen, menschlichen und freien Gesellschaft eine grundlegende Zielsetzung der Regierungspolitik, wie es gleichfalls ein Ziel von Ludwig Erhard war. Um diese Zielsetzung zu erreichen, räumen wir dem Unternehmungsgeist die größtmöglichen Freiheiten ein, um seine Produktivität und sein Wachstum zu steigern. Aber der Wohlstand, den diese Politik mit sich bringt, wird allen Mitgliedern der Gesellschaft zuteil werden.

Prof. Hilmar Hoffmann

Geboren ist Prof. Hilmar Hoffmann am 25. August 1925 in Bremen. Er ist als Kulturdezernent 5 Jahre in Oberhausen und 20 Jahre lang in Frankfurt am Main tätig gewesen. Von 1967 bis 1970 ist er Lehrbeauftrager an der Ruhr-Universität in Bochum. An der Universität Tel Aviv unterrichtet er als Gastprofessor von 1975 bis 1985. Seit 1989 ist er Honorarprofessor an der Philipps-Universität in Marburg. Seit dem Jahre 1993 ist er Präsident des Goethe-Instituts in München.

Er veröffentlicht zahlreiche Bücher, darunter auch: „Theorie der Filmmontage", 1969, „Und die Fahne führt uns in die Ewigkeit", 1988, „100 Jahre Film", „Kultur für alle", 1979, „Kultur für morgen", 1985, „Kultur als Lebensform", 1990, „Mythos Olympia", 1993, „Das Taubenbuch", 1982. Er ist Herausgeber der sechsbändigen „Kulturgeschichte unseres Jahrhunderts".

Hilmar Hoffman ist Ehrenbürger der Universität Tel Aviv und Ehrensenator der Goethe-Universität in Frankfurt am Main. Zudem ist er Mitglied des Internationalen P.E.N. 1996 erhält er den Wartburgpreis.

Prof. Hilmar Hoffmann ist seit 1957 verheiratet und hat zwei Kinder.

Das Kulturelle
in der Sozialen Marktwirtschaft

von Hilmar Hoffmann

Sozialstaat, Kulturstaat
und Kulturnation

„Deutschland ist nicht nur Industrie- und Handels-, sondern auch Kulturnation." [1]

In der Fügung „auch" erkenne ich allerdings ein kleines Problem: Das Grundgesetz definiert Deutschland als einen Staat mit bestimmten Eigenschaften, aber von „Nation" ist im Grundgesetz nichts zu lesen. Mit Vollendung der Vereinigung ist nicht einmal mehr von „nationaler Einheit" die Rede - der Begriff existiert seit 1994 nur noch im Register der 5. Ausgabe der Verfassungen der deutschen Bundesländer. [2]

In der Präambel zum Grundgesetz, auf die das Register unter diesem Stichwort verweist, fand sich früher der Hinweis, daß das „Deutsche Volk","seine nationale und staatliche Einheit zu wahren" gewillt sei; heute ist nur noch davon die Rede, daß die Bundesländer „die Einheit und Freiheit Deutschlands vollendet" haben (ansonsten verweist das Register nur noch auf nationale Minderheiten, nationalen Haß und Nationalparks).

„Kulturnation" ist demnach kein Verfassungsbegriff - sein allerdings gleichwohl häufiger politischer Gebrauch stand einst im Kontext der trotz faktischer Zweiteilung aufrechterhaltenen Gemeinsamkeit als „Kulturnation". Daß bei der Revision des Grundgesetzes 1994 auf die Wiederaufnahme

dieses Begriffes ausdrücklich verzichtet wurde, halte ich für eine begrüßenswerte Entscheidung angesichts des vielen Mißbrauches mit dem stolzen Begriff der „Nation" und angesichts der Empfindung, daß er in ein modernes Europa nicht mehr so recht passen will. Sich nicht mehr als „Nation" zu definieren ist kein „deutscher Sonderweg", hat auch nichts damit zu tun, daß Deutschland wegen seiner Geschichte ständig im Büßerhemd geht - das ist einfach eine naheliegende und verständliche Konsequenz aus dem allzu häufigen Mißbrauch dieses Begriffes.

Allerdings ist auch in unserer Verfassung von *Kulturstaat* keine Rede; allein aus den allgemeinen Staatszielbestimmungen kann abgeleitet werden, daß Deutschland ein solcher ist. [3] Kulturstaat ist ein interessanterer und umfassenderer Begriff als der vor einem Jahrzehnt noch gern gebrauchte von der *Kulturgesellschaft*, denn *Kultur* hat jede Gesellschaft; die Spezifik der Kultur unterscheidet sie von anderen. Im *Kulturstaat* der offenen demokratischen Gesellschaft ermöglicht, animiert und strukturiert der Staat den ergebnisoffenen Kulturprozeß, also nicht die Kultur.

Die Kultur zu gängeln, oder sich zu unterwerfen, das versuchen nur und meist vergeblich autoritäre Staaten - China und Vietnam sind derzeit die Negativbeispiele dafür. Das Grundgesetz definiert unseren Staat posi-

---

[1] *Klaus Kinkel in der Debatte des Deutschen Bundestages zur Auswärtigen Kulturpolitik am 13. Juni 1996.*

[2] *Beck-Texte im Deutschen Taschenbuchverlag*

[3] *Vgl. Häberle, Peter: Verfassungslehre als Kulturwissenschaft. Berlin 1982, und ders. (Hg.): Kulturstaatlichkeit und Kulturverfassungsrecht. Darmstadt 1982.*

tiv anders. Ein „demokratischer und sozialer Bundesstaat" soll Deutschland sein (Art. 20 GG). Die Bundesländer konstituieren Verfassungen, die den Grundsätzen des „demokratischen und sozialen Rechtsstaates" entsprechen. Diese Prinzipien sind ebenso wie die Unverletzlichkeit der Würde des Menschen unaufhebbare Verfassungsgrundsätze, die das Recht und den Gesetzgeber programmatisch binden. Es handelt sich dabei allerdings um Strukturprinzipien, die noch keinen positiven Rechtssatz darstellen, die Ordnung des Staates aber implizit einem sittlichen Imperativ verpflichten, dem jeweils Leben einzuhauchen ist.

Diese Grundsätze des Demokratischen, des Sozialstaatlichen und des Rechtsstaatlichen stellen eine unteilbare Trinität sich wechselseitig bedingender Elemente dar und zwingen dazu, die Rechtsordnung entsprechend lebendig zu gestalten - ex negativo, weil es auch andere Strukturprinzipien geben kann, die durch die getroffene Festlegung ausgeschlossen werden sollen. Die Sozialordnung ist aufgrund dieser Strukturprinzipien für den Staat keine starre Größe, sondern wird permanent zum Gegenstand der Gestaltung. Die Sozialstaatsbindung ist die Grundlage für soziale Grundrechte und Menschenrechte und geht damit über die liberalen Freiheitsrechte hinaus. Der Rechtsgrundsatz der Sozialstaatlichkeit impliziert die sozialethische Bindung des Eigentums.

„Diese Sozialstaatsklausel durchzieht leise als Essenz das ganze Verfassungsgefüge des Grundgesetzes. Durch sie erhalten die gesamten Grundrechte eine gewisse, teils stärker, teils schwächer wahrnehmbare soziale Tönung." [4] Die Sozialstaatlichkeit auszuhöhlen verändert den Charakter des Staates. [5]

Dementsprechend müssen alle anderen Regelungen diesen Staatszielen untergeordnet werden, also sind auch die Industrie- und Handels*staats*charakteristika diesen Zielen unterworfen.

Die Demokratie in Deutschland ist explizit ein Rechtsstaat und ein Sozialstaat. Aber, so lautet meine zentrale These, auch der Sozialstaat ist in seiner Spezifikation als Staat mit einer „Sozialen Marktwirtschaft" nicht ohne Kultur denkbar.

Der soziale und demokratische Rechtsstaat

Die Leistungen Ludwig Erhards [6] und die Bedeutung der Sozialen Marktwirtschaft können nach fast fünfzigjähriger Erfahrung heute objektiver eingeschätzt werden als in den Jahren ihrer Entstehung. Einst konkurrierten in den Auseinandersetzungen um die Konkretisierung des Sozialstaatsgebotes des Grundgesetzes unterschiedlich weitreichende Gestaltungsvorstellungen miteinander. Wollten die einen ein Mehr an Staatstätigkeit und Planung, so war den anderen die Soziale Marktwirtschaft schon zuviel. Heute muß die Soziale Marktwirtschaft, die damals von nicht wenigen als fauler Kompromiß gescholten wurde, auch von jenen verteidigt werden, die sie einst als zu wenig weitreichend attackiert hatten: Nach jahrelanger Deregulierung ist sie zur Verteidigungslinie des Sozialstaats geworden.

Erst recht in der materiellen Krise des Sozial- und Wohlfahrtsstaates ist es ange-

---

[4] *Isele, Hellmut Georg: Die europäische Sozialcharta. Wiesbaden 1967 (Sitzungsberichte der wiss. Ges. an der Univ. Frankfurt/M., 4/1965 Nr. 3). Isele untertitelt damals schon „Auf dem Wege von den allgemeinen Menschenrechten zu den sozialen Menschenrechten."*

[5] *Vgl. auch Fuchs, Max: Wohlfahrtsstaat oder Markt? Auf dem Weg in eine andere Gesellschaft. In: Zukunft Kulturpolitik. Festschrift zum 60. Geburtstag von Olaf Schwencke. Hagen/Essen 1996 (Edition Umbruch Bd. 10), S. 42-57.*

[6] *Zu Erhard und der Sozialen Marktwirtschaft: Hentschel, Volker: Ludwig Erhard. Ein Politikerleben. Landsberg/Lech 1996.*

bracht, auf die notwendige kulturelle Fundierung der sozialen Ordnung hinzuweisen. In den klassischen Auseinandersetzungen der frühen Bundesrepublik um die humane Ausgestaltung des Sozialstaates waren die ethisch-moralischen und die kulturellen Grundlagen des sozialen und demokratischen Rechtsstaates weitgehend diskussionslos vorausgesetzt. Der Staat greift zwar nicht unmittelbar in die Wirtschaft ein, es gilt aber: „Der Wirtschaft die geistige, die seelische und die materielle Ausrichtung zu geben, das ist zuletzt Sache der Politik, Angelegenheit der Gesellschaft."[7] Erhard betont, „daß zwar der Zweck der Wirtschaft kein anderer sein könne, als dem Verbrauch (allerdings nicht nur dem primitiv materiellen) zu dienen, daß das aber nicht zugleich auch der Sinn unseres wirtschaftlichen Tuns sein dürfte. Die Sinngebung der Wirtschaft fließt aus dem allumfassenden Lebensbereich eines Volkes und wurzelt damit in letzten, nicht mehr rational erfaßbaren Wertungen."[8] Zwar wird der „Wille zum Verbrauch" ermutigt, aber auch die „Weisheit der Bescheidung" gefordert.[9]

Heute gilt es, sich die kulturellen Voraussetzungen der Staatlichkeit in ihrer ganzen Breite als existenzielle bewußt zu machen.

Kultur erscheint in den Diskussionen um den Sozialstaat oft nur in der Vorstellung einer „sittlichen Verpflichtungskraft", die meist als christlich-religiös definiert sich auf naturrechtliche und moralische Normsetzung beruft. Die ethisch-moralische Grundlegung des Sozialstaates wird quer durch das Parteienspektrum aber auch als *dynamischer* Bestandteil der unvermeidlichen Einbettung allen politischen und wirtschaftlichen Geschehens in kulturelle Strukturen interpretiert werden.

Diese Einbettung ist existentiell notwendig, und sie kann im pluralen und säkularen Staat nicht allein christlich begründet sein. Sie ist für Mitteleuropa auch aus der humanistischen und sozialistischen Tradition herleitbar, ja sie ist auch in ihrer sozial verpflichtenden Art überhaupt nicht an europäisch-abendländische Wertbegründungen gebunden. Wenn heute die Welt immer mehr zusammenwächst und der internationale Dialog zur Voraussetzung der Zukunftssicherung wird, dann ist es nicht uninteressant zu sehen, wie sich auch von anderen religiösen Positionen aus zu ähnlichen Ergebnissen gelangen läßt. Volker Nienhaus betont die Verwandtschaft zwischen Sozialer Marktwirtschaft und der Programmatik islamischer Wirtschaftsordnung: Beide können sowohl für soziale, als auch für nachhaltige Entwicklung eintreten. Mit den wirtschaftsethischen Prinzipien des Islam „läßt sich ein Wirtschaftssystem begründen, das etwa zwischen der sozialen Marktwirtschaft deutscher Prägung und dem früheren schwedischen Wohlfahrtstaatsmodell anzusiedeln wäre."[10] Demzufolge handelte es sich um eine „*wettbewerbswirtschaftliche Ordnung* mit einer *sozialen Mindestsicherung*".[11] Die individuelle Sozialabgabe *zakat*, islamischen religiösen Verpflichtungen entspringend, kann in ein staatliches Sicherungssystem überführt und entsprechend modifiziert werden.

---

[10] *Nienhaus, Volker: Islamische Ethik und wirtschaftliche Entwicklung, in: Zapotoczky, Klaus und Hildegard Griebl: Kulturverständnis und Entwicklungschance. Frankfurt a.M.: Brandes und Apsel; Wien: Südwind 1995, 76-88, 79.*

[11] *A.a.O. S. 80; ähnlich die Interpretation bei Mehmet, Özay: Fundamentalismus und Nationalstaat. Der Islam und die Moderne. Hamburg: Europäische Verlagsanstalt, 1994 - er verzichtet allerdings auf den Hinweis auf die sich aufdrängende Parallele zur Sozialen Marktwirtschaft.*

---

[7] *Erhard, Ludwig: Wohlstand für alle. Bearbeitet von Wolfram Langer. Econ Verlag Düsseldorf 1957. 141.*

[8] *A.a.O. S. 354.*

[9] *A.a.O. S. 233 und 355.*

Soziale Sicherungssysteme nach dem Modell der „Sozialen Marktwirtschaft" besitzen für die armen Länder des Südens heute besonders interessante Dimensionen: Ein „staatlich organisiertes Sicherungssystem" erhöht die Mobilität der Individuen, „weil sie nicht mehr auf die Unterstützung durch die (Groß-)Familie angewiesen sind."[12] Das bedeutet auch Chancen für die Bevölkerungspolitik.

Wenn die Menschen darauf vertrauen können, daß sie in Not und Schwierigkeiten nicht im Stich gelassen sind, dann werden sie auch Einschränkungen leichter ertragen. Nur wer befürchten muß, ins Bodenlose zu fallen, der wird sich mit allen Mitteln wehren.

Die Reduzierung der Kultur auf Kulturgüter

Manchmal erscheint die Ressource Kultur in der Sozialstaatsdebatte immerhin am Rande, aber nur als distribuierbares Gut: Der soziale und demokratische Rechtsstaat sei darauf angelegt, wird unterstellt, den materiellen Rechtsstaatsgedanken der Demokratie auf die Wirtschafts- und Sozialordnung und auf das *kulturelle* Leben auszudehnen. Kultur für alle wird hier im Sinne einer demokratischen Bringschuld interpretiert, bezogen auf eine als präexistent vorausgesetzte kulturelle Waren- und Wertewelt, die gemäß dem Gebot der *Demokratisierung der Kultur* gerecht zu verteilen bzw. zugänglich zu machen ist. So wurde *„Kultur für alle"*[13] auch gern mißverstanden, obwohl dieses Programm immer auch die kulturelle Demokratie meinte, d.h. die aktive Beteiligung aller sozialen Schichten am kulturellen Prozeß.

Eigentlich aber muß Kultur hineingedacht werden in die Strukturprinzipien der Rechtsordnung - als immer schon die Religion ergänzende (oder als übergreifende, die Religion mit umfassende) sinnstiftende Größe. Im Verlauf der Säkularisierung generierte Kultur mehr und mehr zu einem die Religion ersetzenden Faktor. Von ihr gingen mehr die intellektuellen („geistigen") und die symbolischen („ästhetischen") Werte und Sinnstiftungen aus, sie wirkte unabhängig von der Religion mit an der notwendigen Ausgestaltung und immer wieder anfallenden Neuinterpretation der sozialstaatlichen Normen.

Wenn Kultur, wie es in der UNESCO-Erklärung von Mexiko 1982 heißt, „in ihrem weiten Sinne als die Gesamtheit der einzigartigen geistigen, materiellen, intellektuellen und emotionalen Aspekte angesehen werden kann, die eine Gesellschaft oder eine soziale Gruppe kennzeichnet", eingeschlossen darin „Lebensformen, die Grundrechte des Menschen, Wertsysteme, Traditionen und Glaubensrichtungen", dann lassen sich die Sozialstrukturen nicht davon trennen.[14]

Genauso muß allerdings auch Wirtschaft hineingedacht werden in das sozialkulturelle System. Sie ist zwar auch Feld der Realisierung partialer Interessen, aber gleichzeitig integraler Bereich, in dem nicht nur antagonistische Interessengegensätze herrschen, sondern der auch als Teil des Feldes der gestalteten und gestaltbaren gemeinschaftlichen Lebensverhältnisse angesehen werden muß - freilich ordnungspolitisch dem Ziel der demokratischen und sozialen Rechtsstaatlichkeit untergeordnet und nicht verselbständigt.

---

[12] *Nienhaus a.a.O.*

[13] *Vgl. Hoffmann, Hilmar: Kultur für alle. Perspektiven und Modelle. Frankfurt/M 1979/1981.*

[14] *Ferdowsi, Mir A.: Zum Stellenwert der Kultur in der bisherigen entwicklungstheoretischen Diskussion - Versuch einer kritischen Betrachtung, in: Zapotoczky, Klaus und Hildegard Griebl: Kulturverständnis und Entwicklungschance. Frankfurt a.M.: Brandes und Apsel; Wien: Südwind 1995, S. 121-142. 138.*

Nur wenn unter Zugrundelegung einer wertneutral vorausgesetzten „Pluralität verschiedener Ethostraditionen" die Wirtschaftsethik auf der Ebene der Spielregeln in neoklassischer und liberalistischer Tradition *allein von der ökonomischen Rationalität* her definiert wird, dann gibt es keine verbindlichen *moralischen* Maßstäbe mehr. Andere, wie z.B. die vom Frankfurter Nell-Breuning-Institut vertretene „politische Wirtschaftsethik" dagegen gehen von einer über die ökonomische Rationalität *hinausreichenden* Diskursethik aus, für die gilt: „Die Geltung von Normen gründet allein im Konsens der Betroffenen."[15] Die „Offenheit ihres Verfahrens der Normbegründung" in der „Interpretationsgemeinschaft"[16] der sozialen und politischen Akteure bezieht sich hier wie in analogen Fällen manifest auf die Interpretation und Fortentwicklung der Normen unter sich verändernden Bedingungen.[17] Dies geschieht nicht nur auf der verbalen und argumentativen Diskursebene, sondern auch (vielleicht am stärksten) auf der symbolischen - nämlich derjenigen der Bilder vom Menschen und seinem kulturspezifischen *richtigen* Leben, wie sie nicht zuletzt in den Künsten breitenwirksam und tieflotend entwickelt werden.

Kultur als sozialer Prozeß

Wenn Kultur als Agens in der Politik auf diese Weise intensiver bewußt gemacht wird, dann wird in der Regel nur betont, *daß* sie mitwirken muß an der Fundierung des Gemeinschaftslebens. Sie wäre dann nicht mehr eine außen vor liegende Substanz ohne Bezug zu Staat und Gesellschaft. Aber *wie* sie daran mitwirkt, das wird dadurch nicht hinreichend erläutert.

In ihrer Geschichte mußten Menschen immer wieder in Situationen radikalen Wandels sich neu adaptieren. Der Münchener Althistoriker Christian Meier beschreibt, welche Rolle die Bildende Kunst und - vor allem - das Theater für die antike Stadt Athen und für die Herausbildung ihrer führenden politischen und sozialen Position darstellten, und wie eine neue Kultur als Antwort auf völlig neue Herausforderungen enstand. Die „mentale Infrastruktur" für das Gemeinwesen wurde mit Hilfe der Künste entwickelt: „Das Leben eines Gemeinwesens bedarf ja nicht nur der Wasserversorgung, der Zufuhr von Nahrung, der Wege, Plätze, Häfen; es braucht nicht nur einen Markt und die Zuverlässigkeit von Gewichten und Münzen. ... Sondern es beruht auch auf bestimmten mentalen Voraussetzungen; Sitten und Gebräuchen, Übereinstimmung in gewissen Anschauungen, in Regeln, in einer Sprache, die es erlaubt, sich über anstehende Fragen, auch über Gegensätze zu verständigen."[18] Diese Arbeit an der mentalen Infrastruktur war und ist für ein Gemeinwesen überlebenswichtig. „Es war nicht nur vieles neu zu lernen, sondern es waren auch die Maßstäbe neu bewußt zu machen und einzuschärfen. Der ganze Wissensgrund, in den man seine Erfahrungen einzuordnen, von dem her man sie zu verstehen, die Sinnvermutungen, von denen her man alle Fragen zu beurteilen pflegt, waren neu zu organisieren."[19]

Wenn den heute viel komplexeren, hochkomplizierten und somit einzigartigen Herausforderungen wie den angedeuteten

[15] *Emunds, Bernhard: Wirtschaft verändern - aber mit welchen Zielen? In: Zapotoczky, Klaus und Hildegard Griebl: Kulturverständnis und Entwicklungschance. Frankfurt a.M.: Brandes und Apsel; Wien:. Südwind 1995, S. 89-100.*

[16] *A.a.O. S. 96.*

[17] *Vgl. z.B. Andreß, Hans Jürgen und Gero Lipsmeier: Was gehört zum notwendigen Lebensstandard und wer kann ihn sich leisten? In: Aus Politik und Zeitgeschichte 1995, B 31-32, S. 35-49.*

[18] *Meier, Christian: Athen. Ein Neubeginn der Weltgeschichte. Berlin 1993, S. 383.*

[19] *A.a.O.*

entsprechend modifiziert begegnet werden muß, dann wird das nicht ohne den Beitrag der kulturellen Öffentlichkeiten und kultureller Diskurse möglich sein.

Der ergebnisoffene Kulturprozeß, der auch als Normbildungsprozeß in Permanenz zu verstehen wäre, ist ein Prozeß, in den die Individuen und gesellschaftlichen Gruppen mit ihren unterschiedlichen Assoziationen in wechselseitiger Akzeptanz ihrer Besonderheiten und Interessen sich einbringen können. Er ist unverzichtbarer Bestandteil der Orientierungssuche der Individuen und der Integration der Gesellschaft, somit ein öffentliches Gut. Als offener Kulturprozeß gehört er zum Datenkranz der Rahmenbedingungen für Produktion und Reproduktion. Damit wird er zwar allen möglichen Sekundärnutzungen etwa für Transferleistungen durch Umwegrentabilitäten, für wirtschaftlich verwertbare Kreativität, für Sympathiewerbung usf. zugänglich. Aber seine zentrale Rolle für die Herausbildung der Lebensformen einer sozialökologischen Zukunft und einer der Selbstbeschränkung fähigen Zivilgesellschaft braucht davon nicht beeinträchtigt zu werden, solange Künstler und Kulturproduzenten entsprechend selbstbewußt auftreten.

Lebendige Kultur in ihrer ganzen Vielfalt trägt bei zur Integration der Gesellschaft auf der Symbol- und Wertebene. Dies gelingt ihr effizient aber nur in einem offenen Prozeß: Wenn alle Individuen begabt würden, ihre sozialen Lebensformen und Sinnorientierungen zu entwickeln, dann wären sie in der Lage, sich dabei kultureller Formen und Symbole zu bedienen. Gesetze und normative Ordnungen gießen in Formen nur das, was in der Lebenspraxis gesicherter oder erwünschter Standard ist. Längst wissen wir auch, daß das Einhalten von Gesetzen und Ordnungen nicht allein durch Sanktionen, auch nicht durch soziale Kontrolle gesichert wird, son-

dern in besonderem Maße durch verinnerlichte Haltungen und moralische Werte, wie sie in den positiven Bildern des Menschseins in Kultur und Künsten bestätigt werden.

So ist auch der Sozialstaat nicht nur in seiner Entstehung auf die Kultur angewiesen, sondern sie ist unverzichtbar auch in seinem aktuellen Leben. Die Normen des Sozialstaates sind Konkretisierungen des Grundgesetz-Gebotes, die Würde des Menschen als höchsten Wert zu achten; die Verfassung setzt die soziale Demokratie als Selbstzweck. Aber nur aus der Welt der kulturellen Werte lassen sich jene Impulse generieren, mit denen in Konjunkturzeiten qualitative Inhalte des Wohlstandes definiert und in Krisenzeiten verteidigt und angepaßt werden.

Aktuelle Herausforderungen für den Sozialstaat

Heute sehen wir uns auf allen Ebenen, von der Gemeinde bis zur Globalpolitik, mit gewaltigen neuen Herausforderungen konfrontiert. Ich nenne nur einige der wichtigsten:
Eine durch Wachstum nicht mehr zu überwindende „Sockelarbeitslosigkeit" von real zehn und mehr Prozent in einer Größenordnung von EU-weit vielleicht 20 Millionen Menschen im arbeitsfähigen Alter, darunter viele Jugendliche.
Eine einmalige Veränderung der Altersstruktur der Bevölkerung, bei der nicht mehr eine Pyramide den Altersaufbau der Gesellschaft widerspiegelt, sondern eine baumartige Struktur - mit allen Folgen für den zu erneuernden Generationenvertrag.[20]

Da sind ferner die erkennbaren Grenzen der Belastung unserer Lebenswelt sowie

---

[20] *Vgl. Kramer, Dieter: Kulturelle Anpassungsleistungen. In: Zukunft Kulturpolitik. Festschrift zum 60. Geburtstag von Olaf Schwencke. Hagen/Essen 1996 (Edition Umbruch Bd. 10), S. 66-73.*

anthropogene Veränderungen der Erdober-
fläche und Atmosphäre; und schließlich fordert eine polyzentrische globale Struktur mit
neuen Konkurrenten uns Europäer heraus,
denen nicht mehr in der gewohnten Weise mit
einem Mehr vom Immergleichen begegnet
werden kann. Die früher funktionierenden
Faktoren Macht und Expansion sichern auf
Dauer keine Zukunft. Eine für alle Menschen
lebenswerte Zukunft kann nur noch mit der
Fähigkeit erreicht werden, Vereinbarungen
und Kooperationen mit den unterschiedlichsten Partnern erfolgversprechend auszuhandeln und nachhaltig zu bewahren.

Jene Kultur, in der heute die Maßstäbe und
Standards entwickelt werden, mit denen
Lebensweisen und sozialkulturelle Strukturen
für den Umgang mit den genannten Problemen ermöglicht und vorgelebt werden können, diese Kultur könnte in der Zukunft ein
Attraktiv-Posten sein und das Interesse der
anderen auf sich lenken, weil sie überzeugend
ist.

Neuadaptationen auch grundlegender Art
sind im System der sozialen Marktwirtschaft durchaus möglich. So wurde Selbstbegrenzung als Teil einer späteren Neujustierung von Ludwig Erhard schon 1957 vorgesehen. Während manche Interpreten in der
Krise der Moderne daran zweifeln, daß die
Menschen in den modernen Lebenswelten
ohne Zwang (und damit die Gefahr der
Desintegration, der Akzeptanzverweigerung
heraufbeschwörend) überhaupt zur Selbstbegrenzung fähig sind, war es einst für Ludwig Erhard eine Selbstverständlichkeit, dergleichen für möglich zu halten, wie das folgende Zitat aus *Wohlstand für Alle* belegt (ob
er freilich dabei an sozialkulturelle oder poli-
tisch-administrative Selbstbegrenzung dachte, bleibt offen):
„Ich glaube nicht, daß es sich bei der wirtschaftspolitischen Zielsetzung der Gegenwart
gleichsam um ewige Gesetze handelt. Wir

werden sogar mit Sicherheit dahin gelangen,
daß zu Recht die Frage gestellt wird, ob es
noch immer richtig und nützlich ist, mehr
Güter, mehr materiellen Wohlstand zu erzeugen oder ob es nicht sinnvoller ist, unter Ver-
zichtleistung auf diesen ‚Fortschritt' mehr
Freizeit, mehr Besinnung, mehr Muße und
mehr Erholung zu gewinnen." [21] Für Ludwig
Erhard sollte die Beseitigung von *materieller*
Not und Enge der letzte Zweck jeder Wirtschaft sein. [22] Heute schiebt sich der Wunsch
nach mehr Spielräumen für die individuellen
Lebensplanungen in den Vordergrund. Menschen möchten mit ihrem Wissen und Können
ihr Leben in eigener Entscheidung führen und
existentiell sichern statt fremdbestimmt und
abhängig zu sein.

Ein Leben in Würde und Freiheit zu
gewährleisten, muß der erste Zweck des
Wirtschaftens sein. Wie ein solches Leben
sich gestalten wird, das wird in allen Gesellschaften *kulturell* definiert, nicht materiell:
Entsprechende Entscheidungen dürfen nur
von *lebendigen Individuen*, nicht von juristischen Personen wie Unternehmen getroffen
werden: Denn jene können sich freiwillig
selbst begrenzen, diese müssen hingegen
durch Gesetze dazu gezwungen werden.

Besitzstandswahrung und Neujustierung des Sozialstaats

Vor einer notwendigen Neu-Adaptation
steht auch das soziale System. Die
Symptome und Probleme sind benannt. Den
neuen Anforderungen kann die Gesellschaft
durch die Herausbildung jeweils weiterent-
wickelter Kulturmuster begegnen. Das setzt

---

[21] *Erhard a.a.O. S. 243/244. Auch zitiert in Steffen, Dagmar (Hg.): Welche Dinge braucht der Mensch? Hintergründe, Folgen und Perspektiven der heutigen Alltagskultur. Katalogbuch zur gleichnamigen Ausstellung, hg. v. Deutschen Werkbund Hessen. Frankfurt/M. 1996, S. 104.*

[22] *A.a.O. S. 233.*

ein reiches und anregungsreiches kulturelles Leben voraus, damit bei möglichst vielen Gelegenheiten mit möglichst vielen unterschiedlichen Ansätzen darüber nachgedacht werden kann, um entsprechende Formen erproben und praktizieren zu können. Dieses Ziel erfordert eine differenzierte, reiche kulturelle Infrastruktur, damit Menschen entsprechende Betätigungsmöglichkeiten außerhalb von Arbeit und Familie finden können.

Seine hart erworbenen Besitzstände will niemand ohne Not und ohne Perspektive preisgeben. Sooft es um die sozialen „Besitzstände" geht, handelt es sich um die Konkretisierung von Standards jenes sozialen und demokratischen Rechtsstaates unseres Grundgesetzes, das die Wahrung der Würde und der Rechte des Menschen zu seinem höchsten Gut erklärte, somit um Verfassungsgüter, deren Konkretisierung mit der „Sozialen Marktwirtschaft" einherging, aber nicht an sie gebunden ist. Die Standards müssen deshalb in ihrer konkreten materialen Gestalt nicht auf alle Zeiten festgeschrieben sein, aber an dem Gehalt dieser Ziele muß Politik sich jedenfalls messen lassen.

Wo der soziale und demokratische Rechtsstaat aus inneren oder äußeren Gründen an seine eigenen materiellen Grenzen stößt (weil die Wachstumsphase zu Ende geht, in der die Standards mit Hilfe erweiterter Ressourcen finanziert werden konnten), da muß er neu justiert werden. In den Worten von Michael Mertes läßt sich „darüber streiten, an welchen Stellen während der vergangenen Jahrzehnte der soziale Ausgleich zu Lasten des Wettbewerbs überbetont worden ist. Dies bedeutet aber nicht, daß eines dieser zwei Elemente über Bord geworfen werden dürfte. Was wir vielmehr brauchen, ist eine Neubestimmung der richtigen Balance zwischen beiden." [23] Genau betrachtet erfordert die Neujustierung nicht nur eine Neuverteilung (das wäre eine mit Sozialabbau einhergehende Lösung), sondern auch strukturelle Innovationen z.B. der Sozialpolitik. In diesem Zusammenhang betont Warnfried Dettling: „Ein erfolgreicher Kapitalismus machte den Sozialstaat möglich;" [24] mit seinen Krisen deckt er jeweils Fehlentwicklungen auf: „Der 'real existierende' Sozialstaat erzeugt nicht nur Kostenexplosionen, sondern auch eine Kultur der Abhängigkeit. Er trägt vielfach nicht zur Vitalisierung, sondern zur Lähmung der schöpferischen Kräfte in der Gesellschaft bei." [25] Wenn das wirklich stimmt (und einiges deutet darauf hin - über die Krise des sozialen Systems denken Praktiker aus allen politischen Lagern endlich schärfer nach), dann sind umsomehr kreative neue Ansätze eiligst gefragt. Aber auch beim Umbau des Sozialstaates müssen die Menschen darauf vertrauen können, daß sie in Schwierigkeiten und Not nicht im Stich gelassen sind.

Der Krise ist nicht zu begegnen mit ewiggestrigen Klischees. Es reicht nicht, wenn Politiker und Gewerkschaften beklagen, daß den Deutschen die Arbeit ausgeht, wenn sie sich nicht zügig auf die Grundregeln der neoklassischen Ökonomie besinnen. Arbeitslosigkeit ließe sich, wird behauptet, nur um den Preis niedrigerer Löhne und längerer Arbeitszeiten abbauen, um damit dem steigenden internationalen Wettbewerbsdruck sich anpassen zu können. Aber selbst damit wird sie sich nicht beseitigen lassen, weil Millionen Menschen in allen Teilen der Welt um jeden Preis ihre Chance finden und ihr Recht auf Arbeit einfordern wollen.

---

[23] *Mertes, Michael: Globalisierung und freiheitliche Demokratie. In: Trend, 11. Quartal 1996, S. 6-13 S. 13.*

[24] *Dettling, Warnfried: Utopie und Katastrophe. In: Weidenfeld, Werner (Hg.): Demokratie am Wendepunkt. Die demokratische Frage als Projekt des 21. Jahrhunderts. Berlin 1996, 101-118, 108.*

[25] *A.a.O. 108.*

Wachstum schafft die Bedingungen, die in einem höheren Beschäftigungsstand enden *können* - mehr nicht. Auch mehr Kaufkraft durch höhere Löhne *kann* ein Wachstumsimpuls sein. Das Kaufkraftargument wird gelegentlich entkräftet durch den Hinweis, daß der Nettolohnzuwachs immer größer sein wird als die Nachfragewirkung des zusätzlichen Nettoeinkommens nach inländischen Gütern. Denn manches davon wird gespart, anderes für importierte Konsumgüter verwendet. [26] Aber auch höhere Gewinne und Steuererleichterungen für die Unternehmen wirken sich nicht direkt und ungeschmälert auf die inländische Investitionstätigkeit aus, und selbst wenn sie für Investitionen verwendet werden, sichern sie noch keine Arbeitsplätze.

Europa in Globalisierungsnöten: Sozialstaat und internationaler Wettbewerb

Daß Globalisierung *automatisch* Wohlstandsmehrung bedeute, ist nicht mehr als eine schöne Hypothese. Auch daß der Freihandel für die ganze Welt heute vergleichbare Folgen wie einst für das imperiale Europa haben werde, das kann mit guten Gründen bezweifelt werden. Selbst die Annahme, mit dem freien Handel verbreite sich auch der „Bazillus der freiheitlichen Demokratie", ist nicht mehr als eine vage Vermutung. Wie man weiß, praktizieren genügend autoritäre Staaten expansiven freien Handel. Die Globalisierung bedingungslos zu fördern hätte nur dann eine Legitimität, wenn sie in absehbarer Zeit ähnliche Folgen hätte wie diejenigen, die dem einstigen Wegfall der Grenzen im Inneren Deutschlands und (teilweise) Europas zugeschrieben werden, näm-

lich der allmählichen Verbesserung des Lebensniveaus in Europa und den Ausgleich der regionalen Disparitäten.

Daß freier Handel über Grenzen hinweg die Wohlfahrt der beteiligten Nationen erhöht hat, ist freilich in erster Linie eine *europäische* Erfahrung der letzten Jahrhunderte. Wie die Geschichte lehrt, ist das osmanische Reich durch den Freihandel eher zugrundegerichtet worden, [27] und die Vorteile, von denen Europa einst profitierte, sind so nicht für alle realisierbar. „Der Erfolg der westlichen Demokratien wurde, wenn schon nicht ermöglicht, so doch dadurch erleichtert, daß äußere Umstände das Problem der Knappheit entschärft haben, oder richtiger: die Folgen der Knappheit zeitlich und/oder räumlich auf Dritte verschoben worden sind." [28]

Es gibt genügend gute Gründe, im Wettbewerb der Kulturen die kulturelle Qualität des Sozialstaates zu betonen. Schließlich geht es bei diesem Wettbewerb ja nicht nur um wirtschaftliche oder, wie früher stärker betont, militärische Stärke, sondern um Zukunftsfähigkeit im allgemeinen Sinne und damit auch um die Fähigkeit, über Krisen hinweg lebensfähig zu bleiben. „Starke Zivilisationen sind im Grunde genommen die, die aus eigener Kraft überlebensfähig und nicht darauf angewiesen sind, durch den Ausbau und die Aufrechterhaltung gewaltsamer Beziehungen materielle Vorteile zu erzielen." [29]

---

[26] *Arend Oetker in: Agenda für das 21. Jahrhundert. Politik und Wirtschaft auf dem Weg in eine neue Zeit. Hg. v. Günther Würtele. Frankfurt/M., Frankfurter Allgemeine Zeitung, Verlagsbereich Wirtschaftsbücher. 1995. 498 S. 377.*

[27] *Vgl. Massarrat, Mohssen (Hg.): Mittlerer und Naher Osten. Eine Einführung in Geschichte und Gegenwart der Region. Münster: agenda Verlag 1996, S. 256; vgl. auch die Rolle des billigen Erdöls für das fordistische Konsummodell, ebda.*

[28] *Kirsch, Guy: Demokratie. Gefordert oder überfordert? In: Weidenfeld, Werner (Hg.): Demokratie am Wendepunkt. Die demokratische Frage als Projekt des 21. Jahrhunderts. Berlin 1996, 121-140, 123).*

[29] *Massarrat, Mohssen (Hg.): Mittlerer und Naher Osten. Eine Einführung in Geschichte und Gegenwart der Region. Münster: agenda Verlag 1996, S. 54.*

Die soziale Komponente ist es, die Europa auszeichnet. Die sozialpolitische Mitverantwortung des Gemeinwesens ist Teil der Spezifik der europäischen Entwicklung und damit der unverwechselbaren „Identität" Europas. Sie ist die Substanz, aus der heraus die Identifikation seiner Bürger erwächst. Aus dem Steueraufkommen und den Sozialversicherungsbeiträgen werden jene Transferleistungen finanziert, die allen Menschen ein Leben in Würde und ohne die Angst vor dem Sturz ins Bodenlose finanziert werden. Daher läßt sich behaupten, daß der hohe Staatsanteil an den Erwerbseinkommen (die hohe Staatsquote) im Sozialstaat eine identitätsstiftende Wirkung hat – und eine starke Identität ist die Voraussetzung der Selbstbehauptung. Daß der Sozialstaat in vielem reformbedürftig ist, ändert daran prinzipiell nichts.

Einst waren es die Kräfte der Kirche, der genossenschaftlichen und zünftlerischen korporativistischen Selbstorganisation und der gemeindlichen Selbstverwaltung, die für die sozialen Mindeststandards des „guten und richtigen Lebens" sorgten. Später trugen die genossenschaftlichen und politischen Selbsthilfeinstitutionen der arbeitenden Bevölkerung zur Fortentwicklung des Sozialstaates bei: Gewerkschaften und sozialistische Parteien erzwangen die soziale Pazifizierung des Kapitalismus. Die sozialpolitischen Maßnahmen des Staates und der Unternehmer sind seit Bismarcks Zeiten spiegelbildlich mit der Arbeiterbewegung verbunden. Und es gibt gute Gründe für die Annahme, daß der Ausbau der Sozialen Marktwirtschaft in der alten Bundesrepublik Deutschland zum einen den Zuwächsen des „Wirtschaftswunders", zum anderen der Konkurrenz mit dem „real existierenden Sozialismus" zu verdanken war. Die Attraktivität des westlichen Systems wurde durch die Sicherung des sozialen Friedens in der Sozialen Marktwirtschaft hergestellt.

Diese Standards des Sozialen gehören zu Europa. Diese Lebensqualität und diese ethisch-moralische Qualität sind mit der Würde des Menschen, mit der Freiheit des Individuums als Chance der Souveränität über die eigenen Lebensverhältnisse gekoppelt und bieten den sozialen Menschenrechten überhaupt erst eine reale Chance als Teil dieser sozialen Qualität: Wenn es etwas gibt, das notfalls auch mit dem Preis der eigenen Existenz verteidigt werden kann, dann ist es diese Qualität Europas. Ob diese Werte widerstandslos der Globalisierung geopfert werden, ist eine von der Politik aktuell diskutierte Frage wie auch jene, ob der freie Weltmarkt mit seinen unsicheren Folgen ein höheres Gut als der Sozialstaat sein dürfe?

Statt einer bedingungslosen Unterwerfung unter die Globalisierung schlage ich deren sozialkulturelle Zähmung vor: Wenn die soziale Grundsicherung als Form des Grundvertrauens dafür sorgt, daß die Menschen überzeugt zu diesem Europa stehen und sich mit seiner Politik identifizieren, dann werden sie auch bereit sein, die notwendigen Veränderungen beim Umbau oder bei der Neujustierung des Sozialstaates in Kauf zu nehmen. Standards dieser Art machen eine Kultur im Inneren stark und stabil und im Äußeren nicht nur attraktiv (auch für Migrationen), sondern auch einflußreich, glaubwürdig und zuverlässig. Den Sozialstaat als Auslaufmodell zu behandeln, geht nicht nur völlig an Sinn und Geist des Grundgesetzes vorbei, sondern vermindert auch dessen Zukunftsfähigkeit. Angesagt ist vielmehr der innovative Umbau mit vielen kreativen Facetten.

Dafür gibt es genügend Spielräume. Die Konkretisierung und der nationale Nachvollzug der „Globalisierung" findet ja nicht im Selbstlauf statt, sondern setzt Regelungen und Gesetze auf der Ebene des beileibe nicht überflüssig werdenden Einzelstaates (den „Nationalstaaten") oder der *supranationalen,* damit aber noch lange nicht *globalen* Einheiten wie Europa voraus.

Die Anerkennung von kompetitiver Härte und Realität des Weltmarktes und seiner Wettbewerbsbedingungen ist sicher die Voraussetzung für eine zukunftsgerechte Politik. Gleichwohl kann gestaltende Politik aber nicht der bloße Nachvollzug von weltmarktgesetzten Fremdbestimmungen sein: Auch der jetzigen Struktur des Weltmarktes wird keine ewige Dauer beschieden sein, und deshalb sollte keine staatliche Gemeinschaft die Vielfalt der eigenen Möglichkeiten und humanen Ressourcen vernachlässigen.

Die Standards des Sozialen sind kein Hindernis für den Weltmarkt. Sie sind im Gegenteil ein Vorteil, weil sich mit ihnen auch die Sinnfrage für die gemeinschaftliche Ordnung stellt: Wenn die Individuen sie nicht mehr angemessen beantworten können, dann ist das für eine Gesellschaft gefährlich. Auch für Wachstum und Erfolg geht dann die Akzeptanz verloren. Weil Kultur der nachhaltigste Beitrag zur Diskussion und Beantwortung eben dieser Sinnfrage ist, gehört sie zu den zentralen Ressourcen der Zukunftssicherung. Der unverzichtbare kulturelle Unterbau der Sozialen Marktwirtschaft belegt dies wieder einmal deutlich.

Prof. Dr. Alfred Grosser

VITA:

Prof. Dr. Alfred Grosser ist am 1. Februar 1925 in Frankfurt am Main geboren. Als Sohn jüdischer Eltern emigriert er 1933 nach Frankreich. 1937 nimmt er die französische Staatsangehörigkeit an.

Nach dem Besuch des Gymnasiums in Saint Germain en Laye studiert er an den Universitäten von Aix en Provence und Paris. Nach dem Ende seines Studiums promoviert er zum Docteur des lettres et sciènces humaines.

Während des Krieges schließt er sich der französischen Widerstandsbewegung an. Nach Kriegsende engagiert er sich früh für die deutsch-französische Verständigung.

Bis 1967 leitet er Sendungen für die deutsche Jugend im französischen Rundfunk und ist Generalsekretär des „Französischen Komitees für Austausch mit dem neuen Deutschland".

1955 wird er Professor am Institut für politische Wissenschaften an der Universität Paris. Mit wohlwollender Kritik begleitet er die politische und soziale Entwicklung der Bundesrepublik Deutschland.

Viele Jahre ist er Gastdozent u. a. an der Universität Stanford/USA und am Centre de Boulogne der amerikanischen John-Hopkins-Universität. Darüber hinaus hat er zahlreiche Ämter in Forschungsorganisationen inne.

Er ist freier Mitarbeiter bei mehreren französischen Zeitungen, wo er öffentlich zu Tagesfragen Stellung nimmt.

Zu seinen zahlreichen Veröffentlichungen gehören Bücher in deutscher und französischer Sprache.

Deutsche Gesellschaft Heute

von Alfred Grosser

Natürlich kann niemand sagen, wie Ludwig Erhard in der heutigen wirtschaftlichen, sozialen, politischen Lage reagiert hätte. Wahrscheinlich hätte er zunächst einmal einen Kanzler beneidet, der Fraktion und Partei voll beherrscht und nicht von ihnen ständig bekämpft wird. Er würde sich weniger als vor vier oder fünf Jahren die Frage stellen, ob sein Begriff der Sozialen Marktwirtschaft überhaupt noch verstanden wird. Daß die Entwicklung in den neuen Ländern durch das reine Spiel der freien Marktkräfte erreicht werden sollte und könnte – das hätte einem Mann nicht eingeleuchtet, der an das Wort Ordo in Ordo-Liberalismus glaubte und dessen Ministerium eine Planungsabteilung enthielt. In der globalen Wirtschaft würde er sich vielleicht gar nicht mehr zurechtfinden, er, für den Kampf gegen die Kartelle ein Wesenselement des Strebens nach einer echten Marktwirtschaft war. Wie hätte er die Monopol- oder Duopolsituation im Medienbereich akzeptieren können? Es darf auch vermutet werden, daß der Minister, der den schönen Lastenausgleich zugunsten der Vertriebenen der Wirtschaftspolitik einverleibt hatte, sich zu Richard von Weizsäcker bekannt hätte, als dieser einen neuen Lastenausgleich zugunsten der ehemaligen DDR-Bürger forderte – und von den Mächtigen in Wirtschaft, Medien und Politik dafür behandelt wurde, als habe er etwas Unanständiges gesagt. Vielleicht hätte sich Ludwig Erhard auch verwandelt. Aber wenn man an seine Beständigkeit zurückdenkt, so erscheint diese Hypothese recht unwahrscheinlich!

W issenschaftlich sollte es nie ohne Vergleich gehen. Gesellschaft in Deutschland – da sollte man sich ständig fragen: Wie woanders? Nicht wie woanders? Inwiefern ganz anders als woanders oder doch nur als Abstufung von Gemeinsamkeiten? Dabei geht es natürlich nicht nur um Zahlen. Aus zweierlei Gründen: Erstens, weil Zahlen wichtig, aber nicht notwendigerweise wesentlich sind. Eine Erinnerung: ich war zum Besuch im Tempel der Quantifizierung, d. h. an der Michigan State University. Man wollte mir beweisen, daß alles quantifizierbar sei. Bis heute ist meine abschließende Frage unbeantwortet geblieben: „Wie quantifiziert man das Minus an Macht der Bundesrepublik Deutschland, das aus der Tatsache entsteht, daß sie *Hitler* in ihrer Vergangenheit hat?" Zweitens, weil überhaupt das, was in den Köpfen ist, eine politische und soziale Realität darstellt, auch wenn es nicht der Wirklichkeit entspricht. Am Ende der dreißiger Jahre brauchte Deutschland keinen zusätzlichen „Lebensraum", um wirtschaftlich zu gesunden. *Hitler* aber glaubte das – und dieser Glaube hat Abermillionen Menschen das Leben gekostet. Ob sich heute das Renten- und Lohnniveau in der ehemaligen DDR dem der alten Bundesrepublik angenähert hat, ist eine gute Frage – aber die Antwort beweist keineswegs, daß sich die beiden Teile Deutschlands nicht mehr gegenüberstehen!

W ie woanders? Es betrifft das Grundproblem der heutigen Finanz- und Wirtschaftspolitik. Nur daß es, genau wie u. a. in Frankreich, von Parteien und Bürgern nicht gerne wahrgenommen wird. Im Gegensatz zu dem, was ständig behauptet wird, leben wir in einem politischen und gesellschaftlichen System der Solidarität. Das ist gut so, hat aber einen hohen Preis. Der Arbeitslose von heute ist viel besser dran als der von 1930. Aber er zahlt keinen Beitrag zur Krankenkasse, sein nicht bestehender Arbeitgeber auch nicht. Das legt der Gemeinschaft Kosten auf. 1930 waren die Ruheständler mit 65 bereits Überlebende: manche ihrer Altersgenossen waren bereits tot. Die Ruheständler starben dann in den folgenden Jahren. Heute haben die Arbeitenden zwanzig Jahre Pension des Ruheständlers zu erarbeiten. So will es zu Recht die Solidarität – aber der Preis ist hoch.

Eine deutsche Besonderheit ist hier, daß es so lange gebraucht hat, einzusehen, einzugestehen, daß die öffentlichen Finanzen etwas mit der Demographie zu tun haben, und daß der Mangel an Kindern in der Zukunft die Last der Alten erhöht. Am 11. März 1996 hieß es in der *Frankfurter Allgemeinen Zeitung:* „Solange die Politik den Rentnern ein warmes, den Eltern ein laues und den Kindern ein kaltes Herz zuwendet, braucht niemand hinzuhören, wenn im Bundestag Reden gehalten werden, die man schon kennt und doch nicht glaubt." Aber gerade diese Zeitung hat in den achtziger Jahren ständig jegliche demographische Überlegung abgewiesen. Zehn Jahre zuvor, am 4. März 1986, hatte es in einem Leitartikel geheißen: „Die Schwierigkeiten mit den Renten mögen groß werden: da muß den Politikern etwas einfallen ... – die Überalterung wird die Natur nach und nach abbauen."

Wie woanders haben sich soziale Kategorien verändert, ohne daß es richtig bemerkt wurde. Die Kategorien der demoskopischen Institute und leider auch der statistischen stufen immer noch alle, die über 65 sind, in eine einzige Gruppe ein. Als wären die munteren, reiselustigen, wissensbegierigen Jungrentner den 80- oder 85-jährigen Alten ähnlich, die oft liegend dahinsiechen und in Sterbehäusern untergebracht sind!
Am anderen Ende – was bedeutet „Jugend"? Wenn es heißen soll, von sogenannten Erwachsenen noch nicht ernst genommen zu

werden, dann stellt allerdings die Bundesrepublik ein Sonderfall dar, wo man bis 35 in der Jungen Union oder bei den Jusos sein darf! Aber wenn man den Jugendlichen definiert als jemanden, der noch nicht in der sozialen Verantwortung steht, so ist die Masse der Jugendlichen durch die Masse der Studierenden überall sehr vergrößert worden – und nun auch durch die Jugendarbeitslosigkeit, die gewissermaßen den Einstieg in die Verantwortung verbietet. Zugleich hat sich die Masse der Jugendlichen auch nach unten enorm vermehrt: die Kindheit endet früher, für die Mädchen gibt es kein „Backfischalter" mehr, und ein Zwölfjähriger oder eine Zwölfjährige wissen heute mehr von Leben (nicht nur vom Sex!) und Gesellschaft als ihre Großeltern mit zwanzig.

Auch hier gibt es natürlich Besonderheiten. Die Jugendarbeitslosigkeit ist in Frankreich viel größer, weil wir kein „Duales System" haben, weil Wort und Wirklichkeit des Azubis in Frankreich nicht vorhanden sind. (Wie es so schön im deutschen Gesetz heißt: „Auszubildende sind im Rahmen der Ausbildung von Ausbildern auszubilden"). Handwerkskammern und mittelständische Unternehmen: beide Begriffe und Realitäten sind anders als beim französischen Nachbarn.

Gilt das auch für eine andere gesellschaftliche Kategorie, für eine andere Identität, die mehr als die Hälfte der Bevölkerung umfaßt, d.h. für die Frauen?
Daß man als Mann noch manch unverdiente Vorteile hat, ist nicht nur in Deutschland wahr. Sei es nur, um nicht Mörder genannt zu werden. *Alice Schwarzer* hat zurecht darauf hingewiesen, daß, hätte 1990 *Petra Kelly* General *Bastian* erschossen und sich dann das Leben genommen – ohne daß irgendein Beweis vorgelegen hat, daß er habe sterben wollen –, so hätte sie als Mörderin gegolten und man hätte nicht von „doppeltem Selbstmord" gesprochen. 1980 hatte der Philosoph *Louis*

Althusser seine Frau erwürgt. Die Medien waren voller Mitleid – für ihn! Weil er ein bekannter Intellektueller war oder weil er Mann war? Vor allem Letzeres. In Deutschland gibt es glücklicherweise doch manche Frauen in hoher politischer Verantwortung – aber nicht in den Großbetrieben. Wenn ich dort vor Führungskräften spreche, beginne ich meine Rede gewöhnlich mit: „Sehr geehrte Herren! Liebe nicht vorhandene Damen!"

Eine weitere, sehr ernst zu nehmende deutsche Besonderheit liegt im § 218 und seiner Interpretation durch das Bundesverfassungsgericht. Es betrifft die Wiedervereinigung. Wie schockierend war doch die Sprache den Frauen in den neuen Ländern gegenüber! „Die Abtreibung ist nun verboten und zugleich streichen wir euch die Vorteile an Kinderunterkunft, an Mutterunterstützung, die es bei euch bisher gab".
Von Frankreich aus betrachtet war überhaupt die Karlsruher Sprache von 1993 recht frauenverachtend. In seiner abweichenden Meinung hat das der Vizepräsident, Richter *Mahrenholz*, gut dargestellt: „Nach Auffassung des Senats trifft die Frau während der gesamten Dauer einer Schwangerschaft eine Rechtspflicht zum Austragen des Kindes ... Dem stimmen wir nicht zu. Pflichten, die der Staat im Wege der Gesetzgebung der Frau zum Schutz des ungeborenen Lebens auferlegt, müssen zugleich ihre Grundrechtsposition berücksichtigen".
In ihrer abweichenden Meinung zum Urteil von 1975 hatte Richterin *Rupp von Brüneck* darauf hingewiesen, daß soziale Maßnahmen zugunsten werdender Mütter notwendig seien. Solche waren damals auch hoch und heilig versprochen worden. 1996 bestehen sie darin, daß weder Bund, noch Länder, noch Gemeinden für die – noch nicht vorhandenen – Kindergärten bezahlen wollen, während in Frankreich beinahe alle Dreijährigen kostenlos in der Ecole maternelle von morgens bis in den späten Nachmittag versorgt werden.

Jeder Deutsche, wie jeder Franzose, Holländer oder Pole hat eine vielfältige Identität (oder mehrere Identitäten) – als Mann oder Frau, als jung oder alt, als Beamter oder potentieller oder realer Arbeitsloser, als Landwirt oder Unternehmer, als wohlhabender oder armer Landwirt, als Professor oder Hilfslehrer. Aber er ist auch Deutscher – in der Selbstauffassung, in der Fremdwahrnehmung und in der Wechselwirkung zwischen beiden. Ist nun Deutschsein etwas Besonderes? Ich möchte dies dreifach bejahen: Es geht um die Vergangenheit. Es geht um das Gesetz von 1913 und seine Folgen. Es geht um die nicht oder noch nicht einheitsstiftende Wiedervereinigung.

Der Philosoph *Emmanuel Levinas* sagt in seiner Definition der Identität, man müsse sich von dem Finger befreien, der auf einen zeigt und somit eine Identität auferlegt. 1994 habe ich an der Uni Singapur unterrichtet. Ich diskutierte auch einmal mit den Primanern des deutschen Gymnasiums. Eine 17jährige sagte mir mit einiger Bitterkeit: „Wenn ich einmal eine 17jährige Tochter haben werde, wird sie nicht mehr Argwohn und Anklage in den Augen ihres Gesprächspartners entdecken müssen, wenn sie sagen wird, sie sei Deutsche?" Das ist der Finger! Es gibt ihn noch – in Holland und Großbritannien mehr als in Frankreich – aber viel weniger als es allzuviele Deutsche glauben, wenn sie sich dem deutschen Nationalsport hingeben, nämlich der Selbstbemitleidung.

Bevor wir zu „*Hitler* in der Vergangenheit" kommen, soll doch die „rechtliche Antiquität" erwogen werden, wie *Richard von Weizsäcker* das Staatsbürgergesetz von 1913 1995 in seiner schönen Oldenburger Rede genannt hatte; „Es gehen auf diese", sagt er, „die meisten Schwierigkeiten unserer Tage zurück: die nach wie vor engen Grenzen der Einbürgerung; die oft geradezu grotesk wirkende Angst vor doppelter Staatsbürgerschaft; das völkisch verengte Abstammungsrecht". Die Grundeinstellung ist hier nicht nur die des Gesetzgebers. Ich fühle mich jedesmal gezwungen, den Interviewer oder den Vorsitzenden des Vortragsabends zu unterbrechen oder zu korrigieren, wenn er sagt: „A.G., in Frankfurt geboren, lebt in Frankreich". Ich bin Franzose und bliebe es auch, wenn ich nun meinen Wohnsitz nach Deutschland verlegen würde, so wie mein Freund *Kofi Yamgnane*, ganz schwarzer Togolese, heute Franzose und Bretone, Bürgermeister einer kleinen Stadt in der Bretagne, ehemaliger Staatsminister für Integration. Meinen deutschen linken Freunden habe ich erklären müssen, warum ich gegen den von ihnen vorgeschlagenen Art. 20 b GG. war: „Der Staat achtet die Identität der ethnischen, kulturellen und staatlichen Minderheiten". Hieß das nicht, daß sie eben als „Andersseiende" zu achten seien und nicht zunächst einmal den Anspruch hätten, normale deutsche Staatsbürger zu sein oder zu werden?

Das „völkische" Denken hat in der Vergangenheit Begriffe wie den des „Artfremden" gezeitigt. Wie nun die furchtbarste, die verbrecherischste aller Vergangenheiten in der Bundesrepublik einerseits bewältigt, andererseits wirksam gemacht worden ist, das hat man 1995 in einem Bild und in zwei Reden sehen oder hören können. Das Bild ist das des Bundespräsidenten am 27. Januar. Schweigend und bescheiden, in Begleitung des jüdischen Deutschen *Ignaz Bubis*, kommt *Roman Herzog* zum Eingang des ehemaligen Lager Auschwitz-Birkenau, anläßlich des 50. Jahrestags der Befreiung der Überlebenden. Er wird dort empfangen von *Jean Kahn*, Vorsitzender des Rats der jüdischen Vereinigungen Frankreichs und Präsident des Verbands der jüdischen Gemeinschaften Europas: welch andere Geste könnte besser zeigen, was bewältigte Vergangenheit ist, d.h. die Schaffung einer schöpferischen Zukunft durch Aufsichnehmen keineswegs einer Schuld, sondern einer Haftung? Die deutsche Besonderheit besteht hier in der heutigen Welt weniger im Ausmaß des Verbrechens als in der übernommenen Haftung. Allerdings gab es einige Monate später die schlimme Rede des israelischen Präsidenten, der in Deutschland sagte, kein Jude sollte in diesem Lande leben, also es dürfe eigentlich keine jüdischen Deutschen geben. Glücklicherweise schob *Daniel Cohn-Bendit* die deutsche „political correctness" beiseite, die es verbietet, den Präsidenten von Israel zu kritisieren. In einem hervorragenden Artikel in der Zeit (19.1.96) brandmarkte er jedes „eindimensionale ethnische Denken" und schrieb – ganz im Sinne meines Identitätsbegriffs und auch gegen *Rainer Werner Fassbinder*, der in seinem Stück, *Der Müll, die Stadt und der Tod*, alle Personen mit einem Namen bezeichnet hatte, während nur „der reiche Jude" keinen Namen trug: „Wenn sich Deutschland wieder daran gewöhnt hat, daß Juden in Deutschland Arbeitnehmer und Unternehmer sein können, Schuldner und Banker, Konservative und Grüne, Minister und Autonome, Huren und Diebe, dann ist das Judensein in Deutschland zur Normalität geworden."

Beide Reden wurden gehalten vom Bundesminister für Verteidigung. Am 5. Januar weihte *Volker Rühe* die erste Bundeswehrkaserne in Berlin ein. Er taufte sie auf den Namen *Julius Leber*, der sozialistische Widerstandskämpfer, geistiger Vater von *Willy Brandt*, der bereits 1933 von den SA-Leuten ins Krankenhaus geprügelt worden war und am 5.1.45 hingerichtet wurde. Der Minister sprach nicht von Vaterland und Nation. Er betonte, daß die geistigen Wurzeln der Bundeswehr im Widerstand für die Freiheit zu suchen seien. Am 9. Oktober, in Erfurt, zu den 40 Jahren Bundeswehr und fünf Jahren der Übernahme Angehöriger der Volksarmee sagte er: „Junge Soldaten aus Thüringen dienen in Rheinland-Pfalz, Wehrpflichtige aus Niedersachsen in Mecklenburg.

Sie alle stehen für unsere demokratische Verfassung ein und übernehmen Mitverantwortung für Freiheit und Menschenwürde anderer." In Frankreich gibt es immer noch den vordringlichen Bezug auf das rein Nationale. (Was natürlich keinen Unterschied geschaffen hat bei der gemeinsamen Heuchelei in den großen Sprüchen der Gedächtnisreden 1994/95: „Nie wieder das!", wo doch das „Das" in Ruanda, in Bosnien, in Tschetschenien vor Augen stand und Millionen Menschen in chinesischen Lagern hungernd Zwangsarbeit leisten, mit wohlwollender Behandlung der Regierungen in Moskau und Peking durch dieselben Regierungen, die „nie wieder das" riefen und rufen ...).

Das heutige Deutschland krankt eher an einem zweiten Problem der Vergangenheitsbewältigung, das in der Gesamtproblematik der Einheit eingebunden, eingewoben ist. Die schwierigste Rede, die ich je zu halten hatte, hat in der Weimarer Herder-Kirche stattgefunden. Es ging um die doppelte Vergangenheit des KZ Buchenwald. Die Überlebenden der Häftlinge von vor 1945 litten unter jeglichem Vergleich mit der „antifaschistischen" Periode nach 1945, und die ehemaligen Internierten dieser Zeit fanden, daß man wirklich allzusehr die Tausenden von Toten der Nachkriegszeit vergaß oder einfach übersah.

Gesellschaftlich gesehen ging und geht es um Strafen und „Säuberungen" von Berufen – in der Justiz, in den Schulen, in den Universitäten, aber auch um schnellen Wiederaufstieg von Schuldigen, von Ächtung ehemaliger Opfer, wenn sie nicht schweigen wollen, um ein ständiges Zögern bei der Bestimmung der Kriterien der Ver- und sogar der Beurteilung. Dabei spielt natürlich die früher durchgeführte oder erlittene, heute nicht mehr notwendigerweise bewußte Sozialisierung eine große Rolle. Als zum 8. Mai 1995 die Frage gestellt wurde, „Wer hat die entscheidende

Rolle im Zweiten Weltkrieg beim Sieg über den Faschismus gespielt?", so antworteten 69 % der westdeutschen Befragten „die Vereinigten Staaten", 24 % „die Sowjetunion", aber 87 % der Ostdeutschen „die Sowjetunion" (in Frankreich wären wahrscheinlich beide auf dieselbe Stufe gestellt worden). Aber gerade wegen dieser Sozialisierung sollte es echte Aufklärung über die Vergangenheit geben – die der DDR und die der Sowjetunion. Das wäre leichter, wenn die „großen" Angeklagten so sprechen würden, wie es bisher nur einer von ihnen, nämlich *Günter Schabowski*, getan hat. Am 26. Februar dieses Jahres griff er zu Begriffen, die den Unterscheidungen von *Karl Jaspers* in der Schuldfrage nicht unähnlich waren. Die moralische Schuld ist genau das, was ein *Stefan Heym* nicht anerkennen will, wenn er sagt, er habe nichts zu bereuen – wenn er auch die Aufständigen vom 17. Juni 1953 beschrieben hätte als „keine Deutsche und keine Arbeiter, sondern etwas, das man aus dem Leib einer Nation herauspreßt wie Eiter aus einem Furunkel".

Das Verschleiern der vergangenen Verbrechen, Fehler, Einstellungen hat einerseits die positivsten Aspekte der Wiedervereinigung in Frage gestellt, ist aber andererseits dadurch erleichtert worden, daß es viele negative Aspekte gegeben hat.

Werturteile gehören zum gesellschaftlichen Leben, auch oder, in meinen Augen, gerade bei denen, die sich auf Wissenschaftlichkeit berufen. Ich glaube, daß die Anwendung von Art. 23 richtig war, weil Art. 146 eine gewisse Wertäquivalenz zwischen den beiden deutschen Staaten bedeutet hätte. Das von einer alten linken Linken und von einer neuen sehr rechten Rechten gern gebrauchte Wort „Westbindung" scheint mir wirklichkeitsfremd. Bis 1990 gab es ein freiheitlich organisiertes Deutschland innerhalb eines freien und strukturierten Europa und, auf der anderen Seite, ein unfreies Deutschland innerhalb eines unfreien Europas. Als die Freiheit im Osten kam, verlangte dort niemand die Zerstörung freiheitlicher Strukturen, sondern die Möglichkeit, sich selbst in diese einfügen zu dürfen. Das galt für die Bürger der sterbenden DDR. Das gilt seit nun sechs Jahren für Polen, Ungarn, die Tschechische Republik: die Europäische Union, in der die Bundesrepublik verankert ist, beinhaltet nun die Bürger der „neuen Länder" und prüft die Kandidaturen aus Warschau, Budapest, Prag.

Ein kleines Plakat, das ich zur Zeit der Wahl 1990 in Ostberlin gesehen habe, war jedoch wirklich nicht ganz falsch: „23: kein Anschluß unter dieser Nummer!" Es ist ja teilweise zum Anschluß geworden, aber auf beiden Seiten des noch nicht vereinheitlichten Deutschland, in beiden Teilen des noch nicht vereinheitlichten Berlin sollte man besser die widersprüchliche gesellschaftliche Realität berücksichtigen, so wie sie *Christa Wolf* in ihrer schönen Rede vom 27. Februar 1994 in Dresden dargestellt hatte: „Ja, es gibt eine Tendenz zur Kolonisierung der ostdeutschen Gebiete durch westdeutsche Verwalter ...; aber irgendwann sollte jemand auch einmal ein Loblied singen auf die vielen westdeutschen auf allen Ebenen der Wirtschaft, Verwaltung, Kultur, die, selbstlos und ohne Überheblichkeit, die Probleme nicht beschönigen und mit Takt und Sachverstand mit ihren ostdeutschen Kollegen zusammenarbeiten".

Am Anfang war die Unaufrichtigkeit der westlichen Seite. Man übersah, daß die Landsleute im Osten nicht aus freiem Willen in Kargheit und Unfreiheit gelebt hatten, daß also ein Teilen mit ihnen zugleich notwendig und gerecht war. In seiner Kirchentags-Rede im Juni 1995 konnte *Richard von Weizsäcker* mit einiger Bitterkeit sagen: „Lastenausgleich: 12 Millionen Heimatvertriebene. Wiederum stellt sich die Aufgabe eines Ausgleichs, eine Hilfe für diejenigen, die ganz ohne eigene Schuld zu kurz gekommen waren. ... Was ist der Grund dafür, daß jemand,

der 1991 öffentlich zu einem zweiten Lastenausgleich aufrief, alsbald von einem Proteststurm aus den Finanzverwaltungen, den führenden Wirtschaftsredaktionen und eben vor allem auch der politischen Führung ausgesetzt war?" Auch sollte die wirtschaftlich-gesellschaftliche Umstrukturierung im Osten weitgehend den sogenannten Gesetzen des freien Marktes überlassen werden. Wobei die gestaltende Kraft der Politik zunächst beiseite gelassen, dann doch praktiziert wurde. Die Grundentscheidung „Rückerstattung geht vor Entschädigung" entsprach einer politischen Einstellung, mit großen gesellschaftlichen Konsequenzen.

Die Renten- und Lohnpolitik wurde glücklicherweise nicht nur dem Markt überlassen. Im Gegenteil: die wirtschaftliche Erneuerung Ostdeutschlands wäre schneller gegangen, wenn die Löhne nur im Verhältnis zur steigenden Produktivität angehoben worden wären. Und als der für den freien Markt begeisterte Minister *Rexrodt* nach Brüssel fuhr, um Erlaubnis für die Subventionen für Eisenhüttenstadt zu erkämpfen, so verletzte er aus guten sozialen Gründen die Spielregeln des freien Marktes, allerdings weniger als die gesamte Agrarpolitik der Bundesrepublik und aller anderen Staaten.

Das Problem der Subventionen hat 1996 eine neue und vielfache Bedeutung bekommen. Die Entdeckung, daß Subventionen für Rostock in Wirklichkeit in Bremerhaven landeten, zeigte, daß die Kontrolle der Treuhand unzureichend gewesen war, was an sich ihrer Nachfolgerin, der Bundesanstalt für vereinigungsbedingte Sonderaufgaben, neue Verantwortungen auflegen sollte, um neue Bitterkeiten in Ostdeuschland zu verhindern. Die Sache zeigte, daß Brüssel betrogen worden war. Dies hätte zu einigem Nachdenken führen sollen.

Aus zweierlei Gründen: Deutschland ist nicht nur der biedere, brave „Zahlmeister Europas". Es profitiert auch viel von der Gemeinschaft (ein Teil des Sozialfonds hilft beim Aufbau der neuen Länder, wie für Irland und Portugal). Und es respektiert die Spielregeln eher weniger als andere, z. B. wenn bei Ausschreibungen ausländische Firmen beiseite geschoben werden. Vor allem aber sieht man in Deutschland nicht mehr als in Frankreich ein, wie weit die Europäische Union schon besteht, mit unzähligen Verstrickungen und Verquickungen der Wirtschaft und der Gesellschaft der einzelnen Staaten. Ungefähr die Hälfte der Gesetze der nationalen Parlamente besteht aus Umwandlung Brüsseler Leitlinien in internes Recht. Brüsseler Hilfen erhalten viele. Aber Politiker und Medien vermeiden es, darüber zu sprechen oder zu berichten. Und Zeithistoriker, Politologen, Soziologen schreiben weiterhin, als gäbe es immer noch abgetrennte nationale Entwicklungen.

Natürlich bestehen nationale Besonderheiten. Die wichtigste, deutsche bleibt die Wiedervereinigung mit ihren Konsequenzen, sei es nur, weil sie zu Unrecht als ein rein deutsches Phänomen dargestellt wird, obwohl sie doch noch eine ganz andere Bedeutung hat: sie ist der erste Fall der „Verwestlichung" eines Landes des ehemaligen Sowjetimperiums.

Daß dies nicht verstanden wird, daß die Einheit in Westdeutschland vor allem aufgefaßt wird als eine Anpassung der neuen Länder an die Spielregeln der alten Bundesrepublik, das sieht man 1996 auf dem Gebiet der Stellung der Kirchen. In Frankreich habe ich seit 1990 alle Mühe zu erklären, daß das Geschenk der Freiheit an die ehemalige DDR die Kirchensteuer beinhaltet hat. Und die katholische Kirche in Frankreich würde das neue Brandenburger Schulgesetz mit seinem Pflichtfach „Lebensgestaltung-Ethik-Religionskunde" als höchst begrüßenswert einschätzen. Seit 1905 sind in Frankreich Kirche und Staat getrennt, was die französische katholische Kirche zunächst bekämpft und dann als einen Fortschritt empfunden hat. In der alten Bun-

desrepublik wird völlig übersehen, daß über zwei Drittel der Erwachsenen der ehemaligen DDR konfessionslos sind. Ihren Kindern Religionsunterricht aufzuerlegen, bedeutet, daß die Kirchen gesetzmäßiger Bestandteil der organisierten Gesellschaft sind, was wohl kaum dem Freiheitsgedanken entspricht. Das Unverständnis für die humanistisch-atheistische Quelle der Ethik erschwert nicht nur die geistige Wiedervereinigung. Es ist auch Ausdruck eines Versagens in der aufbauenden Zusammenarbeit mit Polen oder Ungarn.

Die Kultur gehört zur Gesellschaft, und die falschen Zitate, sobald sie eine Überlieferung darstellen, gehören zur Kultur. „Denk ich an Deutschland in der Nacht / so bin ich um den Schlaf gebracht." Das hat *Heinrich Heine* wirklich geschrieben? Aber nur in bezug auf seine Mutter, die er seit zwölf Jahren nicht mehr gesehen hatte. Die nächtliche Sorge um Deutschland: wie oft hat *Heine* dafür herhalten müssen! Im Gedicht heißt es aber dann „Deutschland hat ewigen Bestand / es ist ein kerngesundes Land". Die heutige Wirklichkeit berechtigt weder die tiefe Sorge – sobald man mit anderen Ländern vergleicht – noch die Bezeichnung als „kerngesund". Als politische Demokratie ist die Bundesrepublik gesünder als die meisten, vielleicht sogar als alle anderen Länder. Ihre Gesellschaft und ihre Wirtschaft haben nicht ewigen, aber eigenen Bestand – und auch dieser Bestand sieht erfreulicher aus als woanders.

Zugleich aber ist dieser eigene Bestand immer weniger „eigen". Die Probleme sind nicht nur ähnlich wie woanders. Die Verflechtungen mit diesem „woanders" sind immer zahlreicher und tiefreichender. Nicht nur weil es die Europäische Union gibt: das Schlagwort „Standort Deutschland" zeigt, daß die weltweite Dimension der Wirtschaft verstanden wird. Ähnlichkeiten und Verflechtungen bewirken, daß das Fazit für die Bundesrepublik ähnlich ausfallen sollte wie für Frankreich oder Großbritannien.

Zwei Zukunftsbilder haben heute denselben Grad an Wahrscheinlichkeit. Das erste: die Wirtschafts- und Gesellschaftskrise wird überwunden, u. a. dank der freiheitlichen Demokratie, die dann wiederum durch diese Überwindung gefestigt wird. Das zweite: die Verlängerung und Vertiefung der Krise erhöht ständig die Zahl derer, die einen alten Witz aus der Jugendszene immer bitterer ernstnehmen: „Was ist der Unterschied zwischen Unordnung und Ordnung? Unordnung: wo nichts am rechten Platz ist. Ordnung: wo am rechten Platz nichts ist". Schon für den jungen Menschen in der DDR, für den die Freiheit zunächst Arbeitslosigkeit bedeutet hat, oder für das französischer Staatsbürger gewordene Immigrantenkind, das aus seinem Vorort nicht hinauskommen kann und keine Arbeit finden wird, ist unsere schöne politische Ordnung keine verführerische Wirklichkeit. Daß diese Ordnung zusammenbrechen könnte, das sollte nicht als eine Unmöglichkeit betrachtet werden.

Quelle: Alfred Grosser: Deutsche Gesellschaft heute, in: Soziologische Revue, Heft 4, Oktober 1996, S. 430-436, Oldenbourg Verlag, München

Dr. Helmut Volkmann

Geboren ist Dr. Helmut Volkmann am 11. Juli 1936 in Berlin. Nach einer kaufmännischen Lehre studiert er an der Technischen Universität Berlin Betriebswirtschaft und Volkswirtschaft, Maschinenbau, Automatisierungs- und Systemtechnik. Als Diplom-Ingenieur schließt er 1967 seine universitäre Ausbildung ab. Er promoviert an der Ludwig-Maximilians-Universität in München im Jahre 1982 zum Dr. rer. pol.

Helmut Volkmann ist seit 1954 bei der Siemens AG tätig. Er arbeitet in der Organisation und Datenverarbeitung, der Organisationsentwicklung und dem Management der Softwaretechnik.

Seit 1986 forscht er zu Methoden und Anwendungen der Informations- und Wissensverarbeitung und zu sinnvoller Nutzung der Informationstechnik in der Informationsgesellschaft.

Heute ist Helmut Volkmann als wissenschaftlicher Berater in der Zentralabteilung Technik der Siemens AG tätig.

Städte des Wissens als Stätten der Begegnung

von Helmut Volkmann

Der Markt lebt von Innovationen, und die Soziale Marktwirtschaft bietet den dafür geeigneten Rahmen. Auf dem Wege zur Informationsgesellschaft wird die soziale Marktwirtschaft eine weitere und neue Bewährungsprobe zu bestehen haben. Es gilt, die Stärken dieses Konzeptes zu nutzen. Unternehmer sind gefragt und gefordert. In einer komplexer werdenden Welt brauchen sie neue Rah-menbedingungen und geeignete Arbeitsbedingungen für die innovative Arbeit.

Mit Xenia, der Stadt des Wissens und Stätte der Begegnung am Wege zur Informationsgesellschaft, wird ein Konzept für die innovative Arbeit an der Zukunft vorgestellt: Ein Markt der Begegnung im Kleinen, in dem „Innovation" als sozialer Prozeß im Atelier für Innovatoren organisiert wird. Xenia, griechisch die Gastliche und die Gastgeschenke, auch die Fremde, signalisiert eine Botschaft: „Wir sollten die Zukunft, die uns fremd ist, gastlich empfangen und mit ihr in Gedanken Geschenke austauschen!"

Annäherung:
Städte erleben und Wissen gewinnen

Stein gewordenes Wissen

Die Silhouette einer Stadt, die sich in Konturen auf einem Bergrücken oder in der Weite einer Landschaft gegen den Horizont abzeichnet, nimmt bei einer Fahrt durch eine schöne Gegend im Urlaub schon von Ferne unsere Aufmerksamkeit gefangen, und die Impressionen können so eindringlich werden, daß sie uns veranlassen, einer Neugierde oder auch Intuition nachgebend, unseren Reiseplan zu ändern.

Schöne Plätze im Kern alter Städte wie der Capitolsplatz in Rom, der Platz in Siena oder auch ein Marktplatz mit schönen Hausfassaden bringen uns – auch bei einer wiederholten Begegnung – zum Staunen. Sie repräsentieren Stein gewordenes Wissen alter Zeiten, sie vermitteln einen Kontext aus der Lebenswelt vorangegangener Generationen.

Schauen wir uns in den Kirchen und Palästen, Rathäusern und Universitäten, Theatern und auch Grabanlagen um, so begegnen uns je nach Epoche reich ausgeschmückte Darstellungen zu den Themen, die der Gesellschaft wichtig waren und ihr Lebensgefühl bestimmten. Als noch nicht alle Menschen lesen und schreiben konnten, wurden auf diese Weise höchst komplexe und auch abstrakte Zusammenhänge des gesellschaftlichen Lebens vermittelt.

Verheißung und Verführung

Es ist heute kaum vorstellbar, welche überwältigende Wirkung die Städte auf die Nomaden gehabt haben müssen, wenn sie in der Zeit des Übergangs zur Agrargesellschaft einer Stadt ansichtig wurden. Die orale Kultur wurde durch sich darstellende Kulturen überwölbt. Urbanität war Verheißung und Attraktion, Versuchung und Verführung zugleich.

Dem „himmlischen Jerusalem" als idealisierter Vorstellung von der Stadt, die in der abendländischen Kultur, getragen von der Kirche, bis an die Schwelle der Neuzeit prägend und wirksam war, wurde Babylon mit seinen negativen Wirkungen, sogar als Hure überzeichnet, gegenübergestellt.

Der Turmbau zu Babel wurde Sinnbild für Vermessenheit. Er konnte infolge mangelhafter Verständigung zwischen den Beteiligten und mit den unzureichenden Werkzeugen, gemessen an den Intentionen, nicht wie geplant vollendet werden.

Idealisierung und Zukunftsentwürfe

Die Metapher von der Stadt und ihrer Architektur wird bei diesen Charakterisierungen bereits für Abstraktionen und Verfremdungen genutzt, um höchst komplexe Sachverhalte transparent zu machen.

Zukunftsforscher aller Epochen haben dann auch das Bild der Stadt - wohl gemerkt, der überschaubaren Polis oder des Stadtstaates - genutzt, um gesellschaftliche Vorstellungen zu entwickeln und zu vermitteln. Entwürfe von Platon, Thomas Morus, Campanella und Anastasius Kircher gehören heute noch zur klassischen utopischen Literatur.

Die Stadt als Stätte der Begegnung

Eine Stadt repräsentiert in ihrer Anlage und Gestaltung damit auch die Intentionen und Ansprüche ihrer Erbauer. Ihr Erscheinungsbild demonstriert Herrschaft und Repräsentation, ist Ausdruck von Kultur und sozialem Milieu, vermittelt urbanes Leben mit Stimmungen der Geschäftigkeit und des Müßiggangs. Die Stadt lebt von und mit ihren Bewohnern, sie lädt zu Besuchen ein. Kurz: Eine Stadt drückt das Lebensgefühl ihrer Bewohner aus – sie präsentiert sich als Kontext. Bilder zeitgenössischer Künstler legen davon Zeugnis ab.

Die Stadt bietet ihren Bewohnern von Kindheit an eine vertraute Struktur. Auch in einer fremden Stadt findet man sich als Besucher schnell zurecht. Man weiß, wo man was findet und wo sich was erledigen läßt. Nicht nur der Stadtplan und Hinweisschilder unterstützen die Suche, sondern das gesamte Erscheinungsbild gewährt Orientierung. Über die Fassaden in ihren Ausschmückungen teilt sich auch der Kontext zur Funktion von Gebäuden und Einrichtungen mit.

In der Begegnung auf der Agora oder dem Forum konnten die Bewohner einer Stadt ihre Probleme und Nöte, Bedürfnisse und Intentionen, Ideen und Anliegen besprechen. Der Grad der Beteiligung wurde durch die Verfassung geregelt oder durch Herrschaftsformen bestimmt. Kommunikation war in jedem Falle ein wichtiges Anliegen, um Handel und Wandel zu fördern.

Die Metropolis war der Mittelpunkt eines ländlichen Einzugsbereiches und nicht die ausufernde Metropole. Eine Rückbesinnung zielt daher auf die überschaubare Einheit, auf die historisch gewachsene und nicht die am Reißbrett entstandene Stadt.

Wenn im folgenden auf die Metapher der Stadt und das Gemeinwesen als Polis Bezug genommen wird, dann ist es die anskizzierte Urbanität als Funktionsfähigkeit und Lebensqualität einer Lebensgemeinschaft, wie sie in idealisierter Erfahrung und utopischen Entwürfen zum Ausdruck gebracht wurde: „Stadtluft macht frei!" Die Stadt gewährte, gefördert durch ihr Erscheinungsbild, Orientierung und Geborgenheit.

Die Mikrowelt der Stadt als Studienort für unternehmerische Herausforderungen

Die Stadt, zumindest ein Stadtviertel, ist eine Mikrowelt, in der sich das Makro der gesellschaftlichen Organisation wiederfindet. Es bietet sich daher an, die positiven Wirkungen der Urbanität – wie Vermittlung von Orientierung und Geborgenheit, Ansporn zur gedanklichen Freiheit, vor allem in Bereichen der Kunst und last not least Entfaltung von Handel und Wandel – auch zu nutzen, um die Probleme vor Ort in der Welt des Mikro zu studieren und eine zweckentsprechende Kommunikation vor Ort für das gemeinsame Bearbeiten und für die Lösung von Problemen zu organisieren.

Nahezu alle Probleme der Gesellschaft, von der ressourcenschonenden Energieversorgung über Verkehr, Industrialisierung, Gesundheit, aber auch Organisation des Zusammenlebens der Bürger in einer modernen Welt bis hin zum Bildungswesen angesichts der Herausforderung des lebenslangen Lernens, lassen sich im Mikro der Stadt erkennen und erfassen, strukturieren und bearbeiten, wenn die Verantwortlichen in geeigneten kommunikativen Strukturen zusammenwirken.

Allerdings müssen die Beteiligten sich für die Herausforderungen und Anregungen öffnen, sie müssen global denken, um lokal optimal handeln zu können. Kirchturmpolitik reicht nicht aus. Aber genauso wenig hilft allein ein weltweit organisiertes Conferencing. Um in diesem Spannungsbogen zwischen dem Kleinen vor Ort und dem Großen in der Welt gestaltend aktiv und erfolgreich sein und werden zu können, bedarf es einer geeigneten Innovationskultur, die auf die Herausforderungen der Zukunft hin (weiter-)entwickelt ist.

Begegnung:
Der Erfinderunternehmer

Die Herausforderung

Die 90er Jahre konfrontieren Wirtschaft und Politik mit einer doppelten Zäsur: dem Wechsel vom vierten zum fünften Kondratieff-Zyklus (Konjunkturzyklus, benannt nach N. D. Kondratieff), und damit verbunden mit dem Übergang von der Industriegesellschaft zur Informationsgesellschaft. Das ist eine besondere Herausforderung für die reichen, entwickelten Industriegesellschaften. Waren die vier Kondratieff-Zyklen der Industrialisierung eher durch materiell dominierte Innovationen geprägt – Dampfmaschine, Eisenbahn, Elektrifizierung, Auto und Elektronisierung – so wird die Informationsgesellschaft in verstärktem Umfange durch Innovationen in immateriellen Bereichen geprägt und dominiert werden: Informationsgesellschaft ist mehr als Industriegesellschaft plus Informationstechnik. Die für den Aufschwung des fünften Kondratieff-Zyklus maßgeblichen „fundamentalen" Innovationen

werden daher im Umfeld „Information und Wissen und Ökologie" erwartet.

Fundamentale Innovationen sind dadurch charakterisiert, daß zu Beginn des Zyklus die Vorstellungen zu möglichen Applikationen noch vage sind, ein Markt erst erschlossen werden muß und auch technisch neue Kombinationen – weitgehend jedoch auf bekannten Erfindungen basierend – erprobt werden müssen. Gefragt ist der Unternehmer, der bahnbrechende Erfindungen aufspürt und für große Applikationen zu nutzen und umzusetzen versteht.

Der Erfinderunternehmer

Es waren in allen Anlaufphasen der Kondratieff-Zyklen immer wieder Persönlichkeiten der Erfinderunternehmer, die wesentlich zum Aufschwung beigetragen haben. Während der öffentliche Diskurs in Politik und Wirtschaft, Wissenschaft und Kultur die Problematik und die Herausforderungen hauptsächlich vom Makro her einkreist – ein Beispiel sind die Weltkonferenzen zu den globalen Herausforderungen – wirkt der Erfinderunternehmer vom Mikro her. Ausgehend von einer Idee, einem Bedürfnis oder einem Problem, das er (er)findet, entfaltet er seine unternehmerische Kraft, mit der er über eine Vision die Innovation treibt und durchsetzt.

Der Erfinderunternehmer hat seine Vorstellungen zur Erfindung und deren Nutzbarkeit als Leitbild klar vor Augen, sein unternehmerisches Programm im Kopf, seine Strategien für sich innerlich formuliert, und er kann im thematischen Dialog zur Sache sich und andere vom Nutzen der Erfindung und von ihrer Umsetzung überzeugen.

In der Konsolidierungsphase dominiert eher der Manager-Unternehmer, der die Märkte ausschöpft und die Produkte durchrationalisiert. Die Konsolidierung ist eher durch die inkrementalen Innovationen des Besser, Schneller, Kleiner und Billiger geprägt.

Informationsgesellschaft ist mehr als Industriegesellschaft plus Informationstechnik

Aus der Vergangenheit lernen: Die langen Wellen der Wirtschaft

Eine Analyse der bisher vier identifizierbaren Kondratieff-Zyklen zeigt, daß alle Zyklen durch eine Meta-Konstellation geprägt wurden, die den Beteiligten und Betroffenen auch bewußt wurde und zur Aufbruchstimmung beigetragen hat:

Prägende Applikationen:

Einige wenige neue Applikationen haben mit breiter Wirkung ein fundamentales Bedürfnis befriedigt und den gesellschaftlichen Fortschritt geprägt (Dampfmaschine, Eisenbahn, Beleuchtung, Kino, Telefon, Auto, Fernsehen, Computer, Raketen).

Flächendeckendes Netzwerk:

Die breite Anwendung erforderte mit der Schaffung eines Netzes ein erhebliches unternehmerisches Investment: das Eisenbahnnetz (2. Zyklus), das Elektrizitätsversorgungsnetz (3. Zyklus), das Autobahnnetz und das Kommunikationsnetz (4. Zyklus).

Neue Technologiekombinationen:

Diese gingen teilweise auf Erfindungen älteren Datums zurück.

Befriedigung fundamentaler Bedürfnisse:

Die neue Nutzanwendung führt zur Befriedigung fundamentaler Bedürfnisse: Erleichterung der Arbeit, Ressourcenverfügbarkeit, lebenswerte Urbanität, Förderung von Individualität und Mobilität.

Es war jedesmal etwas völlig Neues, über das zu Beginn eines Zyklus nur wenige Beteiligte Vorstellungen hatten und was sich nicht aus Extrapolationen ableiten läßt.

Projektionen für die Zukunft wagen: Aufschwung im fünften Kondratieff-Zyklus

Die Annahme ist, daß eine derartige Meta-Konstellation auch im fünften Kondratieff-Zyklus prägend sein wird:

Befriedigung fundamentaler Bedürfnisse:

Probleme heute bieten Chancen für morgen: Problemlösungsgeschäfte! Es lohnt, die eigene Zukunftsgestaltung an einem weitreichenden Erfordernis zu orietieren: Probleme für die Mitwelt lösen!

Flächendeckendes Netzwerk:

Für diese Aufgabe wird Wissen nicht allein als Rohstoff, sondern in semantisch vernetzter Form – vergleichbar Halb- und Fertigfabrikaten – für die Erschließung, Aufbereitung und Vermittlung der Innovationen benötigt.

Prägende Applikationen:

Die Problemlösungsgesellschaft muß sich für den Fortschritt geistig ertüchtigen: die Organisationen und Bürger müssen lebenslang lernen können. Es sind Technologien und Methodologien in neuen Kombinationen zu nutzen, die geeignet sind, die mentalen Fähigkeiten des Menschen zu fördern: Informationsanlagen, innovative Dienste, immaterielle Waren (Content-Business).

Das erfordert die Mobilisierung unternehmerischer Kräfte, aber auch Aufklärung der Bevölkerung. Dazu kann ein Leitbild dienen: „Städte des Wissens als Stätten der Begegnung!"

Konstellationen der Kondratieff-Zyklen

Die langen Wellen der wirtschaftlichen und gesellschaftlichen Entwicklung	1825 Dampfmaschine Baumwolle 1793	1873 Eisenbahn Schiffahrt Stahl 1847	1913 Elektrizität Chemie 1893	1966 Auto Erdöl Elektronik 1939	2015 Information Wissen Ökologie 1989 2040

Konstellationen-Prägung	Konstellationen-Analyse				Konstellationen-Projektion
	1. Zyklus	2. Zyklus	3. Zyklus	4. Zyklus	5. Zyklus
1. Fundamentale Bedürfnisse	Die Arbeit erleichtern	Ressourcen weltweit verfügbar machen	Urbanität lebenswert gestalten	Individualität und Mobilität fördern	Probleme für die Mitwelt lösen
2. Flächendeckende Netze	(Handelsnetze)	Verkehrsnetze	Energienetze	Kommunikationsnetze	*Netzwerk des Wissens* *(Wissensstädte)*
3. Prägende neue Applikationen	Maschinen	Lokomotive Bahnhöfe	Beleuchtung Kino	Telefon, Auto Fernseher Computer Raketen	Informationsanlagen Informationsbanken Immaterielle Waren
4. Prägende Technologien	„Dampf"	„Stahl"	Elektrizität	Elektronik	*„Multimedia ++"* *Datenautobahnen*
5. Synergie-Applikationen	Konsumgüter	Schiffahrt	Chemie Aluminium	Erdölprodukte	Ökologische Problemlösungen Verkehrssysteme
6. Technologie Synergien	Mechanik	Groß-Antriebe	Großanlagen	Waffensysteme	Sicherheits- und Umwelttechnologien

Diese Phase, die die Unternehmenskultur und Innovationskultur der letzten zwei Jahrzehnte geprägt hat, neigt sich dem Ende zu. Der bevorstehende Wechsel im Kondratieff-Zyklus ist während der Übergangsphase wegen des notwendigen Wandels der Innovationskultur mit Risiken behaftet, bietet aber auch neue unternehmerische Chancen.

Die Konstellationenanalyse

Eine Analyse der bisher vier identifizierbaren Kondratieff-Zyklen zeigt, daß alle Zyklen durch eine vergleichbar charakteristische Konstellation geprägt wurden (vgl. Insert):

• *Es waren einige wenige neue Applikationen, die im Vergleich zum vorangegangenen Zyklus in der Breitenwirkung ein fundamentales Bedürfnis befriedigt und den gesellschaftlichen Fortschritt geprägt haben. Es war jedesmal etwas völlig Neues.*

• *Die jeweils breite Anwendung war mit der Schaffung eines flächendeckenden Netzwerkes verbunden und erforderte ein erhebliches unternehmerisches Investment. Es war jedesmal ein neues Netzwerk.*

• *Die genutzte Technologiekombination ging teilweise auf Erfindungen älteren Datums zurück, war also zum Zeitpunkt des Aufschwungs schon bekannt. Nicht Technologien allein, sondern Applikationen bestimmen die Innovationen!*

• *Die entstehende charakteristische Nutzanwendung des Zyklus leistet einen entscheidenden Beitrag zur Befriedigung fundamentaler Bedürfnisse: Erleichterung der Arbeit, weltweite Ressourcenverfügbarkeit, lebenswerte Urbanität, Förderung von Individualität und Mobilität.*

Unter der Annahme, daß eine derartige Konstellation auch im fünften Kondratieff-Zyklus prägend sein wird, lassen sich Anhaltspunkte gewinnen, die die notwendigen fundamentalen Innovationen des fünften Kondratieff-Zyklus bestimmen helfen. Für den fünften Kondratieff-Zyklus ist als erstes das „fundamentale Bedürfnis" zu identifizieren, das befriedigt werden muß. Mit dieser Orientierung lassen sich Hinweise für das flächendeckende Netzwerk gewinnen und neue prägende Applikationen ableiten.

Fundamentale Innovationen mit Unsicherheit in der Akzeptanz der Applikation, noch nicht belegbarer Chancen in der Breitenwirkung und Risiken in der Wirkung neuartiger Kombinationen von Technologien erfordern kreatives, unternehmerisches Engagement, hohen Kapitaleinsatz und günstige Rahmenbedingungen.

Kontext:
Probleme für die Mitwelt lösen

Die Konstellationen-Projektion

Die Industrialisierung hat dem Einzelnen immer mehr Wohlstand und persönliche Vorteile gebracht. Allerdings wurden auch zunehmend Probleme produziert. Es ist an der Zeit, regulierend einzugreifen, ohne erstrebenswerte Errungenschaften aufzugeben.

Die Welt ist kleiner und enger geworden: Probleme in einem Teil der Welt wirken früher oder später auf andere Teile zurück. Ein Erfordernis des fünften Kondratieff-Zyklus in der Befriedigung fundamentaler Bedürfnisse könnte daher lauten: „Probleme für die Mitwelt lösen."

Das Erfordernis entspricht den Herausforderungen der Zeit, bietet Chancen zur Selbstverwirklichung des Einzelnen in der Beteiligung an Gemeinschaftsaufgaben und eröffnet – wie das Beispiel der Umwelttechnik in bezug auf Problem und Geschäft gezeigt hat – auch weitere geschäftliche Potentiale.

„Probleme lösen" erfordert Wissen. Das flächendeckende Netzwerk für den Aufschwung zum fünften Kondratieff-Zyklus wird – über die Kommunikationsnetze hinausgehend – als ein „Netzwerk des Wissens" entstehen. In Orientierung an dieser Entwicklung werden neue Applikationen, die im einzelnen noch schwer vorstellbar sind, den fünften Kondratieff-Zyklus prägen.

Altruismus oder unternehmerische Zukunftsvorsorge

Das Erfordernis „Probleme für die Mitwelt lösen" scheint zunächst aus Sicht von Unternehmen im globalen Wettbewerb altruistisch, selbstlose Hilfe erheischend. Wenn die reichen, entwickelten Industriegesellschaften ihre Wettbewerbsposition aber einmal reflektieren, so kann sich dieses Urteil schnell als Irrtum herausstellen. Mehr und mehr Schwellenländer schicken sich an, mit ihrer sich entwickelnden Wirtschaftskraft Wertschöpfungen zu vollbringen, die ursprünglich nur den reichen, entwickelten Gesellschaften ihren Wohlstand beschert haben. Deshalb müssen im Sinne der Theorie der komparativen Vorteile von Ricardo neue, innovative Wertschöpfungen erschlossen werden: Ausweitung des Produktspektrums im highend, neue Applikationen, innovative Services. Die reichen, entwickelten Industriegesellschaften müssen etwas völlig Neues wagen. Sie müssen „ihre Zukunft neu erfinden". Darin liegt zugleich eine Chance für die globale Gemeinschaft. Eine kurze programmatische Skizzierung genügt, die Erfordernisse zu verdeutlichen:

Probleme von heute sind Geschäftsmöglichkeiten für morgen. Die gesteigerte Komplexität dieser Geschäfte erfordert eine höhere Qualifikation. Lebenslanges Lernen für den Bürger als Arbeitnehmer und Mitglied der Gesellschaft ist angesagt. Die großen Organisationen müssen schneller lernen. Information muß besser beherrscht werden, damit

die Komplexität bewältigt werden kann. Es bedarf eines „geistigen" Aufbruchs mit einer langfristigen Orientierung, der es ermöglicht, auch unbequeme Wahrheiten zu verkraften.

Ziel muß sein, die „Produktivität des Geistes" zu fördern. Die Gesellschaft muß den „Wandel wollen"! Nur dann kann sie im internationalen Wettbewerb ihre komparativen Vorteile sichern und sich ihren wirtschaftlichen Wohlstand bewahren.

Zur Erreichung dieses Zieles der nachhaltigen Positionssicherung im internationalen Wettbewerb bei der Dynamik der komparativen Vorteile bietet sich an, die Systemführerschaft im Problemlösungsgeschäft zu fördern und weiterzuentwickeln. Systemführerschaft im Problemlösungsgeschäft könnte geeignet sein, neue komparative Vorteile sowohl im highend als auch in völlig neuer Wertschöpfung zu erschließen. Allerdings muß auch die Innovationskultur für diese Erfordernisse weiterentwickelt werden.

Vor dem Hintergrund der Kondratieff-Analyse und des „mehr als" der Informationsgesellschaft gegenüber der Industriegesellschaft ist zu bedenken, daß über Ziele und Strategien der nächsten Jahrzehnte zu diskutieren und zu befinden ist.

Inszenierung: Die Wiederbelebung der Polis

Wünsche für den Fortschritt wagen

Unternehmerischer Spürsinn, gespeist aus Ahnungen und Intuition, und die dazu notwendige Entfaltung von Kreativität müssen stimuliert werden. Es bedarf auch einer gewissen Naivität des Wünschens. Wünsche heute können Fakten für morgen schaffen. In Rückbesinnung auf die Kraft der Urbanität werden drei Wünsche gewagt:

• *Nichts bewegt mehr als menschliche Be-*

*gegnung: Deshalb menschliche Begegnung
bewußt und methodisch organisieren.*

• *Ein Bild sagt mehr als tausend Worte:
Deshalb auch das abstrakt-immateriell Er-
scheinende versuchen, anschaulich zu machen.*

• *Wirkungen werden nicht allein in der argumentativen „Auseinandersetzung", sondern
durch „aufeinander Zugehen und gemein-
sames Handeln" erzielt: Deshalb Wissen für
Handlungen in Szene setzen wie in einem
Theater.*

Mit der Analogie zur Stadt lassen sich diese
drei Erfahrungsbereiche im Erscheinungsbild
und in der Erlebniswelt der Stadt aktivieren
und erlebnishaft verstärken.

Die tragende Idee der Polis

Die Polis läßt sich in der mehrfachen
Deutung des Wortes interpretieren und
qualitativ als ein Wirkungsgefüge von Gestalten und Potentialen skizzieren:

*als Lebensgemeinschaft der Bürger; als urba-
ne, industrielle, informationale Infrastruktur
des Netzwerkes der Unternehmen; als legisla-
tive, exekutive, judikative Infrastruktur des
Netzwerkes der Institutionen; als Politik, die
gemeinsam gestaltet werden muß; als kollektives und kulturelles Gedächtnis der geteilten
Werte und Orientierung einer Gemeinschaft;
schließlich als Ort, wo Politik gemeinsam gemacht werden kann.*

Im Mikro der Polis wird das Makro von
Politik und Wirtschaft, Wissenschaft und
Kultur wirksam; im Mikro der Polis entstehen
umgekehrt die Beiträge zum Makro. Funk-
tioniert das Mikro, so funktioniert auch das
Makro und umgekehrt.
In der Erkenntnis, daß die konkrete Wirksam-
keit nur im Mikro erzielt werden kann, ist die

Stadt der Ort, wo sich die Makroprobleme der
Gesellschaft am besten studieren und auch
Lösungen zuführen lassen. Das gedankliche
Vorbild der Polis ist also auch geeignet, die
Kooperation zwischen Unternehmen und
Kommunen vor Ort zu beleben und zu be-
fruchten. Auch in einem Unternehmen oder
einer Organisation ließe sich die innovative
Arbeit nach dem Vorbild der Polis gestalten.
Am allerwichtigsten erscheint – vom ganz
Konkreten herkommend, der Ort, wo Politik
gemeinsam (!) gemacht werden kann, an dem
Wissen als kollektives Gedächtnis – nicht als
Datenwust – gespeichert ist und wo alle drei
Gruppierungen – Bürger/Mitarbeiter, Kom-
munen/Kunden und Unternehmen/Verant-
wortungsträger – miteinander kooperieren
können, um gemeinsam ihre Politik zu gestalten.
Ein solcher Ort ist in den Unternehmen und
Organisationen, Kommunen und staatstra-
genden Institutionen in dieser Funktionsfähigkeit nicht (!) vorhanden. Er ist zumindest auf Konferenzen in Besprechungszim-
mern und Sitzungssälen reduziert.
Die Verbesserung der Innovationskultur beginnt daher handfest und konkret mit der
Schaffung und Neugestaltung dieses Ortes.
Es müssen (wieder) Stätten der Begegnung
zum speziellen Zwecke der Innovation eingerichtet werden.

Integration der Ansätze zu einem
Leitbild

Das identifizierte „Netzwerk des Wissens" ist als ein Netzwerk dieser Orte zu
begreifen, an denen Wissen und Kompetenz
versammelt ist und in denen Wissen in seinem gesamten Kontext im Erscheinungsbild
und in der Erlebniswelt einer Stadt aufbereitet
und vermittelt wird. Das Netzwerk des
Wissens ist als ein Netz der „Städte des
Wissens" anzulegen. Für die Konkretisierung
gibt es genügend Anregungen und auch Erinnerungen: Stadtsilhouetten, Plätze, Stra-

ßen, Fassaden, Fresken, utopische Gesellschaftsentwürfe in Form der Stadt, geschichtlicher Hintergrund der Stadtentwicklung, kurz: Urbanität als Quelle des Wohlstandes!

Als gemeinsame Orientierung für Mikro und Makro kann daher angestrebt werden, die Kräfte der Urbanität in einem erweiterten Sinne zu beleben und zu fördern, in Konsequenz eine „Wiederbelebung der Polis" zu versuchen.

Die Kombination der drei dargelegten Wünsche zu einem integrierten Leitbild ist geeignet, neue Kräfte zu entfalten. Es lautet: „Die Wiederbelebung der Polis mit den Städten des Wissens als Stätten der Begegnung!"

Xenia, Wissensstadt am Wege zur Informationsgesellschaft

Begegnung mit der Zukunft

Es wird eingeladen, eine erste in Konzeption und Planung befindliche Wissensstadt mit ihren vorliegenden modellhaften Realisierungen im Atelier für Innovatoren zu besuchen. Sie heißt Xenia, Wissensstadt am Wege zur Informationsgesellschaft.

Das Wissen in der Wissensstadt Xenia ist den Herausforderungen am Übergang von der Industriegesellschaft zur Informationsgesellschaft gewidmet. Es gilt insbesondere das „mehr als (!)" gemäß der Aussage, Informationsgesellschaft ist mehr als Industriegesellschaft plus Informationstechnik, auszuloten. Es erfolgt eine pragmatische Akzentsetzung, bei der Ziele und resultierende Aufgabenstellungen und Lösungswege, weniger Einzellösungen beschrieben werden. Vor allem wird Wert darauf gelegt, daß potentielle Interessenten sich richtig ausrüsten, um auf ihren Wegen in die Zukunft die Herausforderungen meistern zu können.

Es ist nicht die erste Führung durch Xenia, der Wissensstadt am Wege zur Informationsgesellschaft, die mit diesem Text begleitet

wird. Xenia als konkretes Muster für das Leitbild „die Wiederbelebung der Polis mit den Städten des Wissens als Stätten der Begegnung", eine Initiative der Siemens AG, wurde auf der CeBIT 95 und Industriemesse in Hannover im Frühjahr 1995, auf einem Zukunftstag in Hannover im Herbst 95 und auf der CeBIT Home im Herbst 96 bereits der Öffentlichkeit vorgestellt.

Werbung für die Zukunft

In einer Wissensstadt wie Xenia wird nicht für Konsum und Unterhaltung geworben, nicht für die Güter und Dienstleistungen des täglichen Bedarfs, sondern für Investitionen und Leistungen für die Zukunft: für Erfordernisse wie lebenslanges Lernen und volkswirtschaftlich richtig rechnen, für Investitionen in Bildung und Kultur, für interdisziplinäre Forschung über die Grenzen von Technik- und Naturwissenschaften, Sozial- und Geisteswissenschaften hinweg, für Kooperationen zwischen Unternehmen und Kommunen, für Engagements der Bürger im Gemeinwesen, für Innovationen in den materiellen Lebens- und Arbeitsbereichen wie Energie, Verkehr, Umweltsanierung, Automatisierung, Gesundheit, aber auch für Innovationen in den eher immateriellen Lebens- und Arbeitsbereichen des Rechtswesens, der Wirtschaftsordnung, der Verwaltungsvereinfachung und was sonst noch die Bedürfnisse des Bürgers besser als bisher befriedigen kann. Das sind die Gestaltungsfelder der Zukunft! Aufklärung tut Not! Transparenz ist Voraussetzung für Akzeptanz!

Xenia, die Wissensstadt am Wege zur Informationsgesellschaft, ist mit ihren Einrichtungen einem Thema gewidmet. Es lautet:

„Eine Welt" für morgen. Mehr Lebensqualität durch Innovationen – unternehmerische Herausforderungen und Chancen

Das Thema beschreibt den notwendigen Kontext zur Zukunftsgestaltung. Es wird für die Wahrnehmung der Chancen geworben. Beteiligte und Betroffene werden in Xenia, auf der Agora der Polis, zur gemeinsamen Arbeit an der Zukunft ins Atelier für Innovatoren eingeladen.

Wertschöpfung: Das Atelier für Innovatoren

Ein Ort mit innovativem Ambiente

Wer das Atelier für Innovatoren betritt, dem fallen als erstes wahrscheinlich die Großvisualisierungen auf. Eine zweite Impression liefern die über der Basisebene errichteten Arbeitsplattformen, acht an der Zahl. Sie repräsentieren die Arbeitsstationen eines komplexen Innovationsprozesses, wo für das visionäre Vorfeld nach der Vorgehensweise des Erfinderunternehmers von den Teams, die agieren, als ob ein Kopf denkt und handelt, die spezifischen Dokumentationen zur Innovation zu erarbeiten sind.

Auf der Basisebene werden die Informationsmärkte zur Vermittlung von Erkenntnissen und Ergebnissen zwischen Beteiligten und Betroffenen abgehalten. Vertiefende Informationen sind aus angrenzenden Ausstellungs- und Workshop-Flächen und auch Medienräumen (unterhalb der Plattformen), zu beziehen. Die Arbeitsstationen sind so angelegt und organisiert, als ob eine Stadt mit Stadtvierteln und baulichen Ensembles unterschiedlicher Funktionen für die Erschließung, Aufbereitung und Vermittlung komplexer Innovationen geschaffen worden sei, eine Stadt im Haus, vielleicht auch eine Stadt in virtueller Realität. Dazu gehören: das Viertel der Annäherung mit dem Bahnhof, das Viertel der Begegnung mit der Einkaufspassage und dem Wochenmarkt, das Viertel der Kontexte mit dem Kaufhaus des Wissens, das Viertel der Inszenierung mit dem Theater, das Viertel der Zukunft mit der Denk-Werkstatt, das Viertel der Wertschöpfung mit den umgerüsteten

Werkstätten, das Viertel der Potentiale mit dem Museum der Kulturen und schließlich das Viertel der Führung mit den Kontoren der Geschäftigkeit. Eher eine Kleinstadt, historisch gewachsen und überschaubar.

Die Gruppe, die an der Erschließung und Aufbereitung der Innovationen arbeitet, wird durch eine erprobte Systematik angeleitet. Vorgegeben sind die relevanten Dokumente und der Prozeßtakt. Dieser folgt sechs einfachen Fragen:

S	Sensibilisierung	*Was ist geschehen, was wird geschehen?*
A	Analyse	*Warum ist/wird was geschehen?*
T	Transzendenz	*Was wollen wir überhaupt?*
O	Optionen	*Was können wir wagen?*
R	Resultate	*Was soll geschehen?*
I	Initiativen	*Was muß veranlaßt werden?*

Unter Anleitung von Moderatoren sind die Teilnehmer gefordert, ihre Arbeit weitgehend selbst zu organisieren.

Die Visualisierung von Sachverhalten und Wirkzusammenhängen, die teilweise erst im Zuge der Gruppenarbeit entstehen, wirken auf den Prozeß der Ideenfindung und Ideenbündelung, der Kontexterschließung und des Phantasierens zu Applikationen, der Entscheidungsvorbereitung und Entscheidungsverdichtung zurück.

Diese Aussagen gründen auf Erfahrungen. Beispielsweise bestand für eine große Gruppe Gelegenheit, an einem für sie wichtigen Thema in einer alten Fabrikhalle – oben war noch der Kran installiert – zu arbeiten. Die Halle war besenrein hergerichtet, mit bunten Stühlen und kleinen Tischen versehen, durch Begrünung verschönt, angenehm ausgeleuchtet und mit moderatorischem Equipment ausgerüstet.

Einer der Teilnehmer – in leitender Position – gab dem Veranstalter mit einer Handbewegung vom Kopf zur Höhe geführt seinem Empfinden mit den Worten Ausdruck: „Hier ist ja Raum zum Denken!" Raum in der doppelten Bedeutung des Wortes als Ort für innovatives Arbeiten und Freiraum für Gedanken. An beidem fehlt es in der Praxis vielfach.

Die Ausbeute in der Gestaltung eines komplexen Innovationsprozesses hängt weitgehend von der mentalen Bereitschaft ab, sich persönlich dem Gestaltungsprozeß in Selbstorganisation der Gruppe anzuvertrauen. Kommunikative Architekturen in einem Atelier für Innovatoren bieten dazu günstige Voraussetzungen.

Innovationen im Verbund

In einem Atelier für Innovatoren – mit allen denkbaren Erweiterungen in der Wissensstadt Xenia – lassen sich zwei große Innovationskomplexe in gegenseitiger Befruchtung bearbeiten:

• *fundamentale Innovationen zu allen Gestaltungsfeldern der Gesellschaft, die die Zukunft in den Kommunen und Unternehmen bestimmen und zur Systemführerschaft beitragen*
• *die Anlage und Gestaltung von Städten des Wissens mit ihren Begegnungsstätten zu diesen Gestaltungsfeldern und Innovationen, die sich schrittweise zu einem Netzwerk von Wissensstädten entfalten.*

Regional- und Kommunalentwicklung sowie Unternehmensentwicklung lassen sich im Verbund verfolgen. Das ist der Ansatz zur Wiederbelebung der Polis. Der Bürger kann einbezogen werden. Die Städte des Wissens als Stätten der Begegnung sind selbst Teil der gesuchten fundamentalen Innovationen für den Aufschwung im fünften Kondratieff-Zyklus beim Übergang zur Informationsgesellschaft.

Potential: Das Netzwerk der Städte des Wissens

Funktion und Nutzung

Städte des Wissens sollen helfen, zu Themen- und Aufgabenstellungen der Gesellschaft Wissen zu erschließen, aufzubereiten und zu vermitteln. Angeboten wird jedoch nicht nur das Wissen als Rohstoff in Form von Datensammlungen und Artikeln, wie es in Datenbanken im weltweiten Netz der Datenautobahnen recherchiert werden kann, sondern auch von autorisierten Gruppen aufbereitetes Wissen, sozusagen Halb- und Fertigfabrikate an Wissen; es handelt sich um neue Typen immaterieller Waren. Relevantes Wissen ist gefragt. Die Informationsflut muß gebändigt werden. Das kann gelingen, wenn einzelne Aussagen immer wieder in einem breiten Kontext dargestellt werden und wenn unnötige Redundanz abgeschöpft wird und statt dessen intelligente Redundanz angestrebt wird. Wissensbestände müssen aktuell fortgeschrieben werden.

Es handelt sich um Applikationen der nächsten Jahrzehnte, die zu Beginn eines Kondratieff-Zyklus für die meisten schwer vorstellbar sind und die sich auch für den Erfinderunternehmer erst in vagen Umrissen andeuten.

Das weitere Anliegen ist, die Polis, die Stadt als Gemeinwesen unter Rückgriff auf altes Kulturgut, auch als Vor-Bild für die Anlage und Gestaltung, die Organisation und den Betrieb einer Wissensstadt zu nutzen. Architektur in all ihren Ausprägungen läßt sich als Wissensarchitektur gestalten, um Kontextwissen darzustellen und zu vermitteln.

Damit kann die Wissensstadt mit ihren Begegnungsstätten mehrere Funktionen entfalten. Sie bietet Information und Orientierung, sie hilft bei Lernen und Training, sie unterstützt Innovationen und Reformen, sie bewirkt Handel und Wandel.

Gerade die letzte Funktion, Handel mit Wissensobjekten, wird – wenn es gelingt, Halb- und Fertigfabrikate zu schaffen – zur Wettbewerbsfähigkeit beitragen. Der Ankauf von Wissen spart eigene Ressourcen; über den Verkauf wird Wertschöpfung realisiert.

Systemführerschaft im Problemlösungsgeschäft erfordert nicht nur die Lieferung und Inbetriebnahme großer technischer und logistischer Systeme, sondern auch die Bereitstellung aller Informationen, die gebraucht werden, um diese Systeme zu planen und zu projektieren, in Betrieb zu nehmen und instand zu halten. Bei zunehmender Komplexität wächst hier der Anteil immaterieller Waren. Das ist ein dritter großer Innovationskomplex.

Realisierungsalternativen

Oft wird gefragt, soll eine solche Wissensstadt, wie als Möglichkeit skizziert, wirklich gebaut werden? Warum eigentlich nicht? Die Gegenfrage löst Staunen aus und mobilisiert – wie könnte es anders sein – Gegenargumente: warum es nicht geht, nicht lohnt, weil zu teuer; nicht notwendig, weil im Informationszeitalter sich eine Wissensstadt im Computer sogar als Cyberspace realisieren ließe.

Das wichtigste Argument für den Bau ist: Nichts bewirkt mehr als menschliche Begegnung! Sind erste derartige Orte der Begegnung einmal eingerichtet, so ziehen sie weitere Aktivitäten an. Der Initiative und Phantasie sind keine Grenzen gesetzt. Zukunftswerkstätten, interdisziplinär arbeitende Gruppen und Künstler können eine Heimstatt finden.

Querdenker und Spinner werden sich hinzugesellen. Es versammelt sich Wissen. Es entsteht eine „Stadt des Wissens als Stätte der Begegnung". Der Bürger kann mitwirken, lernen und sich selbst engagieren. Szenarios werden gemeinsam entworfen. Es ist ein Weg zur aktiven Aufklärung und für einen schnellen Informationstransfer.

In den Ateliers für Innovatoren können Vertreter der Unternehmen als Lieferanten und Kunden, Repräsentanten der Kommunen als Dienstleister und Nutzer der Problemlösungen und die Bürger als Betroffene gemeinsam miteinander arbeiten.

Mit der Orientierung der Wiederbelebung der Polis wird zwangsläufig weiteres kulturelles Erfahrungsgut aktiviert. Die Künstler werden nicht zögern, auch die Wissensstadt, in der sie leben und arbeiten, selbst auszugestalten und dabei dem Kontext der Zukunftsgestaltung Ausdruck verleihen. Das beginnt mit der Ausgestaltung von Räumlichkeiten und kann fortgesetzt werden in der Gestaltung von Fassaden bis hin zum Neuentwurf baulicher Ensembles. Auch die Medienarchitektur bietet neue Formen der Repräsentation. Vielfältige Dienstleister siedeln sich an.

Diese Chance läßt sich praktisch nutzen, um komplexe Sachverhalte und Wirkzusammenhänge – wie in alten Zeiten, als die Menschen nicht lesen und schreiben konnten – zu veranschaulichen. Im Zusammenwirken aller Erfahrungsträger können neue Formen der Repräsentation von Wissen zur Veranschaulichung auch immaterieller Sachverhalte entwickelt werden. In der Welt der Kultur, von der Antike bis zur Neuzeit, findet sich Anschauungsmaterial vielfältiger Art, das in Analogie Anregungen bietet.

20 Jahre voraus

Um das Jahr 2015 herum wird es kein exotisch anmutendes Vorhaben sein, eine Wissensstadt aufzusuchen und sich dort mit Gleichgesinnten zur Durcharbeit einer komplexen Problem- und Aufgabenstellung zu treffen.

Große Organisationen und Institutionen, vor allem auch europäische Kommunen, haben sich in dem innovativen Geschäftsbereich der

„Städte des Wissens als Stätten der Begegnung" engagiert. Unternehmen haben sich Ateliers für Innovationen geschaffen.

In den Kommunen gibt es Begegnungsstätten, die an das Netzwerk der Wissensstädte angeschlossen sind. Sie werden von den Bürgern gerne aufgesucht, wenn es um Erledigungen des Alltags geht – die persönliche Beratung vor Ort wird nach wie vor geschätzt – oder wenn sie sich als Gruppe auf den Besuch einer Wissensstadt vorbereiten wollen. Auch Kaufhäuser und Geschäfte sind an das Netzwerk der Wissensstädte angeschlossen.

Last not least: Jeder kann mit Hilfe im Hause installierter, kleinerer Informationsanlagen sich direkt am Netzwerk der Wissensstädte beteiligen. Das Erlebnis aber, eine Wissensstadt, die einem Thema gewidmet ist, vor Ort zu besuchen, läßt sich durch Elektronik nicht ersetzen.

Es ist vor allem gelungen, das Interesse der Bürger für die Herausforderungen der Zukunft zu wecken und damit auch für das Gemeinwohl zu mobilisieren. Die Herausforderung des lebenslangen Lernens ist angenommen worden. Durch tätige Mitarbeit in den Wissensstädten können sich die Bürger qualifizieren. Daß man in den Wissensstädten auch viel Wissenswertes für den Alltag des privaten Lebensbereichs erfährt und lernt, ist eine angenehme Beigabe.

Mit den Städten des Wissens als Stätten der Begegnung entfaltet sich für die Informationsgesellschaft ein Prozeß in Analogie zur Entwicklung der Industriegesellschaft. Deren Entwicklung vollzog sich von der Manufaktur (mit der Hand gemacht) zur industriellen Produktion, weil die wissenschaftlichen Grundlagen des Materiellen industriell nutzbar gemacht werden konnten. In gleicher Weise gilt es, die wissenschaftlichen Grundlagen des Immateriellen zu nutzen. Dann kann die Gesellschaft von der Capufaktur (mit dem Kopf gemacht) zur wissenschaftsbasierten Informationsindustrie gelangen. Es

bieten sich Chancen für eine offene, informierte Gesellschaft.

Führung: Unternehmerische Herausforderungen und Chancen

Im Großen denken, im Kleinen handeln

„Rom ist nicht an einem Tag erbaut" wird zitiert, und die Entfaltung des Netzwerkes der Wissensstädte und Begegnungsstätten wird Jahrzehnte in Anspruch nehmen. Aber ein erster Ansatz, einmal im Großen durchdacht, kann dann in mehreren kleinen Schrittfolgen in seinen vielfältigen Facetten im Zusammenwirken vieler Beteiligter realisiert werden.

Eine erste Aufgabe ist, ein Atelier für Innovatoren einzurichten und auszurüsten. Später ist „nur noch" das geeignete Atelier, das sich für eine Aufgabenstellung spezialisiert hat, auszuwählen. Das kleinste Atelier für Innovatoren wäre eine Bildschirmoberfläche eines Computerprogramms, mit dem ein Teil des methodischen Support angeboten werden würde. Allerdings kommt bei dieser Realisierung das Anliegen der direkten und persönlichen menschlichen Begegnung nicht zur Entfaltung.

Es wäre daher zumindest schon ein Raum mit einem freundlichen Ambiente vorzusehen, in dem eine Gruppe bis 16 Personen nach gruppendynamischen Regeln und Methoden arbeiten kann. Die Arbeitsstationen / Stadtviertel des Innovationsprozesses werden durch im Raum verteilte Informationswände simuliert, wobei Computerunterstützung genutzt werden kann. Entscheidend ist, daß die Gruppe systematisch und methodisch arbeitet und im Geiste einer erweiterten Innovationskultur miteinander umgeht. Angesichts frei werdender Industriebauten und aufgelassener Industriegelände in Kommunen und Unternehmen sollten sich die Verantwortlichen für die Erschließung und Aufbereitung von fundamentalen Innovationen sogar mehr leisten können – ein Atelier für Innovatoren der beschriebenen Art als Stadt im Haus. Ein Neubau wäre sogar noch schöner. Hier sind unternehmerische Initiativen gefragt.

Das Potential der unternehmerischen Gestaltung

Mit der Einrichtung eines Ateliers für Innovatoren hat sich eine Organisation gute Voraussetzungen geschaffen, um in einem erweiterten Wissensraum agieren zu können. Die Kernziele, Systemführerschaft im Problemlösungsgeschäft zu den Gestaltungsfeldern der Gesellschaft und dazu Förderung und Weiterentwicklung der eigenen Innovationskultur, werden sich mit höherer Intensität als bisher verfolgen lassen. Es sind Aktionsfelder auf verschiedenen Ebenen zu identifizieren:

• *Produkte und Leistungen: repetitive Dienste, Netzbetrieb, Wissensbanken, Wissensobjekte, Informationsanlagen, Wissensarchitekturen, Schulungs- und Trainingsbausteine, innovative Dienste*

• *Gestaltungsaufgaben, die auch mit vorgenannten Produkten und Leistungen zu unterstützen sind: logistische Gestaltung, redaktionelle Gestaltung, technologische Gestaltung, architektonisch-künstlerische Gestaltung, interdisziplinäre Forschung, Transfergestaltung*

• *Geschäfte: Content-Business, Equipmentgeschäft, Systemgeschäft, Transfergeschäft*

• *Märkte: Gestaltungsfelder materieller und immaterieller Art der Gesellschaft, Städte des Wissens als Stätten der Begegnung zu den Gestaltungsfeldern*

Innovationen im Bereich der Wissensstädte werden durch ihre Novität die Innovationen im Bereich der Gestaltungsfelder befruchten.

Zielgruppen potentieller Interessenten

Das Leitbild ist an mehrere Zielgruppen adressiert:

• *die Unternehmen im Problemlösungsgeschäft, die sozio-technische Problemlösungen zu realisieren haben*

• *die Kommunen als Fokus der zukünftigen gesellschaftlichen Entwicklung*

• *potentielle Betreiber von Wissensstädten mit ihren Applikationen im Netzwerk der natürlichen und künstlichen Realität*

• *potentielle Betreiber von elektronischen Netzwerken für Applikationen*

• *Unternehmen, Organisationen und Institutionen als potentielle Interessenten für Lieferungen und Leistungen für die Anlage-, die Gestaltung und den Betrieb von Wissensstädten mit all ihren Applikationen und den benötigten Waren und Netzwerken*

• *last not least staatliche Stellen mit übergreifenden Aufgaben zur Entwicklung von Zielsetzungen und Strategien und zur Schaffung von geeigneten Rahmenbedingungen für die zukünftige Gesellschaft.*

Denkbar wäre, daß Kommunen gemeinsam mit großen Organisationen ihre Kräfte jeweils auf die Gestaltung einer Wissensstadt konzentrieren, die einem bestimmten Thema gewidmet ist.

Die Kommune ist Sitz der Wissensstadt. Die Kommune ist verantwortlich für den Betrieb, der auch als Auftrag an einen Betreiber vergeben werden kann. Die örtliche Wissensstadt kann von allen anderen besucht werden und auch über das elektronische Netzwerk angesprochen werden. Duplikationen für einen dezentralen Betrieb in natürlicher und künstlicher Realität sind möglich.

Ausblick: mit offenen Augen unterwegs

Einmal von der Idee der Polis als Wissensstadt und Begegnungsstätte gepackt, sieht sich die Welt mit anderen Augen an. Ein anheimelnder Marktplatz lädt ein, ihn in Gedanken für ein Thema auszuschmücken. Gassen mit Schildern der Handwerker und Wirtshäuser regen an, in ähnlicher Art Botschaften für das Angebot von Wissensbeständen zu organisieren. Eine reich gegliederte Fassade verwandelt sich in Gedanken in ein Gesprächsprotokoll und offenbart die vielen Lücken, die der Entscheidung harren. Und nachts erinnert das Firmament an die vernetzten Strukturen des Wissens in ihrer ganzen Komplexität.

Der wache Geist erlebt und erleidet aber auch die Mängel in der Kommunikation der Konferenzrituale und Podiumsdiskussionen, den Schlagabtausch der Argumente, den Mangel an Gesprächskultur, und er wünscht den Teilnehmern an diesen Ritualen dann, daß sie andere Formen auch erleben mögen: Kommunikation wie im Urlaub, offen für die Schönheiten der Kultur, ein die Phantasie anregendes Bilderlebnis in einem Freskenzyklus, das später in der Arbeitswelt wirksam wird, oder gar eine phantasievolle Zeitreise mit Rollentausch auf einem der schönsten urbanen Plätze in der Welt, einem Forum, einer Agora, einem Ort, an dem Menschen gemeinsam Zukunft geschmiedet haben. Denn nichts bewirkt mehr als menschliche Begegnung.

Quellen und weiterführende Materialien:

ASSMANN, JAN *(1992): Das kulturelle Gedächtnis - Schrift, Erinnerung und politische Identität in frühen Hochkulturen, München 1992*

BENEVOLO, LEONARDO *(1993): Fixierte Unendlichkeit. Die Erfindung der Perspektive in der Architektur; Frankfurt, New York 1993*

DIERKES, MEINHOLD; HOFFMANN, UTE; MARZ, LUTZ *(1992): Leitbild und Technik. Zur Entwicklung und Steuerung technischer Innovationen, Berlin 1992*

EXPO-BETEILIGUNGSGESELLSCHAFT DER DEUTSCHEN WIRTSCHAFT MBH *(1994): EXPO 2000, 1. Juni bis 31. Oktober 2000, Hannover 1994*

GLASER, HERMANN *(1991): Mythos und Realität der Stadt, in: Deutsches Institut für Urbanistik (Hrsg.): Urbanität in Deutschland, Stuttgart, Berlin, Köln 1991*

GORE, AL *(1993): Remarks on the National Information Infrastructure (NII) Initiative, in:* VON CROTE, CLAUDIA; HELMERS, SABINE; HOFFMANN, UTE; HOFMANN, JEANETTE *(Hrsg.): Kommunikationsnetze der Zukunft - Leitbilder und Praxis. Berlin 1994*

THOMSEN, CHRISTIAN W. *(1994): Zu Möglichkeiten medialer Narrativik in hybriden Architekturen, in: derselbe (Hrsg.): Hybridkultur. Bildschirmmedien und Evolutionsformen der Künste. Annäherungen an ein interdisziplinäres Problem, Siegen 1994*

>

VDI-Technologiezentrum Physikalische Technologien *(Hrsg.) (1993): Science Center. Präsentation zukunftsrelevanter Technologien. Bestandsaufnahme, Düsseldorf 1993*

Volkmann, Helmut *(1991): Mehr als Informationsgesellschaft - Wagnis-Ideen für eine aktive Zukunftsgestaltung, in: gdi-impuls 2/91, Rüschlikon*

Volkmann, Helmut *(1993 a): Gefragt sind Visionen, keine Ideologien, in: Süddeutsche Zeitung vom 9./10. Okt. 1993*

Volkmann, Helmut *(1993 d): Die Zukunft unternehmen! Unternehmenspolitik: Visionäre Führung und radikale Innovationen, in:* Schuppert, Dana *(Hrsg.): Kompetenz und Führung. Was Führungspersönlichkeiten auszeichnet. Wiesbaden 1993*

Volkmann, Helmut *(1994 b): Information Market for Solving World Problems, in:* Liebig, James, E. *Merchants of Vision. People Bringing New Purpose and Values to Business. San Francisco 1994*

Volkmann, Helmut *(1994 c): Impressionen zum Leitbild „Städte des Wissens als Stätten der Begegnung" mit ersten Berichten aus XENIA, der Wissensstadt am Wege zur Informationsgesellschaft, in:* von Crote, Claudia; Helmers, Sabine; Hoffmann, Ute; Hofmann, Jeanette *(Hrsg.): Kommunikationsnetze der Zukunft - Leitbilder und Praxis. Berlin 1994*

Volkmann, Helmut *(1995 b): Cities of Knowledge - Metropolis of the Information Society, in:* Kornwachs, Klaus; Jacobi, Konstantin *(Hrsg): Information. New Questions to a Multidisciplinary Concept. Berlin 1996*

Warnke, Martin *(1984): Politische Architektur in Europa. Vom Mittelalter bis heute. Repräsentation und Gemeinschaft. Köln 1984*

Yates, Frances A. *(1991): Gedächtnis und Erinnern. Mnemotik von Aristoteles bis Shakespeare, Weinheim 1991*

Die Tchibo Frisch-Röst-Kaffee GmbH

1949 gründete der Hamburger Kaufmann Max Herz die Firma Tchibo. Mit seiner Geschäftsidee, röstfrischen Kaffee auf dem Postweg zum Kunden zu bringen, begann eine wirtschaftliche Erfolgsstory der besonderen Art. In kürzester Zeit wurde Tchibo mit seiner Sorte Gold Mocca Deutschlands beliebtester Kaffee. Das Qualitätsversprechen gegenüber dem Verbraucher ist vom ersten Tag an fester Bestandteil der Tchibo Philosophie und die Basis für den

Ein Stück deutsche Kaffee-Tradition: Die erste Marke von Tchibo

Erfolg der im Laufe der Jahre das Tchibo Kaffeesortiment vervollständigenden Marken. Zur gleichen Zeit entstand ein Filialnetz, das heute mit fast 700 Geschäften die Tchibo Produkte modern und kundennah präsentiert.

Schon damals modern: Die Kaffeefachgeschäfte von Tchibo

In den 60er Jahren wurde das Vertriebsnetz um eine besondere Partnerschaft erweitert – Tchibo kooperiert von nun an auch mit ausgewählten Bäckern, die exklusiv das Tchibo Sortiment verkaufen.

In den 80ern wurde abermals ein großer Schritt Richtung Kundennähe getan: Tchibo gab es jetzt auch im Lebensmitteleinzelhandel zu kaufen. Beide Vertriebsarten basieren auf einer Art Kommissionsgeschäft. Das heißt, Tchibo liefert die Ware, bleibt aber Eigentümer bis zum Verkauf. Mit dem Vorteil für unsere Partner, daß sie kein Warenrisiko tragen, denn Tchibo nimmt nicht verkaufte Ware wieder zurück. Und der Verbraucher profitiert von der einheitlichen Preisstellung, wo immer er auch Tchibo Produkte kaufen kann.

Parallel zu dieser rasanten Ausweitung des Vertriebsnetzes auf mittlerweile 20.000 Outlets etablierte Tchibo neben seiner vollständigen Auswahl an Premiumkaffees ein zweites Angebotsfeld: die Tchibo Nonfood Produkte. Mittlerweile bietet Tchibo in einem wöchentlich wechselnden Sortiment eine Vielzahl an praktischen und dekorativen Artikeln zu einem günstigen Preis-Leistungs-

Für uns eine ganz besondere Verpflichtung: die Qualität von Deutschlands beliebtestem Getränk

Verhältnis. „Jede Woche eine neue Welt", heißt das Motto, unter dem eine Anzahl Nonfood Produkte zu einer thematisch überzeugenden Phase zusammengestellt werden.

Eine spezielle, ausgefeilte Logistik und innovatives Marketing sind die wichtigen Voraussetzungen, um die genußorientierte Welt des Kaffees und das immer wieder überraschende Angebot der Nonfood Produkte in einem Vertriebssystem zu vereinen.

*Ein Einkaufserlebnis der besonderen Art bieten die Tchibo Filialen von heute:
Kaffeefachgeschäft und die Vielfalt der Nonfood Welt unter einem Dach*

Neben der sehr erfolgreichen Präsenz auf dem deutschen Markt eröffneten sich Anfang der 90er Jahre neue Möglichkeiten in Zentral- und Osteuropa. Polen, Ungarn und die Tschechische Republik stehen im Fokus der internationalen Expansion.

In dieser Größenordnung kann ein Unternehmen nur erfolgreich sein, wenn es voll auf die hohe Motivation, das Engagement und die Kreativität seiner Mitarbeiter setzt. Allein in der Tchibo Frisch-Röst-Kaffee GmbH sind fast 7.000 Mitarbeiter tätig, die sich täglich für die Spitzenstellung von Tchibo in

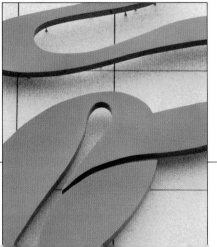

Angebot und Service einsetzen. Manpower, verbunden mit der Finanzkraft des Familienunternehmens, vor allem aber ein ständiger Innovationsgeist, der Chancen nicht nur erkennt, sondern neue Märkte schafft, sind die Garanten der Erfolgsgeschichte von Tchibo.

Die Tchibo Frisch-Röst-Kaffee GmbH ist mit einem Umsatz von 3,6 Mrd. DM (Stand 1996) eines der führenden Handelshäuser Deutschlands und ist als 100%ige Tochter neben den Beteiligungen an Reemtsma (75%) und Beiersdorf (26%) Teil des Konzern der Tchibo Holding AG, Hamburg.

Heribert Späth

VITA:

Heribert Späth ist am 28. November 1937 in München geboren. Er legt im Jahre 1957 an der Gisela Oberrealschule sein Abitur ab und studiert anschließend an der Technischen Hochschule in München, wo er 1962 die Diplom-Hauptprüfung im Bauingenieurwesen absolviert. Hiernach tritt er in die väterliche Firma ein und ist später alleiniger Inhaber und Geschäftsführer der Firma Späth Bau GmbH & Co. KG. 1964 durchläuft er die Diplom-Prüfung zum Wirtschaftsingenieur.

Im Jahre 1991 erfolgt eine Fusion mit der Firma Hochbau E. Liebergesell. Heribert Späth wird Geschäftsführer und gemeinsam mit Bodo Liebergesell Inhaber der Firma Späth-Liebergesell GmbH & Co. KG.

Zahlreiche ehrenamtliche Tätigkeiten begleiten seinen Weg. Von 1988 bis 1996 ist er Präsident des Zentralverbandes des Deutschen Handwerks, in Personalunion Präsident des Deutschen Handwerkskammertages – DHKT – und der Bundesvereinigung der Fachverbände des Deutschen Handwerks – BFH.

Seit 1994 ist er Vizepräsident der Bundesvereinigung der Deutschen Arbeitgeberverbände, seit Januar 1997 zudem Ehrenpräsident des Zentralverbandes des Deutschen Handwerks.

Späth ist seit 1964 verheiratet und hat drei Kinder.

Handwerk braucht Anerkennung durch mittelstandsgerechte Politik

von Heribert Späth

Grenzenlose Information und Kommunikation, kürzere Produktlebenszyklen aufgrund technischen Fortschritts und einer Nachfrage, die sich immer schneller ändert - diese Faktoren bestimmen das Szenario des globalen Marktes, der zum Ausgang des 20. Jahrhunderts die Kultur des Zusammenlebens, des Arbeitens prägt.

In der Folge dieser Entwicklung sind aus großen Unternehmen „global players" geworden, kleinen und mittleren Unternehmen ist die Rolle des Stabilisators auf dem heimischen Arbeitsmarkt zugefallen. Und ein weiteres: Die Erkenntnis, daß nationale Wettbewerbskraft nur durch den Ausbau der Kernkompetenzen im eigenen Land gestärkt werden kann, hat das Bewußtsein um die Bedeutung von qualifizierter Aus- und Weiterbildung geschärft. Sie ist die Voraussetzung für Innovationen, ohne die in den Industrienationen eine prosperierende wirtschaftliche Entwicklung nicht möglich ist.

Die Weitergabe fachlichen Wissens und praktischer Fertigkeiten obliegt in einem wesentlichen Umfang dem Handwerk. Die Wirtschafts- und Gesellschaftsgruppe, in der inzwischen ebensoviele Menschen beschäftigt sind wie in der Industrie, ist zum Kristallisationspunkt wirtschaftlichen Wachstums geworden, und das nicht nur in Ostdeutschland, wo nach der Wiedervereinigung weite Teile der Industrie wegbrachen. Im Handwerk entstanden noch Arbeitsplätze, als anderswo der Mensch durch Maschinen ersetzt und – falls dies nicht möglich war – die Produktionsverlagerung ins kostengünstigere Ausland realisiert wurde. Im Handwerk wurde noch ausgebildet, obwohl ein über Jahrzehnte hinweg propagiertes, fehlgeleitetes Bildungsideal die jungen Menschen an die Hochschulen statt in die Betriebe führte. Mehr denn je wird erwartet, daß das Handwerk dieser angestammten Funktion als Arbeitgeber und Ausbilder nachkommt. Und mehr als je zuvor wird die Erfüllung dieser Erwartungen zum Problem.

Denn die wachsende Steuer- und Abgabenlast geht vor allem auf Kosten der beschäftigungsintensiven Wirtschaftsbereiche. Die Personalzusatzkosten haben ein Ausmaß erreicht, das für den Mittelstand eine existentielle Bedrohung darstellt. Und nicht genug damit, daß die Fehler im System der sozialen Sicherung von Teilen der Politik ignoriert und praktisch für unkorrigierbar erklärt werden, es kommen – siehe umlagefinanzierte Pflegeversicherung – auch noch neue soziale „Wohltaten" nach dem selben Muster hinzu. Die Beiträge zur Sozialversicherung steigen, versicherungsfremde Leistungen werden unvermindert den Beitragszahlern aufgebürdet.

Mit einer Staatsquote von über 50 Prozent ist Deutschland ein Staatsbetrieb mit angegliederter Marktwirtschaft, deren Etikett des Sozialen tatsächlich aber nur noch an einem dünnen Faden hängt. Mit der Sozialen Marktwirtschaft Ludwig Erhards hat dies nichts mehr gemein: Vor 30 Jahren lag die Staatsquote bei etwa 30 Prozent.

Die Staatsquote zu senken ist daher heute vorrangige Aufgabe der Politik. Und der Weg dahin führt unausweichlich über Einsparungen im System der sozialen Sicherung. Ohne strukturelle Korrekturen in diesem Bereich ist das Ziel, auf das sich Wirtschaft, Gewerkschaften und Politik geeinigt hatten, nämlich die Zahl der Arbeitslosen von heute vier Millionen bis zum Jahr 2000 zu halbieren, Makulatur und der Zusammenbruch der sozialen Sicherungssysteme insgesamt programmiert.

Heute schon gelingt es immer weniger, den wirklich Bedürftigen zu helfen – mithin das, was das Gebot der Solidarität in einer Sozialen Marktwirtschaft vorgibt.
Der Grund dafür liegt in der Vernachlässigung des Subsidiaritätsprinzips. Es erinnert daran, daß die Leistungen des Sozialstaates „Hilfe zur Selbsthilfe" sein müssen. Das heißt, daß der Staat vor der Übernahme neuer Aufgaben nach Möglichkeiten zu suchen hat, wie die Leistungsbereitschaft des einzelnen so gestärkt werden kann, daß er bereit und in der Lage ist, diese Aufgaben in eigener Regie zu bewältigen.

Den Bürgern muß bei der Absicherung sozialer Risiken wieder mehr Eigenverantwortung und Selbstvorsorge übertragen werden. Denn die Solidarität, zu der die Gemeinschaft in einer Sozialen Marktwirtschaft verpflichtet ist, richtet sich nach zwei Seiten: Der Bürger, der Sozialabgaben und Steuern zahlt, hat dies zu tun, ohne immer eine unmittelbare Gegenleistung einzufordern. Aber es gibt eben auch eine Solidarität gegenüber dem Beitragszahler, die vom Leistungsempfänger den verantwortungsbewußten Umgang mit der ihm angebotenen sozialen Leistung verlangt. Leistungsbereitschaft hängt davon ab, inwieweit die Sozialpolitik der Maßgabe folgt, soziale Gerechtigkeit nicht erst bei den Ausgaben, sondern schon bei der Aufbringung ihrer Mittel zu üben. Das ist einer Gesellschaft, die sich dem Konsensmodell verschrieben hat, zumutbar.

Nicht nur die Sozialversicherungsquote, auch die Steuerquote muß nachhaltig gesenkt werden. Die Wirtschaft, aber auch die Bürger brauchen ein einfacheres, transparenteres und letztlich gerechteres Steuersystem, das die Koordinaten setzt für mehr Investitionen und Beschäftigung. Ein Eingangssteuersatz von 20 und ein Spitzensteuersatz von 35 Prozent sind die Voraussetzung dafür, das Steuerparagraphendickicht zu lichten und mit durchschaubaren Regelungen auch der Schwarzarbeit einen Riegel vorzuschieben. Allein durch Schattenwirtschaft gehen nach offiziellen Schätzungen jährlich rund 50 Milliarden DM an Steuer- und Sozialversicherungsbeiträgen verloren.

Die Verbesserung der politischen Rahmenbedingungen zählt zu den notwendigen Maßnahmen der Existenzsicherung kleiner und mittlerer Betriebe. Und das ist die Voraussetzung dafür, qualifizierten Nachwuchs für das Handwerk zu gewinnen. Das Handwerk braucht begabte, talentierte junge Menschen, die die Herausforderungen der Zukunft offensiv angehen.

Am Image des Handwerks können die Handwerkerinnen und Handwerker selbst eine ganze Reihe von positiven Veränderungen vornehmen. Mehr Dienstleistungsorientierung und die Zuwendung zu Marktfeldern wie etwa Umweltschutz, neue Medien oder Design und Gestaltung tragen maßgeblich dazu bei, das Bild eines modernen zukunftsorientierten Handwerks zu vermitteln. Aber wir müssen auch den Eliten im Handwerk gezielt Karriereperspektiven bieten und dazu die Aus- und Weiterbildung stärker differenzieren, sie durchlässiger und effizienter machen.
Mit dem Meister-BAföG ist der Politik ein wichtiger Schritt in Richtung zu mehr Gleichwertigkeit von beruflicher und allgemeiner Bildung gelungen.
Es bleibt zwar noch vieles zu tun, wenn qualifizierte Fachkräfte auch weiterhin einer der entscheidenden Wettbewerbsfaktoren des

Standortes Deutschland bleiben sollen, aber der jetzt eingeschlagene Weg ist richtig.

Er ist deshalb richtig, weil wir die Auswirkungen des rasanten technischen Fortschritts auf die Gesellschaft nur dann positiv nutzen können, wenn durch eine qualifizierte Ausbildung der verantwortungsbewußte Umgang mit der neuen Technik und den damit verbundenen Möglichkeiten sichergestellt ist. Dann können wir in Zukunftsprojekte der Infrastruktur investieren und in die Exportmärkte in den Wachstumsregionen der Welt. Die sich entwickelnden Volkswirtschaften brauchen hochwertige Waren, sie brauchen ausgefeilte Maschinen oder Fahrzeuge und Spezialanfertigungen.

Innovationen sind der Schlüssel dazu, und deshalb muß das Kräftepotential aus dem Bereich kleiner und mittlerer Unternehmen ausgeschöpft werden. Gerade sie sind es, die in der Wettbewerbstheorie hierfür eine maßgebliche Rolle spielen: Sie sind kreativ, flexibel, nah am Kunden, wenig bürokratisch organisiert. Wichtig für sie sind Rahmenbedingungen, die es ihnen ermöglichen, ihre Leistungskraft und -bereitschaft zu entfalten.

Keine Ehrung seiner Verdienste braucht daher das Handwerk, sondern Anerkennung seiner Leistungen, und diese Anerkennung sollte sich in einer mittelstandsgerechten Politik niederschlagen.

Wolfgang Grüger

VITA:

Wolfgang Grüger ist am 29. Oktober 1935 in Beuthen, Oberschlesien geboren. Er studiert Wirtschaftswissenschaften an der Technischen und der Freien Universität Berlin. Zunächst ist er wissenschaftlich tätig am Deutschen Institut für Wirtschaftsforschung in Berlin.

Im Jahre 1964 tritt Wolfgang Grüger in die Dienste der Genossenschaftsorganisation ein. Hier arbeitet er zu Beginn als Referent und später als Leiter der kreditgenossenschaftlichen Abteilung des Deutschen Genossenschaftsverbandes.

Er wird 1972 Geschäftsführer des Deutschen Genossenschafts- und Raiffeisenverbandes, DGRV, 1974 tritt er in den Vorstand des Bundesverbandes der Deutschen Volksbanken und Raiffeisenbanken, BVR, ein. Wolfgang Grüger wird für seine Verdienste im Oktober 1996 mit dem großen Verdienstkreuz des Verdienstordens der Bundesrepublik Deutschland ausgezeichnet. Des weiteren ist er Träger des Handwerkszeichens in Gold sowie der Ehrennadel in Gold des DGRV.

Seit Beginn 1990 ist er amtierender Präsident des Bundesverbandes der Deutschen Volksbanken und Raiffeisenbanken. Damit steht der Diplom-Volkswirt an der Spitze der von mehr als 13,5 Millionen Mitgliedern getragenen genossenschaftlichen Bankengruppe, die zusammen mit ihren Zentral- und Spezialunternehmen eine addierte Bilanzsumme von 1,3 Billionen DM aufweist. Wolfgang Grüger hat zahlreiche Mandate in Organen der Verbundunternehmen der Volksbanken und Raiffeisenbanken inne und bekleidet verschiedene Ämter in der deutschen und internationalen Genossenschaftsorganisation. So ist er Präsident der Europäischen Vereinigung der Genossenschaftsbanken und Vizepräsident der Internationalen Volksbankenvereinigung. Zudem ist er als Mitglied im Deutschen Handwerksrat der Handwerkerschaft eng verbunden.

Wolfgang Grüger ist verheiratet und hat drei Kinder.

Genossenschaften: Integraler Bestandteil der Sozialen Marktwirtschaft

von Wolfgang Grüger

Die moderne Genossenschaft als wirtschaftliches Unternehmen war die Antwort auf die ökonomische Notlage weiter Teile der deutschen Bevölkerung Mitte des 19. Jahrhunderts. Die Idee und das Beispiel Hermann Schulze-Delitzschs und Friedrich Wilhelm Raiffeisens eröffneten Selbständigen wie Arbeitnehmern neue wirtschaftliche Perspektiven und schafften unter den Bedingungen der industriellen Revolution vielfach überhaupt erst die Voraussetzungen für das Entstehen eines leistungsfähigen Mittelstandes.

Die ersten Genossenschaften entstanden vor rund 150 Jahren, als die beginnende Industrialisierung, die Entwicklung der Eisenbahn, die Einführung der Gewerbefreiheit, die Bauernbefreiung und das Entstehen der modernen Geldverkehrswirtschaft umwälzende wirtschaftliche und politische Veränderungen auslösten. Um den damit unvermeidlich verbundenen, tiefgreifenden strukturellen Wandel zu meistern und die eigene, bedrohte wirtschaftliche Selbständigkeit zu erhalten, schufen sich Handwerk, Gewerbe und Landwirtschaft ihre Genossenschaften, ihre Volksbanken und Raiffeisenbanken.

Instrument der Selbsthilfe

In der Entstehungsphase des modernen Genossenschaftswesens in Deutschland hat es heftige Kontroversen über die Rolle von Genossenschaften in Politik und Wirtschaft gegeben. Die Auseinandersetzungen zwischen Hermann Schulze-Delitzsch, dem Mitbegründer der liberalen „Fortschrittspartei", und dem konservativen Reichskanzler Otto von Bismarck auf der einen und dem Sozialistenführer Ferdinand Lassalle auf der anderen Seite sind deutsche Geschichte.

Zwar erkannte Schulze-Delitzsch Bismarcks außenpolitische Erfolge an, war aber einer seiner schärfsten Kritiker in Fragen der politischen und wirtschaftlichen Freiheit. Entschieden wandte er sich gegen die von Bismarck geplante Einschränkung des Freihandels und der Gewerbefreiheit. Unter Berufung auf die Selbsthilfe und Selbstverantwortlichkeit der Genossenschaften trat Schulze-Delitzsch Bismarck entschlossen entgegen. Seine Ablehnung staatlicher Eingriffe in die Wirtschaft und insbesondere in die Genossenschaften entsprang seiner liberalen, marktwirtschaftlichen Überzeugung. Er war entschieden der Meinung, daß staatliche Eingriffe die Funktion des Marktes, nämlich Motor des Wohlstandes und des Fortschritts zu sein, beeinträchtigen würden. Schon früh hatte er die Ansicht vertreten, daß eine freie, demokratische Gesellschaft und eine eigenverantwortliche Wirtschaftsordnung einander gegenseitig bedingen. Mit seinen Worten: „Die Freiheit und die Verantwortlichkeit, das sind die Grundsätze der politischen wie wirtschaftlichen Welt, und die Verantwortung ist die einzig richtige Form der Ordnung, die man der Freiheit beifügen muß, wenn man die Freiheit selbst nicht schädigen will. Die Freiheit innerhalb der Gesellschaft, soll sie allen zugute kommen, ist nicht denkbar ohne die Verantwortlichkeit für ihren Gebrauch."

Während Bismarck in der Genossenschaftsbewegung vornehmlich eine demokratische Organisationsform sah, die man der Kontrolle durch die Regierung unterwerfen müsse, betrachteten die Sozialisten, allen voran Ferdinand Lassalle, die Genossenschaften nicht primär als Institutionen zur Bewältigung der materiellen Not der Landwirte, der Handwerker und Arbeiter sowie zur Erzielung von ökonomischen Vorteilen für ihre Mitglieder, sondern vor allem als Instrument zur Überwindung der marktwirtschaftlich-kapitalistischen Ordnung. Während Lassalle und seine politischen Mitstreiter mit Hilfe der Genossenschaften den Wettbewerb beseitigen wollten, war das Ziel von Schulze-Delitzsch und Raiffeisen das genaue Gegenteil. Sie wollten den ökonomisch daniederliegenden gewerblichen und ländlichen Mittelstand gerade in die Lage versetzen, sich im Wettbewerb am Markt zu behaupten.

Während Lassalle in staatlich geförderten und gegründeten Genossenschaften ein Mittel sah, zu einem produktiv-genossenschaftlichen Sozialismus zu gelangen, beharrten die Begründer des modernen Genossenschaftswesens dagegen auf der Selbsthilfe und der Eigenständigkeit der Genossenschaften. So rief Schulze-Delitzsch Lassalle zu: „Bei uns lernt Ihr Sozialisten Selbsthilfe! Denn Eure unvernünftigen Forderungen der Staatshilfe bedeuten nichts anderes, als in andere Taschen zu greifen, um nicht nötig zu haben, für die eigene Sache sich selber die Bedingungen des erwerbenden Lebens, des Emporkommens in wirtschaftlichem Erwerbe zu verschaffen!". Auch Raiffeisen betonte den Gedanken der Selbsthilfe: „Wir müssen uns selbst helfen. Alle Bedingungen dazu sind vorhanden, alle Mittel und Kräfte stehen uns reichlich zu Gebot. Wir brauchen dieselben nur zur Anwendung zu bringen. Es ist durchaus nicht nötig, nach fremder Hilfe auszuschauen. Dies ist sogar von Übel und wirkt nur lähmend auf die eigenen Kräfte, welche auf das höchste angespannt werden müssen, wenn mit Sicherheit bessere Zustände herbeigeführt werden sollen."

Privatinitiative, nicht der Ruf nach dem Staat: Das ist eine Maxime, die das Handeln der Genossenschaften seit ihren Anfängen bestimmt hat. Um noch einmal Schulze-Delitzsch zu zitieren: „Indem wir die Selbsthilfe, die Betätigung der eigenen Kraft, die Verantwortlichkeit für das eigene Geschick als Wirtschaftsprinzip proklamieren ... stehen wir mitten in der Gesamtarbeit für die großen Aufgaben unserer Zeit."

Die Geschichte hat Raiffeisen und Schulze-Delitzsch recht gegeben. Die erfolgreiche Entwicklung der deutschen Genossenschaften als privatrechtliche Unternehmen in den vergangenen 150 Jahren beweist dies eindrucksvoll.

Unternehmen im gesellschaftlichen Trend

Die wirtschaftlichen und gesellschaftlichen Bedingungen sind heute gewiß andere als Mitte des 19. Jahrhunderts. Aber trotz allem Wandel, die genossenschaftliche Idee hat nichts an Aktualität und Attraktivität verloren. Im Gegenteil, die genossenschaftlichen Tugenden der Selbsthilfe und der Selbstverantwortung sind heute wieder stärker gefragt denn je. Mit ihrer demokratischen und dezentralen Struktur, ihrer engen Verflechtung mit der lokalen und regionalen mittelständischen Wirtschaft und ihrer Zusammenarbeit in einem Verbundsystem liegen die Genossenschaften voll im aktuellen gesellschaftlichen Trend.

Trotz der zunehmenden Internationalisierung der Märkte sowie des wirtschaftlichen Denkens und Handelns wächst die Einsicht, daß letztlich jedes Geschäft eine lokale Basis, einen örtlichen Ursprung hat. Gerade schnell reagierende, weltweite Märkte erfordern keine starren Großstrukturen, sondern kleine bewegliche Einheiten, um sich zu behaupten. Das zunehmend globale Denken hat, nicht zuletzt durch neue Kommunikationstechnologien, auch die Menschen verändert. Die Solidarität der Kleingruppe wurde durch die Entsolidarisierung der Massen abgelöst. Dies hat in jüngster Zeit jedoch eine Gegenbewegung ausgelöst. Das Interesse der Menschen an dem, was in ihrer unmittelbaren Umgebung vorgeht, nimmt wieder zu. Gekoppelt mit dem Wunsch, das persönliche Umfeld mitzugestalten und auch dafür Verantwortung zu übernehmen. Die Genossenschaft paßt geradezu ideal in diesen Trend der Ortsverbundenheit, der neuen Verantwortlichkeit.

Die Genossenschaft ist eine Unternehmensform besonderer Art. Als einzige hat sie einen klar umrissenen gesetzlichen Auftrag: Die Förderung ihrer Mitglieder. Genossenschaften sind keine Kapitalgesellschaften, sondern Personenvereinigungen. Ihre Mitglieder schließen sich mit dem Ziel zusammen, wirtschaftliche Vorteile zu erhalten, ohne die eigene selbständige Existenz aufzugeben. Das erfolgreiche Konzept bedeutet letztlich, daß Menschen gemeinsam Unternehmen gründen, die sie ergänzend unterstützen. Ausgehend von diesen Selbsthilfegedanken bestimmen die Mitglieder einer Genossenschaft folgerichtig die Ziele ihres Unternehmens. Die Genossenschaft ist damit eine urdemokratische Unternehmensform, wobei – anders als bei Kapitalgesellschaften – in Abstimmungen jedes Mitglied eine Stimme hat.

Die einzelnen Mitglieder sind gleichzeitig Kunden und Eigentümer des genossenschaftlichen Unternehmens. Damit dieses seinen Förderauftrag für seine Eigentümer voll erfüllen kann, statten die Mitglieder ihre Unternehmen mit Kapital aus und haften ggf. in klar begrenztem Umfang für Verbindlichkeiten der Genossenschaft.
Um im Wettbewerb die Mitglieder langfristig fördern zu können, muß sich die Genossenschaft marktkonform und betriebswirtschaft-

lich effizient verhalten. Dazu gehört auch, daß das Unternehmen Genossenschaft unter Beachtung des Förderauftrages einen Überschuß erwirtschaftet, der ausreicht, die Eigenkapitalbasis für die Anforderungen der Zukunft zu erhalten.

Im Mittelpunkt der Aktivitäten genossenschaftlicher Unternehmen stehen die Mitglieder. Ein Vorteil, den in Deutschland 13 Millionen Mitglieder genossenschaftlicher Banken, 3,4 Mitglieder landwirtschaftlicher Genossenschaften und 300.000 Mitglieder gewerblicher Genossenschaften für sich nutzen. Die Grundsätze der Selbsthilfe, der Selbstverwaltung und der Selbstverantwortung sind dabei die Kernprinzipien genossenschaftlicher Unternehmen.

Privatwirtschaftliche Unternehmen, keine Gemeinwirtschaft

Die Begründer des modernen Genossenschaftswesens, Hermann Schulze-Delitzsch und Friedrich Wilhelm Raiffeisen, haben sich mit ihren Ideen Selbsthilfe, Selbstverantwortung und Selbstverwaltung nicht nur gegen ihre politischen und ökonomischen Widersacher im 19. Jahrhundert durchgesetzt.

Die in ihrer Tradition arbeitenden deutschen Genossenschaften waren auch später nie – anders als Genossenschaften sozialistischer Prägung, die Teil des Kollektivismus und des planwirtschaftlichen Produktionsapparates waren – Instrumente staatlicher Gesellschafts- und Wirtschaftspolitik. Als es nach dem 2. Weltkrieg darum ging, in der Bundesrepublik Deutschland anstelle der zusammengebrochenen, staatlichen Kriegswirtschaft eine neue freiheitliche Wirtschaftsordnung zu etablieren, konnte es für die Genossenschaften auch keinerlei Zweifel daran geben, daß diese eine Marktwirtschaft mit sozialer Verantwortung werden müsse. Es stand für die Genossenschaften nie zur Debatte, sich als Element eines dritten Weges zwischen marktwirtschaftlichem Kapitalismus und einer zentralen Planwirtschaft zu begreifen. Sie waren ihrer Tradition und ihrem Selbstverständnis nach eben keine Sozialgebilde jenseits von Individualismus und Kollektivismus.

Genossenschaften waren und sind auch keine gemeinwirtschaftliche Unternehmen. Denn sie werden von Menschen und Unternehmen getragen, die ihre privaten Interessen und Ziele verfolgen. Sie haben den Auftrag, die Wirtschaft und den Erwerb ihrer Mitglieder zu fördern; Gemeinwirtschaften haben dagegen den Auftrag, das Gemeinwohl zu fördern. Genossenschaften sind Unternehmen der Selbsthilfe, deren Träger Ziele für sich selbst verfolgen. Gemeinwirtschaften sind dagegen Unternehmen der Fremdhilfe, deren Träger Ziele für die Allgemeinheit anstreben.

Der Betrieb einer Genossenschaft ist nicht auf andere ausgerichtet, sondern dient ausschließlich dem jeweils eigenen Interesse der Mitglieder. Wie die Eigentümer eines jeden anderen Privatunternehmens auch erwarten die Eigentümer einer Genossenschaft von ihrem Unternehmen nicht die Erfüllung allgemeiner gesellschaftlicher Aufgaben, sondern vielmehr, daß ihr Unternehmen ihnen selbst Vorteile und Nutzen bringt und auch Gewinne erwirtschaftet.

Aufgaben und Zielsetzung genossenschaftlicher Unternehmen sind also im Grunde die gleichen wie die anderer privatwirtschaftlicher Unternehmen auch. Es wäre daher absolut falsch, Genossenschaften einem anderen Bereich als dem der Privatwirtschaft zuzuordnen. Insofern verbietet sich auch eine Einordnung der deutschen Genossenschaften beispielsweise in das französische Modell der „économie sociale". Dieses

hat starke Elemente des öffentlichen und des gewerkschaftlichen Sektors. Betriebe der „économie sociale" sind oft Instrumente der Sozialpolitik und erhalten daher vielfach öffentliche Hilfen und Vergünstigungen. Solidarität in der „économie sociale" bedeutet nicht Selbsthilfe, sondern Fremdhilfe. Insofern hat diese mit privatwirtschaftlich organisierten, auf die eigenen Interessen ihrer privaten Träger gerichteten Genossenschaften nichts gemein.

Weitreichende Übereinstimmung der Konzepte

Rund ein Jahrhundert nach der Gründung der ersten modernen Genossenschaften als Wirschaftsunternehmen schlug mit dem Tag der Währungsreform am 21. Juni 1948 die Geburtsstunde der Sozialen Marktwirtschaft in Deutschland. Damit war die Entscheidung für eine marktwirtschaftliche Ordnung getroffen, der Grundstein für Freiheit, Wohlstand und sozialen Ausgleich gelegt. Die Genossenschaften in der Bundesrepublik Deutschland haben sich von der Stunde Null an mit der Sozialen Marktwirtschaft identifiziert.

Angesichts der geistigen Tradition der Genossenschaften in Deutschland kann dies nicht überraschen. Denn die Ideen ihrer Gründungsväter stehen den liberalen Grundüberzeugungen Ludwig Erhards sehr nahe. „Die Soziale Marktwirtschaft beruht", so Ludwig Erhard, „auf den Grundsätzen der Freiheit und Ordnung ... , denn wo Freiheit eine festgefügte Ordnung obwaltet, droht sie ins Chaotische zu entarten, und wo Ordnung ohne Freiheit bestehen soll, führt sie nur allzu leicht zu brutalem Zwang". Für Schulze-Delitzsch sind „die Freiheit und die Grundverantwortlichkeit die Grundsätze der politischen wie der wirtschaftlichen Welt, und die Verantwortung ist die einzig richtige Form der Ordnung, die man der Freiheit beifügen muß, wenn man die Freiheit selbst nicht schädigen will."

Die wahren Grundlagen der wahren Freiheit bilden sich" – nach Schulze-Delitzsch – "nur da heraus, wo die Einsicht der Massen so weit gewachsen ist, daß sie auch die Notwendigkeit der eigenen Verantwortlichkeit anerkennt. Auf der Freiheit und Verantwortlichkeit beruht unsere ganze genossenschaftliche Organisation. Dadurch unterscheiden wir uns von den anderen Bewegungen, welche die Verantwortlichkeit von sich weisen, welche die Garantien nicht selbst übernehmen, sondern sie dem Staat und der Gesellschaft aufwälzen wollen. So gehen die Dinge nicht! Wer die Verantwortlichkeit von sich weist, weist auch die Freiheit von sich." Ähnlich sieht Ludwig Erhard seine "formierte Gesellschaft", die wird "nicht durch eine Aktion geschaffen, sondern entfaltet sich aus einem Prozeß. Sie ist auch nicht ständestaatlich gegliedert; vielmehr beruht sie auf der Überzeugung, daß die Menschen nicht nur durch Gesetze, sondern durch Einsicht das ihrem eigenen Wohle Dienende zu tun bereit sind."

Wenn Ludwig Erhard feststellt: "Auf dem Wege über den Wettbewerb wird – im besten Sinne des Wortes eine Sozialisierung des Fortschritts und des Gewinns bewirkt und dazu noch das persönliche Leistungsstreben wachgehalten", wenn er weiter als einen Grundsatz der Sozialen Marktwirtschaft postuliert, daß "alle Maßnahmen letztlich auf den einzelnen Menschen bezogen werden müssen und nicht auf große Kollektive, die ihre dienende Aufgabe nur allzu leicht vergessen", so korrespondieren diese Aussagen durchaus mit dem genossenschaftlichen Förderauftrag, wie ihn Raiffeisen und Schulze-Delitzsch gefordert haben.
Denn im Mittelpunkt der Tätigkeit jeder Genossenschaft steht eben nicht die Genossenschaft als solche, sondern das zu fördernde

Mitglied, steht also letztlich der einzelne Mensch.

Wirtschaftsordnung der Bundesrepublik Deutschland und Grundprinzipien des Genossenschaftswesens stimmen in entscheidenden Punkten überein. Freiheit und Verantwortung – im Grundgesetz verankert – sind seit jeher Leitbilder des Genossenschaftswesens. Beide stellen die Interessen und die Freiheit des Individuums in den Vordergrund. Getreu den Prinzipien ihrer Gründer sind Genossenschaften demokratisch von unten nach oben organisiert. Damals wie heute gilt das Prinzip "Ein Mann – eine Stimme". Sie setzen auf den Wettbewerb als effektives Instrument, die individuellen Pläne und Interessen zum Ausgleich zu bringen, und sie leisten mit ihrer solidarischen Selbsthilfe einen Beitrag, um soziale Härten auszugleichen.

Die Übereinstimmung beschränkt sich aber nicht nur auf die Grundprinzipien. Zwischen Sozialer Marktwirtschaft und den Genossenschaften gibt es eine weitgehende Konformität der Grundelemente. Wirtschaftspläne werden in der Marktwirtschaft individuell und dezentral aufgestellt. Die Abstimmung der Pläne erfolgt über den Markt bzw. den Preis. Auch zwischen Genossenschaft und Mitglied gibt es echte Marktbeziehungen. Marktwirtschaft beruht auf Vertragsfreiheit. Dieses Prinzip gilt auch für das Wirtschaftsunternehmen Genossenschaft. Die Mitglieder treten freiwillig bei und können jederzeit ausscheiden. Sie sind frei in der Nutzung ihres gemeinschaftlichen Betriebes. Konstitutives Element der Marktwirtschaft ist das Privateigentum an Produktionsmitteln. Genossenschaften befinden sich nicht in staatlichem oder gesellschaftlichem Eigentum, sie werden getragen von privaten Kapitaleignern, deren Selbstverantwortung sich auch in der Haftung für ihr Unternehmen ausdrückt. Triebkraft im marktwirtschaftlichen System ist das Streben nach Gewinn bzw. maximalem Nutzen. Auch der Förderauftrag zielt auf den höchstmöglichen Nutzen der Mitglieder.

Garanten des Wettbewerbs

Genossenschaften und Marktwirtschaft weisen nicht nur gemeinsame konstitutive Elemente auf. Genossenschaften leisten darüber hinaus einen nicht zu unterschätzenden Beitrag zur Funktionsfähigkeit des Wettbewerbs in der Sozialen Marktwirtschaft. Sie erhöhen den individuellen ökonomischen Handlungsspielraum ihrer Mitglieder, sichern deren Selbständigkeit und damit letztlich auch die Leistungsfähigkeit des marktwirtschaftlichen Systems.

Kleinere und mittlere Unternehmen sind notwendig für die Entstehung und Sicherung von Wettbewerb. Sie sind die Garanten einer marktwirtschaftlichen Ordnung und einer freiheitlichen Gesellschaft. Ihr Leistungswille und ihre Bereitschaft, Risiko zu übernehmen, sowie ihre hohe Anpassungsfähigkeit, sind entscheidende Faktoren zur Bewältigung des strukturellen Wandels und zur Verbesserung der ökonomischen und sozioökonomischen Lebensbedingungen.
Durch ihr vielfältiges Leistungsangebot, ihren Ideenreichtum und ihre Initiative leisten sie einen unverzichtbaren Beitrag zum wirtschaftlichen Wachstum. Auch heute noch gilt der Satz von Hermann Schulze-Delitzsch: „Der Mittelstand ist der unentbehrliche Träger jeder gesunden politischen, wie sozialen, geistigen und materiellen Entwicklung."

Eine ganz wesentliche Funktion der Genossenschaften besteht also darin, ihre mittelständischen Mitglieder wettbewerbsfähig zu machen. Häufig können – heute wie vor 150 Jahren – kleinere und mittlere Selbständige nur durch die Zusammenarbeit in Genossenschaften den sich immer schneller vollziehenden Strukturwandel bewältigen

und dem hohen Wettbewerbsdruck der Märkte standhalten. So werden z.B. nahezu alle Landwirte, Gärtner und Winzer, 90 % aller Bäckereien und Metzgereien oder auch 65 % aller selbständigen Steuerberater unmittelbar von einer oder mehreren fachspezifischen Genossenschaften unterstützt. Darüber hinaus werden 60 % aller Handwerker, 75 % aller Kaufleute und 80 % aller Landwirte bei Fragen rund ums Geld als Mitglied einer Genossenschaftsbank gefördert. Den Genossenschaften kommt so eine Schlüsselfunktion dabei zu, eine hohe Zahl von Wettbewerbern und damit die Grundlage von Wettbewerb überhaupt sicherzustellen.

Genossenschaften stärken die Wettbewerbsfähigkeit ihrer mittelständischen Mitglieder und sind dabei selbst mittelständische Unternehmen, die ihrerseits im Wettbewerb stehen und einen mittelständischen Wettbewerbsfaktor in ihren Märkten darstellen. So haben z.B. von ca. 3.800 Banken in Deutschland allein 2.600 die Rechtsform der Genossenschaft. Um ihrerseits wettbewerbsfähig zu sein, haben sich die Genossenschaften in einem Verbundsystem zusammengetan. Diese Fortsetzung des Genossenschaftsgedankens auf höherer Ebene sichert die Marktpräsenz der mittelständischen genossenschaftlichen Unternehmen. Genossenschaften sind insgesamt ein Eckpfeiler des marktwirtschaftlichen Wettbewerbs.

Mittelständischen Strukturen, und damit auch den Genossenschaften, kommt für die Sicherung des Wettbewerbs, der – wie es Franz Böhm, einer der geistigen Wegbereiter der Sozialen Marktwirtschaft, einmal formuliert hat – „das genialste Entwicklungsmuster der Geschichte" ist, eine überragende Bedeutung zu. Ludwig Erhard hat dies im übrigen durchaus ebenso gesehen, als er im Hinblick auf Wettbewerb und Genossenschaften formulierte: „Der Wettbewerb muß bei jeder Entwicklung unserer Gesellschaftsform gewahrt bleiben. Besonders ist zu begrüßen, daß wir in dem weiten Bereich der kleinen und mittleren Unternehmen eine Form der Kooperation gefunden haben, die sich zweifellos auch noch verfeinern läßt. Sie trägt im ganzen dazu bei, das Prinzip des Wettbewerbs zu erhalten und seine segensreiche Wirkung nicht zu zerstören".

Wilhelm Röpke hat die Soziale Marktwirtschaft als das „echte und einzige Programm einer Ordnung in Freiheit" bezeichnet. Markt und Wettbewerb sind die Instrumente, die individuelle und gesellschaftliche Freiheit ermöglichen, ohne daß Chaos entsteht. Freiheit ist ohne Marktwirtschaft nicht zu verwirklichen.

Die Genossenschaften und ihre Verbände haben sich stets zu diesem Programm bekannt. Mehr noch, sie waren und sind ein integraler Bestandteil dieser Sozialen Marktwirtschaft. Sie haben sie mitgeprägt und mitgestaltet.

Die Soziale Marktwirtschaft ist als programmatisches Konzept ein offenes System, das ständig im Licht neuer Ideen und Erkenntnisse überprüft und verbessert werden kann und muß. Sie stellt daher an Phantasie, Mut und Beharrlichkeit der Verantwortlichen in Politik und Wirtschaft hohe Anforderungen. Aber dieser Einsatz lohnt sich, sichert und stärkt er doch Freiheit, Wohlstand und sozialen Ausgleich.

Constantin Freiherr Heereman
von Zuydtwyck

VITA:

Constantin Freiherr Heereman von Zuydtwyck ist am 17. Dezember 1931 in Mün-
ster/Westf. geboren. Nach der Mittleren Reife
am Jesuitenkolleg in Bad Godesberg schließt
er 1945 eine profunde landwirtschaftliche
Ausbildung an der Höheren Landbauschule
in Soest als staatlich geprüfter Landwirt (Ag-
raringenieur) ab. Er ist seit 1956 mit Mar-
garete Freiin von Wrede verheiratet und hat
vier Töchter und einen Sohn.

1955 übernimmt er die Verwaltung des land-
wirtschaftlichen Betriebes Haus Surenburg.
Seit 1960 ist er Leiter der Heereman'schen
Hauptverwaltung in Münster.

1967 wird er Vorsitzender des landwirtschaftlichen Kreisverbandes Tecklenburg, 1968
wird er zum Präsidenten des Westfälisch-
Lippischen Landwirtschaftsverbandes (WLV)
und am 19.12.1969 zum Präsidenten des Deutschen Bauernverbandes (DBV) gewählt. Dieses Amt gibt er nach über 27-jähriger Präsidentschaft im April 1997 ab.

Von 1979 bis 1981 sowie von 1990 bis 1992
ist er Präsident von COPA (Ausschuß der
Berufsständischen Landwirtschaftlichen Ver-

bände der EU); von 1982 bis 1986 Präsident
von IFAP (Internationaler Verband Landwirtschaftlicher Erzeuger/Weltbauernverband).
Seit 1976 ist er Präsident des Landesjagd-
schutzverbandes Nordrhein-Westfalen.

1976 wird ihm das Bundesverdienstkreuz
Erster Klasse, 1980 die Ernst-Reuter-Plaket-
te, 1981 das Große Verdienstkreuz des Verdienstordens der Bundesrepublik Deutschland und die Niklasmedaille des Bundesministers für Ernährung, Landwirtschaft und
Forsten, 1993 das Große Verdienstkreuz mit
Stern des Verdienstordens der Bundesrepublik Deutschland verliehen.

Seit 1957 ist er Mitglied der CDU Riesenbeck, dort Vorsitzender von 1960 bis 1975,
seit 1975 Ehrenvorsitzender. Seit 1961 ist
Freiherr Heereman Mitglied des Gemeinde-
rates Riesenbeck. Nach der kommunalen
Neuordnung ist er bis 1984 Mitglied des Rates der Stadt Hörstel. Von 1983 bis 1990 ist er
Mitglied des Deutschen Bundestages.

Seit 27.10.1995 ist Heereman Präsident des
Deutschen Jagdschutzverbandes.

Faire Chancen für die Bauern!
Soziale Marktwirtschaft paßt zur modernen Landwirtschaft

Von Constantin Freiherr Heereman von Zuydtwyck

Mein lieber Freiherr Heereman, das sieht doch recht passabel aus! Haben wir das damals nicht ganz vernünftig eingestielt? Jetzt müßt Ihr nur weiterhin Maß halten!" So und kaum anders – ich bin fest davon überzeugt – würde Ludwig Erhard zu mir sagen, könnte er anläßlich seines 100. Geburtstages unter uns sein.

Ludwig Erhard wäre überrascht über die brechend vollen Regale und die bunte Vielfalt des Nahrungsmittelangebots, gegen die selbst die üppigsten höfischen Hochzeitstafeln der Renaissance-Maler frugale Einheitskost darstellen. Was früher unerhörter und für die meisten unerreichbarer Luxus war, ist zum selbstverständlichen Massenkonsum geworden.

Nie hat sich der Verbraucher besser und billiger ernähren können: Daß sich das Durchschnittsalter unserer Bevölkerung inzwischen 80 Jahren annähert, ist unbestritten auch der qualitativ hochwertigen Ernährung zu verdanken. Und gemessen an der Kaufkraftentwicklung hat es in den Zeiten unserer Bundesrepublik Deutschland eine stetige Verbilligung der Nahrungsmittel gegeben. Wenn der Volksmund meint, „Das Geld geht weg wie warme Semmeln!", so heißt dies gewiß nicht, daß die Semmeln bzw. die Nahrungsmittel Schuld daran hätten.

Die Nahrungsmittelpreise nämlich sind seit Ludwig Erhards Zeiten die Inflationsbremse Nr. 1! Im Jahr 1950 gab der 4-Personen-Arbeitnehmerhaushalt mit mittlerem Einkommen noch 46 Prozent der gesamten Ausgaben für den privaten Verbrauch für Nahrungsmittel

aus, 1970 waren es nur noch 30 Prozent – bei einem Anteil von heute 15 Prozent ist dieser Trend ungebrochen. Nicht zur Freude der Landwirte, deren enorme Produktivitätsfortschritte weit überwiegend den Konsumenten zugute kommen.

Angst vor Brotrevolten

Ludwig Erhard hat oft daran erinnert, daß am Anfang unserer Republik „die bittere Not und Verzweiflung eines ganzen Volkes" die Rangordnung setzten, wonach es kein „alles auf einmal" und „alles zugleich" geben konnte.

Ich bin dankbar, daß dies heute im Bonner „Haus der Geschichte" auch für die jüngere Generation sichtbar gemacht wird: „Wir haben Hunger"-„Wir wollen Brot", wurde skandiert und auf Transparente geschrieben. Mit Lebensmittelkarten wurde versucht, den Mangel möglichst gerecht zu verteilen. Hamstern auf den Bauernhöfen war Überlebenstraining für viele Bewohner der ausgebombten Städte. Der DGB beschäftigte sich damals mit einem Fett-Notplan, und in einem Rezeptheftchen wurden Tips für kartoffelsparende Gerichte gegeben. Und es gab den Aufruf der britischen Militärbehörden: „Jeder einzelne Deutsche...muß zunächst alles tun, um die Nahrungsmittelerzeugung zu steigern".

Ich meine, daß in den ersten Nachkriegsjahren die Kumpels des Kohlebergbaus sowie die Bauern die wichtigsten Stützen des Wiederaufbaus waren. Dies obwohl die Bauern als letzte Wirtschaftsgruppe von der Knute staatlich verordneter Niedrigpreise und Zwangsbewirtschaftung erlöst wurden. Was gerne vergessen wird: Nicht die Bauern, sondern die deutschen Politiker hegten ängstliche Zweifel, ob denn die Nahrungsmittelproduktion tatsächlich gesteigert und die Versorgungslage schnell verbessert würde, wenn man die Bauern – wie es der Deutsche Bauernverband forderte – in die Marktwirtschaft entließ. Tatsächlich war die staatliche Lenkung der Landwirtschaft in erster Linie darauf bedacht, die deutsche Bevölkerung vor den hohen Weltmarktpreisen zu schützen.

Es wird ja immer wieder gefrotzelt, das Landwirtschaftsministerium habe wohl seine kardinale Begründung „in der Versorgung der Landwirtschaft". Diese Kritiker haben ein kurzes Gedächtnis. Sie wollen nicht wahrhaben, daß jede politische Führung – in allen Zeiten und Systemen – das Thema Ernährungssicherung letztlich verinnerlicht und Urängste vor einer „Brotrevolte" hat.

Erinnern wir uns an die Korea-Krise 1950: War man nicht dankbar, daß die nationalen Agrarmarktordnungen griffen und die deutsche Bevölkerung nur wenig von den Preissteigerungen auf dem Weltmarkt spürte? Wer von den Verbrauchern wandte sich gegen die EWG-Agrarmarktordnungen, als diese bei den 1972 in die Höhe schnellenden Weltmarktpreisen für Zucker einen sicheren Schutz vor Preissteigerungen boten? Lag den Amerikanern nicht das Hemd (der eigenen Versorgung) näher als der Rock (der Pflege der Handelsbeziehungen), als sie 1974 plötzlich den Export von Futtermitteln unterbanden? Welcher Verbraucherfunktionär protestierte jüngst – 1995 und 1996 – gegen die EU, weil sie angesichts der weltweiten Getreide-Hausse ein faktisches Ausfuhrverbot zum einseitigen Nutzen unserer Konsumenten erließ?

Makroökonomen und Wirtschaftstheoretiker mögen dennoch leicht fündig werden, um eine lange Liste agrarpolitischer

Sünden wider die Marktwirtschaft zu erstellen. Ich selber denke gar nicht daran, etwa Subventionskriege und überquellende Kühl- und Lagerhäuser zu verteidigen. Hier gab es manche Übertreibung und Maßlosigkeit auch in der EWG und späteren EU. Ich räume ein, daß insofern die EU-Agrarreform von 1992 und die Ergebnisse der Uruguay-Runde im GATT wie eine „Flurbereinigung" wirkten. Was manches „absolutistische" Verhalten der EU-Kommission angeht, so stelle ich mich oft selbst in die erste Reihe der Kritiker.

Dennoch gibt es überzeugende Gründe, daß die Agrarpolitik auch künftig nicht zum Sinnbild für die „reine Lehre" der Marktwirtschaft erhoben wird. Wenn in der aktuellen Globalisierungsdebatte immer entschiedener vor einem „Kapitalismus pur" gewarnt wird, so muß diese Warnung erst recht für die Landwirtschaft gelten.

Unsere Bürger setzen nämlich Landwirtschaft und Familienbetrieb gleich. Ich bezweifle zwar, daß der deutsche Bauernhof „ein behagliches Territorium" ist, wie ein Praktikant aus der ehemaligen Sowjetunion meinte. Der bäuerliche Familienbetrieb – basierend auf Eigentum, Selbständigkeit und Verantwortlichkeit – ist aber zweifelsfrei Bestandteil eines freiheitlichen Gesellschaftsmodells und ein Teil der europäischen Identität. Und gerade weil bei uns ein so hoher Konsens darin besteht, daß Agrarpolitik, Umweltpolitik und Gesundheitspolitik originär zusammenhängen, ist es nur richtig, daß Europa seinen eigenen Gestaltungsspielraum in diesem sensiblen Bereich verteidigt.

Haben wir deshalb bei uns überhöhte Nahrungsmittelpreise? Eine OECD-Untersuchung weist aus, daß die Verbraucherpreise für Nahrungsmittel in den Vereinigten Staaten um rund ein Viertel über dem Niveau der Europäischen Union liegen. Auch in einer Studie des US-Landwirtschaftsministeriums wird eingeräumt, daß ein Warenkorb von 15 ausgewählten Nahrungsmitteln in Bonn billiger als in Washington ist, daß die Verbraucher in Tokio und Bern überhaupt am tiefsten in die Tasche greifen müssen!

Und was die wohlfeile Kritik an den Überschüssen und der Lagerhaltung angeht: Die EU hatte nach der Agrarreform die Getreideüberschüsse von 33 Mio Tonnen im Jahre 1992 auf 4,7 Mio Tonnen im Jahre 1996 abgebaut. Bei Butter- und Magermilchpulver gibt es keine nennenswerten Lager mehr; ebenso waren die Rindfleischüberschüsse fast vollständig abgebaut – bis wegen des BSE-Desasters Interventionen unumgänglich wurden.

Jeder kann Bauer bleiben?

Ludwig Erhard hatte – das mag heute manche überraschen – zu seiner Zeit keine großen Probleme, der Landwirtschaft eine Sonderrolle zuzugestehen und dafür auch Verständnis in der Bevölkerung und in anderen Berufsgruppen einzufordern. Er räumte ein, daß die Bauern Opfer der Industriegesellschaft seien. Auch er stimmte der Meinung zu, daß die Landwirtschaft im wohlverstandenen Interesse einer stabilen Gesellschaft und Demokratie gegen die unkalkulierbaren Bedingungen des Weltmarktes – auch gegen die übermächtige Konkurrenz in Nordamerika – geschützt werden sollte. Vor allem entsprach es dem Erhard'schen Verständnis einer Sozialen Marktwirtschaft, daß mit einer sozial orientierten Agrarpolitik auch der ländlichen Bevölkerung das gewährt werden sollte, was die Städter längst hatten.

Für Erhard war deshalb die Agrarpolitik nicht Fremdkörper, sondern Teil der allgemeinen Wirtschaftspolitik, was auch Alfred Müller-Armack als „Chefideologe" Erhards nachhaltig begründete.

Erinnern wir uns: 1949 gab es im damaligen Bundesgebiet 1,6 Millionen Bauernhöfe, heute sind es im wiedervereinigten Deutschland nur noch etwa 520 000 Betriebe! Der landwirtschaftliche Arbeitskräftebestand hat sich in der gleichen Zeit noch drastischer verringert: Nach dem Krieg waren fast 4 Millionen Menschen in der Landwirtschaft der damaligen Bundesrepublik Deutschland beschäftigt, heute sind es nach der Wiedervereinigung insgesamt noch rund 1,3 Millionen, umgerechnet auf Voll-Arbeitskräfte vielleicht 700 000. Welch ein Prozeß, welch ein Wandel!

Gewiß hatte in früheren Jahren so mancher Politiker und Verbandsfunktionär versucht, sich bei den Bauern mit Durchhalteparolen zu empfehlen – nach dem Motto: „Jeder kann Bauer bleiben!" Wahrscheinlich wurde stillschweigend ergänzt: „...wenn er nur treu und brav Mitglied im Bauernverband bleibt und die CDU wählt!". Von mir hat man solche Sprüche nie gehört. Denn in Wirklichkeit wußten unsere Bauern selbst am besten, daß der Strukturwandel weitergeht, angetrieben vom technischen Fortschritt und vom härteren Wettbewerb im europäischen Binnenmarkt.

Deshalb habe ich nie behauptet, daß es allen Landwirten schlecht geht, sondern daß man differenzieren muß zwischen denen, die das Klassenziel erreicht haben und uns keine Sorgen machen, und jenen, die in Schwierigkeiten oder letztlich ohne Perspektiven sind.

Aus diesem Grund lasse ich seit mehr als 20 Jahren im Deutschen Bauernverband einen jährlichen „Situationsbericht der deutschen Landwirtschaft" erstellen, mit Buchführungsergebnissen von über 20 000 Bauernhöfen und ebenso mit akribischen makroökonomischen Bewertungen. Andererseits habe ich – seit ich im Bauernverband aktiv bin – niemals darüber gesprochen, wie groß ein Betrieb hektarmäßig sein sollte. Wilhelm Lübke hatte dies als Landwirtschaftsminister Anfang der 50er Jahre versucht – 7,5 Hektar legte er fest! Heute ist selbst in kleinstrukturierten süddeutschen Regionen die sogenannte Wachstumsschwelle bei über 50 Hektar angelangt!

Übrigens finde ich heute einige meiner früheren Kritiker, die mittlerweile in den neuen Bundesländern Betriebe mit über 1.000 Hektar bewirtschaften. Früher wollten sie den kleinsten Betrieb erhalten wissen und stellten mich als Großgrundbesitzer hin. Jetzt wissen sie nicht mehr, ob Sie noch mit dem Kötter und Kleinbauern Heereman sprechen sollen...

Subsidiarität und Solidarität

Den unausweichlichen Strukturwandel in der deutschen Landwirtschaft einigermaßen sozial verträglich zu gestalten, war die Herausforderung für Politik und Berufsstand schlechthin. Alles Reden vom freien Bauerntum wurde nämlich zur hohlen Farce, wenn mangels Hofnachfolge der Generationenvertrag entfiel und ein abgrundtiefer sozialer Absturz drohte. Zwar gab es seit Bismarcks Zeiten eine bescheidene Absicherung gegen Unfälle in der Landwirtschaft. Doch das war alles. Trotzdem wurde die Einführung einer gesetzlich verpflichtenden landwirtschaftlichen Altersvorsorge als Teilabsicherung im Jahr 1957 und einer landwirtschaftlichen Krankenkasse im Jahr 1972 von vielen Landwirten als Sakrileg empfunden; und zuletzt war auch die Einführung einer eigenständigen Bäuerinnenrente – sie kam 1995 – äußerst umstritten.

Nun wird heute kritisch gesagt, unser Staat habe während der letzten Jahrzehnte eine Vielzahl von Aufgaben der sozialen Sicherung nur allzu gerne an sich gezogen. Tatsächlich müssen die Relationen zwischen Solidarität und Subsidiarität neu geordnet werden. Was die Agrarsozialpolitik an-

geht, bin ich dankbar, daß der Bund bislang dazu gestanden hat, die „alte Last" aus dem landwirtschaftlichen Strukturwandel zu tragen und die Sozialversicherungsbeiträge der aktiven Landwirte nicht überproportional steigen zu lassen. Opfer der Sparmaßnahmen wird aber wohl die „Produktionsaufgaberente" – eine Vorruhestandsregelung für Bauern ohne Hofnachfolger - sein.

Ludwig Erhard hatte, wofür es eine Reihe von Beispielen gibt, seine Probleme mit den Verbänden. Auch meinem Vorgänger ließ er einmal sagen, daß sich die Bundesregierung „keinem Zwang und auch keiner offenen oder versteckten Drohung" beugen werde. Ich meine, daß Ludwig Erhard und ebenso der Tübinger Politologe Theodor Eschenburg mit der Geißelung der „Herrschaft der Verbände" die damals typische Einstellung der Öffentlichkeit gegenüber dem Lobbyismus wiedergaben. Obgleich ich nunmehr fast drei Jahrzehnte an vorderster Front aktiv bin, will ich nicht beurteilen, ob denn die Realität besser geworden ist oder sich die Öffentlichkeit besser daran gewöhnt hat.

Längst bezweifelt niemand mehr, daß im Rahmen der Sozialen Marktwirtschaft – und in ganz ähnlicher Weise im „Modell Europa" – die Verbände eine unverzichtbare und politisch konstruktive Rolle spielen. Es ist doch kein Zufall, daß alle Diktaturen dieser Welt, ob rechts- oder linksstehend, zuerst die freien Interessenverbände auszuschalten versuchten! Und so verwundert es mich überhaupt nicht, daß heute Delegationen aus den verschiedenen mittel- und osteuropäischen Reformstaaten und auch aus der Dritten Welt zu uns, dem Deutschen Bauernverband, kommen und fragen, wie man freie regierungsunabhängige und starke Bauernorganisationen aufbauen kann.
Ich war im Dezember 1969 zum Präsidenten des Deutschen Bauernverbandes gewählt worden. Im Frühjahr 1997 werde ich dieses eben-

so schwierige wie schöne Amt abgeben, das zeitweilig auch mit der Präsidentschaft im europäischen Bauernverband COPA und im Weltbauernverband IFAP verbunden war, über zwei Wahlperioden hindurch auch mit dem Direktmandat für den Deutschen Bundestag. „Falls je ein Autor ein Bühnenstück über politischen Lobbyismus schreibt, müßte er dem Freiherrn eine Hauptrolle reservieren", las ich kürzlich im Berliner Tagesspiegel. Wohlan – ich kann eine Menge Tips für ein Drehbuch geben: Daß nicht die Mistgabel als Kampfmittel taugt, sondern eher das Telefon; daß man mit Schlagfertigkeit, Humor und dem Ritterschlag „Wider den tierischen Ernst" mehr Sympathie und Verständnis für seinen Berufsstand erreichen kann, als wenn man sich freudlos und ausgemergelt selber im Wege steht.

Das wirklich Entscheidende ist aber, daß man eine vernünftige Philosophie im Kopf hat und „eine gerade Furche pflügt". So wie Konrad Adenauer für die Grundentscheidungen des Nachkriegs-Deutschlands – Freiheit, Rechtsstaat, atlantische Allianz und europäische Integration – steht, so steht Ludwig Erhard für das Modell der Sozialen Marktwirtschaft, aus dem das deutsche Wirtschaftswunder und ein Vorbild für viele Länder auf der Welt wurde. Wir sollten auch heute noch von Erhards Optimismus, Offenheit und Neugierde lernen – durchaus auch von den Maßhalteappellen, die seinen sicheren Instinkt für ökonomische Gefahren unter Beweis stellten.

Für eine umfassende „Agri-Kultur"!

Mein persönliches Credo für die Arbeit im bäuerlichen Berufsstand und gegenüber der Politik hat sich nicht verändert: Unseren deutschen Bauern faire Wettbewerbschancen zu bieten!
Ich habe damit sehr deutlich den Landwirt als Unternehmer hervorgehoben. Den Landwirt

jedoch in einem Umfeld, das entsprechend unseren Traditionen und Vorstellungen von „Agri-Kultur" keinen ökologischen Raubbau und keine Produktion im großen Plan-Quadrat erlauben würde.

Also geht es nicht ohne einen gewissen Außenschutz – und innerhalb des (europäischen) Binnenbereichs auch nicht ohne Instrumente der Marktbeherrschung, wenn ich an die Milch oder die Zuckerrüben denke! Ebenso geht es nicht ohne Ausgleich für natürliche Nachteile und für besondere ökologische Leistungen in der Landschaftspflege oder im Wasserschutz! Im Grundsatz aber muß das Einkommen des Landwirts in erster Linie aus dem Verkauf seiner Produkte und seiner Dienstleistungen kommen! Es ist kein Geheimnis, daß ich das Wendemanöver der EU-Kommission weg vom Markt- und Preisschutz hin zu Weltmarktpreisen und einem Teilausgleich über direkte Einkommenstransfers an die Bauern für falsch und verhängnisvoll halte und entschieden bekämpfe! Die deutschen Bauern haben viele Opfer und Vorleistungen für Europa erbracht, sie haben aber auch manche Vorteile daraus gezogen. Wie gesagt, daß die deutsche Agrarwirtschaft sich zum weltweit viertgrößten Agrarexporteur mausern würde, hätte sich Ludwig Erhard schwerlich vorstellen können.

Ganz bewußt zitiere ich Ludwig Erhard im Hinblick auf die europäische Währungspolitik: Nicht nur einmal hat er währungspolitische Beschlüsse auf europäischer Ebene als dürftigen und zwiespältigen Kuhhandel kritisiert, und entschieden hat er vor halbherzigen währungspolitischen Scheinlösungen gewarnt! Die deutsche Landwirtschaft hat über 30 Jahre lang wegen der fehlenden Währungsunion unter zahllosen Aufwertungen der D-Mark und Abwertungen anderer Währungen gelitten. Für mich und den Deutschen Bauernverband sind die Schlußfolgerungen ganz eindeutig – wir plädieren für die Währungsunion und den Euro gemäß dem Maastrichter Fahrplan!

Den künftigen Strukturwandel zu bewältigen, muß heißen: Bewußter Konsequenzen daraus ziehen, daß wir wirtschaftlich, sozial und kulturell vitale ländliche Regionen nur dann haben werden, wenn die politische Benachteiligung der ländlichen Räume und die „Rosinenpickerei" der Ballungsräume auf Kosten des flachen Landes aufhören, wenn im ländlichen Raum mehr berufliche Perspektiven und Alternativen erschlossen werden, wenn neben wettbewerbsfähigen Vollerwerbsbetrieben auch alle Formen der Einkommenskombination und auch der Hobbylandwirtschaft gerne gesehen sind. Im europäischen oder gar weltweiten Vergleich haben unsere ländlichen Regionen noch viel Substanz – hierauf gilt es aufzubauen!

Man sollte den Mund gegenüber Brüsseler Wettbewerbsverzerrungen nicht zu voll nehmen, wenn unseren Bauern gleichzeitig in Deutschland – einige Bundesländer sind hier besonders fleißig am Werk – Klötze vor die Stalltür gestellt werden. Manches Verhalten von Politikern und Behörden erweckt den Argwohn, als sei es das erklärte Ziel, die tierische Produktion aus Deutschland zu verbannen und uns auch in der pflanzlichen Produktion, siehe Gentechnik, auf die „lange Bank" zu setzen. Geradezu pervertiert werden Geist und Buchstaben des deutschen Kartellgesetzes, wenn es von den Behörden so interpretiert wird, als gelte es die Bauern vor ihren eigenen Genossenschaften zu schützen. Es ist höchste Zeit, Nachteile wieder in Vorteile umzukehren!

Trotz aller Probleme sehe ich auch gute Gründe zur Zuversicht. Unser Land und Europa brauchen auch künftig eine leistungsstarke Landwirtschaft und Agrarwirtschaft. Die Welternährungskonferenz vom November 1996 hat dringend zur Offensive aufgerufen: Denn 800 Millionen Menschen hungern, jährlich wächst die Weltbevölkerung um 90 Millionen Menschen, und binnen 30 Jahren muß das Nahrungsmittelangebot auf der Welt um 75 Prozent steigen!
Unser Globus hat nicht viele Regionen mit fruchtbaren Böden, genügend Wasser und Humankapital, um eine erfolgreiche und nachhaltige Landwirtschaft sicherzustellen! Für uns heißt das Verantwortung – und Chance!
Auch deshalb bin ich froh, daß erstmals der fatale Abwärtstrend der Ausbildungszahlen in den landwirtschaftlichen Berufen in Deutschland gestoppt und umgekehrt wurde. Wenn so viel von einer „Offensive der Selbständigkeit" gesprochen wird, so bietet die Land- und Agrarwirtschaft immer noch eine große Zahl attraktiver Möglichkeiten, auf den Höfen, in der Forschung und Beratung, im vor- und nachgelagerten Bereich. Unser Berufsstand hat gewiß Nachholbedarf darin, weniger zu jammern und mehr zu informieren und zu motivieren!

Ludwig Erhard hat nie behauptet, daß die Soziale Marktwirtschaft über ein Rezept verfügt, das die Zukunft vorhersehbar oder exakt bestimmbar macht. Die Ordnungsphilosophie der Sozialen Marktwirtschaft stellt vielmehr den Menschen in den Mittelpunkt. Ich denke, daß wir Ludwig Erhard gar nicht oft genug in unsere Diskussionen einbeziehen können!

Willi Laschet

Willi Laschet ist am 6. Mai 1931 in Köln geboren. Nach Abschluß eines humanistischen Gymnasiums besucht er die Lehranstalt des Deutschen Textil-Einzelhandels in Nagold. Danach absolviert er eine kaufmännische Lehre bei der Kaufhof AG, wo er anschließend Substitut und Abteilungsleiter wird.

Im Jahr 1955 wechselt er zum Großversandhaus Quelle, zunächst als Einkäufer. Er steigt zum Einkaufs-Bereichsleiter und Direktionsbereichsleiter auf. 1964 wird Laschet in den Vorstand der Quelle Schickedanz AG berufen. Er bleibt bis 1986 Mitglied.

Seit 1967 ist er zudem Generalbevollmächtigter der Schickedanz Holding Stiftung GmbH & Co. KG.

Willi Laschet ist langjähriger Vorsitzender des Wirtschaftspolitischen Ausschusses der Bundesarbeitsgemeinschaft der Mittel- und Großbetriebe des Einzelhandels e.V. (DAG) und seit Juni 1996 deren Vize-Präsident.

362

Soziale Marktwirtschaft zum Anfassen

von Willi Laschet

Der Einzelhandel wird hinsichtlich seiner gesamtwirtschaftlichen Bedeutung vielfach unterschätzt. Dabei fließen in Gesamtdeutschland – ohne Kfz- und Brennstoffhandel sowie Apotheken und Tankstellen – mehr als 700 Milliarden DM, also ein Fünftel des Bruttoinlandsprodukts, durch seine Kassen. Mit gut zwei Millionen Arbeitnehmern ist er nach Metall- und Elektroindustrie, Handwerk und dem Staat der viertgrößte Arbeitgeber hierzulande. Für Unternehmertum und Mittelstand spielt er mit mehr als 300.000 kleinen und mittelständischen Unternehmen eine herausragende Rolle. Die Branche zählt ferner zu den größten Ausbildern in Deutschland. Allein im Herbst 1996 begannen nahezu 40.000 junge Menschen eine qualifizierte Ausbildung im Einzelhandel.

Derartige Angaben unterstreichen das ökonomische Gewicht des Einzelhandels, sie geben allerdings noch keine Auskunft über die zentrale Rolle, die der Einzelhandel für das Funktionieren unserer Sozialen Marktwirtschaft ausfüllt.

Es ist eine Doppelrolle: einerseits organisiert der Einzelhandel im Zusammenspiel mit Großhandel und Handelsvermittlung für Hersteller von Produkten Zugang zu Absatzmärkten, und andererseits ermöglicht er den Konsumenten Zugang zu nachfragegerechten Produkten. In unserer Wirtschaftsordnung stellt der Einzelhandel somit die entscheidende Schnittstelle zwischen Verbrauchern und Produzenten dar.

Anders als in Zentralverwaltungswirtschaften, wo der Einzelhandel Konsumgüter gemäß staatlicher Planungen an die Bevölkerung verteilt, richtet der Einzelhandel bei uns seine Angebotspalette an den Bedürfnissen der Verbraucher aus. Er ist „am nächsten dran" am Verbraucher und erfährt im tagtäglichen Geschäft, welche Artikel sich zu welchen Preisen absetzen lassen. Diese Informationen gibt er über seine Warenbestellungen an die vorgelagerten Wirtschaftsstufen weiter, die ihrerseits wiederum ihre Produktionen und Materialbeschaffung entsprechend ausrichten.

Die Wirtschaftsorientierung an den Verbrauchern – der Konsument entscheidet darüber, welches Angebot zum Tragen kommt und welches nicht – wurde nach Hans-Otto Schenk von den Vätern der Sozialen Marktwirtschaft als der sinnfälligste Ausdruck des Sozialen in diesem Wirtschaftssystem angesehen.

Im Einzelhandel wird den Verbrauchern aber mehr als nur das Wirken der „Kundensouveränität" vermittelt. Die Verbraucher erleben darüber hinaus hier ganz praktisch verschiedene andere systembildende Elemente der Sozialen Marktwirtschaft.

Für die Alltagserfahrung von Marktwirtschaft bietet der reale Markt, auf dem sich der Handel abspielt, wohl die entscheidenden Erlebnisse – sehr viel mehr als der industrielle Sektor mit seinen großen Unternehmenseinheiten.

Was kann das Wettbewerbsprinzip oder die Freiheit bei Preisbildung und Marktzutritt transparenter machen als der Besuch eines Wochenmarktes, der Gang durch eine Geschäftsstraße, die Durchsicht von Einzelhandelsannoncen oder Versandhauskatalogen und neuerdings der Preisvergleich für einen Markenartikel via Internet?

Aber auch die Wichtigkeit eines vom Staat

gesicherten umfassenden Ordnungsrahmens ist im Einzelhandelsgeschehen keine theoretische Worthülse, sondern greifbare Notwendigkeit für ein Funktionieren der Märkte. So sind Ein- und Verkauf z. B. ohne entsprechende wettbewerbs- und eigentumsrechtliche Bestimmungen oder stabilen Geldwert in Deutschland schlechterdings unvorstellbar.

Im Gegensatz zu vielen anderen Wirtschaftsbereichen sind darüberhinaus marktverzerrende staatliche Eingriffe – via Subventionen, Steuererleichterungen oder Überregulierungen – im deutschen Einzelhandel nahezu unbekannt. Dies schlägt sich im Sinne einer weitgehend optimalen Allokation knapper Ressourcen zum Wohle der Verbraucher in einem intensiven Wettbewerb zwischen unterschiedlichsten Betriebsgrößen und Betriebsformen nieder, der stetig neue unternehmerische und produktbezogene Innovationen hervorbringt: Handel ist Wandel.

Der hohe Wettbewerbsgrad in der Branche bewirkt zudem eine natürliche Begrenzung der Preiserhöhungsspielräume. Er führt u. a. zu einer im Vergleich mit der allgemeinen Inflationsrate traditionell niedrigeren Steigerungsrate bei den Einzelhandelsverkaufspreisen.

Vor diesem Hintergrund sind manche Unkenrufe mit Blick auf Negativwirkungen einer in gewissem Umfange zu beobachtenden Konzentrationsbewegung im Einzelhandel blanke Theorie. Wer sich intensiv mit dem Einzelhandel hierzulande beschäftigt, wird schnell feststellen, wie hart die Konkurrenz ist und wie marktkonform sich die Einzelhandelsunternehmen verhalten – zum Nutzen der Verbraucher.

Einzelhandel in Deutschland ist Soziale Marktwirtschaft zum Anfassen!

Dr. Friedrich G. Conzen

VITA:

Dr. h. c. Friedrich Conzen wird am 2. April 1913 in Düsseldorf geboren. Sein Abitur legt er 1932 ab. Anschließend studiert er bis 1934 Kunstgeschichte, Geschichte und Betriebswirtschaft in Bonn, Köln und München. 1934 geht er in das elterliche Unternehmen, um dort als Lehrling eine handwerkliche Ausbildung zu erlangen. Es folgt der Wehrdienst in den Jahren 1939 bis 1945. Seit 1941 ist er Inhaber der Firma F. G. Conzen, Kunsthandlung, Rahmen- und Leistenwerkstätten sowie Bauglaserei.

1955 wird er Vorstand des Einzelhandelsverbandes Düsseldorf und Präsident Nordrhein. Darüber hinaus ist er von 1955 bis 1974 Vizepräsident der Industrie- und Handelskammer zu Düsseldorf und von 1969 bis 1984 Prä-sident des Hauptverbandes des Deutschen Einzelhandels, HDE. Parallel ist er in den Jahren 1974 bis 1983 Präsident der Industrie- und Handelskammer zu Düsseldorf. Von 1977 bis 1987 bekleidet er das Amt des Präsidenten der Deutsch-Französischen Industrie- und Handelskammer Paris, deren Ehrenpräsident er anschließend wird. Das Amt des Ehrenpräsidenten übernimmt er seit 1983 bei der Industrie- und Handelskammer zu Düsseldorf und seit 1984 bei dem Hauptverband des Deutschen Einzelhandels.

Zusätzlich nimmt Friedrich Gottlieb Conzen bis 1993 zahlreiche Aufsichtsrats- und Beiratsposten der verschiedenen Institutionen wahr.

Wird in Deutschland noch gehandelt?

Ist die Konzentration im Einzelhandel bereits so weit
fortgeschritten, daß der Verbraucher Nachteile hat?

von Friedrich G. Conzen

Seit mehr als 30 Jahren sind die Unternehmenskonzentration im Handel, ihre Folgen für die Intensität des Wettbewerbs sowie die Machtbalance zwischen Handelsunternehmen und Konsumgüterproduzenten ein Dauerbrenner. Oft gehörte Warnungen, die kontinuierliche Vergrößerung von Marktanteilen in wenigen Händen bilde notwendigerweise marktbeherrschende Stellung aus, die den Bestand vielfältiger verbraucherfreundlicher Einzelhandelsstrukturen und die Handlungsfreiheit der anderen Marktteilnehmer beeinträchtigen, sind Wissenschaft und Rechtsprechung bislang nicht gefolgt. Sowohl die Monopolkommission als auch der wissenschaftliche Beirat beim BMWi haben dem Wettbewerb im Handel stets eine hohe Intensität attestiert und die zunehmende Umsatzkonzentration als das Ergebnis eines besonders dynamischen Wettbewerbs dargestellt, der dem Verbraucher Vorteile und der Volkswirtschaft einen Effizienzgewinn verschaffen soll.

Im Vergleich zum produzierenden Gewerbe hat der Trend zu immer größeren Unternehmenseinheiten im Handel erst spät eingesetzt – mit dem Aufkauf regional operierender Familien-Filialbetriebe Anfang der siebziger Jahre. Bis heute vereinigen die Marktführer noch in keiner Einzelhandelsbranche ähnlich hohe Marktanteile auf sich, wie viele der führenden Hersteller von Konsumgütern auf ihren, allerdings kleineren Märkten. Dennoch sind internes Wachstum per Filialisierung und externes Wachstum durch den Aufkauf gut am Markt etablierter Wettbewerber

seit langem typische konzentrationsfördernde Vorgänge im Einzelhandel.

Im Blickpunkt steht meist der Lebensmittelhandel. Dort hat der Konzentrationsprozeß am frühesten eingesetzt und erhält immer wieder neue Schübe. So haben beispielsweise die führenden Handelskonzerne zwischen 1984 und 1989 mehr als ein Fünftel des Lebensmittelumsatzes hinzugekauft in der Absicht, die sich selbst gesteckten Marktanteils- und Marktbesetzungsziele zu erreichen, denen auf Zeit die Rentabilitäts- und Gewinnziele geopfert wurden. Im Lebensmitteleinzelhandel ist auch die größte Zahl an „Opfern" zu registrieren. 1960 betrug die Anzahl der Lebensmittelbetriebe noch 204.000 – bei einem Marktvolumen von 28,7 Mrd. DM. Bis heute ist die Zahl der Betriebe auf 65.000 geschrumpft – bei einem Marktvolumen von mehr als 150 Mrd. DM. Immer noch bröckelt die Anzahl der Betriebe von Jahr zu Jahr um 1.500 bis 2.000 ab.

Ein starrer Blick nur auf den Lebensmittelhandel würde allerdings das Gesichtsfeld allzu sehr verengen. Nach demselben Strickmuster, nach dem sich die Gruppe der Größten im Lebensmitteleinzelhandel immer größere Umsatzanteile verschafft hat, sind längst auch andere Branchen des Einzelhandels in die Konzentrationsmühle geraten. Hohe Konzentrationsraten weisen inzwischen auch die Märkte für Drogerieartikel, Parfümerieartikel, Bau- und Heimwerkerbedarf und zunehmend der Markt für Unterhaltungselektronik auf. Erheblich zugenommen hat auch die Konzentration im Textil- und Bekleidungsmarkt.

Jahrzehnte der wissenschaftlichen Forschung haben keine eindeutige Ursache für die Konzentrationsvorgänge im Handel herausfiltern können.

Offenbar wird die Konzentration hier von einer recht großen Zahl rechtlicher, betriebswirtschaftlicher, technologischer, soziologischer, finanztechnischer und neuerdings auch verkehrspolitischer Einflußfaktoren bewirkt, die im Zeitablauf durchaus ihre Intensität ändern. Unstrittig kommt den natürlichen Größenvorteilen ein besonderes Gewicht zu. Die großen Filialsysteme, die den Großhandel ausschalten und Lieferverträge direkt mit dem Hersteller abschließen, haben aus dem dreistufigen Wirtschaftssystem ein in der Regel kostengünstigeres zweistufiges gemacht. Auf der bei extrem schmalen Renditen so wichtigen Beschaffungsseite werden durch ein hohes Auftragsvolumen – bei üblicher Rabattstaffel – günstigere Einkaufspreise erzielt, als sie der regionale Großhandel bei in der Regel kleinerem Einkaufsvolumen erhält. Einkaufskooperationen kommen mitunter auf ähnlich große Einkaufsvorteile, verspielen aber einen Großteil durch die meist sehr schwerfälligen Entscheidungsprozesse.

Die größten Rationalisierungsreserven im Handel wurden in den letzten Jahren im Transportwesen, der Logistik und im Einsatz computergestützter Techniken gesehen. Potentiale, bei denen Synergie- und Größendegressionseffekte eine große Rolle spielen. Zentrallager und ein räumlich dichtes Ladennetz reduzieren die Stückkosten der Lagerhaltung und des Werkverkehrs erheblich. Scannerkassen, Warenwirtschaftssysteme, elektronische Zahlungsmittel und elektronische Artikelsicherung erschließen ihr Rationalisierungspotential vollständig nur den filialisierten Vertriebsformen mit Spezialabteilungen in den Zentralen. Der Einzelhändler mit nur

einer oder wenigen Betriebsstätten ist in der Regel nicht in der Lage, die Datenfülle auszuschöpfen.

Der Verbraucher hat unter der fortschreitenden Konzentration im Einzelhandel nur in Ausnahmefällen gelitten, etwa dann, wenn das lokale Versorgungsnetz durch die Ansiedlung von Großbetrieben und Einkaufszentren in Mittelzentren ausgedünnt worden ist mit der Folge, daß für die Versorgung mit Gütern des täglichen Bedarfs weitere Wege in Kauf genommen werden müssen. Per Saldo aber hat der Verbraucher profitiert. Der Konzentrationsprozeß hat sich im wesentlichen über den Preiswettbewerb, insbesondere über Niedrigpreisstrategien, der Verbrauchermärkte, Fachmärkte und Discounter vollzogen, gleichzeitig aber ausreichend Sortiments- und Konzeptnischen auch für leistungsstarke kleinere Betriebe offengehalten. Der Wettbewerb im engen Oligopol ist auch heute härter und intensiver als er es zu der Zeit war, als die Einzelhandelsbranchen allesamt noch weitgehend polypolistisch strukturiert waren. Waren-, Betriebstypen- und Vertriebskonzeptvielfalt haben dennoch im Zeitablauf nicht sonderlich zugenommen. Abgesehen von wenigen Branchen ist auch die Zahl der mittelständischen Einzelhandelsunternehmen seit Ende der siebziger Jahre wieder gestiegen.

Trotz dieses eher positiven Rückblicks muß darauf hingewiesen werden, daß sich der Strukturwandel im Einzelhandel in den kommenden Jahren weiter fortsetzen wird. Im nun seit 1992 stagnierenden oder gar schrumpfenden Markt wächst die Gefahr für den mittelständischen Handel. Durch horizontale Fusion von Großfilialisten haben sich völlig neue Dimensionen der Konzentration ergeben. Gezieltes Eindringen der Großbetriebsformen in früher typisch mittelständische Märkte verengt weiterhin den Entwicklungsspielraum für den mittelständischen Einzelhandel.

Der Wettbewerb wandelt sich immer stärker vom Wettbewerb zwischen gleichartigen Kontrahenten zum Systemwettbewerb zwischen ungleichen und unterschiedlichen Konzepten und Zukunftschancen. Das macht es für den mittelständischen Einzelhandel sehr kompliziert, bietet ihm allerdings auch die Chance, sich im Markt zu profilieren.

Zu vernachlässigen ist allerdings auch nicht der konjunkturelle Aspekt. Der deutsche Einzelhandel wird seit 1992 durch überwiegend negative Umweltfaktoren geprägt. Die Kaufkraft der Wohnbevölkerung wächst nicht mehr, die der wichtigsten Zielgruppe, nämlich der Arbeitnehmerhaushalte, hat real leicht abgenommen. Die Stütze des Handels, die Mitte in der personellen Einkommensverteilung schmilzt ab. Der Einzelhandel spürt dies deutlich bei den Umsätzen, die auf breiter Front real von Jahr zu Jahr leicht abnehmen. Forciert wird dieser Prozeß durch die hohe Marktsättigung und die Verschiebungen in der Bedürfnisstruktur der Verbraucher. Die Ausgaben für Wohnung, für Urlaub, Freizeit und Vergnügen steigen oder bleiben konstant, gespart wird bei oder an den Einzelhandelsgütern.

Die Preissensibilität der Verbraucher hat zugenommen. Gerade in den Einkommensgruppen, die mit dem Geld etwas lockerer umgehen könnten. Die Kundentreue hat dagegen stark nachgelassen, wiederum in Abhängigkeit vom Haushaltseinkommen.

In diesem Zusammenhang soll nochmals das Verhältnis Einzelhandel und Hersteller beleuchtet werden. Aufgrund der Konzentration im Einzelhandel befürchten viele Hersteller unter dem Stichwort Nachfragemacht bei den Konditionengesprächen benachteiligt zu werden. Es bildet sich daher auf Herstellerseite auch eine Front, die nach einer Novellierung des Kartellgesetzes ruft. Wer den Strukturwandel im Einzelhandel seit Jahr-

zehnten verfolgt, wird an der Feststellung nicht vorbeikommen, daß gesetzliche Regelungen gegen den Markt nicht durchzusetzen sind. Daher sollten Handel und Industrie stärker auf neue Kooperationsmöglichkeiten setzen. Eine dieser jetzt in der Diskussion stehenden Kooperationsmöglichkeiten wird mit den Großbuchstaben ECR (= Efficient Consumer Response) beschrieben. Dabei verständigt man sich sinnvollerweise darauf, daß jeder das behält, das er an Einsparung oder Mehrwert realisiert. Wenn die Praxis bestätigt, daß durch diese Kooperationsform tatsächlich die Bestände optimiert, die Umschlagsgeschwindigkeit erhöht, die Regalproduktivität verbessert, das Bestellwesen automatisiert wird, so daß es keine Fehlbestände mehr gibt, wenn die Handlungskosten erheblich reduziert und die Produktentwicklung optimiert, sich also auf beiden Seiten erhebliche Kosten einsparen lassen, dann ist das eine Form der Kooperation, bei der auch der Einzelhandel mitmachen wird. Die Folge ist, daß sich das gesamte Beziehungsmanagement ändert, weil sich die Kommunikation zwischen Hersteller und Handel ja nicht mehr allein auf die Ebene Einkäufer/Verkäufer beschränkt, sondern breiter wird. Notwendigerweise müssen Warengruppenmanager, Logistiker, EDV-Spezialisten usw. in die Kommunikation einbezogen werden. Die Umsetzung dieser neuen intelligenten Kooperationsform erfordert zwangsweise gegenseitiges Verständnis und Vertrauen.

Fragen wir uns zum Schluß, mit welchen Folgen der Verbraucher aus der beschriebenen Situation zu rechnen hat. Zunächst einmal bleibt festzuhalten, daß der harte Preiswettbewerb im Einzelhandel dem Verbraucher nur genutzt hat. Die im europäischen Vergleich äußerst spärlichen Umsatzrenditen des Einzelhandels haben dem Verbraucher einen hohen Vorteil gebracht. Überspitzt läßt sich sagen, daß die abnehmenden Lebenshaltungskosten der letzten Jahre maßgeblich auf diesen Preiswettbewerb zurückzuführen sind. Das ist die eine Seite. Die andere ist aber die, daß durch die fortschreitende Filialisierung das Bild des Einzelhandels an Vielfalt verliert. Nicht mehr die Betriebsgrößenvielfalt, nicht mehr die auf unterschiedliche Zielgruppen ausgerichteten Sortimente prägen den Einzelhandel, wenn sich dieser Prozeß fortsetzt, sondern das Bild des Einzelhandels verflacht. Hinzu kommt, daß der Prozeß anhalten wird, daß sich der Einzelhandel aus der Fläche zurückzieht. Es wird immer mehr Nebenzentren und Vorortlagen geben, in denen die haushaltsnahe Versorgung nicht mehr gewährleistet ist. Das hat für den immobilen Verbraucher erhebliche Folgen, weil er häufig nicht mehr in der Lage ist, sich aus dem Gesamtsortiment des Einzelhandels zu bedienen. Eine andere Gefahr für den Verbraucher könnte darin liegen, daß durch die Globalisierung des Einkaufs kleinere Hersteller des Inlands aus dem Markt verschwinden und diese Produkte dann auch im Einzelhandelssortiment fehlen. Der fehlenden Vielschichtigkeit und Vielfalt des Angebots steht dann eine Nachfrage des Verbrauchers gegenüber, die sich dann nicht so ohne weiteres mehr befriedigen läßt.

Nach dem bisherigen Stand des Strukturwandels im Einzelhandel wird keiner die Frage eindeutig beantworten können, ob die Nachteile für den Verbraucher überwiegen. Es ist nicht auszuschließen, daß irgendwann der „way of no return" beginnt, aber ich glaube, noch ist dieser Punkt nicht erreicht.

Wolfgang Clement

VITA:

Geboren wird Wolfgang Clement am 7. Juli 1940 in Bochum. Nach dem Besuch der dortigen Friederika-Volksschule von 1946 - 1950 folgt der Besuch des Graf-Engelbert-Gymnasium in Bochum von 1951 - 1960. Anschließend studiert er Rechtswissenschaft an der Westfälischen Wilhelms-Universität in Münster, 1960-1965. Parallel dazu erfolgt ein Semester-Volontariat und die Tätigkeit als Redakteur bei der Westfälischen Rundschau in Dortmund.

Das erste juristische Staatsexamen legt er im Jahre 1965 beim Oberlandesgericht Hamm ab. Dort ist er von 1965-1967 Rechtsreferendar. Danach arbeitet er als Wissenschaftlicher Assistent (m.d.V.B.) bei Prof. Dr. Schlosser am Institut für Prozeßrecht der Universität Marburg, 1967 - 1968. Es folgen 1968 die Tätigkeit als Redakteur der Westfälischen Rundschau und 1969 im gleichen Hause als Ressortleiter „Politik". Hier wird er von 1973 - 1981 stellvertretender Chefredakteur. Die politische Laufbahn nimmt ihren Weg:

1981 - 1986 als Sprecher des Parteivorstandes der Sozialdemokratischen Partei Deutschlands, Bonn, 1985 - 1986 als stellvertretender Bundesgeschäftsführer der Sozialdemokratischen Partei Deutschlands, Bonn. Es folgt 1987 die einjährige Tätigkeit als Chefredakteur der Hamburger Morgenpost, Hamburg. 1989 wird Wolfgang Clement Chef der Staatskanzlei des Landes Nordrhein-Westfalen und Europabeauftragter der Landesregierung, Düsseldorf. Von 1990 - 1995 ist er Minister für besondere Aufgaben und Chef der Staatskanzlei des Landes Nordrhein-Westfalen. Seit dem 1. Oktober 1993 ist Clement Mitglied des Landtags Nordrhein-Westfalen und seit dem 17. Juli 1995 Minister für Wirtschaft und Mittelstand, Technologie und Verkehr des Landes Nordrhein-Westfalen. Er nimmt zahlreiche weitere Funktionen wahr, u.a. ist er Ehrendoktor der medizinischen Fakultät der Universität Timisora, Rumänien. Wolfgang Clement ist verheiratet und hat fünf Kinder.

Gibt es eine sozialdemokratische Marktwirtschaft? Wer ist moderner: Ludwig Erhard oder die Sozialdemokratie?

von Wolfgang Clement

Die sozialdemokratische Marktwirtschaft ist die Soziale Marktwirtschaft – und sie steht Ludwig Erhard näher als die Partei, der er angehörte. Provokant? Sicher!

Doch wenn man sich die Politikansätze ansieht, die zur Bewältigung der derzeitigen Situation und der Herausforderungen des nächsten Jahrtausends Hochkonjunktur haben, drängt sich diese Einschätzung förmlich auf. Die Forderungen nach einer – sicherlich notwendigen – Umgestaltung des Sozialstaats überbieten sich darin, möglichst pure marktwirtschaftliche Strukturen zu realisieren. Man könnte manchmal meinen, wir wären auf dem direkten Weg – zurück – in den ökonomischen Nachtwächterstaat.

Der undifferenzierte Glaube an die Marktkräfte steuert auf eine „freie Marktwirtschaft des liberalistischen Freibeutertums" hin, die Erhard immer abgelehnt hat. Man muß also nicht frühere Gemeinsamkeiten zwischen Sozialdemokratie und Ludwig Erhard wie die anfängliche – rückblickend sicher falsche – Ablehnung der europäischen Integration bemühen, um die Parallelen zwischen der Sozialen Marktwirtschaft à la Erhard und einer sozialdemokratischen Marktwirtschaft aufzuzeigen.

Nach Ludwig Erhard hat der Staat die Pflicht zur „umfassenden Daseinsvorsorge". Doch weder hat Erhard dies damals mit allumfassenden Sozialsubventionen verbunden noch tut es die Sozialdemokratie heute. Anders jedoch als über eine möglichst rigorose Deregulierung und die Privatisierung individueller und sozialer Risiken ist eine funktionierende

Volkswirtschaft und Gesellschaft des neuen Jahrtausends nach meiner Überzeugung nur im gesellschaftlichen Konsens zu erreichen. Dem Staat kommt dabei immer mehr eine Moderatorenrolle zu, in der er – neben der Schaffung verläßlicher Rahmenbedingungen – im ständigen Diskurs mit allen gesellschaftlich relevanten Akteuren Lösungen voran- und zustandebringt. Hierin ist er offensichtlich nicht entbehrlich, wie sich beispielsweise an einem aktuellen Problem zeigt, das schon Erhard sehr am Herzen lag: der Förderung der Lehrlingsausbildung.

Es ist unbestreitbar, daß einer der wichtigsten Standortfaktoren Deutschlands das Wissen und die hohe Qualifikation der Arbeitnehmerinnen und Arbeitnehmer ist. Den freien Marktkräften überlassen, würde jedoch die Qualifizierung junger Menschen sträflich vernachlässigt, wie sich leider wieder zunehmend zeigt. In enger Kooperation mit allen Beteiligten kann und muß der Staat deshalb gegensteuern.

Die Politik des gesellschaftlichen Konsens und der ständige Dialog werden sich als gestaltende Elemente beim Übergang ins nächste Jahrtausend auf dem Weg zu einer Renaissance der effizienten und ressourcenschonenden, sozialen Marktwirtschaft herausstellen.

Dabei ist es durchaus nicht richtig, daß angesichts der schnell voranschreitenden Globalisierung der Wirtschaft nationale Wirtschaftspolitik wirkungslos verpufft. Natürlich wirken klassische wirtschaftspolitische

Instrumente in einer mehr und mehr vernetzten Weltwirtschaft nicht mehr. Doch bestimmte nationale Standortpolitiken bleiben wirksam, denn wesentliche Entwicklungsfaktoren bleiben sogar in der Europäischen Union national – wenn auch im einzelnen nicht staatlich – bestimmt. Dazu gehören eine produktivitätsorientierte Lohnpolitik, eine stabilitätsorientierte Haushaltspolitik mit einem auf Wachstum ausgerichteten Steuerrecht, aber auch effiziente Ausbildungssysteme.

Die zunehmende Globalisierung wird von vielen Menschen vor allem als Bedrohung empfunden, als eine Entwicklung, der der Einzelne hilflos ausgesetzt ist. Auch Vertreter von Industrieverbänden und Gewerkschaften betonen die zunehmenden Risiken für den Standort Deutschland. Doch es gibt auch große Chancen, die sich vor allem aus der technologischen Entwicklung ergeben. Durch schnelle Forschungsfortschritte in allen zukunftsträchtigen Bereichen – auch z.B. der Bio- und Gentechnologie –, vor allem aber durch eine schnelle Umsetzung der Forschungsergebnisse in marktfähige Produkte können Wettbewerbsvorteile und Produktivitätsfortschritte erzielt werden, die wiederum Arbeit schaffen, allerdings Arbeit für Hochqualifizierte.

Die Schaffung von Arbeitsplätzen und damit auch die Bezahlbarkeit der sozialen Sicherheit setzen auch in Zukunft Wirtschaftswachstum voraus. Zur Zeit wird immer wieder betont, daß das Wirtschaftswachstum nicht ausreiche, um die Probleme auf dem Arbeitsmarkt zu lindern. So richtig dies ist, so unabweisbar ist auch die Tatsache, daß die Probleme ohne Wirtschaftswachstum erst recht nicht lösbar sind. Es kann natürlich in Zukunft nur ein verstärktes Wachstum sinnvoll sein, das mit einem ressourcen- und damit umweltschonenden technischen Fortschritt verbunden ist. Hierbei kann der Staat unterstützen und initiieren, nicht vor allem

durch eine schärfere Umweltgesetzgebung, sondern in erster Linie durch die Schaffung vernünftiger Rahmenbedingungen für Forschung und Entwicklung. Die Förderung von Forschungskooperationen zwischen Wissenschaft und Wirtschaft, aber auch die Forcierung der Entwicklung eines Marktes für Risikokapital, damit sich Ideen auch umsetzen lassen, sind weitere Felder, auf denen der Staat aktiv sein kann und sollte.

Neben den günstigen Bedingungen für eine hochtechnologieorientierte, wissensintensive Produktion spielt die Modernisierung des Staates in der Sozialen Marktwirtschaft der Jahrtausendwende eine herausragende Rolle. Dazu gehören die Beschränkung auf wesentliche staatliche Aktivitäten genauso wie die Reform der sozialen Sicherungssysteme. Dabei gilt es allerdings, nicht undifferenziert alle Systeme herunterzufahren, sondern die einzelnen Sicherungseinrichtungen bedarfsorientierter zu gestalten.

Es ist durchaus eine breite Bereitschaft zu solchen, unabweisbar notwendigen Reformen festzustellen. Diese Bereitschaft darf nicht durch eine Politik der Konfrontation statt der Kooperation verspielt werden. Die Suche nach dem Konsens ist sicher mühsam, aber erfolgversprechender als die derzeitige Bonner Konfliktpolitik. Ein Bündnis für Arbeit ist leider nicht in der wünschenswerten Breite zustandegekommen, aber das darf nicht heißen, daß wir auf ein Bündnis, das sich der gemeinsamen Verantwortung für die Zukunft bewußt ist, verzichten könnten.

Ein solches Bündnis – die Konzertierte Aktion – hat schon einmal in der Geschichte der Bundesrepublik zur Lösung gravierender Probleme beigetragen. Sie war das Kind Karl Schillers, des herausragenden sozialdemokratischen Wirtschaftspolitikers und -wissenschaftlers. Karl Schiller hat gezeigt, wie zielführend eine konsensorientierte Wirtschaftspolitik sein kann. Er befand sich damit in

Übereinstimmung mit den Grundüberzeugungen Ludwig Erhards, mit dem ihn neben der religiös-ethischen Grundlage auch der gemeinsame Lehrer Franz Oppenheimer verband, der sich selbst als „liberaler Sozialist" bezeichnete. Die Konzertierte Aktion kann als Modell für eine neue, moderne konsensorientierte Wirtschaftspolitik dienen. Allerdings kann man nicht behaupten, wir stünden heute nicht vor diesen Problemen, wenn nur die Konzertierte Aktion über die Zeit gehalten hätte. Dazu sind die Rahmenbedingungen heute zu verschieden, die rein national wirkenden Instrumente zu stumpf geworden.

Doch auch in den Bereichen, in denen die Wirksamkeit nationaler Politiken beschränkt ist, gilt es, die Zukunft aktiv mitzubestimmen. Dies trifft auf die Europäische Union natürlich in besonderem Maße zu. Die vor uns liegenden Herausforderungen sind gerade für die Staaten dieser Gemeinschaft gleich. Das Ziel muß es sein, einvernehmliche Lösungen in den wichtigen Fragen zu erzielen. So ist es beispielsweise eine schwere Hypothek für die Zukunft, daß die Sozialcharta nicht von allen Mitgliedstaaten getragen wird. Vielleicht die größte Aufgabe der nahen Zukunft ist wohl die Gestaltung der Europäischen Währungsunion. Der Wegfall der Unsicherheit der Wechselkursänderungen in Europa dürfte sich als großer Schritt für die Entfaltung der deutschen Wirtschaft herausstellen.

Auch im internationalen Bereich müssen weiter Gestaltungsmöglichkeiten über Abkommen und Vereinbarungen gesucht werden, die einen fairen Welthandel ermöglichen. Den Wettbewerb, schon nach Erhard ein Grundpfeiler der Marktwirtschaft, gilt es zu schützen und zu stärken. Hier gibt es national, in der EU und auch darüber hinaus viele Sündenfälle. Gerade in Zeiten wachsender Marktmacht multinationaler Unternehmen muß auf allen Ebenen – vom deutschen Kartellrecht über die Wettbewerbskontrolle der EU bis hin zu weitgehenden Vereinbarungen in der WTO – dem Nachfolger des Handelsabkommens GATT, immer wieder daran gearbeitet werden, keine wettbewerbsfreien Räume wuchern zu lassen.

Angesichts der großen Herausforderungen des nächsten Jahrhunderts brauchen wir eine ökologische, soziale Marktwirtschaft, eine auf gesellschaftlichen Konsens orientierte Wirtschaftspolitik. Hier liegen in der Tat wichtige Parallelen zwischen der heutigen Politik der Sozialdemokratie und der eines Ludwig Erhard und eines Karl Schiller. Ich hoffe sehr, daß der Wettstreit um die besten politischen Entwürfe zu einer tatsächlichen, nicht nur verbalen Wiederentdeckung der Sozialen Marktwirtschaft führt.

Curt Engelhorn

VITA:

Curt Engelhorn ist am 25. Mai 1926 in München geboren. In Garmisch-Partenkirchen legt er sein Abitur ab. Anschließend beginnt er an der Universität in München zu studieren, geht dann in die USA, wo er an der University of Texas in Austin Chemical Engineering studiert und 1991 das Diplom als Bachelor of Science erlangt.

Der berufliche Start erfolgt in der amerikanischen Arzneimittelfabrik E. R. Squibb & Sons. Hier befaßt er sich zunächst mit der Bearbeitung von großtechnischen Verfahren für die Herstellung von Antibiotica. Zurück in Deutschland durchläuft er eine einjährige technische Ausbildung in den Fabrikationsbetrieben der Perutz Photowerke GmbH in München.

Im Jahre 1954 tritt er in das im Familienbesitz befindliche pharmazeutische Unternehmen Boehringer Mannheim ein. 1956 wird er zum stellvertretenden Geschäftsführer berufen, 1958 zum ordentlichen Geschäftsführer. Im Jahre 1960 tritt er im Alter von 34 Jahren an die Spitze des Unternehmens und bekleidet bis zum Oktober 1985 die Position eines Geschäftsführenden Gesellschafters. Am 21.

Oktober 1985 legt er den Vorsitz der Geschäftsführung nieder und wird zum Vorsitzenden des Aufsichtsrats der Boehringer Mannheim GmbH gewählt. Zum selben Zeitpunkt wird er Chief Executive Officer, CEO, der neu gegründeten Corange Ltd., Bermuda, deren Verwaltungsratsvorsitz Engelhorn 1990 nach dem Rückzug aus dem Tagesgeschäft übernimmt. Neben den genannten Aufgabe ist Curt Engelhorn von 1964 bis 1970 Präsident des Bundesverbandes der Pharmazeutischen Industrie und bis 1985 Mitglied des Vorstandes dieses Verbandes. 1964 wird ihm die Würde des Ehrensenators der Universität Heidelberg verliehen. Weiterhin wird er Mitglied im Präsidium des Verbandes der Chemischen Industrie, Mitglied des Präsidiums des Instituts der deutschen Wirtschaft in Köln, des Aufsichtsrats der Karlsruher Lebensversicherung AG und des Beirats der Dresdner Bank AG. Heute ist Curt Engelhorn Verwaltungsvorsitzender von Corange Ltd., der Muttergesellschaft von Boehringer Mannheim und DePuy.

Curt Engelhorn ist verheiratet und Vater von fünf Kindern.

Wissenschaft und Wohlstand

Die Entwicklung der Biotechnologie bei Boehringer Mannheim, einem Hochtechnologie-Unternehmen im Gesundheitswesen

von Curt Engelhorn

Wissenschaft wird für Menschen gemacht, und in jeder Epoche vollzieht sich dies auf besondere Weise und mit neuer Ausrichtung. Während die Gründerväter der modernen Wissenschaft im 17. Jahrhundert – unter anderem der Brite Francis Bacon und der Franzose René Descartes – noch verkündeten, daß das einzige Ziel ihrer Tätigkeit sei, das Mühselige der menschlichen Existenz zu erleichtern, konnten ihre Nachfahren im 19. Jahrhundert schon davon reden, mit Hilfe der Wissenschaft und ihrer Industriellen Revolution einen ersten Wohlstand für die Gesellschaft zustande zu bringen, die sich für diesen Weg und seine technischen Chancen entschieden hatte.

Die Quelle des Wohlstands

Unter der alten Vorgabe, daß Wissen die Macht verleiht, die man braucht, um zum Nutzen für die Menschen tätig werden zu können, verwandelten sich die Naturwissenschaften im 19. Jahrhundert in die Produktivkräfte, die seitdem unsere Wirtschaft prägen. Das Denken vieler der damaligen Manager – wie wir die ehrwürdigen Direktoren der jungen chemischen Unternehmen heute nennen würden – wurde von der Überzeugung bestimmt, daß es vor allem die geistige Arbeit – sprich: die wissenschaftliche Forschung – ist, die wir als Quelle des gesellschaftlichen Wohlstands ansehen müssen.

Aus diesem Grunde richteten einige Fabriken – unter anderem die Firma „C.F. Boehringer & Soehne" in Mannheim – ein Zentrales Wissenschaftliches Laboratorium ein, und es ist im historischen Rückblick möglich, in diesem mutigen Schritt den Beginn des wirtschaftlichen Aufschwungs zu erkennen, den Deutschland um die Jahrhundertwende erlebte.

Die Familie Engelhorn

Verantwortlich für die frühe wissenschaftliche Ausrichtung des heutigen Unternehmens Boehringer Mannheim war mein Großvater, der Chemiker Dr. Friedrich Engelhorn, der zuerst nur als Teilhaber in die Firma gekommen war, dann aber nach dem unglücklichen Tod seines Partners Ernst Boehringer im Jahre 1892 Alleininhaber des Familienunternehmens wurde. Friedrich Engelhorns Söhne haben die wissenschaftliche Orientierung und das Vertrauen in die geistige Arbeit übernommen und sich unter diesen Vorgaben nach dem Zweiten Weltkrieg an den Neuaufbau ihres in den Jahren zuvor stark geschrumpften Unternehmens gemacht. Wir wollen uns hier auf die Leistung eines von ihnen konzentrieren, und zwar auf den Beitrag des Chemikers Dr. Fritz Engelhorn, der 1946 den Entschluß faßte, die seit den dreißiger Jahren ungeheuer erfolgreich gewordene Wissenschaft der Biochemie bei Boehringer Mannheim einzuführen, um ihre produktiven Kräfte im industriellen Rahmen freisetzen zu können. Kurz bevor Fritz Engelhorn – viel zu früh – im Jahre 1956 starb, war ich selbst in das Unternehmen eingetreten. Ich habe das Glück, bis heute Verantwortung für Boehringer Mannheim übernehmen zu können, und ich versuche nach

Kräften, die Forschung so zu betonen und zu stärken, wie es die Engelhorns im letzten Jahrhundert begonnen und vorgemacht haben.

Sozial und international

Daß bei der Umsetzung der Idee von Fritz Engelhorn im Jahre 1946 die Soziale Marktwirtschaft nicht nur geholfen, sondern eine ganz wesentliche Voraussetzung geliefert hat, läßt sich vom Standpunkt unseres forschenden Unternehmens leicht darstellen. Dabei soll nicht die Betonung auf die Marktwirtschaft gelegt werden. Ihr Loblied können andere besser anstimmen, und es hat sich sicher längst auch außerhalb der Forschergemeinde herumgesprochen, daß sämtliche Neuentwicklungen für den Arzneimittelmarkt ausschließlich aus Gesellschaften stammen, die sich dieser Wirtschaftsordnung verschrieben haben. Forschungsergebnisse lassen sich eben nicht planen. Auf sie muß man intelligent und angemessen reagieren, und nur der freie Markt von Informationen und Waren gibt dazu die Möglichkeit. Für einen der Evolution vertrauenden Wissenschaftler ist dieser Zusammenhang eine Selbstverständlichkeit.

Die Betonung muß also auf dem Beiwort „sozial" liegen, und seine Bedeutung erschließt sich, wenn man sich überlegt, wie es Fritz Engelhorn und seinen ersten wissenschaftlichen Mitarbeitern gelingen konnte, hervorragende Forscher für ihr Unternehmen und ihre Idee der Biochemie zu gewinnen. Wissenschaftler, die etwas von sich und auf sich hielten, suchten Stellung und Arbeitsmöglichkeit entweder in der Universität oder in den USA (am besten natürlich an einer Universität in den USA). Es besteht nun gar kein Zweifel, daß viele gute Wissenschaftler sich für eine Tätigkeit in der deutschen Industrie – zum Beispiel bei Boehringer Mannheim – entschieden haben, weil ihnen zum

einen vergleichbare Forschungsfreiheiten wie auf der Universität gewährt wurden und weil nach und nach immer mehr soziale Leistungen verbindlich zugesagt werden konnten.

Diese besondere Komponente der westdeutschen Wirtschaftsordnung in den Jahren nach dem Zweiten Weltkrieg hat nicht nur dazu geführt, hochqualifizierte einheimische Wissenschaftler im Lande zu halten. Sie hat auch dazu geführt, viele externe Forscher ins Land zu holen. Bei Boehringer Mannheim waren bald mehr als ein Dutzend Nationalitäten vertreten, und in den achtziger Jahren konnte man sogar 17 verschiedene Heimatländer bei unseren Mitarbeitern zählen.

Eine Vision

Ich möchte nun genauer schildern, wie sich die Biochemie nach 1945 bei Boehringer Mannheim etablieren und wie sich im Anschluß daran die Ausrichtung unseres Unternehmens an der Biotechnologie und ihren revolutionären Möglichkeiten vollziehen konnte.

Ein nicht unwesentlicher Punkt der Schilderung ist dabei die Tatsache, daß die Standorte, an denen sich diese Orientierung vollzog, in Bayern lagen. Ausgangspunkt aller Entwicklung ist Tutzing am Starnberger See, weil man im Verlauf des Zweiten Weltkriegs Teile der Arzneimittelfertigung von Mannheim hierher verlagert hatte.

Dieser Ortswechsel, der zunächst nur vor den Fliegerangriffen der Alliierten schützen sollte, schützte nach 1946 das aufkeimende Pflänzchen der Biochemie vor allzu strengen Auflagen.

Doch Fritz Engelhorn hatte eine Vision, und vermutlich gibt es nichts, was wirksamer auf die Entscheidungen eines Menschen Einfluß nimmt – vor allem, wenn sich die Vision an einem alten Familiengrundsatz orientiert, den wir schon erwähnt haben und demzufolge Wohlstand und die geistige Arbeit namens Wissenschaft eng zusammenhängen.

Die Vision bestand darin, daß am Ende aller biochemischen Bemühungen der Wissenschaftler nicht nur ein molekulares Verständnis für die Stoffwechselvorgänge in einer menschlichen Zelle und ihrer Störungen im Fall von Erkrankungen stehen würde, sondern daß man darüber hinaus eines Tages auch lernen könnte, die so erkannten Krankheitsursachen durch maßgeschneiderte Medikamente gezielt und ohne Nebenwirkungen zu beheben.

Noch ist niemand so weit, aber wir nähern uns heute – im Zeitalter der Gentechnik – den wissenschaftlichen Rahmenbedingungen, die es zum ersten Mal erlauben, von einer Erfüllung dieses Traums zu sprechen. Boehringer Mannheim trägt dazu unter der Überschrift Molekulare Medizin bei. Wir haben aus diesem Grund 1995 beschlossen, ein entsprechendes Forschungszentrum in Tutzing einzurichten.

So selbstverständlich dieser Schritt auch wirkt mit Blick auf den derzeitigen Stand der biomedizinischen Forschung mit ihren gentechnischen und anderen Methoden, so schwierig war er in Deutschland durchzusetzen, weil nach den Euphorien der fünfziger und dem Fortschrittsglauben der sechziger Jahre eine Form der Ernüchterung eingetreten ist, die in den siebziger und achtziger Jahren zu einer Wissenschaftsfeindlichkeit geführt hat, von der sich auch höchste politische Kreise erfassen ließen. Der zunächst nur zufällig gewählte Standort in Bayern hat sich dabei ein halbes Jahrhundert später als Vorteil herausgestellt. Die Politiker des Freistaats haben nämlich rascher als manche Kollegen aus anderen Bundesländern die Bedeutung der Biotechnologie erkannt und sich öffentlich zu ihr bekannt.

Biochemica Boehringer Mannheim

Kehren wir noch einmal zum Anfang zurück, der bekanntlich immer schwer ist, und nach 1945 konnte man selbst große Ideen nur in einem bescheidenen Ausmaß testen. Die ersten pharmazeutischen Produkte, die C.F. Boehringer & Soehne von Tutzing aus anboten, sollten helfen, den allgemeinen Proteinmangel zu beheben, der damals im Nachkriegsdeutschland herrschte.

Man tat dies schon auf biochemische Weise, hatte damit Erfolg und konnte sich nun neuartigen Aufgaben zuwenden. Ihre unverwechselbare und originelle Ausrichtung bekam die Tutzinger Arbeit nämlich durch die Konzentration auf diagnostische Verfahren. Die medizinische Diagnostik ging damals ganz neuen Zeiten entgegen, indem sie sich katalytischen Molekülen aus Zellen bediente und deren Reaktionsfähigkeit ausnutzte. In Fachkreisen nennt man diese Wirkstoffe „Enzyme", und die große Neuerung, die dabei mit tatkräftiger Unterstützung durch Boehringer Mannheim zustande kam, kennt der Arzt heute als „enzymatische Diagnostik".

Das griechisch gebildete Wort „Enzym" heißt nichts anderes als „in Hefe", weil die ersten Katalysatoren in Hefezellen beobachtet worden sind. Auch die Wissenschaftler von Boehringer Mannheim sind hier fündig geworden, und in den frühen fünfziger Jahren konnten sie aus Hefezellen ein Enzym gewinnen, mit dessen Hilfe man vor Gericht oder die Polizei im Straßenverkehr in der Lage war, die Menge an Alkohol zu messen, die jemand in seinem Blut hatte. Im Jargon der Biochemiker heißt der molekulare Katalysator „Alkohol Dehydrogenase" – abgekürzt ADH –, und sein Verkaufserfolg und der seiner Nachfolger erlaubte es bereits im Jahre 1954 von einer Produktpalette „Biochemica Boehringer Mannheim" zu sprechen.

In diesem Jahr war Prof. Hans Ulrich Bergmeyer in das Unternehmen eingetreten, um die Leitung der biochemischen Forschungsarbeiten zu übernehmen. In seiner

Person vereinen sich wissenschaftliche Phantasie und wirtschaftliche Disziplin auf nahezu ideale Weise, was man sowohl an seinem in Universitätskreisen hochgelobten und immer wieder zitierten Handbuch mit dem Titel „Methoden der enzymatischen Analyse" als auch an der Konzipierung der sogenannten „Testcombination" im Jahre 1955 sieht. Die Idee hinter diesem großen Verkaufserfolg bestand darin, nicht nur die Enzyme, sondern auch die zu ihrem Einsatz benötigten Reagentien anzubieten, und zwar aus einer Hand, der von Boehringer Mannheim in Tutzing.

Molekulare Medizin

In den sechziger Jahren begann die Ausrichtung des Unternehmens auf die Bedürfnisse der Wissenschaft von der Molekularbiologie, die seit den fünfziger Jahren zu einem immer größeren Verständnis der Erbvorgänge gelangt war, und zwar vor allem, seit bekannt war, wie die zugehörigen Bausteine der Zelle gebaut sind, nämlich in Form der berühmten Doppelhelix.

Die Molekularbiologie ist vom industriellen Standpunkt aus die logische Entwicklung der Biochemie, und als entdeckt wurde, daß es Enzyme gibt, die das Erbmaterial so zerlegen können, daß die entstehenden Stücke neu zusammengesetzt („rekombiniert") werden können, dauerte es nicht lange, bis Boehringer Mannheim eine ganze Palette dieser molekularen Schneidewerkzeuge (mit Namen „Restriktionsenzyme") anbot. Sie stellen die Grundlage für die 1973 zum ersten Mal beschriebene Gentechnik dar, die keine vier Jahre später ihren Einzug in unsere Laboratorien hielt.

Zu diesem Zeitpunkt hatte Boehringer Mannheim längst einen zweiten bayerischen Standort suchen müssen, da man in Tutzing bald an die Grenzen des Wachstums gestoßen war – das Werk dort lag und liegt direkt am Bahnhof, also mitten in der Stadt.

1972 wurde weiter südlich in Penzberg auf dem Gelände eines ehemaligen Kohlebergwerks der Grundstein für die Anlage gelegt, in der gut ein Dutzend Jahre später das erste gentechnische Medikament namens Recormon®, entwickelt wurde. Das Recormon, das für die Blutbildung von Nierenkranken sorgt, konnte bereits 1990 auf den Markt eingeführt werden.

1996, also im Jahr des 50. Geburtstags der Biochemie von Boehringer Mannheim in Tutzing, erfolgte die Einführung des rekombinierten Thrombolytikums Rapilysin®, das bei Myokardinfarkten eingesetzt werden kann. Es handelt sich um das erste nur mit gentechnischen Verfahren herstellbare Produkt, das von Anfang an ausschließlich in Deutschland erforscht, entwickelt und produziert worden ist. Die Vision von Fritz Engelhorn nähert sich also dort immer mehr der Realität, wo sie konzipiert worden ist.

Soziale Marktwirtschaft global

Als Ludwig Erhard in den fünfziger Jahren seine Vision vom „Wohlstand für Alle" hatte, konnte er sicher sein, daß die Leser seines Buches als viertes Wort die „Deutschen" ergänzen würden. Niemand wäre damals auf die Idee gekommen, daß die ganze Welt gemeint ist. Doch die oben angedeutete Internationalität, die wir der Sozialen Marktwirtschaft mit verdanken, hat heute zu einem Denken geführt, für das als Schlagwort der Begriff der „Globalisierung" steht. Zwar haben viele Wirtschaftspolitiker in den opulenten und optimistischen sechziger Jahren gerne den Begriff der „Globalsteuerung" in den Mund genommen, aber inzwischen muß mehr der „Standort Deutschland" verteidigt und die bislang kostenlose Nutzung der Natur korrigiert werden. Eine Art ökosoziale Marktwirtschaft mit weltweiter Perspektive ist angezeigt, wobei Boehringer Mannheim versucht, seinen Beitrag zu liefern. Unser Unternehmen ist 1990 für sein umweltbewußtes Management ausgezeichnet worden, und weltweit richten wir seit kurzem Service Zentren ein, um die Chancen der Gentherapie möglichst vielen Bewohnern der Erde zugute kommen zu lassen.

Wissenschaft kann weiter für Menschen gemacht werden, wenn das Gefüge der Sozialen Marktwirtschaft in dem größeren Rahmen erhalten bleibt und sich den neuen Herausforderungen anpaßt. Der Sachverstand dafür ist ganz sicher vorhanden. Ludwig Erhards Standhaftigkeit kann uns dabei als Vorbild dienen. Seine Standhaftigkeit, Kompetenz und Weitsicht, seine Wahrnehmung und Berücksichtigung der gegenseitigen Abhängigkeit von Wirtschaft und Gesellschaft – Fähigkeiten, die in der heutigen politischen Landschaft kaum noch auszumachen sind – haben den Aufstieg Deutschlands nach dem Krieg maßgeblich gefördert. Es ist zu wünschen, daß uns in den vor uns liegenden Zeiten mit neuen und keineswegs leichteren Herausforderungen wieder eine Persönlichkeit vom Format Ludwig Erhards begegnet.

Norbert Haugg

VITA:

Geboren wird Norbert Haugg am 26. Januar 1935 in Lauingen an der Donau, Bayern. Nach dem Besuch des Deutschen Gymnasiums in Lauingen schließt er im Juli 1956 die Schule mit dem Abitur ab. In München beendet er im Mai 1962 mit der Diplomhauptprüfung der Fachrichtung Allgemeiner Maschinenbau das Studium an der Technischen Hochschule. Von Januar bis September 1962 arbeitet er als Projektingenieur für Betriebseinrichtungen, anschließend bis Juni 1965 als Versuchsingenieur mit Schwerpunkt Oberflächentechnik. Dann leitet Norbert Haugg von Juli 1965 bis August 1967 eine Abteilung für Betriebsplanung und Instandhaltung.

In den Jahren 1967 bis 1973 arbeitet er als Prüfer im Deutschen Patentamt auf den Gebieten Landtechnik und Gegenstände des allgemeinen Lebensbedarfs. Er leitet in den folgenden Jahren bis März 1983 das Referat Planung und Entwicklung im Deutschen Patentamt, bzw. die Abteilung Organisation, Planung und Datenverarbeitung. Schwerpunkte sind hierbei die Erweiterung und Einführung der EDV in allen Bereichen des Patentamtes; die Neugliederung der Dienststelle Berlin im Zusammenhang mit dem Aufbau der Dienststelle des Europäischen Patentamts in Berlin. Er nimmt teil an den Tagungen der WIPO und des Europäischen Patentamts. Darüberhinaus schafft Norbert Haugg Grundlagen für den Aufbau eines Patentsystems in der Volksrepublik China.

Er ist als Richter am Bundespatentgericht tätig von 1983 bis 1986. Danach arbeitet er bis 1988 als Hauptabteilungsleiter im Deutschen Patentamt. In seinen Zuständigkeitsbereich fallen alle Angelegenheiten des Patentwesens, u. a. Erteilungs- und Einspruchsverfahren, Verwaltung von nationalen und europäischen Patenten. Als Vorsitzender Richter am Bundespatentgericht ist er dann bis 1991 tätig. Anschließend bekleidet er bis 1995 das Amt des Vizepräsidenten des Bundespatentgerichts und wird am 1. August 1995 Präsident des Deutschen Patentamts.

Norbert Haugg ist seit 1966 verheiratet und hat einen Sohn.

Das Patentamt als Spiegel der Innovationsfähigkeit

von Norbert Haugg*

Innovationsfähigkeit und Wettbewerbsfähigkeit

Die Leistungsfähigkeit der deutschen Wirtschaft ist nicht nur die Basis des in Deutschland erreichten Wohlstandes, sondern auch ein wesentlicher Faktor für die innere Stabilität in einem freiheitlich-demokratischen Rechtsstaat. Die hierfür notwendigen politischen, wirtschaftlichen und wirtschaftsrechtlichen Rahmenbedingungen, die in ihrer Gesamtheit die „Soziale Marktwirtschaft" ausmachen, sind von Ludwig Erhard wesentlich geprägt worden. Ohne diese Rahmenbedingungen wäre das „Wirtschaftswunder" kaum möglich gewesen.

Neben den genannten Rahmenbedingungen kommt es für die Leistungsfähigkeit einer Volkswirtschaft entscheidend auf die Wettbewerbsfähigkeit ihrer Produkte und Dienstleistungen an. Der Preis dieser Produkte und Dienstleistungen insbesondere im Wettbewerb auf den internationalen Märkten ist hier nicht der alleinige Faktor. Ebenso unverzichtbar ist die hohe Qualität dessen, was in einem spürbar härter werdenden internationalen Wettbewerb dem Kunden angeboten wird. Dies gilt umso stärker, wenn eine Volkswirtschaft wie die deutsche nicht oder nur in geringem Maße über natürliche Ressourcen und Rohstoffe verfügt.

Die Qualität von Produkten und Dienstleistungen wird entscheidend vom technischen Fortschritt geprägt; sie entwickelt sich somit ständig weiter. Nur derjenige, der sich dem technischen Fortschritt stellt, wird überhaupt in der Lage sein, sich im internationalen Wettbewerb behaupten zu können. Gerade für die deutsche Volkswirtschaft ist daher die Fähigkeit unverzichtbar, diesen technischen Fortschritt durch Innovationen selbst aktiv mitzugestalten. Wettbewerbsfähigkeit ist ohne Innovationsfähigkeit somit nicht möglich.

Stellung und Aufgaben des Patentamts und des gewerblichen Rechtsschutzes

Traditionell stehen die Begriffe „Innovation – Patentamt – gewerblicher Rechtsschutz" in einer engen Beziehung. Denn Innovationen können nur dann effektiv genutzt werden, wenn sie rechtlich abgesichert sind. Hierzu leistet das Deutsche Patentamt einen wesentlichen Beitrag.

Aufgaben und Ziel des gewerblichen Rechtsschutzes

Die Institution und die Aufgabe des Deutschen Patentamts sind eingebettet in ein umfassendes System gewerblicher Schutzrechte und des Urheberrechts. Demzufolge orientieren sich an diesem System Stellung und Aufgaben des Patentamts. Ziel und Aufgabe des Systems des gewerblichen Rechtsschutzes und des Urheberrechts sind, die kreativen Kräfte zu fördern und zu stützen, die aus privater und staatlicher Förderung und Entwicklung hervorgehenden Ergebnisse für deren Urheber zu sichern und zuverlässige Instrumente im fortschreitenden technischen und wirtschaftlichen Wettbewerb bereitzustellen.

* unter Mitarbeit von Hans-Christian Metternich, Regierungsdirektor im Deutschen Patentamt

Die Institution Patentamt

Nationales Amt

Das Deutsche Patentamt kann auf eine nahezu 120-jährige Tradition zurückblicken. Von seiner Rechtsstellung her betrachtet, ist das Patentamt eine dem Bundesministerium der Justiz nachgeordnete Bundesoberbehörde. Es verfügt derzeit über ca. 2.500 Beschäftigte. Diese Mitarbeiter erwirtschaften jährlich ca. 270 Mio. DM, denen Ausgaben in etwa gleicher Höhe gegenüberstehen.

Rollenverteilung zwischen nationalem und Europäischem Patentamt

Gemeinsam ist beiden Ämtern die Aufgabe, dem Erfinder durch Erteilung eines Patents ein Ausschließlichkeitsrecht von begrenzter Dauer für die Offenbarung seiner Erfindung zu sichern und ihm insoweit eine Kompensation dafür zu bieten, daß er seine Entwicklung nicht geheimhält, sondern der Öffentlichkeit als weiterer Impuls für Innovation zur Verfügung stellt.

Unterschiedlich ist die Rolle der nationalen Ämter auf der einen Seite und des Europäischen Patentamts auf der anderen Seite im Bereich der Patentinformationspolitik zu sehen.

Hier haben sich das Europäische Patentamt und die nationalen Ämter grundsätzlich dahingehend geeinigt, daß ersteres weitgehend die Rolle eines Grossisten übernehmen soll, letztere jedoch für die Verteilung der Information, auch der europäischen, im einzelnen zuständig sind, sofern dies der nationale Staat wünscht. So hat das Deutsche Patentamt neben den europäischen Produkten bereits jetzt eine Vielzahl weiterer elektronischer deutschsprachiger Produkte für einen effektiveren und kostengünstigeren Zugang zu Patentinformationen entwickelt und der Öf-

fentlichkeit zu angemessen Preisen zugänglich gemacht.

Der Dienstleister Deutsches Patentamt

Das Deutsche Patentamt bietet der Öffentlichkeit, namentlich den forschenden Bereichen in der Großindustrie, kleinen und mittleren Unternehmen (KMU) und Einzelpersonen/Erfindern eine Vielzahl von Dienstleistungen an, die Innovationen im weitesten Sinne fördern.

Da sind zunächst die klassischen, im Gesetz näher umschriebenen Dienstleistungen zu nennen:

• Die Erteilung von Schutzrechten auf den Gebieten Patente, Marken, Gebrauchsmuster, Geschmacksmuster sowie für Halbleitertopographien und typographische Schriftzeichen. Die Qualität dieser Dienstleistungen hängt davon ab, wie personell und sachlich mit Anforderungen umgegangen wird, die an diese Schutzrechte geknüpft sind.

• Eine Optimierung der sächlichen und personellen Ressourcen ermöglicht es dem Deutschen Patentamt, sich verpflichten zu können, bei allen Patentanmeldungen, bei denen mit oder kurz nach dem Anmeldetag ein Prüfungsantrag gestellt wird, einen ersten Prüfungsbescheid binnen eines Zeitraums von 8 bzw. 9 Monaten zu erlassen.

Zum vorgegebenen Dienstleistungsspektrum zählt ferner die Aufgabe des Deutschen Patentamts, im Rahmen der Schutzrechterteilung gesonderte Recherchen durchzuführen.

Die Palette der angebotenen Dienstleistungen wird abgerundet durch eine umfassende Sammlung von Patentinformationen mit einem Bestand von ca. 30 Mio. Dokumenten, die in großem Umfang auch in elektronisch aufbereiteter Form, beispielsweise in CD-ROM vorliegen und im Handel erhältlich sind. Desweiteren stellt das Deutsche Patentamt eine elektronische Rollenabfrage für alle Schutzrechte zur Verfügung. Erwähnenswert ist in diesem Zusammenhang, daß die nationale Patentrolle alle Schutzrechte enthält, die in Deutschland Wirkung entfalten und damit auch die europäischen Patente mitumfaßt, soweit sie – was zu 97,65 % der Fall ist – auch in Deutschland gelten.

Darüber hinaus können weitere Informationen in der beim Fachinformationszentrum Karlsruhe aufgelegten Datenbank PATDPA eingeholt werden, die auf vom Deutschen Patentamt gelieferten Daten basiert.

Zukunftsweisend ist ferner das Projekt Patentinformationssystem „DE PATIS", das derzeit als Archiv- und Recherchesystem im Deutschen Patentamt aufgebaut wird. DE PATIS dient der Archivierung der ungeheuren Dokumentenflut im Bereich der Patentliteratur und ermöglicht es entsprechend seiner Grundkonzeption dem Prüfer, auf diesen Dokumentenbestand zurückzugreifen und zu recherchieren. Es ist beabsichtigt, dieses Arbeitsmittel, sobald es sich im internen Einsatz bewährt hat, auch der Öffentlichkeit als Dienstleistung zur Verfügung zu stellen.

Die Dienstleistungen im Bereich der Information – insbesondere die Nutzung der Daten mittels der angebotenen elektronischen Medien – sind besonders für diejenigen von hohem Wert, die mit dem gewerblichen Rechtsschutz professionell zu tun haben, wie beispielsweise Forschungsabteilungen, Patentabteilungen von Unternehmen und Patentanwälte.

Um jedoch auch den Ratsuchenden helfen zu können, die auf entsprechendes Knowhow im Bereich der gewerblichen Schutz-

rechte nicht zurückgreifen können, besteht schließlich beim Deutschen Patentamt eine Auskunftsstelle.

Patentanmeldungen als Spiegelbild innovativer Aktivitäten

Patente als Verkörperung von Innovationen

Die Patenterteilung ist das Ergebnis eines rechtsförmig ausgestalteten Verfahrens vor dem Deutschen Patentamt. Das Patentamt prüft hierbei, ob eine zum Patent angemeldete Erfindung materiell patentfähig ist. Dies ist nur dann der Fall, wenn die Erfindung neu und gewerblich anwendbar ist sowie auf erfinderischer Tätigkeit beruht. Neuheit und die sogenannte „Erfindungshöhe" stellen daher Kernbegriffe dieses Prüfungsverfahrens dar.

Die Neuheit einer Erfindung ist nur dann gegeben, wenn sie nicht bereits zum Stand der Technik gehört. Der Stand der Technik umfaßt schlechthin alle Kenntnisse, die vor dem Tage der jeweiligen Anmeldung oder bei Inanspruchnahme einer Priorität vor dem sonstigen für den Zeitrang der Anmeldung maßgeblichen Datum der Öffentlichkeit zugänglich gemacht worden sind. Dieser patentrechtliche Neuheitsbegriff ist daher absolut.

Aber auch die Tatsache allein, daß eine angemeldete Erfindung gegenüber dem maßgebenden Stand der Technik eine Neuheit darstellt, genügt für ihre Patentfähigkeit noch nicht. Sie muß auch das Ergebnis einer erfinderischen Tätigkeit sein. Diese „Erfindungshöhe" ist nur gegeben, wenn sich die jeweilige Erfindung für den Fachmann nicht in naheliegender Weise aus dem Stand der Technik ergibt. Dies bedeutet, daß der angemeldeten Erfindung eine eigenständige, technischkreative Leistung zugrunde liegen muß.
Auf Grund dieser materiellen Voraussetzungen der Patentfähigkeit können Patente als

Verkörperung von Innovationen bezeichnet werden, die in ihrer Substanz einen auf technisch-kreativer Leistung beruhenden Fortschritt gegenüber einem umfassenden Stand der Technik darstellen.

Patentanmeldungen als Indikatoren der Innovationsfähigkeit

Verkörpern Patente Innovationen, so sind namentlich Patentstatistiken für Rückschlüsse auf die Innovationsfähigkeit einer Volkswirtschaft geeignet. Überdies fehlen anders als z.B. bei Kaufkraftparitäten oder Investitionsmitteln konkrete Maßeinheiten für die Innovationsfähigkeit. Es werden internationale Vergleiche durch Patentstatistiken ermöglicht. Auch wenn nationale Besonderheiten des Patentrechts den internationalen Vergleich absoluter Zahlen etwas relativieren, so ist auf internationaler Ebene dennoch durch völkerrechtliche Übereinkommen (z.B. Europäisches Patentübereinkommen, Patentzusammenarbeitsvertrag) ein Mindeststandard an gemeinsamen patentrechtlichen Grundsätzen vorhanden, der zumindest vom Grundsatz her den Vergleich von Patentstatistiken unterschiedlicher Staaten erlaubt.

Vergleicht man die zahlenmäßige Entwicklung der bei den Patentanmeldungen wichtigsten Länder Deutschland, USA und Japan über einen längeren Zeitraum, ergibt sich folgendes:

• Die Entwicklung in Deutschland ist dadurch gekennzeichnet, daß ausgehend von einem hohen Niveau von ca. 35.000 inländischen Patentanmeldungen pro Jahr, das Mitte der sechziger Jahre erreicht worden war, die Anmeldezahl bis Ende der siebziger Jahre auf ca. 30.000 pro Jahr zurückging. In den achtziger Jahren ergab sich jedoch ein leichter Aufwärtstrend, der sich in den neunziger Jahren noch verstärkte. Im Jahre 1995 wurde die erfreulich hohe Zahl von 38.377 inländischen

Patentanmeldungen beim Deutschen Patentamt erreicht, davon 2.585 aus den neuen Bundesländern.

• In den USA war bis Anfang der achtziger Jahre eine negative Tendenz bei den Patentanmeldungen festzustellen, die im Jahre 1983 zu einem Tiefststand von 59.391 Patentanmeldungen führte. Diese Entwicklung kehrte sich jedoch ab diesem Zeitpunkt völlig in ihr Gegenteil um; ab Mitte der achtziger Jahre erfolgte ein sprunghafter Anstieg der Anmeldezahlen, der im Jahr 1995 den Stand von 126.843 inländischen Patentanmeldungen beim US-Patentamt erreichte.

• Die Entwicklung der japanischen Patentanmeldungen ist seit nunmehr über drei Jahrzehnten von einem ebenso stetigen wie starken Aufwärtstrend gekennzeichnet. Wenn auch im Jahr 1994 gegenüber dem Vorjahr eine leicht rückläufige Zahl von Anmeldungen festzustellen war, wurde dies im Jahr 1995 mit einer Gesamtzahl von 334.600 Anmeldungen mehr als wettgemacht. Seit Anfang der sechziger Jahre ergibt sich damit bei den japanischen Patentanmeldungen die äußerst bemerkenswerte Steigerungsrate von 500 %.

• Globale Zahlen wie die jährlichen inländischen Patentanmeldungen erlauben allgemeine Rückschlüsse auf die Innovationskraft der jeweiligen Staaten. Differenziertere Rückschlüsse ergeben sich jedoch dann, wenn man die Entwicklung der Patentaktivitäten in ausgewählten technischen Bereichen betrachtet, die in besonderem Maße an Bedeutung gewonnen haben wie z.B. Mikroelektronik und Biotechnologie, aber auch in „traditionellen", nichtsdestoweniger für technische Entwicklungen ebenfalls aussagekräftigen Bereichen wie z.B. der Medizin- und der Kfz-Technik.

• Im Bereich Mikroelektronik erfolgten in Japan im Jahr 1995 14.738 Erstveröffentlichungen inländischer Patentanmeldungen, in den USA 2.325, in Deutschland hingegen nur 322. Um das Bild zu vervollständigen, ist hier aber auch darauf hinzuweisen, daß die Anmeldezahlen in diesem Bereich für Großbritannien 40 und für Frankreich 84 betragen.

• Auch bei der Biotechnologie ergibt sich die gleiche Rangfolge. Die entspechenden Zahlen lauten für Japan 1.883, für die USA 1.215, für Deutschland 209, für Frankreich 120 und für Großbritannien 53.

Die gleiche Rangfolge – mit für Deutschland verhältnismäßig besseren Zahlen – besteht bei der Medizintechnik (Japan: 5.422, USA: 4.498, Deutschland: 966, Frankreich: 572, Großbritannien: 218).

• Bei der Kfz-Technik liegt Japan ebenfalls vorne (13.912), hier jedoch gefolgt von Deutschland (2.707) mit einem knappen Vorsprung vor den USA (2.461), während die Anmeldezahlen für Frankreich hier 737 und für Großbritannien 394 betragen.

Ich möchte es an dieser Stelle mit Zahlenbeispielen bewenden lassen, denn eine umfassende Darlegung von Patentstatistiken würde den Rahmen dieses Beitrags sprengen. Verdeutlicht werden soll jedoch, daß differenzierte Patentstatistiken es ermöglichen, ein Bild über Forschungsschwerpunkte und Innovationsstrategien zu gewinnen.

Es ergeben sich hierbei auch Anhaltspunkte für Stärken und Schwächen im Innovationswettbewerb – ungeachtet nationaler Besonderheiten im Patentrecht. So wird z.B. der Patentschutz softwarebezogener Erfindungen in den USA großzügiger gehandhabt als in Europa. Patentanmeldungen in Japan weisen häufig andere Strukturen auf; schon deswegen kommt es in Japan zu höheren Anmeldezahlen. Dennoch bleibt festzustellen: Gerade in wichtigen Bereichen der Hochtechnologie sind in Japan und den USA Patentaktivitäten

in weitaus höherem Maße ausgeprägt als in Europa.

Ist hieraus nun der Schluß zu ziehen, daß in Deutschland die Erfinder aussterben, die Volkswirtschaft im Innovationswettbewerb nachhaltig zurückzufallen und damit eine wesentliche Säule der Wettbewerbsfähigkeit der deutschen Industrie wegzubrechen droht? Auch hier ist zu differenzieren: Zahlenvergleiche mit den USA und Japan sollten den Blick nicht darauf verstellen, daß die Patentaktivitäten sich in Deutschland nach wie vor auf einem sehr hohen Niveau befinden und insbesondere im europäischen Vergleich Deutschland eine Spitzenstellung einnimmt.

Schwarzmalerei allein bringt keine Innovation hervor. Vielmehr sind die Verantwortlichen in Politik und Industrie aufgerufen, die innovatorischen Entwicklungen sorgfältig zu beobachten und technisch-kreative Kräfte zu fördern, um im Innovationswettbewerb nicht nur zu reagieren, sondern zu agieren und so die technische Entwicklung selbst aktiv mitzugestalten. Wettbewerbsfähigkeit ist somit nicht nur als Kostenproblem zu begreifen; Maßnahmen zur Kostenreduzierung sind zur Erhaltung der Wettbewerbsfähigkeit sicherlich unverzichtbar, aber eben nicht das alleinige Mittel, dem immer stärkeren Konkurrenzdruck zu begegnen. Gewiß: Innovationen und ihre rechtliche Absicherung insbesondere durch Patente kosten Geld. Diese Kosten sind aber als Zukunftsinvestition zu verstehen, denn nur dann, wenn Innovationen rechtlich abgesichert werden können, werden sich technisch-kreative Kräfte auch entfalten. Innovationsfreundliche Rahmenbedingungen stellen daher einen unverzichtbaren Standortfaktor dafür dar, daß die deutsche Wirtschaft auch in Zukunft Produkte und Dienstleistungen auf höchstem technisch-qualitativen Niveau anzubieten und damit ihre Wettbewerbsfähigkeit zu bewahren vermag.

Gerd Pischetsrieder

VITA: Gerd Pischetsrieder ist am 1. Februar 1945 in Adorf/Kreis Waldeck geboren. Er studiert Betriebswirtschaft mit dem Schwerpunkt Personalwesen und Marketing und schließt als Diplom-Betriebswirt ab. Er absolviert Zusatzausbildungen, u. a. in der Organisationsentwicklung, in der Transaktionsanalyse (TA), Psychodrama und Neurolinguistische Programmierung (NLP).

Er ist viele Jahre in führender Position in einem internationalen Konzern in den Bereichen Managementausbildung und Organisationsentwicklung tätig.

Seit 1983 ist er selbständiger Unternehmensberater für Organisations- und Personalentwicklung. Er ist Gesellschafter und Geschäftsführer der weltweit arbeitenden Pischetsrieder Consulting Group. Zudem ist er Autor von Veröffentlichungen und Fachbüchern.

Nichts ist so sicher wie die Zukunft – Unternehmen als dynamischer Prozeß

Erfahrungen und Perspektiven aus der Organisations- und Personalentwicklung

von Gerd Pischetsrieder

> *„Die Zukunft hat bereits begonnen,*
> *bevor wir ihr gewachsen sind.“*
> JOHN STEINBECK

Gewaltige gesellschaftliche Veränderungen pflügen die Märkte um. Experten sagen, daß wir in einer Zeit des Umbruchs sind, die umwälzendere Veränderungen mit sich bringt, als dies beim Übergang von der Agrar- zur Industriegesellschaft der Fall war.

Die Bedingungen der durch die Initiative von Ludwig Erhard geformten Sozialen Marktwirtschaft sind heute gewiß nicht mehr die gleichen wie seinerzeit. Doch die Existenz einer sozial orientierten Marktwirtschaft hat an Aktualität und Notwendigkeit nichts eingebüßt, im Gegenteil.
Veränderungszwänge holen inzwischen auch die verschlafenen und saturierten Unternehmen ein, kein Wirtschaftszweig, keine Branche ist ausgenommen. Rauhes Fahrwasser ist als Dauerzustand für wirtschaftliches Handeln garantiert. Daß das auf lange Zeit so bleiben wird, dafür sorgen die unterschiedlichen Entwicklungen und Megatrends in der Arbeitswelt.

Die Internationalisierung in Wirtschaft und Verwaltung schreitet durch die EU-Binnenmarktentstehung voran, die Auflösung der alten Blockgrenzen und die weitere enorme Erstarkung asiatischer Länder lösen einen Beschleunigungseffekt aus. Dem traditionellen Wohlstandsgefälle Nord-Süd hat sich ein West-Ost-Gefälle hinzugefügt. Im Verbund mit Bevölkerungsexplosionen in vielen Ländern sowie regionalen Kriegen und Unruhen gehören permanente internationale Wanderungen zur Normalität.

Die traditionellen Industriegesellschaften rutschen durch sinkende Geburtsraten und gleichzeitig steigende Lebenserwartungen in eine Alterungsphase. Sie erleben zum ersten Mal, daß Expansion und Wachstum an ihre Grenzen stoßen und Anspruchsdenken und Beharren auf Besitzständen Neugier und unternehmerisches Handeln absorbieren.
Die zweite technologische Revolution behält ihr atemberaubendes Tempo bei. Kaum ein Monat vergeht, wo nicht bahnbrechende Neuigkeiten über sanfte Technologien, wie Bio- oder Gentechnik, Mikroelektronik oder Internet verkündet werden. In enger Verbindung damit steht die Ökologisierung der Wirtschaft. Umweltschutz ist längst kein Wettbewerbsvorsprung mehr, sondern Selbstverständlichkeit – daß der Chemiekonzern Naturschutzgebiete sponsert, gehört dazu.

Fast alle Märkte werden durch unwägbare Entwicklungen geprägt. Die in den vergangenen Jahrzehnten so liebgewonnene Stabilität verschiebt sich zu eher paradoxen, verblüffenden oder unscharfen Strukturen, wasserdichte und berechenbare Determination gibt es quasi nur noch in nostalgischen Gefilden.

Für viele Berufe und Karrieren ist Multiperspektivität unfreiwillig zur Selbstverständlichkeit geworden. Berufliches Wissen hat in manchen Branchen bereits die atemberaubende Umschlagsgeschwindigkeit von sechs Jahren erreicht, die mit dem Studienabschluß erlangten Freifahrscheine für die Zukunft sind bereits ausverkauft.

Die Individualisierung schreitet fort, damit einhergehend nimmt die Stärkung der Persönlichkeit durch Wertewandel, Selbständigkeits- und Selbstentfaltungstendenzen zu. Anspruch auf Zeitsouveränität, Freizeitaufwertung und eigene Lebensgestaltung sind die für Unternehmen manchmal nicht leicht zu bewältigenden Folgen.

Laszlo weist darauf hin, daß sich die Schlüsselfaktoren für die Wettbewerbsfähigkeit ebenfalls verändern. Dem bisherigen Mittelmix aus Kapital, Shareholder, Management, klarer Arbeitsteilung, Kostensenkungsmaximen, Kontrolle und Homogenität steht zukünftig ein vernetztes Feld aus Information, Stakeholder, Teams, Systemen, Zeitgewinn, Vertrauen und Vielfalt gegenüber. Gleichzeitig gilt es, Abschied zu nehmen von alten und liebgewonnenen Feindbildern. Ehemals systemimmanente Rivalitäten oder Verteidigungskämpfe, etwa zwischen Einkauf und Zulieferbetrieben, entwickeln sich von der Stufe der minimumakzeptierten Koexistenz zur vertrauensvollen Partnerschaft.

Die Ausmaße einer Revolution wird die Produktions- und Verfahrensoptimierung in der Verwaltung annehmen. Dort steht man erst am Beginn einer Entwicklung, die nach vorsichtigen Schätzungen bis zu 60 % der Arbeitsplätze in diesem Bereich „fressen" wird.

Diese beispielhaft aufgeführten Entwicklungen bzw. Megatrends werden sich unterschiedlich auf die Unternehmen und die Institutionen der Sozialen Marktwirtschaft auswirken.

Das Reagibilitätspotential wird vor allem beeinflußt werden durch die bisherigen Stabilitätsgrade, die Veränderungssensibilität und Veränderungsqualifikation der Entscheidungsträger sowie dem Kulturverständnis der jeweiligen Organisationen. Entscheidend wird sein, ob Veränderung als Bedrohung oder Chance gesehen werden.

Anders als früher bleibt durch die Dynamik der Geschehnisse und die neuen (Informations-)Technologien weniger Zeit für das Erkennen der Problemkomplexität und das Entwickeln von Problemlösungen oder völlig neuen Konzepten. Die ständig steigende Transparenz und Disposition von Informationsdichte, Informationstiefe, Informationsqualität und Informationsumschlag läßt sich auch mit anderen Worten ausdrücken: Das Phänomen Schnelligkeit wird zur dominierenden Überlebens- und Entwicklungsqualifikation für Individuum und Unternehmen. Die schon vor vielen Jahren vom Club of Rome vorausgesagte „Zukunftschance Lernen" ist bereits Wirklichkeit geworden und bleibt die vielleicht größte Zukunftsherausforderung für alle Beteiligten.

Unabhängig von ihrer organisatorischen „Einbettung" werden viele Menschen durch die Dynamik der Gegenwart und deren „Beständigkeit" für die Zukunft zu unternehmerischem Verhalten geradezu beflügelt, andere werden tief verunsichert, ja manchmal sogar gelähmt.

Vansina hat schon vor Jahren darauf hingewiesen, daß bei vielen Menschen – auch und gerade bei Unternehmern und Führungskräften – die Angst weit verbreitet ist, Krisen und Veränderungen zuzulassen oder dazu beizutragen, daß sie entstehen. Es ist die Angst, die Kontrolle zu verlieren, Sicherheit ist ein verinnerlichter Wert und hat Basisfunktion für Denken und Handeln. Es gilt die Norm, daß Krisen schlecht oder gefährlich sind, sie führen zu Chaos und gefährden die Kontinuität.

Doch organische Systeme – auch Menschen und Unternehmen – verändern sich fast nie sanft und leise.

Die unternehmerische Begegnung auf Unvorhersehbarkeit und Unerwartbarkeit und somit oftmals nicht mehr präzise Berechenbarkeit der Zukunft liegt zuerst in der Akzeptanz dieser Realität, dem Leben mit der Unwägbarkeit, dem Selbstverständnis im Umgang mit Chaos.

Die bisher überwiegende Unternehmenssteuerung durch Orientierung an der Vergangenheit mit deren linearer Fortschreibung über die Gegenwart hinaus in die Zukunft und dem Schwerpunkt auf den Anforderungen der Leistungsorganisation muß ergänzt werden durch professionelle Vorwegnahme möglicher Zukünfte und die gleichrangig wichtigen Schwerpunkte der Sozialorganisation: Neben dem Schaffen und Gestalten von „Funktionen" geht es auch um das „Wie wird es funktionieren".

Hier liegt der Ansatz zur prozessualen Steuerung im dynamischen Prozeß der Unternehmens- bzw. Organisationsentwicklung.

Organisationsentwicklung heißt: gleichzeitige Entwicklung von

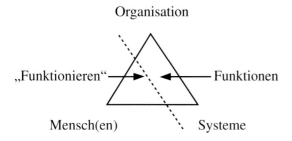

Einzelne Menschen allein werden wegen der Komplexität und des Zeitdrucks das Veränderungsvolumen nicht bewältigen können. Wie bei einer Fußballmannschaft muß sich der Wille zum Erfolg und die Leistungsbereitschaft für das Ganze entwickeln. Funktionen können geplant, rational begründet, per Dekret erzwungen und notfalls gekauft werden, doch zum dauerhaften Funktionieren sind freiwillige Bereitschaft, innere Einstellung, Motivation und subjektiv eigener Wille erforderlich.

Viele Erkenntnisse aus der Physik und der Chemie lassen sich auf Sozialsysteme wie z.B. Organisationen übertragen. Ilja Prigogine hat das Gesetz der dissipativen Strukturen definiert, „der Übergang einer Energieform in Wärmeenergie", d. h., offene Strukturen können in der Interaktion mit ihrer Umwelt immer komplexer werden.

Das gilt für die Organisation als Ganzheit, für jeden Bereich, jedes Team und jedes Individuum. Alle sind Teil des Prozesses, der sich unter den Einflüssen der eigenen Ziele, der eigenen Strukturen, der Umwelt und der anderen Spieler bildet und sich dynamisch weiterentwickelt.

Eine simple Analogie macht den Zusammenhang klar: Wird unter einen Topf, vollgefüllt mit Wasser, welches Zimmertemperatur hat, Feuer gegeben, wird das stille und durchsichtige Wasser bald brodeln, in chaotische Bewegung geraten und sich vielleicht in Dampf umwandeln – oder, wenn das Feuer rechtzeitig zurückgenommen wird, nach der Erkaltung wieder still und durchsichtig werden. Oder zu Eis, wenn es in Minustemperaturen gestellt wird.

Wie der Topf für das Wasser, ist der Normenkanal für das Unternehmen Schutz und Einengung – mit allen Vorteilen und Gefahren im dynamischen Prozeß:

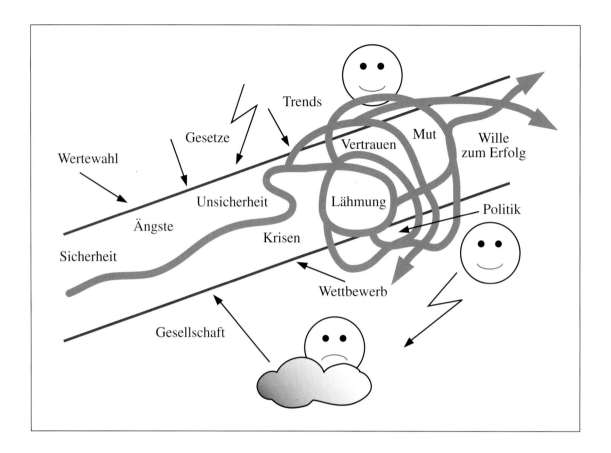

Das duale Organisationsentwicklungskonzept sieht das Unternehmen nicht nur als rational steuerbare, starre Leistungsorganisation, sondern als vielschichtig sich bewegenden dynamischen Prozeß mit proaktiver Zukunftsdisposition, menschlichen Einflußgrößen und mit neu gemischter und differenzierter Kompetenzaufteilung:

Das duale Organisationsentwicklungskonzept kann nur greifen, wenn es von einer auf partizipatives Vorgehen ausgerichteten Philosophie getragen wird. Die Anwendung sozialwissenschaftlicher Erkenntnisse bei Planung, Durchführung und Bewertung der dynamischen Prozesse spielt ebenso eine Rolle wie die Bindung an ein positives Menschenbild („Menschen sind wertvoll" und „die Menschen da abholen, wo sie sind"). Eine soweit wie möglich transparente Beteiligung der Betroffenen erfolgt. Die Betreuung des Prozesses ist ebenso erforderlich wie die Präzision des Systemdenkens.

Organisationsentwicklung in diesem Sinne akzeptiert den dynamischen Entwicklungsprozeß von Individuum, Organisation und Umfeld und ist ein gewollter, gelenkter und gleichzeitig flexibler und systematisch agierender Prozeß.

Dieser hat die Veränderung der Kultur, die erforderlichen Veränderungen von Einstellungen und Verhaltensweisen, die Optimierung der Systeme und die kontinuierliche Modifizierung der Organisation als Maxime und soll das Unternehmen bei der Lösung seiner Probleme und der Erreichung seiner Ziele unterstützen.

Die ganzheitliche Prozeßhaftigkeit ermöglicht eine größere Vielfalt in der Unternehmensführung und der Organisationssteuerung, etwa

• *innovative Formen der Organisation (Unternehmenskern und umgebendes Netzwerk, supranationales Matrixmanagement, regio-*

392

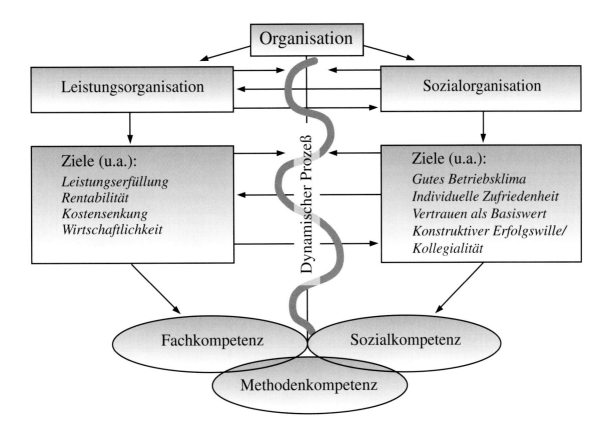

nal plazierte Know-how-Center mit überregionaler Zugriffsmöglichkeit),

• *Flexibilisierung der Arbeitsorganisation (Teilzeitmodelle, Jobsharing, Flexisysteme, bereichsübergreifende Teams, ständige Qualitätszirkel),*

• *Spielräume für Bezahlungsalternativen (Cafeteriasysteme, unterschiedliche Bezahlungsniveaus, Anrechnung privater Arbeitsräume).*

Eine weitere Antwort auf die Dynamik und die Komplexität der Prozesse ist eine neue Gestaltung und Bewertung der Teamarbeit und der Rolle und des Selbstverständnisses des Individuums im Team. Die neue Teamarbeit ist nicht per Organigramm zu definieren, sondern läßt sich als „Harmonigramm" treffender beschreiben:

• *Alle Teammitglieder sind idealerweise*
- *sich selbst steuernde und eigenverantwortlich handelnde Menschen,*

- *Selbststarter, ergreifen selbst Initiative,*
- *Profis in ihrem Bereich, aber offen für alle Schnittstellen und Übernahmen anderer Aufgaben,*
- *Informatoren, die deshalb Information als Bringschuld sehen, danach handeln und nicht auf Informationen von anderen warten,*
- *Innovatoren, Probierer - voller Inspiration für Neues,*
- *vor allem aber Partner, die sich selbst im Netzwerk des Kollegiums sehen und die Menschen, die nicht allein folgen können, partnerschaftlich und zielorientiert integrieren.*

• *Die Verantwortung für das Ergebnis trägt das Team gemäß der vertraglichen Regelung. Bei Abweichungen und Defiziten ergreift es Initiative und wartet nicht auf Hilfe von oben.*
• *Funktionieren hat absolute Priorität, nicht Rücksicht auf Rangordnung oder Informationsdifferenzierungen.*

- *Gedacht und gehandelt wird in Zielerfüllung und Prozeßoptimierung, nicht in Kategorien von Anweisungen und Kontrollen.*
- *Das Ergebnis zählt – nicht die Bemühungen, mögen sie noch so aufwendig sein.*
- *Der Abbau der durch die Arbeitsteilung hervorgerufenen Sinn-Losigkeit vieler Arbeiten wird motivierend durch das Erleben von Sinn-Erfüllung. Zusammenhänge von Leistung und Ergebnis können (wieder) erfaßt werden. Der so beklagenswerten Erosion der Selbstverantwortung wird wirkungsvoll entgegengearbeitet ... und Ineffektivität dadurch verhindert.*

Das neue Teamkonzept etabliert oder entwickelt sich in zwei „Erscheinungsformen":

Selbststeuernde Teams

Die durch stabile Funktionen, vorgegebene Budgetstrukturen, feste Arbeitsgebiete und geregelte Arbeitsabläufe bedingte Starrheit traditionell arbeitender Teams wird abgelöst durch Delegation von Aufgabe und Verantwortung an das Team, in das Team hinein. Gegenseitiges Vertrauen und eine hohe Vertrags- und Vereinbarungskultur sind unabdingbare Voraussetzung.

Flexible Teamzugehörigkeit

Vor allem die internationale Unternehmensorganisation mit der Vielschichtigkeit und Vielzahl der zu lösenden Probleme macht erforderlich, daß einzelne und bald vielleicht immer mehr Mitarbeiter keinen festen Job mit klarer Funktionszuschreibung mehr haben, sondern Mitglieder verschiedener Teams sind und in diesen unterschiedliche Rollen einnehmen bzw. Funktionen ausüben (z. B. Marketingkoordinator in Brüssel, Verkaufschef in Deutschland/Österreich/Schweiz, Know-how-Centerleiter in Hamburg, Führungsteammitglied der Sparte in London).

Allein diese beiden Teamentwicklungen machen noch einmal deutlich, wie wichtig in solch turbulenten Arbeitsumgebungen stabile, zielorientierte und hochentwickelte Persönlichkeiten sind.

Mit dem neuen Teamverständnis geht ebenfalls ein neues Hierarchieverständnis einher. Die „Vor-Gesetzten", die alles wissen – natürlich besser wissen – als alle „Unter-Gebenen", gibt es nicht mehr. Hierarchie kann sich im Sinne von Glaubwürdigkeit, Vertrauen und Partnerschaftlichkeit nicht mehr als Wert an sich, als Statussymbol, zumeist begründet durch Informationsvorsprung oder Informationsmacht, legitimieren. Hierarchie muß vielmehr definiert werden als Positionierung in Bewertungs- und Entscheidungsfindungsprozessen, in der Festlegung von Prioritäten und dem Gestalten, Modifizieren und Durchsetzen der Unternehmensziele und der daraus abgeleiteten Teilziele.

Doch auch in diesem Sinne ist Hierarchie nach allen Erfahrungen als Funktion nicht ersetzbar, in den einzelnen Situationen – sprich: Prozeßabschnitten – jedoch durchaus personell variabel. Das bedeutet, daß Probleme benennen muß, wer sie zuerst sieht und Probleme lösen muß, wer sie am besten lösen kann. Initiative ergreifen und Verantwortung übernehmen verlangt Freiwilligkeit, die aus innerer Haltung entspringt. Wille zum Erfolg ist nur subjektiv möglich und realisierbar, auch gegen Widerstände und in Turbulenzen. Akzeptanz der Realität heißt Wahrnehmung der Realität (und nicht Verquickung von Wahrnehmung und subjektiver Kategorisierung).

Die in diesem Kapitel aufgeführten Erkenntnisse sind nicht alle Erkenntnisse, die die Erfassung, Situationsklärung und Steuerung der dynamischen Prozesse der Organisationen und ihrer Entwicklung ermöglichen. Sie vernachlässigen sogar die Beschreibung und Positionierung so wichtiger Systeme wie etwa Marktanalyse, Produktentwicklung, Produktionsprozesse und Finanzen. Doch sie helfen schon viel, das Abenteuer „Unternehmen und Organisation als dynamischer Prozeß" besser zu verstehen und zu wagen.

„Nichts ist so sicher wie die Zukunft" – weil das so ist, beginnt selbst die gerade beschriebene Zukunft bereits schon wieder, Vergangenheit zu werden.

Die nächsthöhere Entwicklungsstufe „Unternehmen als virtuoses Organisieren im dynamischen Prozeß" kündigt sich schon an und beginnt sich zu formen.

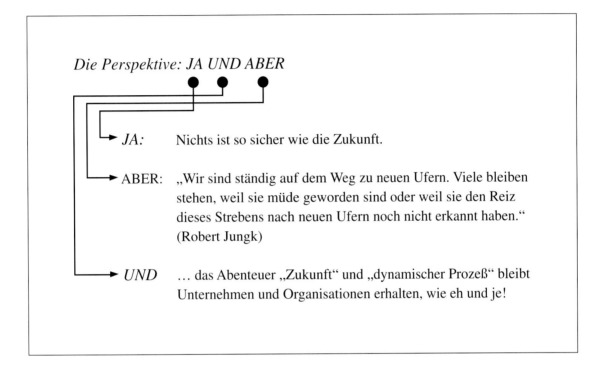

Die Perspektive: JA UND ABER

JA: Nichts ist so sicher wie die Zukunft.

ABER: „Wir sind ständig auf dem Weg zu neuen Ufern. Viele bleiben stehen, weil sie müde geworden sind oder weil sie den Reiz dieses Strebens nach neuen Ufern noch nicht erkannt haben." (Robert Jungk)

UND   … das Abenteuer „Zukunft" und „dynamischer Prozeß" bleibt Unternehmen und Organisationen erhalten, wie eh und je!

Soziale Markwirtschaft ist nicht überflüssig geworden, aber sie wird neuer Akzente bedürfen.

Manfred Wutzlhofer

VITA: Manfred Wutzlhofer ist am 2. August 1944 in Mühldorf / Bayern geboren. Er studiert Jura in München und Regensburg und tritt nach dem 2. Staatsexamen in den bayerischen Staatsdienst ein. Dort ist er bis 1978 im Innenministerium tätig. Zuletzt ist er Leiter des Direktoriums der Landeshauptstadt München. 1984 wechselt Manfred Wutzlhofer als Abteilungsleiter Zentrale Dienste zur Messe München. Ab 1985 ist er auch bei der IMAG (Internationaler Messe- und Ausstellungsdienst GmbH) Prokurist und widmet sich schwerpunktmäßig der Messe-Projekttätigkeit. 1990 übernimmt er zusätzlich die Leitung der Hauptabteilung Externe Veranstaltungen mit den gesamten Auslandsaktivitäten der Messe München.

Federführend treibt Manfred Wutzlhofer gleichzeitig die Vorbereitung, Planung und Verwirklichung des Neubaus der Neuen Messe München voran. Die Eröffnung ist 1998. Seit April 1992 ist er Geschäftsführer der Messe München und übernimmt zusätzlich die Verantwortung für zahlreiche internationale Münchner Leitmessen des Konsum- und Investitionsbereichs, die er auch als Vorsitzender der Geschäftsführung (seit 01.01.1996) beibehält.

Die neue Internationalität im Messewesen

von Manfred Wutzlhofer

Weder konjunkturelle Schwankungen noch strukturelle Veränderungen der vergangenen Jahre konnten die zunehmende Bedeutung des Messewesens als Dienstleistungsbereich für die marktorientierte Wirtschaft beeinträchtigen. Im Gegenteil, das Marketinginstrument Messe ist gerade in schwierigen Zeiten ein gefragter Verbündeter auf dem internationalen Markt. Das beweisen auch Umfrageergebnisse (Ifo-Institut 1992), nach denen zum Beispiel 87,5 % der Unternehmen des Maschinenbaus oder sogar 88 % der Elektrotechnik als Aussteller an Messen teilnehmen.

Berücksichtigt man dazu die Tatsache, daß auch auf der Nachfrageseite (Besucher) wesentliche Bereiche der Wirtschaft beteiligt sind, lassen sich Messen als fokussierte Erscheinungsformen vieler Branchen und ihrer Marktsegmente definieren. Mit den Funktionen Information, Kommunikation, Absatz, Distribution und Marktbeobachtung stellen sie sehr effektive Foren dar, die schon längst zum integralen Bestandteil der freien Marktwirtschaft geworden sind.

Gerade das Messewesen in Deutschland hat sehr früh und deutlich gezeigt, daß in vertrauensvoller Zusammenarbeit mit der beteiligten Wirtschaft, und zwar über die nationalen Grenzen hinaus, Marketinginstrumente aufgebaut werden können, die tatsächlich wirtschaftsfördernde Funktionen erfüllen. Bedarfsgerechte, am Markt orientierte und international ausgerichtete Konzeptionen wurden zum Erfolgsrezept des deutschen Messewesens, das sich von Anfang an im konstruktiven Wettbewerb an mehreren Standorten und mit optimalen Dienstleistungen für die Wirtschaft bis zum heutigen Niveau entwickelt hat. So meldete auch die Dachorganisation der deutschen Messewirtschaft, AUMA, daß zwischen 1985 und 1995 am Messeplatz Deutschland die Ausstellerzahlen um 60,7 %, die vermietete Fläche um 44,1 % und die Zahl der Besucher um 31,6 % gestiegen sind. Bemerkenswert dabei ist vor allem, daß die Zahl ausländischer Aussteller am Messeplatz Deutschland sogar um 76 % in den letzten zehn Jahren gestiegen ist und im Jahre 1995 einen Rekordanteil von 45,3 % bei überregionalen Messen in Deutschland erreicht hat.

Hinter dieser strategisch entscheidenden Entwicklung des deutschen Messewesens steht eine betont internationale Ausrichtung, für die mehrere Faktoren mitentscheidend waren.

Nach Beendigung des Zweiten Weltkrieges war es dringend notwendig, die zerstörte Wirtschaft schnell aufzubauen und dabei möglichst viel Technologie und Kapital anderer Nationen ins Land zu holen. Aus dieser Zeit dürften Erkenntnisse stammen, die eine weitgehende Aufgeschlossenheit deutscher Messeveranstalter ausländischen Beteiligungen gegenüber als vorteilhaft erscheinen ließ. Die Gleichbehandlung von Ausstellern, und zwar unabhängig davon, aus welchem Lande sie kamen, wurde zum Grundsatz des deutschen Messewesens und wirkungsvollen Katalysator der frühzeitigen Internationalisierung, zunächst des Angebotes wichtigster Messen in Deutschland.

Die parallel dazu wachsende Kaufkraft deutscher Konsumenten, die damit verbundene zunehmende Aufnahmefähigkeit des einheimischen Marktes und die Exportorientierung deutscher Unternehmen bildeten dazu den idealen Hintergrund einer marktkonformen Messepolitik, die dem Grundsatz folgen konnte, daß ein langfristig und gut funktionierender internationaler Handel keine Einbahnstraße sein darf.

In diesem Sinne haben auch alle deutschen Großmesseplätze (Berlin, Düsseldorf, Frankfurt, Hannover, Köln und München) weltumspannende Vertreternetze und Stützpunkte aufgebaut mit der Zielsetzung, Angebot und Nachfrage im Rahmen der jeweiligen Fachmärkte möglichst vollständig und international zusammenzuführen. Durch die sogenannte qualitative Vollständigkeit des Angebotes einer internationalen Messe, mit allen Marktführern der jeweiligen Branche, konnte bewirkt werden, daß auch immer mehr relevante Besuchergruppen aus aller Welt die günstige Gelegenheit nutzten, an einem Ort, im überschaubaren Rahmen und in kürzester Zeit das Weltangebot und das aktuelle Entwicklungsniveau des eigenen Fachbereiches kennenzulernen.

Im Laufe der Jahre entwickelten sich so eine Reihe von Leit- bzw. Globalmessen in Deutschland, bei denen auf Aussteller- und Besucherseite eine bemerkenswerte Internationalisierung erreicht werden konnte, nicht zuletzt durch die frühzeitige internationale Aufgeschlossenheit deutscher Messeveranstalter und ihrer Partner in der deutschen Wirtschaft und die sozusagen gegenseitige Aufwertung der Komponenten Angebot und Nachfrage, jeweils im weltweiten Einzugsbereich.

An allen genannten deutschen Großmesseplätzen gibt es mehrere Beispiele effektiver, globaler Zusammenführung der Marktpartner aus aller Welt im Rahmen der jeweiligen Fachmesse. Veranstaltungen mit weit mehr als 50 % ausländischen Ausstellern

sind an den führenden Messeplätzen in Deutschland schon seit Jahren keine Seltenheit mehr und spiegeln folgerichtig die Globalisierung der Märkte wider. De facto ist der Anteil ausländischer Aussteller an den internationalen Fachmessen in Deutschland wesentlich größer als dies aus der offiziellen Statistik hervorgeht. Denn nach den FKM-Regeln (Gesellschaft zur freiwilligen Kontrolle von Messe- und Ausstellungszahlen) müssen Messebeteiligungen grundsätzlich als einheimische ausgewiesen werden, wenn die Anmeldung durch eine in Deutschland niedergelassene Vertretung, Filiale bzw. Tochtergesellschaft eines ausländischen Unternehmens dem Veranstalter eingereicht wurde.

Nun, mit der Verwirklichung des europäischen Binnenmarktes, kam ein neuer Aspekt der „Internationalität" hinzu, der in der Darstellung von Strukturdaten internationaler Messen in Deutschland zu berücksichtigen war. Auch kam die Frage auf, ob man international agierende Firmen mit Hauptsitz in Italien, Frankreich, Österreich, Großbritannien, Spanien oder Deutschland usw. bei einer Globalmesse in Europa als ausländische bzw. einheimische Aussteller aufteilen kann und soll. Oder: Ist Europa für unsere Partner aus anderen Erdteilen nicht schon längst eine einheitliche Marktregion geworden?
Jedenfalls auch bei internationalen Leitmessen in Deutschland fiel auf, daß, mit kleinen Ausnahmen, Teilnehmer aus der Europäischen Union ein offenkundiges Übergewicht haben. Laut AUMA kamen im Jahre 1995 56,7 % der ausländischen Aussteller aus Staaten der Europäischen Union. Mit den restlichen Staaten des alten Kontinents ergab sich ein europäischer Anteil von sogar 69 %.

Auf der Besucherseite sind die Europäer sogar mit über 80 % vertreten. Selbstverständlich sind diese hohen europäischen Anteile auf die Intensität des gegenseitigen Warenaustausches zurückzuführen.

Diese ausgeprägte „Euro-Internationalität" hat einen geographisch und handelspolitisch bedingten quantitativen Wesenszug und kann keineswegs die qualitativen Vorzüge international führender Fachmessen mit globaler Branchenrelevanz in Frage stellen. Dennoch haben schon vor mehreren Jahren Diskussionen im deutschen Messewesen begonnen, die z. B. Fragen der Branchenbetreuung auch außerhalb des Standortes und der zusätzlichen Erschließung von Marktpotentialen in entfernten Regionen behandelten. Dies auch deswegen, weil klar geworden war, daß auch die stärkste Globalmesse in Deutschland bzw. Europa alle Angebots- und vor allem Nachfragepotentiale in Südostasien, Mittel- oder Südamerika nicht erschließen kann, zumal es sich häufig um spezifische Nachfragesegmente handelt, die bei einer globalen Zusammenführung nicht ausreichend berücksichtigt werden können.

Zeitweilig wurden sogar gegensätzliche „Doktrinen" artikuliert: Die einen plädierten für verstärkte Auslandsmesseaktivitäten großer deutscher Veranstalter, die anderen warnten vor ungünstigen Auswirkungen solcher Aktivitäten auf die Position eigener Globalmessen am Standort Deutschland. Spätestens zur „Technogerma Seoul" im Jahre 1991 und nach den deutlichen Worten des damaligen VDMA-Präsidenten Professor Dr. Berthold Leibinger über die sträfliche Vernachlässigung der aufstrebenden Märkte Südostasiens seitens der deutschen Industrie kam auch im Messewesen weitgehende Übereinstimmung darüber auf, daß sich Auslandsmesseaktivitäten und Globalmessen am Standort Deutschland sogar gegenseitig ergänzen bzw. befruchten, und zwar vor allem zum Vorteil der mittelständischen Wirtschaft. Messeplätze mit traditionell starken Auslandsmesseaktivitäten und dafür spezialisierten Veranstaltungsorganisationen sahen sich dabei nicht nur bestätigt, sondern auch im Vorteil.

Ein Münchner Beispiel mag dies verdeutlichen: Im Jahre 1946 wurde, noch mit dem Einverständnis der alliierten Besatzungsmächte, eine Firma gegründet, die kurz danach den Auftrag bekommen hatte, die erste deutsche Gemeinschaftsbeteiligung nach dem Kriege an der Mailänder Messe durchzuführen.

Es handelte sich um die IMAG (Internationaler Messe- und Ausstellungsdienst GmbH), die im November vergangenen Jahres ihr 50jähriges Gründungsjubiläum feierte. Den ersten großen Triumph konnte die IMAG schon 1954 gemeinsam mit dem „Vater des deutschen Wirtschaftswunders und der sozialen Marktwirtschaft", Ludwig Erhard, in Mexico-City feiern, bei der ersten deutschen Industrieausstellung im Ausland. Seit diesem Zeitpunkt kann die Messe München mit ihrer Tochtergesellschaft IMAG auf mehr als 3.000 erfolgreich durchgeführte Aufträge im Ausland zurückblicken, im Dienste der deutschen Wirtschaft.
Auch in neuesten Untersuchungen wird nachgewiesen, daß rund 20 % der Exporte der deutschen Wirtschaft unmittelbar auf Messebeteiligungen zurückzuführen sind. Allein die Auslandsmesseförderung des Bundesministeriums für Wirtschaft soll Exportumsätze von mindestens 4 Milliarden D-Mark jährlich bewirken und damit mehr als 15.000 Arbeitsplätze sichern.

Diese Zusammenhänge sind selbstverständlich auch in der Wirtschaft selbst schon längst erkannt, wie auch dem Programm der Auslandsmesseförderung für das Jahr 1997 sehr deutlich zu entnehmen ist. Danach fördert das Bundesministerium für Wirtschaft Beteiligungen deutscher Unternehmen bei zunächst 166 Veranstaltungen im Ausland. Insgesamt liegen jedoch 185 Beteiligungsanträge der deutschen Wirtschaft vor. Berücksichtigt man nun auch die für 1997 geplanten Auslandsmessebeteiligungen einzelner Bundesländer bei derzeit insgesamt 169 Veranstaltungen, kann man sich in etwa vorstellen, wie hoch Auslandsmesseaktivitäten in der deutschen Wirtschaft und in der aktuellen Wirtschaftspolitik eingeschätzt werden.

Die neue Internationalität im deutschen Messewesen hat demnach zwei strategische Komponenten, die mit dem Marketingbedarf der Wirtschaft voll im Einklang stehen:
• *Die möglichst vollständige Zusammenführung von Marktpartnern im Rahmen internationaler Leitmessen an den Messeplätzen in Deutschland bleibt die strategische Zielsetzung im Rahmen der Grundtätigkeit deutscher Messeveranstalter.*
• *Messebeteiligungen und eigenständige Messeprojekte im Ausland, im Rahmen der Branchenkompetenz einzelner Veranstalter und im Einklang mit dem tatsächlichen Bedarf der Wirtschaft in bestimmten Marktregionen, bilden nun endgültig die zweite Komponente der „neuen Internationalität" im deutschen Messewesen. Bei systematischer Pflege dieser Komponente mit besser koordinierten Aktivitäten und der Möglichkeit, verfügbare Potentiale zu bündeln, sind noch größere Erfolge im Interesse der Wirtschaft erreichbar.*

Prof. Dr. Norbert Walter

VITA:

Geboren ist Prof. Dr. Norbert Walter am 23. September 1944 in Weckbach, Unterfranken. Das Abitur legt er 1963 in Miltenberg ab und studiert anschließend in Frankfurt Volkswirtschaftslehre an der Johann Wolfgang Goethe Universität. Sein Diplomexamen erhält er 1968, 1971 promoviert er zum Dr. rer. pol. Danach ist er von 1968 bis 1971 Mitarbeiter am Institut für Kapitalmarktforschung in Frankfurt. Er wechselt 1971 zum Institut für Weltwirtschaft in Kiel. Dort ist er zunächst als Assistent von Prof. Giersch tätig, später wird er Forschungsgruppenleiter. Im Jahre 1975 wird er Leiter der Konjunkturabteilung, 1978 schließlich Professor und Direktor im gleichen Hause. Zudem wird er 1986 Leiter der Abteilung Ressourcenökonomik. Ab dem Sommer 1986 geht er für ein Jahr an die John Hopkins University in Washington D.C., USA. Hier ist er John J. McCloy Distinguished Research Fellow am American Institute for Contemporary German Studies.

Zurück in Deutschland arbeitet er 1987 als Ökonom in der Volkswirtschaftlichen Abteilung der Deutschen Bank AG in Frankfurt.

Im Jahre 1990 wird er Chefvolkswirt der Deutschen Bank Gruppe. Seit 1992 ist er auch Geschäftsführer der Deutsche Bank Research.

Vorsorgen statt umverteilen – Deutschland braucht ein zukunftsfähiges Modell für die Alterssicherung

von Norbert Walter

Die Alterssicherung ist seit Jahren im Gerede. Wenn allzu plakativ behauptet wird, die Renten seien sicher, obgleich die Beiträge zur gesetzlichen Rentenversicherung immer wieder angehoben werden müssen, dann spricht vieles dafür, daß es nicht zum besten mit dem System der sozialen Sicherung steht. Das deutsche Modell für die Alterssicherung, mit über hundertjähriger Tradition, in den 50er Jahren grundlegend renoviert und in den 70er und 80er Jahren in vielerlei Hinsicht ausgebaut, war lange Zeit beispielgebend für andere Länder. Systeme dieser Art wurden als gleichbedeutend mit sozialem Fortschritt interpretiert. Moderne Sozialpolitik wurde definiert als Übernahme privater Risiken durch kollektive, zumeist staatlich organisierte Systeme. Die Grundlage für die Entstehung solcher kollektiver Versicherungen in der zweiten Hälfte des 19. Jahrhunderts war die unmittelbare Not der Arbeitnehmer und die Vorstellung der Regierenden (Eliten), allein durch solche Regelungen die Gefahr einer kommunistischen Revolution abwenden zu können. Der Ausbau staatlicher Grundsicherungssysteme zum Wohlfahrtsstaat fand in zwei Etappen statt: in der Zeit nach der Weltwirtschaftskrise, d. h der Periode des New Deal in den USA, und in den späten 50er und 60er Jahren, als an die Machbarkeit von Gesellschaft und Wirtschaft durch staatliche Planung und Lenkung geglaubt wurde.

Wie sehr die Philosophie der Kollektivversicherung um sich griff, zeigt der Anstieg der Beitragssätze zur gesetzlichen Krankenversicherung und zur Rentenversicherung von 16 % im Jahre 1950 über 22,4 % 1970 und 31,2 % 1990 auf 32,8 % im laufenden Jahr 1996. Die Verdopplung der Beitragssätze ist um so problematischer, als sie in einer demographischen Schönwetterperiode erfolgte. Das Zahlenverhältnis zwischen Beitragszahlern und Leistungsempfängern entwickelte sich in den vergangenen Dekaden im Durchschnitt günstig – die Zahl derer, die beitrugen, expandierte über lange Phasen rascher als die Zahl der Leistungsempfänger. Dies wird künftig nicht mehr so sein. Vielmehr ist der umgekehrte Fall zu erwarten: Der Anteil älterer Menschen an der Gesamtbevölkerung wird steigen. Damit rollt eine riesige Kostenlawine auf die Sozialversicherung zu.

In der öffentlichen Debatte um die Zukunft der Sozialversicherung wird jeder Gedanke an fundamentale Reformen in Richtung privater Lösung und Kapitaldeckung mit dem Hinweis abgelehnt, daß – wie schon vor Jahrzehnten Mackenroth feststellte – unabhängig vom System (Umlageverfahren oder Kapitaldeckung) die jeweils aktive Bevölkerung jeder Generation die Nicht-Aktiven zu versorgen habe. Diese Mackenrothsche Position, noch heute zentrales Argument jener, die am derzeitigen System, dem Umlageverfahren, festhalten, ist jedoch tautologisch, d. h. ohne empirisch relevanten Gehalt. Definitionsgemäß wird das Sozialprodukt einer Periode von den jeweils Aktiven erbracht und ebenso definitionsgemäß wird es von der Gesamtbevölkerung, d. h. den Aktiven und Nicht-Aktiven, verwendet. Über die Versorgungslage sagt diese definitionsgemäß wahre Aussage aber ebensowenig aus wie über die Ursachen für kräftiges oder weniger kräftiges Wirtschaftswachstum.

Jene, die einer privaten Lösung von Versicherungsaufgaben – ob Kranken-, Pflege- oder Altersversicherung – den Vorzug geben, postulieren aber gerade, daß eine solche Lösung effizienter sei, daß sie größere wirtschaftliche und gesellschaftliche Dynamik erzeuge. Mehr Dynamik führt aber dazu, daß das Sozialprodukt in künftigen Perioden größer ist als es bei Beibehaltung des Umlageverfahrens wäre. Ein solches Resultat ergibt sich als Folge einer höheren Spar- und Investitionsquote und eines höheren Arbeitseinsatzes, (Arbeitsmenge und Arbeitsproduktivität).

Demographie und kollektive Versicherungen

Eine kollektive Versicherung weist – wie angedeutet – bereits in „normalen Zeiten" Nachteile auf. Geradezu unüberwindlich aber können die damit verbundenen Probleme in einer Zeit werden, die durch massive Verschlechterungen im Altersaufbau einer Bevölkerung gekennzeichnet ist. Im Verlauf der kommenden Jahrzehnte erhöht sich der Anteil jener an der Bevölkerung, die in hohem Maße Leistungsempfänger der kollektiven Versicherungssysteme sind; jene Altersgruppe, die typischerweise die Beitragszahler repräsentiert, nimmt absolut – und noch stärker relativ – ab. Dieser Prozeß intensiviert sich aller Voraussicht nach um die Jahrhundertwende und nochmals nach dem Jahr 2020, wenn die Personen des Nachkriegsbabybooms ins Rentenalter kommen.

Aktuellen Prognosen des Statistischen Bundesamtes zufolge ist folgende Entwicklung wahrscheinlich: Der Anteil der aktiven Bevölkerung (20- bis 60jährige), der seit Mitte der 70er Jahre von rund 50 % auf knapp

58 % in der ersten Hälfte der 90er Jahre massiv gestiegen ist, wird in den kommenden Jahren zunächst noch auf einem relativ hohen Niveau von 56-57 % verharren und ab 2010/2015 beschleunigt abnehmen auf 54 % im Jahr 2020 und knapp 49 % 2030. Während heute auf 100 Aktive, d.h. 20- bis 60jährige, 36 Personen im Alter von 60 und darüber kommen, sind es im Jahr 2030 vermutlich 71 ältere Personen, d.h. fast doppelt soviele.

Dies hat jedoch nicht allein Konsequenzen für die Altersversorgung. Auch die relative Belastung mit Krankheits- bzw. Pflegekosten erhöht sich, da mit höherem Alter die Krankheitsanfälligkeit sowie auch die Pflegebedürftigkeit steigen und auch die Kosten pro Krankheitsfall zunehmen. Insbesondere die letzten Lebensjahre verursachen – auch bedingt durch die Art des medizinischen Fortschritts – relativ hohe Kosten.

Faßt man diese Überlegungen zusammen, so spricht unter Status-quo-Bedingungen alles für eine Erhöhung der Beitragsbelastung durch Alters-, Kranken- und Pflegeversicherung von 34,5 % des versicherungspflichtigen Einkommens im Jahr 1996 auf 45-50 % im Jahre 2030. Von dem verbleibenden Einkommen sind sicherlich kaum geringere Steuerlasten als heute zu finanzieren, zumal der Staat künftig allein schon für die Beamtenpensionen enorme Summen aufwenden muß, aber auch durch Zinsendienst und Tilgung der ausgeuferten Staatsverschuldung belastet wird.

Es ist offenkundig, daß ein solches Status-quo-Szenario nicht ein wahrscheinliches Abbild der künftigen Entwicklung darstellt. Zwar könnten die wahlberechtigten Nicht-Aktiven, die nach der Jahrtausendwende die Mehrheit darstellen, im demokratischen Prozeß die Minderheit der Erwerbstätigen theoretisch zu solch hohen Beitragssätzen verpflichten. Dies ist jedoch nur eine Fiktion.

Alles spricht dafür, daß sich die Aktiven einer solch erdrückenden Last verweigern und sich ihr entziehen würden. Eine Möglichkeit wäre das Auswandern, die andere die innere Emigration in Leistungsverweigerung oder in die Schattenwirtschaft. In jedem Fall stünden die Ansprüche derer, die auf Erfüllung des kollektiven Vertrags pochen, auf tönernen Füßen.

Begründung für mehr Vorsorge

„Ebensowenig wie ein Volk mehr verzehren kann, als es als Volk an Werten geschaffen hat, so wenig kann auch der Einzelne mehr an echter Sicherheit erringen, als wir uns im ganzen durch Leistung Sicherheit erworben haben. Diese Grundwahrheit wird auch nicht durch Verschleierungsversuche mittels kollektiver Umlageverfahren aus der Welt geschafft", hat Ludwig Erhard 1957 in seiner bekannten Monographie „Wohlstand für alle" festgestellt (S. 261). Letztlich ist Erhards Plädoyer für mehr private Vorsorge - insbesondere in so schwierigen Zeiten, wie sie nunmehr bevorstehen - mit ihrer größeren Effizienz und ihrer ethischen Überlegenheit begründet. Mit privater Vorsorge soll letztlich für alle Beteiligten ein höherer Wohlstand und – mindestens ebenso wichtig – ein größeres Maß an Freiheit und Menschenwürde verwirklicht werden. Oder, um es mit Erhards Worten zu sagen: „Das berechtigte Verlangen, dem Individuum größere Sicherheit zu geben, kann m.E. nur dadurch erfüllt werden, daß wir über eine Mehrung des allgemeinen Wohlstandes jedem einzelnen das Gefühl seiner menschlichen Würde und damit auch die Gewißheit vermitteln, daß er von jedweden Gewalten unabhängig ist. Das mir vorschwebende Ideal beruht auf der Stärke, daß der einzelne sagen kann: 'Ich will mich aus eigener Kraft bewähren, ich will das Risiko des Lebens selbst tragen, will für mein Schicksal selbst verantwortlich sein' "(Ludwig Erhard, a.a.O., S. 262).

Wie nun setzt sich stärkere Eigenverantwortung für die Altersvorsorge konkret in größere Effizienz, in mehr Wohlstand für alle um? Die erste Stufe ist die Bereitschaft zu größerer Ersparnis – ist doch allein mit jenen Mitteln, die nicht verbraucht werden, für künftige Bedürfnisse vorzusorgen. Führt dies zu einer übermäßig schmerzenden Einschränkung des Konsums, so entsteht Bereitschaft zu größerem (zeitlichem oder qualitativem) Arbeitseinsatz. Auf diese Weise trägt das so stimulierte Individuum mehr an Leistung bei, es entsteht ein größeres Sozialprodukt, d.h. der Kuchen, der verteilt werden kann, wächst. Damit ist der mikroökonomische Prozeß beschrieben, der ausgelöst wird, wenn man von einem kollektiven Umlageverfahren auf das System der Eigenverantwortung umsteigt.

Auch nach einem solchen Systemwechsel müssen die Leistungen für die Alten, Kranken und Pflegebedürftigen aus dem von den Aktiven erstellten Sozialprodukt genommen werden. Als Folge des Systems der Eigenverantwortung wurde aber mehr gespart und mehr investiert, damit kann ein höheres Sozialprodukt erwirtschaftet werden. Ebenso wichtig aber ist, daß die Alten und die Kranken nicht länger Antragsteller des Sozialstaates sind, sondern ihre Leistungen aufgrund privatrechtlicher, d.h. wirtschaftlich klar begründeter und zurechenbarer Ansprüche erhalten; dies entspricht der Menschenwürde.

Die Optionen in der zweiten Hälfte der 90er Jahre

Problemlösungen für die großen Aufgaben Bildung, Alter, Krankheit sind dringend geworden. Die Zeit für eine Weichenstellung, die sachgerecht und zugleich weitgehend ohne Enttäuschungen hätte sein können, wurde wiederholt verpaßt – zuletzt vor 5 Jahren. Damals, zur Zeit der Vereinigung Deutschlands, – besser noch früher – etwa nach dem Regierungswechsel in Bonn im Jahr 1982 – hätte man eine Investitionsoffensive an allen Fronten einleiten müssen. Human-, Finanz- und Sachkapital hätten verstärkt gebildet werden sollen. Dies wäre mit einer Abwendung von kollektiven Lösungen möglich gewesen. Statt dessen aber wurden die kollektiven Systeme selbst in den 80er Jahren noch ausgeweitet. Bildungsmöglichkeiten zum Nulltarif nahmen zu, der Vorruhestand ohne Rentenabschläge wurde eingeführt und im Lauf der Jahre massenhaft in Anspruch genommen, strukturschwache Bereiche wie Kohlebergbau und Landwirtschaft sozialisierten ihre Alterslasten ebenso wie der öffentliche Dienst diese erweiterte. Der Vollkaskomentalität wurde nicht Einhalt geboten. Die staatliche Sozialversicherung war längst schon in der Krise, als ihr mit der Vereinigung die Alterssicherung in den neuen Bundesländern übertragen wurde, die heute viele fälschlicherweise als Krisenursache ansehen.

Die Chance, vor eineinhalb Jahrzehnten forciert auf einen modernen Produktionsapparat hinzuarbeiten, den Nachkriegsbabyboom voll in eine moderne Ausbildung, die übrigen Arbeitskräfte in eine effiziente Weiterbildung zu integrieren, wurde vertan. Stattdessen nahm die deutsche Gesellschaft, im Glauben, alle existentiellen Probleme sachgerecht beim Staat aufgehoben zu haben, immer mehr in Anspruch, sie konsumierte. Sie konsumierte vor allem ihre Zeit. Sie wurde im Urteil vieler eine Freizeitgesellschaft. Die Paradiesillusion war nahezu total.

In der zweiten Hälfte der 90er Jahre gibt es keine schmerzlosen Optionen mehr, mit denen die Probleme der Altersversorgung der kommenden Generation zu meistern sind. Die starken Veränderungen der Altersstruktur unserer Bevölkerung und das Schrumpfen der Gesamtzahl sind mindestens für eine Generation programmiert. Sollen heutige Anspruchsniveaus – von denen die bisherigen Beitragszahler annehmen, sie hätten darauf

einklagbare Rechte erworben – aufrechterhalten werden, so nimmt die Last der künftigen Beitragszahler massiv zu. Es bleibt die Frage, wie man die Bereitschaft, solche Lasten zu tragen, sicherstellen kann. Vieles spricht indes dafür, daß der gesellschaftliche Konsens, die heutigen Anspruchsniveaus der heutigen Beitragszahler nach 2000 zu erfüllen, nicht mehr gewährleistet sein wird. Aber auch wenn der Generationenvertrag faktisch gekündigt wird, muß für das Alter vorgesorgt sein. Die Frage, wie man die Weichen für dieses zweite – eher realistische – Szenario heute zu stellen hat, soll deshalb im Mittelpunkt der weiteren Erörterungen stehen.

Ansätze für eine Reform der Altersvorsorge

Vor allem muß den heute ins Erwerbsleben Eintretenden klargemacht werden, daß ihre Altersversorgung durch die gesetzliche Rentenversicherung faktisch nicht gesichert ist, daß es schon heute massiver Korrekturen bedarf, soll ihre Lage im Alter nicht ausgesprochen ungünstig werden. Die Altersgruppe des Nachkriegsbabybooms ist also in besonderer Weise auf ihr Problem hinzuweisen. Wird in dieser Gruppe das Problembewußtsein entwickelt, so dürfte ihr Einfluß, auch über die politischen Mechanismen, auf andere Gruppen ausstrahlen. Dann besteht eine Chance auf eine möglichst rasche und sachgerechte Korrektur.

Wenn erkennbar wird, daß die Angehörigen des Nachkriegsbabybooms mit ihren heutigen und künftigen Beitragszahlungen einen äquivalenten Anspruch auf Altersruhegeld ökonomisch nicht begründen, sind folgende Konsequenzen denkbar: Junge Leute sparen einen größeren Teil ihres Einkommens als bisher, um privat dafür zu sorgen, daß ihre Altersversorgung nicht unerträglich gering wird. Eine zweite Möglichkeit ist es, daß diese Altersgruppe ökonomische Entscheidungen trifft, die sie nicht sozialversicherungspflichtig werden läßt. Dies kann durch vermehrte Schwarzarbeit, durch vermehrte Übernahme von 590,-DM-Jobs (diese sind nicht versicherungspflichtig), vermehrte selbständige Tätigkeit oder aber auch Auswandern geschehen.

Es erscheint auf der einen Seite offenkundig, daß eine unveränderte Aufrechterhaltung des Leistungsangebots der gesetzlichen Altersversorgung nicht finanzierbar ist. Private Bereitschaft zu einer solchen Lösung existiert nicht, entsprechend hohe Beitragssätze würden wegen der Ausweichreaktionen der Bürger und der Erosion der Produktionsbasis durch verstärkte Abwanderung von Unternehmen keine entsprechenden Mehreinnahmen erbringen.

Auf der anderen Seite erscheint es unmöglich, erworbene Ansprüche der bisherigen Beitragszahler nicht zu honorieren. Dies käme einem Vertrauensbruch gleich. Zwischen diesen beiden Erkenntnissen dürften die ökonomischen und politischen Möglichkeiten liegen. Mehr als mit jeder anderen Lösung wäre vermutlich dadurch zu erreichen, daß der Staat die Bürger ab sofort nur noch zu einer Grundabsicherung (in Höhe des Sozialhilfeniveaus) für das Alter verpflichtet.

Die Beiträge hierfür könnten fakultativ bei der gesetzlichen Rentenversicherung oder einer privaten Versicherung eingezahlt werden. Alle bisherigen Beitragszahlungen führen prinzipiell zu Ansprüchen gemäß altem Recht. Jede künftige Altersvorsorge über das Niveau der Grundabsicherung hinaus wäre Privatsache.

Bei den Leistungen der Altersversicherung wären jedoch heute schon alle Umverteilungselemente zu beseitigen. So etwa müßte der vorzeitige Rentenbezug Anlaß für volle versicherungsmathematische Abschläge (die vermutliche Rentenbezugsdauer ist ja verlängert) sein, was auch nach den jüngsten Reformen (Übergang vom Frührenten- zum Teilrenten-Modell) noch nicht gewährleistet ist.

Da selbst eine um Umverteilungseffekte schlanker gemachte Rentenversicherung im Verlauf dieses Umstellungsprozesses noch für Dekaden hohe Ausgaben zu finanzieren hätte, folgte bei diesem Modell, daß die Aktiven sowohl für ihre eigene Altersversorgung (einschließlich der über die Grundsicherung hinausgehenden privaten Vorsorge) aufzukommen hätten als auch für die (komfortable) Altersversorgung der Rentner der kommenden zwei bis drei Jahrzehnte. Eine solche Lastverteilung dürfte weder ökonomisch vernünftig noch politisch durchsetzbar sein. Deshalb werden sich wohl Änderungen im Leistungsprofil der gesetzlichen Altersversorgung nicht vermeiden lassen, auch wenn dies von den Betroffenen als Vertrauensbruch empfunden wird. Schritte in diese Richtung wurden durch die Rentenreform von 1992 (Anpassung der Renten an die Entwicklung der Netto- statt der Bruttolöhne, Erhöhung des Rentenalters auf 65 Jahre ab 2001) und die Spargesetze des laufenden Jahres (Teilzeitrente statt Vorruhestandsregelung, Einsparungen bei Kuren, Anhebung des Rentenalters für Frauen auf 63 Jahre) bereits unternommen. Freilich ist mit der Einführung der Pflegeversicherung auch schon wieder eine schwere Erblast für künftige Zeiten aufgehäuft worden.

Für die Zukunft dürfen weder eine weitere Anhebung des Rentenalters noch eine Absenkung des Rentenniveaus tabu sein. Im Sinne einer gerechten Verteilung der demographischen Lasten zwischen den Generationen sind solche Anpasssungen sogar wohl unumgänglich.

Eine Umstellung der Altersvorsorge weg von der Kollektivversicherung hin zur Eigenverantwortung bedarf darüber hinaus auch entsprechender steuerlicher Rahmenbedingungen. Der Zugriff des Staates auf die Einkommen der Bürger muß durch eine drastische Absenkung des Spitzensteuersatzes der Einkommensteuer von derzeit 53 % (57 % mit Solidaritätszuschlag) auf deutlich unter 40 % vermindert werden, wie es die aktuellen Konzepte für die große Steuerreform 1999 vorsehen. Zudem gilt es, gleiche steuerliche Bedingungen für alle Formen der Alterssicherung zu schaffen. Eine sachgerechte Lösung wäre die Freistellung aller Leistungen für die Altersvorsorge von der Steuerpflicht und die volle Besteuerung aller Einkommen, die ein Nicht-Aktiver bezieht. Damit würde die Gleichbehandlung verschiedener Gruppen (Sozialversicherungspflichtige, Nicht-Sozialversicherungspflichtige) ebenso ermöglicht wie die angestrebte Einmalbesteuerung von Einkommen; zudem ergäben sich bei Zusatzverdiensten von Rentnern oder bei Mehrfachrenten keine Probleme für die adäquate steuerliche Behandlung. Auch würde die Anrechnung von sonstigen Einkommen auf die Rente aus der Sozialversicherung ohne Bedeutung sein.

Von den Kritikern eines Übergangs von Umlageverfahren zu einer Altersvorsorge mit Ansparen (Kapitaldeckung) wird eingewendet, daß der Unterschied ein fiktiver sei, da die private Altersvorsorge in Zeiten eines Umbruchs der Altersstruktur und schrumpfender Bevölkerung vor denselben Problemen stehe wie die kollektive Altersversorgung. Auch die privaten Ansprüche stünden „auf dem Papier".

Wenn ein privat Vorsorgender (oder seine Lebensversicherung) beispielsweise Wohnungseigentum erwerbe, so sei dessen Nutzungswert bei schrumpfender Bevölkerung und damit die materielle Basis für die private Altersvorsorge gefährdet. Ebenso sei durch den Erwerb von Staatsanleihen die materielle Besserstellung des privat Vorsorgenden nicht gesichert, wenn die künftige Bedienung der Anleihen in Zeiten schrumpfender Bevölkerung und damit wohl auch spärlich fließender Steuermittel gefährdet sei.

Eine Reihe dieser Überlegungen entbehren nicht der Grundlage. In der Tat ist die Sicherung des künftigen Wertes von heute erworbenem Vermögen in Zeiten eines demographischen Umbruchs recht schwierig. Deshalb ist bei jeder Anlageentscheidung äußerste Sorgfalt geboten.

Es kommt darauf an, Ansprüche zu erwerben, die eine rentierliche Anlage sichern. Hierzu gehört einerseits ein Engagement in entwicklungsfähigen und kreditwürdigen Ländern außerhalb Deutschlands, andererseits eine Beteiligung an Produktivvermögen, d. h. Aktien- und sonstiger Beteiligungsbesitz. Wer statt dessen, weil es lange Zeit sachgerechte Altersvorsorge war, weitgehend auf (inländischen) Immobilienbesitz oder Geldvermögen vertraut, dürfte enttäuscht werden.

Entsteht aber durch die Umorientierung bei der Altersvorsorge sowohl ein nennenswertes Auslandsengagement vieler Deutscher als auch eine vermehrte Anlage in Beteiligungstiteln, so dürften die Möglichkeiten für eine angemessene – mindestens aber eine nicht enttäuschende – Versorgung im Alter sich nennenswert verbessern, weil insgesamt mehr realistische Ansprüche erworben würden und im Inland mehr produktives Kapital gebildet würde.

Bildete man aber in den kommenden Jahren viel Produktionskapital, vermehrte man kräftig die Aus- und Weiterbildungsanstrengungen, so wäre das Produktionspotential für die schwierigen Jahre nach 2010, die Jahre der Vergreisung in der Bundesrepublik Deutschland, vergrößert, das Versorgungsproblem damit leichter lösbar.

Wenn bis dahin auch noch durch medizinischen Fortschritt und – noch wichtiger – mentale Erneuerung die Vergreisung erst später einsetzte, bestünde eine Chance, daß diese Republik auch für die dann Aktiven als akzeptable Alternative erschiene.

Mit vergeblichen Versuchen, die bestehenden Kollektivsysteme zu reformieren, werden wir die Zukunft nicht meistern können. Dazu bedarf es entschlossener neuer Weichenstellungen. Worum es letztlich geht, zeigt Ludwig Erhards unerschrockene Position:

„Es stünde im sozialen Leben um manche Not in unserem Volke besser, wenn wir nicht zu viel sozialen Kollektivwillen, sondern mehr soziale Gesinnung und Haltung bezeugen wollten. Das eine aber schlägt das andere tot, und darum stellt sich uns zuletzt die Frage, ob wir, einig in dem Willen und der Verpflichtung, keinen deutschen Menschen mehr der Not ausgesetzt zu sehen, gut daran tun, die besten menschlichen Tugenden im perfektionierten Kollektivismus gar völlig zu ersticken oder ob wir nicht im Streben nach mehr Wohlstand und durch Eröffnung immer besserer Chancen zur Gewinnung persönlichen Eigentums dem verderblichen Geist des Kollektivismus Todfehde ansagen sollten. Meine eigene Meinung liegt klar und eindeutig zutage; ich hoffe, daß meine Mahnung nicht ungehört verhallt" (Ludwig Erhard, a.a.O., S. 273/274).

Im Mittelstand verwurzelt

Die SIGNAL Versicherungen

Die Dortmunder SIGNAL Versicherungen zählen zu den traditionsreichen Versicherungen Deutschlands. Ihre Anfänge reichen zurück bis ins Jahr 1906. In dieser Zeit, zu Beginn unseres Jahrhunderts, beschränkte sich die noch junge Sozialversicherung darauf, nur Schutzbedürftige aufzunehmen; Selbständige blieben dabei außen vor.

Dortmunder Handwerksmeister ergriffen daher die Initiative und gründeten am 10. April 1907 eine Krankenunterstützungskasse für die selbständigen Handwerker in

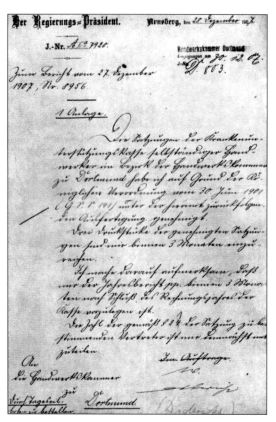

Frühe Anfänge: Am 28. Dezember 1907 erhielt die „Krankenunterstützungskasse für selbständige Handwerker im Bezirk der Handwerkskammer zu Dortmund" die Zulassung zum Geschäftsbetrieb. Die Geburtsstunde der SIGNAL Versicherungen.

ihrem Kammerbezirk, die noch im selben Jahr ihren Geschäftsbetrieb aufnahm. Dies

war der Ursprung der heutigen SIGNAL GRUPPE. Der neue, auf genossenschaftlicher Basis arbeitende Versicherungsverein gewährte damals noch nicht den Vollkostenschutz, den wir heute kennen. Er wirkte vielmehr nach dem Prinzip „Sicherheit durch Selbsthilfe", sorgte dafür, daß ein Selbständiger im Krankheitsfall nicht ins Bodenlose fiel. Es war ein Signal für die Zukunft, denn die SIGNAL Gründerväter verwirklichten somit schon vor 90 Jahren ein Grundprinzip der heutigen Sozialen Marktwirtschaft: das „Subsidiaritätsprinzip". Oder wie es Ludwig Erhard rund 50 Jahre später formulierte: „Es widerspricht [...] der marktwirtschaftlichen Ordnung, die [...] Selbstvorsorge und Eigenverantwortung auch dann auszuschalten, wenn das Einzelindividuum durchaus in der Lage ist, solche Tugenden in weitem Umfang zu üben" Also so viel Staat wie nötig, so viel Eigenvorsorge wie möglich. Und genau in diese Richtung zielte die Initiative der Handwerksmeister.

Das Motto „Sicherheit durch Selbsthilfe" fiel auf fruchtbaren Boden, und schon in den zwanziger Jahren konnte das noch junge Unternehmen seinen Geschäftsbetrieb weit über den Dortmunder Raum hinaus ausdehnen. Seit dieser Zeit ist viel geschehen, auch bei SIGNAL. Denn das Unternehmen erweiterte sein Tätigkeitsfeld nicht nur räumlich, sondern es baute auch seine Produktpalette immer weiter aus. Aus der einst kleinen Vorsorgeeinrichtung ist heute eine große, leistungsfähige Unternehmensgruppe geworden. Sie bietet Versicherungsschutz für den privaten und gewerblichen Bedarf in ganz Deutschland an. Darüber hinaus ist das Haus SIGNAL über seine jüngste Konzerntochter - die SIGNAL Versicherung AG Budapest - seit 1993 auch in Ungarn vertreten. Das Unter-

In der Dortmunder SIGNAL Hauptverwaltung und einem dichten Geschäftsstellennetz kümmern sich qualifizierte Mitarbeiter um den privaten und gewerblichen Versicherungsbedarf von Kunden in ganz Deutschland

nehmen, zusammen mit dem ungarischen Handwerk und Mittelstand gegründet, ist in nahezu allen größeren ungarischen Städten mit Geschäftsstellen präsent.

Obwohl sich SIGNAL inzwischen als Allroundversicherer versteht, ist die berufsständisch orientierte Versicherungsgruppe dem Mittelstand in Handwerk, Handel und Gewerbe nach wie vor besonders eng verbunden. So sind maßgebliche Repräsentanten des Mittelstands in den SIGNAL Gremien – beispielsweise in Mitgliedervertretungen und Aufsichtsräten – vertreten. Es findet somit ein enger Gedanken- und Erfahrungsaustausch in allen wichtigen und relevanten Fragestellungen statt. Dadurch ist sichergestellt, daß sich die SIGNAL GRUPPE frühzeitig auf sich wandelnde Vorsorgebedürfnisse in Handwerk, Handel und Gewerbe einstellen kann.

Das Konzept „Sicherheit durch Selbsthilfe" bewährt sich jetzt seit neun Jahrzehnten. Es hat eine große Vergangenheit und ist heute noch genauso aktuell wie damals. Heute stellen wir nämlich fest, daß der jahrelang betriebene Ausbau der kollektiven Vorsorge zu einer Überlastung der Sozialversicherung

geführt hat. Ludwig Erhard schrieb dazu in seinem Buch „Wohlstand für alle": „Die Sicherheit des einzelnen Menschen - oder mindestens das Sicherheitsgefühl - hat mit der Überantwortung seines Schicksals an den Staat oder an das Kollektiv nicht zugenommen, sondern abgenommen." Die aktuelle Diskussion um die Sicherheit der Renten oder Leistungseinschränkungen bei der gesetzlichen Krankenversicherung beweist die Richtigkeit der These Erhards.

Heute reicht staatlicher Schutz, damit aber auch verbunden staatlicher Zwang und die Abhängigkeit vom Staat weit über den Kreis der eigentlich Schutzbedürftigen hinaus. Damit leben wir in einem Versorgungsstaat, den Erhard immer kritisiert hat, der mit „wirtschaftlichem Fortschritt und leistungsmäßig fundiertem Wohlstand" unvereinbar ist. Eine Umkehr dieser Entwicklung ist also dringend geboten. Das heißt: Wir müssen wieder den Weg zu einer freiheitlichen Sozialpolitik finden, private Vorsorge und Eigenverantwortung stärken. Damit der Einzelne hierzu in der Lage ist, seine „Verpflichtung zur Freiheit" einlösen kann, stehen ihm private Versicherer wie die Dortmunder SIGNAL Versicherungen zur Seite.

Dr. Bernd Michaels

VITA:

Dr. Bernd Michaels ist am 1. Februar 1936 in Hamburg geboren als Sohn einer Kaufmannsfamilie. 1955 absolviert er das Abitur an der Heinrich-Hertz-Schule in Hamburg.

In den Jahren 1950 bis 1960 studiert er Rechtswissenschaften in Hamburg und Freiburg; das 1. Staatsexamen legt er 1960 und das 2. Staatsexamen 1965 in Hamburg ab. Während seiner Referendarzeit, 1961 bis 1965, ist er bei der Deutschen Rückversicherung AG in Hamburg sowie am Lehrstuhl für das Versicherungsrecht an der Universität Hamburg tätig.

In den Jahren 1965 bis 1967 assistiert er am Lehrstuhl für Versicherungsrecht bei Prof. Dr. Reimer Schmidt in Hamburg, bei dem er 1967 promoviert.

Von 1967 bis 1969 ist er Persönlicher Referent des Vorstandsvorsitzenden bei der Versicherungs-Gruppe Hannover, VGH. Für die Aachener und Münchener Versicherung ist er von 1969 bis 1982 tätig. Ab 1972 ist er als Vorstandsmitglied zuständig für die Bereiche HUK, Transport, Rückversicherung und Ausland sowie als Vorstand für die Aachener und Münchener Beteiligungs-AG. Von 1982 bis 1983 ist er Vorstandsvorsitzender der Deutsche Herold-Gruppe. 1983 tritt er in den Vorstand der PROVINZIAL Versicherungsanstalten der Rheinprovinz in Düsseldorf ein. Seit 1985 ist er im gleichen Hause Vorstandsvorsitzender. Seit April 1993 bekleidet er das Amt des Präsidenten des Gesamtverbandes der Deutschen Versicherungswirtschaft e.V..

Eigenverantwortliche Vorsorge in der Sozialen Marktwirtschaft

Zur Neujustierung von Solidarität und Subsidiarität

von Bernd Michaels

In der Konzeption der Sozialen Marktwirtschaft ist die Schaffung einer Sozialordnung angelegt, die als Korrektiv zu den Marktergebnissen für sozialen Ausgleich sorgt. In der Bundesrepublik Deutschland hat sich dementsprechend über Jahrzehnte hinweg ein umfassendes System Sozialer Sicherung entwickelt. Das Netzwerk sozialer Leistungen ist längst nicht mehr beschränkt auf die Abdeckung von Grundrisiken und bestimmte Personengruppen, sondern erstreckt sich heute auf nahezu alle Wechselfälle des Lebens und fast die gesamte Bevölkerung. Der deutsche Sozialstaat zählt zu den am weitesten ausgebauten der Welt.

Symbiose von Sozialstaat und wirtschaftlicher Leistungsfähigkeit gestört

Ein derart umfassendes Sicherungssystem hat seinen Preis. Inzwischen wird ein Drittel des Sozialprodukts für soziale Leistungen aufgewendet.

Diese Belastung ist das Ergebnis eines im Vergleich zur Entwicklung der Wirtschaftskraft übermäßigen Wachstums der Sozialaufwendungen. Während sich das Sozialprodukt von 1960 bis 1994 nominal fast verzehnfacht hat, haben sich die Sozialausgaben versechzehnfacht. Die Belastung der Arbeitseinkommen mit Sozialversicherungsbeiträgen, die je zur Hälfte von Arbeitnehmern und Arbeitgebern getragen werden, ist von 22 Prozent (1960) auf rund 42 Prozent (1997) gestiegen.

Zwischen wirtschaftlicher und sozialer Entwicklung besteht eine enge Wechselbeziehung. Das anhaltend gute Wachstumstempo der deutschen Volkswirtschaft und der hohe Beschäftigungsstand bis zu Beginn der 70er Jahre sind Beleg dafür, daß Sozialstaats- und Wirtschaftsentwicklung, durchaus einer Symbiose gleich, zu gegenseitigem Vorteil zusammenwirken können. Seit Anfang der 80er Jahre ist zunehmend deutlich geworden, daß ein fortgesetzt hypertrophes Wachstum des Sozialsstaats zu einer Schwächung des marktwirtschaftlichen Anreizsystems und einer Beeinträchtigung der Eigenverantwortlichkeit von Bürgern und Unternehmen führt. Inzwischen ist unstrittig, daß eine der zentralen Ursachen für die strukturellen Probleme der deutschen Wirtschaft die Ausuferung des Sozialstaats und die damit verbundene Überforderung mit Steuern und Sozialabgaben ist. Der Sachverständigenrat zur Begutachtung der gesamtwirtschaftlichen Entwicklung stellt in seinem Jahresgutachten 1996/97 zurecht fest: „Die sozialen Sicherungssysteme lassen sich so, wie sie historisch gewachsen sind und wie sie heute funktionieren, nicht fortführen" (Tz 378).

Der Reformbedarf resultiert stärker aus der demographischen Entwicklung als aus der akuten Problemlage. Die sich bereits heute abzeichnende dramatische Verschiebung zwischen der Relation von Erwerbstätigen und Rentnern setzt die umlagefinanzierten Systeme der Sozialversicherung spätestens nach dem Jahr 2015 unter erheblichen Anpassungsdruck. Unter status-quo-Bedingungen würde der Gesamtbeitragssatz zur

Sozialversicherung bis zum Jahr 2040 auf rund 65 Prozent steigen. Hinzu käme die Steuerbelastung. Ohne einschneidende Reformen würden sich unüberwindliche Steuer- und Abgabewiderstände aufbauen.

Kapitaldeckungsverfahren überlegen

Die Alternative zum Umlageverfahren ist das Kapitaldeckungsverfahren. Dies gilt sowohl für die Kranken- und Pflegeversicherung als insbesondere auch für die Altersvorsorge. Durch individuelles Ansparen und verzinsliche Anlage wird in der Erwerbsphase ein Kapital angesammelt, aus dem der Lebensunterhalt im Alter bestritten werden kann.

Das Kapitaldeckungsverfahren weist gegenüber dem Umlageverfahren vor allem folgende Vorteile auf:

• Das Kapitaldeckungsverfahren ist in unserer offenen Volkswirtschaft und den damit verbundenen vielfältigen Möglichkeiten einer gewinnbringenden Anlage auch im Ausland weitgehend unabhängig von der demographischen Entwicklung.

• Das Kapitaldeckungsverfahren weist eine deutlich höhere Rendite auf als das Umlageverfahren. Der bereits zitierte Sachverständigenrat rechnet vor, daß ein heute ins Berufsleben startender Erwerbstätiger für eine bei Eintritt in den Ruhestand dem heutigen Niveau entsprechende Standardrente nach dem Kapitaldeckungsverfahren monatliche Beiträge von 530 DM, nach dem Umlageverfahren einschließlich Arbeitgeberanteil monatliche Beiträge von 820 DM aufwenden muß.

• Das Kapitaldeckungsverfahren führt gesamtwirtschaftlich zu einer höheren Ersparnis. Es trägt damit zu Verstärkung der Investitionstätigkeit, zur Vergrößerung des volkswirtschaftlichen Kapitalstocks, zu mehr Wachstum und Beschäftigung bei.

Angesichts dieser Effizienzvorteile kann nicht verwundern, daß von Wissenschaft und Politik je nach Standort zunehmend auf die Möglichkeiten bzw. die Notwendigkeit von mehr eigenverantwortlicher Vorsorge in Form der Lebensversicherung hingewiesen wird, damit auch in Zukunft der Lebensstandard im Alter gehalten werden kann. Nicht mehr ob, sondern wie und in welchem Umfang lauten daher die Fragestellungen der anstehenden Reform der Systeme zur Alterssicherung. Dabei geht es auch um die immer wieder gestellte ordnungspolitische Grundsatzfrage, wie weit soziale Sicherung mit Zwangsmitgliedschaft und Zwangsbeiträgen über eine soziale Grundsicherung hinausreichen kann.

Rückbesinnung auf Ludwig Erhard

Ludwig Erhard hat sich in diesem Zusammenhang ganz eindeutig geäußert: „Es widerspricht der marktwirtschaftlichen Ordnung, die die Entscheidung über Produktion und Konsum dem einzelnen überläßt, die private Initiative bei der Vorsorge für die Wechselfälle und Notstände des Lebens auch dann auszuschalten, wenn der einzelne dazu fähig und gewillt ist, selbstverantwortlich und eigenständig vorzusorgen. Wirtschaftliche Freiheit und totaler Versicherungszwang vertragen sich nicht.
Daher ist es notwendig, daß das Subsidiaritätsprinzip als eines der wichtigsten Ordnungsprinzipien für die soziale Sicherung anerkannt und der Selbsthilfe und der Eigenverantwortung soweit wie möglich der Vorrang eingeräumt wird. Der staatliche Zwangsschutz hat danach dort haltzumachen, wo der einzelne und seine Familie noch in der Lage sind, selbstverantwortlich und individuell Vorsorge zu treffen."

Hätte sich der Gesetzgeber angesichts des rasch gestiegenen Wohlstands breiter Bevölkerungskreise an diese Maxime Ludwig Erhards gehalten, nicht die solidarisch organisierten Sozialversicherungssysteme immer weiter auszubauen, sondern dem Subsidiaritätsprinzip entsprechend mehr Spielraum für eigenverantwortliche Vorsorge zu schaffen, die derzeitige Diskussion um den Umbau des Sozialstaats wäre uns als gegenstandslos erspart geblieben. Um so wichtiger ist jetzt die Neujustierung von Solidarität und Subsidiarität im Geiste Ludwig Erhards.

In der Bevölkerung ist ein entsprechender Bewußtseinswandel und die Bereitschaft zu mehr eigenverantwortlicher Vorsorge bereits festzustellen. Nach den im Herbst 1996 vorgelegten Ergebnissen des Instituts für Demoskopie Allensbach weiß die große Mehrheit der Bevölkerung, daß die demographische Entwicklung zu einschneidenden Reformen zwingt. Nur das Vertrauen in die Lebensversicherung ist hoch und stabil.

Es ist an den politischen Entscheidungsträgern, im Zuge der Reform die Rahmenbedingungen so zu setzen, daß genügend finanzieller Spielraum bleibt, damit die notwendige Gewichtsverlagerung zu mehr eigenverantwortlicher Vorsorge möglich wird.

Elmo Freiherr von Schorlemer

VITA:

Elmo Freiherr von Schorlemer ist am 19. September 1941 in Fürstenau, Niedersachsen geboren. In Münster legt er 1961 sein Abitur am Gymnasium Paulinum ab. Danach folgt das Studium der Rechtswissenschaften an den Universitäten in Freiburg und Münster. Die erste juristische Staatsprüfung legt er am Oberlandesgericht Hamm ab, die zweite juristische Staatsprüfung folgt am Landesjustizprüfungsamt in Düsseldorf.

In den Jahren 1968 bis 1974 ist er für einen multinationalen Konzern und eine Vermögensverwaltungsgesellschaft in Bielefeld, Südamerika und Hamburg tätig. Sein Aufgabenfeld sind die Rechtsabteilung, Grundsatzfragen und der Vertrieb.

Von 1975 bis Ende 1990 arbeitet er für die Colonia Versicherung AG in Köln, seit 1979 als Vorstandsmitglied. In diesem Hause ist er zuletzt zuständig für die Sparten Haftpflicht, Unfall, Kraftfahrt und Luftfahrt.

Seit Jahresbeginn 1991 bekleidet Elmo Freiherr von Schorlemer das Amt des Vorstandsvorsitzenden der Aachener und Münchener Versicherung Aktiengesellschaft, Aachen.

Zugleich ist er Vorstandsmitglied der AMB Aachener und Münchener Beteiligungs-Aktiengesellschaft, Aachen.

Die gesellschaftspolitische Aufgabe der deutschen Versicherungswirtschaft

von Elmo Freiherr von Schorlemer

Die letzten 50 Jahre haben gezeigt, daß es in der Welt nur eine Konstanz gibt: die des Wandels. Menschen haben heute viel mehr noch als früher das Problem, sich in einer ständig verändernden Welt zu orientieren. Im Zuge einer zunehmenden Technologisierung und Instrumentalisierung verlieren traditionelle Wertvorstellungen an Bedeutung, werden politische und gesellschaftliche Grenzen unschärfer und Strukturen veränderbarer. Die Stabilität der sozialen Sicherungssysteme und Wirtschaftsordnungen ist zunehmend Gegenstand von Diskussionen. Die Beispiele von steigender Kriminalität, rasantem sozialen Abstieg und zerstörerischen Naturkatastrophen bestimmen tagtäglich die Schlagzeilen der Medien.

In dem Maße, wie sich diese Entwicklungen vollziehen, gewinnt das abstrakte Gut „Sicherheit" an Bedeutung. Gleichzeitig wird „Sicherheit" in immer mannigfaltigerer Weise konkretisiert. Für den ersten bedeutet es zum Beispiel die Sicherung seines materiellen Privatvermögens, für den zweiten den Schutz seines Gewerbes, für den dritten die Absicherung seiner Arbeitskraft und für den vierten die Garantie seines Lebensstandards im Alter.

Damit ist die Verantwortung beschrieben, die die Versicherungsbranche gegenüber ihren Kunden hat. Allgemeine Sicherungskonzepte anzubieten ist unzureichend und wird den Erfordernissen der Kunden nicht gerecht. Es gilt, eine bedarfsgerechte und ganz individuelle Risikoabdeckung zu garantieren. Für den Privathaushalt bedeutet das Stabilität der heutigen Situation und eröffnet die Möglichkeit einer langfristigen bzw. Lebensplanung. Eigenverantwortliche Vorsorge erhöht die Tragfähigkeit öffentlicher Sozialsicherungssysteme. Die Versicherungswirtschaft bietet damit die Entsprechung zu einer Maxime der Sozialen Marktwirtschaft, dem Subsidiaritätsprinzip.

Aber nicht nur der Privatkunde profitiert, sondern in vielleicht noch größerem Maße auch der gewerbliche Kunde. Die Möglichkeit der Risikoabwälzung auf den Versicherer eröffnet den Unternehmen Handlungsspielräume. Risiken werden kalkulierbar, notwendige Mittel und Reserven werden frei für Investitionen. Dem Unternehmer und damit der gesamten Volkswirtschaft bieten sich Wachstumschancen. Versicherungsschutz bedeutet aber nicht nur Entlastung des Versicherten, auch die Ansprüche der Geschädigten können gedeckt werden.

Marktgerechter Versicherungsschutz leistet somit einen wesentlichen Beitrag zur Stabilisierung der sozial-, gesellschafts- und wirtschaftspolitischen Entwicklung einer Volkswirtschaft.

Die Versicherungswirtschaft hat ihrer Tradition nach diese Funktion immer übernommen: Sei es in der Aufbauphase nach dem Kriege, in den Jahren des Wirtschaftswunders oder in den fünf neuen Bundesländern.

Vor allem die Soziale Marktwirtschaft, die Ludwig Erhard in Theorie und Praxis mit Nachdruck und persönlichem Engagement immer vertrat, hat die Spielräume für das individuelle Erwerbsstreben – und damit auch für die Versicherungswirtschaft – geschaffen. Das Wirken der Versicherungen besitzt jedoch nicht ausschließlich den Charakter des „Begleitschutzes". Sie sind ihrerseits investiv und innovativ tätig und bieten einer großen Zahl von Menschen sichere Arbeitsplätze.

Alle diese Funktionen kann die Versicherungswirtschaft nur dann erfüllen, wenn bestimmte Voraussetzungen erfüllt sind. Das Risikokollektiv muß ausreichend groß sein, um allen Versicherten Schutz anbieten zu können. Nur so kann das Gut „Sicherheit" jedermann und zu einem tragbaren Preis angeboten werden.

Die Prämienkalkulation wird auf der Grundlage statistischer Zufallsverteilungen durchgeführt. Versicherungsbetrug verfälscht die statistischen Parameter und untergräbt somit die unabdingbare Basis für die realistische Erfassung und Bewertung eines Risikos. Diese vor allem Ende der achtziger Jahre zu beobachtende Tendenz, nach der Versicherungsbetrug als „Kavaliersdelikt" angesehen wird, verwässert die Grundlage für eine risikogerechte Tarifierung – und führt zu Preisen, die viele vom Versicherungsschutz ausschließen würden. Die Versicherung wäre letzten Endes zum „Geldumverteilungszentrum" degeneriert, zu Lasten der Ehrlichen.

Auch bedeutet die Bildung von Reserven unter Ausnutzung statistischer Gesetzmäßigkeiten und Bestandsinformationen keine Bildung von „Gewinndepots", sondern stellt die Garantie für die Abdeckung von Risiken und die Erfüllung von Zahlungsverpflichtungen dar und gewährleistet so den besonderen Vertrauensschutz eines jeden Versicherten.

Erfreulicherweise nimmt nach repräsentativen Umfrageergebnissen die Bereitschaft zum Versicherungsbetrug ab. Diese sich seit 1992 abzeichnende Entwicklung deutet auf ein gestiegenes Verantwortungsbewußtsein hin.

Von nicht zu unterschätzender Bedeutung für die Entwicklung der Versicherungswirtschaft ist auch die Einflußnahme des Staates.

Bei der Gestaltung von wettbewerbsrechtlichen Rahmenbedingungen und gesetzlichen Regelungen muß genau geprüft werden, ob und inwieweit die Funktionsfähigkeit der Branche berührt ist.

Nationale Regulierungsvorschriften dürfen nicht soweit gehen, daß der internationale Wettbewerb verzerrt wird, falsch verstandener Datenschutz darf nicht soweit gehen, daß ein – nachgewiesenermaßen notwendiger – Austausch von Daten zur sicheren Risikobeurteilung verhindert wird. Zentrale Dateien sind gerade im Zusammenhang der Mißbrauchsbekämpfung unverzichtbar.

Vor allem falsch verstandener Verbraucherschutz darf nicht soweit gehen, daß Versicherungsbedingungen nicht mehr dauerhaft sind und verkompliziert werden oder Versicherungen zum Spielball von Klagen werden. Dies kann dem sozialen und wirtschaftlichen Fortschritt keineswegs förderlich sein.

Gerade heute an der Grenze zum 21. Jahrhundert ist es wichtig, sich der Rolle, die die Versicherungswirtschaft zukünftig in einer Volkswirtschaft spielen kann und muß, bewußt zu werden.

In Zeiten angegriffener Staatsfinanzen und defizitärer Haushalte wird berechtigterweise immer wieder die Aussage gemacht, daß eine neue „Grenzziehung" zwischen staatlichen und privaten Institutionen unumgänglich ist.

Ein von staatlicher Seite erfolgendes einfaches „Abschieben" bisher hoheitlicher Aufgaben wie zum Beispiel Umweltschutz, Deckung von Katastrophenrisiken oder Alterssicherung werden die Versicherungen nicht akzeptieren, denn sie arbeiten – was in diesen Diskussionen häufig in Vergessenheit gerät – im Gegensatz zu staatlichen Kassen immer noch ertragsorientiert.

Als besonders kontraproduktiv könnte sich die Realisierung der gerade in jüngster Zeit angedachten Änderungen der steuerlichen Rahmenbedingungen in der Lebensversicherung auswirken. Die sukzessive wachsende Motivation der Menschen zur eigenverantwortlichen Vorsorge wird damit untergraben. Würden Erträge aus Lebensversicherungen der Steuer unterworfen, liefe das dem von staatlicher Seite gleichzeitig betriebenen Bemühen um mehr private Alterssicherung zuwider.

Die neuen Grenzen können nur gefunden werden, wenn zwischen Staat und Versicherungswirtschaft ein gemeinsamer Konsens definiert wird. Dazu gehört zuerst, daß der Staat einen Rahmen schafft, der die Versicherbarkeit der Risiken gewährleistet. Ist diese neue „Grenzziehung" einvernehmlich geregelt, können Staat und Versicherungswirtschaft der „Konstanz des Wandels" in einer Gesellschaft – ob demographisch, wirtschaftlich oder technologisch – als Motor jeder Entwicklung gelassen entgegensehen!

Dr. Eckart Freiherr von Uckermann

VITA:

Geboren ist Dr. jur. Eckart Freiherr von Uckermann am 25. Januar 1945 in Gehaus, Thüringen.

In den Jahren 1966 bis 1970 studiert er Jura in Heidelberg und München. Sein 2. Staatsexamen legt er 1974 in München ab. Anschließend ist er von 1975 bis 1987 für den Gesamtverband der Deutschen Versicherungswirtschaft tätig, zuletzt als stellvertretender Verbandsdirektor.

Seit Beginn 1988 ist er Vorstandsmitglied bei der Hannoverschen Lebensversicherung a.G. und unter anderem für den Vertrieb zuständig. Im gleichen Hause ist er seit dem 20. Juni 1994 Vorsitzender des Vorstandes und jetzt verantwortlich für Vertrieb, Personal und Marketing.

Soziale Sicherheit durch Marktwirtschaft

von Eckart Freiherr von Uckermann

Das maßgeblich von Ludwig Erhard und Armin Müller-Armack geprägte wirtschaftspolitische Leitbild der „Sozialen Marktwirtschaft" führte Deutschland zu wirtschaftlicher Blüte. Vor allem die starke soziale Komponente ermöglichte Wohlstand für nahezu alle Bevölkerungsschichten. Wurde zum Aufbau von Einkommen und Vermögen marktorientierte Ordnungspolitik eingesetzt, hatte bei der Absicherung des Wohlstands, z.B. bei der Altersvorsorge, das Sozialprinzip eindeutigen Vorrang.

Dieses erfolgreiche Miteinander marktwirtschaftlicher Prinzipien und sozialpolitischer Zielsetzungen scheint nicht mehr zu funktionieren. Die Forderungen nach dem Abbau überzogener Sozialzustände nehmen ebenso zu wie entgegengesetzte Warnungen vor einem neuen „Kapitalismus pur", der eine Grundlage unseres Wohlstands, den gesellschaftlichen Konsens, zerstöre.
Dabei geht es nicht um die Zerstörung der sozialen Markwirtschaft, sondern um deren Renovierung durch die stärkere Wiederbeachtung marktwirtschaftlicher Prinzipien. Im sozialpolitisch wichtigen Bereich der Altersvorsorge hat dieser Prozeß eine besondere Bedeutung, wie es sich am Konzept der Drei-Säulen-Theorie transparent machen läßt.

Die Drei-Säulen-Theorie der Altersvorsorge

Die erste Säule der gesetzlichen Rentenversicherung sieht eine weitgehende Versorgung aller Arbeitnehmer nach dem Umlageprinzip vor. In diesem Generationenvertrag sind die Beitragszahler von heute die Rentenempfänger von morgen. Diese Solidargemeinschaft ist zunehmend in Finanzie-

rungsengpässe geraten. Einerseits werden Rentenleistungen immer früher und länger in Anspruch genommen. Andererseits sind die für Rentenleistungen zur Verfügung stehenden Budgets durch Einnahmeausfälle wegen anhaltend hoher Arbeitslosenzahlen gesunken. Das wirkt sich bei einem Umlageverfahren sofort auf die Rentenbeiträge oder Rentenhöhen aus. Besonders mittel- und langfristig wird sich der Effekt durch die verschobene Alterspyramide weiter negativ verstärken: Einer immer größeren Anzahl an Rentenempfängern stehen immer weniger Beitragszahler gegenüber.

Je nach Angebot des Arbeitgebers ergänzt die zweite Säule, die betriebliche Altersvorsorge, die Absicherung durch betrieblich vereinbarte Zusatzrenten. Weil jedoch nicht jedes Unternehmen seinen Mitarbeitern diese Möglichkeit bietet, besteht eine prinzipielle Ungleichheit der Arbeitnehmer für die Inanspruchnahme. Daneben gerät die betriebliche Altersvorsorge von der Kostenseite aus in zunehmende Akzeptanzschwierigkeiten, vor allem wegen der steigenden Wettbewerbsintensität. Die durch betriebliche Renten zusätzlich belasteten hohen Lohnkosten in Deutschland sind im internationalen Vergleich oft nicht mehr wettbewerbsfähig.

Die dritte Säule, die private Lebensversicherung, kann Selbständigen und Arbeitnehmern ganz oder zusätzlich den persönlich angestrebten Lebensstandard im Alter sichern. Innerhalb eines sozialpolitisch erwünschten Rahmens, z.B. einer Versicherungspflicht, könnte in Kombination mit Anreizsystemen eine schrittweise Überführung bisheriger staatlicher Versorgung in private Trägerschaft voranschreiten.

Die Kritik der Bürger am großen Staatsanteil, der in Deutschland beinahe 50 % der Produktion beträgt, und die zunehmende Ablehnung von Bürokratie zeigen, daß private Initiative auch im sozialen Bereich wieder „en vogue" ist und zunehmend akzeptiert wird.

Vorteile der Lebensversicherung

Die Vorteile der privaten Lebensversicherung sind, besonders unter dem Aspekt der sozialen Gerechtigkeit, positiv zu bewerten:

- *jeder kann auch mit kleinen Beiträgen langfristig vorsorgen*

- *der Versicherungsschutz besteht beim Ausfall des Verdieners vom ersten Tag an*

- *es besteht eine hohe garantierte und gute Gesamtverzinsung des eingesetzten Kapitals mit einem von Anfang an kalkulierbaren Gesamtergebnis*

Eine Studie des Institutes für Demoskopie Allensbach vom November 1996 bestätigt das Vertrauen der Bürger in die private Lebensversicherung als Säule der Altersvorsorge. 80 % der Befragten halten die Lebensversicherung für eine gute und sichere Altersvorsorge. Während real 24 % der Befragten eine Rente aus einer Lebensversicherung beziehen werden, wünschen sich diese beinahe doppelt so viele, nämlich 46 %, im persönlichen Idealbild.

Stabile Rahmenbedingungen

Weil Sicherheit das entscheidende Moment auch der privaten Altersvorsorge darstellt, kommt der Gestaltung politischer Rahmenbedingungen höchste Priorität zu. Die wichtigsten Forderungen an die zuständigen Gremien sind daher:

- *Rechtzeitige und umfassende Information aller Bürger über den Veränderungsbedarf*

und die langfristigen Konsequenzen für das aktuelle Modell der Altersvorsorge. Denn kurzfristig können Arbeitnehmer auf veränderte Rahmenbedingungen durch private Ansparmodelle etc. nicht ausgleichend regieren.

- *Umfassende Darstellung der zukünftigen Modelle und der Übergangswege dorthin, z. B. die „Befreiung" bestimmter Alters- oder Einkommensgruppen aus der gesetzlichen Rentenversicherung.*

- *Frühzeitiges Setzen von staatlichen Anreizen, um den sozialpolitisch erwünschten Weg der privaten Vorsorge zu stärken.*

- *Definition langfristig verläßlicher Rahmenbedingungen, sowohl für Versicherungsnehmer als auch für private Anbieter von Vorsorgeleistungen.*

- *Gewährleistung eines funktionierenden Wettbewerbs, insbesondere durch weitere Stärkung der Verbrauchergegenmacht, um so vor allem die Transparenz zu fördern.*

Fazit

Besonders in sozialen Bereichen kann die Politik der „Sozialen Marktwirtschaft" Ludwig Erhards zeitgemäß weiterentwickelt werden. Eine verstärkte Nutzung marktwirtschaftlicher Ordnungspolitik wird, bei verläßlichen Rahmenbedingungen, bessere Ergebnisse und höhere Akzeptanz erzielen als die Instrumente des Sozialstaats. Staatliche Aktivitäten sollten sich wieder auf die Aufgaben konzentrieren, die der einzelne nicht selbst effizient leisten kann.

Die Entwicklung von der sozialen Absicherung der marktwirtschaftlichen Prozesse hin zu der marktwirtschaftlichen Effizienz bei sozialen Aufgaben ist kein Widerspruch. Wenn die individuelle Verantwortung des einzelnen gestärkt und die private Vorsorge stärker am persönlichen Bedarf orientiert wird, kann soziale Sicherheit durch Marktwirtschaft Wirklichkeit werden.

Danke, Ludwig Erhard! Ihre Postbank.

Dem Vater der Sozialen Marktwirtschaft Ludwig Erhard sei Dank: Denn ohne Ludwig Erhard gäbe es die Deutsche Postbank AG heute vielleicht nicht. Die Prinzipien und die Ordnungspolitik Erhards haben mit dazu geführt, daß aus einer Behörde ein der Sozialen Marktwirtschaft und den Kunden verpflichtetes Unternehmen geworden ist. Und das mit Erfolg. Dazu hat auch der Wettbewerb seinen Teil beigetragen, dem die Postbank von Anfang an ausgesetzt war. Die Freiheit hat Früchte getragen.

Aufbauen konnte die Bank auf einer großen Kundschaft und ihren Mitarbeitern. Aber auch auf ihrer Tradition als Spezialist für den Zahlungsverkehr und das Einlagengeschäft. Hinzu gekommen sind neue Bereiche wie Investmentfonds, Privatkredit oder Baufinanzierung.

Als Anbieter von Basisprodukten zu günstigen Konditionen ist die Postbank als Hecht im Karpfenteich der Kreditwirtschaft selbst zum Teil des Wettbewerbs geworden. Als wichtiges Preiskorrektiv und auch als Trendsetter in vielen Bereichen. Und dies ohne die soziale Komponente zu vergessen, sei es als Arbeitgeber oder in ihrer Verantwortung dem Kunden gegenüber.

Auch wenn es heute zur Selbstverständlichkeit geworden ist: Die „Erfindung" der Sozialen Markwirtschaft prägt nach wie vor das Geschehen in Wirtschaft und Gesellschaft. Nicht nur bei der Postbank, lieber Ludwig Erhard.

Dr. Hans Christoph Uleer

VITA: Geboren ist Dr. Christoph Uleer am 24. Januar 1937 in Merschwitz, Sachsen. Nach Kriegsende wächst er in Hildesheim auf, wo er sein Abitur ablegt. Anschließend studiert er in Freiburg und Würzburg Jura und legt sein Assessorexamen in München ab. In den Jahren 1967/68 ist er als Assistent von Thomas Ruf tätig, Sozialpolitiker der CDU/CSU-Bundestagsfraktion. Von 1969 bis 1971 bekleidet er das Amt des Bundesgeschäftsführers der Mittelstandsvereinigung der CDU/CSU.

Im Jahre 1971 wird er bei dem Verband der privaten Krankenversicherung Geschäftsführer und dort 1976 zum geschäftsführenden Vorstandsmitglied berufen.

Marktwirtschaft in der Krankenversicherung – der Weg aus der Misere?

von Hans Christoph Uleer

Unser Gesundheitssystem zeichnet sich seit Jahren durch eine bemerkenswerte Stabilität aus, was den trotz Wiedervereinigung und staatlicher Sonderbelastungen noch unter 8 Prozent liegenden Anteil am Bruttosozialprodukt angeht – rd. ein Viertel weniger als in den USA –, es hat aber den großen Schwachpunkt, die Arbeitskosten immer mehr zu belasten. In der Fachdiskussion, die hier ihren Ausgangspunkt hat, haben im letzten Jahrzehnt die Befürworter von Wettbewerbslösungen auch für die gesetzliche Krankenversicherung (GKV), die derzeit fast 90 % der Bevölkerung absichert, die Oberhand gewonnen. So hat in Anknüpfung an Überlegungen des Sachverständigenrats der Konzertierten Aktion im Gesundheitswesen jüngst der Rat zur Begutachtung der gesamtwirtschaftlichen Entwicklung, die fünf Weisen, vorgeschlagen, die heutige GKV in ein mehr oder weniger privates Versicherungssystem umzuwandeln, verbunden mit der Pflicht jedes Bürgers zur Versicherung. Diese Lösung unterscheidet sich grundlegend von dem Ansatz, die GKV auf die Gesamtbevölkerung auszudehnen, der insbesondere bei der SPD und den Grünen Sympathien genießt. Sie stellt aber auch eine Abwendung von dem Bismarck-System dar, das vom Subsidiaritätsprinzip ausgegangen ist und trotz etlicher Verfälschungen prinzipiell heute noch Gültigkeit hat.

Wie stellt sich die Lage aus der Sicht der privaten Krankenversicherung (PKV) dar? Muß sie die Entwicklung der Fachdiskussion nicht als Kompliment und Wasser auf die eigenen Mühlen sehen? So einfach liegen die Dinge nicht. Schließlich war schon Bismarcks Ausgangspunkt die schlichte Tatsache, daß es neben jenen Bevölkerungskreisen, die zur Eigenvorsorge imstande sind, auch viele Schutzbedürftige gibt, die risikogerechte Beiträge, unabhängig vom Einkommen und von der Familiengröße, nicht zu zahlen vermögen. Diese Einsicht ist heute noch ebenso richtig wie vor 120 Jahren. Falsch ist nur, daß man trotz Ludwig Erhards „Wohlstand für Alle" im Gegensatz zu damals die große Mehrheit zu den sozial Schutzbedürftigen zählt. Die fünf Weisen als Befürworter der marktwirtschaftlichen Lösung sehen diese Probleme auch. Sie meinen aber, daß sie nicht länger über das Solidarprinzip der GKV ausgeglichen werden sollten. Die Einkommensverteilung und der Familienlastenausgleich müßten vielmehr durch steuerfinanzierte Transfers gewährleistet werden. Ist schon diese Forderung angesichts notorisch leerer öffentlicher Kassen und der mit der Hereinnahme des Staates verbundenen generellen Gefahr für den Fortbestand des Versicherungssystems recht kühn, so stellt der Sachverständigenrat im Zusammenhang mit einer zusätzlichen Bedingung selbst die Frage, ob seine Alternative überhaupt machbar ist: er möchte nämlich die „Privatversicherung für alle" mit der Pflicht zur Mitgabe der zu individualisierenden Alterungsrück-stellung beim Versicherungswechsel belegen, eine Maßnahme, die staatlichen Zwang voraussetzte, weil sie mit den in Jahrzehnten im Wettbewerb entwickelten Regeln zur Vermeidung von Risikoselektionen unvereinbar ist. Es gibt kein marktgerechteres System, um sowohl der unkündbaren Schutzgarantie an die Versicherten als auch der Anforderungen des Wettbewerbs gerecht zu werden. Das hat im letzten Jahr auch die vom Deutschen Bundestag eingesetzte unabhängige Expertenkommission zur PKV festgestellt. Das Gegenbeispiel liefert insofern die GKV: dort muß die Wahlfreiheit der Versicherten notgedrungen mit dem Beelzebub „Risikostrukturausgleich" verbunden werden.

Wenn die neuartige Volks-PKV nicht zu haben ist, was dann? Der Sachverständigenrat legt insofern selbst eine Alternative vor: die Beschränkung der GKV auf eine Grundsicherung. Dieser Gedanke läßt sich weiterführen, wenn man ihn von dem weiteren Vorschlag befreit, der GKV zugleich ein privatrechtliches Ergänzungsangebot zu gestatten. Daß die Kassen nicht sowohl mittelbare Staatsverwaltung für die Grundsicherung mit allen steuerlichen und sonstigen Privilegien als auch Privatassekuranz für die Zusatzversicherung sein können, liegt schließlich auf der Hand. Der europäische Gerichtshof etwa hat dies im Hinblick auf die Sonderrolle der Sozialversicherung im Binnenmarkt eindeutig klargemacht.

Die Konzentration der Kassenleistungen auf das medizinisch Notwendige ist zweifellos eine richtige Wegweisung in die Zukunft. Hinzukommen müßte aber eine zweite: die in ihrem Sozialauftrag begründeten Privilegien der Kassen dürfen den Spitzenverdienern nicht in gleicher Weise zugutekommen wie den sozial Schutzbedürftigen. Ebenso wie die versorgungsstaatliche Einbeziehung der Gesamtbevölkerung in die GKV – unter Anhebung der Bemessungsgrenze um ein Viertel oder mehr – abzulehnen

ist, sollte auch infrage gestellt werden, daß freiwillig Versicherte mit einem Einkommen oberhalb der jetzigen Grenze von 6.150 DM als Kassenpatienten beim Arzt erscheinen können. Sie sollten prinzipiell ebenso abzurechnen haben wie die Privatversicherten und nur den Kassenanteil von der GKV erstattet erhalten. Ein weiterer Punkt: Das Arbeitsentgelt als einzige Bemessungsgrundlage kann nach Jahrzehnten beachtlicher Vermögensbildung kein Thema mehr sein. Wer mehr Einkommen als nur das Arbeitseinkommen hat, sollte davon auch Beiträge zahlen. Auch andere Regelungen müssen unter dem Schutzbedürftigkeitsgesichtspunkt auf den Prüfstand gestellt werden, etwa die Beitragsfreiheit für Ehepartner, die weder Kinder erziehen noch einen Pflegebedürftigen in der Familie zu betreuen haben.

Nicht in der Vermischung, sondern nur in der konsequenten Abgrenzung zwischen solidarischer staatlicher Vorsorge und privater Eigenverantwortung kann mehr Marktwirtschaft den Weg aus der Misere weisen. Die durchaus respektablen GKV-Reformen der letzten 10 Jahre, die selbst die managed-care-Lösungen der Amerikaner in den Schatten stellen, sollten fortgeführt werden, allerdings wieder stärker orientiert am subsidiären Ansatz unseres Sicherungssystems. Die Feststellung der vor 30 Jahren für die Regierung Erhard erstellten Sozialenquête, daß dieses System als Ganzes eine „imponierende Geschlossenheit" habe und kein Feld für „unbekümmerte Experimente" sein dürfe, ist keineswegs antiquiert.

241 Jahre Haniel. Ein Stück deutscher Wirtschaftsgeschichte, geprägt von Pioniergeist und sozialer Verantwortung.

Wenn wir in diesem Jahr den 100sten Geburtstag von Ludwig Erhard feiern, denken wir zurück an seine Amtszeit als Wirtschaftsminister, in der der ökonomische Wiederaufbau unserer Republik eine wahre Blütezeit erlebte. Als deutsches Wirtschaftswunder ist sie in die Geschichte eingegangen, geprägt von wachsendem Wohlstand, der auf dem Boden eines Ordnungsprinzips errungen wurde, das bis heute zu den zentralen Bestandteilen unserer freiheitlich demokratischen Grundordnung gehört: der sozialen Marktwirtschaft.

Ihr verdanken wir die Rahmenbedingungen für einen freien Wettbewerb der Unternehmen. Sie garantiert durch ihr staatliches Korrektiv den notwendigen sozialen Grundkonsens, ohne den unsere demokratische Gesellschaft nicht auskommt.

Gerade heute, in wirtschaftlich schwierigen Zeiten, angesichts eines tiefgreifenden Strukturwandels und einer zunehmenden Globalisierung der Märkte, angesichts leerer öffentlicher Hände, sind wir alle aufgefordert, den gesellschaftlichen Konsens durch gemeinsame Anstrengungen neu zu beleben: Jeder einzelne durch die Übernahme von mehr Eigenverantwortung, jedes Unternehmen durch die Rückbesinnung auf unternehmerische Tugenden und seine soziale Verantwortung.

Über 241 Jahre hat Haniel nach diesem Prinzip äußerst erfolgreich Unternehmensgeschichte geschrieben. Zum Nutzen der Eigner, zum Wohl der Mitarbeiter und der Allgemeinheit.

Schnelligkeit im Denken wie im Handeln, Intelligenz, Intuition und Phantasie haben das traditionsreiche Familienunternehmen in Duisburg-Ruhrort immer wieder die Zeichen der jeweiligen Zeit erkennen lassen, denen man mit der Erschließung neue. Märkte und neuen Ideen stets erfolgreich begegnet ist.

Schon Franz Haniel, Enkel des Firmengründers Jan Willem Noot, war mit der Entwicklung des ersten Tiefschachtverfahrens für den Kohlenbergbau (1834) und dem Bau der ersten deutschen Rheindampfschiffe (1830) seiner Zeit weit voraus und hat die Industrialisierung des Ruhrgebietes zum Beginn des letzten Jahrhunderts maßgeblich vorangetrieben.

Sein soziales Engagement hat er schon vor 150 Jahren mit der Gründung einer „Unterstützungs-Casse für kranke Arbeiter", einer der ersten Betriebskrankenkassen Deutschlands, und dem Bau der ersten Arbeitersiedlung in der Region bewiesen.

Als sich der grundlegende Strukturwandel des Ruhrgebietes in den sechziger Jahren dieses Jahrhunderts abzeichnete, forcierte Haniel mit unternehmerischem Weitblick den Ausbau des Unternehmens zum multinationalen Konzern mit wettbewerbsfähigen Geschäftsfeldern und breiter Risikostreuung.

Heute beschäftigt Franz Haniel & Cie. GmbH weltweit 30.000 Mitarbeiter in Produktion, Handel und Dienstleistung, die 1996 einen Jahresumsatz von 24 Milliarden Mark erwirtschaftet haben.

Rendite geht bei Haniel vor Expansion, Kapitalbildung vor Gewinnausschüttung. Die einzelnen Unternehmensbereiche behaupten im Markt eine führende Position. Das macht sie zu leistungsfähigen, zuverlässigen Partnern für ihre Kunden. Und die Mitarbeiter profitieren von einem sicheren Arbeitsplatz und einem umfangreichen Sozialsystem.

Mit einer Konzernstruktur, die den Unternehmensbereichen im Interesse größerer Flexibilität viel Freiraum einräumt, ist Haniel auch für die künftigen Herausforderungen einer zunehmenden Dynamisierung der Märkte gut gerüstet und stellt damit einmal mehr unter Beweis, daß sich wirtschaftlicher Erfolg und soziale Verantwortung bei solider Unternehmensführung selbst in schwierigen Zeiten nicht ausschließen müssen.

HANIEL

Horst Kleiner

VITA: Horst Kleiner ist am 29. März 1937 in
Stockach, Baden geboren. Im Jahre
1967 wird er Direktor der Raiffeisen-Zen-
tralbank Baden eG.

Es folgt im Jahre 1971 die Position des stellvertretenden Vorstandsmitglieds bei der Süd-
westdeutschen Genossenschafts-Zentralbank
AG, Frankfurt/Karlsruhe, SGZ-Bank.

Hier wird er 1973 ordentliches Vorstandsmitglied. Bei der Bausparkasse Schwäbisch Hall
AG ist er seit Januar 1985 im Vorstand tätig,
seit Januar 1986 als Vorsitzender des Vorstandes.

Horst Kleiner hat maßgeblichen Anteil am
Aufbau des Bausparens in den neuen Bundesländern und in den Ländern des ehemaligen Ostblocks: 1992 wird die „Erste Bausparkasse AG" in Bratislava gegründet, 1993 die
„Tschechisch-Mährische Bausparkasse AG"
in Prag und 1997 die „Fundamenta Unga-
risch-Deutsche Bausparkasse AG" in Budapest.

Die Bedeutung des Wohneigentums für die Soziale Marktwirtschaft

von Horst Kleiner

Die Wirtschaftsordnung der Bundesrepublik ist durch die ordnungspolitischen Kriterien einer Sozialen Marktwirtschaft geprägt. Ihre Aufgabe besteht darin, eine sinnvolle Synthese zu finden zwischen den freien wirtschaftlichen Entscheidungen und den Belangen einkommensschwacher Bevölkerungskreise.

Auf diesem Gedanken baut erkennbar auch das Zweite Wohnungsbaugesetz auf, in dem 1956 das wohnungspolitische Ziel formuliert wurde, „für weite Kreise der Bevölkerung breitgestreutes Eigentum zu schaffen" und insbesondere kinderreiche Familien zu fördern. Die freie, auf Wettbewerb basierende Wirtschaft soll nach dem Willen des Gesetzgebers somit durch entsprechende wirtschafts- und sozialpolitische Interventionen korrigiert werden.

Staatliche Subventionen dürfen jedoch keinesfalls Anreize zerstören, die normalerweise das Verhalten von Marktteilnehmern bestimmen. Denn nur das „freie Spiel der Kräfte" kann Angebot und Nachfrage im gesunden Gleichgewicht halten und veranlaßt Investoren, im Wettbewerb untereinander bedarfsgerecht und kostenbewußt zu bauen. Sozial gedachte Interventionen erweisen sich als unsozial, sofern sie die Marktkräfte lähmen und den Wohnungsmangel verewigen. Keinesfalls darf nur dort investiert werden, wo großzügige Subventionen winken.

Zudem kann kaum erwartet werden, daß die öffentlichen Haushalte – mit Blick auf die Gesamtverschuldung von fast zwei Billionen DM – auch künftig noch in großem Stil Mittel zur Subventionierung des Wohnungsbaus bereitstellen. Die öffentliche Hand muß noch energischer sparen als bisher – trotz der Wohnungsnot vor allem junger Familien mit Kindern.

Die entscheidende wohnungswirtschaftliche Aufgabe besteht somit darin, staatliche Regulierungen weitgehend überflüssig zu machen, die Soziallasten zu reduzieren und die Privatinitiative zu stärken. Dazu muß die staatliche Wohnungspolitik sich allerdings verstärkt jenen Formen der Förderung des Wohnungsbaus zuwenden, die einen geringen Einsatz öffentlicher Mittel verlangen, damit aber viel privates Kapital mobilisieren: der Förderung des privaten Baus von Eigenheimen und Eigentumswohnungen.
Um dies zu erreichen, brauchen wir eine neue „Philosophie des Wohnens", die aus unserer Sicht von vier Säulen getragen wird:

- *Die Renaissance des Bausparens,*
- *eine familienfreundliche Wohneigentums-förderung,*
- *eine neue Philosophie kostengünstiger Baulanderschließung sowie*
- *eine neue Philosophie des kosten-günstigen Bauens.*

Das gesetzlich vorgezeichnete Ziel, daß „die Förderung des Wohnungsbaus ...überwiegend der Bildung von Einzeleigentum" dienen soll, ist nie konsequent verfolgt worden. Im Gegenteil: Seit den siebziger Jahren wurden die Fördermittel zum Nachteil der kapitalbildenden Vorsparförderung umgeschichtet und das Schuldenmachen wurde weit mehr gefördert. Jetzt, zum Ende der neunziger Jahre, beginnen politische Parteien und gesellschaftliche Gruppen umzudenken, die wirtschaftliche und soziale Leistungsfähigkeit des Marktes zu erkennen und der Förderung selbstgenutzten Wohneigentums einen neuen Stellenwert einzuräumen.

Lange Jahre ist übersehen worden, daß die staatliche Förderung des Zwecksparens wie ein mächtiges Schwungrad wirkt, das ein Vielfaches an Kapital für den Wohnungsbau zu mobilisieren hilft.

Die Förderung von Wohneigentum muß weiterhin Priorität haben. Zum einen, da Haushalte mit niedrigem Einkommen immer weniger in der Lage sein werden, allein aus eigener Kraft Eigentum zu bilden. Zum anderen, da beim Bau einer Sozialwohnung erheblich höhere Kosten entstehen. Die besondere wohnungspolitische Sorge sollte bei der Wohneigentumsförderung von Familien mit Kindern liegen. Gezielte Hilfe für einkommensschwache Haushalte organisiert einerseits eine stabile Nachfrage auf dem Wohnungsmarkt und stärkt andererseits die Selbstverantwortung und politische Stabilität. Erste Schritte in Richtung einer familienorientierten Wohneigentumsförderung sind inzwischen getan: Mit der Einführung einer einkommensunabhängigen Sparzulage wird seit Beginn des Jahres 1996 ein Staatszuschuß unabhängig von der Steuerschuld gezahlt, der sogenannte Schwellenhaushalte begünstigt.

Nicht nur die Einkommenssituation privater Haushalte und die Höhe der Förderung entscheiden über die Realisierbarkeit von Bauabsichten. Auch die Höhe der Grundstückskosten sowie die Höhe der Bau- und Baunebenkosten können schwer überwindbare Hindernisse auf dem Weg zum Wohneigentum sein. Leider betreiben zahlreiche Städte und Gemeinden immer noch eine viel zu restriktive und preistreibende Bau-

landerschließung und behindern damit den Bau kostengünstiger Wohnungen.

Hohe Grundstückspreise sind indes kein unabwendbares Schicksal. Kommunen und Kirchen könnten beispielsweise mehr Bauland in der Form des Erbpachtrechts ausweisen und somit einen entscheidenden Beitrag für die günstige Bereitstellung von Bauland leisten.

In fast allen europäischen Ländern bauen die Menschen ihr Ein- oder Zweifamilienhaus viel billiger als in Deutschland. Dort sind die reinen Baukosten niedriger, die Zahl der Bauauflagen und technischen Normen und Standards geringer.

Einer repräsentativen Befragung der Mieterhaushalte zufolge wollen rund 20 Prozent von ihnen Wohneigentum bilden, sofern das Eigenheim nicht mehr als rund 350.000 DM kostet. Dies entspräche einem Potential von 4,4 Millionen Haushalten. Um diese Haushalte mobilisieren zu können, müssen kostengünstige Lösungen für das Baugeschehen angeboten werden. Die Bausparkasse Schwäbisch Hall und die Baufirma Dyckerhoff und Widmann realisieren derzeit gemeinsam zwei Modellsiedlungen, die die Anforderungen an kostengünstiges, umweltgerechtes und soziales Bauen berücksichtigen.

Die deutsche Volkswirtschaft lebt derzeit über ihre Verhältnisse. Kürzungen der öffentlichen Ausgaben – auch im Bereich der Wohnungspolitik – sind ein Gebot der Wirtschaftlichkeit, wobei die soziale Orientierung der Wohnungspolitik unerläßlich bleibt. Unsere „Philosophie des Wohnens" zeigt auf, daß sozial treffsichere Maßnahmen und das Streben nach Wohneigentum sehr wohl vereinbar sind und die Bildung von Wohneigentum einen entscheidenden Beitrag zur Stabilität der Sozialen Marktwirtschaft leistet.

Andreas J. Zehnder

VITA:

Andreas J. Zehnder ist am 13. März 1953 in Augsburg geboren. Nach dem Abitur 1973 absolviert er bis 1975 den Wehrdienst. Er studiert anschließend bis 1983 Rechtswissenschaften in Frankfurt am Main. Im Rahmen seines Studiums lebt er 1984 in den Vereinigten Staaten von Amerika. In den Jahren 1985 bis 1987 ist er als Vorstandsassistent bei der BHW Bausparkasse AG in Hameln tätig. Danach ist er bis 1990 Europareferent des Verbandes der Privaten Bausparkassen in Bonn. Von 1990 bis 1992 wird er im gleichen Hause Stellvertretender Geschäftsführer, von 1992 bis 1993 Geschäftsführer.

Seit 1993 bekleidet er das Amt des Hauptgeschäftsführers des Verbandes der Privaten Bausparkassen. Zudem ist er seit Oktober 1993 Geschäftsführender Direktor der Europäischen Bausparkassenvereinigung und seit Februar 1996 Vizepräsident des Internationalen Bausparkassen-Verbandes.

Wohnungseigentum in der Sozialen Marktwirtschaft

von Andreas J. Zehnder

Die Wohnungswirtschaft zwischen Plan und Markt

Unbestritten stellt das Eigentum einen Grundpfeiler der Sozialen Marktwirtschaft dar. Das Bundesverfassungsgericht hat das Eigentum – neben der persönlichen Freiheit – als ein „elementares Grundrecht" des einzelnen bezeichnet. Das Bekenntnis zu ihm ist eine Wertentscheidung des Grundgesetzes von besonderer Bedeutung für den sozialen Rechtsstaat. Das Privateigentum gehört zu den höchsten Werten dieser Gemeinschaft. Seine volle Wirksamkeit kann es nur dann entfalten, wenn der Eigentümer das Nutzungs- und Verfügungsrecht hat.

Die entscheidende Bedeutung des Eigentums liegt also nicht in seiner Funktion von z.B. „mehr Geld", „mehr Aktien" oder „großem Grundbesitz", sondern in der persönlichen Freiheit des einzelnen, über die Verwendung seines Eigentums frei entscheiden zu können.

Speziell das persönliche Eigentum an Grund und Boden ist eines der wesentlichen Unterscheidungskriterien unterschiedlicher Staatsformen und Gesellschaftssysteme. Gerade die unterschiedlichen Entwicklungen in Ost- bzw. Westeuropa nach dem Zweiten Weltkrieg bis zum Fall des „Eisernen Vorhangs" haben dies sehr deutlich gemacht.

Ludwig Erhard steht für die Soziale Marktwirtschaft. Ein Vergleich zwischen der sozialistischen Zentralverwaltungswirtschaft der ehemaligen DDR in 40 Jahren mit der von der Sozialen Marktwirtschaft geprägten Wohnungswirtschaft der Bundesrepublik zeigt den krassen Unterschied in den Ergeb-nissen. Zentralstaatliche Bewirtschaftung von Wohnungen in der ehemaligen DDR haben nicht nur Freiheit auf dem Wohnungsmarkt unterdrückt, sondern auch die Eigeninitiative geplant verhindert.

Da die Wohnungsnutzung im Sozialismus in erster Linie als Sozialleistung des Staates verstanden wird, stellt auch die Miete kein Entgelt für die Wohnungsnutzung dar, sondern lediglich einen Beitrag für die Unterhaltung des gesellschaftlichen Wohnungsfonds. Parallel dazu wird eine „sorgfältige Nutzung" der Wohnung als Pflicht des Bürgers gegenüber dem Staat und der Gesellschaft erwartet. Welche Wirkungen das Fehlen eines jeglichen ökonomischen Anreizes für eine „sorgfältige Nutzung" hat, läßt sich – nicht nur – am Beispiel der ehemaligen DDR sehr gut ablesen: Während den rd. 7 Mio. Privathaushalten in der DDR rein rechnerisch etwa ebenso viele Wohnungen zur Verfügung standen, war die Qualität der Wohnungen hinsichtlich Größe, Ausstattung und Bautechnik mit ganz erheblichen Mängeln behaftet. Mehr als 20 % der Wohnungen wiesen schwerwiegende Schäden auf oder waren sogar nicht mehr benutzbar. Die durchschnittliche Wohnfläche belief sich auf 65 m^2 (Bundesrepublik: 86 m^2), die durchschnittliche Wohnfläche je Einwohner lag bei 28 m^2 (Bundesrepublik: 35,5 m^2).

Während in Westdeutschland rd. 85 % aller Wohnungen mit Zentralheizung, Warmwasserversorgung, Bad/Dusche und Innentoilette ausgestattet sind, war das beim Wohnungsbestand in der ehemaligen DDR nur bei knapp 60 % der Wohnungen der Fall.

Auch in der Bundesrepublik wurde nach dem Krieg zunächst die Wohnungszwangswirtschaft aus der Weimarer Republik fortgesetzt; allerdings setzte sehr bald eine Auflockerung ein. Die grundsätzliche „ordnungspolitische Wende" wurde mit dem sog. „Lücke-Plan" im Jahr 1960 vollzogen. Mit dem Gesetz zum Abbau der Wohnungszwangswirtschaft und über ein soziales Miet- und Wohnrecht wurde auch in der Wohnungswirtschaft die Soziale Marktwirtschaft – zumindest dem Grunde nach – eingeführt. Es sollte ein Gleichgewicht zwischen ökonomischen und sozialen Erfordernissen erreicht werden. In seiner ersten Regierungserklärung als Bundeskanzler betonte Ludwig Erhard am 18. Oktober 1963, die Eigentumsbildung im Wohnungsbau solle konsequent fortgesetzt werden, allerdings mit einer Konzentration auf einkommensschwächere Bevölkerungskreise. Außerdem sollten die Wohnungsbaugesetze dahingehend überprüft werden, inwieweit öffentlich gefördertes Wohnungseigentum privatisiert werden könne.

Die Liberalisierung der Wohnungspolitik hatte Erfolg: In der Zeit von 1950 bis 1980 nahm der Wohnungsbestand von 9,4 Mio. auf 25,4 Mio. zu und hat sich damit fast verdreifacht. Speziell in den 60er und 70er Jahren wurden mehr als 10,6 Mio. Wohnungen neu gebaut. Dank der eindrucksvollen Neubauleistungen ging die Zahl der Einwohner je Wohnung im gleichen Zeitraum von 5,0 auf 2,4 , also auf die Hälfte zurück.

Grundsätzlich hat die Soziale Marktwirtschaft ihre Bewährungsprobe bestanden. Fehlentwicklungen innerhalb ihres Systems sind jedoch festzustellen; Korrekturbedarf ist also vorhanden. Bei der reinen Marktwirtschaft erfolgt die Steuerung über den Preis als Korrektiv. Staatliche Eingriffe finden nicht statt. Angebot und Nachfrage bestimmen die Marktverhältnisse. In der Sozialen Marktwirtschaft kommt die soziale

Komponente hinzu. Der Staat muß für bestimmte Bevölkerungsgruppen, die sich am Markt nicht selbst versorgen können, akzeptable Wohnungen schaffen.

Unter gesamtwirtschaftlichen Gesichtspunkten und im Hinblick auf eine möglichst große Effizienz stellt sich in diesem Zusammenhang also die Frage, inwieweit der Staat die Wohnungsmärkte den verschiedenen Marktteilnehmern – Mietern, Vermietern, Investoren, Kapitalanlegern – überläßt, oder in welchem Umfang er in diese Märkte eingreift und entsprechende Korrekturen vornimmt, d. h. durch Setzen von Rahmenbedingungen Marktabläufe in bestimmte Richtungen lenkt. Solche Eingriffe sind aber immer mit Friktionen verbunden und haben zudem die Eigenschaft, zur ständigen Einrichtung zu werden.

Beste Beispiele für solche massiven Eingriffe sind das Mietrecht und die zahlreichen konjunkturpolitischen Maßnahmen. Das Mietrecht hat dazu geführt, daß die Mieten grundsätzlich niedriger als die Marktmieten sind. Um Investoren anzureizen, trotzdem in den Wohnungsbau zu investieren, hat der Gesetzgeber – quasi als Ausgleich – günstige steuerliche Abschreibungsmöglichkeiten zugelassen. Er subventioniert also Investoren, letztlich um Mieter zu begünstigen.

Mit Blick auf die Situation der öffentlichen Hand hat sich derzeit die Diskussion um mögliche Einsparungen bzw. eine größere Effizienz der eingesetzten Mittel verstärkt. Dies gilt für alle Bereiche der Sozialen Marktwirtschaft und damit auch für die Wohnungswirtschaft. Doch stößt man gerade hier auf größte Schwierigkeiten der Umsetzung. Dies beginnt bereits bei der grundlegenden Frage, ob die Wohnung ein „Sozialgut" ist und damit unter den besonderen „Schutz" des Staates gestellt werden muß. Die Grenze der Sozialen Marktwirtschaft ist sicherlich dann überschritten, wenn dem

Mieter einer Wohnung „eigentumsähnliche" Rechte zugesprochen werden, wie dies das Bundesverfassungsgericht mit seiner Entscheidung vom 26. Mai 1993 getan hat, als es das „Besitz-Eigentum" des Mieters erfunden hat.

In kaum einem Wirtschaftsbereich existieren so zum Teil nebulöse Vorstellungen über die tatsächlichen Kosten eines Gutes wie im Wohnungsbereich, speziell im Mietwohnungsbereich. Dies hängt sehr eng damit zusammen, daß die Preisbildung, also das Zustandekommen der Miete, die für eine Wohnung bezahlt werden muß, für den Normalbürger nicht nachvollziehbar ist und von den Gestehungskosten einer Wohnung in den meisten Fällen völlig abgekoppelt ist.

Zahlreich sind die Eingriffe in die Wohnungswirtschaft, wenn es darum geht, allgemein die Konjunktur anzukurbeln oder Defizite in der Wohnungsversorgung auszugleichen. Die Entwicklung in der Vergangenheit macht allerdings deutlich, daß der Staat mit seinen kurzfristig ergriffenen Fördermaßnahmen – nicht zuletzt wegen der schwerfälligen Gesetzesmaschinerie – fast immer zu spät kam, was zur Folge hat, daß die Maßnahmen meist prozyklisch wirken.

Ein besonders krasses Beispiel für Fehlentwicklungen in Westdeutschland ist der soziale Wohnungsbau. Man schätzt, daß etwa 40 % aller mit hohem Subventionsaufwand gebauten Sozialwohnungen von Bundesbürgern bewohnt werden, die aufgrund ihres gestiegenen Einkommens nicht mehr berechtigt sind, in diesen Wohnungen zu wohnen (Fehlbeleger).

Auch im Bereich des Wohneigentums hat es solche Fehlentwicklungen gegeben: Die steuerliche Förderung nach § 7b bzw. § 10 e Einkommensteuergesetz begünstigte aufgrund der Progressionswirkung des Steuerrechts diejenigen Haushalte am meisten, die über die höchsten Einkommen verfügten, die also einer Förderung am wenigsten bedurften. Dieses Manko ist mit der Umstellung der Eigentumsförderung auf eine einkommensunabhängige Eigenheimzulage zum 1. Januar 1996 beseitigt worden.

Mehr Markt im Sinne von Ludwig Erhard sollte die Devise für die nächsten Jahre lauten. Damit der Markt funktioniert, kann der Staat unter effizientem Einsatz seiner Mittel die Chancen für die verschiedensten Bevölkerungsgruppen sichern, z.B. um zu einer Sozialwohnung oder zu Wohneigentum zu kommen. Ausschlaggebend dafür sollten die Zahlungsmöglichkeiten der Bürger sein.

Der Stellenwert der Eigentumsförderung

Bereits unmittelbar nach dem Krieg stellte Fritz Schumacher, einer der bedeutendsten Stadtplaner der ersten Hälfte des zwanzigsten Jahrhunderts, in einer Rede zum Wiederaufbau Hamburgs im Oktober 1945 fest: „Es sind die Voraussetzungen gegeben, um vom hohen Mietshaus zum Flachbau überzugehen. Diesen einzigen Vorteil, den die Zerstörung unserer Städte mit sich gebracht hat, sollte man nicht ungenützt lassen; ... Wo neu in größeren Zusammenhängen gebaut wird, muß das Einzelhaus in Form des ein- oder zweigeschossigen Reihenhauses mit bescheidenem Garten nicht die Ausnahme, sondern die Regel werden."

In § 1 des Zweiten Wohnungsbaugesetzes, dem „Grundgesetz" für die staatliche Wohnungspolitik und die Wohnungsbauförderung, heißt es: „Die Förderung des Wohnungsbaus sollte überwiegend der Bildung von Einzeleigentum (Familienheimen und eigengenutzten Eigentumswohnungen) dienen. Zur Schaffung von Einzeleigentum sollen Sparwille und Bereitschaft zur Selbsthilfe angeregt werden." Diese Norm wird in §26 Abs. 1 des Zweiten Wohnungsbaugesetzes nochmals aufgenommen und ausdrücklich auch für den öffentlich geförderten sozialen Wohnungsbau gefordert.

Weder der Forderung des Zweiten Wohnungsbaugesetzes, noch der Forderung von Fritz Schumacher „Flachbau/Einzelhaus statt hohes Mietshaus" ist nach dem Krieg konsequent Rechnung getragen worden. Der Schwerpunkt der Förderung lag überwiegend auf dem Mietwohnungsbau. Dies war zur damaligen Zeit im Hinblick auf die dringend erforderlichen Neubauten gerechtfertigt. Das Motto hieß: „Zunächst jedem eine Wohnung, später jedem seine Wohnung". Dies führte dazu, daß die Wohneigentumsquote in dem Zeitraum von 1950 bis 1961 von 41% bis auf 34% zurückging und erst im Laufe der 70er und 80er Jahre langsam wieder anstieg, um dann 1993 wieder den Wert von 41% zu erreichen.

Angesichts der bisherigen Konzentration der Fördermittel auf den Mietwohnungsbau ist es nicht überraschend, daß in einem Land, das zu denjenigen mit dem höchsten Lebensstand in der Welt zählt, Wohneigentum nicht sehr weit verbreitet ist, obwohl drei von vier Bundesbürgern am liebsten in den eigenen vier Wänden wohnen möchten.
Die Gründe für die niedrige Wohneigentumsquote in Deutschland sind vielschichtig: Neben der Förderpolitik im Zusammenhang mit dem hohen Neubaubedarf nach dem Krieg ist vor allem die Baulandfrage von entscheidender Bedeutung. Bauland ist in Deutschland besonders knapp und teuer. Dies hängt mit der relativ dichten Besiedelung zusammen. Außerdem wird von den Gemeinden zu wenig Bauland ausgewiesen. Das wiederum führt zu einer zusätzlichen Verknappung und damit Verteuerung des Baulands. Die soziale Komponente der Sozialen Marktwirtschaft sollte gerade in diesem Be-

reich, der in besonderem Maße durch eine marktwirtschaftliche Preisbildung gekennzeichnet ist, darin bestehen, daß die Kommunen – und auch die Kirchen – in wesentlich stärkerem Maße als bisher Bauland für Erwerber von Wohneigentum zur Verfügung stellen.

Außerdem sind die Baukosten in Deutschland wesentlich höher als in anderen Ländern. Während in der Bundesrepublik der Bau eines Einfamilienhauses etwa das Sechs- bis Neunfache des Jahreseinkommens ausmacht, beträgt diese Relation in unseren Nachbarländern nur das Drei- bis Vierfache. Dies hängt zum Teil mit den relativ hohen Qualitätsansprüchen der Bauherren an die eigenen vier Wände zusammen. Zum Teil ist dies aber auch auf eine Reihe von anderen Faktoren, wie z.B. Vorschriften, wenig rationelle Fertigungsweise und kostentreibende Gebührengestaltung zurückzuführen. Vielleicht wird der europäische Binnenmarkt einen Beitrag zur Deregulierung und damit zur Kostensenkung leisten.

Speziell in den Ballungsgebieten sind die Eigentumsquoten extrem niedrig. Bis auf wenige Ausnahmen liegen die Quoten in den Kernstädten zum Teil deutlich unter 20 %. Die Eigentumsquote ist damit hier also nicht einmal halb so hoch wie im Bundesdurchschnitt in Westdeutschland. Ursache hierfür ist nicht zuletzt das mangelhafte Angebot an Eigentumsmaßnahmen für den Selbstnutzer. Das wiederum hat gerade in den letzten Jahren zu einer Unterversorgung auf den Mietwohnungsmärkten – vor allem im mittleren Preissegment – geführt, die trotz der erheblich verbesserten investiven Rahmenbedingungen weder durch den öffentlich geförderten Mietwohnungsbau, noch durch den renditeorientierten freifinanzierten Mietwohnungsbau allein beseitigt werden kann. Fehlende Baulandausweisung für Eigentumsmaßnahmen und dadurch bedingte hohe

Baulandpreise sowie Fehler in der Stadtentwicklung und in der Raumordnung sind die wichtigsten Ursachen dafür, daß in den Stadtstaaten und in vielen großen Städten das Wohneigentum nur schwach vertreten ist. Haushalte, die nach Wohneigentum streben, wandern meist in benachbarte kleinere Gemeinden ab. Das Angebot an Eigentumswohnungen für Ein- und Zweipersonenhaushalte ist in den meisten Großstädten viel zu gering.

Die Bedeutung des Wohneigentums für die Volkswirtschaft

Innerhalb der gesamten Vermögensbildung der privaten Haushalte kommt dem Wohneigentum fundamentale Bedeutung zu. Mehr als die Hälfte des Immobilienvermögens in Form von Wohnungen, gewerblichen Immobilien, Grundstücken in Höhe von schätzungsweise 7.000 Mrd. DM allein in den alten Bundesländern entfällt auf selbstgenutztes Wohneigentum, also ein Betrag von gut 3.500 Mrd. DM. Damit liegt der Besitz an den eigenen vier Wänden vom Volumen her nahezu in einer ähnlichen Größenordnung wie das gesamte Geldvermögen der privaten Haushalte bei Banken, Sparkassen und Lebensversicherungen mit rd. 4.600 Mrd. DM.
Allerdings ist dieses Vermögen bisher relativ ungleich verteilt: Während z. B. der Anteil der Haushalte, die über Wohneigentum verfügen, bei den oberen Einkommensschichten durchweg bei deutlich über 60 % liegt, sind es in den unteren Einkommensschichten nur 30 % und weniger, die in den eigenen vier Wänden wohnen. Das Wohneigentum ist damit allerdings bei weitem nicht so hoch konzentriert, wie beispielsweise das Produktivvermögen.
Neben dem Beitrag des Wohneigentums zur Vermögensbildung haben die eigenen vier Wände speziell unter konjunktur- und arbeitsmarktpolitischen Gesichtspunkten erhebliche Bedeutung: Infolge seiner – z. B. im Vergleich zum Mietwohnungsbau – geringeren Zinsabhängigkeit und infolge seiner relativ hohen Arbeitsintensität trägt der Neubau von Ein- und Zweifamilienhäusern wesentlich zur Verstetigung der Wohnungsbaukonjunktur und zur Entlastung der Arbeitsmärkte bei. Nach einer Untersuchung des Rheinisch-Westfälischen Instituts für Wirtschaftsforschung (RWI), Essen, ist die Bedeutung des Produktionsfaktors „Arbeit" im Ein- und Zweifamilienhausbau höher als in den meisten anderen Baubereichen: Im Vergleich zum Maschinenbau beispielsweise ist der Beschäftigungseffekt um rd. 30 % größer, im Vergleich zum Mehrfamilienhausbau fast doppelt so hoch.

Veränderungen im Eigenheimbau wirken sich dabei nicht nur auf die Bauwirtschaft selbst aus, sondern machen sich in erheblichem Maße auch in anderen Wirtschaftsbereichen bemerkbar. So verursacht eine Änderung der Baunachfrage im Eigenheimbau eine 2,4 mal so große Veränderung der gesamtwirtschaftlichen Produktion. Bei einer Beschäftigung von zehn Arbeitskräften im Ein- und Zweifamilienhausbau sind zugleich im Durchschnitt eine fast gleich hohe Zahl weiterer Arbeitsplätze in anderen Wirtschaftsbereichen gesichert. Eine Steigerung der jährlichen Fertigstellungen um z. B. 10.000 Wohnungen schafft im Eigenheimbau zusätzlich fast 39.000 Arbeitsplätze, im Mehrfamilienhausbau dagegen lediglich 21.000 Arbeitsplätze.

Wohneigentum als Fundament der Altersvorsorge

Alle Bevölkerungsprognosen für Deutschland stimmen darüber ein, daß die Gesamtbevölkerungszahl langfristig sinken wird. Ebenfalls keine Meinungsverschiedenheiten gibt es darüber, daß es zu erheblichen Verschiebungen in der Altersstruktur kommen wird. Durch die Verschiebungen der Relationen zwischen der Zahl der Rentner und derjenigen der aktiven Bevölkerung wird die gesetzliche Rentenversicherung erheblich belastet werden. Der privaten Altersvorsorge wird daher wachsende Bedeutung zukommen. Dabei wird das Wohneigentum nicht zuletzt auch unter Sicherheitsaspekten eine entscheidende Rolle spielen.

Der wichtigste Vorteil der eigenen vier Wände besteht im miet- und lastenfreien Wohnen. Die eingesparte Miete trägt nicht unerheblich zur Entlastung des Haushaltsbudgets der Rentner bei. Die Umgestaltung der Wohnung in eine altersgerechte Wohnung bedeutet für den Wohnungseigentümer außerdem eine Investition in das eigene Vermögen. Für den Mieter stellen sich hier in der Regel deutliche Hemmschwellen, wenn er eigene Mittel in „fremdes Eigentum" investieren soll. Die Bildung von Wohneigentum hat gegenüber allen anderen Formen der Altersvorsorge den entscheidenen Vorteil, daß sie unmittelbar, d. h. ohne direkte oder indirekte Mitwirkung oder Belastung der aktiven Generation, die Abdeckung eines Teils der Grundbedürfnisse im Alter ermöglicht. Alle anderen Vorsorgeformen – gesetzliche Rentenversicherung, betriebliche Altersvorsorge, Lebensversicherung, Wertpapiere, Geldanlagen usw. – setzen dagegen zumindest eine indirekte Mitwirkung der aktiven Generation voraus.

Schlußbemerkung

Der Staat nimmt durch seine Förderpolitik Einfluß auf das Investitions- und Konsumverhalten der Bundesbürger. Das gilt nicht nur für den Bereich des Wohneigentums, sondern in noch stärkerem Maße für den Mietwohnungsbau. Und dies ist nicht nur für den einzelnen mit erheblichen Konsequenzen verbunden, sondern auch für die Volkswirtschaft insgesamt. Es geht um die Grundeinstellung der Politik. Die enorme Kapitalbildung, die mit dem Wohnungsbau verbunden ist, muß wieder als Aufgabe der individuellen Haushalte selbst begriffen und gefördert werden. Nicht der Staat soll und kann dieses Kapital bilden, der einzelne Bürger ist gefordert, und dies setzt Willen und Fähigkeit zum Sparen und zur Schaffung von Eigentum voraus – und gegebenenfalls Hilfe zur Selbsthilfe im Sinne der Sozialen Marktwirtschaft. Wer einmal Kapital für den Erwerb von Wohneigentum gebildet hat, der hat gleichzeitig gelernt, selbstverantwortlich zu handeln und sich gegen die wirtschaftlichen Wechselfälle des Alltags abzusichern. Ein solches Denken auf breiter Front dürfte ganz im Sinne der Sozialen Marktwirtschaft und damit von Ludwig Erhard sein.

Die MÜNCHENER VEREIN Versicherungsgruppe:

Vom Handwerk zum Allbranchenversicherer

Als vor 75 Jahren Repräsentanten des Handwerks das Versicherungsunternehmen MÜNCHENER VEREIN aus der Taufe hoben, ahnte niemand, daß dieses Unternehmen heute einen guten Mittelplatz in der deutschen Versicherungswelt einnehmen würde. Aus dem Handwerk hervorgegangen hat sich das Unternehmen längst zu einem Allbranchenversicherer entwickelt, der ein vielseitiges Angebot an Versicherungen für alle bereit hält.

Direktionsgebäude der MÜNCHENER VEREIN Versicherungsgruppe

Der Ursprung des MÜNCHENER VEREIN wurzelt in der genossenschaftlichen Idee, eine wirtschaftliche Selbsthilfeeinrichtung für das Handwerk und Gewerbe zu schaffen. Der MÜNCHENER VEREIN ging aus einer Fusion der 1922 als Krankenversicherung gegründeten „Versicherungsanstalt des Bayerischen Gewerbebundes" und der 1927 als Lebensversicherung entstandenen „Versorgungsanstalt der Handwerkskammer für Mittelfranken" hervor.

Durch die zielstrebige Ausweitung der Geschäftstätigkeit nach West-, Nord- und Mitteldeutschland sowie in die neuen Bundesländer entwickelte sich der MÜNCHENER VEREIN kontinuierlich zu einer eigenständigen, unabhängigen und leistungsstarken Versicherungsgruppe. Alters- und Familienversorgung, finanzielle Sicherheit für Gesundheit sowie die Absicherung für Hab und Gut von Flensburg bis Berchtesgaden kennzeichnen die umfangreichen und vielfältigen Produkte des Münchner Unternehmens.

Aufgrund seiner Entstehungsgeschichte fühlt sich der MÜNCHENER VEREIN nach wie vor dem Handwerk und Mittelstand eng verbunden. Dies führte zu einer partnerschaftlichen Zusammenarbeit mit den handwerklichen Versorgungswerken und der „Interessengemeinschaft Mittelstand".

Handwerkliche Versorgungswerke sind Gemeinschaftseinrichtungen der Innungen und Kreishandwerkerschaften. Sie wurden gegründet, um die Benachteiligung kleinerer und mittlerer Betriebe gegenüber Großunternehmen durch Kollektivversicherungsverträge auszugleichen. Der MÜNCHE-NER VEREIN ist Partner dieser Versorgungswerke. Gemeinsam werden auf diesem Wege maßgeschneiderte Produkte und Konzepte für nahezu alle Handwerks-Sparten entwickelt, die exakt dem jeweiligen Bedarf gerecht werden. Denn schnell können unvorhergesehene Schäden oder kleine Unachtsamkeiten die gesamte Existenz gefährden.

Hinzu kommt, daß auch das Handwerk heute eingebettet ist in ein komplexes und sich ständig wandelndes Umfeld. Die Rahmenbedingungen ändern sich laufend, was z.B. die Einführung des Umwelthaftungsgesetzes am 1.1.1991 gezeigt hat. Um hier Schritt halten zu können, braucht das Handwerk zuverlässige Partner vom Fach, die aufgrund ihrer Erfahrung und Kenntnis diese Neuerungen kompetent unterstützen und mit Rat und Tat zur Seite stehen.

Für die Mitglieder der „Interessengemeinschaft Mittelstand" bietet der MÜNCHENER VEREIN z.B. die Möglichkeit, mit einer kapitalbildenden Lebensversicherung oder einer privaten Rente - zu günstigen Beiträgen - für die Zukunft vorzusorgen.

Seit etwa vier Jahrzehnten besteht die Versicherungsgruppe aus folgenden vier Gesellschaften: MÜNCHENER VEREIN Krankenversicherung a.G. (1922), MÜNCHENER VEREIN Lebensversicherung a.G. (1927), MÜNCHENER ASSEKURANZ, Versicherungsvermittlungs-GmbH (1948) und MÜNCHENER VEREIN Allgemeine Versicherungs-AG (1956).
Beteiligungen bestehen außerdem an der Allrecht Rechtsschutzversicherungs-AG und an der IDUNA-Bausparkasse. Damit verfügt der MÜNCHENER VEREIN über die kompetente Produktpalette eines Allbranchenversicherers und garantiert optimale Versorgung für den gewerblichen und privaten Bereich.

An die 40 Bezirksdirektionen und vier Landesorganisationsdirektionen im ganzen Bundesgebiet sorgen zusammen mit der Münchner Hauptverwaltung dafür, daß Kundennähe und -zufriedenheit immer im Vordergrund stehen.
Beitragseinnahmen von 903,1 Mio DM im Jahr 1995 sowie Erträge aus Kapitalanlagen von 290,8 Mio DM unterstreichen die Leistungsfähigkeit des Unternehmens. Auch Vergleiche in der aktuellen Verbraucherpresse verweisen den MÜNCHENER VEREIN als etablierten Versicherer immer wieder auf vorderste Positionen.

Die Öffnung des europäischen Marktes hat auch in der Versicherungsbranche einige Veränderungen mit sich gebracht. So wurde die Dienst- und Niederlassungsfreiheit erheblich liberalisiert, was zu einer deutlichen Steigerung des Angebotes führte. Für

Vorstand der MÜNCHENER VEREIN Versicherungsgruppe: v.l.n.r.: Dr. Günther Bauer, Peter Artmann, Wolfgang Werner (Vorsitzender), Helmut Turi, Hubert Reißner

den Verbraucher ist der gesamte Bereich Versicherung dadurch allerdings noch komplexer und unübersichtlicher geworden. Deshalb ist gerade heute ein kompetenter und vertrauensvoller Versicherungs-Partner wichtiger denn je.

Prof. Dr. Dr. Günter Girnau

VITA:

Prof. Dr.-Ing. Günter Girnau ist am 10. August 1934 in Krefeld geboren.

Von 1963 bis 1977 ist er Geschäftsführer der Studiengesellschaft für unterirdische Verkehrsanlagen (STUVA), seit 1977 ist er deren Vorstandsvorsitzender.

Er habilitiert 1970 und lehrt seitdem an der RWTH Aachen „Unterirdisches Bauen". Im Jahre 1974 wird er zum apl. Professor ernannt.

Seit 1973 Mitglied im VÖV, im Verband Öffentlicher Verkehrsbetriebe, wird Girnau 1976 zum Verbandsdirektor berufen.

Mit der Gründung des VDV, des Verbandes Deutscher Verkehrsunternehmen, im Jahre 1991 wird er dessen Hauptgeschäftsführer und Geschäftsführendes Präsidiumsmitglied.

1993 wird Girnau zum Vizepräsidenten des Internationalen Verbandes für öffentliches Verkehrswesen (UITP), Brüssel, gewählt. Die Universität Braunschweig verleiht ihm 1995 die Ehrendoktorwürde.

Attraktives Angebot für die Mobilität aller Bürger

Der öffentliche Personennahverkehr in der Sozialen Marktwirtschaft

von Günter Girnau

Als Teil der Sozialen Marktwirtschaft erbringt der öffentliche Personennahverkehr (ÖPNV) in Deutschland beachtliche Leistungen: Insgesamt nutzen jährlich 9,7 Milliarden Fahrgäste dessen Verkehrsmittel. Die Dimension dieser Verkehrsleistung wird deutlich, wenn man dies mit den jährlich ca. 15 Millionen Fluggästen im innerdeutschen Flugverkehr oder den ca. 150 Millionen Fahrgästen im Fernverkehr der Deutschen Bahn AG vergleicht. Dabei sind die Fahrgastzahlen in den westlichen Bundesländern seit 1988 kontinuierlich um inzwischen insgesamt fast 20 Prozent angestiegen. Auch in den neuen Bundesländern konnten seit 1993 wieder mehr Fahrgäste in Bussen und Bahnen gezählt werden. Dies bestätigt den Erfolg der kundenorientierten Strategie der Verkehrsunternehmen mit einer Steigerung der Attraktivität des Angebots durch Maßnahmen im gesamten Marketing-Mix.

Insgesamt betrug der Umsatz des ÖPNV-Marktes in Deutschland 1996 knapp 39 Milliarden DM bei einem Investitionsanteil von über 13 Milliarden DM. Der ÖPNV stellt damit einen bedeutenden Marktfaktor in Deutschland dar, zumal alles darauf hindeutet, daß sich diese Entwicklung fortsetzen wird. Allein im Fahrzeugbereich wird heute und in den nächsten Jahren das Investitionsvolumen für Neubeschaffung und Modernisierung bei knapp 5 Milliarden DM pro Jahr liegen.

Neben den 365 (meist kommunalen) Unternehmen im VDV (Verband Deutscher Verkehrsunternehmen: ca. 75 Prozent Marktanteil an den Fahrgästen) und der DB AG (ca. 15 Prozent Marktanteil) wird der ÖPNV in Deutschland von ca. 4.000 privaten Busunternehmen (ca. 6 Prozent Marktanteil) betrieben. Die restlichen 4 Prozent der Fahrgäste werden im Taxiverkehr befördert. Dies bedeutet: Beim deutschen ÖPNV handelt es sich – abgesehen von einigen Großunternehmen – noch um eine stark mittelständisch geprägte Branche.

Die Entwicklung in der EU und die seit 1996 in Deutschland wirksame Regionalisierung des ÖPNV haben in diesen Markt zum ersten Mal Wettbewerbselemente hineingetragen. Zwar sehen die Verkehrsunternehmen des ÖPNV nach wie vor in erster Linie den Pkw als ihren Hauptwettbewerber an, von dem es gilt, Marktanteile zu gewinnen; aber auch der Wettbewerb der Verkehrsunternehmen untereinander um das wirschaftlichste Verkehrsangebot hat in unterschiedlicher Weise Fuß gefaßt:

- *Im Schienenpersonennahverkehr der Eisenbahnen gilt dieser Wettbewerb heute bereits uneingeschränkt.*

- *Im übrigen ÖPNV gilt er bisher dort, wo die Verkehrsunternehmen die Verkehrsleistung nicht eigenwirtschaftlich erbringen können.*

Der zunehmende Wettbewerb im Rahmen der sozialen Marktwirtschaft hat bereits zu erheblichen Veränderungen in der Organisationsstruktur der Verkehrsunternehmen geführt. Zur Zeit werden alle möglichen Strategien zur Steigerung der Wettbewerbsfähigkeit eingesetzt, wobei Verringerung der Hierarchieebenen und flächendeckende Einführung des Ergebniscenter-Prinzips, die ständige Verbesserung der qualitativen und wirtschaftlichen Unternehmensergebnisse sowie die Einführung motivierender Mitarbeiterstrukturen als innerbetriebliche Maßnahmen im Vordergrund stehen. Daneben wird die Erschließung neuer Geschäftsfelder (Insourcing) ebenso genutzt wie Outsourcing in seinen vielfältigen Varianten. Mit diesen Maßnahmen werden die Verkehrsunternehmen in Deutschland auf einen völlig neuen Qualitäts- und Wettbewerbsstandard gebracht, der es ihnen ermöglicht, im künftigen europäischen ÖPNV-Wettbewerbsmarkt zu bestehen.

Parallel dazu ist es notwendig, die politische und unternehmerische Verantwortung deutlich zu trennen und die Aufsichtsräte der Verkehrsunternehmen mit einer von der Politik unabhängigen Arbeitgeber- und Arbeitnehmerseite auszustatten, denen beiden nur eines als Ziel dient: das Wohl des Verkehrsunternehmens. Nur so können Vorstände/Geschäftsführungen die notwendigen tiefgreifenden Entscheidungen vorbereiten und durchsetzen.

Kein Verkehrsmittel allein kann die Verkehrsprobleme der Zukunft lösen. Da der Anstieg der individuellen Motorisierung nicht grenzenlos fortgeführt werden kann, die Verkehrsflächen nicht beliebig erweiterbar sind und Umweltschutz einen immer höheren Stellenwert erhält, muß verkehrspolitisch auf einen vernünftigen Gebrauch des Pkw hingearbeitet werden. Der ÖPNV kann neue Kun-

den nur aus dem Kreis derer gewinnen, die über einen Pkw verfügen. Entsprechend hoch muß die Qualität von Bussen und Bahnen gestaltet werden. Dies erfordert anhaltend hohe Investitionen in eine weitere Verbesserung des Angebotes, die allerdings von den Unternehmen nicht allein aufgebracht werden können. Andererseits hat sich der Kostendruck bei der öffentlichen Hand im allgemeinen und bei den Kommunen im besonderen in den letzten Jahren erheblich verstärkt. Dies bedeutet, daß schlanke Unternehmensstrukturen dazu beitragen müssen, den Zuschußbedarf aus öffentlichen Kassen zu stabilisieren. Nur dann wird es in Zukunft möglich sein, eine dauerhafte und kontinuierliche Finanzierung des ÖPNV auf hohem Niveau sicherzustellen.

Die Politik in Bund, Ländern und Kommunen ist parteienübergreifend dem ÖPNV gegenüber relativ positiv eingestellt. Es wird allgemein erkannt, daß in einer Zeit, in der umwelt- und energiepolitische Fragen eine immer größere Rolle spielen, das vorrangige Ziel darin bestehen muß, den ÖPNV weiter zu stärken, damit er in die Lage versetzt wird, nennenswerte Verkehrsanteile zu übernehmen. Das gilt in besonderem Maße für die prognostizierten Verkehrszuwächse.

Die deutschen Nahverkehrsunternehmen sind bereit, sich sowohl dieser Herausforderung als auch einem stärkeren Wettbewerb zu stellen. Sie benötigen dazu die Erhaltung der gesetzlich festgeschriebenen Finanzierungsstrukturen als auch politischen Flankenschutz gegen eine zu abrupte Liberalisierung des Verkehrsmarktes in Deutschland. Die europäischen Nachbarn liefern warnende Beispiele.

Der MAN Konzern – Technik im Verbund

Der MAN Konzern ist einer der führenden europäischen Hersteller von Investitionsgütern. Er ist Systemanbieter im Nutzfahrzeugbau, im Maschinen- und Anlagenbau und weltweit im Handel tätig. Sein Jahresumsatz beträgt über 20 Mrd DM, davon entfallen fast zwei Drittel auf den Export. In den MAN Unternehmen sind 57 000 Mitarbeiter beschäftigt, fast 12 000 in ausländischen Tochtergesellschaften.

• Durch moderne Konzeption gehören MAN-Fahrzeuge zur Spitze des technischen Fortschritts. Mit seinen hochqualifizierten Produktsystemen für Druckmaschinen aller Auflagenbereiche festigt der MAN Konzern seine führende Rolle auf dem Weltmarkt. Großdieselmotoren bis zu höchsten Leistungen nehmen Spitzenpositionen auf den Weltmärkten ein, und praktisch jedes zweite große Seeschiff wird von einem MAN-B&W-Dieselmotor angetrieben.

• Der Verkehrsbereich schließt die Antriebstechnik und die Fertigung von Komponenten für die Raumfahrt sowie die Planung und Ausführung kompletter Verkehrssysteme ein.

• Auf vielen Märkten des Maschinenbaus – z.B. Kompressoren, Spezialgetriebe, Chemiereaktoren, Kunststoffmaschinen – halten MAN Unternehmen führende Positionen.

• MAN Unternehmen bieten Systemlösungen im Anlagenbau, der über die Hütten- und Walzwerktechnik hinaus die Errichtung von Dieselkraftwerken und Chemieanlagen sowie die Umwelttechnik umfaßt.

• Der Handel mit konzerneigenen und fremden Erzeugnissen gehört ebenfalls zum Programm des MAN Konzerns.

• Die Projektierung, Finanzierung, Montage und Inbetriebnahme – auch größter Vorhaben – runden das Leistungsangebot des MAN Konzerns ab.

Über ein weltweites Netz von Vertriebsfirmen, Verkaufsniederlassungen und Service-Stützpunkten bietet der MAN Konzern sein Produkt- und Leistungsprogramm auf folgenden Märkten an: Transport und Verkehr, Kommunikationstechnik, Chemie- und Verfahrenstechnik, Rohstoffgewinnung und -verarbeitung, Hütten- und Walzwerktechnik, Maschinenbau, Metallverarbeitung, Kunststoffverarbeitung, Energiewirtschaft, Umweltschutz, Bauwirtschaft, Dienstleistungen.

Flexible Anpassung an Veränderungen der Marktgegebenheiten und der Kundenwünsche ist selbstverständlich.
Die Entwicklung technisch hochwertiger und zukunftsorientierter Produktsysteme sowie der Einsatz moderner Technologien in den Fertigungsprozessen sichern den fortschrittlichen Standard des Angebots.

Die Verknüpfung von Erfahrungen im Spezialmaschinenbau mit Kenntnissen in der Mikroelektronik und der Verbundwerkstofftechnik sind die Voraussetzungen für das hohe technologische Niveau im MAN Konzern.
Hohe Investitionen in Forschung und Entwicklung bei Produkten und Produktionsverfahren halten den MAN Konzern und seine Unternehmen an der Spitze des technischen Fortschritts.

Die Struktur und die gute finanzielle Ausstattung des MAN Konzerns sind dafür die beste Garantie.

Verwaltungsgebäude der MAN Aktiengesellschaft in München

MAN Aktiengesellschaft
Postfach 401347 · 80713 München

Professor Dr.-Ing.
Gerhard Neipp

VITA:

Professor Dr.-Ing. E. h. Gerhard Neipp, am 16. August 1939 in Trossingen/Württemberg geboren, beginnt nach einer Ausbildung als Werkzeugmacher und Technischer Zeichner sowie dem Studium des Maschinenbaues an der Staatlichen Ingenieurschule Esslingen seine berufliche Laufbahn als Konstrukteur im Sondermaschinenbau. Mit Planung, Aufbau und Leitung eines neuen Werks der Gottlieb Eppinger KG, Denkendorf, übernimmt er die erste Managementaufgabe im Textilmaschinenbau. Die Carl Hurth Maschinen- und Zahnradfabrik München bestellt Gerhard Neipp 1970 zum Geschäftsführer. 1976 wechselte er in den Vorstand der GHH-Tochter Zahnräderfabrik Renk AG, Augsburg, und 1978 in den Vorstand der M.A.N. Maschinenfabrik Augsburg-Nürnberg AG. Er führt den Unternehmensbereich Maschinen- und Stahlbau mit den Werken Nürnberg und Gustavsburg. Am 1. Juli 1983 beruft ihn der Aufsichtsrat der Fried. Krupp GmbH, Essen, zum Mitglied des Vorstandes. Dr.-Ing. E. h. Gerhard Neipp leitet die Ressorts Technik, Forschung und Entwicklung des Konzerns einschließlich des Krupp Forschungsinstituts.

Am 22. April 1988 erhält Gerhard Neipp die Ehrendoktorwürde der Fakultät für Maschinenbau der Universität Karlsruhe (TH). Der Titel Dr. Ing. E.h. wird ihm in Anerkennung seiner hervorragenden Verdienste um die Entwicklung und Durchsetzung von Konzepten zur integrierten Informationsverarbeitung in Industrieunternehmen verliehen. Am 1. März 1989 wird Dr.-Ing. E. h. Gerhard Neipp zum stellvertretenden Vorstandsvorsitzenden der Fried. Krupp GmbH berufen. Vom 26. September bis zur Verschmelzung am 8. Dezember 1992 wird er zum Vorsitzenden des Vorstandes der Hoesch AG, Dortmund, bestellt. Anschließend übernimmt Dr.-Ing. E.h. Gerhard Neipp wieder die Position des stellvertretenden Vorsitzenden des Vorstandes im nun fusionierten Unternehmen Fried. Krupp AG Hoesch-Krupp.

Am 10. Februar 1993 erfolgt die Verleihung der Honorarprofessur durch die Universität-GH-Essen. Damit wird die enge Verbindung des Krupp-Konzerns mit der Universität Essen gewürdigt und die persönlichen Verdienste um Forschung und Lehre im Fachbereich Maschinentechnik besonders geehrt. Professor Dr.-Ing. E.h. Gerhard Neipp hat seit 1990 einen Lehrauftrag zum Thema „Rechnerintegrierte Produktion".

Seit dem 1. Januar 1995 ist Professor Dr.-Ing. E.h. Gerhard Neipp Vorsitzender des Vorstandes der RAG Aktiengesellschaft.

Professor Dr. Neipp ist verheiratet und hat drei Kinder.

Strukturwandel als eine unternehmerische Aufgabe in der Sozialen Marktwirtschaft – das Modell der RAG

von Gerhard Neipp

Die Verwirklichung der Sozialen Marktwirtschaft nach dem 2. Weltkrieg war eine wesentliche Voraussetzung für die Schaffung des Wohlstands und damit für den sozialen Frieden in der Bundesrepublik Deutschland. Im Gegensatz zu anderen wirtschaftspolitischen Ordnungsmodellen gelang hier eine Symbiose zwischen freier, unternehmerisch gestalteter Marktwirtschaft und der Berücksichtigung sozialer Belange in einer wachsenden Industriegesellschaft.

In reinen Marktwirtschaften, in denen sich die Wirtschaft allein über Marktpreise steuert, können sozial unerwünschte und politisch nicht verantwortbare Entwicklungen auftreten. In solchen Fällen hat in der Sozialen Marktwirtschaft die Politik die Aufgabe, korrigierend einzugreifen. Die politische Durchsetzung dieser Marktkonzeption in der Bundesrepublik Deutschland war und ist untrennbar mit dem Namen und Wirken von Ludwig Erhard verbunden.

Zu den Bereichen einer Volkswirtschaft, die nicht ausschließlich dem freien Marktmechanismus überlassen werden dürfen, gehören unter anderem die Energie- und die Strukturpolitik. Dies läßt sich am Beispiel der Entwicklung des Ruhrgebietes und der RAG gut verdeutlichen.

Der deutsche Steinkohlenbergbau mit seinem Schwerpunkt im Ruhrgebiet hat den Wirtschaftsaufschwung nach dem 2. Weltkrieg maßgeblich ermöglicht und begleitet. Er erhielt jedoch im Laufe der 60er Jahre durch die verstärkt ins Land drängenden billigeren Importenergien starke Konkurrenz. Öl und Gas ersetzten nach und nach die deutsche Steinkohle bei der Beheizung von Häusern und Wohnungen. Der Kohleabsatz in diesem Bereich hatte enorme Einbrüche. Es kam wegen der damals großen Anzahl von einzelnen, unabhängigen Zechengesellschaften zu unkoordinierten Stillegungen von Schachtanlagen, insbesondere im Ruhrgebiet. Zu befürchten waren eine Deindustrialisierung der Region verbunden mit sozialen Konflikten infolge hoher Arbeitslosigkeit. Der Staat sah sich zum Handeln aufgefordert, um vor allem die sozialen Auswirkungen der Zechenstillegungen beherrschbar zu halten.

Gemeinsam getragen vom Bund, dem Land, der IG Bergbau und Energie und den Zechengesellschaften kam es 1969 zur Gründung einer Einheitsgesellschaft, der Ruhrkohle AG. Insgesamt 26 Altgesellschaften brachten ihre Bergwerke und Kokereien ein. Politische Ziele dabei waren: eine geordnete Rückführung der Bergbaukapazitäten, die Konzentration auf optimale Unternehmensgrößen, eine zentrale Belegschaftspolitik mit sozialverträglichem Abbau von Arbeitsplätzen und Maßnahmen zur Strukturverbesserung in den Steinkohlenrevieren. Dabei hat sich die Ruhrkohle AG von Anfang an in diesem Prozeß als Unternehmen eingebunden und sich ihrer sozialpolitischen Verantwortung als damals größter Einzelarbeitgeber und Ausbilder im Ruhrgebiet gestellt.

Seit ihrer Gründung hat die Ruhrkohle AG im Kernbereich Bergbau rund 115.000 Arbeitsplätze ohne Entlassungen abgebaut und die Steinkohlenförderung um rund 60 Prozent verringert. Gleichzeitig hat sie bis heute nicht mehr betriebsnotwendige Flächen von nahezu 4.000 Hektar zur Ansiedlung anderer Unternehmen oder für anderweitige Nutzungen zur Verfügung gestellt. Trotzdem ist der Steinkohlenbergbau im Ruhrgebiet auch heute nach wie vor ein wichtiger Wirtschaftsfaktor. Er löst bedeutende Wertschöpfungseffekte aus und bietet Beschäftigung für Menschen in dieser Region, die ohnehin von erheblichen Strukturproblemen und einer hohen Arbeitslosigkeit betroffen ist. Ohne die wirtschaftspolitische Flankierung wäre die Steinkohlenproduktion in Deutschland zusammengebrochen. Dies hätte darüber hinaus aufgrund der engen Verflechtung des Bergbaus mit vor- und nachgelagerten Branchen zu einer krisenhaften Entwicklung in den Montanregionen geführt.

Die Vergangenheit hat gezeigt: Die erfolgreiche Bewältigung des Strukturwandels, die Sicherung bestehender und Schaffung neuer Arbeitsplätze kann nur mit den angestammten Industrien – und aus ihnen heraus – gelingen. Denn auch die traditionellen Industrien des Ruhrgebiets waren und sind Auslöser für die Entwicklung von neuen Technologien, die weltweit gefragt sind. Das gilt für den Maschinenbau ebenso wie beispielsweise auch für die Umwelttechnik.

Obwohl die RAG heute in ihrem Beteiligungsbereich rund 32.000 Mitarbeiter beschäftigt, kann das Unternehmen die verlorengegangenen Arbeitsplätze in seinem Bergbaubereich nicht kompensieren. Denn wie auch weltweit zu beobachten ist, nimmt die Personalintensität im produzierenden Gewerbe deutlich ab.

Die RAG nimmt jedoch weiterhin ihre Verantwortung gegenüber den Regionen und den dort lebenden Menschen wahr und trägt auch künftig auf mehrfache Weise zu einer erfolgreichen Bewältigung des Strukturwandels bei. Beispielsweise durch Umschulungs- und Qualifizierungsmaßnahmen für ihre Beschäftigten aus dem Bergbau. Über 3.600 Mitarbeiter befinden sich in diesen Maßnahmen oder haben sie bereits abgeschlossen. Außerdem konnte die RAG auch ehemaligen Bergbau-Beschäftigten – zum Teil nach einer entsprechenden Qualifizierung – einen Arbeitsplatz an anderer Stelle des Konzerns zur Verfügung stellen.

Darüber hinaus betreibt die RAG in ganz Deutschland Bildungszentren, in denen insgesamt täglich 15.000 Teilnehmer aus- und weitergebildet werden, um ihnen so die Chance einer langfristig sicheren Beschäftigung zu geben.

Die Optimierung des Bergbaubereichs, die weitere Flächenreaktivierung sowie eine aktive Mithilfe bei Industrieansiedlungen und eine verstärkte Entwicklung der Aktivitäten außerhalb des Kohlebereichs sind weitere Konzernaktivitäten, um den strukturellen Wandel in den Kohleregionen voranzutreiben.

Neben der Bergbautechnik sind Stromerzeugung und Kraftwerkstechnik, Chemie, umweltorientierte Dienstleistungen, Handel mit Kohle und anderen Brennstoffen, Industrieservice und Immobiliendienstleistungen Tätigkeitsfelder im Beteiligungsbereich der RAG. Erstmals hat RAG im Jahr 1995 mehr als die Hälfte des Konzernumsatzes im Beteiligungsbereich erzielt.

Für RAG stellt nicht nur der Strukturwandel im Ruhrgebiet eine Herausforderung dar, sondern auch die Ausrichtung des gesamten Konzerns auf den gravierenden Wandel der weltweiten Märkte. Im Rahmen der Globalisierung der Wirtschaft schreitet auch die Liberalisierung der Energiemärkte unaufhaltsam voran. Es gilt nun, die Erweiterung der Märkte zu nutzen, sich der zunehmenden Konkurrenz zu stellen und den Anschluß zu halten an den sich immer schneller entwickelnden technischen Fortschritt.

Mit diesem Wandel sind erhebliche Marktchancen für RAG verbunden. Denn bei einem voraussichtlich stagnierenden Energie- und Steinkohlebedarf in Deutschland muß das Augenmerk verstärkt auf den internationalen Markt gerichtet werden. Die Kohle hat bei wachsendem Weltenergiebedarf auch in Zukunft mit 40 Prozent den höchsten Anteil an der Weltstromerzeugung, die in den vergangenen zwei Jahrzehnten um annähernd vier Prozent pro Jahr gestiegen ist. Kohletechnologien sind deshalb Zukunftstechnologien in diesem stark wachsenden Markt. Die RAG bietet auch international die komplette Leistungspalette rund um die Kohle an – von der Exploration über Engineering, Consulting und Bergbautechnik bis zu Handel, Logistik und Kohleveredelung.

Die internationale Vermarktung von Bergbautechnik ist beispielsweise ein wesentliches Element der Diversifizierung des RAG-Konzerns. Das Wachstumspotential für das Auslandsgeschäft liegt zudem in den Arbeitsgebieten Chemie und Kunststoffe von RÜTGERS, in den Geschäftsfeldern Kraftwirtschaft und Industrie der STEAG, sowie im Auslandsbergbau und internationalen Handel mit Kohle. Durch die zunehmende Internationalisierung entstehen neue Entwicklungsperspektiven für den Konzern und seine Mitarbeiter. Auch damit leistet RAG einen Beitrag zur Sicherung der Arbeitsplätze des Konzerns in Deutschland.

Die entsprechenden Erfahrungen und Fähigkeiten hat die RAG aus dem deutschen Steinkohlebergbau heraus gewonnen; sie wird ihre Produkte und Dienstleistungen verstärkt international einsetzen. Das setzt voraus, daß das Unternehmen seine Kompetenzen am Standort Deutschland ständig weiterentwickelt. Dafür benötigt die RAG allerdings weiterhin einen langfristig lebenden Bergbau in einem Umfang, mit dem der Zugang zu den deutschen Steinkohlevorräten

für zukünftige Generationen erhalten und gesichert bleibt. Dafür sind zuverlässige politische Rahmenbedingungen für den deutschen Steinkohlebergbau weiterhin unerläßlich.

Um den Herausforderungen im Bergbau wie auch im Beteiligungsbereich aktiv zu begegnen, hat die RAG ihre Konzernorganisation angepaßt. Mit den künftig sinkenden öffentlichen Mitteln soll ein Optimum an Absatz finanziert werden, um damit auch möglichst viele Arbeitsplätze im Bergbau zu sichern. Zur Bewältigung dieser schwierigen Aufgabe erhält die für die Kohlegewinnung verantwortliche Ruhrkohle Bergbau AG eine stärkere Eigenverantwortung.

Der zurückgehende Absatz heimischer Steinkohle soll durch Importkohle möglichst vollständig ausgeglichen werden. Dazu wurde die RAG Vertrieb und Handel AG gegründet. Dort werden die Kompetenzen im Vertrieb deutscher Steinkohle, die Fähigkeiten und Erfahrungen im Handelsgeschäft mit internationaler Steinkohle sowie die Logistikaktivitäten zusammengeführt. Damit kann RAG weiterhin eine Vollversorgung mit Steinkohle aus einer Hand anbieten; die gewünschten Mengen und Qualitäten aus heimischer oder ausländischer Förderung können jederzeit an jedem Ort zuverlässig bereitgestellt werden.

Für die weitere Entwicklung des Unternehmens ist es von großer Bedeutung, daß die RAG unternehmerischen Spielraum erhält – wie andere Konzerne auch. Für die Entwicklung neuer Aktivitäten ist die Aufhebung noch bestehender politischer Auflagen notwendig. Dies ist eine wesentliche Voraussetzung dafür, daß RAG den eingeschlagenen Weg zu einem Energie- und Technologiekonzern erfolgreich weitergehen kann.

Der Wandel der Märkte und das unternehmerische Wahrnehmen der sich bietenden neuen Chancen ist marktwirtschaftlicher Alltag jedes Unternehmens. Das Beispiel RAG zeigt: Die erfolgreiche Gestaltung des Wandels in einer Volkswirtschaft, in einer Region wie dem Ruhrgebiet und nicht zuletzt in einem ehemals reinen Bergbauunternehmen benötigt das Zusammenwirken verschiedener Kräfte.

Zum einen sind unternehmerische Initiative und unternehmerisches Handeln gefragt. Die Diversifizierungspolitik der RAG ist hierfür ein zukunftsweisender Weg. Zum anderen muß vermieden werden, daß mit dem gleichzeitigen Rückgang angestammter industrieller Aktivitäten Strukturbrüche entstehen und der Wandel auf dem Rücken sozial Schwacher ausgetragen wird. Das setzt auch weiterhin eine zuverlässige politische Unterstützung des Wandels und genügend Zeit voraus, ihn mit gemeinsamen Kräften zu gestalten, um so auch soziale Gesichtspunkte bei der Umstrukturierung zu berücksichtigen. Genau dies entspricht dem Anliegen der Sozialen Marktwirtschaft.

Friedrich Späth

VITA:

Friedrich Späth ist am 9. Februar 1936 in Gilsbach/Siegerland geboren. Er studiert in Frankfurt und Köln Rechtswissenschaften und ist kurze Zeit in Siegen als Rechtsanwalt tätig, bevor er 1965 bei der Ruhrgas AG in Essen als Referatsleiter in die Rechtsabteilung eintritt. 1967 wechselt er in den Verkaufsbereich und übernimmt 1970 als Direktor die Zuständigkeit für den gesamten Gasverkauf. 1974 wird er zum stellvertretenden und 1976 zum ordentlichen Vorstandsmitglied für das Ressort Gasverkauf bestellt. Seit 1996 ist Friedrich Späth Vorstandsvorsitzender der Ruhrgas AG.

Neben seiner Tätigkeit für die Ruhrgas AG nimmt Friedrich Späth Mandate in zahlreichen Unternehmen und Verbänden war, u. a. im Präsidium des Bundesverbandes der Deutschen Industrie (BDI), im Präsidium des Bundesverbandes der deutschen Gas- und Wasserwirtschaft (BGW), im Verwaltungsrat der Westdeutschen Landesbank, im Außenwirtschaftsbeirat beim Bundesminister für Wirtschaft, im Vorstand des Stifterverbandes für die deutsche Wissenschaft und als Mitglied im Initiativkreis Ruhrgebiet. Darüber hinaus hält er Aufsichtsmandate in Unternehmen der Energiewirtschaft.

Energiepolitik in der Marktwirtschaft

von Friedrich Späth

In der Ära von Ludwig Erhard fiel eine politische Entscheidung grundsätzlicher Natur, die prägend war und noch ist für die Energieversorgung in Deutschland. Sie schuf mit die Voraussetzungen dafür, daß die Energiewirtschaft als „Treibriemen" für die wirtschaftliche Entwicklung in den letzten Jahrzehnten funktionierte. Energiepolitik in Deutschland wurde und wird gesehen als integraler Bestandteil der allgemeinen Wirtschaftspolitik. Die Ordnungs- und Steuerungsprinzipien, die für die Wirtschaft insgesamt gelten, sollen dies grundsätzlich auch für den Energiebereich tun, der eine Basisfunktion erfüllt für wirtschaftliche Effizienz, für Wohlstand und für soziale Sicherheit.

Es ist nicht unwichtig, sich auch heute noch einmal klar zu machen, was diese Rollenteilung bedeutet:

• *Der Staat und die Politik haben vor allem die Aufgabe, den Rahmen zu setzen, in dem die Marktteilnehmer – Energieanbieter und -verbraucher – agieren können. Diese Rahmensetzung schließt auch ein, Vorkehrungen für die Sicherheit der Versorgung in Krisenfällen zu treffen und Normen für den Umweltschutz und die technische Sicherheit von Energieanlagen zu setzen.*
• *Die Unternehmen sollen autonom und dezentral über Preise, Investitionen und deren Nutzung, Standorte von Energieanlagen, internationale Handelsbeziehungen etc. entscheiden.*
• *Die Verbraucher entscheiden grundsätzlich frei, welche Energie sie beziehen.*
• *Wesentliches Strukturmerkmal der Energiepolitik einer offenen Wirtschaft ist auch, von den internationalen Energiemärkten ausgehende Preissignale möglichst unverfälscht auf dem Inlandsmarkt wirksam werden zu lassen – bei steigenden ebenso wie bei sinkenden Preisen.*

Dieser energiepolitische Ansatz ist allerdings im europäischen Kontext nicht als Selbstverständlichkeit zu betrachten, wurde und wird auch heute noch Energieversorgung in anderen Ländern Westeuropas als zentraler Bereich unmittelbarer staatlicher Daseinsvorsorge angesehen, der etwa die Bildung von staatlichen Monopolen und landesweit flächendeckend operierenden Staatsunternehmen ebenso rechtfertigt wie eine staatliche Preiskontrolle oder -festsetzung und andere staatsinterventionistische Elemente mehr.

Es sollte auch nicht unerwähnt bleiben, daß alle Bundesregierungen seither, im Kern jedenfalls, dieser Auffassung treu geblieben sind und sich prinzipiell zu einer marktwirtschaftlichen Energiepolitik bekannt haben. Dahinter steht die Überzeugung, daß eine marktwirtschaftliche Politik auch im Energiebereich ein Höchstmaß an Anpassungsfähigkeit, Robustheit und Effizienz gewährleistet. Die von den internationalen Märkten ausgehenden Unsicherheiten und Risiken können unter marktwirtschaftlichen Bedingungen am besten aufgefangen werden. Trotz der damit verbundenen Reibungsverluste bietet ein solches System am ehesten die Gewähr, daß Fehlentscheidungen volkswirtschaftlicher Größenordnung vermieden werden und daß die Energieversorgung unter den jeweils gegebenen Randbedingungen zu den gesamtwirtschaftlich geringsten Kosten dargestellt wird.

Dies ist keine bloße Theorie. Die Wirksamkeitstests, denen sich die marktwirtschaftlich ausgerichtete Energiepolitik in den vergangenen Jahrzehnten in der Praxis zu unterziehen hatte, haben dies unter Beweis gestellt. Die Erfolge z.B. bei der Anpassung an die gewaltigen gesamt- und energiewirtschaftlichen Verwerfungen, die durch die beiden Ölpreiskrisen 1973 und 1979/80 ausgelöst wurden, belegen dies. Die bereits weit fortgeschrittene energiewirtschaftliche Vereinigung Deutschlands auf marktwirtschaftlichem Wege mit einer durchgängigen Privatisierung der Energieversorgung und einer schnellen Freigabe der Energiepreise kann hierfür ebenso herangezogen werden.

Die energiepolitische Gesamtaussage der Bundesregierung vom Dezember 1991 hat z.B. dieses Credo folgendermaßen auf den Punkt gebracht:
„Staatliche Interventionen sollen so gering wie möglich gehalten werden, um volkswirtschaftliche Effizienzverluste zu minimieren. Individuelle Entscheidungsfreiheit von Unternehmen und Verbrauchern bei ihrem wirtschaftlichen Handeln, Eigeninitiative und der Wettbewerb der Ideen führen nach aller Erfahrung zu einem Höchstmaß an ökonomischer Effizienz und Vielfalt, d. h. zu sparsamer, wirtschaftlicher und ausreichender Energieversorgung"

Sowenig es dem Politiker Ludwig Erhard in der Praxis um die reine Lehre ging und gehen konnte, sowenig war und ist Energiepolitik in der Praxis eine idealtypische Umsetzung des marktwirtschaftlichen Modells. Abstriche und Abweichungen davon hat es seit jeher gegeben. In den einzelnen Energiebranchen gab und gibt es staatliche Eingriffe mit unterschiedlicher Zielsetzung, unterschiedlicher Intensität und unterschiedlichen Instrumentarien. Sie werden etwa damit begründet, Fehlsteuerungen zu verhindern oder zu korrigieren, die sich aus Unvollkommen-

heiten des Marktes oder aus externen Effekten ergeben. Nicht zu übersehen sind auch Tendenzen, die Energiewirtschaft für andere Politikbereiche zu instrumentalisieren.

Heute gibt es Eingriffe in die bzw. Einflußnahme auf die Energieversorgung, die über eine bloße Rahmensetzung hinausgehen, nicht zuletzt in den folgenden Feldern:

• *Die Entscheidung, welche Energieträger welchen Anteil bei der Deckung des Energiebedarfs haben, ist nicht allein Ergebnis des freien Spiels der Kräfte nach den Gesetzen von Angebot und Nachfrage. Aus energiepolitischen Erwägungen ebenso wie mit regional- und sozialpolitischen Motivationen wird in den Energiemarkt eingegriffen. Von den verschiedenen politischen Lagern, von den unterschiedlichen staatlichen Ebenen oder den unterschiedlichen gesellschaftlichen Kräften wird mittelbar oder unmittelbar auf den Energieträger-Mix Einfluß genommen. Die energiepolitische Diskussion wird auch aus zivilisationskritischen Positionen heraus geführt und reicht teilweise in die Dimension weltanschaulicher Überzeugungskonflikte. Betroffen hiervon sind vor allem die Kohle, die Kernenergie und die erneuerbaren Energien.*
In diesem Zusammenhang ist anzumerken, daß die gegenwärtige energiepolitische Gemengelage der Sicherung und Gewährleistung eines langfristig ausgewogenen Energieträger-Mix mit den fossilen Energieträgern, der Kernenergie und den sogenannten erneuerbaren Energien – dabei mit einem soliden und angemessenen Sockel heimischer Energieträger – nicht gerade förderlich ist.

• *Entsprechend dem marktwirtschaftlichen Ansatz der Energiepolitik ist die Bildung der Energiepreise in Deutschland grundsätzlich frei und unterliegt nur in Teilbereichen – Stromtarife – einer staatlichen Genehmigung. Gleichwohl sind die Energiepreise in ihrer*

Höhe und Struktur nicht frei von staatlicher Intervention und staatlich bestimmter Elemente in Form von Steuern und Abgaben. Seit den Zeiten Ludwig Erhards hat dabei der Energiefiskalismus in Deutschland immer mehr um sich gegriffen.

Heute beträgt die Gesamtlast der Steuern und Abgaben auf Energie knapp 90 Mrd. DM im Jahr in Deutschland. Das entspricht fast 3 % des Bruttoinlandsprodukts (nominal). Auf jedem Einwohner Deutschlands lasten im Durchschnitt heute Energiesteuern und -abgaben von jährlich rd. 1.100 DM.

Mit gut einem Zehntel tragen die Energiesteuern und -abgaben zum gesamten Steueraufkommen bei. Das ist sicher ein Indiz für ihre fiskalpolitische Bedeutung, die – bei aller energie- oder umweltpolitischer Motivation, mit der heute, quer durch alle politischen Gruppierungen, Vorschläge zur Erhöhung oder strukturellen Veränderung der Energiebesteuerung begründet werden – nach wie vor entscheidendes Gewicht hat.

Zur Disposition steht darüber hinaus aber auch der Ordnungsrahmen selbst, wie er für die Energiewirtschaft gilt. Verstärkten Veränderungstendenzen ausgesetzt sind heute insbesondere die leitungsgebundenen Energieträger Strom und Gas. Mit dem Signum „Deregulierung und Liberalisierung" versehen und dem sogenannten Zeitgeist entsprechend werden auf nationaler wie auch auf supranationaler Ebene z. T. grundlegende Änderungen der heute bestehenden Rahmenbedingungen gefordert bzw. angestrebt. Bewährtes wird aufs Spiel gesetzt, ohne den spezifischen Bedingungen dieser Bereiche, wie sie z. B. für die Gasversorgung gegeben sind (Stichwort: hohe Importabhängigkeit), gebührend Rechnung zu tragen. Eingriffe werden vorgeschlagen, die in der Konsequenz zu enteignungsähnlichen Vorgängen führen würden, die bei aller Sozialbindung des Eigentums mit dem Leitbild der Marktwirtschaft wohl kaum in Einklang zu bringen wären. Neue Rege-

lungen sollen in Kraft gesetzt werden, ohne den Unternehmen ausreichend Zeit zur Anpassung zu geben.

Die Frage wäre rein hypothetischer Natur, wie Ludwig Erhard heute, in einem Umfeld, das gekennzeichnet ist durch:

- *eine zunehmende Globalisierung der Wirtschaft mit einem wachsenden Wettbewerb der Standorte,*

- *eine wachsende Einbindung Deutschlands in die internationalen Energiemärkte,*

- *ein zusammenwachsendes Europa mit einem europäischen Binnenmarkt und dem Erfordernis einer zunehmenden Integration Zentral- und Osteuropas,*

- *ein höheres Umweltbewußtsein und erhöhte Anforderung an die Umweltverträglichkeit der Energieversorgung, ebenso an ihre Effizenz,*

eine zukunftsweisende Energiepolitik gestalten würde, um ein Gesamtoptimum bei der Erreichung der zum Teil konkurrierenden Ziele Wettbewerbsfähigkeit, Sicherheit und Umweltverträglichkeit zu ermöglichen. Es erscheint aber wohl nicht zu gewagt, sich bei einer Forderung nach weniger Gestaltungsdrang und weniger Interventionismus, nach mehr Schlüssigkeit und Stetigkeit für die Energiepolitik auf ihn zu berufen. In diesem Sinne sind es nicht zuletzt die folgenden Anforderungen, die an eine ganzheitliche Energiepolitik marktwirtschaftlicher Prägung heute zu stellen sind:

- *Stärkung der Marktkräfte durch eine sachgerechte Deregulierung, Liberalisierung und Entbürokratisierung, aber auch Vermeidung abrupter, bruchartiger Entwicklungen. Dazu gehört ganz wesentlich die Schaffung gleichgewichtiger und gleichwertiger Wettbewerbsbedingungen im europäischen Binnenmarkt unter Beachtung der Prinzipien der Subsidia-*

rität und der Reziprozität,

• Verzicht auf eine Erhöhung der Energie-steuerbelastung in Deutschland, dies wegen der negativen Wirkungen steigender bzw. neuer Energiesteuern auf Wachstum, Beschäftigung und die internationale Wettbewerbsfähigkeit des Standorts Deutschland und wegen ihrer geringen positiven ökologischen Lenkungseffekte; unabdingbar ist zudem die Harmonisierung der Energiebesteuerung im europäischen Kontext.

Im Rahmen der Umwelt- und Klimaschutzpolitik sollte vielmehr dem Weg eigenverantwortlichen Handelns stärkeres Gewicht beigemessen werden, wie er z.B. mit den freiwilligen Selbstverpflichtungen zur Minderung des spezifischen Energieverbrauchs und der spezifischen CO_2-Emissionen von der deutschen Wirtschaft beschritten wurde.

Die Erfahrung hat gezeigt, daß die konkrete Ausgestaltung der Rollenteilung zwischen Markt und Staat nicht dogmatisch starr fixiert werden kann. Sie bleibt angesichts sich ständig ändernder Umfeldbedingungen und Marktentwicklungen, neuer politischer Grundströmungen oder neuer Sachzwänge eine Daueraufgabe. Eine Energiepolitik, die

• auch künftig vorrangig auf die bessere Steuerungsfähigkeit des Marktes setzt und

• sich auf die Gestaltung sachgerechter, angemessener Rahmenbedingungen – nach Möglichkeit auf Basis eines Grundkonsenses aller relevanten politischen und gesellschaftlichen Kräfte – konzentriert,

bietet aber ein hohes Maß an Gewähr dafür, die Zukunftserfordernisse der Energieversorgung erfolgreich bewältigen zu können.

Eine solche marktwirtschaftlich orientierte Energiepolitik auf nationaler Ebene ist einzubetten in einen größeren Rahmen auf europäischer Ebene, ohne daß dabei neue Kompetenzen und neue Regulierungstatbestände im Energiebereich geschaffen werden.

Dr. Klaus-Ewald Holst

VITA: Dr.-Ing. Klaus-Ewald Holst ist am 16. Mai 1943 in Neustrelitz geboren. Nach dem erfolgreichen Abschluß seines Studiums an der Bergakademie Freiberg als Dipl.-Ing. für Tiefbohrtechnik und Erdölgewinnung beginnt er 1968 seine berufliche Laufbahn bei dem damaligen VEB Verbundnetz, Direktion Gas. Klaus-Ewald Holst arbeitet als Entwicklungsingenieur schwerpunktmäßig auf dem Gebiet der Untergrundgasspeicherung. 1978 promoviert er zum Dr.-Ing..

In den Jahren 1982 bis 1990 ist er Hauptabteilungsleiter Instandhaltung im VEB Verbundnetz Gas. 1990 wird Dr.-Ing. Klaus-Ewald Holst zum Vorstandsvorsitzenden berufen, nachdem das Unternehmen in eine Aktiengesellschaft umgewandelt wird.

Klaus-Ewald Holst nimmt mehrere Aufsichtsrats- und Beiratsmandate wahr. Für seine Verdienste bei der Umgestaltung der Energiewirtschaft und dem Ausbau der Erdgasversorgung in den neuen Bundesländern wird er 1996 mit dem Verdienstkreuz am Bande des Verdienstordens der Bundesrepublik Deutschland ausgezeichnet.

Klaus-Ewald Holst ist verheiratet und hat einen Sohn.

Mit Tatendrang in die Soziale Marktwirtschaft – vom volkseigenen Betrieb zur Aktiengesellschaft

von Klaus-Ewald Holst

Als nach dem Zweiten Weltkrieg in Westdeutschland die Soziale Marktwirtschaft von dem damaligen Bundeswirtschaftsminister Ludwig Erhard entschlossen umgesetzt wurde, verlief der Aufbau der ostdeutschen Wirtschaft unter den ungleich schwierigeren Bedingungen einer sozialistischen Planwirtschaft. Anstelle unternehmerischer Entscheidungsfreiheit, Selbstverantwortung und einer auf dem Marktmechanismus basierenden freien Preisbildung war das sozialistische Wirtschaftslenkungssystem beherrscht durch staatliche Planvorgaben, Dirigismus und politisch begründete Preise. Wegen seiner herausragenden Bedeutung für die Funktionsfähigkeit des Wirtschaftssystems unterlag der Energiesektor einer besonderen Überwachung.

In der früheren DDR wurde seit Anbeginn eine restriktive, von zunehmendem Autarkiestreben determinierte Energiepolitik betrieben, die zu einer ökonomisch und ökologisch ineffizienten, nahezu ausschließlich auf die heimische Braunkohle ausgerichteten Versorgungsmonostruktur führte. Neben der Stromerzeugung aus Braunkohle wurde dieser einzige reichlich vorhandene heimische Energieträger als Festbrennstoff und zur Produktion von Stadtgas eingesetzt. Um das vor allem im Gaskombinat Schwarze Pumpe und in Lauchhammer gewonnene Stadtgas zu den Verbrauchszentren zu transportieren, wurde 1958 in Leipzig die Technische Leitung Ferngas gebildet, aus der 1969 die VEB Verbundnetz Gas hervorging. Zu Beginn der siebziger Jahre wurde die inzwischen in das Gaskombinat Schwarze Pumpe eingegliederte Verbundnetz Gas gemeinsam mit dem Ferngasleitungsbau Engelsberg angewiesen, ein separates Ferngasleitungsnetz zum Transport von russischem Importerdgas aufzubauen und zu betreiben. Energiewissenschaftler warnten eindringlich vor dem Aufbau eines weiteren Fernleitungssystems und forderten stattdessen die Schaffung eines einheitlichen Gasverbundsystems auf der Qualitätsbasis des russischen Importerdgases. Hierdurch hätten Investitions- und Betriebskosten in Milliardenhöhe eingespart werden können. Die staatliche Plankommission entschied jedoch wider der ökonomischen Vernunft anders. Ende der siebziger Jahre verschlechterten sich zusehends auch die Rahmenbedingungen für die Energiewirtschaft. Für Modernisierungen und Neustrukturierungen fehlten die finanziellen Mittel. Deshalb wurden auch Umweltaspekte der Energieversorgung nahezu vollständig ignoriert. Noch 1990 lagen sowohl die ostdeutschen SO_2-Emissionen als auch die Staubbelastung fünfmal höher als im früheren Bundesgebiet.

Die politische Wende und die Einführung der Sozialen Marktwirtschaft brachten gravierende Änderungen, auch der energiepolitischen Rahmenbedingungen, mit sich. Endlich war es möglich, in einem marktwirtschaftlichen Umfeld über notwendige Modernisierungen und Umstrukturierungen selbst zu entscheiden und die erforderlichen Maßnahmen unter Verwendung moderner Technologien durchzuführen. Noch vor der Wiedervereinigung löste sich die Verbundnetz Gas aus dem Gaskombinat und trat am 29. Juni 1990 als neugegründete Aktiengesellschaft in die Marktwirtschaft ein. Wegen der strategischen Bedeutung einer zukünftig modernen Erdgaswirtschaft gab es für den ehemals volkseigenen Betrieb eine große Zahl von Kaufinteressenten aus dem In- und Ausland. So konnte die Treuhandanstalt bereits im August 1990 45 Prozent der Aktien verkaufen, ein Jahr später war die Privatisierung abgeschlossen. Aktionäre der Verbundnetz Gas AG (VNG) sind heute acht Energieversorgungsunternehmen aus Deutschland und dem europäischen Ausland sowie 14 ostdeutsche Kommunen. Die schnelle Privatisierung des Unternehmens war eine wesentliche Voraussetzung für den zügigen Aufbau einer flächendeckenden Erdgasversorgung in den neuen Bundesländern. Dazu war entschlossenes Handeln einerseits und die hohe Risikobereitschaft vor allem der ersten Aktionäre andererseits erforderlich. In den Folgejahren konnte die VNG in Kooperation mit der Erdgasversorgungsgesellschaft Thüringen-Sachsen mbH (EVG) sowie weiteren regionalen und territorialen Gasversorgern eine funktionsfähige und effiziente Erdgasversorgung aufbauen, die einen internationalen Vergleich nicht mehr zu scheuen braucht. Hierzu waren im wesentlichen folgende Maßnahmen erforderlich:

- *Ausbau und Modernisierung der Versorgungsinfrastruktur durch innovative Kommunikations-, Automatisierungs- und Regelungstechnik,*
- *Integration in das westeuropäische Erdgasverbundsystem,*
- *Umstellung der Versorgung von Stadt- auf Erdgas,*
- *Diversifizierung der Erdgasbezüge und Abschluß von langfristigen Verträgen mit mehreren Produzenten und Anbietern, um die einseitige Importabhängigkeit von russischem Erdgas zu überwinden und den stark ansteigenden Erdgasbedarf befriedigen zu können.*

Diese Maßnahmen verlangten erhebliche finanzielle Anstrengungen von der ostdeut-

schen Gaswirtschaft. So investierte allein die VNG zwischen 1990 und 1996 rund zwei Mrd. DM in den Auf- und Ausbau einer bedarfsgerechten Versorgungsinfrastruktur. Insgesamt summieren sich die Aufbauleistungen der ostdeutschen Gaswirtschaft auf ca. 12 Mrd. DM. Im Wettbewerb - insbesondere mit anderen Heizenergieträgern auf dem Wärmemarkt - gelang es, den Erdgasanteil am gesamten Primärenergieverbrauch der neuen Bundesländer bis Ende 1996 auf 26 Prozent auszubauen. Damit überflügelt der Versorgungsbeitrag des Erdgases in Ostdeutschland den westdeutschen Vergleichswert um mittlerweile über 5 Prozent. Auf dem ostdeutschen Wärmemarkt hat das Erdgas die lange Zeit dominierende Braunkohle inzwischen weitgehend abgelöst. Ende 1996 wurden bereits 54 Prozent aller ostdeutschen Wohnungen mittels Erdgas entweder unmittelbar (33 Prozent) oder mittelbar über erdgaserzeugte Fernwärme (21 Prozent) beheizt. Durch die Marktpenetration des Erdgases konnte bereits ein wesentlicher Beitrag zur Verbesserung der Umweltsituation und zum Klimaschutz in den neuen Bundesländern geleistet werden. Der Austausch von alten Braunkohleheizsystemen und der Einsatz moderner Wandleraggregate bewirkte, daß sich die spezifischen CO_2-Emissionen bei der Nutzwärmeproduktion zwischen 1990 und 1995 um fast 37 Prozent auf 0,35 kg CO_2/kWh reduziert haben. Weitere Effizienzverbesserungen werden zukünftig angestrebt.

Der Eintritt in die Marktwirtschaft und die bislang vollbrachten Aufbauleistungen erforderten von den Mitarbeitern der VNG ein hohes Maß an Engagement und Entschlossenheit. Die Unternehmensleitung stand vor der Aufgabe, zeitgleich überflüssige Strukturen auflösen und neues Potential aufbauen zu müssen. Darüber hinaus sollten die vorhandenen Ressourcen optimal genutzt werden. Zwischenzeitlich entwickelte sich die VNG zum zweitgrößten deutschen Erdgas-

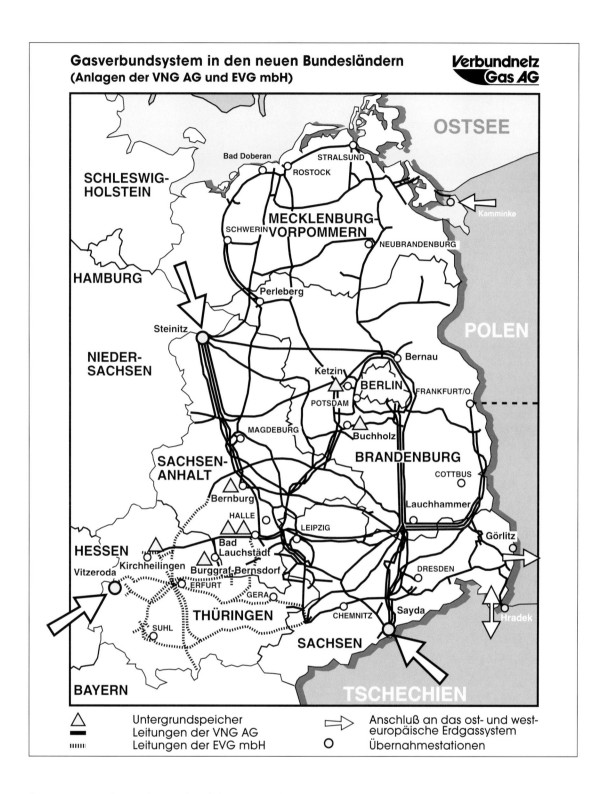

Gasverbundsystem in den neuen Bundesländern
(Anlagen der VNG AG und EVG mbH)

Verbundnetz Gas AG

Legend:
△ Untergrundspeicher
— Leitungen der VNG AG
⁗ Leitungen der EVG mbH
⇨ Anschluß an das ost- und westeuropäische Erdgassystem
○ Übernahmestationen

importeur und zu einem der leistungsstärksten Unternehmen Ostdeutschlands. Wir haben im Umbruch gelernt und erfahren, daß

- *der Einzelne selbst gefordert ist, etwas zu unternehmen und Leistung die Grundlage des Erfolgs darstellt,*
- *Hilfe von außen einhergehen muß mit eigener Initiative und Selbstvertrauen,*
- *wirtschaftliches Handeln generell mit Unsicherheit und Risiko verknüpft ist,*
- *in einer freien Wirtschaft jeder Marktanteil, jedes Segment heiß umkämpft ist,*
- *der wirtschaftliche Erfolg soziales Engagement erst ermöglicht.*

461

Dr. Dietmar Kuhnt

VITA: Dr. Dietmar Kuhnt, geboren am 16. November 1937 in Breslau, studiert Jura in Köln und Freiburg und schließt seine Studien mit dem Zweiten Juristischen Staatsexamen und der Promotion ab. Seine berufliche Tätigkeit beginnt er 1966 als Assistent bei der Rheinisch-Westfälischen Wirtschaftsprüfungsgesellschaft mbH, Essen. 1968 tritt Dr. Kuhnt als Justitiar in die Rechtsabteilung der Hauptverwaltung des Rheinisch-Westfälischen Elektrizitätswerks AG (keine Tochtergesellschaft der RWE AG) ein; ab 1977 leitet er die Rechtsabteilung.

1982 wird Dr. Kuhnt Direktor des Rheinisch-Westfälischen Elektrizitätswerkes. Die Berufung zum Mitglied des Vorstandes der RWE Energie AG erhält er 1989. Dr. Kuhnt übernimmt Anfang 1992 den Vorsitz des Gremiums. Gleichzeitig tritt er in den Vorstand der Muttergesellschaft, der RWE AG, ein. Seit Januar 1995 ist Dr. Kuhnt Vorstandsvorsitzender der RWE AG.

Mit Energie zur Macht. Werden die Stromkonzerne zu beherrschenden Multis?

Von Dietmar Kuhnt

Natürlich will der Titel dieses Beitrags provozieren. Er wurde mir vorgeschlagen, und ich habe ihn gern akzeptiert, weil er gängige Vorurteile prägnant zusammenfaßt.

Wettbewerb ist das Ergebnis erfolgsorientierter Politik von Unternehmen, die ihr Know-how gezielt einsetzen, die neue Entwicklungen vorantreiben, die ihr Kapital in zukunftsfähigen Geschäftsfeldern investieren und so sichere Arbeitsplätze schaffen. Dies gilt heute wie in den 50er und 60er Jahren – der Zeit des großen Ökonomen Ludwig Erhard. Allerdings hat die Härte und Intensität des Wettbewerbs nicht zuletzt aufgrund der Öffnung der nationalen Märkte verbunden mit der Internationalität des Geschäftsverkehrs zugenommen.

Harte Fakten sind da die eine Seite – latente Vorurteile die andere. Das erste RWE betreffende Vorurteil liegt schon in den Begriffen „Energie" und „Stromversorger". Diese Bereiche bezeichnen heute nur einen Teil des Konzerns. Die Stromversorgung macht nur noch gut ein Drittel des gesamten Geschäftsvolumens aus. Es ist zwar richtig, daß die Anfänge von RWE in der Stromversorgung liegen. Auf diese Geschichte sind wir auch stolz. Aber noch heute wird RWE von der breiten Öffentlichkeit vorwiegend mit Strom in Verbindung gebracht. Dabei hat sich seit der Gründung des Unternehmens 1898 RWE im Lauf der Jahrzehnte zu einem breit diversifizierten Konzern entwickelt, der im Energie- und Entsorgungsbereich sowie im Chemiebereich ebenso zu Hause ist wie im Anlagen- und Gerätebau oder bei großen und namhaften Infrastrukturvorhaben. Die verbindende Klammer ist die zunehmende Kunden- und Serviceorientierung in wettbewerbsintensiven Märkten. Neben Energie sind das die Geschäftsbereiche Bergbau und Rohstoffe, Mineralöl und Chemie, Entsorgung, Maschinen-, Anlagen-, Gerätebau, Telekommunikation und Bau.

Mit seiner Diversifikationspolitik hat sich RWE aus der Monostruktur befreit, in der es als Stromunternehmen geblieben wäre. Das Unternehmen hat nicht statisch in angestammten Geschäftsfeldern verharrt, die bislang relativ geschützt waren, sondern es hat dynamisch neue Märkte erschlossen, in denen harter Wettbewerb herrscht. Der ideologisch motivierte Vorwurf oligopolistischen Machtstrebens wäre viel eher angebracht, wenn das Unternehmen die Herausforderungen neuer Märkte gemieden hätte. Aber wäre es im Sinne des Standorts Deutschland, im Sinne unserer Volkswirtschaft, der Bürger oder gar der Aktionäre, wenn RWE unternehmerisches und technisches Know-how brachliegen ließe? Oder ist es nicht besser, wenn wertvolle Ressourcen für zukunftsträchtige Geschäftsfelder genutzt und so neue Arbeitsplätze geschaffen werden? Heute beschäftigt der Konzern rund 135.000 Mitarbeiter, davon rund 37.000 im Energiebereich.

Der unternehmerische Elan von RWE, unser Ja zu einem offenen Wettbewerb, zeigen sich mit schlagender Prägnanz an unserem Engagement in der Telekommunikation. Mehr als 100 Jahre hat die heutige Telekom als lupenreiner Monopolist diesen Markt beherrscht, die Preise diktiert und darüber oft genug den Kunden und seine berechtigten Ansprüche vernachlässigt.

Jetzt stellt sich RWE mit seinen Partnern der enormen Herausforderung, das Monopol der Telekom aufzubrechen. Wir haben den Ehrgeiz, mit einem weiteren Festnetz eine überlegene Alternative zum Angebot der Telekom zu schaffen und das alte Monopol durch dynamischen Wettbewerb zu ersetzen. Das ist im Sinne unserer Marktwirtschaft, und das ist im Sinne des Kunden, der letztlich über unseren Erfolg entscheiden wird. Ziel ist es, mit einer relativ kleinen, aber hoch effizienten Mannschaft zum kundenfreundlichsten Anbieter am Markt zu werden.
Der Markt der Telekommunikation ist einer der Faktoren, an dem sich die Zukunftsfähigkeit Deutschlands entscheidet. Wir werden unseren Beitrag leisten, um diesen Schlüsselbereich so leistungsfähig wie möglich zu machen.

Wir mit unseren Partnern treten gegen ein Unternehmen an, das seit mehr als 100 Jahren Erfahrungen in seinem Feld sammeln konnte, das über eine flächendeckende Infrastruktur und etwa 40 Millionen Kunden verfügt.
Gemeinsam mit anderen Stromversorgungsunternehmen können wir durch unser Leitungsnetz bereits heute 70 Prozent der Fläche abdecken und ca. 80 Prozent der Bevölkerung erreichen. Im Jahr 1998 werden wir ein flächendeckendes Festnetz anbieten können, das auf Glasfaser basiert und als das modernste seiner Art in Deutschland gilt.

Trotzdem wird auch mittelfristig der Marktanteil der Telekom nach allen vorliegenden Schätzungen kaum unter 70 Prozent sinken. Wir hoffen, mit der neuen Gesellschaft in einigen Jahren einen Marktanteil von 10 Prozent zu erreichen. Wer da von oligopolistischem Machtstreben spricht, führt sich selbst ad absurdum.

Im Bereich der Telekommunikation leisten wir unseren Beitrag zu mehr Marktwirtschaft, im Strommarkt stellen wir uns fair und ohne ängstliches Besitzstandsdenken dem wachsenden Wettbewerb, der verschärft wird durch niedrige Energiepreise. So kann zum Beispiel jede Stadt ein eigenes Stadtwerk bauen, und auch industrielle Großkunden können eigene Kraftwerke errichten und als kleine dezentrale Einheiten profitabel betreiben.

An diesem Wettbewerb beteiligt sich RWE mit Erfolg. Das zeigte sich bei den Chemieunternehmen BASF und Hoechst und dem Automobilunternehmen Opel, wo sich die Tochter RWE Energie als Bewerber für den Bau neuer industrieller Kraft-Wärme-Kopplungsanlagen gegen harte auch internationale Konkurrenz durchsetzen konnte.

Auch innerhalb der Europäischen Union zeichnet sich immer stärkerer Wettbewerb ab. So soll durch zusätzliche Leitungen und Durchleitungen auch Erzeugern aus anderen europäischen Ländern der Europäischen Union die Möglichkeit gegeben werden, in Deutschland Strom zu verkaufen.

RWE begrüßt ausdrücklich diese Öffnung zu mehr Wettbewerb. Sie wird dazu führen, daß der Kritik an angeblich überhöhten Strompreisen endgültig der Boden entzogen wird. Nur nebenbei: Kaum ein Land hat eine monopolistischere Stromversorgungsstruktur als Frankreich. Und dennoch hat die EdF erheblich niedrigere Industriestrompreise, und zwar aufgrund der kostengünstigen Kernenergie, die über 75 Prozent zur Stromerzeugung in Frankreich beiträgt. Hier zeigt sich, daß nicht mangelnder Wettbewerb Ursache für Strompreisdifferenzierungen sind, sondern politisch bedingte Strukturnachteile. Wie anders war die Politik zur Zeit Ludwig Erhards.
Auch der Vorwurf mangelnder Kundenorientierung trifft RWE Energie nicht. „Tadellose

Versorgung" wird wie selbstverständlich erwartet, wie eine Meinungsumfrage erst kürzlich wieder bestätigte. Aber nichts ist so gut, als daß es nicht besser werden könnte.

Aber wer könnte einen Fechtkampf akzeptieren, in dem nur ein Fechter mit Visier auftritt? Wettbewerb braucht faire Bedingungen. Eine Marktöffnung in Deutschland setzt gleichwertige Marktöffnungen auch in anderen Mitgliedsstaaten der Europäischen Union voraus. Es wäre unakzeptabel, wenn Wettbewerber von geschützten Positionen aus in Deutschland den Stromversorgern den Boden entzögen, gleichzeitig aber auf ihren Märkten entsprechender Konkurrenz nicht ausgesetzt wären. Das ist eine Forderung nach Fairneß bei den Rahmenbedingungen, und diese Forderung verdient dieselbe Akzeptanz wie in allen anderen Wirtschaftsbereichen. Die vorgesehene EU-Strombinnenmarktrichtlinie genügt diesen Anforderungen keineswegs.

Ebenso beliebt wie irreführend ist die Behauptung, RWE subventioniere mit überhöhten Strompreisen ihr Engagement in anderen Geschäftsfeldern.

Die relativ hohen Strompreise in Deutschland haben ihre Ursache in politischen Sonderlasten, insbesondere bei der Kernenergie. Für die Entsorgung der Brennelemente und die Stillegung von Kernkraftwerken hat RWE Rückstellungen von rund 14,5 Milliarden Mark vornehmen müssen. Diese Mittel haben den Charakter von klaren Verbindlichkeiten. Sie werden aufgrund gesetzlicher Vorschriften, auf der Basis von Entsorgungskonzepten, von Expertengutachten und Berechnungen über Entsorgungsleistungen gebildet. Wenn aber gefordert wird, diese Mittel zur Senkung des Strompreises zu verwenden, so ist dies besonders merkwürdig, weil dieselben Kritiker auch gerne behaupten, wir würden den Kosten der Kernenergie nicht angemessen Rechnung tragen.

Neuakquisitionen und der Aufbau neuer Geschäftsfelder bei RWE wurden aus anderen Ressourcen finanziert. Die Finanzierung erfolgte zum einen durch die Kapitaleinzahlungen unserer Aktionäre, die uns innerhalb der letzten Jahre durch Kapitalerhöhungen sowie ausgeübte Optionsrechte über fünf Milliarden Mark zur Verfügung gestellt haben. Zum andern verfügt RWE über einen „Free Cash Flow" von jährlich rund einer Milliarde Mark. Der Erwerb neuer Beteiligungen in Höhe von rund elf Milliarden Mark in den vergangenen zehn Jahren konnte aus diesen Beträgen und aus den Kapitaleinzahlungen unserer Aktionäre finanziert werden.

RWE Energie wird dagegen umgekehrt vom Geschäftsfeld Telekommunikation profitieren. Werden nämlich Anlagen der Stromversorgung für die Telekommunikation genutzt, so hat der Geschäftsbereich Telekommunikation ein entsprechendes Entgelt an RWE Energie zu zahlen. Dies wird in einer entsprechenden Vereinbarung auch formal fixiert.

Es ist nicht nur unser Recht, sondern unsere unternehmerische Pflicht, in allen Geschäftsfeldern eine starke Stellung zu halten oder anzustreben. Das liegt im wohlverstandenen Interesse der Mitarbeiter und ihrer Arbeitsplätze wie im Interesse der Aktionäre, denen an einer Steigerung des Unternehmenswerts gelegen sein muß. Aber auch Marktführerschaft ist nicht Marktbeherrschung. Und wer RWE vorwirft, das Unternehmen wolle zum beherrschenden Multi werden, der ist entweder schlecht informiert oder mit ideologischen Scheuklappen behaftet.

RWE ist stolz auf die führende Position, die sich zum Beispiel die Heidelberger-Druck-Gruppe im Weltmarkt erkämpft hat. Diese Position war nicht immer so stark. Auch Hochtief, die Nr. 2 beim Bau in Deutschland, ist starkem Konkurrenzdruck ausgesetzt. Eine zusätzliche Erschwernis ist die nachhaltige Schwächung der Baukonjunktur in Deutschland. In dieser Situation kommt dem Unternehmen zustatten, daß es schon frühzeitig auf eine Globalisierung des Projektgeschäfts im Bau gesetzt hat. Von dieser Globalisierung werden vorwiegend große, leistungsstarke Unternehmen profitieren – nur vor diesem Hintergrund sind Überlegungen zu verstehen, die auf eine Allianz mit dem Branchenersten Philipp Holzmann zielen.

Auch in anderen Marktsegmenten haben wir eine führende Position einnehmen können, so der Unternehmensbereich Bergbau und Rohstoffe bei der deutschen Braunkohle. Im Unternehmensbereich Mineralöl und Chemie hält die Condea eine Spitzenstellung bei Grundstoffen für Waschmittel.

Einem breiteren Publikum ist das Mineralölunternehmen DEA mit einem weit verbreiteten Tankstellennetz bekannt. Die Revitalisierung der früheren Texaco durch eine konsequente Marketingstrategie ist nach Umfragen bei Verbrauchern „ein leuchtendes Beispiel der Möglichkeiten, die der freie Wettbewerb bietet". Sie ist zudem ein Beweis dafür, daß auch ein Konzern von der Größe der RWE flexibel und kundennah im Markt agieren kann. Von einer beherrschenden Marktposition kann bei DEA allerdings nicht die Rede sein. Das Unternehmen ist die Nr. 3 im deutschen Tankstellengeschäft. Ist es etwas Negatives, an die Spitze zu streben, erfolgreich zu sein und damit Arbeitsplätze zu sichern und zu schaffen?

Im Unternehmensbereich Entsorgung, in dem das Recyclinggeschäft weiterhin stark wächst, haben wir nach sechs Jahren harter Aufbauarbeit im Jahr 1995/96 den erhofften Turnaround geschafft. Aber obwohl etliche mittelständische Unternehmen der Marktselektion nicht standhalten konnten, ist der Entsorgungsmarkt alles andere als ein Closed Shop und die RWE Entsorgung alles andere

als ein marktbeherrschendes Unternehmen. Bei einem Marktvolumen von 81 Milliarden Mark erreichte unsere Unternehmensgruppe in der inländischen Abfall- und Recyclingwirtschaft einschließlich aller Minderheitsbeteiligungen einen Umsatz von rund 2,4 Milliarden Mark. Das entspricht einem Marktanteil von rund drei Prozent.

Wer die angebliche Macht der Stromversorger anprangert, geht zudem an der Tatsache vorbei, daß gerade die Stromversorger wie kein anderer Industriezweig in Deutschland gesellschaftlichen und politischen Blockaden ausgesetzt sind. Die RWE Energie-Stromerzeugung, die zu zwei Dritteln auf Braunkohle und Kernenergie basiert, wird politisch gefährdet. Das zeigt das Beispiel Garzweiler II ebenso wie die Auseinandersetzungen um die Kernkraftwerke Mülheim-Kärlich und Biblis A. Allein die Stillstände in diesen Kraftwerken haben im letzten Jahr zu Verlusten von 400 Millionen Mark geführt.

Die Konkurrenzfähigkeit des Standorts Deutschland können wir nur wahren und steigern, wenn wir vorhandenes Knowhow und investiertes Kapital in Milliardenhöhe nicht blockieren, sondern arbeiten lassen. Eine Gesellschaft aber, die moderne Technologien in erster Linie als Bedrohung und nicht als Chance begreift, untergräbt ihre eigene Zukunft. Dieses Handicap ist um so gravierender in einer Zeit, in der die Wirtschaft eine Schwächephase durchleidet und Massenarbeitslosigkeit in Deutschland mehr und mehr zu einem Dauerproblem wird.

Mit dem schillernden Begriff „Multi" wollen ideologisch motivierte Kritiker das Bild eines Unternehmens suggerieren, das seine Fänge über die ganze Welt ausbreitet. Um so wichtiger ist es zu betonen: Trotz weiterer Internationalisierung hat und behält RWE den Schwerpunkt seiner Aktivitäten am

Standort Deutschland. RWE zählt seit Jahren zu den größten Investoren in Deutschland, und RWE wird auch weiterhin bedeutende Summen in Deutschland investieren. Abgesehen davon: Warum soll ein multinational orientiertes Unternehmen allein durch die Bezeichnung „Multi" an den Pranger gestellt werden? Die Globalisierung der Märkte verlangt global operierende Unternehmen, wenn sie in den angestammten heimischen Märkten erfolgreich bleiben wollen.

Im Zeitraum von 1990 bis 1995 haben die RWE-Unternehmen 31,7 Milliarden Mark investiert – und dies zum Großteil am Standort Deutschland. Dieser Betrag entspricht der Gesamtsumme aller ausländischen Direktinvestitionen, die in Deutschland im selben Zeitraum getätigt wurden.

Für die nächsten fünf Jahre haben wir Investitionen von über 30 Milliarden Mark vorgesehen, wiederum vornehmlich in Deutschland. Hinzu kommen rund acht Milliarden Mark, die wir zusammen mit unseren Partnern in den nächsten zehn Jahren in den deutschen Telekommunikationsmarkt investieren werden.

Wir investieren, und wir sichern Arbeitsplätze. Während generell ein massiver Stellenabbau zu beklagen ist, haben wir es geschafft, die Zahl der Mitarbeiter konstant zu halten. Durch neu in den Konsolidierungskreis aufgenommene Gesellschaften hat sich die Zahl der Mitarbeiter im Konzern in den letzten Jahren sogar um rund 35 Prozent auf 135.000 erhöht. Mit unserem Engagement in der Telekommunikation sorgen wir zusätzlich für Beschäftigung. Wir werden zusammen mit unseren Partnern in den nächsten zehn Jahren 10.000 neue Arbeitsplätze schaffen.

Die Diversifikationspolitik der RWE ist ein bedeutender Beitrag zur Stabilisierung und Stärkung des Standortes Deutschland in einer Zeit, in der mehr und mehr Unternehmen Arbeitsplätze ins Ausland verlagern. Bedenklich für den Standort Deutschland ist aus unserer Sicht nicht so sehr das Kostenproblem, sondern das Akzeptanzproblem, dem insbesondere die Energiewirtschaft ausgesetzt ist. Wir müssen der bedenklichen Tendenz entgegenwirken, aus persönlicher und erst recht sozialer Verantwortung zu flüchten, moderne Technologien zu dämonisieren und so bedeutende volkswirtschaftliche Ressourcen zu Lasten unseres Landes und seiner Bürger zu vergeuden. Es ist Aufgabe der Unternehmen und der Politik, aber auch der Gesellschaft und jedes verantwortungsvollen Einzelnen, hier eine Wende herbeizuführen.

Trotz dieser Mißhelligkeiten sagen wir Ja zum Standort Deutschland. Dieses Ja unterstreichen wir mit unserem Engagement für Jugend und Ausbildung. RWE bekennt sich ausdrücklich zu seiner gesellschaftlichen Verantwortung gegenüber der jungen Generation. In den nächsten Jahren wird auch aus demographischen Gründen die Zahl der Bewerber die Zahl der angebotenen Stellen deutlich übersteigen. Um der Jugend in dieser Situation optimale Startchancen zu geben, werden wir weiterhin über Bedarf ausbilden, und wir bleiben auch in den nächsten Jahren in unserem gesamten Unternehmen bei dem Motto „Ausbildung vor Übernahme".

Konkrete Zahlen zeigen, daß wir unserer selbst auferlegten Verpflichtung gerecht werden. Im Geschäftsjahr 1995/96 haben die RWE-Unternehmen ca. 6.000 Plätze für die berufliche Erstausbildung zur Verfügung gestellt. Unsere Geschäftsfelder spiegeln sich in vielfältigen Berufen wider, in denen wir ausbilden: Im kaufmännischen Bereich gibt es 13, im gewerblich-technischen Bereich 50 verschiedene Berufsbilder.

Die jungen Leute von heute sind diejenigen, die morgen in Staat und Gesellschaft Verantwortung übernehmen. Um gemeinsam die Zukunft gestalten zu können, ist fachliche Kompetenz ebenso nötig wie Ideen und Träume. RWE hat deshalb die Initiative ergriffen und die RWE Sommer-Akademie gegründet. Die RWE Sommer-Akademie bietet der Jugend ein offenes Forum, auf dem unterschiedliche Positionen aus Wirtschaft, Politik, Wissenschaft und Kultur diskutiert werden. Zur Sommer-Akademie 1996 haben wir erstmals 100 Schüler, Auszubildende und junge Arbeitnehmer im Alter von 18 bis 22 Jahren eingeladen. Themen wie Telekommunikation, Energie und Ökologie, Konsum und Recycling, Bauen-Wohnen-Leben, Politikverdrossenheit sowie Macht und Verantwortung waren Gegenstände lebhafter Auseinandersetzungen, die trotz kontroverser Positionen stets von einer konstruktiven Intention geleitet waren.

Jugend braucht Ausbildung. Das bedeutet Zukunft. Zukunft braucht eine lebenswerte Umwelt. RWE handelt deshalb nach dem Grundsatz: Jede Entscheidung, die wir heute treffen, muß den Interessen nachfolgender Generationen Rechnung tragen. Die RWE-Unternehmen wenden jährlich rund zwei Milliarden Mark für den Umweltschutz auf. Aber mit dieser finanziellen Leistung geben wir uns nicht zufrieden. Wir sind wie die Bundesregierung überzeugt, daß eine Selbstverpflichtung der Wirtschaft ein ökologisch und ökonomisch besseres Instrument zur Klimavorsorge ist als Ökosteuern. Dagegen könnte das Öko-Audit einen gangbaren Weg bieten, um der Wirtschaft zusätzliche Eigenverantwortung für unsere Umwelt zu übertragen.

Um Konsens anzustreben, brauchen wir ständigen Dialog, brauchen wir Transparenz, Offenheit und vorbehaltlose Information. Das neue Gebäude unserer Holding symbolisiert mit seiner architektonischen Sprache unsere Philosophie der Transparenz. Das heißt, daß wir uns allen offenen Fragen

stellen. Das heißt aber auch, daß wir Standpunkte vertreten, die kritische Kommentare auslösen. Wobei wir immer bestrebt sind, Gegensätze im Sinne Hegels in einer höheren Synthese „aufzuheben".

Auf sechs Säulen ruht der Konzern, und sechs Säulen sind auch ein architektonisches Merkmal unseres neuen Hauses. Zufall? Sicherlich keine Begrenzung des Konzerns. Ein flaches, aber innovatives Dach wird von diesen Säulen getragen. Das ist eine Analogie zur Holding, die getragen wird von den Unternehmensbereichen, die aber auch abdeckt, schützt und vereint. Das Haus steht somit für einen zukunftsorientierten Konzern, geführt von einem Management, das sich den drei Schlüsselbegriffen Leistung, Fortschritt, Verantwortung verpflichtet weiß.

Der Schlüsselbegriff Leistung meint die Anforderungen an unser Management, das in der Pflicht steht, mit einem neuen partizipativen Führungsstil weitere Produktivitäts- und Kreativitätspotentiale für das Unternehmen nutzbar zu machen.
Fortschritt steht für Innovation in Technik und Management, die uns an die Spitze der Entwicklung setzt und die RWE-Unternehmen wettbewerbsfähig für die Zukunft macht. Verantwortung umfaßt zwei gleichwertige Schwerpunkte: Den optimalen, schonenden Umgang mit unseren Ressourcen und die Sicherung von Arbeitsplätzen und Ausbildung.

Allein in diesem verbindlichen Kontext ist unser Verständnis des Shareholder-Value-Ansatzes zu sehen. Wir betrachten es als unverantwortlich, kurzsichtig und auch im Sinne des Shareholder-Value-Ansatzes als kontraproduktiv, wenn ein Unternehmen kurzfristig Personalabbau betriebe, nur um den Börsenkurs nach oben zu treiben. Unsere Shareholder-Value-Philosophie zielt vielmehr auf eine langfristige Steigerung des Unternehmenswerts. Adressaten sind langfristig denkende Investoren, die Leistung, Fortschritt und Verantwortung von RWE im Auge haben.

Verantwortung ist auch wegen der Größe des Unternehmens ein zentrales Managementprinzip. Aber Größe an sich ist weder ein Positivum noch ein Negativum, und gefährlich ist es, ein Unternehmen gar wegen seiner Größe zu dämonisieren und die Dynamik unternehmerischen Handelns als egozentrische Machtgier hinzustellen. Erfolg und Gewinne in angestammten und neu akquirierten Geschäftsfeldern sind die legitime und notwendige Zielsetzung für ein Unternehmen, das in einem marktwirtschaftlichen Kontext agiert.

Ganz im Sinne Ludwig Erhards brauchen wir in unserer Marktwirtschaft eine gemischte Kultur von Klein-, Mittel- und Großunternehmen. So wie bestimmte Aufgaben besser von tatkräftigen Kleinunternehmern und Mittelständlern wahrgenommen werden, so brauchen wir Unternehmen, die groß und stark genug sind, um andere übergreifende Aufgaben zu bewältigen. Das Beispiel Telekommunikation führt dies in aller Klarheit vor Augen. Nur wer über genügend Substanz an Kapital und Infrastruktur verfügt, kann mit Erfolgsaussichten mehr Wettbewerb im Telekommunikationsmarkt etablieren.

Eine weitere wichtige Zukunftsaufgabe ist die aktive schöpferische Umstellung der Energiesysteme weltweit. Auch dies ist nur möglich mit einer Vielzahl großer leistungsfähiger Unternehmen, die einen gemeinsamen Wertkonsens finden und umsetzen.

Was wir brauchen, das sind nicht Vorurteile, sondern unternehmerische Leistungen. RWE ist sich der Verantwortung bewußt, die das Unternehmen für Deutschland trägt. Wir werden als fairer Partner im produktiven Spiel der marktwirtschaftlichen Kräfte alles tun, um die Potentiale unseres Standorts wirkungsvoll unter Schonung natürlicher Ressourcen auszuschöpfen, Arbeitsplätze zu sichern und zu schaffen und so maximalen Nutzen für alle Bürger zu stiften.

Dr. Heinz Dürr

Geboren wird Dr.-Ing. E.h. Heinz Dürr am 16. Juli 1933 in Stuttgart. Nach dem Abitur und einer praktischen Ausbildung als Stahlbauschlosser studiert er von 1954 bis 1957 an der Technischen Universität Stuttgart.

Von 1957 bis 1980 ist er in der Firma Otto Dürr in Stuttgart tätig, zuletzt als alleinzeichnungsberechtigter Geschäftsführer. Von 1975 bis 1980 ist er Vorsitzender des Verbandes der Metallindustrie in Baden-Württemberg e.V. und in dieser Eigenschaft Mitglied des Präsidiums von Gesamtmetall. Im Februar 1980 übernimmt Heinz Dürr bis Dezember 1990 den Vorstandsvorsitz der AEG Aktiengesellschaft Berlin und Frankfurt am Main, darüberhinaus ist er in dieser Funktion von Juli 1986 bis Ende 1990 Mitglied des Vorstandes der Daimler Benz AG.

Heute ist Heinz Dürr Aufsichtsratsvorsitzender der Dürr Beteiligungs-AG, die sich mehrheitlich im Besitz seiner Familie befindet.

Am 1. Januar 1991 wird er zum Vorsitzenden des Vorstandes der Deutschen Bundesbahn berufen, seit September 1991 hat er in Personalunion auch den Vorstandsvorsitz bei der Deutschen Reichsbahn inne – bis zum Jahre 1993.

Mit der Gründung der Deutschen Bahn AG am 1. Januar 1994 ist Heinz Dürr Vorsitzender des Vorstandes.

Im Juli 1996 verleiht ihm die Rheinisch-Westfälische Technische Hochschule (RWTH) Aachen die Ehrendoktorwürde zum Dr.-Ing. E.h.

Heinz Dürr ist verheiratet und hat drei Töchter.

Die Bahnreform – ein Beitrag zur Stärkung der sozialen Marktwirtschaft

von Heinz Dürr

Die „soziale Marktwirtschaft" als Ordnungsprinzip geht von der Freiheit auf den Märkten und einem sozialen Ausgleich in der Gesellschaft aus. Deshalb ist Wettbewerb unter fairen Bedingungen ebenso existenzieller Bestandteil dieser Ordnung, wie es sich verbietet, daß der Staat mit Pseudo-Unternehmen Sozialpolitik betreibt. Derartige Unternehmen, das lehrt allein schon die Erfahrung, arbeiten zwangsläufig unwirtschaftlich und häufen Verluste an. Diese werden irgendwann dem Steuerzahler als offene Rechnung zur Begleichung vorgelegt.

Deshalb handelt, wer eine solche Politik betreibt, in zweifacher Hinsicht wider den Geist der sozialen Marktwirtschaft und unsozial: Zum einen, weil Steuergelder entgegen dem Grundsatz der sparsamen Haushaltsführung vergeudet werden, zum anderen, weil in einem bestimmten Marktsegment massiv in den Wettbewerb eingegriffen und unternehmerische Initiative zumindest behindert wird; mit den entsprechenden Konsequenzen für die wirtschaftliche Entwicklung auf diesem Teilmarkt.

Neben der grundsätzlichen ordnungspolitischen Frage, ob der Staat in der sozialen Marktwirtschaft als Unternehmer tätig sein darf, stellt sich für mich eher die pragmatische Frage: Kann der Staat als Unternehmer überhaupt erfolgreich sein? Ich will eine Antwort versuchen am Beispiel der Deutschen Bahn.

Wenn der Staat unternehmerisch tätig wird, findet dieses im Regelfall in Behörden-Strukturen statt, wodurch dem Bürger der Eindruck vermittelt wird, dabei handle es sich vor allem um staatliche Daseinsvorsorge.

Exemplarisch dafür ist die Diskussion um den Personennahverkehr. Der war und ist bei erträglichen Fahrpeisen in unserem Lande nicht kostendeckend zu betreiben. Unter dem Begriff Daseinsvorsorge wurde in der Vergangenheit ein erheblicher Teil der Defizite bei der damaligen Bundesbahn abgeladen. Für Investitionen in das rollende Material, Angebotserweiterungen und die Infrastruktur war da kein Geld mehr vorhanden.

Für den Bürger, der diese Hintergründe nur bedingt kennt, stellte sich die Situation dann so dar: Ich habe Anspruch – das wurde über Jahrzehnte insinuiert – auf die staatliche Daseinsvorsorge preiswerter Nahverkehr. Und was macht die damit beauftragte Bahn? Sie fährt alte Züge, zu dünne Takte und ist zu teuer. In Wahrheit sollte mit dem Begriff Daseinsvorsorge wohl auch eher die Inanspruchnahme des Staatsunternehmens Bundesbahn als Instrument der Struktur-, Regional- und Umweltpolitik verdeckt werden. Aber: Ist dies Aufgabe eines Unternehmens?

Am Ende von mehr als vier Jahrzehnten einer derartigen Unternehmenspolitik standen jedenfalls katastrophale Ergebnisse, die eindeutig dagegen sprechen. Die Deutschen Bahnen hatten Ende 1993, als Bundestag und Bundesrat endgültig eine grundlegende Bahnreform verabschiedeten, rund 67 Milliarden DM Schulden, kontinuierliche Marktanteilsverluste, einen dramatischen Nachholbedarf beim rollenden Material, den Anlagen und der Infrastruktur. Das Ausmaß wird daran deutlich, daß die Deutsche Bahn AG bis zur Jahrtausendwende ein Investitionsprogramm in Höhe von 77 Milliarden DM durchziehen wird; davon rund 51 Milliarden DM für Infrastukturmaßnahmen.

Wie sollte das Selbstverständnis eines Unternehmens in der sozialen Marktwirtschaft sein? Aus meiner Sicht: das einer gesellschaftlichen Veranstaltung,

- die die Gesellschaft mit Gütern und Dienstleistungen versorgt,

- die eine angemessene Verzinsung des eingesetzten Kapitals erwirtschaftet,

- die darauf achtet, daß die Arbeitsplätze möglichst sicher und langfristig angelegt sind und

- die den ökologischen Notwendigkeiten Rechnung trägt.

Ob die gesellschaftliche Veranstaltung funktioniert, zeigt sich daran, ob in ihr und mit ihr Gewinn gemacht wird. Nicht kurzfristig, aber über einen gewissen Zeitraum gesehen. Gewinn ist also nicht Zweck des Unternehmens, sondern Meßgröße dafür, ob ein Unternehmen funktioniert und richtig geführt wird.
Kann der Staat gemäß einem solchen Unternehmensverständnis handeln? Er kann es nur, wenn

- er den von ihm beherrschten Unternehmen auch die normalen unternehmerischen Freiräume läßt und

- die Verantwortlichen im Unternehmen entsprechend agieren können.

Dies ist bei den Strukturen, in denen in der Vergangenheit die Deutschen Bahnen oder auch die Deutsche Bundespost zu arbeiten hatten, nahezu ausgeschlossen.
Denn sie waren gefesselt im Regelwerk des öffentlichen Dienst- und Haushaltsrechts. Oft bestimmt zudem das zuständige Ministerium – also der Staatsapparat – wie es seiner Meinung nach in dem Unternehmen zu laufen habe. Es gab keine klare Trennung zwischen klassischen Staatsaufgaben und wirtschaftli-

cher Betätigung des Staates. Der Staat hat zwar wie ein Unternehmer über sein Unternehmen Deutsche Bundesbahn verfügt, aber er hat nicht wie ein Unternehmer gehandelt.
Wie unterscheiden sich die Bedingungen in einer Aktiengesellschaft von denen einer Behörde? Ich will das am Beispiel Deutsche Bahn AG versus „Sondervermögen des Bundes" Deutsche Bundesbahn und Deutsche Reichsbahn in den wichtigsten Punkten darstellen:

- *Im Sondervermögen hatte der Vorstand nur sehr begrenzte Gestaltungsmöglichkeiten und entsprechend eingeschränkte Verantwortung und Freiheitsräume.*
Eine gesetzliche festgelegte Ressortzuständigkeit verhinderte eine effiziente gesamthafte Vorstandsverantwortung für die Konzern-Führung. Die letzte Entscheidung lag im Zweifelsfall beim Bundesverkehrsminister, der auch noch unternehmensfremde, gesamtpolitische Aspekte zu berücksichtigen hatte.

Diese vom Verwaltungshandeln geprägten Kontrollregeln und Entscheidungsrestriktionen sind mit der Bahnreform zugunsten unternehmerischer Entscheidungsfreiheiten und marktorientierter Handlungsspielräume gefallen.

- *Das Sondervermögen hatte im Rahmen des öffentlichen Dienst- und Haushaltsrechts zu arbeiten, wie jedes Ministerium oder jede Bundesbehörde; es war diesen im Grundgesetz gleichgestellt. Das hieß: Stellenplan und Stellenkegel, formaler Rechtfertigungsbedarf für jede Beförderung, fehlende Sanktionsmöglichkeiten bei formal nicht zu beanstandendem Verhalten, das Handeln der Mitarbeiter allzuoft auf Prüffähigkeit ausgerichtet.*

Jetzt sind leistungsbezogene Bezahlung und Karrieremöglichkeiten der Normalfall, Markt- und kundenorientiertes Handeln die wichtigste Aufgabe und Herausforderung, und es gelten die Grundsätze einer kaufmännischen Buchführung.

• *Im Sondervermögen mußte sich der Vorstand jede Investition über fünf Millionen DM und jede Desinvestition über eine Million DM einzeln vom Bundesverkehrsminister genehmigen lassen, der wiederum das Einvernehmen zumindest mit dem Bundesfinanzminister herstellen mußte.*

Jetzt legt der Vorstand dem Aufsichtsrat eine kurz- und mittelfristige Investitionsplanung vor, die genehmigt wird oder auch nicht, und in deren Rahmen der Vorstand eigenverantwortlich handelt.

• *Im Sondervermögen wurden die Entscheidungen durch eine Vielzahl von unternehmensfremden Kriterien beeinflußt und das Verhalten des Vorstands massiv von politischen Wünschen mitbestimmt; die Erzielung von Gewinn oder zumindest die Vermeidung von Verlusten war nachrangig.*

Jetzt ist das entscheidende Kriterium: Die Angebote müssen auf dem Markt verkauft werden, und zwar so, daß die Einnahmen größer sind als die Ausgaben. Jeder einzelne im Unternehmen trägt die Mitverantwortung für das Ergebnis beziehungsweise die Kosten. Die Meßlatte ist, daß die Erfüllung der vereinbarten Ziele die Überlebensbedingung für das Unternehmen und seine Arbeitsplätze ist.

• *Das Sondervermögen hatte als Aufsichtsgremium einen Verwaltungsrat. Die Grundzüge der Geschäftsführung und wichtige Einzelgeschäfte sollten dort beschlossen werden. Ihm gehörten Bundes- und Landesminister ebenso an wie Bundestagsabgeordnete und Vertreter aus den Verbänden der Wettbewerber. Sie ließen sich bei ihren Entscheidungen zumindest teilweise von den jeweiligen Eigeninteressen leiten. Damit wurde die Eigenverantwortung des Vorstandes ausgehöhlt, und*

der Hinweis auf „die in Bonn" war eine beliebte Methode der Exkulpation.

Jetzt hat der Vorstand im Aufsichtsrat ein dem Wohl des Unternehmens verpflichtetes Kontrollgremium, das gleichzeitig kompetenter Gesprächspartner für ihn ist.
Nicht alle aufgezeigten Möglichkeiten einer Aktiengesellschaft waren dem Sondervermögen verwehrt; theoretisch bestanden gewisse Spielräume. Sie wurden aber nicht genutzt, weil der in einem Wirtschaftsunternehmen durch Erfolgszwang gegebene Umsatzdruck fehlte.

Durch die „äußere Bahnreform", die Bundestag und Bundesrat im Dezember 1993 beschlossen haben, wurde die Deutsche Bahn von den finanziellen Altlasten und dem Behörden-Regelwerk befreit. Die nunmehrige Aktiengesellschaft erhielt damit eine gute Startbasis für den unternehmerischen Aufbruch.
Schon knapp drei Jahre nach der Bahnreform lassen die Zahlen keinen Zweifel an der Richtigkeit des Weges mehr zu: Die Deutsche Bahn ist ein Konzern mit rund 30 Milliarden DM Umsatz. Die Verkehrsleistungen steigen, bei weniger Mitarbeitern und weniger gefahrenen Kilometern; das zeigt: Die Produktivität steigt, die Rationalisierungsmaßnahmen greifen. Vor allem aber belegt ein positives Konzern-Ergebnis: Die gesellschaftliche Veranstaltung Deutsche Bahn funktioniert.
Die übergeordnete verkehrspolitische Zielsetzung der Bahnreform war und ist, mehr Verkehr auf die Schiene zu holen. Dies nicht zuletzt deshalb, um die volkswirtschaftlichen und ökologischen Folgeschäden der verkehrlichen Entwicklung in Deutschland, dem europäischen Transitland Nr. 1, zu begrenzen.
Das Wettbewerbsprinzip soll in der sozialen Marktwirtschaft zu möglichst günstigen Produkten und Angeboten für den Kunden führen. Dies wird erreicht, indem der Wettbe-

werbsdruck die Unternehmen immer wieder aufs neue zu Kreativität und Innovationen zwingt, wobei der Kostenfaktor ein entscheidendes Kriterium sein muß.

Bei der Deutschen Bahn zeigt sich exemplarisch, welche Potentiale dadurch mobilisiert werden können. In den vergangenen Jahren überraschte sie den Markt mit einer Produkt- und Angebotsoffensive, die ihr eigentlich niemand mehr zugetraut hatte:

Im Personenverkehr neue Züge, wie den ICE auch auf IC-Strecken, die schnellen Neigetechnik-Züge auf kurvenreichen Strecken, die Doppelstockwagen in den Ballungsräumen und die Renaissance des „Schienenbus" als TALENT in der Fläche. Dazu komfortable Nachtzüge, wie der ICNight und der DACH-Hotelzug, oder auch die neuen Touristikzüge. Furore machten Angebote wie das Guten-Abend- und das Schönes-Wochenende-Tikket.

Im Güterverkehr sind Kreativität und Innovationsfähigkeit zunächst durch den Einsatz neuer Techniken gefordert, um eine massive Reduktion der Kosten zu erreichen. Beispielhaft dafür ist die automatische Kupplung, um die zeitraubende und kostentreibende Rangiertätigkeit zu minimieren oder auch die Flexibilisierung von Zügen durch Selbstangetriebene Transporteinheiten (STE) oder hochautomatisierte selbsttätig signalgeführte Triebfahrzeuge (SST).

Daß das Technologie-System Bahn mit den entsprechenden Angeboten auch auf dem hart umkämpften Güterverkehrsmarkt eine realistische Chance hat, beweisen der Erfolg der InterCargoExpress-Züge, die im Nachtsprung die großen Wirtschaftszentren verbinden, aber auch die Logistikzüge für die deutsche Automobilindustrie.

Der Wettbewerbsdruck, und damit der Zwang, Neues zu denken und umzusetzen, wird bei der Deutschen Bahn in den nächsten Jahren weiter zunehmen. Denn gemäß der EU-Richtlinie 91/440 werden die europäischen Schienennetze für Dritte geöffnet; in Deutschland ist das bereits mit der Bahnreform geschehen. Diese Chancen werden relativ schnell andere europäische Eisenbahngesellschaften nutzen; mittelfristig ist davon auszugehen, daß neue Unternehmen gegründet werden. Damit tritt neben den bekannten Wettbewerb der unterschiedlichen Verkehrsträger ein systeminterner Wettbewerb verschiedener Eisenbahnunternehmen.

Leistungsstarke und wettbewerbsfähige Eisenbahnunternehmen bedeuten immer auch eine entsprechende Infrastruktur und damit eine Stärkung des Wirtschaftsstandorts Deutschland. Der profitiert zusätzlich von der „neuen Bahn" als Nachfolger auf dem Markt. Denn durch die veränderten, anspruchsvollen Anforderungen der Deutschen Bahn war auch die Eisenbahnindustrie zu kreativeren und innovativeren Lösungen gezwungen. Im Ergebnis hat sie dadurch ihre Wettbewerbsposition als Anbieter, sowohl auf dem europäischen Markt, wie auch auf dem Weltmarkt verbessert und sich neue Exportchancen erarbeitet.

Zu den Spielregeln der sozialen Marktwirtschaft gehört: Auch ein Konzern von der Größenordnung der Deutschen Bahn kann auf einem derartig komplexen Markt wie dem Verkehrsmarkt nicht jede gewünschte Leistung selbst erbringen. Er muß sich an dem Grundsatz orientieren: Wettbewerb dort, wo man glaubt besser zu sein, Kooperation dort, wo Angebotsoptimierung und Kostenvorteile zu erwarten sind.

In der Praxis bedeutet dies beispielsweise den Aufbau integrierter Verkehrssysteme im Personenverkehr. Im Fernverkehr etwa durch die Zusammenarbeit mit den Fluggesellschaften in der Frage der An- und Abreise zum Flughafen. Mehr noch ist die Zusammenarbeit im Nahverkehr gefragt. Denn die Takt-Fahrpläne des Schienenverkehrs müssen verknüpft werden mit den Fahrplänen der anderen öffentlichen Nahverkehrsmittel. Zu diesem Zweck organisiert die Deutsche Bahn mit mittelständischen und kommunalen Busunternehmen regionale Zug-Bus-Gesellschaften, so daß den Kunden Komplett-Angebote gemacht werden können. Eine der zentralen Grundvoraussetzungen für die wettbewerbsgerechte Realisierung der Angebote und Produkte, sowie deren kundennahe Präsentation und bequemer Kunden-Nutzung, ist der konsequente Einsatz moderner Informations- und Kommunikationstechnologien; die Verknüpfung der Deutschen Bahn mit der Multimedia-Welt. Daran arbeitet das Kooperationsprojekt DBKom-Mannesmann für alle Telekommunikationsaktivitäten der Bahn.

Die unternehmerische Triebfeder für dieses Projekt ist eine grundlegende Stärkung des eigentlichen Bahngeschäfts; von volkswirtschaftlicher Bedeutung ist die Tatsache, daß damit ein zusätzlicher starker Wettbewerber auf dem Zukunftsmarkt Telekommunikation antritt. Die Behörden-Bahn hätte sich in dieser Art nicht engagieren können.

Die durch die Bahnreform freigesetzten Energien haben die Deutsche Bahn von einem Kostgänger des Staates zu einem Unternehmen werden lassen, das Steuern und Abgaben zahlt. Das ist die unternehmerische Seite der Medaille, die volkswirtschaftliche Seite sind die genannten Effekte auf dem Verkehrsmarkt und in der Zulieferindustrie sowie die in dieser Höhe vorher nicht denkbaren Infrastrukturinvestitionen.

Es steht somit außer Frage, daß die Bahnreform ein Beitrag zur Stärkung der sozialen Marktwirtschaft ist. Diese Feststellung führt zwangsläufig zu der Konsequenz, daß generell eine grundlegende Modernisierung des Staatsapparats geboten ist, um den marktwirtschaftlichen Kräften wieder mehr Luft zum Atmen zu lassen. Immerhin gehen heute rund 50 % des Bruttosozialprodukts durch die Hände des Staates.

Unumgänglich ist deshalb eine Reduzierung der Staatstätigkeit auf die Kerngeschäftsfel-

der, wie man in der Industrie sagen würde. Vereinfacht könnte man formulieren: Der Staat sollte sich, zumindest als Unternehmer, aus allen Aufgaben zurückziehen, die außerhalb des hoheitlichen Bereichs liegen. Die Einhaltung möglicherweise notwendiger politischer Vorgaben in bestimmten Bereichen kann auch dann weiterhin gewährleistet werden. Denn der Staat bleibt durch seine demokratisch legitimierten Gremien in gewissem Umfang immer Initiator und Kontrolleur.

Zusammengefaßt gibt es drei zwingende Argumente für eine umfassende Privatisierungsstrategie zur Stärkung der sozialen Marktwirtschaft:

• Die Unternehmen arbeiten in privatrechtlicher Organisationsform effizienter, kostengünstiger und kundenorientiert, also bürgernäher. Dadurch wird der Bürger finanziell entlastet, sei es als Steuer- oder Abgabenzahler.

• Die öffentlichen Haushalte werden sehr langfristig von den überbordenden Pensionsverpflichtungen für die Beamten entlastet, weil mit der Privatisierung die Beamtenlaufbahnen geschlossen werden können. Zumindest in der nächsten Generation werden so wieder mehr Gelder für Investitionen mit den entsprechenden positiven Arbeitsmarkteffekten frei.

• Durch den Verkauf oder Teil-Verkauf von staatlichen Unternehmen kann Kapital mobilisiert werden, das dringend benötigt wird, für staatliche Zukunftsinvestitionen beispielsweise in den Bereichen Forschung, Wissenschaft und Bildung.

Das erfolgreiche Modell der sozialen Marktwirtschaft kann neue Schubkraft gewinnen, wenn die Politik die Kraft zu einem langfristig angelegten Umstrukturierungs- und Sanierungsprogramm aufbringt. So wenig es einem Unternehmen auf Dauer bekommt, wenn immer nur auf die nächste Quartalsbilanz gestarrt wird, so wenig wird es unserem Land auf Dauer bekommen, wenn die jeweils aktuelle Meinungsumfrage zum alleinigen Maßstab politischer Entscheidungen wird.

Der Ministerpräsident des Freistaates Sachsen, Kurt Biedenkopf, hat dazu in seiner Regierungserklärung gesagt: „Der Staat – das sind Parlament und Regierung – der es jedem recht tun will, wird es niemandem mehr recht tun können. Und der wird auch die Aufgaben, für die er primär und originär da ist, nicht lösen können."

Die Bahnreform ist der Beweis: Politische Kraftakte wie eine umfassende Modernisierung des Staatsapparats sind möglich; nicht alltäglich, aber wenn der Leidensdruck stärker ist als die vermeintlichen politischen Opportunitäten. Ich bin der festen Überzeugung, daß der Zeitpunkt gekommen ist.

Dr. Ron Sommer

VITA: Dr. Ron Sommer, Jahrgang 1949, steht seit dem 16. Mai 1995 an der Spitze der Deutschen Telekom AG.

Nach der Hochschulreife studiert Sommer in Wien Mathematik und promoviert dort 1971. Seine berufliche Karriere beginnt er beim Nixdorf-Konzern mit Stationen in New York, Paderborn und Paris.

1980 tritt Sommer als Geschäftsführer der deutschen Tochtergesellschaft in den Elektronikkonzern Sony ein. 1986 wird er Vorsitzender der Geschäftsführung von Sony Deutschland.

1990 wechselt Sommer als President und Chief Operating Officer zu Sony USA, 1993 übernimmt er in gleicher Funktion die Führung von Sony Europa.

1995 wird Sommer vom Aufsichtsrat der Deutschen Telekom AG zum Vorstandsvorsitzenden bestellt.

Auf der Datenautobahn in die Arbeitswelt von morgen

Von Ron Sommer

Jede Zeit stellt ganz besondere Herausforderungen. Ein Patentrezept, das überzeitliche Geltung besäße, gibt es nicht. Neue Fragen fordern neue Antworten. Die Soziale Marktwirtschaft war die richtige Idee zur richtigen Zeit: Sie hat das Desaster der Nachkriegsjahre beendet und das „Wirtschaftswunder" vollbracht. Ähnlich wie damals befindet sich unsere Wirtschaft - unsere Gesellschaft - in einer Phase des Um- und Aufbruchs, die an alle Bürgerinnen und Bürger neue Anforderungen stellt. Die Idee der Sozialen Marktwirtschaft muß fortgeschrieben und weiterentwickelt werden. Daß Stillstand Rückschritt bedeutet, gilt auch hier. In wenigen Jahren geht nicht nur ein Jahrhundert zu Ende, sondern eine neue Ära und eine Epoche beginnt.

Die Telekommunikation ist ganz ohne Frage eine der Schlüsseltechnologien des 21. Jahrhunderts. Mehr noch: Der rasante Fortschritt in der Informations- und Telekommunikationstechnik ist die entscheidende Antriebskraft für den immer deutlicheren Wandel von der Industriegesellschaft alter Prägung hin zu sozialen und ökonomischen Strukturen, die mit dem Schlagwort von der Informationsgesellschaft beschrieben werden.

Das wesentliche Merkmal des praktisch die gesamten gesellschaftlichen und wirtschaftlichen Strukturen verändernden Wandlungsprozesses ist die wachsende Bedeutung der Information, genauer gesagt die wachsende Bedeutung schneller und lückenloser Informationsflüsse auf der Basis immer leistungsfähigerer Telekommunikationsnetze. Der schnelle und gezielte Informationszugriff und der direkte Informationsaustausch werden zu prägenden Elementen der gesellschaftlichen und ökonomischen Prozesse.

Information wird dabei nicht nur zu einem immer bedeutenderen Produktionsfaktor und zu einer zentralen Erfolgsgröße in den Entwicklungs-, Produktions- und Vermarktungsprozessen. Information, Informationsaufbereitung und Informationsverarbeitung werden auch in immer stärkerem Maße zu eigenen „Produkten" mit eigenen Wertschöpfungsketten – und damit natürlich auch zur Basis für unternehmerische Aktivitäten mit entsprechenden Arbeitsplatzeffekten.

Der Einfluß der Datenautobahnen – als Synonym für den Fortschritt in der Telekommunikation und den zunehmenden Einsatz moderner Telekommunikationsdienste in den Unternehmen und auch in den privaten Haushalten – auf die künftige Arbeitswelt ist in seiner Dimension kaum zu überschätzen. Prägte lange Zeit das Telefon als einziges elektronisches Kommunikations-Instrument den Büroarbeitsplatz, so ist inzwischen der Trend zur Nutzung multimedialer Personalcomputer deutlich vorgezeichnet und in vielen Unternehmen bereits Realität geworden. Am Arbeitsplatz stehen damit den einzelnen Mitarbeitern alle für ihren jeweiligen Arbeitsprozeß erforderlichen Informationen buchstäblich auf Knopfdruck zur Verfügung. Der Prozeß der mühsamen und zeitaufwendigen Informationsbeschaffung als Vorbereitung unternehmerischer Entscheidungen wird abgelöst vom unmittelbaren Zugriff auf eine Vielzahl von Informationsquellen über Telekommunikationsnetze.

In ebenso gravierender Weise wie die Informationsbeschaffung verändert sich durch den Telekommunikations-Fortschritt auch der Informationsaustausch innerhalb der Unternehmen, zwischen Unternehmenszentralen und Niederlassungen sowie über die Unternehmensgrenzen hinweg. Die Entwicklung neuer Produkte, die sich beispielsweise in vielen Firmen der Automobilindustrie in einem weltweiten Verbund von Spezialisten vollzieht, wird durch die Telekommunikation auf eine völlig neue Grundlage gestellt.

Die Abstimmungsprozeduren etwa für das Design eines Automobilteils nehmen heute durch die schwierige Terminkoordination und zeitaufwendige Dienstreisen einen Großteil der gesamten Entwicklungsdauer in Anspruch; die eigentlichen Kreativleistungen geraten durch die dadurch zwangsläufig entstehenden unproduktiven Leerlaufzeiten unter zusätzlichen Termindruck.

Mit Hilfe hochleistungsfähiger Telekommunikations-Infrastrukturen lassen sich statt der am Entwicklungsprozeß beteiligten Personen die Daten der Entwicklungsobjekte rund um den Globus bewegen. Wichtige Besprechungen zur Klärung dringender Problemstellungen lassen sich ohne Zeitverzug in Videokonferenzen abhalten. In den Tele-Sitzungen, die spontan am Personalcomputer abgehalten werden können, lassen sich zum Beispiel – unabhängig von der Entfernung zwischen den Gesprächspartnern – Produktdesigns, Layouts oder technische Details präsentieren. Der entscheidende Effekt: Dringende Probleme, deren Lösung oftmals nur wenige Minuten in Anspruch nimmt, müssen nicht vertagt werden, bis Termine abgestimmt und Dienstreisen gebucht sind.

Über den gesamten Produktionsprozeß von der Produktidee bis hin zur Vermarktung eingesetzt, führen Telekommunikations-Instrumente wie Videokonferenzen, der schnelle Datenaustausch oder das gemeinsame Arbeiten an Konstruktionsdateien von Ingenieuren an unterschiedlichen Entwicklungs-Standorten zu einer bedeutenden Verkürzung der Zeit von der Konzeption eines Produkts bis zur Markteinführung.

Die sogenannte „time-to-market" wird im harten Konkurrenzkampf der Unternehmen zu einer immer wichtigeren Meßgröße für die Wettbewerbsfähigkeit. Wettbewerbsstarke Unternehmen garantieren Arbeitsplätze. Die konsequente Nutzung der Telekommunikation zur Optimierung betrieblicher Abläufe ist daher – in nahezu allen Wirtschaftsbereichen – ohne Zweifel ein wesentlicher Beitrag zur Sicherung der Arbeitsplätze.

Natürlich darf bei der Bewertung der Effekte der immer leistungsfähigeren Telekommunikation auf die Unternehmens- und Wirtschaftsstrukturen nicht übersehen werden, daß die Telekommunikation gleichermaßen Jobmaschine und Rationalisierungs-Instrument ist. Die bislang praktizierten Abläufe in den Unternehmen werden durch den Einsatz der Telekommunikation in vielen Fällen nicht einfach nur beschleunigt, sondern grundlegend verändert.

Ein Beispiel dafür ist die Tourismuswirtschaft. Der Vertrieb der Produkte dieser Branche, also der Reisen und der aller damit zusammenhängenden Dienstleistungen, erfolgt schon heute auf der Basis weltweiter informations- und kommunikationstechnischer Netzwerke. Direkt am Reisebüro-Computer lassen sich detaillierte Informationen zu den Reisezielen abrufen und die gewünschten Leistungen sofort buchen.

Schon jetzt ist erkennbar, daß die Reiseanbieter den Produktvertrieb über Telekommunikationsnetze bis zum Endkunden beträchtlich ausbauen werden. Die Reisekataloge, die derzeit noch wesentliche Vertriebsinstrumente der Touristikbranche sind, werden von Multimedia-Informationen auf der Basis leistungsstarker Online-Dienste und der Kommunikation im Internet abgelöst. In absehbarer Zeit werden sich die Reiseinteressenten am heimischen Fernseher oder am Personalcomputer beispielsweise mit kurzen Videofilmen über Urlaubsregionen informieren können. Am Bildschirm wird man einen Blick in das Hotelzimmer und auf die Sehenswürdigkeiten in der Umgebung werfen können. Wenn man sich für einen Urlaubsort entschieden hat, dann bucht man die Reise online per Mausklick.

Für die Strukturen der Touristikbranche hat der Fortschritt nachhaltige Auswirkungen. Die Wertschöpfung in diesem Wirtschaftsbereich vollzieht sich derzeit gewissermaßen entlang des elektronischen Datenstroms. Verändert sich dieser Datenstrom, so verändert sich auch die Wertschöpfungskette. Die Reisebüros beispielsweise werden ihr Dienstleistungsangebot im Multimedia-Zeitalter weiter ausbauen müssen, um ihre Position im Reisemarkt verteidigen zu können. Gleichzeitig entstehen durch die für den multimedialen Reise-Vertrieb erforderlichen Produktionsleistungen – also die Bereitstellung und Aufbereitung der digitalen Reiseinformationen – vielfältige neue Tätigkeitsfelder in der Touristikbranche. Und diese Tätigkeitsfelder sind die Grundlage für eine Vielzahl neuer und qualifizierter Arbeitsplätze.

Das Beispiel der Touristik macht deutlich, daß durch die immer breiteren Datenautobahnen mittelfristig die Strukturen nahezu aller Wirtschaftsbereiche einem Wandel unterworfen sind. Daß bei diesem Wandel die Arbeitsplätze auf der Strecke bleiben, ist zwar eine häufig vorgebrachte, aber keineswegs nachvollziehbare Klage. Die Arbeitsplätze bleiben in der Ära der Datenautobahnen nur dann auf der Strecke, wenn wir es versäumen, uns rechtzeitig den Wandlungsprozessen zu stellen.

Nicht der gefährdet Arbeitsplätze, der die Entwicklung und Markteinführung innovativer Technologien vorantreibt. Arbeitsplätze gefährdet vielmehr, wer die bestehenden Strukturen mit allen Mitteln konservieren will, obgleich sich die Grundlagen dieser Strukturen weltweit verändern.

Als das Automobil seinen Siegeszug begann, ging den Droschkenkutschern die Arbeit aus. Gleichzeitig entstand rund um das Auto eine riesige Industrie, die weltweit Millionen von Menschen Arbeit und Lohn gibt. In ähnlicher Weise wird auch das Zusammenwachsen von Telekommunikation, Informationstechnik und Medien – jenseits durchaus vorhandener Rationalisierungs-Effekte – ein gigantisches unternehmerisches Potential entfesseln, von dem derjenige profitiert, der die Chancen rechtzeitig erkannt und die Weichen für die konsequente Nutzung dieser Chancen stellt.

Wie weitreichend der Wandlungsprozeß ist, den Gesellschaft und Wirtschaft auf dem Weg in die Informationsgesellschaft durchlaufen, zeigt die Tatsache, daß sich die bislang scheinbar so festgefügten Unternehmensgrenzen immer mehr auflösen. Am Ende dieser Entwicklung stehen virtuelle Unternehmen, deren Bestandteile – also die Mitarbeiter und freien Dienstleister – ihre Stärken jeweils für einzelne, exakt definierte Projekte bündeln. Das Band, das die Menschen in den Projektteams verbindet, ist die Telekommunikation.

Solche virtuelle Unternehmen existieren schon jetzt. Softwarefirmen beispielsweise verknüpfen über Telekommunikations-Verbindungen Spezialisten rund um den Globus, um für einen Kunden ein optimales Softwareprodukt zu realisieren. Je mehr Telekommunikations-Dienstleister, wie die Deutsche Telekom, die Datenautobahnen ausbauen – und in den nächsten Jahren stehen in der

Telekommunikation eine Reihe von Quantensprüngen bevor –, desto stärker werden die starren Unternehmensverbünde flexibel operierenden Einheiten weichen, die das Potential der Telekommunikation für eine ergebnisorientierte Zusammenarbeit unabhängig vom Standort der beteiligten Partner nutzen. Diese flexiblen Einheiten, die sich auf der Grundlage der Telekommunikation an entscheidender Stelle in Wertschöpfungsprozesse einklinken, werden die Gewinner im Wettbewerb von morgen sein.

Durch die immer deutlichere Abstützung von wirtschaftlichen Prozessen auf die Informations- und Kommunikationstechnik und der dadurch verursachten Auflösung der starren Unternehmensstrukturen, erhält auch das Thema Telearbeit eine völlig neue Bedeutung. In der Vergangenheit galt die Telearbeit im wesentlichen als Instrument, wenig attraktive Tätigkeiten aus den Betrieben herauszulösen und zu Heimarbeitsplätzen zu verlagern.

Inzwischen nimmt die fortschreitende Entwicklung der Telearbeit eine deutlich andere Richtung. Es sind vor allem hochqualifizierte Mitarbeiter, die auf eine bessere Vereinbarkeit von Familie und Beruf drängen. Und es sind die immer gravierenderen Verkehrsprobleme in den wirtschaftlichen Ballungsräumen, die eine Entzerrung der Pendlerströme zwingend erforderlich machen. Vor allem aber sind es die schon heute realisierbaren Telekommunikationslösungen, etwa auf der Grundlage des digitalen Telekommunikationsnetzes ISDN der Deutschen Telekom, die Telearbeits-Szenarien ermöglichen, die den Anforderungen der Wirtschaft gerecht werden.

Es geht bei der Telearbeit nicht um die rigorose Entvölkerung von Bürohäusern und Produktionshallen, und es geht auch nicht um die Verteilung der Arbeit auf eine unübersehbare Zahl von Heimbüros und Kleinst-Unternehmen mit einem Mitarbeiter. Es geht vielmehr um eine von vielen Menschen gewünschte Flexibilisierung der Arbeitswelt. Und es geht vor allem um die Schaffung von Arbeitsstrukturen, mit denen sich die Wettbewerbsfähigkeit der Unternehmen und eines Wirtschaftsstandorts wie der Bundesrepublik im weltweiten Konkurrenzkampf sichern läßt.

Praktisch alle Pilotprojekte zum Einsatz der Telearbeit in den Unternehmen haben erwiesen, daß die Produktivität der Mitarbeiter, die zumindest einen Teil ihrer Arbeit in freier Zeiteinteilung am heimischen Schreibtisch verbrachten, signifikant stieg. Diese Produktivitätssteigerungen haben keine eifrigen Protagonisten einer von Telekommunikation geprägten Arbeitswelt ermittelt, sondern nüchtern rechnende Unternehmen, die sich auf die Wettbewerbsszenarien in den Märkten von morgen vorbereiten. Trotz der positiven Beurteilung des Telearbeits-Einsatzes ist die Haltung der deutschen Unternehmen zu dieser Form der Flexibilisierung der Arbeit – vorsichtig formuliert – äußerst zurückhaltend.

Diese Zurückhaltung, die viel mit der Verfestigung von Hierarchien in den Betrieben zu tun hat, werden sich die Unternehmen nicht mehr lange leisten können. Je deutlicher die Information zum entscheidenden Baustein von Wertschöpfungsprozessen wird, desto mehr wird es darauf ankommen, nicht Hierarchie-Ebenen zu definieren und die Unternehmen diesen Ebenen entsprechend zu strukturieren. Es wird vielmehr im Informations-Zeitalter darauf ankommen, Informationsströme zu kanalisieren und die Art und Weise und die Geschwindigkeit der Informationsverarbeitung in optimaler Weise zu organisieren. Dabei spielt mit fortschreitender Entwicklung der Telekommunikation der Standort der an der Informationsverarbeitung

Beteiligten immer weniger eine Rolle. Ein viel wichtiger Faktor ist die Motivation der Mitarbeiter und die flexible Zusammenstellung des Mitarbeiter-Know-hows.

Das Telearbeits-Potential, das seriöse Studien für Deutschland ermittelt haben, reicht von einigen hunderttausend bis zu mehreren Millionen Arbeitsplätzen. Es spricht nicht für die Zukunftsorientierung deutscher Unternehmen, daß alle diese Studien – welche Zahlen auch immer sie ausweisen – angesichts der derzeitigen Aktivitäten der Firmen eher wie die Beschreibung einer fernen wirtschaftlichen Zukunft anmuten. Während etwa in den Vereinigten Staaten von Amerika die Telearbeit längst als eine der Arbeitsplatzformen der Informationsgesellschaft anerkannt ist – und die Unternehmen ihre Strategien entsprechend ausrichten –, kann sich hierzulande kaum ein Abteilungsleiter vorstellen, seine Untergebenen künftig per Telekommunikation zu dirigieren.

Es ist an einem Wirtschaftsstandort wie der Bundesrepublik Deutschland zwingend erforderlich, daß eine breite Diskussion über die Gestaltung der Arbeitswelt in der Informationsgesellschaft geführt wird. Noch fehlt es dieser Diskussion hierzulande erkennbar an der notwendigen Dynamik.

Die Arbeitsplätze bleiben auf der Datenautobahn nicht auf der Strecke; es steht jedoch außer Frage, daß die Arbeitsplätze von morgen an der Datenautobahn liegen. Die Telekommunikation verändert jedoch die Arbeitswelt. Eine solche Veränderung ist in einer Marktwirtschaft keineswegs ein ungewöhnliches Ereignis. Vielmehr ist Veränderung und Anpassung der unternehmerischen wie volkswirtschaftlichen Strukturen an veränderte Bedingungen eines der wesentlichen Charakteristika und ja gerade ein gewolltes Moment einer marktwirtschaftlich orientierten Gesellschaft.

Dr. Gert Vogt

Dr. Gert Vogt ist am 29. Februar 1932 in Frankfurt am Main geboren. Nach dem Abitur 1951 beginnt er eine Lehre bei der Deutschen Bank AG in Nürnberg. Die Prüfung zum Kaufmannsgehilfen macht er 1953.
Von 1954 an studiert er an der Hochschule für Wirtschafts- und Sozialwissenschaften in Nürnberg und schließt 1956 sein Studium als Diplom-Kaufmann ab.
Im Zeitraum von 1957 bis 1959 promoviert er an der Universität Innsbruck über das Thema „Zur Frage der Funktionsfähigkeit der Aktie in der Gegenwart".
Seine berufliche Laufbahn beginnt Dr. Vogt 1960 als Treuhandprüfer bei der Deutschen Treuhandgesellschaft, München. Hier ist er für Bank- und Industrieprüfungen sowie Organisationsgutachten zuständig.
1965 tritt er in die Kreditanstalt für Wiederaufbau ein und wird 1984 deren Vorstandsmitglied. Seit November 1992 ist er Sprecher des Vorstandes. Dr. Gert Vogt ist Mitglied zahlreicher Verwaltungs- und Aufsichtsräte.

Kreditanstalt für Wiederaufbau: Im ordnungspolitischen Rahmen der Sozialen Marktwirtschaft

von Gert Vogt

Die in den letzten Jahren geführte Diskussion zum 'Standort Deutschland' hat – unter Berufung auf das von Ludwig Erhard wesentlich geprägte authentische Modell der Sozialen Marktwirtschaft – die Frage der wirtschaftlichen Rahmenbedingungen wieder in den Vordergrund gerückt. Ludwig Erhard (und im gleichen Atemzug müßte man Alfred Müller-Armack nennen) hätte sich aber vehement dagegen gewehrt, den Inhalt marktwirtschaftlicher Politik zu stark auf die Justierung der Rahmendaten zu verkürzen. Ihnen war die sozial verantwortliche und ethischen Grundwerten verpflichtete Gestaltung der Strukturen eine nicht minder wichtige Aufgabe.

Nicht nur Sozialpolitik, sondern eben auch Strukturpolitik ist nach diesem Verständnis unverzichtbare Aufgabe in einer Sozialen Marktwirtschaft. Als Instrument der Strukturpolitik gehörte die Kreditanstalt für Wiederaufbau (KfW) von Anfang an zu den Institutionen, denen ein aktiver Beitrag zur gelebten Sozialen Marktwirtschaft zugetraut wurde. Sie war nie das interventionistische 'Trotzdem' oder gar der provozierende Widerspruch zur marktwirtschaftlichen Grundauffassung. Sie wurde gebraucht, um Strukturpolitik umzusetzen – durchaus mit marktwirtschaftlichen Instrumenten und ohne unnötigen Interventionismus (das heißt auch: ohne unnötige Belastung öffentlicher Haushalte).

Die Errichtung der Kreditanstalt für Wiederaufbau im Jahre 1948 – also noch vor Konstituierung der Bundesrepublik Deutschland – war ein pragmatischer Akt, kein ordnungspolitisches Programm. Die Aufgabe war mit dem Namen beschrieben. Sie erforderte eine Sonderstellung als Bank.

Zugleich ging es darum, den Kapitalmarkt entwickeln zu helfen und Handlungsmöglichkeiten von Banken und Sparkassen insbesondere bei der langfristigen Finanzierung zu verbessern.

Schon bei der Errichtung der Kreditanstalt spielte aber der Gedanke eine Rolle, mit dieser Institution nicht-hoheitliche Aufgaben der Wirtschaftsförderung ein Stück vom Staat (das war damals noch die Wirtschaftsverwaltung) fernzuhalten, um sie nach privatwirtschaftlichen Grundsätzen und mit den Instrumenten des Marktes durchführen zu können. Angesichts der aktuellen Bemühungen um einen schlanken, effizienten Staat müßte man dies als eine sehr moderne Denk- und Handlungsweise bezeichnen.

Kein Zweifel, welch wichtige Rolle die Kreditanstalt bei der Finanzierung des Wiederaufbaus, namentlich durch den Einsatz der Gegenwertmittel aus der Marshallplan-Hilfe, gespielt hat. Das war aber noch nicht der Normalzustand der Marktwirtschaft. Die ordnungspolitisch relevante Frage stellte sich erst später: Kann ein solches (Interventions-) Institut aktiv für einen besseren Zustand der Wirtschaft sorgen? Dabei ist nicht nur der Aspekt von Bedeutung, ob eine Förderbank einen positiven Beitrag zu gesellschaftspolitisch vordringlichen Belangen – z.B. regionaler Ausgleich, Umweltschutz – leisten kann.

Die Aufgabe eines Förderinstituts ist es ebenso, die Leistungsfähigkeit der (Markt-) Wirtschaft zu verbessern, also dort Impulse zu geben, wo der Markt aus sich heraus nicht zu befriedigenden Lösungen findet. Zu denken ist hier insbesondere an die – nicht durch geringere Leistungsfähigkeit verursachten – Finanzierungsnachteile kleiner und mittlerer Unternehmen oder an Probleme des Risikoausgleichs bei Innovationen.

D ie Wertschätzung, die Ludwig Erhard diesem Institut entgegenbrachte (er war von 1949 bis 1963 Mitglied des Verwaltungsrates), beruhte nicht nur auf dessen Beitrag zur Finanzierung des Wiederaufbaus. Er anerkannte ebenso, daß mit dem Institut gesellschaftspolitisch gewünschte Entwicklungen gefördert (die Qualität der Marktwirtschaft verbessert) und die Leistungsfähigkeit der Marktwirtschaft erhöht werden kann.

D ie Entwicklung der Kreditanstalt ist bekannt. Die KfW hat nach der Unterstützung des Wiederaufbaus wichtige Beiträge für die effiziente Umsetzung der Strukturpolitik geleistet, sie hat wesentlichen Anteil an der Entwicklung der langfristigen Finanzierung der Exporte von Investitionsgütern, und sie ist ein kompetenter, weltweit geachteter Sachwalter der deutschen finanziellen Zusammenarbeit mit Entwicklungsländern. Das sind Aufgaben, die nicht unverbunden nebeneinander stehen.
Wer Strukturreformen in Entwicklungsländern erfolgreich voranbringen will, muß durch fundierte Erfahrungen im eigenen Lande ausgewiesen sein. Wer die deutsche Wirtschaft richtig fördern will, muß die weltwirtschaftlichen Zusammenhänge kennen.

Die Summe dieser Erfahrungen war und ist die Basis für die erfolgreiche Arbeit in den neuen Bundesländern, aber auch für die Zusammenarbeit mit den Reformländern in Mittel- und Osteuropa.

I n Deutschland hat die Kreditanstalt die tiefste ordnungspolitische Spur mit ihrer Förderung kleiner und mittlerer Unternehmen hinterlassen. Auf der ERP-Förderung aufbauend, hat sie mit ihrem Mittelstandsprogramm die der Marktwirtschaft immanente Schlechterstellung kleiner und mittlerer Unternehmen bei der Finanzierung mit langfristigen Fremdmitteln beseitigt. Das Programm steht überall und für jede Investition kleiner und mittlerer Unternehmen zur Verfügung. Es gehört heute zu den Rahmendaten für den Mittelstand.

E ine breite Basis kleiner und mittlerer Unternehmen wurde in Deutschland stets als besonders wichtige Voraussetzung für Wettbewerb, Wachstum und Arbeitsplätze angesehen. Es hat nichts mit Investitionslenkung und Subventionen zu tun, wenn kleine und mittlere Unternehmen für die Finanzierung von Investitionen und Innovationen bei gleichen Risiken dieselben Konditionen wie große Unternehmen geboten bekommen. Wie sehr sich die KfW mit ihrem Mittelstandsprogramm ordnungspolitisch auf der sicheren Seite befindet, wird daran erkennbar, daß der mit diesem Angebot etablierte 'Leitzins' kleinen und mittleren Unternehmen bei jeglicher langfristiger Investitionsfinanzierung hilft, faire Kreditkonditionen aushandeln zu können. Die kleinen und mittleren Unternehmen werden dadurch entsprechend der Entwicklung an den Finanzierungsmärkten hinsichtlich der Kreditkonditionen so gestellt, als seien sie als Ganzes ein großes Unternehmen.

W as hier auf den ersten Blick wie eine Intervention bei einem für die Wirtschaftsordnung eher marginalen Punkt erscheinen mag, hatte weitreichende Auswirkungen auf die Finanzierungskultur in Deutschland. Noch in den 60er Jahren war die Kreditversorgung des Mittelstandes eine der Hauptsorgen der Wirtschaftspolitik. Das Universalbankensystem zeigte insbesondere bei der Bereitstellung langfristiger Kredite für kleine und mittlere Unternehmen empfindliche Schwächen. Mit der flächendeckenden Etablierung des KfW-Mittelstandsprogramms (dem aufgrund seines Erfolges auf Länderebene ähnliche Finanzierungsangebote folgten) war einer der Haupteinwände gegenstandslos geworden, die man gegen das sich auf das Universalbankensystem gründende Finanzierungssystem geltend machen konnte.

Vor diesem Hintergrund konnte Westdeutschland im Vergleich zu anderen Ländern eine sehr ausgeglichene Größenstruktur der Unternehmen mit starkem Gewicht der unabhängigen Familienunternehmen entwickeln und erhalten. Die Unternehmen konnten rasch expandieren, auch wenn die Eigenmittel nicht Schritt hielten. Sogar die Länder, in denen das Gegenmodell praktiziert wird, das sich primär auf die Beteiligungsfinanzierung stützt, erkennen an, daß die kleinen und mittleren Unternehmen in Deutschland das bessere Umfeld für ein organisches Wachstum haben.

Inzwischen haben sich die Finanzierungsaufgaben bei kleinen und mittleren Unternehmen aber gewandelt, z. B. durch die stark gewachsene Zahl von Unternehmensübertragungen. In den letzten Jahren konnte die Kreditanstalt auch im Blick darauf wichtige Anstöße für die Bereitstellung von Eigenkapital durch den Markt geben und für eine verbesserte Risikofinanzierung insbesondere von Innovationen sorgen. Kleine Unternehmen, die Fehlschläge bei Innovationen oder bei der Erschließung neuer Märkte nicht durch Erfolge in anderen Aktivitäten auffangen können, brauchen eine andere Möglichkeit des Risikoausgleichs. Das kann durch das Engagement von Beteiligungsgesellschaften und anderer Kapitalgeber, die einen Teil des Risikos tragen, geschehen. Die KfW erweitert die Handlungsmöglichkeiten der Partner des Mittelstandes, sie engagiert sich also ebenso wie beim Mittelstandsprogramm – nicht direkt.

Letztlich geht es aber immer darum, den kleinen und mittleren Unternehmen Finanzierungsoptionen zu eröffnen, die ihrer Strategie und ihrem Entwicklungspotential angemessene sind.

Es ist aber auch Wirtschaftsförderung im Geiste Ludwig Erhards und Alfred Müller-Armacks, wenn die Kreditanstalt mit Förderprogrammen für Umweltinvestitionen – von Privaten, Unternehmen oder Kommunen – oder mit regionalen Förderprogrammen zur Verfügung steht. Immer spielt dabei eine Rolle, daß die KfW über den Sachverstand als Finanzier hinaus technischen und volkswirtschaftlichen Sachverstand einbringen kann, so daß sie in der Lage ist, der wirtschaftspolitischen Dimension ihrer Tätigkeit Rechnung zu tragen und durch geeignete Evaluierungen neue Handlungsmaßstäbe zu gewinnen. Und selbstverständlich ist sie es gewohnt, nach wirtschaftlichen Grundsätzen und unbürokratisch zu arbeiten.

Stärkung des Strukturwandels und des Wettbewerbs, Förderung von Innovationen, Schaffung von Arbeitsplätzen, Beitrag zum Umweltschutz – das alles sind Aktivitäten, die der KfW unstreitig positiv angerechnet werden. Dennoch werden immer wieder auch Fragezeichen hinter die Tätigkeit der KfW gesetzt. Die Themen wechseln aber im Zeitverlauf, und selten handelt es sich um echte ordnungspolitische Anliegen. Zuweilen wurde moniert, daß zu wenig parlamentarische Kontrolle bestehe, dann gab es den Vorwurf des Schattenhaushalts, und es wurde auch kritisiert, daß die Förderprogramme der KfW die Geldpolitik erschwerten.

All das verstummte aber in Situationen, in denen – wie zuletzt bei der Finanzierung des Aufbaus in den neuen Bundesländern – die Kreditanstalt schnell, kompetent und mit großen Finanzierungsvolumina Hilfe leisten konnte.

Ein anderer Punkt, der immer wieder – auch mit ordnungspolitischem Vorwand – zur Sprache gebracht wird, ist die Finanzierung des Exports von langlebigen Investitionsgütern, insbesondere von Großanlagen. Daß die KfW der langfristigen Exportfinanzierung in Deutschland erst auf die Beine geholfen hat, ist nicht Grund genug, ihr hier unbegrenzte Betätigung zuzugestehen. Sie hat aber auch später für die notwendige Kontinuität des Finanzierungsangebots gesorgt, und sie hat mit neuen Finanzierungsinstrumenten immer wieder die Rolle des innovativen Vorreiters übernommen. Das funktioniert natürlich nur, wenn das Institut permanent am Markt ist und sich entsprechende Expertisen aufbauen und fortentwickeln kann.

Die Geschäftsbanken profitieren davon ebenso wie von der Arbeitsteilung, die sich in einer vernünftigen Symbiose herausgebildet hat: Häufig decken die Banken den kurzfristigen Teil der Finanzierung ab, während die KfW den langfristigen Teil übernimmt, oder die Banken übernehmen Teile des Risikos von langfristigen KfW-Finanzierungen in fremder Währung. Im übrigen nützt es der Exportwirtschaft, daß die KfW bei ihrer Exportfinanzierung auch ihre Länderkenntnis und ihr Know-how der Projektfinanzierung einsetzen kann, die sie durch die Entwicklungshilfe gewinnt.

Exporteure, die ihre Position in den Märkten aufbauen und behaupten wollen, haben es mit ausländischen Wettbewerbern zu tun, die in ihrem Land vielfältige – mehr oder weniger versteckte – Hilfe erhalten. Sie müssen in der Lage sein, sich als Investor oder Betreiber zu engagieren und Verantwortung zu übernehmen. Die Kreditanstalt steht für Großvorhaben mit ihrer Projektfinanzierung zur Verfügung, aber ebenso – weltweit – für Direktinvestitionen kleiner und mittlerer Unternehmen. Die kundige und tatkräftige Unterstützung durch ein Institut wie die KfW gehört also ebenfalls zu den unerläßlichen Rahmendaten, die abzubauen – auch angesichts der Beschäftigungsprobleme – eine mutwillige, unverantwortliche Schwächung der deutschen Exportwirtschaft wäre.

Die Kreditanstalt ist also ein janusköpfiges Institut geblieben: Sie ist auf der einen Seite Interventionsinstitut – sonst wäre sie vorrangiger Privatisierungskandidat. Sie ist auf der anderen Seite unbedingt der Marktwirtschaft verpflichtet – sonst müßte man sie schleunigst schließen. Ihre nun fast 50jährige Geschichte belegt, daß sie wohlausgewogen im Spannungsfeld zwischen Politik, Wirtschaft und Banken steht. Derart eingebettet ist sie auch heute und in Zukunft kein ordnungspolitisches Wagnis, sondern eine Bereicherung des wirtschaftspolitischen Instrumentariums.

Der Tradition verpflichtet, auf die Zukunft ausgerichtet:

Die Unternehmensgruppe TENGELMANN

Seit 130 Jahren schreibt die TENGELMANN-Gruppe ein Stück deutsche Handelsgeschichte. Der Grundstein des Unternehmens wurde 1867 von Wilhelm Schmitz und seiner Frau Louise, geb. Scholl, in Mülheim an der Ruhr gelegt. Aus dem kleinen Betrieb, der sich unter dem Firmennamen WILH. SCHMITZ-SCHOLL zunächst auf die Beschaffung von Kolonialwaren und die Röstung von Kaffee spezialisiert hatte, entwickelte sich ein national tätiger Lebensmittelfilialist: 1893 eröffneten die Söhne des Gründerpaares unter dem Namen ihres Prokuristen die erste TENGELMANN-Verkaufsstelle, in der sie Kaffee, Tee und Kakao aus eigenen Importen sowie Nährmittel und Süßwaren anboten.

Breitgefächerter Handelsverbund

Heute erwirtschaften mehr als 200.000 Mitarbeiter in acht europäischen Staaten, den USA und in Kanada einen Jahresumsatz von über 50 Mrd. DM. Das Leistungsspektrum des Groß- und Einzelhandelsverbundes umfaßt u. a. Lebensmittel-, Drogerie-, Haushaltswaren-, Textil- und Bau- und Heimwerkermärkte sowie mehrere Produktionsbetriebe, darunter das Stammhaus, das heute unter den Markennamen WISSOLL und BÖHME Schokolade und Süßwaren herstellt.

Verantwortungsbewußte Firmenphilosophie

Trotz der Größe und internationalen Bedeutung ist TENGELMANN nach wie vor in Familienbesitz; an der Spitze stehen Erivan Haub, Urenkel der Firmengründer, und seine drei Söhne. Wirtschaftliche Stabilität, basierend auf qualitativem Wachstum, einem exzellenten Leistungsspektrum sowie einer optimierten Kostenstruktur, die Sicherung der vielen tausend Arbeitsplätze und ein starkes gesellschaftspolitisches Engagement bestimmen die Geschäftsphilosophie. Die ausgeprägte ökologische Orientierung der Handelsgruppe beruht auf der Tatsache, daß die Verantwortung für eine intakte Umwelt für die Familie Haub eine unternehmerische Verpflichtung darstellt, der sie sich in besonderer Weise verbunden fühlt. Deshalb kommt dem Umweltschutz bei allen Entscheidungen hohe Priorität zu.

Wolfram Brück

VITA: Wolfram Brück ist am 27. Februar 1937 in Köln geboren. Nach dem Studium der Rechtswissenschaft und dem zweiten Staatsexamen ist er in Köln als Richter und Staatsanwalt tätig. Danach ist er bis 1977 Ministerialbeamter Ministerialrat im wissenschaftlichen Dienst beim Deutschen Bundestag. In den Jahren 1977 bis 1989 ist er Mitglied des Magistrats der Stadt Frankfurt am Main. Zunächst bekleidet er das Amt des Stadtrates und Dezernenten für Recht/Personal/Organisation, 1986 wird er Oberbürgermeister der Stadt Frankfurt am Main. Seit 1989 ist er als Rechtsanwalt tätig, u. a. als Generalbevollmächtigter der Treuhand-Anstalt Berlin.

Wolfram Brück ist seit September 1991 Geschäftsführer der Duales System Deutschland GmbH, im Mai 1992 wird er zum Vorsitzenden der Geschäftsführung bestellt.

Der Grüne Punkt – Baustein für die Wirtschaftsordnung des 21. Jahrhunderts?

von Wolfram Brück

Das deutsche Modell der sozialen Marktwirtschaft hat an Glanz verloren. Massenarbeitslosigkeit, ausufernde Staatsverschuldung und Standortflucht der Unternehmen sind Symptome einer tiefgreifenden Systemkrise. Durchhalteparolen, Verzichtsaufrufe und wirtschafts- und sozialpolitischer Aktionismus sind nicht geeignet, den Menschen und den Unternehmen Zuversicht zu vermitteln.

Andere Wirtschaftsmodelle – Markt pur im US-Stil oder die asiatischen Spielarten des staatlich gelenkten Kapitalismus – sind anscheinend erfolgreicher bei der Lösung der Aufgabe, ihren Gesellschaften einen Weg in das 21. Jahrhundert zu bahnen. Daß diese Modelle auf Deutschland nicht – oder allenfalls unter enormen Opfern an gesellschaftlicher und politischer Stabilität – übertragbar sind, macht die Lage um so dramatischer.

Deutschland – ja Westeuropa – muß einen eigenen Weg finden, wie den Herausforderungen des globalen Wettbewerbs zu begegnen ist. Der Rückblick auf die Leistung eines Ludwig Erhard ist dabei hilfreich, sofern dieser es nicht bei der Verklärung einer vergangenen Epoche bewenden läßt. Ein Zurück in die „goldenen" fünfziger oder frühen sechziger Jahre kann und wird es nicht geben, weil sich die Rahmenbedingungen vollständig geändert haben. Damals hatte Deutschland die typischen Merkmale eines „Wachstumsmarktes" – kostengünstig, leistungswillig, hungrig. Heute dagegen mühen wir uns, unseren Sitzplatz im First-Class-Abteil der Weltgeschichte gegen den Ansturm der neuen Aufsteiger zu behaupten.

Gleichwohl weist die Lehre Ludwig Erhards in die Zukunft. Ihr Kern ist die Erkenntnis, daß es Aufgabe der Politik ist, eine vernünftige Balance herzustellen zwischen der ungezügelten Vitalität der Marktkräfte und den berechtigten Anforderungen der Gesellschaft. Der Markt soll kein Dschungel sein, in dem Verteilungskämpfe auf Grundlage des Rechts des Stärkeren ausgetragen werden. Statt dessen sollen alle Marktteilnehmer nach Möglichkeit einen Vorteil davontragen können. Das auf dieser Grundlage organisierte Zusammenspiel der Marktkräfte, besonders auch des Unternehmer- und des Gewerkschaftslagers, hat über viele Jahre hinweg eine beispielhafte soziale und politische Stabilität gesichert. Die Fähigkeit Deutschlands, durch geeignete Rahmenbedingungen unternehmerische Energien zu bündeln und in gesellschaftlich und gesamtwirtschaftlich konstruktive Bahnen zu lenken, wurde vom Ausland lange als entscheidender Standortvorteil bewundert.

Die Frage ist, ob – und gegebenenfalls wie – sich dieses Modell so erneuern läßt, daß es auch im Zeitalter der Globalisierung seine Stärken ausspielen kann. Ist es überhaupt noch möglich, die Marktteilnehmer auf ein gemeinwohlorientiertes Handeln zu verpflichten, wenn doch die Wirtschafts- und Wettbewerbsverhältnisse den gnadenlosen Kampf aller gegen alle nahelegen? Ist eine Bündelung unternehmerischer Energie zur strategischen Stärkung des Standorts nicht eine Illusion, wenn sich die Unternehmer längst von ihrer Bindung an den Standort gelöst haben und ihr Heil in der großen, weiten Welt suchen? Zu diesen Fragen gibt es mittlerweile zahllose theoretische Abhandlungen und entsprechend viele unterschiedliche Antworten.

Zumeist übersehen wird in diesem Zusammenhang, daß in Deutschland seit sechs Jahren ein gewaltiger Feldversuch stattfindet, wie unternehmerische Großkooperationen zur Durchsetzung am Gemeinwohl orientierter Ziele in Zukunft aussehen können. Eine Ursache hierfür mag sein, daß das Versuchsfeld auf den ersten Blick – verglichen mit anderen drängenden Fragen – ein wenig nebensächlich anmutet. Es ist der Bereich der Abfallwirtschaft, genauer gesagt der des Verpackungsabfalls. In diesem Feld waren gegen Ende der achtziger Jahre alle Elemente beisammmen, die normalerweise zu politischem Dauerstreit und Selbstblockade führen – eine überforderte öffentliche Hand, umweltpolitischer Druck, eine unübersehbare Zahl untereinander uneiniger und im Wettbewerb stehender Unternehmen. Deshalb ist weit über den Bereich der Umweltpolitik hinaus lehrreich, welche Wendung die Entwicklung in diesem Bereich genommen hat.

Die öffentliche Hand wird im Bereich der Abfallwirtschaft vorrangig repräsentiert durch die Kommunen, also die Städte und Landkreise. Sie waren für die gemeinwohlverträgliche Verwertung oder Beseitigung der Siedlungsabfälle zuständig. Dies ging solange gut, wie die kommunalen Entsorgungsaufgaben vorrangig darin bestanden, den eingesammelten Hausmüll vorwiegend zu deponieren oder in weit geringerem Umfang zu verbrennen.

Als der steile Anstieg der Abfallmengen die alsbaldige Überforderung von Deponie- und Verbrennungskapazitäten prognostizierte und das wachsende Umweltbewußtsein höhere Anforderungen an die Abfallbehandlung stellte, begannen die Probleme. Es fehlte den Kommunen an qualifizierten Entsorgungseinrichtungen, wie etwa geordneten Deponien,

Verbrennungsanlagen oder Recyclingkapazitäten. Die Ursachen waren vielfältig – Probleme bei der politischen und rechtlichen „Durchsetzung" unpopulärer Bauwerke, fehlender planerischer Weitblick, später zunehmend auch schlichter Geldmangel. Die Parole von der Müllvermeidung als Ersatz für politisches Handeln wurde so eingängig, daß sie noch bis heute ihren Nachhall in den Medien und den Köpfen der Umweltschützer findet und zu teilweise absurden politischen Pflichtübungen führt.

Zunächst gerieten aber Industrie und Handel gehörig unter Druck. Die mit den Entsorgungsaufgaben überforderten Kommunen wiesen mit Unterstützung der Umweltorganisationen darauf hin, daß der Abfall überwiegend aus Industrieerzeugnissen besteht, die entweder gar nicht mehr produziert, hilfsweise aber durch die Wirtschaft selbst eingesammelt und verwertet werden sollten. Dies betraf besonders den Bereich der Verpackungen, der geradezu zum Synonym der „Wegwerfgesellschaft" wurde. Damit war der gesellschaftliche Sündenbock festgelegt.

Die natürliche Reaktion der Politik wäre nun gewesen, die vermeintlichen Übeltäter symbolisch zu bestrafen, ohne das dahinterliegende Problem tatsächlich anzufassen. Der Ansatz dafür war schon vorhanden. Die ersten Entwürfe einer Verpackungsverordnung handelten ausschließlich davon, den Verbrauchern zu erlauben, verschmutzte Verpackungen nach Gebrauch zurück in die Läden des Einzelhandels zu bringen. Da nur eine Minderheit der Verbraucher von dieser Möglichkeit Gebrauch machen würde, wäre der tatsächliche abfallwirtschaftliche Entlastungseffekt wohl nahe Null gewesen. Allerdings hätte sich ein erhebliches Gestaltungspotential für Bürger ergeben, die es ihrem Kaufmann an der Ecke mal richtig heimzahlen wollten. Auch wären eindrucksvolle Medienereignisse möglich geworden – etwa der

Minister, der beim Einkauf mit Frau und Kind im Laden im wahren Wortsinn auspackt.

Doch die Entwicklung nahm eine andere Richtung. In der letztendlich beschlossenen Verpackungsverordnung wurde an der Rücknahmepflicht von Handel und Industrie für gebrauchte Verpackungen zwar festgehalten, aber mit der Maßgabe, daß Unternehmen hiervon befreit sind, wenn sie sich an einem privatwirtschaftlichen, bundesweiten Sammelsystem beteiligen. Damit war eine vielleicht revolutionäre Rechtsfigur geboren. Unternehmen haben individuelle Rechtspflichten, können sich davon aber befreien, wenn sie sich zu einer branchenübergreifenden Kooperation zusammenschließen.

Diese Rechtsfigur ist so neu, daß es an einer rechtsdogmatischen Untermauerung bis heute weitgehend fehlt. Auch hat sich gezeigt, daß Teile des bestehenden rechtlichen Rahmens – etwa das Kartell- und Wettbewerbsrecht – wohl angepaßt werden müssen, um Unternehmenskooperationen zur Erreichung von Gemeinwohlzielen dauerhaft gerecht zu werden.

Mit dem Erlaß einer Rechtsverordnung mit einer innovativen Regelung war es aber nicht getan. Bei rückschauender Betrachtung läßt sich feststellen, daß bei der Verpackungsverordnung eigentlich alle Voraussetzungen gegeben waren, die ein katastrophales Scheitern der Selbstorganisationsfähigkeit der Wirtschaft geradezu sicher erscheinen ließen. Für nahezu jeden anderen Produktbereich wäre die Aufgabe objektiv leichter zu lösen gewesen.

Die Zahl der an der Wertschöpfungskette von Verpackungen beteiligten Unternehmen – Materialhersteller, Verpackungshersteller, Konsumgüterindustrie und Handel – geht in die Hunderttausende; dazu kommen noch zahlreiche Importeure. Die Bandbreite der betroffenen Unternehmen reicht vom Kioskbesitzer bis zum multinationalen Konzern. Entsprechend groß sind auch die Interessengegensätze. Durch die Idee des Grünen Punkts wurden gleichwohl die Grundlagen für ein funktionierendes und kontrollierbares Finanzierungssystem gelegt.

Der Grüne Punkt ist ein Kennzeichen, das nur gegen Entrichtung eines Entgelts in Höhe der prospektiven Entsorgungskosten auf die Verpackung aufgedruckt werden darf. Dadurch, daß das Finanzierungssystem des Grünen Punkts bei den Konsumgüterherstellern ansetzt, wurde die Zahl der einzubeziehenden Unternehmen auf ein zwar immer noch hohes, aber doch überschaubares und kontrollierbares Maß – auf heute knapp 17.000 Unternehmen – gebracht. Für eine privatwirtschaftliche Initiative in einem äußerst heterogenen Markt ist die Beteiligung sehr beachtlich, wenn auch noch immer steigerungsbedürftig.

Die Verpackungsverordnung schrieb zudem vor, daß der Aufbau eines flächendeckenden Erfassungssystems für sämtliche Verpackungsarten in ganz Deutschland innerhalb von 18 Monaten nach Verkündung der Vorschrift zu erfolgen hatte – und zwar abgestimmt mit der jeweilig zuständigen Kommune. Hierfür war es erforderlich, mit ca. 900 Kommunen jeweils eine sogenannte Abstimmungsvereinbarung auszuhandeln und mit ca. 550 privaten und kommunalen Entsorgungspartnern Entsorgungsverträge abzuschließen. Zugleich war notwendig, für die anflutenden Mengen gesammelter Wertstoffe ausreichende Recyclingkapazitäten zu erschließen. Darunter waren Wertstoffe wie etwa gemischte Kunststoffabfälle, für die weltweit keine Erfahrungen – geschweige denn Kapazitäten – für das Recycling existierten.

Parallel zu diesen Aufgaben war in sämtlichen 16 Bundesländern das sogenannte Freistellungsverfahren durchzuführen, das faktisch einem Genehmigungsverfahren entspricht.

Trotz dieser schwierigen Aufgabenstellung, bitterer Rückschläge, Fehler und Enttäuschungen läßt sich heute sagen, daß das Pionierprojekt des Grünen Punkts zu einer Erfolgsgeschichte geworden ist.

Der wohl glaubwürdigste Beweis ist die veränderte Position der Städte und Landkreise. Die Parole vom „Müllnotstand" ist durch den „Müllmangel" abgelöst worden. Nachdem mindestens ein Drittel des Volumens des Hausmülls privatwirtschaftlich verwertet wird, fehlt es den öffentlichen Entsorgern an Abfall. Die mittlerweile errichteten Verbrennungsanlagen drohen zu Investitionsruinen zu werden, weil es an einem effektiven Mengenausgleich zwischen den einzelnen Kommunen mangelt und in der Übergangzeit bis zum endgültigen Verbot der Deponierung unbehandelter Abfälle die Deponiebetreiber Abfälle aus dem gesamten Bundesgebiet zu Dumpingpreisen akquirieren. Schon werden Forderungen laut, der Privatwirtschaft den Abfall wieder wegzunehmen – der Müll ist zum umkämpften Wirtschaftsgut geworden.

Doch nicht nur das Abfallproblem wurde durchgreifend gelöst. Der Grüne Punkt, der zweifellos auch eine Kostenbelastung der beitragszahlenden Wirtschaft ist, hat wesentliche Impulse zur ressourcensparenden Gestaltung von Verpackungen gesetzt. Damit werden nicht nur wertvolle Rohstoffe bewahrt, sondern auch die Kosten der Produktion vermindert.

Zugleich wurden und werden neue Technologien für die Sortierung, Aufbereitung und Verwertung von Abfällen entwickelt, für die erhebliches Interesse auf dem Weltmarkt – etwa in Japan und den USA – besteht. Nicht zuletzt ist der Grüne Punkt selbst zum Exportartikel geworden – Frankreich, Österreich, Belgien, Luxemburg und demnächst wohl Spanien und Portugal haben ihn als Symbol für eigene Recyclingsysteme übernommen.

Über den Bereich des Umweltschutzes hinaus zeigt der Grüne Punkt, daß es in Deutschland auch unter heutigen Bedingungen möglich ist, unternehmerische Energien zu bündeln und in den Dienst des Gemeinwohls zu stellen. Voraussetzung ist ein staatlicher Rahmen, der einerseits klare Ziele vorgibt, andererseits aber auch genug Freiraum läßt für die wirtschaftliche Phantasie der Marktteilnehmer. Ähnliche Lösungen lassen sich für viele gesellschaftliche Aufgaben vorstellen. Die wirtschaftlichen Ressourcen dafür sind vorhanden, wenn intelligente politische und rechtliche Signale in den Markt gegeben werden. Dies wäre auch ein Beitrag zur Weiterentwicklung unserer Wirtschaftsordnung im Sinne Ludwig Erhards und zur Sicherung des Standorts Deutschland. Der Grüne Punkt mag hierfür nur ein kleiner Baustein sein. Aber er macht Mut. Er beweist, daß auch in unserem Land anspruchsvolle Ziele zügig zu erreichen sind, wenn die Kraft einer überzeugenden Idee sich Bahn bricht.

Heidelberg:

Maschinen, Anlagen und Systeme für die internationale grafische Industrie

Der Jahrhundertrückblick zu Ehren Ludwig Erhards markiert aus der Sicht der Heidelberger Druckmaschinen Aktiengesellschaft zwei bedeutende Einschnitte. Am Anfang dieser Zeitspanne steht die Verlegung des Firmensitzes nach Heidelberg.

Die Stadt gab der mechanischen Werkstatt vor hundert Jahren den Namen, der heute weltweit das Synonym der Spitzentechnik für Drucker ist. Am Ende dieses Zeitabschnittes steht die Gegenwart des Jahres 1997. Mit der Übernahme international etablierter Unternehmen aus den Bereichen der Druckvorstufe, des Rollenoffset und der Weiterverarbeitung eröffnet sich Heidelberg die Perspektive eines Systemanbieters für unterschiedlichste Betriebe in der grafischen Industrie. Um die Druckmaschinen herum wird Heidelberg in Zukunft verstärkt die ganze Produktionsstrecke von der Dateneingabe bis zum fertigen Druckprodukt mit Maschinen, Anlagen und Systemen für den Drucker bedienen.

Heidelberg vollzieht den Wandel vom Weltmarktführer im Druckmaschinenbau zum Anbieter kompletter Drucksysteme auf den Fundamenten von fast 150 Jahren. Dabei ist der Aufbau moderner Fertigungskapazitäten und eines weltumspannenden Vertriebs- und Servicenetzes eng mit einem Mann verbunden, der wie Ludwig Erhard vor 100 Jahren geboren wurde: Hubert H:A: Sternberg.

Zeitgenossen und Weggefährten bei der Neubelebung der deutschen Wirtschaft und des Exports: Ludwig Erhard und Hubert H.A. Sternberg eröffnen die DRUPA '51 in Düsseldorf, die seither als größte grafische Fachmesse der Welt fest etabliert ist.

In seine Zeit fallen der Beginn der industriellen Fließbandfertigung - einer Revolution im Druckmaschinenbau - und der Umzug der Fertigung in ein neu errichtetes Werk vor den Toren Heidelbergs.

Parallel zum Ausbau der Fertigungskapazität begann Sternberg das einzigartig dichte internationale Vertriebs- und Servicenetz Heidelbergs zu knüpfen, in dem heute 4000 Fachleute vor Ort für die Druckereien in aller Welt tätig sind.

Die Heidelberg-Gruppe beschäftigt 1997 rund 14.000 Mitarbeiter weltweit. Die Aus- und Weiterbildung der eigenen Mitarbeiter spielt traditionell eine große Rolle für die Zukunftssicherung. Im neuen Ausbildungszentrum der Heidelberger Druckmaschinen AG stehen hierfür 350 modernste Ausbildungsplätze zur Verfügung.

Längst weltweit als „Vater der Drucker" bezeichnet, betrieb Sternberg in der Zeit der Wiederbelebung der deutschen Wirtschaft und des Exports die erneute Etablierung einer internationalen Fachmesse für die grafische Industrie in der Bundesrepublik. Mit Erfolg! 1951 konnte er gemeinsam mit Ludwig Erhard die erste DRUPA in Düsseldorf eröffnen, die heute mit Abstand größte grafische Fachmesse der Welt.

Bei aller Dynamik von Markt und Technik und dem Wandel Heidelbergs vom reinen Druckmaschinenbauer zum Systemanbieter für Druckereien wird die große Tradition einer engagierten Aus- und Weiterbildung junger Menschen und gestandener Fachleute verstärkt. Heidelberg setzt auf qualifizierte Mitarbeiter, um seine Spitzenposition im globalen Wettbewerb weiter auszubauen.

Jost Stollmann

VITA:

Jost Stollmann, heute 41 Jahre alt, Sohn einer erfolgreichen Unternehmerin und eines höheren Ministerialbeamten, studiert in Frankreich Rechts- und Politische Wissenschaften und erwirbt anschließend an der Harvard Business School seinen Master of Business Administration (M.B.A.).

Nach dreijähriger Beratungstätigkeit bei der Boston Consulting Group (B.C.G.) in den USA kehrt der damals 29jährige nach Deutschland zurück, um sein eigenes Unternehmen zu gründen: CompuNet.

Das Ziel: große Unternehmen in Deutschland mit Produkten und Dienstleistungen rund um den vernetzten Arbeitsplatz zu versorgen. 1984 mit einem Startkapital von DM 500.000 gegründet, hat CompuNet zehn Jahre später die Umsatzmilliarde überschritten.

Das Konzept: Ein einzigartiges Unternehmermodell ermöglicht den Weg in die Selbständigkeit. Die 45 Führungskräfte sind sowohl an den von ihnen verantworteten Geschäftsstellen als auch an der Gruppe insgesamt beteiligt. Dadurch ergibt sich eine ausgewogene Anreizstruktur zwischen unternehmerischem Einzelinteresse und der Verfolgung des Gruppeninteresses.

1990 wird Jost Stollmann wegen seines Beitrages zur Gründung der International Computer Group I.C.G. zum „Euro-Unternehmer des Jahres" gewählt.

1994 wird er in das „Global Leaders of Tomorrow Program" des World Economic Forums in Davos berufen.

Im August 1996 übernimmt GE Capital Technology Management Services die Gesellschafteranteile der CompuNet Computer AG, um das Unternehmen als Plattform für eine europäische Expansion zu nutzen. Jost Stollmann leitet die Operationen in Europa und wird auch hier rasches Wachstum vorantreiben.

Außerdem ist er Sprecher des Vorstandes der CompuNet Computer AG und zuständig für die Bereiche Strategie, Unternehmenskommunikation und Qualität.

Stollmann ist Vater von fünf Kindern und passionierter Segler.

Zukunft muß man wollen

von Jost Stollmann

Nichts ersetzt den Willen. Ludwig Erhard, Vater des Wirtschaftswunders, war voller Zuversicht, lange bevor sein erstrebenswertes Ziel, die freie Marktwirtschaft, erreicht werden konnte. In den Nachkriegsjahren, als alles in Schutt und Asche lag, schrieb er: „Trotz allem bleibt das Wollen entscheidend, denn aus dieser geistigen Haltung fließt auch die Kraft." Mit dem Bild einer erstrebenswerten Zukunft, seiner Vision vom „Wohlstand für alle", warb er für die Tugenden Vernunft und Bescheidenheit, Fleiß, Verläßlichkeit und für Phantasie. Mit einem unerschütterlichen Glauben an den Erfolg pries er eine neue Gesellschaft, und die Menschen krempelten die Ärmel auf und fanden tausende von Wegen in die Zukunft.

Heute, fast fünfzig Jahre später, liegt längst nicht alles in Schutt und Asche, aber es steht ein nicht minder dramatischer Neubeginn bevor. Es ist die Zeit des Umbruchs in eine neue Welt, in der das Wissen explodiert und Unternehmen nichts anderes als Wissen anbieten, egal ob sie Produkte oder Dienstleistungen verkaufen. Quantensprünge in der wirtschaftlichen Entwicklung sind gewiß, schließlich ist der Produktionsfaktor Information wie kein anderer reproduzierbar. Und völlig neue Zukunftsmärkte warten auf ihre Entdeckung, völlig neue Aufgaben auf ihre Lösung, sei es im Bereich der Unterhaltung, der Gesundheit, der Bildung oder der Umwelt.

Auf dem Weg in diese Informationsgesellschaft liegt eine tiefgreifende Veränderung der überkommenen industriellen Wirtschaftsstruktur vor uns. Sie betrifft komplexe Prozesse und nahezu alle Organisationen sowie Menschen und hat damit umfas-sende wirtschaftliche wie auch soziale Konsequenzen. Am Ende dieser unumkehrbaren Evolution steht die Entwicklung einer höheren gesellschaftlichen Lebensform. Und dieser Wandel ist die Chance, um im internationalen Wettbewerb mithalten zu können – selbst wenn der Weg dorthin steinig ist.

Bei Organismen, so lehrt die Biologie, vermag ein derartiges Durcheinanderbringen der Ordnung das Wachstum zu steigern: Unter Druck neigen Zellen dazu, ihr entstehendes Unbehagen durch Ausdehnung zu verringern; sie wachsen. Der Wirtschaft könnte diese biologische Reaktion als Vorbild dienen. Unternehmer können es sich nicht leisten, die Hände in den Schoß zu legen und selbstmitleidig über den Standort Deutschland klagen. Sie müssen sich die vielfältigen Veränderungen zu Nutze machen und mit ihnen wachsen. Denn die Entscheidung für eine Auseinandersetzung mit den mannigfachen Herausforderungen der Außenwelt ist für Fortschritt und Überleben unerläßlich.

Allerdings beurteilen viele Unternehmer den Standort Deutschland überwiegend kritisch. Was eigentlich ein Bewegungsraum für die Wirtschaft sein soll, gilt infolge hoher Arbeitslosigkeit und negativem Saldo der Direktinvestitionsbilanz in der Öffentlichkeit als unrentables Hinterland. Hohe Lohnnebenkosten nagen ebenfalls am Ansehen, und die enorme Steuerbelastung läßt wenig Raum für Begeisterung. Jedenfalls unter deutschen Managern ist der Jubel stark verhalten.

Im Ausland dagegen ist die Anziehungskraft kontinuierlich hoch. Amerikanische Investoren beispielsweise schwärmen nach wie vor vom Standort Deutschland und haben großes Interesse an Beteiligungen, berichtet die Deutsch-Amerikanische Handelskammer in New York. Die Größe des deutschen Inlandsmarktes, die qualifizierten Arbeitskräfte und die gute Infrastruktur fallen dabei besonders ins Gewicht. Aber auch Unternehmen aus Frankreich, Großbritannien und weiteren ost- sowie westeuropäischen Ländern werden von diesen Bedingungen herangelockt, so das ifo Institut für Wirtschaftsforschung in München.

Entscheidend bleibt folglich: Das Wollen. Zukunft muß man wollen. Sehnsucht wecken nach Unentdecktem und Großartigem, Mut machen für den Aufbruch. Und das ist die erste Unternehmerpflicht. Der bevorstehende Wandel verlangt kein schwarzseherisches Erdulden, er verlangt Führung in die neue Welt. In einer von Visionen getragenen und mit Initiative und Leistung erschlossenen Wissensgesellschaft sind Wohlstandsschübe realisierbar und neue Verteilungsräume erreichbar, die eine demokratie- und sozialverträgliche Bewältigung des Umbruchs erlauben. Es bedarf mutiger, schöpferischer, lebensbejahender und erfolgreicher Menschen, die den dramatischen wirtschaftlichen Strukturwandel als Chance begreifen und die Führung übernehmen. Es bedarf echter Unternehmer.

Neues Denken ist gefragt, neues Handeln und ein starker Wille. Ein tiefer Drang nach Zukunft. Mit Kreativität, schneller Umsetzung des Ideenpotentials, Aufmerksamkeit gegenüber den Kunden und persönlichem Einsatz werden sich unternehmerisch denkende Menschen in Deutschland eine hervorragende Stellung in der Wissenswelt von morgen erarbeiten.

Jens Grzemski

VITA:

Jens Grzemski ist am 29. Oktober 1942 in Kiel-Elmschenhagen geboren. In den Jahren 1963 bis 1965 absolviert er eine Banklehre bei der Dresdner Bank in Hamburg. Nach dem Abschluß als Bankkaufmann nimmt er das Studium der Betriebswirtschaftslehre an der Universität Hamburg auf. Als Diplom-Kaufmann beginnt Jens Grzemski 1970 eine Tätigkeit als Prüfungsassistent bzw. Prüfer bei der Treuarbeit AG in Hamburg, einer Wirtschaftsprüfungs-/Steuerberatungsgesellschaft. In den Jahren 1973 bis 1981 ist er für das gleiche Unternehmen in Düsseldorf tätig und erlangt 1976 den Abschluß als Steuerberater. Von 1981 bis 1985 ist er als Leiter der Revisions- und Konzernrevisionsabteilung von The Royal Bank of Canada AG, Dortmund/Frankfurt, tätig.

Danach geht er zu der Citibank Privatkunden AG in Düsseldorf, vormals KKB Bank AG, und leitet hier die Zentralrevision. Gleichzeitig ist er Resident Auditor der Citicorp Audit Division, New York, im Konsumentenkreditgeschäft für die Bundesrepublik Deutschland und Österreich. Von 1991 bis 1993 ist er Mitglied der Geschäftsführung der Citibank Privatkunden AG, Düsseldorf, seit Juni 1991 Generalbevollmächtigter. Zudem bekleidet Jens Grzemski seit November 1994 das Amt des Vorstandsmitgliedes der Citibank Privatkunden AG, Bereich Personal/Allgemeine Verwaltung, seit März 1995 ist er Arbeitsdirektor der Citibank Privatkunden AG und seit April 1995 für Recht, Revision und Vorstandssekretariat zuständig. Seit Juni 1995 ist er Vorstandsmitglied der Citicorp Deutschland AG sowie Arbeitsdirektor der Citicorp Deutschland AG.

Jens Grzemski ist verheiratet und hat drei Kinder.

Auch ein Jubiläum:
50 Jahre Marshall-Plan

Citibank belebt den Geist des Marshall-Planes neu,
denn Hilfe zur Selbsthilfe tut not – damals wie heute

von Jens Grzemski

Rückblicke können in wirtschaftlich schwierigen Zeiten wie diesen sehr hilfreich sein. Vor allem dann, wenn es gilt, sich an gleich zwei Jubiläen zu erinnern, die mit einem Wiederaufstieg aus einer schier hoffnungslosen Situation zu tun und zudem eine sehr enge Verbindung miteinander haben. Denn neben dem 100. Geburtstag von Ludwig Erhard, dem Vater des deutschen Wirtschaftswunders, steht 1997 auch das 50jährige Bestehen des Marshall-Planes an. Letzterer war zweifellos das Fundament, auf dem der wirtschaftliche Neubeginn Deutschlands nach dem Zweiten Weltkrieg überhaupt erst möglich wurde.

Zur Erinnerung: Offiziell wurde der Marshall-Plan am 5. Juni 1947 mit einer Rede des damaligen US-Außenministers George C. Marshall an der Universität Harvard gestartet. Insgesamt flossen im Rahmen dieses European Recovery Programmes (ERP) anschließend rund 14 Milliarden US-Dollar an Krediten nach Europa. Davon gingen 1,4 Milliarden an den ehemaligen Feind Deutschland.
Unumstritten war die gigantische Hilfsaktion keineswegs: „Der Morgenthau-Plan für die Umwandlung Deutschlands in einen Hirtenstaat", erinnert sich John Kenneth Galbraith, Harvard-Professor und nach dem Zweiten Weltkrieg im Washingtoner Außenministerium für die wirtschaftlichen Belange des besiegten Deutschlands zuständig, „verlor zwar an Anhängerschaft, war aber noch nicht gestorben".

Gesiegt hat aber letztlich die ökonomische Vernunft, wenn auch die sich abzeichnende Ost-West-Spaltung den entscheidenden Ausschlag gab. Die Truman-Doktrin hatte bereits das Licht der Welt erblickt. Darin erklärten die USA sich bereit, „allen in ihrer Freiheit bedrohten Nationen" Hilfe zu gewähren. Auf diese Weise sollten die kriegszerstörten Länder Europas, aber auch im Fernen Osten, gegen den Kommunismus immunisiert werden.
Der durchschlagende Erfolg des Marshall-Planes ist in Deutschland – selbst bei der Bevölkerung in den neuen Bundesländern, die seinerzeit als sowjetisch besetzte Zone nicht davon profitieren konnte – nach wie vor stark im Bewußtsein präsent. Ältere Bundesbürger schwärmen noch heute dankbar von den Care-Paketen aus Übersee – wiewohl die mit dem Marshall-Plan direkt nichts zu tun hatten, sondern eine rein humanitäre Geste waren.

Untrennbar verknüpft mit dem Marshall-Plan sind auch der Begriff „Wirtschaftswunder" und die Person Ludwig Erhards, der, bevor er Wirtschaftsminister wurde, für die planende und ausführende Verwaltungsarbeit des Marshall-Planes in Deutschland verantwortlich war. Während der Marshall-Plan als Basis und Starthilfe für den erfolgreichen Wiederaufbau diente, ist Ludwig Erhard der unumstrittene Vater des „Wirtschaftswunders". Der Marshall-Plan bot die Chance, die Ludwig Erhard nutzte, um einen Rahmen zu schaffen, in dem der zupackende

Geist der Aufbaujahre entstand und die Soziale Marktwirtschaft in Deutschland aufblühte. Beides ist im Bewußtsein der Deutschen fest verankert.

Weniger geläufig als Care-Pakete und der Begriff „Wirtschaftswunder" dürften dagegen manche bis in die Gegenwart reichende Langzeitwirkungen sein. Wer unter den jungen Existenzgründern ahnt schließlich schon, daß selbst sie indirekt noch vom Marshall-Plan profitieren? Tatsächlich kommt nämlich das ERP-Sondervermögen des Bundes, aus dem sie Darlehen und Eigenmittel zu besonders günstigen Konditionen erhalten, genau aus dieser Quelle. Abgesehen von den rein ökonomischen Aspekten sollten die ganz alltäglichen Folgen des Marshall-Planes keineswegs vergessen werden, z. B. daß im Nachkriegsdeutschland aus US-Besatzungssoldaten sehr schnell Freunde wurden.

Kein Zweifel daher: Gerade mit Blick auf die Entwicklung der zentral- und osteuropäischen Länder aber auch auf den Wiederaufbau Ostdeutschlands, sollten Bedeutung und Geist des Marshall-Planes dringend wieder mehr in Erinnerung gerufen werden. Nicht aus Sentimentalität oder Dankbarkeit, sondern vor allem wegen des zugrundeliegenden Prinzips: Die Hilfe zur Selbsthilfe, die von Ludwig Erhard dann so erfolgreich aufgegriffen wurde.

Die Citibank als global tätige Finanzgruppe mit starkem Standbein in Deutschland wird zu dieser Wiederbelebung des Marshall-Plan-Geistes ihren Beitrag leisten. Dies keineswegs allein, indem sie 1997 mit Unterstützung des German Marshall Fund of the United States ein angemessenes Jubiläumsprogramm organisiert, sondern ganz handfest. Beispielsweise dadurch, daß sie mithilft, in den osteuropäischen Staaten sowohl für private wie für industrielle Kunden die erforderliche Bank- und Finanzierungsinfrastruktur aufzubauen. Dafür hat die Citibank allein in Polen bereits 200 Millionen US-Dollar investiert.

Denn die Antwort auf viele, sehr gravierende Probleme, ist im Grunde oft geradezu deprimierend einfach. So war es beispielsweise auch im Falle der völlig darniederliegenden Kohleförderung in Deutschland nach dem Kriege. Solange diese nicht wieder in Gang kam, ging unter den damaligen Bedingungen rein gar nichts. Also kam es darauf an, berichtet John Kenneth Galbraith in seinen Lebenserinnerungen, „auf irgendeine Weise für die Bergleute im Ruhrgebiet und an der Saar die Lebensmittel beizubringen, die diese bei ihrer schweren Arbeit brauchten, um größere Mengen zu fördern". Das war, im doppeltem Sinne, Marshall-Plan-Hilfe zum Anpacken. Ähnliches tut derzeit wieder dringend not.

Helmut Becker

VITA:

Am 24. Juli 1942 ist Helmut Becker in Berlin geboren. Nach der mittleren Reife erlernt er den Beruf des Kfz-Mechanikers und Einzel-, Großhandels-, Import- und Exportkaufmann.

Er geht freiwillig vorzeitig zum Wehrdienst und schließt die Wehrzeit als Leutnant der Reserve ab. Sein betriebswirtschaftliches Studium absolviert er an der Spöhrer Schule in Calw. Danach folgen Volontärsausbildungen bei Daimler Benz, Volkswagen und Chrysler. Bei der Firma Lueg in Herne wird er Leiter der Gebrauchtwagenabteilung und in Genf bei der AMAC Gebrauchtwagenverkäufer mit der Möglichkeit, als Vertriebsleiter die Gebrauchtwagenabteilung zu übernehmen. In Detroit, USA, absolviert er die Chevrolet-Dealer-Son-School bei der Chevrolet Merchandising and Management School und arbeitet nebenher bei Beyerl Chevrolet in Pittsburgh /PA.

1966 tritt er als Junior-Chef und Verkaufsdirektor in die väterliche Firma Auto Becker ein. Er wandelt das Image des ersten Auto-Supermarktes der Welt in das des interessantesten Autohauses der Welt mit Direktvertretung und Import von 17 Neuwagenmarken, 270 Beschäftigten und 150 Millionen Umsatz. 1968 startet er mit Event-Marketing: 30.000 Besucher an einem Wochenende zu den Themen Verkehrssicherheit, Umwelt und Benefiz zugunsten der Aktion Sorgenkind.

Mit dieser Maßnahme gelingt es ihm, die Verkehrssicherheit in Deutschland als Pilot-Event positiv zu beeinflussen. 1970 führt Auto Becker auf eigenem Gelände eine Ersatz-IAA mit 100.000 Besuchern innerhalb einer Woche durch.

Seit Dezember 1981 wird er gleichberechtigter Geschäftsführer mit seinem Vater Wilhelm Becker und seinen Brüdern Dr. Achim und Harald Becker, die inzwischen Alleininhaber und Geschäftsführende Gesellschafter der Firma Data Becker sind. Nach dem Tod des Vaters wird er Alleininhaber von Auto Becker und der einzige „Mann mit dem Vornamen Auto.“

Becker engagiert sich in den letzten 25 Jahren in Initiativen zur Stärkung des Mittelstandes unter dem Motto: Mut zur Selbständigkeit. Mit „Mut zur Selbständigkeit für Europa – Europa endet nicht an der Berliner Mauer“ – startet er 1987 die Vision des Club of Europe. Der seiner Meinung nach automobil- und verkehrsfeindlichen Politik in der Landeshauptstadt Düsseldorf begegnet er mit der Initiative „Mein Herz für Düsseldorf“. Inzwischen hat er auch Land und Stadt überzeugt, hinter dem jährlichen Concours d'Elégance auf der Königsallee, einem in der Welt einmaligen Automobil-Event, zu stehen.

Für sein Engagement „Mut zur Selbständigkeit“ erhält Helmut Becker 1993 das Bundesverdienstkreuz.

„Wir sind die Zukunft!
Macher, Märkte, Visionen"

von Helmut Becker

Happy birthday, Mr. Wirtschaftswunderland. So würde ich heute Ludwig Erhard persönlich zu seinem 100. Geburtstag gratulieren.

Ludwig Erhard hat mit seinem Charisma und Weitblick die Zeichen der Zeit richtig erkannt und einen dritten Weg zwischen Kapitalismus und Kommunismus gesehen und durchgesetzt: Die Soziale Marktwirtschaft.

Die Kernbotschaft: „So viel Staat wie möglich, so wenig Regulierung wie möglich". Ein halbes Jahrhundert später hat dieser Satz immer noch die gleiche wichtige Bedeutung. Der Staat soll sich im großen und ganzen aus der Wirtschaft heraushalten und den Machern die notwendigen Instrumentarien für einen optimalen Wirtschaftsablauf an die Hand geben.

Kaum mehr als 50 Jahre nach Ende des 2. Weltkrieges ist Deutschland – allen Krisen und Bedenkenträgern trotzend – zu einem reichen Land geworden. Was unsere Väter seit Beginn des ersten Wirtschaftswunders aufgebaut haben, wird heute an eine Enkelgeneration vererbt, die kaum mehr weiß, woher der Wohlstand rührt. Die Gründe für diesen „Reichtum" sind vielfältig: Maßgebend war, daß die Entscheidungsträger in zweckdienlicher Zusammenarbeit das Instrumentarium je nach gegebener Sachlage im Wirtschaftsablauf fördernd oder bremsend einsetzten. Das gilt für die gesetzgeberische Tätigkeit des Parlaments, die Tarifpolitik des Deutschen Gewerkschaftsbundes bzw. der Einzelgewerkschaften und die Arbeitnehmerschaft mit ihrer hohen Arbeitsmoral und Arbeitsproduktivität.

Vor allem auf das unglaubliche Potential an Männern und Frauen, die die Not selber miterlebt hatten und ihre Zukunft verbessern wollten, konnten sich die mittelständischen Unternehmen stützen.

Sicherlich muß in diesem Zusammenhang auch der Marshall-Plan der Amerikaner genannt werden; ebenso prägten Marken wie Coca-Cola, Kodak, Cadillac mich als 6-jährigen so wie die heutigen Kids StarTreck oder Voyager. Auch machte die Automatisierung der Nation einen guten Teil des Wirtschaftswunders aus.

Wie viele der Gründerväter oder der Männer der ersten Stunde sah mein Vater Wilhelm Becker in amerikanischen Produkten schon Anfang der 50er Jahre eine Chance, den langsam aufkeimenden erfolgreichen Unternehmen und der sich sehr stark nach Amerika orientierenden Gesellschaft Träume wie einen Cadillac aus Amerika anzubieten.

Als „Mr. Cadillac in Europa" war mein Vater wie viele andere Unternehmer derjenige, der Arbeitsplätze schuf und den Wohlstand in die Wohnstuben brachte. Auch wenn Wilhelm Becker mit seiner „2. Hand", als der Mann, der den Gebrauchtwagen salonfähig gemacht hat, weltberühmt wurde, so war es doch von Anfang an seine Unternehmensphilosophie, Produkte aus dem Land anzubieten, das mit der CARE-Paket-Aktion, dem Marshall-Plan und natürlich mit der freien Marktwirtschaft in Verbindung gebracht wurde. So war für meinen Vater, und darin überzeugte er mich schnell, ein Praktikum in den USA wichtiger, effizienter und lebensnäher als ein Universitätsstudium in unserem Lande.

Im Kampf der Giganten zwischen den USA und der Sowjetunion, zwischen den unterschiedlichen Gesellschaftssystemen des Kapitalismus und des Kommunismus, dem Wettlauf zum Mond und anderen Visionen, die Macht in dieser Welt zu besitzen, konnten Deutschland und die anderen mitteleuropäischen Staaten, die sich der Sozialen Marktwirtschaft Ludwig Erhards angeschlossen hatten, praktisch das Wirtschaftswunder in Mitteleuropa verwirklichen. Plötzlich war Deutschland eine der Exportnationen und das Wirtschaftswunderland überhaupt.

Im Sog der japanischen Weltwirtschaftslokomotive wurden Ende der 80er Jahre neue Herausforderungen sichtbar. Amerika hat diese am schnellsten begriffen. Dort entfaltet heute der Unternehmergeist, der zwischendurch stagnierte, wieder voll seine Wirkung. Deutschland hätte sich mit der Wiedervereinigung, nachdem der japanische Ballon wie eine Seifenblase zerplatzte, als Weltwirtschaftslokomotive in Bewegung setzen sollen. Ob Ludwig Erhard dies hätte realisieren können, können auch wir nicht beantworten. Die Suche danach, wem wir die größten Hemmnisse einer weiteren großartigen Entwicklung in unserem Lande zuschreiben müssen, bringt uns nicht weiter. Fakt ist, wir haben eine zu hohe Staatsquote, zu hohe Steuern und Abgaben, einen Moloch an Bürokratie, Deregulierungsbedarf, die Notwendigkeit zu privatisieren und die Genehmigungswartezeiten abzubauen. Alle diese Fesseln für Unternehmer und Existenzgründer müssen fallen.

Der Geist von Ludwig Erhard und der Gründerväter ist das, was wir heute brauchen. Schwer vorstellbar ist allerdings die politische Umsetzung bei dem derzeit fortgeschrittenen Demokratiedenken und Massenwohlstand, den Deutschland immer noch über fast alle anderen Länder hinaus besitzt. Vielleicht ist die Schmerzgrenze erst jenseits der 7 bis 8 Millionen Arbeitslosen erreicht. Vielleicht wird erst dann der Ruf nach „Wir machen die Zukunft – Aufbruch Deutschland" wirkliches Verständnis und Akzeptanz in der deutschen Bevölkerung finden.

Vorerst sind wir dabei, Attribute des Wirtschaftswunders mit Neid und Mißgunst zu betrachten. Deshalb sind auch diejenigen, die Leistungen erbringen, fast ängstlich, sich mit den Attributen des Erfolges zu schmücken. Understatement ist das neudeutsche Credo.

Jeder Amerikaner hingegen glaubt fest an die Aussage: „Was gut ist für General Motors, ist auch gut für Amerika". Auf Deutschland bezogen heißt dieser Satz: „Was für die deutsche Automobilwirtschaft gut ist, ist auch für Deutschland gut". In der Vergangenheit hat die Automobilisierung der Nation einen großen Teil des Wirtschaftswunders ausgemacht. Dieser Industriezweig, mit den derart vielen mittelständischen Automobilhandelsbetrieben, muß wiederbelebt werden.

Unsere erfolgreichen hundertjährigen Unternehmen

Im Jahre 1897, dem Geburtsjahr Ludwig Erhards, sind Tausende von Unternehmen der unterschiedlichsten Größenordnung gegründet worden. Viele dieser Firmen bestehen heute noch. Sie haben hundert Jahre in unterschiedlichen Systemen und wirtschaftlichen Phasen durchstanden. Sie haben sich weiterentwickelt, sind gewachsen oder haben ein unternehmerisches Profil gefunden, das sie heute in ihrem speziellen Bereich einzigartig und erfolgreich wirtschaftlich handeln läßt.

Diese Unternehmen würdigen wir. Denn es sind die Unternehmen, die unsere soziale Marktwirtschaft mit Leben erfüllen, die ihr durch unternehmerische Kraft den Erfolg sichern – so wie sie diesem marktwirtschaftlichen Konzept ihrerseits das Fundament erfolgreichen Wirkens verdanken.
Bemerkenswert ist der Tatbestand, daß diese Firmen sich fast ausnahmslos aus kleineren und mittelständischen Unternehmen zusammensetzen. Sie wurden in einer Zeit gegründet, da die Wirtschaftsstruktur, wie der Beitrag von Franz-Josef Jelich über die wirtschaftliche Entwicklung in Deutschland um 1900 aufweist, durch Einschränkungen des Marktmechanismus und der Bildung von Kartellen gekennzeichnet war. Die späteren Zeiten waren durch zwei Weltkriege, wirtschaftliche Krisen und – für die Firmen im Osten Deutschlands – durch das kommunistische System geprägt. Erst die wirtschaftlichen Konzepte Ludwig Erhards konnten die marktwirtschaftlichen Kräfte seit dem Jahre 1948 im Westen Deutschlands zur vollen Entfaltung bringen. Seit der Wiedervereinigung im Jahre 1990 versuchen dies auch – unter schwierigen Rahmenbedingungen – die Unternehmen im Osten.

Wir haben versucht, eine möglichst vollständige Liste dieser unternehmerischen Geburtstagskinder zu erstellen. Trotz intensivster Bearbeitung der verfügbaren Daten und Nachforschungen bei den unterschiedlichsten Institutionen bleiben Lücken bestehen. Deshalb kann unsere „Ehrentafel" der Hundertjährigen nicht den Anspruch auf Vollständigkeit leisten. Dies bitten wir zu bedenken, wenn das eine oder andere hundertjährige Unternehmen sich nicht in unserer Aufstellung wiederfindet. Einige Unternehmen haben wir – stellvertretend – in einem Portrait dargestellt. Wir hoffen, dem Leser damit einen kleinen Einblick in die wechselvolle Geschichte unserer wirtschaftlichen Unternehmen zu geben.

Franz-Josef Jelich

VITA:

Franz-Josef Jelich ist am 7. April 1953 in Gelsenkirchen geboren. Nach dem Abitur absolviert er den Zivildienst in der Werkstatt für Behinderte in Gelsenkirchen. In den Jahren 1973 bis 1981 studiert er Geschichtswissenschaft, Germanistik und Pädagogik an der Ruhr-Universität Bochum. Er schließt die Ausbildung 1985 mit Beendigung des Referendariats für das Lehramt, Sekundarstufe 2, ab.

Seine berufliche Tätigkeit startet Franz-Josef Jelich 1981 mit der Arbeit an einem Projekt zum katholischen Arbeitervereinswesen in Rheinland und Westfalen vor 1914. In den Jahren 1982 und 1983 ist er Mitarbeiter in der Bibliothek des Instituts zur Geschichte der europäischen Arbeiterbewegung an der Ruhr-Universität Bochum, sowie Wissenschaft-licher Mitarbeiter für den Bereich Bibliothek und Dokumentation im Forschungsinstitut für Arbeiterbildung in Recklinghausen. In den folgenden Jahren ist er an Projektarbeiten für verschiedene Träger beteiligt, bevor er von 1986 bis 1988 als Wissenschaftlicher Mitarbeiter im Forschungsprojekt „Die Auswirkungen der Montanmitbestimmung auf die politische Kultur von Betrieb und Kommune" am Forschungsinstitut für Arbeiterbildung, FIAB, tätig ist.

Seit 1989 leitet er die Abteilung Bibliothek/ Dokumentation/Archiv im Forschungsinstitut für Arbeiterbildung an der Ruhr-Universität Bochum.

Franz-Josef Jelich ist verheiratet und Vater von drei Kindern.

Vom ersten deutschen „Wirtschaftswunder". Die wirtschaftliche Entwicklung in Deutschland um 1900

von Franz-Josef Jelich

Ludwig Erhard, der „Vater des Wirtschaftswunders" der fünfziger Jahre, wuchs in einer wirtschaftlichen Konjunkturphase auf, die von dem Historiker Hans-Ulrich Wehler aufgrund ihrer enormen Wachstumserfolge als „erstes" deutsches Wirtschaftswunder bezeichnet wurde. Sah Ludwig Erhard nach 1945 in der Rückkehr der bundesdeutschen Wirtschaft zu liberalen Wirtschaftsprinzipien das Geheimnis „seines" Wirtschaftswunders, so ist hingegen die Wirtschaftsverfassung des deutschen Kaiserreichs zu Zeiten seiner Kindheit im Aufschwung der Jahre 1895 bis 1913 von einer forcierten Abwendung liberaler Wirtschaftsprinzipien und dem Ausbau staatsinterventionistischer Lenkungsmaßnahmen gekennzeichnet. Die dabei um 1900 entstehende Verschränkung staatlicher und wirtschaftlicher Interessen ist von dem zeitgenössischen sozialdemokratischen Theoretiker Rudolf Hilferding als „organisierter Kapitalismus" charakterisiert worden.

Diese Kennzeichnung der deutschen Wirtschaftsstruktur um die Jahrhundertwende versucht die Rücknahme liberaler Marktstrukturen durch die außenwirtschaftliche Abschirmung mittels der Zollpolitik und die binnenwirtschaftlichen Staatsinterventionen auf den verschiedensten Gebieten von der Kartell- bis zur Sozialpolitik auf den Begriff zu bringen.

Im folgenden soll erstens die wirtschaftliche Entwicklung um die Jahrhundertwende beschrieben und zweitens die Struktur der industriellen Wirtschaftsorganisationen hinsichtlich der Konzentration, der Kartellierung und der Verbandsbildung skizziert werden.

Deutschlands Aufstieg zur Industriemacht

Ökonomisch wurde die Jahrhundertwende vom endgültigen Umbruch von der Agrar- zur Industriewirtschaft geprägt. Um 1900 überrundeten die Beschäftigtenzahlen im sekundären Sektor erstmals die des primären Sektors und bestätigten damit eine Entwicklung, die ein Jahrzehnt zuvor bereits bei der volkswirtschaftlichen Wertschöpfung zu konstatieren war. Verantwortlich war dafür keineswegs ein Absinken der agrarischen Wertschöpfung, da ihr Anteil am Nettoinlandsprodukt sich zwischen 1867 und 1913 von 5,5 Milliarden Mark auf 11,3 Milliarden Mark verdoppelte. Vielmehr stieg die gewerbliche Wertschöpfung von Industrie und Handwerk im gleichen Zeitraum um das Fünffache von 3,6 auf 21,8 Milliarden Mark. Und auch der tertiäre Sektor (Verkehr, Dienstleistungen, Handel, Banken ...) vermochte bereits 1913 mit einem Anteil von 15,4 Milliarden Mark die Wertschöpfung der Landwirtschaft weit zu übertreffen.

Für den sekundären Sektor zeigt ein Index des deutschen industriellen Wachstums zwischen 1870 und 1913, daß insbesondere die Zeit nach der Jahrhundertwende für die industrielle Produktion einen überwältigenden Wachstumssprung bedeutete, der sich wiederum unterschiedlich auf einzelne Branchen verteilte.

Index des deutschen industriellen Wachstums 1870-1913 (1913 = 100)

	Metall	Kohle	Verkehr	Bau	Textil	Gesamt-industrie	Gesamt-produktion
1870	7.5	13.9	8.9	20.1	31.9	18.8	29.2
1880	13.9	24.7	16.1	29.0	40.1	26.1	36.5
1890	23.8	36.9	27.9	45.6	65.0	39.9	48.7
1900	47.5	57.5	50.1	67.0	72.8	61.4	68.4
1913	100.0	100.0	100.0	100.0	100.0	100.0	100.0

H.-U. Wehler, Dt. Gesellschaftsgeschichte, Bd. 3, 1995, S. 612

Zwar blieben auch um die Jahrhundertwende Bergbau sowie Eisen- und Stahlindustrie Motoren des Wachstums, doch verdankten Beginn und Durchsetzung der „zweiten" Welle der industriellen Revolution dem Aufstieg der chemischen Industrie, der Elektroindustrie und dem Maschinenbau. In dieser „zweiten Welle" gelang es Deutschland, aus einem industriellen Nachfolgeland zu einem innovativen Pionierland zu werden. Dabei vermochte die deutsche Industrieproduktion den Anteil Großbritanniens, des Mutterlandes der industriellen Revolution, an der Weltindustrieproduktion zum Beginn des 20. Jahrhunderts weit zu übertreffen. Die von den Engländern 1887 erzwungene Exportkennzeichnungspflicht, das „Made in Germany", das gegen minderwertige Schleuderwaren gerichtet war, hatte sich zu einem Markenzeichen entwickelt.

War für den Aufschwung im Maschinenbau der Übergang zur Serienfabrikation mit der dazu notwendigen Standardisierung der Teile- und Produktfertigung verantwortlich, so waren es in der Chemie und Elektrotechnik auf der Angebotsseite insbesondere Basisinnovationen, die für hohe Wachstumsraten sorgten. Das Zusammenwirken von Labor und Fabrik, von wissenschaftlicher Forschung und industrieller Produktion entwickelte sich beispielhaft bei der rasanten Verdrängung 'natürlicher' Farben durch synthetische Farbstoffe aus Kohlenteer

oder bei der Arzneimittelfertigung. Auch die Produktion von Schwerchemikalien wie Schwefelsäure, Soda und Chlor trugen dazu bei, daß die chemische Industrie in einem relativ kurzen Zeitraum Weltgeltung erlangen konnte. Tiefgreifende Bedeutung für den wirtschaftlichen Erfolg der industriellen Produktion besaß die rasche Verwertung elektrotechnischer Erfindungen, mit denen die Elektrizität als Energie- und Lichtquelle nutzbar wurde. Die Umwandlung von mechanischer in elektrische Energie (1866 erfindet W. v. Siemens die Dynamomaschine), die über weite Strecken transportiert und damit überallhin zur Beleuchtung oder als Antriebskraft geliefert werden konnte, führte aufgrund der hohen industriellen und privaten Nachfrage zum Bau von Elektrizitätswerken und zur Errichtung von Stromleitungen. 1913 bestritt Deutschland mehr als die Hälfte des Welthandels mit elektrotechnischen Erzeugnissen; Siemens und AEG waren in kürzester Zeit zu nicht mehr wegzudenkenden Firmennamen geworden.

Die Veränderung der Wirtschaft durch Konzentration, Kartellierung und Verbandswesen

Mit dem hochkonjunkturellen Wachstum veränderte sich auch die Organisationsform der industriellen Wirtschaft. Auffällig war die Veränderung der Betriebsgrößen und hier insbesondere die Zunahme von „Riesenbetrieben", wie die Zeitgenossen Betriebsgrößen mit mehr als 1000 Beschäftigten bezeichneten. Nach den im Deutschen Reich durchgeführten Gewerbezählungen halbierte sich zwischen 1882 und 1907 der Beschäftigtenanteil der Kleinbetriebe (1 - 5 Beschäftigte) von 59,8 % aller gewerblich Tätigen auf 31,2 %; dagegen wuchs der Beschäftigtenanteil der Mittelbetriebe (6 - 60 Beschäftigte) im gleichen Zeitraum von 17,4 % auf 26,4 % und der der Großbetriebe (über 50 Beschäftigte) verdoppelte sich fast von 22,8 % auf 42,4 %. Von den großbetrieblich Beschäftigten arbeiteten wiederum im Jahre 1907 13,7 % in den sogenannten „Riesenbetrieben", von denen vier Fünftel der Betriebe dem Bergbau, der Eisen- und Stahlindustrie, dem Maschinenbau, der Elektroindustrie und der Chemie zugehörten.

Die Veränderung der Betriebsgrößen hatte Auswirkungen auf die innere Organisationsstruktur der Betriebe und auf ihre Rechtsform. Insbesondere in den Großbetrieben setzte früh eine Verwissenschaftlichung der Produktionsplanung und -abläufe ein, die technisches Führungspersonal mit ingenieurwissenschaftlichen Abschlüssen Eingang in die Betriebe finden ließ. Zudem führte die betriebswirtschaftliche Planung zu einer Bürokratisierung von hierarchischen Entscheidungsstrukturen, die die „Industriebeamten", die Berufsgruppe der Angestellten entstehen ließen. Auch an den Spitzen der Großunternehmen traten die Funktion von Kapitalbesitzer, Unternehmer und Manager auseinander. Damit änderte sich das Unternehmertum. Im Jahre 1907 waren bereits vier Fünftel der 100 größten Industrieunternehmen nicht mehr Personalgesellschaften, sondern Aktiengesellschaften. Die immer wichtiger werdende Bedeutung industrieller Kapitalanlagen in Form von Aktien geht nicht zuletzt daraus hervor, daß die fünfzig größten Aktiengesellschaften etwa 60 % des gesamten Kurswertes an der Berliner Börse auf sich vereinigten. Nicht zuletzt im Anschluß an Hilferdings „Finanzkapital" wurde bereits von den Zeitgenossen der außergewöhnliche Aufstieg der kapitalintensiven Großindustrie in einen engen Zusammenhang mit der Bereitschaft der Banken gebracht, Finanzierung von Großinvestitionen durch Kredite zu ermöglichen. Die Anfang der siebziger Jahre des 19. Jahrhunderts gegründeten Großbanken wie die Deutsche Bank (1870) und die Dresdner Bank (1872) haben sich von Beginn ihrer Tätigkeit an intensiv im Industrie- und Eisenbahngeschäft engagiert. Sie waren bald für die Schwerindustrie – und das gilt auch für anfänglich finanziell unabhängige Unternehmen wie Thyssen und Krupp – ebenso unentbehrlich wie für die neuen Wachstumsbranchen Elektrotechnik, Maschinenbau und Chemieindustrie. Mit ihrer Einflußnahme über eigene Vertreter in den Aufsichtsräten der Unternehmen erhielten die Großbanken eine einflußreiche Stellung in den Großbetrieben, was vor dem Ersten Weltkrieg eine für die deutsche Wirtschaft charakteristische Verflechtung von Industrie- und Bankkapital bedeutete.

Der großbetriebliche Wachstumsprozeß verlief als Konzentrationsprozeß entweder horizontal auf der gleichen Produktionsstufe oder vertikal durch die Einbeziehung vor- und nachgelagerter Produktionsstufen. Vor allem die Montanindustrie und die Großchemie versuchten die vorgelagerten Rohstoffressourcen anzugliedern, während die Einbeziehung nachgelagerter Produktionsstufen sowie der Vertriebsstrukturen für Großbetriebe in allen Branchen zutraf. Kennzeichen für eine andere Form der Konzentration, der Diversifikation, ist das Entstehen „gemischter" Konzerne um die Jahrhundertwende, die etwa wie bei Krupp, Thyssen oder Mannesmann, über die Rohstoffforderung, über die Stahlherstellung, Maschinenfertigung, Konsumgüterproduktion bis

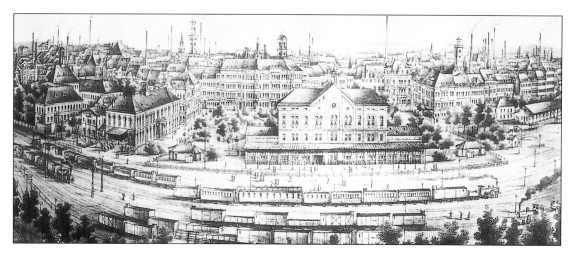

Erhards Geburtsort: die Industriestadt Fürth in Bayern (Stahlstich aus dem letzten Jahrhundert)

hin zum Absatz alles unter einem Dach vereinigten, um sich über eine breite Produktionspalette risikomindernd gegenüber den Unwägbarkeiten des Marktes unabhängig zu machen.

In Richtung Marktbeherrschung und Marktregulierung wiesen zudem die Kartellbildungen. Zweck der Kartelle war, ohne Einfluß auf die Eigentumsverhältnisse der Mitgliedsunternehmen selbst zu nehmen, Märkte durch Absprachen über Preise, Verkaufsbedingungen oder Produktionsmengen zu organisieren und so zu Wettbewerbsbeschränkungen im Interesse ihrer Mitglieder beizutragen. Eine Voraussetzung für die Entstehung von Kartellen wurde durch die seit 1879 einsetzende Zolltarifpolitik geschaffen, mit der der deutsche Markt gegen ausländische Konkurrenz abgeschirmt wurde. Gegründet wurden die Kartelle mit der Absicht, Schutz gegen Schwankungen der Konjunktur zu gewähren, um so das Chaos einer sich ausschließlich über den Markt regulierenden Wirtschaft einzuschränken. Diese Intention führte auch zur Unterstützung der Kartelle durch die Rechtsprechung, was etwa das Reichsgericht in Urteilen von 1890 und 1897 dadurch zum Ausdruck brachte, daß die Kartelle mit dem Prinzip der Gewerbefreiheit vereinbar seien und dem öffentlichen Interesse dienten.

Erst nach 1895 setzt der eigentliche Aufstieg der Kartelle ein. Gab es 1895 nur 143 Kartelle, so zählte das Reichsamt des Innern 1910 bereits 673. Ihren Schwerpunkt besaßen sie in der Grundstoffindustrie und ihr nachgelagertern Wirtschaftszweigen (Rheinisch-Westfälisches Kohlensyndikat [1893], Roheisensyndikat [1897], Stahlwerksverband [1909], Kalikartell). Die Marktanteile an der Gesamterzeugung eines Industriezweiges unterschieden sich nach Schätzungen von 1907 hinsichtlich der einzelnen Branchen recht deutlich: z. B. Bergbau 74 %, Rohstahl 50 %, Zement 48 %, Glas 36 %, Elektroindustrie 9 %. In der Chemieindustrie gab es seit 1905 zwei „Interessengemeinschaften" – Hoechst und Cassella sowie BASF, Bayer und Agfa –, die wie Kartelle arbeiteten.

Die Kartellierung war nur ein Moment in der Entwicklung einer verbandlich korporativen Wirtschaftsverfassung in Deutschland. Daneben entstanden im Kaiserreich zahlreiche Unternehmerverbände zur Abstimmung und Durchsetzung wirtschafts- und sozialpolitischer Interessen einzelner Industriezweige und der gesamten Industrie. Konkurrenzen zwischen einer eher an einer schutzzöllnerischen Politik orientierten Linie der Schwer- und Textilindustrie, die vom „Centralverband Deutscher Industrieller" (1876) repräsentiert wurde, zur eher exportorientierten Fertigwarenindustrie (Chemie, Elektroindustrie, Maschinenbau), die sich im „Bund der Industriellen" (1895) organisierten, führten erst 1913 zu einer Fusion beider Verbände zur „Vereinigung Deutscher Arbeitgeberverbände". Die große Bedeutung, die die Arbeitgeber ihren Verbänden beimaßen, gründete nicht zuletzt auf der Politisierung der Wirtschaft im Zuge der Auseinandersetzungen um die protektionistische Zollpolitik zugunsten landwirtschaftlicher Interessen. Da die Agrarwirtschaft ihre ökonomische Schwäche durch ihren politischen Einfluß auf die das Kaiserreich stützenden alten Machteliten kompensieren konnte, erschien es anderen Wirtschaftszweigen um so dringlicher, mit den Arbeitgeberverbänden spezialisierte Vermittlungsinstanzen ihrer Interessen zu schaffen als nur auf eine Politikvermittlung über breitere Interessen bündelnde Parteien zu vertrauen. Neben der wirtschaftlichen Interessenvertretung ging es den Arbeitgeberverbänden insbesondere aber auch um eine staatliche Sozialpolitik, die einerseits die kollektiven Interessenvertretungsansprüche der Arbeiterbewegung begrenzte bzw. zurückwies (Gewerbegerichte, Arbeitsnachweise, Tarifverträge) und andererseits die Arbeitgeberbelastungen durch die aus Beitragsleistungen finanzierte und als staatliche Zwangsversicherung organisierte Sozialversicherung möglichst gering hielt. Vor allem die Abwehr des politischen Sozialismus, aber auch die Sorge um eine der wirtschaftlichen Geltung Deutschlands entsprechende ökonomische und politische Rolle auf dem Weltmarkt führte zu einem konservativen Grundkonsens, der nach 1900 die „Sammlungspolitik" des Ausgleichs industrieller und landwirtschaftlicher Interessen begründete.

✳

Thomas Nipperdey bringt „deutsche Traditionen ins Spiel, die Schutz und Wohlfahrt, Abbau sozialer Spannungen und Harmonisierung vor der Erhaltung liberaler Marktstrukturen rangieren lassen" und damit das Entstehen des modernen Interventionsstaats im Deutschen Kaiserreich vor 1914 begründen. Einschränkungen des Marktmechanismus durch die staatliche Politik erfolgten dabei im Kaiserreich in erster Linie durch die Zoll- und Sozialpolitik, die wiederum den „organisierten Kapitalismus" in seinen wesentlichen Erscheinungsweisen – Konzentration, Kartellierung, Verbandsbildung – prägten und mit seinem korporativistischen Interventionismus autoritäre Politikmodelle aufwerteten. Auf diesem konservativ-autoritären Hintergrund der Wirtschaftsverfassung des Kaiserreichs mag die Erhard'sche Politik der Begrenzung wirtschaftlicher Konzentration und der Stärkung liberaler Wirtschaftsstrukturen als ein bewußter Beitrag zum Aufbau einer sozialen marktwirtschaftlichen Demokratie gesehen werden.

Hinzu kommt, daß Ludwig Erhard, dessen Vater in Fürth ein Einzelhandelsgeschäft besaß, aus der Mittelschicht stammte und daher auch in einer gewissen Distanz zu den von der Großindustrie dominierten Wirtschafts- und Verbandsstrukturen stand, die sicherlich eine Besonderheit der deutschen Wirtschafts- und Sozialgeschichte darstellten.

Literatur:

JAEGER, HANS: *Geschichte der Wirtschaftsordnung in Deutschland, Frankfurt a. M. 1988*

NIPPERDEY, THOMAS: *Deutsche Geschichte 1886-1918. Bd. 1: Arbeitswelt und Bürgergeist, 3., durchges. Aufl. München 1993*

ULLMANN, HANS-PETER: *Das Deutsche Kaiserreich 1871-1918, Frankfurt a. M. 1995*

WEHLER, HANS-ULRICH: *Deutsche Gesellschaftsgeschichte, Bd. 3: Von der „Deutschen Doppelrevolution" bis zum Beginn des Ersten Weltkrieges 1849-1914, München 1995*

100 Jahre im Bild

Kultur/Gesellschaft

Das neue Jahrhundert bringt auch eine neue Architektur. Die Zeit vor dem ersten Weltkrieg ist vom funktionellen Bauen, bis hin zum „Nutzstil" geprägt. Die Schnörkel des Biedermeier gehören erst einmal der Vergangenheit an.

Jugendbewegung wörtlich: Mit dem „Wandervogel" begreifen Jugendliche sich erstmals als eine selbständige Gruppe zwischen Kindern und Erwachsenen. Die Organisation veranstaltet Wanderungen und Zeltlager. Das Leben in der Gruppe soll zu Toleranz, Kameradschaft und internationaler Verständigung erziehen.

Politik/Wirtschaft

Stahlschmiede: In den 15 Jahren der Leitung durch Friedrich Alfred Krupp entwickelt sich um die Jahrhundertwende im Ruhrgebiet aus einem Stahlwerk ein riesiger Montankonzern. Als der Unternehmer am 22. November 1902 48jährig stirbt, erwirtschaftet das Unternehmen mit 43.000 Beschäftigten einen Jahresumsatz von mehr als 100 Millionen Mark.

Der Funke am Pulverfaß: Gavrillo Princip, ein serbischer Student, ermordet am 28. Juni 1914 den österreichisch-ungarischen Thronfolger Franz Ferdinand und seine Frau Sophie von Hohenberg. Dieses Attentat von Sarajevo wird später als Anlaß des Ersten Weltkriegs interpretiert.

Technik/Wissenschaft

Funk-Pioniere: Vor hundert Jahren gelingt es verschiedenen Forschern, Telegraphie-Signale drahtlos zu übertragen. Die Gesellschaften „Telefunken" und „Marconi Wireless Co." entwickeln sich zu den größten Unternehmen der jungen Branche in Europa. Die Basis für Funk und Fernsehen ist gelegt.

Die Nacht wird zum Tag: Aus Osmium und Wolfram - kurz „Osram" - besteht der Glühfaden einer Birne, die von der Deutschen Glasglühlicht Gesellschaft 1905 auf den Markt gebracht wird.

1900

1910

Der Einfluß des Bauhauses reicht bis in die Gegenwart. Im Dezember 1926 wird das von Walter Gropius entworfene Gebäude in Dessau eröffnet. Die Ideenschmiede für Häuser und Einrichtungen der Industriegesellschaft prägt den modernen, rationalen Stil.

Von Berlin nach Hollywood: Der deutsche Film ist in den zwanziger und dreißiger Jahren auf seinem Zenit. Fritz Lang macht beispielsweise mit „M - Eine Stadt sucht einen Mörder" einen Meisterkrimi, in dem viele später eine Vorahnung der Nazi-Verbrechen sehen.

Im Juni 1934 wird der FC Schalke 04 erstmals Deutscher Meister. Eine Fußballegende ist geboren. Die „Knappen" spielen seitdem vorne mit, sogar mit einem 9:0-Sieg in der Meisterschaft 1939.

Deutsche Republik oder Freie Sozialistische Republik: Gleich zwei Proklamationen - eine durch Philip Scheidemann, der die Republik vom Reichstag aus verkündet, die andere durch Karl Liebknecht - gibt es am 9. November 1918 in Berlin. Die „Novemberrevolution" vollzieht den Übergang von der konstitutionellen Monarchie zur parlamentarischen Demokratie. Schließlich wird die Weimarer Republik „geboren".

Inflation: Ein US-Dollar ist im November 1921 in Deutschland 270 Mark wert. Darlehen der Reichsbank, die an Weisungen der Reichsregierung gebunden ist, sollen die Staatsausgaben begleichen. Die Staatsverschuldung durch die Kriegsanleihen konnten zuvor auch durch einzelne Steuererhöhungen nicht ausgeglichen werden.

Schwarzer Freitag: Der Börsensturz an der New Yorker Wallstreet im Oktober 1929 leitet die Weltwirtschaftskrise ein. Massenarbeitslosigkeit und große Not bilden in der schwachen Weimarer Republik den Humus für radikale Strömungen.

$E = mc^2$: Kaum einer versteht diese Formel, die Albert Einstein mit seiner „Relativitätstheorie" 1922 vorlegt. Und doch verändert seine Theorie die Welt. Einstein bekommt dafür den Nobelpreis.

Allein über den Atlantik: Charles Lindbergh wagt es im Mai 1927 als erster nonstop und wird dafür nach seinem Erfolg als Held gefeiert.

Wolkenkratzer: Im Mai 1931 wird in New York das Empire State Building eingeweiht. Mit seinen 380 Metern (seit 1951 durch Antenne 449 Meter) bleibt das Gebäude bis in die 70er Jahre das höchste der Welt.

Eine Katastrophe beendet 1936 die Ära der Luftschiffe: Im amerikanischen Lakehurst bei New York explodiert die 245 Meter lange „Hindenburg", die als „fliegendes Hotel" seit 1932 im Einsatz ist.

Unter der Laterne" wartet 1942 Lili Marleen und rührt damit nicht nur das Herz der Soldaten an den Fronten des Zweiten Weltkriegs. Der deutschen Soldatensender Belgrad macht das Lied zum Schlager, es wird in viele Sprachen übersetzt, nach Stalingrad aber in Deutschland verboten.

Wolfgang Borchert erlebt die Bühnenpremiere seines düsteren Heimkehrerdramas „Draußen vor der Tür" im November 1947 nicht mehr. Der erst 26 Jahre junge Autor stirbt einen Tag vor der Hamburger Aufführung. Im Februar hat das Stück bereits als Hörspiel die Menschen im Nachkriegsdeutschland erschüttert.

Seit dem 21. September 1949 brauchen Zeitungen in Westdeutschland keine Lizenz mehr. Jeder Bürger hier kann seitdem ohne Erlaubnis der Besatzungsmächte eine Zeitung herausgeben. Den „Spiegel" gibt es schon seit 1947, am 5. Februar 1949 mit Ludwig Erhard als damaligen Direktor der Verwaltung für Wirtschaft im Titel.

Über 50 Millionen Menschen werden sterben: Am 1. September 1939 überfällt Nazi-Deutschland Polen und beginnt damit den Zweiten Weltkrieg.

Gegen Hunger, Armut, Hoffnungslosigkeit und Chaos" hilft ab 1947 in den westlichen Besatzungszonen das Hilfsprogramm des US-Außenministers Marshall. Das „European Recovery Program" - kurz ERP - ist eine Basis des Wirtschaftswunders.

Währungsreform: Die „Bank Deutscher Länder" existiert schon 1948 vor der Bundesrepublik. Sie organisiert die Währungsumstellung zur D-Mark und beendet die zweite Inflation. Dies ist eine weitere wesentliche Voraussetzung für das Wirtschaftswunder.

Digital: 1941 baut der Deutsche Konrad Zuse den ersten programmgesteuerten Rechenautomaten, der auch funktioniert. Die neue Technik basiert auf dem von Leibnitz entwickelten binären System. Der Startschuß für die Computerzeit ist gefallen.

Atombombe: Im Juli 1945 wird in einem Wüstengebiet des US-Bundesstaats New Mexico die erste Atombombe gezündet. Nur wenige Wochen später zerstört die neue Waffe die japanischen Städte Hiroshima und Nagasaki.

Der Sekundenzeiger , er wandert so langsam, wie gebannt starre ich hinüber ... jetzt spielen die Deutschen auf Zeit ... und die 45. Minute ist vollendet ... aus, aus, aus, das Spiel ist aus!" Herbert Zimmermann nach seiner Rundfunkreportage am 4. Juli 1954 ist gleichermaßen mit den Nerven fertig und Deutschland mit 3:2 über Ungarn Weltmeister.

Rock around the clock" in Dortmund: Nach einem Bill-Haley-Konzert gibt es im Dezember 1956 „Halbstarken-Krawalle", es fliegen Steine und die Polizei setzt Wasserwerfer ein. Mit der Musik identifiziert sich eine Jugend, die sich damit bewußt von der älteren Generation absetzt.

Wohlstand für alle" ist nicht nur der Titel eines programmatischen Buches von Ludwig Erhard, sondern umreißt auch den Anspruch, den er mit seinem Wirtschaftskonzept verfolgt. Die Erfolge seiner Wirtschaftspolitik werden diesem Anspruch gerecht: Im Zeichen des Wirtschaftswunders wird 1955 das bisher erfolgreichste Jahr der Nachkriegszeit: Es werden neue Wachstumsrekorde aufgestellt.

Geteilte Stadt: Die Trennung der Systeme wird am 13. August 1961 durch den Mauerbau in Berlin manifestiert. Alle Verkehrsverbindung von Ost nach West werden unterbrochen. Nur so kann die DDR-Regierung die für sie bedrohlich angewachsene Fluchtbewegung verhindern.

Vollbeschäftigung und Arbeitskräftemangel: 1962 werden erstmals „Gastarbeiter" aus Italien, Spanien und Griechenland angeworben, um den wachsenden Bedarf der Unternehmen zu decken. Deutschland wird zum Einwanderungsland.

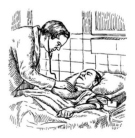

Atomstrom: Zur EXPO 1958 wird in Brüssel das „Atomium" eröffnet. Es steht für den Glauben der Menschen an die friedliche Nutzung der Kernspaltung. Bereits im Juni 1954 speist die Sowjetunion als erstes Land Nuklearenergie ins Netz.

Ein zweites Herz: Der südafrikanische Chirurg Christian Barnard setzt es erstmals im Dezember 1967 einem Menschen ein. Organverpflanzungen sind heute operativer Alltag.

1960

Im Ruhrgebiet, so wird von Bismarck überliefert, dürfe es weder Kasernen noch Universitäten geben, sondern nur fleißige Arbeiter. Im Juni 1965 ist diese Zeit mit der feierlichen Eröffnung der Ruhruniversität in Bochum vorbei. Der erste, von einem neuen Universitätsparlament gewählte, Rektor wird Kurt Biedenkopf.

Im Februar 1972 krabbelt der Käfer an die Spitze. Der in den 30er Jahren entwickelte Volkswagen überholt mit 15.007.634 Exemplaren die Verkaufszahl des bisherigen Spitzenreiters Ford T.

Erst 17 und schon Meister: Boris Becker klettert am 7. Juli 1985 in Wimbledon auf den Tennis-Olymp. Im Finale der 99. All-England-Tennismeisterschaften schlägt er den US-Amerikaner Kevin Curren mit 6:3, 6:7, 7:6, 6:4 und gewinnt als erster Deutscher den Titel auf diesem Platz.

1968: Ein Jahr wird zum Synonym für die Rebellion zumeist studentischer Jugend gegen etablierte Strukturen der immer noch jungen Nachkriegsdemokratie. Nach dem Attentat auf den Studentenführer Dutschke kommt es zu den Osterunruhen.

Autofreier Sonntag: Nicht ökologisches Denken sondern arabischer Ölboykott fegt im November 1973 die deutschen Autobahnen leer. Die Deutschen erfahren, was Abhängigkeit vom Weltmarkt bedeutet. Mit dieser drastischen Sparmaßnahme soll die erste Energiekrise der Bundesrepublik gemeistert werden.

Zukunft Europa: Im Juni 1979 wählen auch die Bundesbürger erstmals Abgeordnete direkt in das Europäische Parlament. Der (lange) Weg zu einem vereinigten und demokratischen Europa beginnt.

Kohl ist Kanzler: Am 1. Oktober 198? wählt der Bundestag im Rahmen eines konstruktiven Mißtrauensvotums den CDU-Vorsitzenden zum Nachfolger v Helmut Schmidt. Kohl appelliert in se ner Regierungserklärung an die Bereit schaft des einzelnen Bürgers, Opfer z bringen. Der einzelne soll nicht auf de Staat warten, sondern selbst Initiative ergreifen, individuelle Anstrengungen sollen sich wieder lohnen.

Ein kleiner Schritt für mich ...": Neil Armstrong setzt seinen Fuß am 21. Juli 1969 als erster Mensch auf den Mond. Die USA gewinnen damit einen technologischen Wettlauf mit dem „Systemgegner" Sowjetunion, der die Staaten zuvor mit dem „Sputnik" geschockt hatte.

Intercity: Die Bundesbahn läßt ihr neues Angebot erstmals im September 1971 rollen. Mit den Erste-Klasse-Zügen werden 33 Städte Deutschlands im Zwei-Stunden-Takt verbunden.

Louise Brown: Im Juli 1978 wird mit seiner Geburt das englische Baby als „Retortenbaby" weltberühmt. Erstmals ist damit eine Schwangerschaft erfolgreich, bei der die Eizelle außerhalb des Körpers befruchtet wurde.

Weltraum-Zukunft: Die „Columbia" kann nach ihrem Einsatz in der Umlaufbahn der Erde normal landen. Das wiederverwendbare Raumschiff steht seit 1981 beispielhaft für rasante Fortschritte in der Raumfahrttechnik.

1970

1980

Kultur/Gesellschaft

Erst stirbt die Natur: Ölkatastrophen wie sie zum Beispiel nach der Havarie der Exxon Valdez im März 1989 Alaska heimsuchen, weisen mehr als deutlich auf die Risiken der Industriegesellschaft hin. Ökologisches Denken verbreitet sich über alle Parteigrenzen hinweg.

Lange umstritten, doch dann ein grandioses Ereignis in der Hauptstadt Berlin: Christo verpackt im Juni 1995 den Reichstag, bevor ihn anschließend der britische Stararchitekt Norman Foster zum neuen Tagungsort des Bundestages umbaut.

Politik/Wirtschaft

Die Mauer fällt: 1989 bricht das autoritäre SED-Regime zusammen, ab November können Bürger der DDR ungehindert reisen. Nun überschlagen sich die Ereignisse, die schließlich 1990 zur Wiedervereinigung Deutschlands führen.

Maastricht: In der niederländischen Stadt beschließen die EU-Regierungschefs am 11. Dezember 1991, daß Europa eine Wirtschafts- *und* Währungsunion wird. Die gemeinsame Währung soll 1999 der „Euro" werden, der dann auch die D-Mark ablösen soll.

Technik/Wissenschaft

Tschernobyl: 32 Jahre nach der russischen Atomstrom-Premiere kommt es im April 1986 in dem ukrainischen Ort zum GAU. Der größte annehmbare Unfall eines Kernkraftwerks verseucht ganze Landstriche. Weltweit sind die Folgen meßbar.

Computer-Kids: Der PC entwickelt sich in den 90er Jahren zum Massenmedium. Unbefangen gehen vor allem Kinder mit der neuen Technologie um. Die ältere Generation versucht mühevoll mitzuhalten.

1990

2000

Name der Firma	PLZ	Ort	Gründungsdatum
Adolf Fischer Schreinerei	56332	Oberfell	
Adolf Fronhofer KG Kunstmühle	94405	Landau	
Adolf Pühl GmbH & Co. KG	58840	Plettenberg	
Adolf Schwörer	68199	Mannheim	
Adolf Weddemann	59557	Lippstadt	
Aktienbrauerei Simmerberg	88171	Weiler-Simmerbg.	
Albert Strahmann GmbH & Co. KG	49406	Barnstorf	
Alfred Ahrens Tischlereibetrieb GmbH	38176	Wendeburg	
Alph. Meyer KG	46446	Emmerich	17. Dezember 1897
Andr. Peter Esser GmbH	50354	Hürth	
Andreas Hofmann Buchhandlung, Schreib- und Papierwaren GmbH	87561	Oberstdorf	
Annastift e.V. - Orthopädisches Rehabilitationszentrum -	30625	Hannover	7. November 1897
Anton Homm GmbH & Co. KG	61440	Oberursel	
Aronold Stöhr Inhaber Ahlerich Stöhr	26725	Emden	
Arthur Fritz Podzuweit Transportkontor GmbH & Co.	13437	Berlin	
August Majefsky GmbH Fußwegreinigung von 1897	30161	Hannover	
August Rüggeberg GmbH	51709	Marienheide	
August Schmäling Mineralöle	33330	Gütersloh	
August Wiedemann	94469	Deggendorf	
Autohaus Georg Zwack GmbH & Co. KG	92637	Weiden	
Badischer Kraftverkehr Robert Ochs GmbH & Co. KG	76287	Rheinstetten	
Ballonfabrik See- und Luftausrüstung GmbH & Co. KG	86153	Augsburg	
Bartz-Werke GmbH	66763	Dillingen	
Bau- und Sparverein Göppingen eG	73033	Göppingen	
Baudekoration Pfaff GmbH & Co. KG	35576	Wetzlar	
Bayer-Kaufhaus GmbH	51373	Leverkusen	
Becker & Bernhard GmbH & Co.	40764	Langenfeld	1. April 1897
Becker & Fleer GmbH	58239	Schwerte	1. Dezember 1897
Becker GmbH	76228	Karlsruhe	
Becker, Cramer & Römer GmbH & Co.	58119	Hagen	
Belker GmbH & Co. Die Einrichtung	45128	Essen	
Bernhard Heitstumann Malermeister GmbH	48155	Münster	
Bernhard Picker	59320	Ennigerloh	
Berstermann & Sohn KG	49170	Hagen	
Betriebe der Stadt Mülheim an der Ruhr	45479	Mülheim	9. Juli 1897
Betten Rudolf Holthaus Nachfolger H.u.H. Limberg GmbH	48143	Münster	
Betty Denkmeier	90427	Nürnberg	23. Juni 1897
Beyhl GmbH	86736	Auhausen	
Bierdepot Hoffmann GmbH	66589	Merchweiler	
Blumen-Frisch	88422	Bad Buchau	
BMH Wood Technology GmbH	57647	Hirtscheid	
Brauerei Clemens Härle	88299	Leutkirch	16. Februar 1897
Brauhaus Aidenbach Woerlein KG	94501	Aidenbach	
Breer Gebäudereinigung GmbH & Co. KG	58638	Iserlohn	
Bremer Häuser Aktiengesellschaft	30161	Hannover	
Bross und Verbist Malerfachbetrieb GmbH	46147	Oberhausen	1. Juli 1897
Bruhrainer Volksbank eG	68794	Oberhausen-Rheinhausen	15. Dezember 1897
Buchdruckerei Curt Krüger	22767	Hamburg	
Busch-Jaeger Elektro GmbH	58513	Lüdenscheid	
C. & A. Laufs GmbH & Co. KG	41747	Viersen	1. April 1897
Carl Balke GmbH	37603	Holzminden	1. Oktober 1897
Carl Jäger Räuchermittelfabrik GmbH	64739	Höchst	1. Oktober 1897
Carl Kürle	23552	Lübeck	
Carl Spaeter GmbH	47051	Duisburg	
Chr. Mayr GmbH & Co. KG	87665	Mauerstetten	

Name der Firma	PLZ	Ort	Gründungsdatum
Christel Scholzen	53937	Schleiden	
Christian Karl Siebenwurst GmbH & Co. KG	92345	Dietfurt	
Christian Metzeroth GmbH	08371	Glauchau	
Clemens Dierkes Inh. Klemens Dierkes	49661	Cloppenburg	
Cloer Elektrogeräte GmbH	59757	Arnsberg	
Cowaplast Coswig GmbH	01640	Coswig	24. August 1897
Croll & Denecke GmbH	28195	Bremen	
D & L Roman GmbH	31137	Hildesheim	
Dachziegelwerke Kurt Pfleiderer KG	71364	Winnenden/Höngeda	
Deutsche Carbone AG	60437	Frankfurt	
Deutscher Allergie und Asthmabund eV	41061	Mönchengladbach	1. Mai 1897
Deutscher Caritasverband e.V.	79104	Freiburg	9. November 1897
Dia Pumpenfabrik Hammelrath & Schwenzer GmbH & Co. KG	40223	Düsseldorf	
Diedrich Meyer GmbH & Co.	28219	Bremen	3. Dezember 1897
Druck Service Ordemann + Reuter GmbH	34613	Schwalmstadt	
Druckerei Gebr. Breuer GmbH & Co. KG	56070	Koblenz	
Eckard Gold	23898	Wentorf	1. Mai 1897
Eduard Tenberg Inh. Karl Tenberg	49545	Tecklenburg	
Egbert Schraml Elektrogeschäft	94032	Passau	
Ehrhardt & Hellmann Bauunternehmung GmbH	66424	Homburg	
Eichetti Confect Spezialitäten Adam Eichelmann KG	97440	Werneck	20. September 1897
Einkaufszentrum „Curt Kaulfuss"	02943	Weißwasser	
Eisenbahn-Verkehrsmittel-AG fürTransport und Lagerung	40237	Düsseldorf	26. Januar 1897
Eisengießerei Monforts GmbH & Co.	41238	Mönchengladbach	
Emil Lansche GmbH & Co. KG Autohaus Opel	75181	Pforzheim	
Erhard Gläser Modellbau	09137	Chemnitz	
Ernst Munz GmbH	74072	Heilbronn	
Esto-Klinker Ebersdorfer Schamotte- und Tonwerke GmbH	96237	Ebersdorf	
F. & H. Schumann Produktions- u. Handelsges. mbH & Co. KG	96450	Coburg	
F.X. Mittermaier & Söhne Accumulatorenfabr. u. Elektriz.werk Isen	84424	Isen	
Fabrik Stolzenberg Deutsche Büroeinrichtungen GmbH	13158	Berlin	27. Dezember 1897
Farben-Götz Elfriede Götz Inh. Doris Demuth	78054	Villingen-Schwenningen	
Ferdinand Kiel	26382	Wilhelmshaven	
Finke u. Meckert GmbH & Co. KG	29683	Fallingbostel	
Fix GmbH Koncept GmbH	76829	Landau	
Flasche Inh. Rolf Flasche	44789	Bochum	2. Oktober 1897
Foto Schmitter Inh. Helmut Becker	41812	Erkelenz	
Franz Angermeier Möbelhaus	83317	Teisendorf	2. Juli 1897
Franz Badort Uhren - Schmuck - Bestecke	41460	Neuss	
Franz Paling Inh. Georg Greven	50968	Köln	
Franz Riscop GmbH & Co. KG Siebengebirsdruck	53604	Bad Honnef	
Friedr. Wilh. Daum Eisenbahnsignal-Bauanstalt GmbH & Co. KG	42859	Remscheid	
Friedrich Hormann Druckerei	30519	Hannover	
Friedrich Maag GmbH + Co.	72458	Albstadt	
Friedrich Riethmüller GmbH	73230	Kirchheim	
Friedrich Wilhelm Müller Nachf. Andreas Müller GmbH & Co. KG	63069	Offenbach	5. Juli 1897
Fritz Hagspiel Inh. Helen Strömberg	87534	Oberstaufen	
Fritz Heinzmann GmbH & Co.	79677	Schönau	
Fritz Nilges Nachf. Karl-Heinrich Twente	59759	Arnsberg	
Fruth und Wagner & Co. Inh. Jürgen Nagel	82418	Murnau	
Fuchs & Co. Wärme- und Kälteschutz GmbH + Co.	10829	Berlin	
Fürstliche Brauerei Thurn und Taxis Regensburg GmbH	93053	Regensburg	
Gebr. Hofer GmbH	84104	Rudelzhausen	

Name der Firma	PLZ	Ort	Gründungsdatum
Gebr. Kemmerich GmbH	57439	Attendorn	
Gebr. Nicolaus KG	35394	Gießen	
Gebr. Oesterlein GmbH & Co. KG	90469	Nürnberg	
Gebr. Schmölzl GmbH & Co. KG	83457	Bayerisch Gmain	
Gebr. Schwabenland GmbH & Co. KG	51069	Köln	
Gebr. vom Bruch GmbH & Co.	58285	Gevelsberg	
Gebrüder Burger Prägefolienfabrik	90408	Nürnberg	
Gebrüder Gerfen GmbH, Möbelproduktion	32479	Hille	
Gebrüder Kömmerling Kunststoffwerke GmbH	66929	Pirmasens	
Gemeinnützige Wohnstättengenossenschaft Dortmund-Süd eG	44263	Dortmund	
Gemeinnützige Wohnungs-Genossenschaft 1897 Köln rrh. eG	51069	Köln	
Gemeinnützige Wohnungsbaugenossenschaft Schwerte e.G.	58239	Schwerte	
Georg Bauer GmbH & Co. KG	74582	Gerabronn	
Georg E. Friedrich Maschinen- und Werkzeugfabrik	95152	Selbitz	
Georg Endres Baugeschäft	91174	Spalt	
Georg Heim Kommanditgesellschaft Inh. Peter Heim	91443	Scheinfeld	
Georg Meiners GmbH	69117	Heidelberg	
Georg Parlasca Keksfabrik Hannover	31303	Burgdorf	15. Oktober 1897
Georg Stör Eisen-, Metall- und Haushaltswaren	81245	München	
Georg Walz GmbH & Co. KG	89518	Heidenheim	
Gerhard Sussner GmbH	63263	Neu-Isenburg	
Germania-EPE AG Verwaltung-u, Dienstleistungs GmbH	48599	Gronau	
Gladbacher Spinnstoffindustrie M. Mühlen GmbH & Co. KG	41069	Mönchengladbach	
Glas-Rötzer oHG	94234	Viechtach	
Glyco-Metall-Werke, Glyco B.V. & Co. KG	65201	Wiesbaden	
Goßler & Sohn	95100	Selb	
Grimmesche Hofbuchdruckerei GmbH & Co. KG	31675	Bückeburg	
Günther Benthaus Gartenbau - Friedhofsgärtnerei	61352	Bad-Homburg	18. März 1897
Gustav Garbode & Co. Fleischwarenfabrik Gesellschaft mbH	37124	Rosdorf	
Gustav H. Meyer	51465	Bergisch Gladbach	
Gustav Hüttinger GmbH & Co. KG	75181	Pforzheim	
Gustav Kleff K.G.	44287	Dortmund	1. April 1897
Gustav Roth Buch- und Kunsthandlung Offenburg	77652	Offenburg	
H. & F. Lauterjung GmbH & Co.	42657	Solingen	
H. Dieterich GmbH Agrarhandel, Brennstoffe	36205	Sontra	21. Dezember 1897
H. L. Wahrendorf KG - Betonwerk -	38104	Braunschweig	
H. Reus KG	63452	Hanau	1. Juni 1897
Hagedorn Aktiengesellschaft	49078	Osnabrück	
Hamegg Nootbaar GmbH	22145	Hamburg	15. Juli 1897
Haniel Enviro Service GmbH	47198	Duisburg-Homberg	
Hannot & Gülden Bau- und Möbelschreinerei	52353	Düren	
Hans Bock Matthias Bock Gbr	97616	Bad Neustadt	
Hans Schamel Holzwerk Moritzmühle	95503	Hummeltal	
Hans Seemann GmbH	22761	Hamburg	8. Februar 1897
Hans Weil Metzgerei	55126	Mainz	
Hans-Peter Lenzen	52457	Aldenhoven	
Hartwig Heinrich + Sohn Bedachungen GmbH	39326	Colbitz	
Hasse und Wrede	12347	Berlin	1. Juli 1897
Heinrich Ackermann GmbH & Co. KG	65933	Frankfurt	
Heinrich Conrad GmbH & Co. KG	45131	Essen	1. Oktober 1897
Heinrich Engler Eisen + Baumaterialien	79111	Freiburg	
Heinrich Eustergerling Rolladen	59227	Ahlen	
Heinrich Feldscher	49080	Osnabrück	
Heinrich Heilmann	32289	Rödinghausen	5. Juni 1897
Heinrich Heitkemper Transportunternehmen GmbH	44147	Dortmund	
Heinrich Kempermann GmbH & Co. KG	26316	Varel	1. November 1897

Name der Firma	PLZ	Ort	Gründungsdatum
Heinrich Keßling Modehaus	26871	Papenburg	
Heinrich Kriener GmbH & Co. KG	5926	Beckum	1. Oktober 1897
Heinz Neumann Metallwarenfabrik	83209	Prien	
Helmut Haberstock Bauunternehmen GmbH	86972	Altenstadt	8. Juni 1897
Helmut Schote, Anna Schote und Helmut Schote jun.	64658	Fürth	
Heppel GmbH vormals Otto Scherrer	83308	Trostberg	
Hermann Berstorff Maschinenbau GmbH	30625	Hannover	1. Oktober 1897
Hermann Noack Bildgießerei	12161	Berlin	
Hermann Schwerdtfeger GmbH	27570	Bremerhaven	
Hermann Steffens	27404	Heeslingen	
Hermann Ullrich GmbH & Co.	42651	Solingen	10. März 1897
Hermann Wegener GmbH & Co. KG	30159	Hannover	
Herta GmbH	45701	Herten	13. Dezember 1897
Herwig & Düster Inh. Kurt Matuschek	50823	Köln	
Hildener Aktien-Bau-Gesellschaft	40723	Hilden	
Hiro Lift Hillenkötter + Ronsieck GmbH	33613	Bielefeld	1. Oktober 1897
Hirschbrauerei Aktiengesellschaft oHG	40477	Düsseldorf	
Hochbau Detert GmbH & Co. KG	33649	Bielefeld	
Hohenlohe Holzwerke Otto Illig GmbH & Co.	74613	Öhringen	
Holz Kreuzer GmbH Sägewerk u. Holzhandel	86825	Bad Wörlshofen	
Holzwerk Gompper KG	87484	Nesselwang	
Hotel „Vier Jahreszeiten" von Friedrich Haerlin GmbH	20354	Hamburg	
Hudatex Flachdachsysteme GmbH	48599	Gronau	
Hugo Allgeye	73433	Aale	
Hugo Zimmermann GmbH & Co. Tief- und Rohrleitungsbau	12107	Berlin	
Ignaz Weinmayr	84028	Landshut	
Inlingua Sprachschule U. u. C. Bernau GmbH	80336	München	
J. C. Dittgen GmbH + Co. KG	66839	Schmelz	
J. F. Rompel & Söhne GmbH & Co. KG	61440	Oberursel	
J. Humburg	28325	Bremen	
J.H. Wiegel Inh. Thomas Butke	49401	Damme	
Jakob Stettmer Inhaber Barbara Stettmer	94374	Schwarzach	
Jean Müller GmbH Elektrotechnische Fabrik	65343	Eltville	
Jean Wölfel Kartonagenfabrik	90443	Nürnberg	1. Oktober 1897
Johann Hohmann GmbH & Co. KG	95233	Heimbrechts	
Johann Mintrop GmbH	65203	Wiesbaden	
Johann Resch GmbH	66125	Saarbrücken	
Johannes Vieth Inh. Johannes Vieth	49401	Damme	
Johs. Storm	28195	Bremen	
Jörg Geißler Bäckerei	02899	Ostritz	
Josef Lutz & Sohn GmbH, Betonwaren, Sand- und Splitt	72505	Krauchenwies	
Josef Bamb Gummi-Asbestwaren und Kunststoffe	75173	Pforzheim	
Josef Bendel GmbH	88400	Biberach	
Josef Lorbach GmbH & Co. KG	53909	Zülpich	
Josef Neurath GmbH & Co.	59065	Hamm	
Josef Pannermayr Eisenwaren, Hausrat, Geschenkartikel	84137	Vilsbiburg	
Josef Weber	49124	Georgsmarienhütte	
Julius Ruther Inh. Horst Nell Baugeschäft	88069	Tettnang	
Julius Schäfer GmbH Bauunternehmung	76135	Karlsruhe	
Jürgen Rottmann Bauschlosserei	47059	Duisburg	
Kallasch & Jonas	10551	Berlin	
Karl Blankemeier Haushaltsgroß- und Elektrokleingeräte	58636	Iserlohn	
Karl Ebert Textilwaren	80999	München	
Karl Hitzbleck GmbH & Co. KG	47058	Duisburg	7. Dezember 1897

Name der Firma	PLZ	Ort	Gründungsdatum
Karl Hünichen Inh. Ursula Hünichen	31134	Hildesheim	
Karl Pose	15537	Erkner	1. Juli 1897
Karl Throll Werkstätte für Dekorationsmalerei	81675	München	
Karl Waibl Gärtnerei	80995	München	
Karl-Heinz Born Bau- und Möbelschreinerei Bestattungen	56346	St. Goarshausen	
Kasseler Verkehrs-Gesellschaft AG	34131	Kassel	
Kempinski Aktiengesellschaft	10719	Berlin	
Kieler Volksbank eG	24103	Kiel	
Kiepert KG	10623	Berlin	1. November 1897
Kirchheimer Bank eG	74366	Kirchheim	
Kissel GmbH Straßenbau, Tiefbau u. Basaltwerk	61231	Bad Nauheim	
Klaus Friebolin Steinmetzmeister	02763	Zittau	1. Januar 1897
Klischee-Anstalt Clara Jaehde Galvanoplastik und Stereotypie	10999	Berlin	
Klocke GmbH & Co.	28832	Achim	
Klöckner-Werke Aktiengesellschaft	47057	Duisburg	
Klose Innenausbau GmbH	38678	Clausthal-Zellerfeld	
Kohl & Sohn, Rheinisches Preß- und Ziehwerk GmbH	50996	Köln	
Kölner Renn-Verein eV	50737	Köln	
Konditorei und Cafe Eugen Kettemann	68161	Mannheim	1. Februar 1897
Kötitzer Ledertuch- und Wachstuch-Werke A.G.	12099	Berlin	
Krapp Eisen GmbH & Co. KG	49393	Lohne	
Kreutzfeldt GmbH	27474	Cuxhaven	
Krumm & Vossnack GmbH & Co. KG	42857	Remscheid	
Kunstdruckerei Künstlerbund Karlsruhe GmbH	76133	Karlsruhe	
Kupferarbeiten Philipp Basche, Inhaberin Mathilde Ring GmbH	80995	München	
Kurfürsten-Bräu GmbH	53111	Bonn	
Kurt Boeck KG	10829	Berlin	
Landfleischerei Schüttig	02763	Zittau	
Laub GmbH & Co.	74834	Elztal	
Lawn-Tennis-Turnier-Club „Rot-Weiß"	14193	Berlin	
Leoplod Fiebig GmbH & Co. KG	76199	Karlsruhe	
Ley Mineralöl GmbH	78467	Konstanz	1. Oktober 1897
Lohmann & Welschehold GmbH + Co. KG	58540	Meinerzhagen	
Lorenz Ingwersen	24103	Kiel	4. März 1897
Louis Aman	85049	Ingolstadt	
Louis Völzing Inh. Heiner Schäfer	35394	Gießen	1. Januar 1897
Ludwig Bermann GmbH & Co. KG	49424	Goldenstedt	
Ludwig Fleig Bauunternehmung	77728	Oppenau	
Ludwig Froschhammer GmbH + Co. KG, San. Installation	93059	Regensburg	
Ludwig Mauer Kommanditgesellschaft	44787	Bochum	
Ludwig Wesch & Sohn GmbH & Co.	69214	Eppelheim	
M. & H. Schaper GmbH & Co. KG	31061	Alfeld	1. April 1897
M. Loferer GmbH & Co.	83022	Rosenheim	
M. Saupe & Co. GmbH	80935	München	
M. Schneider's Nachf. Inh. Friedrich Behr GmbH	67433	Neustadt	
Mannesmann Kronprinz Aktiengesellschaft	42697	Solingen	
Martin Feyerabend	23568	Lübeck	
Martin Grünzweig Inh. Hans Harpaintner GmbH	84030	Ergolding	
Martin Körner	69117	Heidelberg	
Martin Krasselt	08371	Glauchau	
Martin Kuhnert Dacheindeckungen GmbH	34127	Kassel	
Maschinenfabrik J.A. Becker u. Söhne Neckarsulm GmbH & Co. KG	74235	Erlenbach	10. Mai 1897
Maurer & Albrecht	93083	Obertraubling	
Max Dengler GmbH & Co. KG	88416	Erlenmoos	
Mayer GmbH & Co. Bauunternehmung	87724	Ottobeuren	30. Januar 1897

Name der Firma	PLZ	Ort	Gründungsdatum
Meister Erwin Apotheke Inh. Elke Kramer	76534	Baden-Baden	
Michael Prögel Pädagogische Verlagsanstalt GmbH	81671	München	
Michael Rennertz Bauunternehmung	40667	Meerbusch	
Mieter- und Bauverein Karlsruhe eG	76137	Karlsruhe	
Mineralölwerk Stade Andresen, Tafel GmbH & Co.	21680	Stade	
Möbelhaus Krooß Inh. Marcel Fauvel	21762	Otterndorf	
Möbelwerke Moser GmbH & Co. KG	78713	Schramberg	
Mölders & Cie GmbH	31137	Hildesheim	22. Juli 1897
Münstermann - Druck KG	30559	Hannover	20. Juni 1897
Norbert Rihm GmbH & Co.	68309	Mannheim	
Obere Apotheke am Günzburger Markt Dr. Dieter Jaud	89312	Günzburg	
Oberlausitzer Armaturenwerk und Metallgießerei GmbH	02689	Wehrsdorf	
Ohligser Wohnungsbau eG	42697	Solingen	9. Juli 1897
Oscar Menzel Nachf. GmbH & Co.	81245	München	
Ottensmann & Co. KG	58089	Hagen	
Otto Bock GmbH	29664	Walsrode	2. Januar 1897
Otto Schween Inh. Heidemarie Hoffmann	37412	Herzberg	19. August 1897
P/S Kunststoffwerke AG	38170	Schöppenstedt	
Paderborner Brotfabrik Fritz Ostermann GmbH & Co.	3100	Paderborn	
Palliativ Fabrik Hygien. Produkte Schmithausen & Riese	50733	Köln	
Paul Arauner GmbH & Co. KG	97318	Kitzingen	
Paul Mitter GmbH & Co. KG	73033	Göppingen	1. April 1897
Paul Süßman Inh. Gerhard Süßmann	31134	Hildesheim	1. Juli 1897
Peter Apel	39606	Osterburg	
Peter Havemann	31135	Hildesheim	
Peter Henkel GmbH	67655	Kaiserslautern	
Peter Huppertz GmbH	50735	Köln	
Peter Marx GmbH	66125	Saarbrücken	29. Juni 1897
Peter Wolf Unger Druck	39179	Barleben	1. Juni 1897
Philipp Straub Bauunternehmung	67549	Worms	
Platten - Kohl GmbH	67269	Grünstadt	
Prechtel GmbH	91301	Forchheim	
Pritzl-Reinigung GmbH & Co. KG	97070	Würzburg	
Raiffeisen + Volksbank im Rott-+Inntal e.G.	84347	Pfarrkirchen	
Raiffeisen-Waren-Genossenschaft Schwanewede eG	28790	Schwanewede	
Raiffeisen-Warengenossenschaft Teuto-Süd eG	49219	Glandorf	
Raiffeisenbank Adelzhausen-Sielenbach	86559	Adelzhausen	
Raiffeisenbank Aschberg eG	89438	Holzheim	8. Dezember 1897
Raiffeisenbank Beilngries eG	92339	Beilngries	
Raiffeisenbank Eichenbühl und Umgebung eG	63928	Eichenbühl	
Raiffeisenbank Hilden - Langenfeld - Leverkusen	40764	Langenfeld	18. Januar 1897
Raiffeisenbank Hohenau eG	94545	Hohenau	
Raiffeisenbank Oberaudorf eG	83080	Oberaudorf	
Raiffeisenbank Obernau eG	63743	Aschaffenburg	7. November 1897
Raiffeisenbank Schäftlarn e.G.	82069	Hohenschäftlarn	
Raiffeisenbank Schwandorf-Nittenau eG	92421	Schwandorf	
Raiffeisenbank Symnich eG	50374	Erftstadt	7. März 1897
Raiffeisenbank Thannhausen eG	86470	Thannhausen	
Raiffeisenbank Wangen eG	73117	Wange	2. April 1897
Rauch Möbelwerke GmbH	97896	Freudenberg	
Rebhan & Co. OHG	96358	Teuschnitz	
Reinhold Grewing-Blankefort	49593	Bersenbrück	
Reitenspieß Bürsten GmbH	90518	Altdor	

Name der Firma	PLZ	Ort	Gründungsdatum
Repro Ruppert GmbH u. Co., Repro- u. Zeichenbedarfs KG	60311	Frankfurt	
Rheinelektra Aktiengesellschaft	68165	Mannheim	1. Juli 1897
Rheinische Maschinenfabrik Hartmann & Bender	65396	Walluf	1. Oktober 1897
Richard Gerstner Schmuckwaren- und Edelsteingroßhandlung	75172	Pforzheim	
Robert Baier, Buchhandlung, GmbH & Co.	74564	Crailsheim	1. März 1897
Rode & Schwalenberg GmbH	68167	Mannheim	
Röse GmbH & Co. Herrenwaldtüren Kommanditgesellschaft	35260	Stadtallendorf	
Ross Textilwerke GmbH	48607	Ochtrup	
Rumohr Haustechnik G.m.b.H.	25474	Ellerbek	
Sailerbräu Franz Sailer Leuterschach	87616	Marktoberdorf	
Sanitär Hoffmann GmbH	44139	Dortmund	
Sartori & Fuhrmann GmbH	85521	Ottobrunn	
Sattelberg & Co. Meisterbetrieb für Raumausstattung	81543	München	
Sauerländer Kalkindustrie GmbH	59929	Brilon	
Schaarschmidt und Bock Orthopädie-Technik GmbH	20099	Hamburg	21. Juni 1897
Schäflein & Gröters GmbH Internationale Spedition	41542	Dormagen	20. November 1897
Schmidt-Metall-Guben	03172	Schenkendöbern	
Schnepp & Berghoff GmbH Gießerei und Metallwarenfabrik	59846	Sundern	
Schoeller & Co. Elektrotechnische Fabrik GmbH & Co.	60598	Frankfurt	
Schomaker Bestattungen	28195	Bremen	1. April 1897
Schuh + Sport Schüller GmbH	53474	Bad Neuenahr-Ahrweiler	
Schwarze & Sohn GmbH & Co. KG	42781	Haan	
Spar- und Darlehenskasse Mark Oberberg eG	58540	Meinerzhagen	
Sparkasse des Landkreises Goslar in Salzgitter-Bad	38259	Salzgitter	
Späth-Liebegesell GmbH & Co. KG Bauunternehmung	80809	München	
Spedition Kröger	18119	Rostock-Warnemünde	18. November 1897
Spedition Pönsgen GmbH & Co. KG	40880	Ratingen	
Speicherei- und Speditions Aktiengesellschaft	01587	Riesa	21. April 1897
Spies GmbH	35396	Gießen	
Stadt-Drogerie Gerd Heyder	58540	Meinerzhagen	
Stadt-Sparkasse Langenfeld	40764	Langenfeld	1. Oktober 1897
Stadtsparkasse Bad Honnef	53604	Bad Honnef	1. Juli 1897
Stadtsparkasse Kaarst-Büttgen	41564	Kaarst	1. September 1897
Stadtwerke Oberhausen AG	46045	Oberhausen	
Stadtwerke Solingen	42655	Solingen	
Stahlbau Lavis Offenbach	63069	Offenbach	
Stahlbau R. Hempel GmbH	01237	Dresden	
Stegmaier & Weller GmbH & Co.	89160	Dornstadt	
Steinwerke Kupferdreh GmbH	45257	Essen	
Stephan & Hoffmann Blechverpackungen GmbH	69469	Weinheim	
Strang GmbH & Co. KG	52068	Aachen	
Strumpf-Metzner	26427	Esens	1. September 1897
Südfleisch GmbH	80337	München	26. Mai 1897
Summerer Druck Naila	95119	Naila	
Tapetenfabrik Gebr. Rasch GmbH & Co.	49565	Bramsche	1. Juli 1897
Tekrum-Werk Theodor Krumm GmbH & Co. KG	88214	Ravensburg	
Teutonia Zementwerk Aktiengesellschaft	30559	Hannover	
The Dai-Tchi Kangyo Bank Ltd., Filiale Düsseldorf	40212	Düsseldorf	
Theodor Rumöller	22587	Hamburg	
Tresor-Baumann GmbH	24582	Bordesholm	
Troponwerke GmbH & Co. KG	51063	Köln	
Tulip International GmbH	40880	Ratingen	
Tuschen GmbH Grafischer Betrieb	44149	Dortmund	1. August 1897
Ulmer Inh. Waltraud Ulmer	79336	Herbolzheim	

Name der Firma	PLZ	Ort	Gründungsdatum
Ulrich Hartleb	63065	Offenbach	
Ulrich Vater Tischlerei	035058	Groß Oßnig	
Uwe Handro Fiat-Autohaus	03149	Forst	
Valentin Hell Inh. Erich Hell	66571	Eppelborn	
Vereinigte Gießereien Aue GmbH	08280	Aue	20. Juli 1897
Vereinsbank eG	47051	Duisburg	19. Februar 1897
Verkehrsbetriebe Brandenburg GmbH	14776	Brandenburg	1. Oktober 1897
Verlag der Ev.-Luth. Mission	91052	Erlangen	1. Oktober 1897
Verlagsgruppe Rhein Main GmbH & Co. KG	55116	Mainz	
Victoria-Mühlenwerke GmbH	46483	Wesel	
Vogt GmbH Druckerei und Verlag	37235	Hessisch Lichtenau	1. Oktober 1897
Volker Seidel Bauschlosserei	09557	Flöha	
Volksbank Burgdorf eG	31303	Burgdorf	31. März 1897
Volksbank Dorsten eG	46282	Dorsten	27. Januar 1897
Volksbank eG Mönchengladbach Hardt-Venn	41169	Mönchengladbach	18. März 1897
Volksbank Göttingen	37073	Göttingen	12. März 1897
Volksbank Hamm eG	59065	Hamm	10. März 1897
Volksbank Harsewinkel eG	33428	Harsewinkel	10. Januar 1897
Volksbank im Harz eG	38678	Clausthal-Zellerfeld	13. Mai 1897
Volksbank Marienfeld eG	33428	Marienfeld	2. Februar 1897
Volksbank Nahetal eG	55442	Stromberg	
Volksbank Paderborn e.G.	33098	Paderborn	
Volksbank Sendenhorst eG	48324	Sendenhorst	7. Februar 1897
W. Rebenstock Atelier für Inneneinrichtungen GmbH	60489	Frankfurt	
W. Scheffer-Frohnen, Inh. Stecken	59846	Sundern	
Wagner Schwelm GmbH + Co.	40721	Hilden	
Wahlefeld GmbH	47809	Krefeld	
Walther-Werke Ferdinand Walther GmbH	67304	Eisenberg	
Weick GmbH	76133	Karlsruhe	1. Dezember 1897
Weinhardt & Just GmbH & Cie.	30625	Hannover	
Weiss-, Woll- und Kurz und Spielwaren Bastelartikel Biehl	23879	Mölln	
Wendschlag & Pohl Spediteure GmbH	10557	Berlin	
Werner Gaster KG	69123	Heidelberg	
Westdeutsche Quarzwerke Dr. Müller GmbH	46282	Dorsten	1. Dezember 1897
Westf. Kornverkaufsgenossenschaft eG	59494	Soest	
Wilfried Schmedeke Bau- und Möbeltischlerei	31789	Hameln	
Wilh. Seelbach GmbH & Co. KG	57078	Siegen	24. Dezember 1897
Wilhelm Krämer	33719	Bielefeld	1. Oktober 1897
Wilhelm Marx Bauklempnerei, Sanitär - Heizung	30167	Hannover	24. Mai 1897
Wilhelm Middelberg	49219	Glandorf	
Wilhelm Noack oHG	12053	Berlin	
Wilhelm Schweppe	49076	Osnabrück	
Wilhelm Stoffers	21255	Tostedt	
Wilhelm Zimmermann GmbH & Co. KG	44579	Castrop-Rauxel	
Wohnungsgenossenschaft Hamburg-Wandsbek von 1897 e.G.	22041	Hamburg	
Wohnungsgenossenschaft Lüdenscheid eG	58509	Lüdenscheid	7. November 1897
Wolfgang Barthelt	10439	Berlin	30. Oktober 1897
Zentralkaufhaus GmbH	86150	Augsburg	

Alphons Meyer KG

Emmerich-Vrasselt

Die Herstellung von tongebrannten Ziegeln hat am Niederrhein eine sehr alte Tradition. Auf diese Tradition bauend stellt die Firma Alfons Meyer KG Dachziegel aus Ton her, der in eigenen Gruben abgegraben wird.

Alphons Meyer

Spezialisiert hat sich die Firma im Laufe der Jahre auf „blaugrau-gedämpfte" Tondachziegel, die in einem besonderen Brennverfahren hergestellt werden. Verwendung finden diese Dachziegel besonders für individuelle und historische Gebäude.

Gegründet wurde die Firma am 17. Dezember 1897 von Alphons Meyer. Ab 1939 wird die Firma als Kommandit-Gesellschaft geführt. Alphons Meyer starb im Februar 1945 bei einem Bombenangriff. Danach übernahm sein Sohn Wilhelm die Leitung. Ab 1973 dessen Sohn Karl-Heinz. Heute wird die Firma von den Brüdern Karl-Heinz und Hugo Meyer geführt.

Die Fa. Meyer 1931

Die Fa. Meyer heute

Friebolin Steinmetzbetriebe

Zittau

Mein Großvater Philipp Albert Friebolin wurde 1862 in Paris als Sohn des Schuhmachermeisters Jakob Friebolin und der Kammerzofe Babette Friebolin geboren. Er erlernte in Paris den Beruf des Steinbildhauers und begab sich auf Wanderschaft. Über Baden-Baden und die Schweiz kam er nach Zittau, wo er meine Großmutter, Minna Bahr, heiratete. Am 24.1.1899 erhielt er das Bürgerrecht der Stadt Zittau.

Von der Firma E. Renger übernahm mein Großvater Phillip Albert Friebolin das Bildhauer- und Steinmetzgeschäft auf der heutigen Hammerschmiedtstraße 5. Den Betrieb führte er mit 10 Gesellen vorbildlich und wurde 1907 Vorsitzender des Gesellen-Prüfungsausschußes der Stadt Zittau. Er hatte auch eine Filiale in Grottau. Seine Söhne Albert, 1900 geboren, und Hellmuth, 1901 geboren, lernten den Beruf des Steinbildhauers. Seit 1924 war dann mein Vater Hellmuth bei ihm als Techniker und Kaufmännischer Vertreter tätig. Mit 73 Jahren, am 1.8.1934, übergab mein Großvater den Betrieb an meinen Vater. Leider konnte dieser nicht lange den Betrieb leiten, er wurde 1939 zur Wehrmacht eingezogen. Meine Mutter, Erika Friebolin geb. Kaufhold, führte mit dem Altgesellen Helmut Kuhne das Geschäft, bis mein Vater 1951 aus 6jähriger Kriegsgefangenschaft nach Hause kam.

1952 begann ich die Lehre als Steinmetz, bei der Firma Däunert in Görlitz. Nach einer Lehrzeit von drei Jahren begann ich als Geselle in dem väterlichen Betrieb. Um meine erworbenen Kenntnisse zu erweitern, arbeitete ich in verschiedenen Betrieben und sammelte Erfahrungen in dem „goldenen Westen". Meine Heimatverbundenheit, das Elternhaus und die Freunde, die mir fehlten, veranlaßten mich, 1958 wieder nach Zittau zurückzukehren. Nach meiner Meisterprüfung folgte das Meisterstudium. 1971 legte ich bei Elbenaturstein in Dresden die Meisterprüfung mit Erfolg ab. Danach war ich bei meinem Vater als Meister tätig. Am 1.4.1978 übergab er mir den Steinmetzbetrieb, den ich zusammen mit meiner Frau weiterführe. 1980 begann ich ein Studium zum Kunsthandwerker an der Kunsthochschule in Berlin-Weißensee. Mein Mentor war Prof. Junge. Die berufliche Tätigkeit führte mich als Dozent für Gestaltung an die Meisterschule nach Demitz-Thumitz, wo ich bis 1995 tätig war.

Mein Sohn Roland, 1965 geboren, erlernte von 1982 bis 1984 ebenfalls den Beruf des Steinmetz und legte 1995 erfolgreich seine Meisterprüfung ab. Seit dem 7.1.1995 führt er einen eigenen Steinmetzbetrieb und ist Restaurator im Handwerk.

Am 1. September 1997 wird mein Enkelsohn, Sebastian Herrmann, die Lehre als Steinmetz beginnen. Damit führt die Familie Friebolin in der fünften Generation den Steinmetzbetrieb.

Ich hoffe, daß ich den Betrieb gut in das 3. Jahrtausend führe und die Steinmetztradition in unserer Familie erhalten bleibt.

Klaus Friebolin

⊕ HASSE & WREDE

Ein Unternehmen der Knorr-Bremse AG

12347-Berlin, Mohriner Allee 30-42

Die HASSE & WREDE GmbH in Berlin fertigt Drehschwingungsdämpfer für Dieselmotoren höherer Leistungsklassen, mit denen sie einen bedeutenden Marktanteil erobert hat.

Gelungen ist dies durch hohe Ansprüche an die Qualität der Produkte, intensive Kundenberatung sowie eine mit aller Konsequenz betriebene Rationalisierung der Fertigung, deren Ausgestaltung wesentliche Impulse durch die im Unternehmen vorhandene Erfahrung aus fast 90 Jahren Herstellung von Werkzeugmaschinen erhielt.

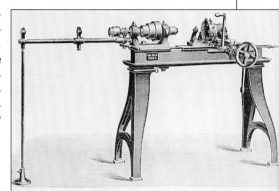

Universal-Revolver-Drehbank R.U., 1910 - Urahn der über Jahrzehnte gebauten „HASSE-Revolverbank"

Werk der Firma CARL HASSE & WREDE, Berlin-Wedding, Christiana Straße, 1912

Die Firma CARL HASSE & WREDE war über Jahrzehnte ein Begriff für Werkzeugmaschinen höchster Qualität und Leistung.

Am 1.7.1897 gründeten der Kaufmann Carl Hasse und der Ingenieur Julius Wrede in Berlin-Wedding ein Unternehmen zur Herstellung von Maschinen für Nähmaschinen. Begonnen wurde die Produktion spezialisierbarer Werkzeugmaschinen – es entstand die Universal-Revolverbank Typ RU in mehreren Ausführungen, ein über Jahrzehnte ständig weiterentwickeltes, in Fachkreisen als „HASSE-Revolverbank" bekanntes Erzeugnis. Bereits 1906 wurde die 1.000. Revolverbank des Typs RU ausgeliefert, 1912 die 10.000. Werkzeugmaschine, ein Präzisionsbohrwerk für Lokomotiv-Stangenlager.

1912 erfolgte der Umzug in einen Neubau. Das Programm wurde um Ein- und Mehrspindelbohrautomaten erweitert. 1.500 Mitarbeiter waren beschäftigt, bis 1918 waren über 15.000 Maschinen von HASSE & WREDE im In- und Ausland im Einsatz.

Bei der Umwandlung der Firma in eine GmbH wurde 1921 die Knorr-Bremse AG Partner von CARL HASSE & WREDE. In den zwanziger Jahren arbeitete das Unternehmen an der Verbesserung vorhandener und der Entwicklung neuer Typen von Werkzeugmaschinen mit dem Ziel, Halbautomaten und Automaten auf den Markt zu bringen. 1924 waren dies Hochleistungs-Hartmetall-Drehbänke sowie mehrspindlige Halbautomaten für Stangen- und Futterarbeiten.

In den 30er Jahren kam es zu ständig steigender Nachfrage aus allen Bereichen der metallverarbeitenden Industrie nach den Er-

530

zeugnissen aus der mittlerweile breiten und anspruchsvollen Palette von HASSE & WREDE. In Berlin-Marzahn erfolgte der Neubau eines Werkes, das 1942 mit über 4.000 Mitarbeitern und 1.400 modernsten Maschinen in Betrieb genommen wurde und als größte und modernste Werkzeugmaschinenfabrik Europas galt. Das Ende des 2. Weltkrieges bedeutete auch fast das Ende des Unternehmens HASSE & WREDE. Das Werk in Marzahn wurde demontiert, alle Unterlagen für die Fertigung beschlagnahmt. 1949 erfolgte die offizielle Enteignung der Fabrik. Erst 1953 konnten auf der Messe in Hannover neue Produkte vorgestellt werden. 1955 hatte HASSE & WREDE wieder 500 Mitarbeiter – das sollte auch die höchste Zahl der Nachkriegsjahre bleiben.

Titel einer Firmenschrift zu Hartmetall-Drehbänken, 1936

duktion konzentrierte sich die inzwischen auf gut einhundert gesunkene Zahl der Mitarbeiter. 1987 wurde ein Investitionsprogramm zur Werkserneuerung initiiert, aus dem 1992 die weltweit modernste Visco-Dämpfer-Fabrik hervorging. Seit 1995 wird der Hydrolastic-Dämpfer gefertigt. 1996 brachte die Lieferung des 2-millionsten Visco-Dämpfers erste größere Aufträge aus Südostasien und aus den USA sowie weiter steigende Umsätze bei den Abnehmern in Europa. Das führt zu Anforderungen, denen durch weitere Rationalisierung, Fertigung in höchster Qualität und Umsetzung neuer Ideen bei den Produkten entsprochen wird.

Im gleichen Jahr wurde die Lizenz-Fertigung von Drehschwingungsdämpfern aufgenommen, 1972 begann die eigene Entwicklungsarbeit auf diesem Gebiet. Die folgenden Jahre brachten bei den Werkzeugmaschinen immer größere Absatzprobleme. Der in den Nachkriegsjahren entstandene Entwicklungsrückstand wirkte sich aus. 1985 erfolgte als Konsequenz die Einstellung des Baus von Werkzeugmaschinen. Seitdem fertigte HASSE & WREDE fast ausschließlich Drehschwingungsdämpfer. Auf deren Weiterentwicklung und vor allem auf ihre rationelle Pro-

Visco-Dämpfer, heute Hauptprodukt von HASSE & WREDE

Schalttisch-Vielspindel-Bohrautomat, Baujahr 1955

HIRO LIFT Hillenkötter & Ronsieck GmbH
Bielefeld

Tradition und Fortschritt

Hillenkötter & Ronsieck wurde am 1.10.1897 in Bielefeld gegründet und hat noch heute seinen Firmensitz an gleicher Stelle.

Belegschaft um 1903

Das Unternehmen begann mit der Herstellung von Transmissionsanlagen. Zur damaligen Zeit existierten zwar schon Elektromotoren, gängiges Antriebsmittel für

Noch heute genutzte Firmenhalle

Werkzeugmaschinen war jedoch die Dampfmaschine. Sie trieb ständig rotierende Transmissionswellen an, auf denen diverse Treibscheiben befestigt waren. Dreh- und Fräsmaschinen usw. wurden durch Auflegen von Lederriemen über Transmissionswellen in Betrieb genommen.

1900 begann die Entwicklung von Ausleger- und Brückenkränen. Wobei zunächst die Lasten manuell über Katzen, Ketten und Flaschenzüge bewegt wurden.

Um 1905 kamen Aufzüge und Hebezeuge aller Art zum Fertigungsprogramm hinzu. Einen besonderen Produktionsanteil nahmen Straßenbahnen- und Bushebevorrichtungen ein. Sie hatten einen Spindelantrieb und wurden anfangs mit einer Handkurbel betrieben.

Straßenbahn- und Bushebebühnen

Die Personen- und Lastenaufzüge der damaligen Zeit hatten eine Trommelwinde und waren seilbetrieben. Die Seile bildeten als Tragmittel für die Aufzugskabine zusammen mit der Trommel eine formschlüssige Verbindung.

Die Aufzüge wurden anfangs grundsätzlich von Aufzugswärtern bedient. Sie konnten durch Markierungen an der Schachtwand, mit Hilfe eines Handhebels, der mechanisch über Rollen und Seile mit dem Antrieb verbunden war, die Haltestellen anfahren. Sogar ein automatisches Anhalten des Aufzuges wurde schon in den zwanziger Jahren mit einer rein mechanischen Seilsteuerung realisiert. Das Einlegen von Bolzen in eine Lochscheibe definierte im Korb die Haltestellen. Die Motorbremse und die Wendeschütze wurden über Seile, Umlenkrollen und Stangen mechanisch, automatisch betätigt. Noch nach dem zweiten Weltkrieg wurden solche Anlagen in Bielefeld als Selbstfahrer wieder in Betrieb genommen.

Ende der zwanziger Jahre wurden die formschlüssigen Trommelantriebe weitgehend durch die heute üblichen reibschlüssigen Treibscheibenantriebe ersetzt.

Aufzugswinde mit integrierter Treibscheibe

In den dreißiger Jahren hat Hillenkötter & Ronsieck viele Gasometeraufzüge gebaut. Hierbei handelt es sich um Wartungsplattformen, die an Seilen in der Mitte des Gasometers, je nach Stand des Gases, heruntergelassen werden konnten und mit deren Hilfe die Dichtung zwischen Kolben und Zylinder geprüft wurde. Um diesen Aufzug zu nutzen, kam an der Außenseite des Gasometers ein selbstbetriebener Gerüstaufzug zum Einsatz.

Brückenkran in Oslo

Rüstungsarbeiten spielten bei HIRO während der Weltkriege keine Rolle. Die Herstellung von Krananlagen hatte während des zweiten Weltkrieges ihren Höhepunkt.

Ende der vierziger Jahre wurden in erster Linie seilbetriebene Lasten-, Personen- und Krankenhausaufzüge gebaut.

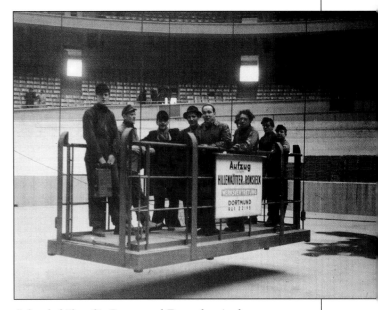

Schwebebühne für Presse und Fernsehen in der Westfalenhalle Dortmund

Anfang der fünfziger Jahre wurden hydraulisch betriebene Aufzüge in die Fertigung aufgenommen, zunächst mit zentralem Zylinder unter dem Fahrkorb, danach mit seitlichem Zylinder, mit Anlenkung am Kabinenkopf und später indirekt betriebene Seil-Hydraulikaufzüge für Förderhöhen bis 16 m. Von 1955 bis 1980 wurden schwerpunktmäßig große Warenhaus-Personen- und -Lastenaufzüge hergestellt.

In den sechziger Jahren hat sich Hillenkötter & Ronsieck auf die Herstellung von Fassadenaufzügen und in den siebziger Jahren auf Kletteraufzüge spezialisiert.

Fassadenlifte baute das Unternehmen von 1964 bis 1980 für die Fenster- und Fassadenreinigung der damals höchsten Gebäu-

Fassadenlifte für die beiden Türme des World-Trade-Centers in New York

 de der Welt, z.B. für das John-Hancock-Center in Chicago, mit einer Förderhöhe von 340 m und für die beiden Türme des World-Trade-Centers in New York, mit einer Förderhöhe von 411 m. Die Fassadenlifte zeichneten sich dadurch aus, daß das gesamte Gerät, einschließlich der Hubgondel, auf einem Kugeldrehkranz um 360 Grad drehbar gelagert war. Die Benutzer konnten sicher auf dem Dach die Gondel besteigen, dann über das Dach hinausschwenken und auch in Fassadennischen hineinfahren.

Kletteraufzüge wurden für das In- und Ausland als Serviceaufzüge gebaut. Ihr Einsatzort war innerhalb von Turmdrehkränen, Hochspannung- und Sendemasten. Der Fahrkorb, unter dem ein Elektro- oder Verbrennungsmotor angeordnet war, kletterte endlos an einem Triebstock entlang. Diese Aufzüge befinden sich in den höchsten Hochspannungsmasten der Welt.

1977 begann HIRO LIFT mit der Entwicklung von Behindertenaufzügen. Parallel dazu wurden bis 1983 auch automatische Türen hergestellt. Hervorzuheben sind hier die Raumspar-Schwenk- und Schiebe-Schwenk-Tür für den Einsatz in Flucht- und Rettungswegen. Beide Türen konnten im Fluchtfall von innen nach außen aufgestoßen werden und waren im Rettungsfall von außen zu öffnen. Für diese Türen erhielt HIRO LIFT 1979 die einzigen für automatische Türen im Bundesgebiet vergebenen GS-Zeichen (geprüfte Sicherheit).

Automatische Schiebe-Schwenk-tür für den Einsatz in Flucht- und Rettungswegen

Für den Betrieb vor allem von allgemein räumlich geführten Schrägaufzügen entwickelte HIRO LIFT fünf verschiedene Antriebssysteme: einen Kettenantrieb, einen Spindelantrieb, einen Schnekke-Segment-Antrieb, einen Zahnstangenantrieb und den heute ausschließlich eingesetzten Traktionsantrieb.

Schrägaufzug mit Schnecke-Segment-Antrieb im Schloß Gifhorn

Der Schnecke-Segment-Antrieb wurde bis 1993 gebaut und hat sich weltweit tausendfach bewährt. Das Antriebs- und Tragsystem zeichnet sich durch eine absolute Selbsthemmung aus. Hierdurch wird keine Fangvorrichtung benötigt. Das System eignet sich für einen schrägen, gewendelten und senkrechten Fahrbahnverlauf. Jedes Segment unterhalb des Lastaufnahmemittels kann als Fangvorrichtung betrachtet werden. Dadurch, daß die Segmente parallel zueinander stehen, die Neigung der Führungsrohre in den Kurven jedoch grundsätzlich größer ist als vor und hinter den Kurven, bleibt die senkrechte Geschwindigkeitskomponente zwar konstant, aber die Geschwindigkeit der Anlage entlang der Führungsrohre wird beim Einfahren in die Kurve automatisch verzögert und beim Ausfahren aus der Kurve automatisch beschleunigt.

Gerade geführter Treppenfahrstuhl mit Designauszeichnung

1990 begann HIRO LIFT mit der Entwicklung des Traktionsantriebes für Behinderten-Schräg- und -Senkrecht-Aufzüge. Der Traktionsantrieb weist gegenüber herkömmlichen Antrieben für Schrägaufzüge wesentliche Vorteile auf. Die Fahrbahn läßt sich elegant wie ein normales Treppengeländer gestalten. Die Führungs- und Tragrohre werden gebildet von zwei glatten, geschlossenen, sauberen, nicht geschlitzten, nicht verzahnten, nicht perforierten und nicht zu schmierenden Rohren. Mit derselben Anlage kann man nicht nur waagerecht, schräg Innen- und Außenkurven fahren, sondern auch in derselben Richtung schräg herauf- und schräg herunterfahren.

HIRO LIFT bietet heute ein lückenloses Behinderten-Aufzugsprogramm an.

Treppenfahrstuhl an der Innenseite einer Wendeltreppe geführt, mit einem engen Kurvenradius von nur 150 mm

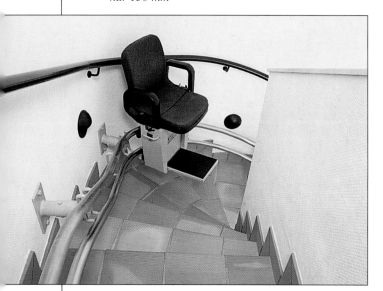

Treppenfahrstuhl an der Außenseite der Treppe geführt, mit einem Kurvenradius von 2000 mm

Treppenfahrstühle werden in erster Linie im Privatbereich für Senioren eingesetzt. Die Fahrbahn kann sowohl an der Außenseite, als auch an der Innenseite der Treppe montiert werden. Innengeführte Anlagen können mehrere Etagen überwinden. Um gefahrlos Platz zu nehmen, ist der Sitz in den oberen Haltestellen drehbar.

Gerade geführter Rollstuhl-Schrägaufzug an einer Außentreppe, mit Designauszeichnung

Rollstuhl-Schrägaufzüge werden sowohl im öffentlichen als auch im privaten Bereich als Innen- und auch als Außenanlage eingesetzt. Alle Anlagen sind so konzipiert, daß sie vom Rollstuhlfahrer mit dem kleinen  Finger ohne fremde Hilfe dirigiert werden können, d.h. der Nutzer ruft die hochgeklappte Plattform über eine Drucktaste in die Zugangsstelle, die Anlage klappt per Knopfdruck auseinander und die

LVA Hamburg Schranken und Auffahrklappen bewegen sich wiederum per Knopfdruck in die verriegelte und elektrisch gesicherte Fahrposition. Alle räumlich geführten Anlagen haben eine Proßessorsteuerung mit lastenunabhängiger Reglung. Das Geschwindigkeitsprofil bei einer Anlage läßt sich individu-

Rollstuhl-Schrägaufzug mit einer S-Kurve im Zoo Leipzig

ell in Auf- und Abwärtsrichtung getrennt für den Kunden einstellen. Das Anfahren und Halten sowie das Durchfahren der Kurven erfolgt elektronisch, stufenlos geregelt.

Behinderten-Senkrechtaufzüge unterscheiden sich von konventionellen Aufzügen dadurch, daß sie in bereits bestehende Gebäude eingebaut werden, d.h. daß der Hersteller keinen Schacht, keine Grube, keinen Schachtkopf und keinen Maschinenraum vorfindet.

Bei der oben offenen Anlage im Opernhaus Hannover befindet sich die gesamte Führung und Technik unterhalb der Plattform. Beim Aluminium-Glas-Gerüstaufzug befinden sich Antrieb und Steuerung oberhalb der Kabine. Die Schachtaußenmaße müsen eng gehalten werden, um die durch das Aufzugsgerüst verkleinerte Treppe noch begehbar zu belassen.

Behinderten-Senkrechtaufzug zwischen Keller und erstem Obergeschoß in einem Privathaus

Behinderten-Senkrecht-aufzug im Opernhaus Hannover

Versorgungsamt Bielefeld

537

Hugo Zimmermann GmbH & Co

Berlin-Mariendorf

Die Geschichte der „Hugo Zimmermann Tiefbau" beginnt in Breslau bei dem Maurermeister am Breslauer Dom, Josef Hauke, der sehr weise zu Lebzeiten seiner Tochter Bertha Zimmermann geb. Hauke und seinem Schwiegersohn, dem Baumeister Hugo Zimmermann ein Startkapital für die Firmengründung zur Verfügung stellte. Damit begann 1897 die Geschichte der 'HUGO ZIMMERMANN' als Zimmerei- und Baugeschäft in Gleiwitz, O/S Schröterstr. 11.

Mit dem Einstieg des Schwiegersohnes, Christoph Hunold, als Baumeister, verlegte die Firma 1923 den Hauptsitz nach Berlin O17, Bödickerstraße 13. Die Firma war mit 450 Mitarbeitern im Eisenbeton-, Betonstraßen- und Tiefbau tätig. Eine Niederlassung wurde 1942 in Hamburg gegründet.

HUGO ZIMMERMANN war Patentinhaber der allgemein bekannten „Schibly-Baugrubenabsteifungen" und galt als Spezialtiefbaufirma.

Berlin

538

Per 28. Dezember 1950 erfolgte durch die Kommunisten im sowjetischen Sektor Berlins der Gewerbewiderruf (Zwangsenteignung). Die Firma wechselte umgehend ihren Firmensitz vom sowjetischen Ost-Sektor/Friedrichshain in den amerikanischen West-Sektor/Mariendorf. Hier gab es noch eine beauftragte, im Bau befindliche kath. Kirche zu vollenden, die St. Fidelis-Kirche in Berlin-Tempelhof. Auf dem Kirchfriedhof durfte in der Übergangszeit ein Bauhof errichtet werden.

Tätigkeiten im städt. Tiefbau, speziell Kanal- und Rohrleitungsbau, U-Bahn und Stadtautobahn wurden sehr aktiviert.

Der in Fachkreisen sehr geschätzte Bauunternehmer Christoph Hunold verstarb mit 68 Jahren im Jahre 1957. Bis 1972 wurde das Unternehmen von Testamentsvollstreckern geführt.

Der Enkel, als Haupterbe, Harald Köhler, war zum Zeitpunkt des Todes des Großvaters 13 Jahre alt. Er lebte in Dessau (DDR). Am 13.08. 1961 kam der Mauerbau. Vorerst ein Ende! In dieser Zeit war für Köhler das Abitur angesagt, danach Gesellenbrief als Maurer. Studium in Leipzig. Spektakuläre Fluchtversuche, um die Firma fristgemäß laut Testament zu übernehmen, scheiterten. Festnahmen und 1972 Freikauf! Die Firma kam wieder in den persönlichen Zugriff der Familie.

Das Unternehmen wird mit den heute üblichen Standards des Qualitätsmanagements geführt (DVGW, GW 301, W 1 + G 3; Güteschutz Kanalbau A1, V2, V3).

Seit dem 2. Mai 1990 ist HZ auch in Dessau (Sachsen-Anhalt), der Heimatstadt Köhlers, eine verläßliche Adresse für professionellen Tiefbau.

Dessau

Hauptsammler in Dessau-Mildensee

Die Unternehmensgruppe
HUGO ZIMMERMANN bietet an:

- Kanalbau
- Druckleitungen *(Gas, Wasser)*
- Rohrvortrieb *(gesteuert, ungesteuert)*
- Rammarbeiten
- Baugrubenverbau
- Grundwasserabsenkungen
- Rufbereitschaften
- Reparaturen
- Instandsetzungen

Dipl.-Ing. Harald Köhler ist heute geschäftsführender Gesellschafter der Unternehmensgruppe HUGO ZIM-MERMANN TIEFBAU BERLIN-DESSAU.
Ehrenamtlich ist er Vizepräsident des Rohrleitungsbauverbandes e.V. Köln, Präsidialmitglied der FIGAWA Köln, Vorsitzender der LFA Kanal- und Rohrleitungsbau im Bauindustrieverband Berlin-Brandenburg und der SPV im Hauptverband der Bauindustrie.

Auswechslung einer Trinkwasserleitung DN 800 in Berlin-Zehlendorf

100 Jahre liegen erfolgreich hinter der Firma HUGO ZIMMERMANN. Viele erschreckende politische Systeme und persönliche Schicksale hat das Familienunternehmen überlebt.

D ie Familie, Geschäftsleitung und die Mitarbeiter wünschen sich einen friedvollen, wirtschaftlich ausgewogenen Schritt in ein neues Jahrhundert, in ein neues Europa mit fachkompetenten Politikern und fairen Wettbewerbsbedingungen zu Gunsten aller und unseres vereinten Deutschlands.

Atlas 1704 LC mit ICE Hochfrequenzvibrator in Dessau-Mildensee >

Nivellement

541

Gebrüder Kömmerling
Kunststoffwerke GmbH

Pirmasens

Ein Jahrhundert der Ereignisse

Wie auch Ludwig Erhard wird die Firmengruppe KÖMMERLING mit Hauptsitz in Pirmasens / Rheinland-Pfalz - Führender europäischer Hersteller für Kunststoff-Fensterprofile und größter konzernunabhängiger Anbieter im Kleb- und Dichtstoffbereich - in 1997 100 Jahre alt.

Am Anfang dieses Jahrhunderts war Pirmasens ein bedeutendes Zentrum der Schuhindustrie Deutschlands. Zu dieser Zeit begann Karl Kömmerling mit der Herstellung von Klebstoffen, die sich zunächst vorwiegend an den Erfordernissen der Schuhindustrie orientierte. Emil Kömmerling, der Sohn des Unternehmensgründers, begann mit der Entwicklung neuer Produkte und damit der Erschließung neuer Märkte. Es wurden verschiedene Zweigwerke in Deutschland gegründet.

Nach dem Zweiten Weltkrieg und dem damit verbundenen Wiederaufbau bedeutete das Jahr 1949 ein bedeutender Meilenstein in der Chronik des Hauses KÖMMERLING. Erstmals gelang es in Europa, synthetischen Kautschuk für die Herstellung von Klebstoffen einzusetzen. Seit dieser Zeit spricht man bei der Schuhherstellung von konstruktivem Kleben, d.h. die Herstellung einer Verbindung ohne weitere mechanische Hilfsmittel. Aus dem Klebstoffbereich heraus entwickelte sich die Produktgruppe der Dichtstoffe. Auch heute sind Klebstoffe und Dichtungsmassen,

speziell für die Bauindustrie, ein wichtiger Geschäftsbereich der Unternehmensgruppe. Die Nachkriegsjahre sind gekennzeichnet durch die Neugründung mehrerer Tochtergesellschaften.

Desweiteren begann die Unternehmensleitung in den 50er Jahren mit dem Aufbau eines zweiten Standbeins und stieg in die Kunststoffverarbeitung ein. Angetan von den vielfältigen Möglichkeiten des Werkstoffs präsentierte KÖMMERLING im Jahre 1957 der Fachwelt den ersten Rolladen aus diesem neuen Material. Parallel zu modernen Fertigungsanlagen investierte Kömmerling in die Forschung. Viele Möglichkeiten des Kunststoffs wurden ausgetestet und weiterentwickelt - mit Erfolg. Seit 1967 produziert das Unternehmen Kunststoff-Fensterprofile aus

Hauptsitz der Firmengruppe Kömmerling in Pirmasens/Rheinland-Pfalz

hoch schlagzähem PVC. Konsequent beschäftigte sich Kömmerling mit der Weiterentwicklung von Kunststoff-Fenstersystemen. Das Ergebnis: ausgereiftes Material und intelligente Konstruktion. Diese geglückte

542

Kombination hat großen Anteil am Erfolg des Kunststoff-Fensters in Europa und an der soliden Entwicklung des Hauses Kömmerling.

Der Reichshof in Leipzig

D as Unternehmen vergrößerte sich seit dieser Zeit stetig, entwickelte neue Produkte sowohl aus Kunststoff als auch im Kleb- und Dichtstoffbereich und erschloß neue Märkte. Heute ist die GEBR. KÖMMERLING KUNSTSTOFFWERKE GMBH in Europa Marktführer für Kunststoff-Fensterprofile. Ebenso marktbestimmend ist man im Bereich der Kunststoffplatten aus PVC hart. Die KÖMMERLING CHEMISCHE FABRIK KG gilt mit den Kleb- und Dichtstoffprodukten als Spezialist in den verschiedensten Anwendungsbereichen; sie ist der größte deutsche konzernunabhängige Anbieter.

Aktuelle Basisdaten

H eute vereint die 2400 Mitarbeiter umfassende Firmengruppe Kömmerling 18 Unternehmen im In- und Ausland. Die Produktpalette der Kunststoffwerke umfaßt Profile für Fenster, Türen, Rolläden, Klappläden, Balkone, Zäune, Wintergärten und Verkleidungen, den Produktbereich Kunststoffplatten und Industrieprofile, spezielle Anwendungen aus verschiedenen Kunststoffen für den industriellen Bereich. Die Geschäftsfelder der Chemischen Fabrik sind sehr vielseitig. Kleb- und Dichtstoffe werden nach wie vor für die Schuhindustrie und den Bausektor eingesetzt. Daneben erlangen sie immer größere Bedeutung in der Automobilindustrie oder beispielsweise für Hygieneanwendungen. Der größte Umsatzzuwachs wurde in den letzten Jahren in den osteuropäischen Märkten erzielt. Für 1997 und die Folgejahre wird weiteres Wachstum erwartet.

Mehrfamilienhaus in Berlin-Grunewald

D ie zunehmende Internationalisierung unserer Gesellschaft erfordert von konkurrenzfähigen Unternehmen eine grenzüberschreitende Denkweise. So hat die Firmengruppe KÖMMERLING schon sehr früh ins Ausland investiert. Heute verfügt das Unternehmen über Vertretungen in ganz Europa. Weitere Produktionsstätten des Pirmasenser Profilherstellers sind in Frankreich, Spanien, Italien, USA, Brasilien und in China. Im Inland erfolgt der Vertrieb flächendeckend über Verkaufsbüros.

Mannesmann Kronprinz AG

Solingen-Ohligs

Ludwig Erhard hat das Wirtschaftswunder nicht erfunden; er hat jedoch mit seiner Politik die Grundlagen dafür geschaffen - Mannesmann Kronprinz hat das Rad nicht erfunden; das Unternehmen hat jedoch die erste Stahlfelge für Automobile gebaut und engagiert sich seit nunmehr hundert Jahren für diese runde Sache. Autoräder für Personenkraftwagen und Nutzfahrzeuge, für den Alltags- und den Rennbetrieb, darüber verfügt niemand mehr an Kompetenz als das älteste Autoräderwerk der Welt: Mannesmann Kronprinz.

Der Name Mannesmann, der anzeigt, daß das Unternehmen zum gleichnamigen Konzern gehört, wurde erst 1978 in die Firmierung aufgenommen; dabei besaß Mannesmann bereits seit den 20er Jahren eine Beteiligung und seit 1936 die Mehrheit am Gesell-

schaftskapital. Der Name Kronprinz ist älter; er geht, obwohl dieser und andere gekrönte Häupter, insbesondere der technikbegeisterte Prinz Heinrich, selbstverständlich Kronprinz-Felgen fuhren, nicht auf den Thronanwärter zurück, sondern ist 1897 zur Gründung des Unternehmens aus den Namen der beiden Gründer Rudolf Kronenberg und Carl Prinz - einprägsam und werbewirksam zugleich - gebildet worden.

Rudolf Kronenberg war das älteste von elf Kindern eines Solinger Handwerkers, eines Horndrechslers, der Schirmkrücken herstellte. Der junge Kronenberg erlernte das Schlosserhandwerk und erwarb in der Abendschule die Qualifikation zum Technischen Zeichner. Während der damals üblichen Gesellenwanderjahre lernte er im westfälischen

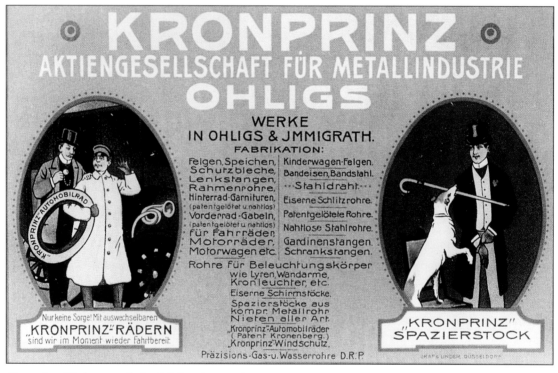

Kronprimz-Werbung nach der Jahrhundertwende

Altena den jungen Unternehmer Carl Prinz kennen, der aus begüterter Familie stammte und eine Nietenfabrik betrieb.

1888 kehrte Kronenberg nach Solingen zurück und machte sich mit seinem Schwager selbständig. Er fertigte Gestänge und Schlitzrohre für Schirme, Ladestöcke für Gewehre sowie Speichen und Nippel für die dem Stadium des luxuriösen und zugleich exotischen Sportgeräts entwachsenden Fahrräder. Fünf Jahre später trat Carl Prinz, der seine Nietenfabrik in das an der Bahnstrecke von Köln nach Düsseldorf verkehrstechnisch günstig gelegene Immigrath verlagert hatte, in die Firma Rudolf Kronenberg ein. Am 27. Juli 1897 gründeten dann beide zusammen die Kronprinz AG für Fahrradteile mit dem für damalige Zeiten beträchtlichen Kapital von 1,4 Millionen Mark. Carl Prinz ist bereits nach wenigen Jahren wieder ausgeschieden, weil ihn andere Geschäfte lockten, u.a. der Betrieb einer Kupfermine in Kalifornien. Im Werk Immigrath wurden neben Nieten Rohre für den Fahrradbau hergestellt, während das Programm des Solinger Werkes durch die Fertigung von Felgen und Schutzblechen für Fahrräder und Automobile ergänzt wurde. Als erstes Unternehmen stellte Kronprinz die Felgen und Schutzbleche nicht aus Holz, wie damals üblich, sondern aus gewalztem Bandeisen her. Bereits 1898 wurden die ersten Autoräder aus Stahl produziert. Die nach einem selbstentwickelten Verfahren und mit einer selbstkonstruierten Maschine elektrisch stumpfgeschweißten Felgen sind von der Fachwelt lange Zeit als Geheimnis bestaunt worden.

Schon ab 1903 erhielt Kronprinz verschiedene Patente auf abnehmbare Felgen, die die leichte Demontage des Reifens mit Felgen, ohne den Radstern zu lösen, gestattete. Damit war der erste Schritt zur Anpassung des Rades an die moderne Entwicklung in der Automobiltechnik getan. Dieses Rad war noch ein Stahl-Hohlspeichenrad, zu dem dann jedoch bald die gepreßte Radscheibe als leistungsstarke und vor allem preiswerte Alternative kommen sollte. Das Drahtspeichenrad wurde parallel dazu für exklusive und für Rennfahrzeuge entwickelt. Weitere Verbesserungen zielten auf eine Herabsetzung des Gewichtes sowie auf eine Lösung, die dafür benötigten verjüngten Scheiben wirtschaftlich zu fertigen. Da beides gelang, war Kronprinz der aufkommenden Konkurrenz immer ein entscheidendes Stück voraus.

Das Unternehmen, das sich nach einer Beteiligung an einem Stahlwerk Kronprinz AG für Metallindustrie nannte, nahm eine für den Unternehmer und seine Mitarbeiter erfreuliche Entwicklung. Bereits vor dem Ersten Weltkrieg wurden Werke in Italien und Frankreich betrieben. Nach dem Ersten Weltkrieg errichtete Kronprinz gemeinsam mit Steyr das Werk Kromag im niederösterreichischen Hirtenberg, das den österreichischen und südosteuropäischen Raum mit allen Kronprinz-Erzeugnissen versorgte. Rudolf Kronenberg wurde 1919 in Anerkennung seiner technischen Leistungen auf dem Gebiet der Automobilteile-Entwicklung und -Fertigung von der Technischen Hochschule Aachen die Ehrendoktorwürde verliehen. Durch einen Patenttausch mit der englischen Firma Rudge-Withworth sicherte man sich die kostenlose Mitbenutzung der Rudgepatente und den Alleinvertrieb der Rudgenaben, die erstmals den sehr schnellen Radwechsel durch eine Zentralmutter erlaubten, für Deutschland. Für die legendären Rennwagen der Auto Union und Mercedes Benz fertigte Kronprinz in den 30er Jahren Drahtspeichenräder mit Leichtmetallfelgen und Rudgenaben.

Als Rudolf Kronenberg 1934 ohne direkte Nachkommen starb, erwarb Mannesmann die Anteile des Unternehmens und sicherte sich dadurch einen guten Abnehmer von Halbzeug und Lieferanten von Präzisionsrohren und Rädern. Kronprinz behielt den Namen, die eigene Verwaltung und gewann die wesentlich besseren finanziellen Möglichkeiten des Großkonzerns. Das Automobilrad wurde weiter verbessert. Für Personenwagen entwickelte Kronprinz moderne Tiefbettfelgen und in einem weiteren Schritt Räder für schlauchlose Reifen. Für schwere Lastkraftwagen wurden zunächst mehrteilige Flachbettfelgen und dann nach einer Firestone-Lizenz Schrägschulterfelgen gefertigt. Die Entwicklung der einteiligen Steilschulterfelge erlaubte auch bei Lastkraftwagen den Einsatz der schlauchlosen Bereifung.

Das Kronprimz-Räderlager beim Eifelrennen auf dem Nürburgring im Jahre 1939

Nach dem Zweiten Weltkrieg erhielt Kronprinz schon bald die Produktionserlaubnis, weil das Rad sich als Engpaß für die Fertigung der dringend benötigten Fahrzeuge erwies. Obwohl große Kriegsschäden zu beseitigen und Demontagen abzuwehren waren, lief bereits vor der Währungsreform in allen Werkstätten das normale Fertigungsprogramm. Allerdings setzte der eigentliche Wiederaufbau erst jetzt ein, und er wurde maßgeblich gefördert durch das außergewöhnliche Wirtschaftswachstum, für das der Begriff „Wirtschaftswunder" steht. Es brachte eine Motorisierung des Verkehrs, die die

Entwicklung der Radproduzenten positiv beeinflußt hat. In dieser Zeit fertigte Kronprinz auch wieder Drahtspeichen-Rennräder mit Leichtmetallfelgen und Zentralverschlüssen für die „Silberpfeile" von Mercedes Benz.

Auch in der Fertigung beschritt Kronprinz weiterhin eigene Wege; insbesondere Spezialmaschinen, mit denen der Vorsprung vor der Konkurrenz behauptet werden sollte, wurden nach eigenen Plänen in den eigenen Werkstätten gebaut. Bei allen Produkten und Herstellungsverfahren wurde auf modernste Technik geachtet. So wurde z.B. die übliche Schüssel-Felgen-Verbindung von Nieten auf Elektroden-Schweißen, dann auf Punktschweißen und schließlich auf Automatenschweißen unter Schutzgas umgestellt. Für die PKW-Schüsselfertigung wurden Stufenpressen beschafft, die vom Abrollen des Bandblechs bis zur fertig in Behälter gestapelten Radschüssel alle Schritte der Herstellung durchführten. Die Felgenstraßen wurden weitgehend automatisiert, außerdem mit den verbesserten Radmontagestraßen in Verbund geschaltet. Die LKW-Radschüsselfertigung erhielt eine automatisch arbeitende Rondenstanz-Anlage. Die Schüsseln wurden eingepreßt, die Räder geschweißt; auch hier wurde der Verbundbetrieb eingeführt. In der Fertigung der schlauchlosen LKW-Steilschulterfelgen wurde eine der größten Felgenstraßen der Welt mit selbstkonstruierten und gebauten Profiliermaschinen, die über hydraulischen Antrieb verfügten, in Betrieb genommen. Bei diesen und bei allen anderen Maßnahmen waren neben der Qualitätssicherung kürzeste Werkzeug- und Typenwechselzeiten das Ziel. Mit dem Aufkommen der Elektrotauchlackierung war Kronprinz erneut einer der ersten Radhersteller, die die Oberflächenbehandlung auf dieses verbesserte Verfahren umstellten. Leichtmetallräder hat Kronprinz, wie bereits erwähnt, schon in den 30er und dann erneut in den 50er Jahren für Rennfahrzeuge gebaut. Dabei handelte es

Die jüngste Entwicklung aus dem Hause Kronprinz: Aluminium-Bandrad für den 5er BMW

sich um Speichenräder mit profilierter Felge aus Aluminium-Strangguß. In den 60er Jahren erhielt der Porsche 906 Räder mit einer Radschüssel aus Leichtmetall. Die erfolgreichen Versuche, Felgen aus Leichtmetallband mit einer Stumpfschweißnaht zu fertigen, führten zur Herstellung von Prototypen für nahezu alle europäischen Autohersteller. Den ersten Großeinsatz erlebten die Leichtmetallräder aus Aluminiumband ab 1979 an den Exportfahrzeugen der Daimler-Benz AG. Mit diesen Rädern wurde eine Gewichtsreduzierung um die Hälfte gegenüber dem üblichen Stahlrad erzielt. Allerdings waren die Fertigungsverfahren so aufwendig, daß die Serienlieferung 1984 eingestellt wurde. Zehn Jahre später ermöglichte ein weiterentwickeltes Fertigungsverfahren die Wiederaufnahme. Seitdem trägt Kronprinz mit seinen Leichtmetallrädern aus Aluminium-Guß und -Band wesentlich zur inzwischen auch auf dem europäischen Markt geforderten Gewichtsreduzierung bei.
Organisatorisch gehört Mannesmann Kronprinz zur Automobilgruppe des Konzerns und ist dort der Fichtel & Sachs AG zugeordnet.

Seit 1992 betreibt das Unternehmen gemeinsam mit Continental die Radsystem GmbH mit Sitz in Zwickau/Sachsen. Sie lieferte zunächst Rad-/Reifen-Einheiten für die Volkswagen-Werke in Mosel/Sachsen und Hannover. Inzwischen sind weitere Montagen in Solingen und Thyrow hinzugekommen. Zwei Werke in Rastatt und Ulm werden 1997 den Betrieb aufnehmen. Mit einem Partner in der Türkei besteht ein Kooperationsvertrag; zwecks weiterer Expansion wird im Ausland verhandelt.

Im Rahmen der Qualitätssicherung werden alle Methoden des modernen Qualitätsmanagements eingesetzt und die Eigenverantwortung der Arbeitsgruppen gestärkt. 1994 wurde das Unternehmen nach DIN ISO 9001 zertifiziert. Das Rad, das früher fast rein empirisch entwickelt wurde, ist heute ein Ergebnis der wissenschaftlichen Forschung - das gilt für das Vormaterial, die Verformung und die Vergütung. Mannesmann Kronprinz bietet dafür die besten Voraussetzungen. 100 erfolgreiche Jahre im Dienste des Rades sind die Garantie!

100 Jahre Bankgeschichte im Hochstift

Volksbank Paderborn feiert 100-jähriges Jubiläum im Jahre 1997

Ihre überdurchschnittliche Stärke als Bank für die Region Hochstift entfaltet die Volksbank Paderborn - die „Hochstift-Bank"- in einem umfassenden Netz von 49 Niederlassungen. Das Hochstift Paderborn erstreckt sich von Büren im Westen, Höxter im Osten, Steinheim im Norden bis Warburg im Süden über eine Fläche, die nahezu der Größe des Saarlandes entspricht. Hier leben rund 420.000 Menschen. 20.000 mittelständische Unternehmen bilden die Basis für die heimische Wirtschaft. Für diese Menschen und Unternehmen ist die Hochstift-Bank anerkannter Partner in allen Geldfragen. So entwickelte sich die Volksbank Paderborn im Jubiläumsjahr zum größten Kreditinstitut im Hochstift, sie ist bereits seit Jahren die größte Volksbank in Nordrhein-Westfalen.

Vorstandsvorsitzender der Volksbank Paderborn: Bankdirektor Heinz Kamp

Ihre jetzige Bedeutung hat die Volksbank Paderborn insbesondere dem Vorstandsvorsitzenden, Bankdirektor Heinz Kamp, zu verdanken. Weit über das eigentliche Bankgeschäft hinaus reicht sein Engagement. Unter Kamps Leitung hat die Bank auch auf kulturellem und sozialem

Gebiet weit über die Hochstift-Region hinaus Anerkennung gewonnen. Ganz besonders hervorzuheben ist das Europa-Engagement der Volksbank Paderborn. Im Rahmen der alljährlich durchgeführten Europa-Foren der

Hauptstelle der Volksbank Paderborn mit Blick auf die „Rikus-Fassade"

Bank finden sich jeweils hochkarätige Gäste aus Wirtschaft und Politik in Paderborn ein. Seit 1995 vergibt die Volksbank Paderborn jährlich an junge Künstler in europäischen Partnerstädten den Förderpreis „Junge Kunst in Europa" und in der Hochstiftregion „Junge Kunst im Hochstift". Darüber hinaus ist die Hochstift-Bank Initiator zahlreicher weiterer Aktivitäten in Kunst und Kultur. Im Jubiläumsjahr 1997 werden vielfältige Aktivitäten besondere Akzente setzen.

Impressum

100 Jahre Ludwig Erhard
Das Buch zur Sozialen Marktwirtschaft

ISBN 3-9805581-0-X
1. Auflage Februar 1997

HERAUSGEBER: Roland Ermrich
– unter der Schirmherrschaft der
Ludwig-Erhard-Stiftung e.V., Bonn

VERLAG: MVV Medien Vertriebs- und
Verlagsgesellschaft mbH, Düsseldorf

REDAKTION/LEKTORAT: Cordula Christ
Redaktionsschluß: Januar 1997

COPYRIGHT: MVV Medien Vertriebs- und
Verlagsgesellschaft mbH, Düsseldorf

UMSCHLAGGESTALTUNG UND LAYOUT:
Atelier Frank Bayer, Duisburg
ILLUSTRATIONEN: Frank Bayer,
Volkmar Baldauf, Bogumila Lutnik

Gesetzt aus der: Times, 11 p
PAPIER: BVS-Plus matt
der Papierwerke Scheufelen,
Lenningen
DRUCK UND VERARBEITUNG:
Bechtle-Druck, Esslingen
Printed in Germany

FOTONACHWEIS:
Stadtarchiv Fürth (Stahlstich auf S. 512)